Delphi 6
nachschlagen und verstehen

Michael Ebner

Delphi 6
nachschlagen und verstehen

ADDISON-WESLEY

An imprint of Pearson Education
München • Boston • San Franzisco • Harlow, England
Don Mills, Ontario • Sydney
Mexico City • Madrid • Amsterdam

Die Deutsche Bibliothek – CIP-Einheitsaufnahme

Ein Titelsatz für diese Publikation ist
bei der Deutschen Bibliothek erhältlich.

5 4 3 2 1

05 04 03 02

ISBN 3-8273-1786-X

© 2002 by Addison-Wesley Verlag, ein Imprint der Pearson Education Deutschland GmbH
Martin-Kollar-Str. 10-12, D-81829 München/ Germany
Alle Rechte vorbehalten
Einbandgestaltung: Christine Rechl, München
Titelbild: © Karl Blossfeldt Archiv – Ana u. Jürgen Wilde, Zülpich / VG Bild-Kunst Bonn, 2001
Lektorat: Martin Asbach, masbach@pearson.de
Korrektorat: Katrin Dirschwigl, München
Satz: Michael Ebner, Berlin
Druck und Verarbeitung: Bercker Grafischer Betrieb, Kevelaer
Printed in Germany

Inhaltsverzeichnis

8 Bonus-Kapitel (auf der CD)

Einführung

Erfahrene Programmierer kennen die Situation sicher zur Genüge: Man steht vor einem Problem und wird aus der Online-Hilfe nicht ganz schlau. Also beginnt man, einen dicken Stapel von Fachbüchern zu wälzen, in der Hoffnung, hier der Lösung seines Problems ein Stück näher zu kommen. Nach einigen Werken kommt man dann zu der Erkenntnis, dass Fachbücher in der Regel nicht für eine solche Situation geschrieben sind.

Um diese Lücke zu schließen, wurde dieses Buch geschrieben. Hier soll weder der Versuch unternommen werden, bewährte Fachbücher zu ersetzen, noch sollen Sie hier eine bessere Online-Hilfe finden. Es geht hier nur darum, bei alltäglichen Problemen möglichst schnell zu informieren. Möglichst schnell heißt, dass Sie das Gesuchte möglichst schnell finden sollen, und dass sich die Darstellung auf das konzentriert, was der Autor für wesentlich erachtet hat.

Achtung

Im Bestreben um eine möglichst knappe Darstellung wurden zwei Sachverhalte hin und wieder nicht ganz korrekt dargestellt.

- Voreingestellte Werte werden hinter dem Schlüsselwort *default* angegeben.

```
property Alignment: (paLeft, paRight, paCenter) default paLeft;
```

  Nicht in allen Fällen handelt es sich dabei tatsächlich um einen *default*-Wert (siehe Kapitel 6.2.2). Trotzdem wurde – wegen der Prägnanz der Darstellung – diese Schreibweise verwendet.

- Bei der Darstellung von Ereignissen wurde die Parameterliste an den Ereignisbezeichner angehängt. Statt also ausführlich – und ganz korrekt – zu schreiben

```
type TNotifyEvent = procedure (Sender: TObject) of object;
property OnChange: TNotifyEvent;
```

  heißt es in diesem Buch kurz und prägnant:

```
property OnChange(Sender: TObject);
```

Ich nehme an, dass Sie auch so daraus schlau werden.

Überblick über den Inhalt

▨ Im Kapitel 1 finden Sie einen kurzen Überblick über die IDE. Dieses Kapitel richtet sich insbesondere an Einsteiger.

▨ In Kapitel 2 finden Sie Pascal-Grundlagen in sehr knapper Form. Hier sollen sich vor allem die Umsteiger von anderen Programmiersprachen angesprochen fühlen. In Kapitel 2.3 finden Sie die Routinen der Unit *SysUtils* zum Nachschlagen, in Kapitel 2.4 die der Unit *Math*.

▨ Den Hauptteil dieses Buches macht in Kapitel 3 die Beschreibung der Komponenten aus. Nachdem der Versuch, alle Komponenten zu beschreiben, aus Zeit- und Platzgründen gescheitert ist, bleibt mir nur die Hoffnung, dass Sie wenigstens mit meiner Auswahl einigermaßen einverstanden sind.

Die Beschreibung der Eigenschaften, Methoden und Ereignisse ist nicht (!) vollständig – dazu haben Sie ja die Online-Hilfe. Dafür sind diese Elemente in sachliche Gruppen gegliedert und mit reichlich Beispielen und Abbildungen versehen. Außerdem wurde versucht, die Elemente nach ihrer Wichtigkeit zu sortieren. Damit soll der »Man sieht den Wald vor lauter Bäumen nicht«-Effekt der Online-Hilfe vermieden werden.

▨ In Kapitel 4 sind Sie einige Klassen der VCL (*TStringList*, *TCanvas* ...) beschrieben.

▨ In Kapitel 5 finden Sie einige weiterführende Themen, beispielsweise über die Programmierung von Multi-Thread-Anwendungen.

▨ Mit der Komponentenentwicklung beschäftigt sich Kapitel 6. Es wurde dabei versucht, Beispiele zu verwenden, die man auch in der Praxis gebrauchen kann.

▨ An Einsteiger wendet sich dann wieder Kapitel 7 – hier wird der SQL-Standard der BDE sowie die Sprache HTML beschrieben.

CD

Auf der Buch-CD finden Sie die Beispielprogramme sowie eine Trial-Version von Delphi 6. Des weiteren finden Sie ein Bonus-Kapitel über SOAP im pdf-Format.

Für jede der 32-Bit-Delphi-Versionen (Delphi 2 bis Delphi 6) gibt es einen Satz angepasster Beispiele. Damit sollen die Probleme vermieden werden, welche durch die unterschiedlichen Delphi-Versionen auftreten können.

Kopieren Sie die Dateien auf Ihre Festplatte und löschen Sie das *Schreibgeschützt*-Bit.

Andere Bücher

Es soll nicht versäumt werden, hier einige andere Bücher zu empfehlen. (Zum Zeitpunkt des Verfassens dieses Vorworts sind jeweils nur die Ausgaben zu Delphi 5 auf dem Markt. Der Autor unterstellt hier, dass jeweils eine neue Ausgabe dieser Bücher erscheint – bei den Büchern von Addison-Wesley ist dies sicher.)

- Für Einsteiger *Delphi 6 lernen* und *Goto Delphi 6* (beide von Lang/Bohne), erschienen bei Addison-Wesley;

- Als Grundlagenbuch *Delphi 6* (Elmar Warken), erschienen bei Addison-Wesley;

- Als Nachschlagewerk für verschiedene Themen *Delphi 6 Kochbuch* (Doberenz/Kowalski), erschienen bei Hanser, und *Delphi 6 im Team* (Redaktion Toolbox), erschienen bei C&L;

- Für die Datenbankprogrammierung *Delphi 6 Datenbankprogrammierung* und *SQL lernen* (beide Michael Ebner), erschienen bei Addison-Wesley sowie *Client/Server* (Andreas Kosch), erschienen bei Der Entwickler;

- Und wenn Sie sich COM antun wollen/müssen *COM/DCOM* (Andreas Kosch) erschienen bei Der Entwickler.

Fehlerberichtigungen und Ergänzungen

Erfahrungsgemäß schleichen sich trotz penibler Korrektur immer einige Fehler ein. Deswegen werden im Internet unter *www.tabu-datentechnik.de* Fehlerberichtigungen und Ergänzungen veröffentlicht.

Schulungen

Der Autor hält auch Delphi-Schulungen. Näheres erfahren Sie bei *TABU-Datentechnik* (www.tabu-datentechnik.de).

Kontakt zum Autor

Anregungen und Kritik, Hinweise auf (leider) übersehene Fehler bitte an unten angegebene eMail-Adresse. Beachten Sie bitte, dass der Autor keine Delphi-Hotline betreibt.

Berlin, Oktober 2001

Michael Ebner
info@tabu-datentechnik.de
www.tabu-datentechnik.de

1 Delphi

Im ersten Kapitel sollen die Grundzüge des Arbeitens mit der Delphi-IDE besprochen werden.

Nach dem Start von Delphi sieht Ihre Entwicklungsumgebung in etwa folgendermaßen aus:

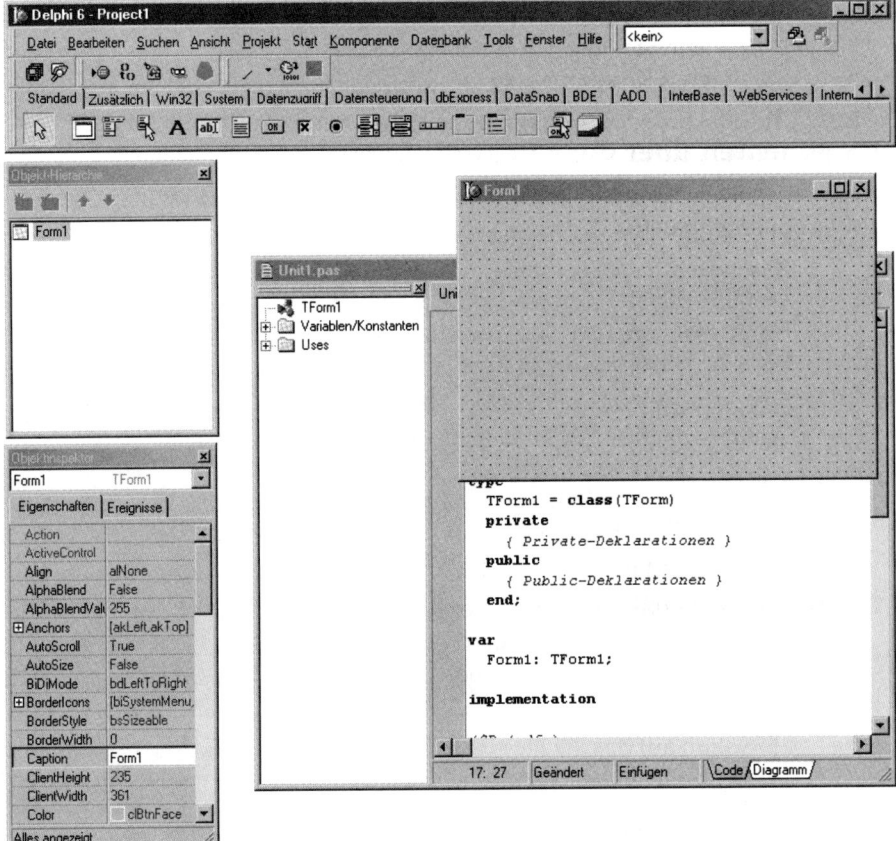

Es gibt hier fünf Fenster:

- Oben sehen Sie das Delphi-Fenster mit dem Menü, den SpeedButton (links) und der Komponentenpalette (rechts),

- Links oben wird die Objekt-Hierarchie angezeigt

- Links finden Sie den Objektinspektor,

- Mitte/rechts sehen Sie ein Formular, auf das Komponenten plaziert werden können und

- Mitte/unten – teilweise vom Formular verdeckt – sehen Sie das Quelltextfenster.

1.1 Komponenten einfügen und bearbeiten

In Delphi können Sie Formulare per Quelltext erzeugen. Schneller und einfacher geht es jedoch, wenn Sie Formulare visuell designen. Dazu nehmen Sie ein Formular und platzieren Komponenten darauf.

Komponenten über die Palette einfügen

Der gängigste Weg, Komponenten auf einem Formular zu platzieren, ist der über die Komponentenpalette.

Die Komponenten sind hier auf mehrere Registerseiten verteilt. Welche Komponente auf welcher Seite ist und was die einzelnen Komponenten tun, ist in Kapitel 3 beschrieben.

Um Komponenten aus der Palette einzufügen, gibt es prinzipiell drei Wege:

▪ Führen Sie einen Mausklick auf das Komponentensymbol aus, welches daraufhin markiert angezeigt wird.

Klicken Sie dann auf das Formular – an der betreffenden Stelle wird die Komponente eingefügt.

▪ Markieren Sie das Komponentensymbol wie eben beschrieben, und ziehen Sie danach auf dem Formular einen Rahmen auf. Visuelle Komponenten werden dann an der Position und mit der Größe dieses Rahmens eingefügt.

▪ Führen Sie einen Doppelklick auf das Symbol in der Komponentenpalette aus. Die Komponente wird jetzt in der Formularmitte eingefügt.

Mehrere gleiche Komponenten einfügen

Möchten Sie mehrere gleiche Komponenten einfügen, dann gehen Sie wie folgt vor:

▪ Klicken Sie das Komponentensymbol an, während Sie die SHIFT-Taste halten. Das Symbol wird mit einem blauen Rahmen dargestellt.

- Klicken Sie nacheinander an diejenigen Stellen, an welchen die Komponente eingefügt werden soll, oder ziehen Sie an diesen Stellen Rahmen auf.

- Um wieder in den normalen Modus zurückzukehren, klicken Sie auf den Pfeil links der Komponentenpalette.

Komponenten über die Liste einfügen

Mit ANSICHT | KOMPONENTENLISTE öffnen Sie eine alphabetisch geordnete Liste aller Komponenten.

Um von dieser Liste aus eine Komponente einzufügen, führen Sie einen Doppelklick darauf aus. Die Komponente wird dann in der Formularmitte eingefügt.

Position und Größe von Komponenten ändern

Um eine Komponente zu verschieben, führen Sie einen Mausklick darauf aus, halten die linke Maustaste betätigt, verschieben die Maus an diejenige Stelle, an welche die Komponente hin soll, und lassen die Maustaste los.

Um eine Komponente in ihrer Größe zu verändern, klicken Sie diese zunächst an. Sie wird dann von acht kleinen Rechtecken, den Anfassern, umgeben. Bewegen Sie den Mauszeiger über einen solchen Anfasser, dann symbolisieren Pfeile, in welche Richtung die Komponente vergrößert oder verkleinert werden kann.

1.1.1 Der Objektinspektor

Alle veröffentlichten Komponenteneigenschaften können über den Objekt-inspektor geändert werden. Bei manchen Eigenschaften gibt es zusätzliche andere Möglichkeiten, mit dem Objektinspektor geht es jedoch immer.

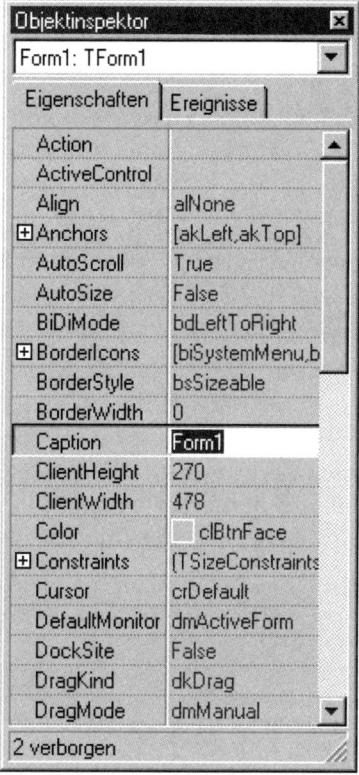

Im Objektinspektor finden Sie zwei Spalten: links werden die Bezeichner der Eigenschaften aufgelistet, rechts die dazugehörenden Werte.

Bevor die Eigenschaften einer Komponente geändert werden können, muss diese selektiert sein. Eine Komponente wird dadurch selektiert, dass ein Mausklick darauf ausgeführt wird. Sie wird dann von acht kleinen, schwarzen Kästchen umgeben, und ihr Bezeichner wird in der ComboBox ganz oben im Objekt-inspektor angezeigt.

Sie können eine Komponente auch dadurch selektieren, dass Sie ihren Eintrag in der ComboBox ganz oben im Objektinspektor anklicken. Eine weitere Möglichkeit besteht darin, mit Hilfe der TAB-Taste zur nächsten oder mit SHIFT+TAB zur vorherigen Komponente zu springen.

Mehrere Komponenten gleichzeitig selektieren

Sie haben auch die Möglichkeit, mehrere Komponenten gleichzeitig zu selektieren und somit zu bearbeiten. Hierzu gibt es drei Möglichkeiten:

- Klicken Sie nacheinander die zu selektierenden Komponenten an, und halten Sie derweil die SHIFT-Taste.

- Ziehen Sie mit der Maus einen Rahmen auf, in welchem die zu selektierenden Komponenten liegen.

- Möchten Sie einen Rahmen aufziehen, während die Komponenten auf einer anderen Komponente liegen (einem Panel beispielsweise), dann würden Sie diese Komponente verschieben. Um dies zu vermeiden, halten Sie hier die CTRL-Taste, während Sie den Rahmen aufziehen.

Wenn Sie mehrere Komponenten selektiert haben, dann bleibt die ComboBox ganz oben im Objektinspektor leer. Im Objektinspektor werden dann nur diejenigen Eigenschaften und Ereignisse angezeigt, welche allen selektierten Komponenten gemeinsam sind.

Eigenschaften verändern

Um eine Eigenschaft zu verändern, müssen Sie auf der Registerseite *Eigenschaften* im Objektinspektor die entsprechende Eigenschaft selektieren. Wie dann ein anderer Wert eingegeben wird, hängt von der Art der Eigenschaft ab.

- Bei Integer- und String-Eigenschaften wird der neue Wert einfach eingegeben. Geben Sie bei Integer-Eigenschaften nichts anderes als Ziffern ein.

Während bei manchen Eigenschaften der Wert sofort übertragen wird, muss bei anderen Eigenschaften erst ein Fokuswechsel stattfinden – auf eine andere Eigenschaft oder gleich ein anderes Fenster als den Objektinspektor.

- Bei booleschen Eigenschaften kann mit einer ComboBox zwischen *true* und *false* gewählt werden. Mit einem Doppelklick auf den Wert können Sie zwischen *true* auf *false* und umgekehrt umschalten.

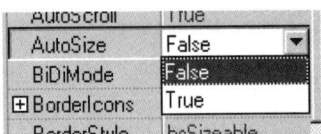

- Bei Aufzählungseigenschaften und Komponenteneigenschaften können Sie mit einer ComboBox zwischen den einzelnen Werten beziehungsweise zwischen den einzelnen Komponenten wählen.

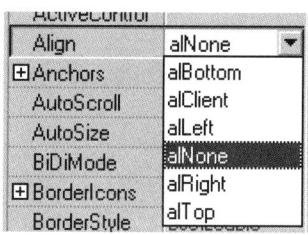 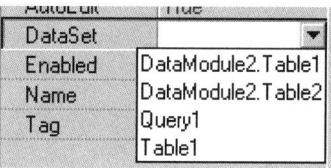

🔲 Bei Mengeneigenschaften wird im »Normalzustand« nur der Inhalt der Menge angezeigt. Mit einem Mausklick auf das +-Symbol kann man jedoch diese Eigenschaft »erweitern«, so dass für jedes Element der Menge eine boolesche Untereigenschaft zur Verfügung steht, mit deren Hilfe das Element in die Menge aufgenommen (*true*) oder ausgeschlossen (*false*) werden kann.

 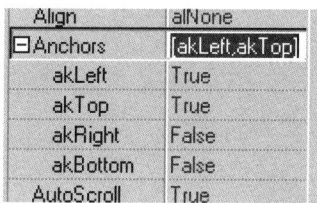

🔲 Ähnlich wie Mengeneigenschaften werden Objekteigenschaften bearbeitet, allerdings mit dem Unterschied, dass hier nicht Elemente in eine Menge aufgenommen werden, sondern Eigenschaften eines Objektes bearbeitet werden.

 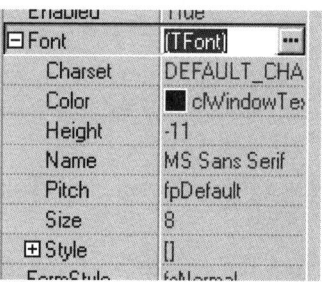

Der Button mit den drei Punkten an der rechten Seite symbolisiert, dass es für diese Eigenschaft einen Eigenschaftseditor gibt. Dieser wird mit einem Mausklick auf diesen Button aufgerufen.

Während Sie bei *TFont* die Wahl haben, ob Sie die Eigenschaft mit dem Objektinspektor oder dem Eigenschaftseditor bearbeiten, gibt es Eigenschaften (*TStrings* beispielsweise), welche nur mit dem Eigenschaftseditor bearbeitet werden können.

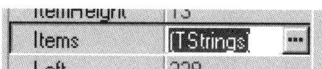

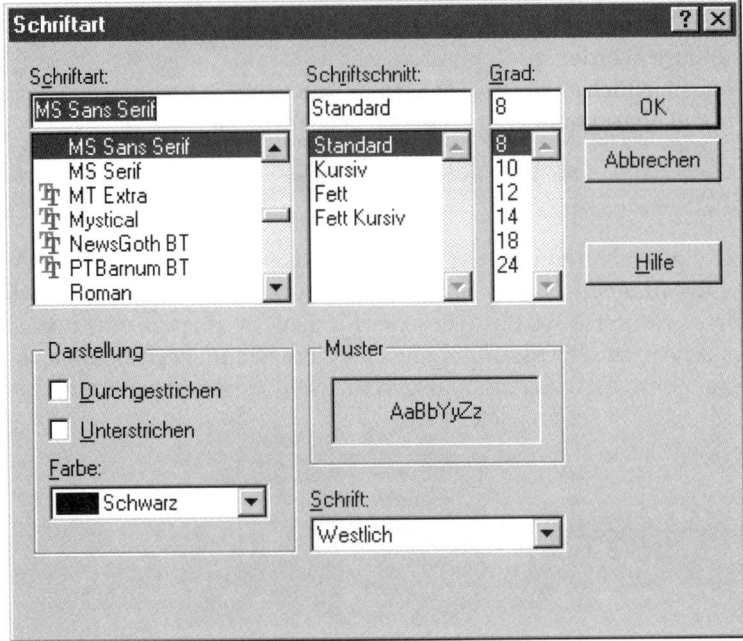

Ereignisse bearbeiten

Ereignisse sind Eigenschaften, die einen Zeiger auf eine Methode speichern. Wenn Sie einen Doppelklick auf den Wert eines »leeren« Ereignisses ausführen, dann geschehen drei Dinge:

- Delphi erstellt einen Prozedurenrumpf für eine Ereignisbehandlungsroutine und wechselt in das Quelltextfenster.

- Die Ereignisbehandlungsroutine wird in die Klassendefinition des Formulars aufgenommen.

- Ein Zeiger auf die Ereignisbehandlungsroutine wird dem Ereignis zugewiesen.

Sie können jedoch auch mittels einer ComboBox aus den vorhandenen Ereignissen auswählen. Auf diese Weise können Sie eine Ereignisbehandlungsroutine mehreren Ereignissen zuweisen. In der ComboBox werden nur die »passenden« Prozeduren – also diejenigen mit der gleichen Parameterliste – angezeigt.

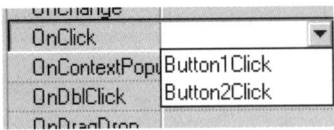

Eigenschaftskategorien

Per Voreinstellung werden die Eigenschaften und die Ereignisse alphabetisch sortiert. Sie haben jedoch auch die Möglichkeit, im Kontextmenü den Menüpunkt ANORDNEN | NACH KATEGORIE auszuwählen.

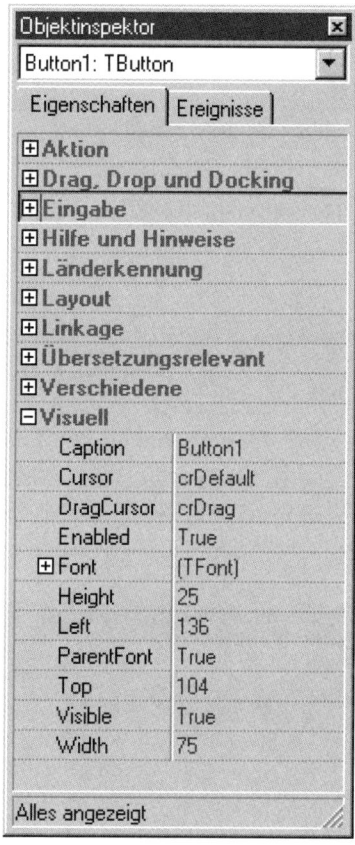

Beachten Sie dabei, dass eine Eigenschaft oder ein Ereignis im mehreren Kategorien vorhanden sein kann.

Über den Menüpunkt ANSICHT im Kontextmenü kann spezifiziert werden, welche Kategorien angezeigt werden und welche nicht. Diese Einstellung hat auch Auswirkungen darauf, welche Eigenschaften bei alphabetischer Sortierung angezeigt werden.

Wie Sie die Eigenschaften und Ereignisse von selbstgeschriebenen Komponenten auf die Kategorien verteilen, ist in Kapitel 6.1.6 erläutert.

Verbundene Komponenten

Seit Delphi 6 gibt es die Möglichkeit, die Eigenschaften einer verbundenen Komponente zu ändern. Wie schon in früheren Delphi-Versionen gibt es die Möglichkeit, bei einer Komponenteneigenschaft die Komponente mittels einer ComboBox auszuwählen.

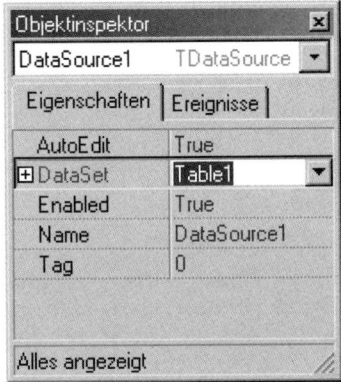

Neu ist jedoch die Möglichkeit, hier wie bei einer Objekt-Eigenschaft auf die Eigenschaften der verbundenen Komponente zu verzweigen und diese zu ändern. Dies ist besonders dann hilfreich, wenn sich diese Komponente in einem anderen Formular oder Datenmodul befindet.

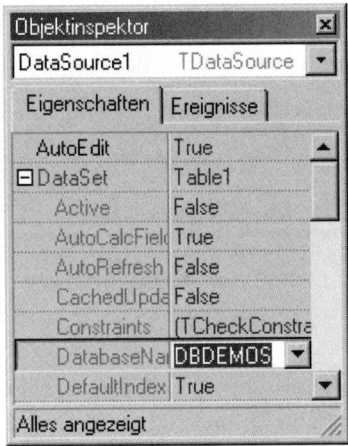

1.1.2 Komponenteneditoren

Für manche Komponenten gibt es einen oder mehrere Komponenteneditoren,
mit deren Hilfe Sie eine oder mehrere Eigenschaften der Komponente bearbeiten
können. Rufen Sie einen Komponenteneditor auf, indem Sie aus dem Kontextmenü der Komponente den entsprechenden Eintrag auswählen.

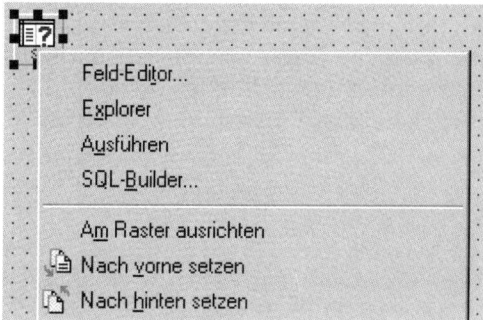

Die Komponente *TQuery* hier im Beispiel hat vier Komponenteneditoren.

Mit einem Doppelklick auf die Komponente rufen Sie den ersten Komponenteneditor auf. Hat eine Komponente keinen Komponenteneditor, dann erzeugen Sie
mit einem Doppelklick eine Ereignisbehandlungsroutine.

In manchen Fällen (beispielsweise bei *TMaskEdit*) ist ein Komponenteneditor auch
der Eigenschaftseditor einer Eigenschaft (im Beispiel der Eigenschaft *EditMask*).

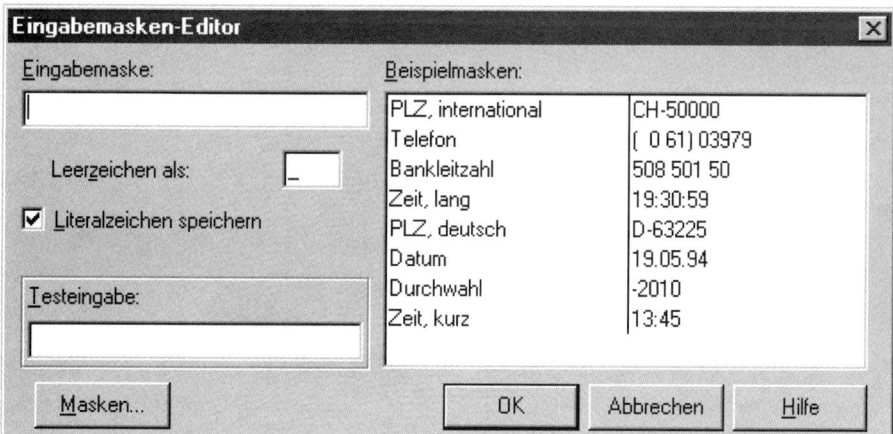

1.1.3 Tools zur Eigenschaftsbearbeitung

In Delphi gibt es einige Tools zur Bearbeitung von Eigenschaften. Diese finden Sie im Menü BEARBEITEN und/oder im Kontextmenü der Komponente.

Nach vorne und nach hinten setzen

Die zuletzt eingefügten Komponenten liegen »oben«, verdecken gegebenenfalls darunterliegende Komponenten. Eine Ausnahme davon bilden die nichtvisuellen Komponenten, die immer oben liegen. Mit den Menüpunkten NACH VORNE SETZEN und NACH HINTEN SETZEN kann diese Anordnung verändert werden.

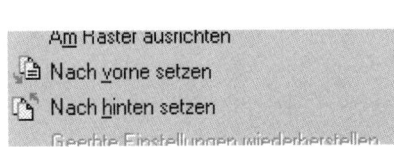 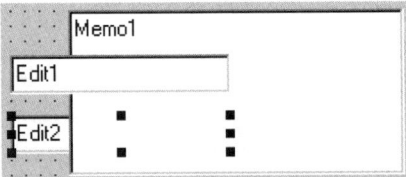

Ausrichten, Größe und Skalierung

Mit den Menüpunkten AUSRICHTEN, GRÖSSE und SKALIERUNG können die Abmessungen und die Position von Komponenten geändert werden.

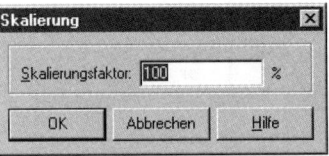

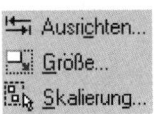

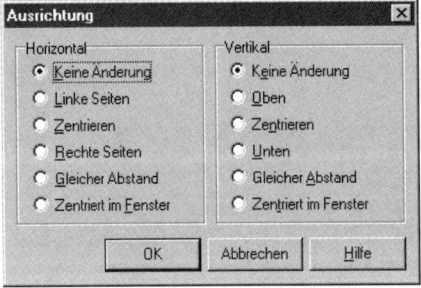 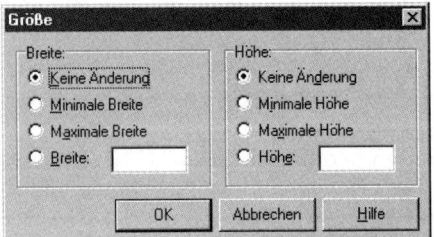

Element fixieren

Um zu verhindern, dass eine Komponente verschoben wird, selektieren Sie die Komponente und wählen BEARBEITEN I ELEMENT FIXIEREN. Die selektierte Komponente wird darauf mit »hohlen« Anfassern dargestellt.

Tabulatorreihenfolge

Zur Laufzeit können Sie mit der TAB-Taste von einem *TWinControl*-Nachfolger zum nächsten springen. Wer der nächste ist, wird anhand der Eigenschaft *TabOrder* bestimmt. Mit BEARBEITEN I TABULATROREIHENFOLGE öffnen Sie einen Dialog, mit dem Sie diese Eigenschaft komfortabel einstellen können.

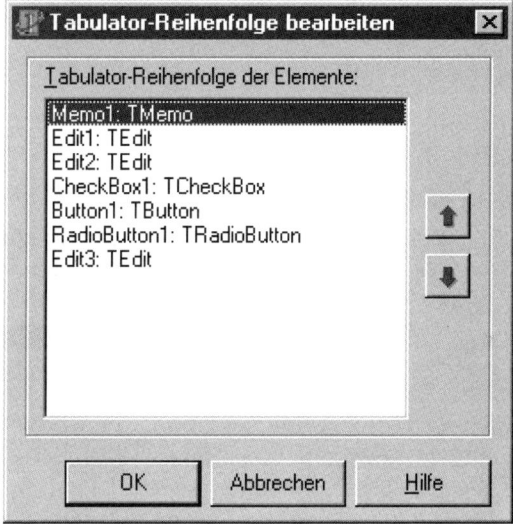

Ausrichtungspalette

Mit ANSICHT I AUSRICHTUNGSPALETTE öffnen Sie ein Tool zum einheitlichen Positionieren mehrerer Komponenten. Selektieren Sie die betreffenden Komponenten, und wählen Sie dann den entsprechenden Button, beispielsweise, um die Komponenten in einheitlichem Abstand anzuordnen.

Erstellungsfolge

Solange nichts anderes angegeben wird, werden nicht-visuelle Komponenten beim Programmstart in der Reihenfolge erzeugt, in der sie in das Formular eingefügt worden sind. In Ausnahmefällen muss diese Reihenfolge geändert werden. Verwenden Sie dazu den Dialog, den Sie mit BEARBEITEN | ERSTELLUNGSFOLGE öffnen können.

Objekt-Hierarchie

Mit Hilfe der Objekt-Hierarchie kann man sich anzeigen lassen, wie die Komponenten visuell ineinander verschachtelt sind. Hilfreich ist diese ab Delphi 6 verfügbare Funktion vor allem, um Container-Komponenten zu selektieren, die vollständig von darauf liegenden Komponenten ausgefüllt sind. (Wenn Sie noch nicht Delphi 6 haben: Selektieren Sie eine darauf liegende Komponente und betätigen – gegebenenfalls wiederholt – die Taste ESC.)

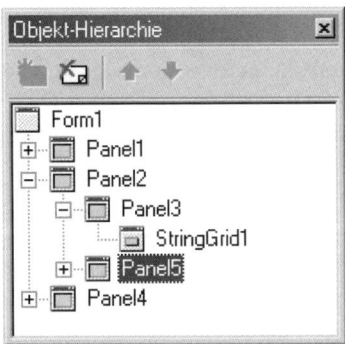

1.2 Projektverwaltung

Um ein neues Projekt anzulegen, wählen Sie den Menüpunkt DATEI | NEU | ANWENDUNG, oder – wenn Sie die CLX-Bibliothek verwenden möchten DATEI | NEU | CLX-ANWENDUNG.

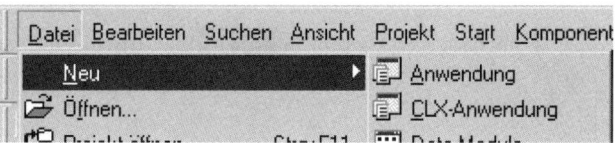

1.2.1 Projekte speichern und drucken

Zu einem Projekt gehören folgende Dateien:

- Der Projekt-Quelltext mit der Extension *dpr* (»delphi project«). Den gleichen Dateinamen wie die Datei des Projekt-Quelltextes erhält dann die compilierte Datei, jedoch mit der Extension *exe* oder *dll*.

- Ebenfalls mit demselben Dateinamen gespeichert werden die Compiler-Optionen mit der Extension *cfg* (»configuration«) und die Projekt-Optionen mit der Extension *dof* (»delphi object file«).

- Die Dateien aller beteiligten Units erhalten die Endung *pas* (»pascal«). Handelt es sich dabei um Formular-Units, gibt es dazu auch noch eine Formulardatei mit der Endung *dfm* (»delphi form«). Die Extension der kompilierten Unit lautet *dcu* (»delphi compiled unit«).

- Wird eine Datei neu gespeichert, dann erstellt Delphi eine Sicherungskopie. Deren Extensions beginnen mit einer Tilde (*~pas*, *~dfm* ...).

Dateien speichern

Um eine Unit zu speichern, wählen Sie DATEI | SPEICHERN. Handelt es sich um eine Formular-Unit, wird auch gleich die *dfm*-Datei gespeichert. Um eine Unit umzubenennen, wählen Sie *Datei | Speichern unter*. Der Name der Unit wird dann entsprechend geändert.

Um ein Projekt zu speichern, wählen Sie DATEI | PROJECT SPEICHERN UNTER. Um alle am Projekt beteiligten Dateien zu speichern, wählen Sie DATEI | ALLES SPEICHERN.

Datei öffnen

Um eine einzelne Datei zu öffnen, wählen Sie DATEI | ÖFFNEN. Um ein ganzes Projekt zu öffnen, verwenden Sie DATEI | PROJEKT ÖFFNEN.

Delphi verwaltet eine Liste der zuletzt geöffneten Projekte und Dateien. Um ein solches Projekt oder eine solche Datei neu zu öffnen, rufen Sie das Untermenü zu DATEI | NEU ÖFFNEN auf. Oberhalb des Trennstrichs finden Sie die zuletzt geöffneten Projekte, unterhalb die zuletzt geöffneten Dateien.

Drucken

Um ein Formular oder einen Quelltext zu drucken, wählen Sie DATEI | DRUCKEN. Wenn gerade ein Formular aktiv ist, werden Sie mit dem folgenden Dialogfenster konfrontiert:

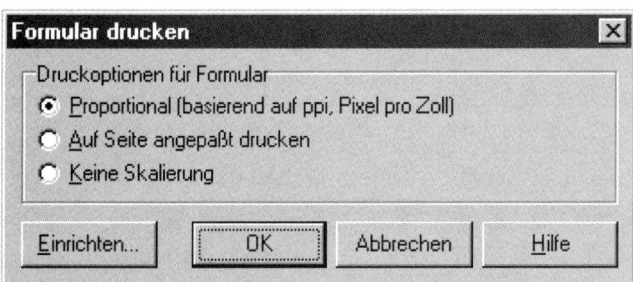

Beachten Sie, dass alle Formulare grundsätzlich ohne Titelleiste gedruckt werden.

Wenn gerade ein Quelltext aktiv ist, erscheint der folgende Dialog:

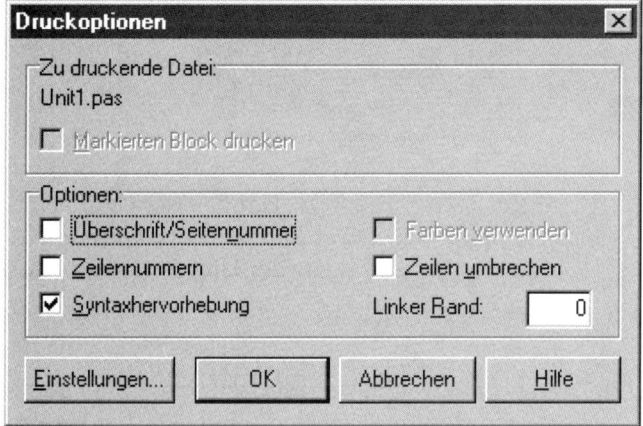

Achten Sie hier besonders auf die CheckBox MARKIERTEN BLOCK DRUCKEN. Wenn Sie den Menüpunkt DATEI | DRUCKEN aufrufen, solange ein Block markiert ist, wird automatisch diese Option gesetzt.

Wenn Sie Ihren Quelltext abheften möchten, sollten Sie den *Linken Rand* auf einen geeigneten Wert setzen.

1.2.2 Projektverwaltung

Mit ANSICHT | PROJEKTVERWALTUNG öffnen Sie ein Dialogfenster, mit dem Sie eine Übersicht über die Projekte und die darin enthaltenen Formulare und Units erhalten.

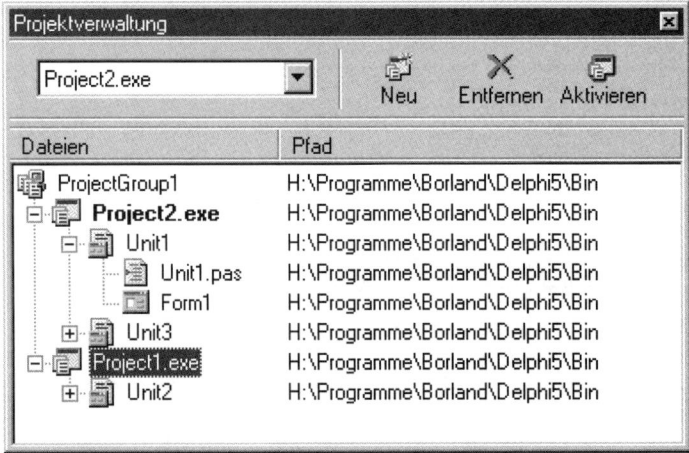

Sie können in einer Projektgruppe mehrere Projekte zusammenfassen. Dies macht nur dann Sinn, wenn Sie diese Projekte auch gleichzeitig bearbeiten wollen – meist reicht es völlig, jeweils nur ein Projekt zu bearbeiten. Projektgruppen erhalten die Extension *bpg*.

Hier im Beispiel sind die Dateinamen von Delphi vergeben worden. Damit genügen sie einer ganz wesentlichen Anforderung – sie sind eindeutig. Bei kleinen Beispielprojekten kann man es problemlos dabei belassen.

Bei umfangreicheren Projekten – sagen wir einmal, mit 120 Formularen – kann sich jedoch kaum ein Mensch merken, was sich nun hinter *Form37* und *Unit68* verbirgt. Hier sollten Sie aussagekräftige Formular- und Dateinamen vergeben.

Mit der ComboBox links oben im Formular können Sie wählen, welches Projekt gerade aktiv ist. Dieses Projekt würden Sie mit F9 starten, und wenn Sie mit DATEI | NEUES FORMULAR ein neues Formular hinzufügen, dann wird das dem gerade aktiven Projekt hinzugefügt.

Wenn zum Umschalten des aktiven Projektes nicht die Projektverwaltung geöffnet werden soll, dann können Sie auch die ComboBox verwenden, die mit dem SpeedButton zum Start des Projektes verbunden ist.

1.2.3 Projektoptionen

Mit *Projekt | Optionen* rufen Sie einen mehrseitigen Dialog auf, mit dem Sie Projekt-
optionen einstellen können.

Formulare

Auf der Registerseite Formulare finden Sie alle Formulare im Projekt aufgeführt.
Formulare, die sich auf der Seite *Automatisch erzeugen* befinden, werden beim
Start der Anwendung erzeugt und können dann mit *Show* angezeigt werden.

Nun dauert das Erzeugen eines Formulares eine gewisse Zeit, insbesondere dann,
wenn dabei auch Datenzugriffskomponenten geöffnet werden. Was bei einem
Projekt von fünf Formularen in der Regel überhaupt kein Problem ist, kann bei
120 Formularen quälend langsam werden.

Sie können deshalb beliebig viele Formulare auf die Seite *Verfügbare Formulare*
verschieben. Diese Formulare müssen erst mit *Create* erzeugt werden, bevor sie
mit *Show* angezeigt werden können. Bei einer solchen Vorgehensweise wird nicht
nur der Programmstart beschleunigt, es werden auch weniger Speicher und Ressourcen belegt.

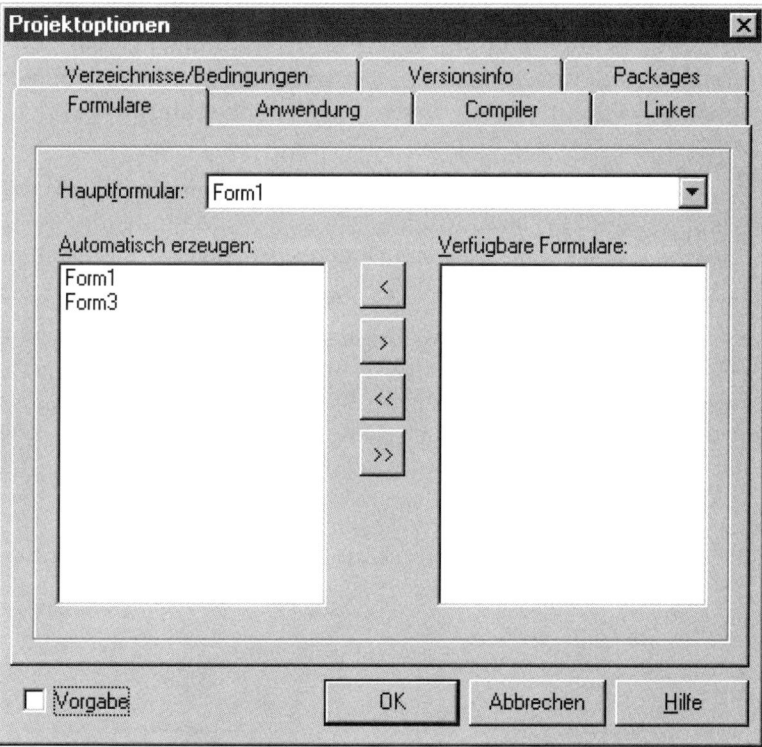

Mit der ComboBox *Hauptformular* können Sie wählen, welches Formular nach dem Programmstart als erstes angezeigt wird.

Anwendung

Auf der Registerseite *Anwendung* können eine Hilfe-Datei und ein Icon zugewiesen sowie ein Titel und eine Extension vergeben werden.

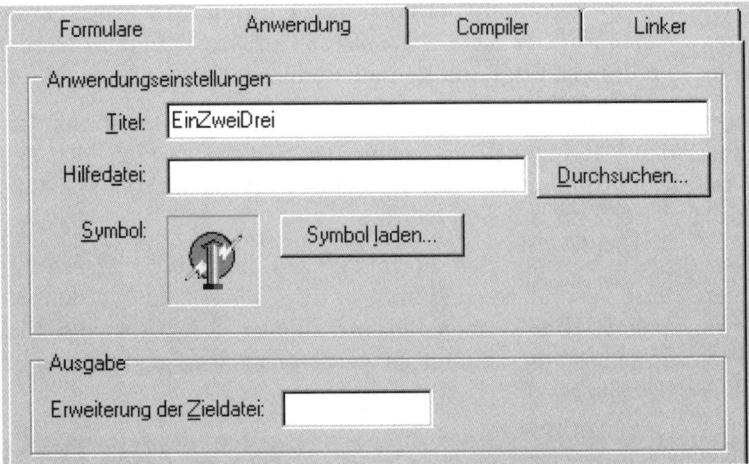

Der Titel der Anwendung erscheint beispielsweise beim Taskbar-Icon. Wird hier nichts eingegeben, dann wird der Name des Programms verwendet.

Jedem Formular kann ein eigenes Icon und eine eigene Hilfe-Datei zugewiesen werden. Wird dies nicht getan, dann werden das Icon und/oder die Hilfe-Datei der Anwendung verwendet, welche hier zugewiesen werden können.

Der Dateiname der Hilfedatei wird inklusive dem vollständigen Pfad gespeichert. Wird das Programm auf einem anderen Rechner installiert, so stimmt vermutlich der Pfad des zugewiesenen Dateinamens nicht mehr. Während die aktuelleren Delphi-Versionen die Hilfe-Datei auch dann finden, vorausgesetzt, sie befindet sich im selben Pfad wie die Exe-Datei, machen hier die frühen Delphi-Versionen Probleme. Diese können Sie umgehen, wenn Sie die Eigenschaft *HelpFile* erst zur Laufzeit setzen:

```
procedure TForm1.FormCreate(Sender: TObject);
begin
  Application.HelpFile := ExtractFilePath(Application.ExeName)
    + '\DEMO300.HLP';
end;
```

Compiler

Auf der Registerseite *Compiler* finden Sie einige sehr wichtige Einstellungen.

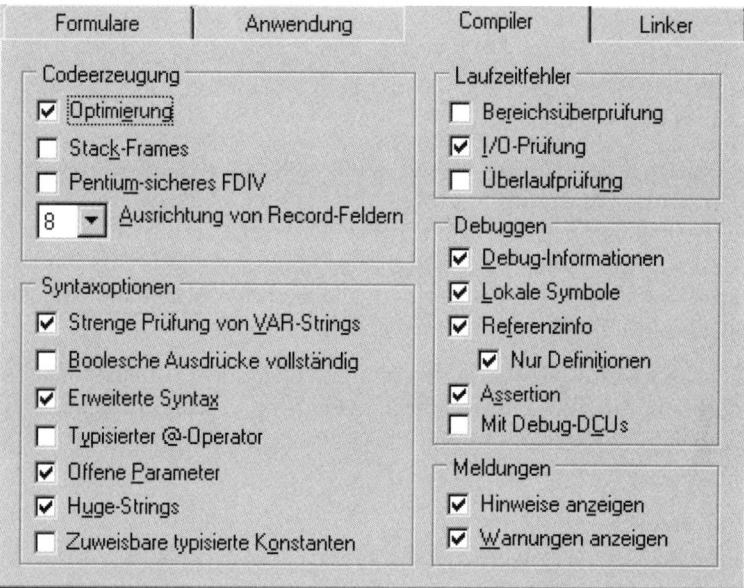

Im folgenden sollen nun die wichtigsten Compiler-Optionen besprochen werden. Beachten Sie bitte, dass der Compiler nur diejenigen Dateien neu kompiliert, die seit der letzten Kompilierung geändert wurden – eine Änderung der Compileroptionen betrachtet der Compiler jedoch nicht als Änderung.

Wünschen Sie, dass nach dem Ändern einer Compileroption der Quelltext neu kompiliert wird, dann muss er geändert werden – gegebenenfalls dadurch, dass irgendwo ein Leerzeichen eingefügt und wieder gelöscht wird.

- In der GroupBox *Codeerzeugung* finden Sie die Option *Optimierung*. Diese sollten Sie während der Entwicklung deaktivieren und erst dann, bevor Sie die endgültige Version kompilieren, wieder aktivieren.

  Die Optimierung verbessert deutlich den erzeugten Code. Sie tut das so gut, dass immer mal wieder Variablen wegoptimiert werden, was dann ein Problem ist, wenn sie vom Debugger angezeigt werden sollen.

- Aktivieren Sie in der GroupBox Laufzeitfehler die Optionen *Bereichsüberprüfung* und *Überlaufprüfung*.

  Die Bereichsüberprüfung sorgt dafür, dass ein Zugriff auf ein Array auf diejenigen Felder beschränkt bleibt, die bei der Array-Definition angegeben wurden. Betrachten wir das folgende Beispiel:

```
var
  a: array[0..5] of integer;
  i, j: integer;
begin
  i := 6;
  j := a[i];
  Caption := IntToStr(j);
```

Ohne Bereichsüberprüfung würde der Variablen *j* der Inhalt derjenigen vier Bytes zugewiesen, die im Speicher hinter dem Array liegen. Was nun dort genau im Speicher liegt, ist sehr schwer vorherzusagen. Während hier bei einem Lesezugriff mit anschließender Ausgabe noch nichts Ernsthaftes passieren kann, könnte bei einem Schreibzugriff irgendwohin in den Speicher schon deutlich mehr Unheil angerichtet werden.

Die Überlaufprüfung sorgt dafür, dass eine Exception auftritt, sobald ein Integer-Überlauf auftritt. Ohne eine solche Prüfung würde in folgenden Beispiel die Zahl *-2147483641* angezeigt.

```
var
  i: integer;
begin
  i := 2147483645;
  i := i + 10;
  Edit1.Text := IntToStr(i);
```

Sie sollten es sich angewöhnen, Programme so zu schreiben, dass Fehlfunktionen – wenn sie schon nicht vermeidbar sind – dann auch wenigstens offen zutage treten. An abgestürzte Programme ist man als Windows-Anwender inzwischen gewöhnt. Wenn aber ein nicht mehr funktionierendes Programm noch eine Zeit lang vor sich hinwerkelt und dabei den halben Datenbestand unbrauchbar macht, dann ist das mehr als ärgerlich.

▪ In der GroupBox *Syntaxoptionen* gibt es die Option *Boolesche Ausdrücke vollständig*. Im Regelfall werden boolesche Ausdrücke nur soweit ausgewertet, bis das Ergebnis festgestellt werden kann. Wenn im folgenden Beispiel *SaveDialog1* mit *Abbrechen* geschlossen wird und die Funktion *Execute* somit den Wert *false* zurückgibt, dann wird *SaveDialog2.Execute* gar nicht erst aufgerufen, weil das Ergebnis der *and*-Verknüpfung schon vorher feststeht.

```
if (SaveDialog1.Execute and SaveDialog2.Execute) then ...
```

Möchten Sie ein solches Verhalten verhindern, dann sollten Sie diese Option setzen.

Projektquelltext anzeigen

Mit PROJEKT | QUELLTEXT ANZEIGEN können Sie den Projektquelltext einsehen.

```
program Project2;

uses
  Forms,
  Unit1 in 'Unit1.pas' {Form1},
  Unit3 in 'Unit3.pas' {Form3};

{$R *.RES}

begin
  Application.Initialize;
  Application.Title := 'EinZweiDrei';
  Application.CreateForm(TForm1, Form1);
  Application.CreateForm(TForm3, Form3);
  Application.Run;
end.
```

Der Projektquelltext wird von Delphi verwaltet. Nehmen Sie hier nur Änderungen vor, wenn Sie wissen, was Sie tun. Rechnen Sie damit, dass Delphi beispielsweise nicht mehr erkennt, welche Formulare automatisch erzeugt werden, wenn Sie den Projektquelltext ändern.

Konsolenanwendungen

Mit DATEI | NEU | WEITERE | KONSOLENANWENDUNG erstellen Sie eine Textbildschirmanwendung. Hier müssen Sie dann selbst das Hauptprogramm schreiben.

Bei Konsolenanwendungen können Sie den vollen Sprachumfang des 32-Bit-Compilers sowie die entsprechenden Klassen verwenden.

```
program Project1;

{$APPTYPE CONSOLE}

uses sysutils;
begin
  Writeln('Hallo Anwender');

  Readln;
end.
```

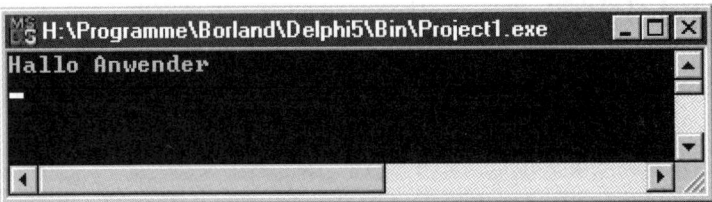

Weitere

Neben Anwendungen, CLX-Anwendungen und Konsolen-Anwendungen können Sie eine Menge anderer Dinge mit Delphi erstellen: DLLs (siehe Kapitel 5.3),
NT-Services, Programme für die Systemsteuerung und so weiter. Mit
DATEI | NEU | WEITERE kommen Sie in den entsprechenden Dialog, im Zweifelsfall
ziehen Sie die Online-Hilfe zu Rate.

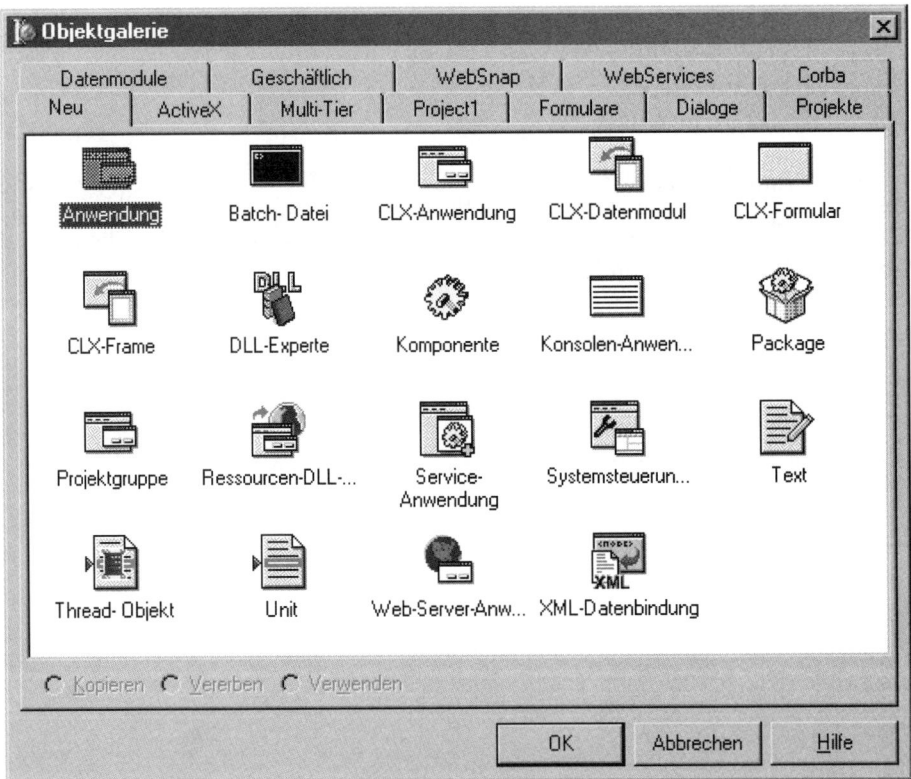

1.3 Die Entwicklungsumgebung

Mit Delphi haben Sie eine Entwicklungsumgebung (integrated development environment, IDE), welche Sie recht gut an die eigenen Bedürfnisse anpassen können.

1.3.1 Das Quelltextfenster

Das Quelltextfenster ist in drei Bereiche gegliedert.

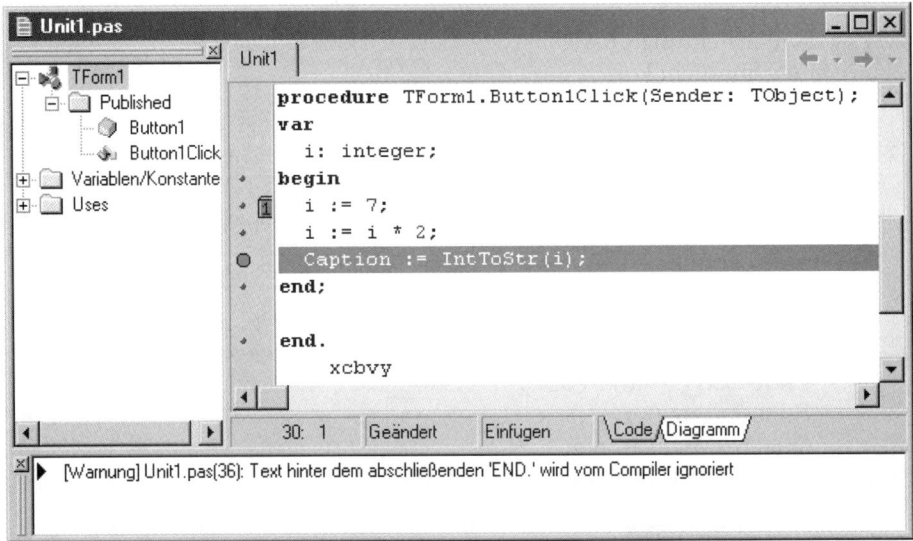

Rechts oben sehen Sie das eigentliche Quelltextfenster. Hier geben Sie Ihre Anweisungen ein. Mit den Registerseiten oberhalb des Editors können Sie die Unit wählen, welche Sie bearbeiten möchten.

Links neben dem Editor sehen Sie die so genannte Leiste. Auf dieser Leiste finden Sie im Beispiel ein Lesezeichen und einen Haltepunkt.

Das Lesezeichen ist ein grünes Viereck mit einer Ziffer, hier der eins. Um so ein Lesezeichen zu setzen oder wieder zu entfernen, betätigen Sie die Tastenkombination SHIFT+CTRL+ZIFFER, in diesem Fall also SHIFT+CTRL+1. Um zu einem Lesezeichen zu springen, verwenden Sie CTRL+ZIFFER, hier im Beispiel also CTRL+1.

Einen Haltepunkt – ein roter Kreis – fügen Sie ein, indem Sie mit der linken Maustaste auf die Leiste klicken. Auf dieselbe Weise entfernen Sie ihn auch wieder. Bei einem Haltepunkt unterbricht die Programmausführung, damit Sie den Inhalt von Variablen untersuchen können.

Die kleinen blauen Punkte (dass sie blau sind, sehen Sie in der Abbildung leider nicht) sind die Stellen, an die ein Haltepunkt gesetzt werden kann. Wenn es in einer Prozedur keine solchen blauen Punkte gibt, dann kann das daran liegen, dass diese Prozedur nicht verwendet und somit vom Linker entfernt wird.

Unter dem Quelltextfenster finden Sie die Möglichkeit, zwischen *Code* und *Diagramm* umzuschalten – zum Diagramm später mehr.

Compilermeldungen

Unten finden Sie das Fenster für die Compilermeldungen. Hier erhalten Sie Fehlermeldungen, Hinweise und Warnungen.

- Eine Fehlermeldung gibt Ihnen den Grund (oder einer der Gründe) an, warum eine Unit nicht kompiliert werden kann.

- Bei einer Warnung geht der Compiler davon aus, dass Sie einen Fehler gemacht haben könnten – der Quelltext ist zwar syntaktisch richtig und lässt sich somit kompilieren, der Compiler vermutet jedoch einen logischen Fehler.

- Bei einem Hinweis ist der Compiler der Ansicht, dass Sie Ihren Quelltext noch optimieren können – beispielsweise eine Variablendeklaration entfernen, die Sie nicht (mehr) benötigen.

Code-Explorer

Auf der linken Seite finden Sie den Code-Explorer. Eine Unit kann durchaus mal etwas länger werden und sehr viele Elemente enthalten. Damit Sie hier nicht vollständig den Überblick verlieren, gibt es den Code-Explorer.

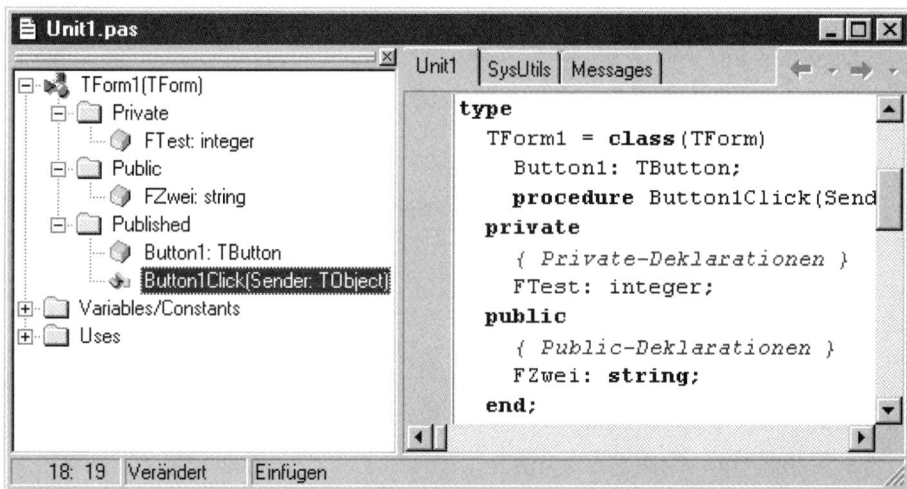

Der Code-Explorer zeigt alle definierten globalen Klassen, Variablen, Konstanten, Prozeduren und Funktionen an sowie alle eingebundenen Units. Um zur Definition einer Klasse, einer Variablen oder einer Konstanten zu gelangen, führen Sie einen Doppelklick auf den entsprechenden Eintrag im Code-Explorer aus.

Mit einem Doppelklick auf einer Prozedur oder Funktion gelangen Sie zur Implementierung dieser Routine.

Tastenkürzel

Im Quelltextfenster funktionieren eine ganze Reihe von Tastenkürzeln. Die wichtigsten sollen hier vorgestellt werden.

▨ Es funktionieren alle Standard-Windows-Tastenkürzel, beispielsweise

    ▨ CTRL+POS1 springt an den Dateianfang

    ▨ CTRL+ENDE springt an das Dateiende

    ▨ Das Bewegen des Cursors bei gleichzeitigem Halten der SHIFT-Taste markiert einen Block.

    ▨ Mit CTRL+C wird ein markierter Block in die Zwischenablage kopiert, mit CTRL+X ausgeschnitten, mit CTRL+V aus der Zwischenablage eingefügt.

▨ Für die Zwischenablage-Operationen funktionieren auch die »Linkshänder-Kombinationen« CTRL+EINFG (kopieren), SHIFT+EINFG (einfügen) und SHIFT+ENTF (ausschneiden).

▨ Mit CTRL+I wird ein markierter Block eingerückt, mit CTRL+U ausgerückt.

▨ Um ein Lesezeichen zu setzen, verwenden Sie SHIFT+CTRL+ZIFFER (beispielsweise SHIFT+CTRL+5 für das Lesezeichen fünf). Um zu einem Lesezeichen zu springen, verwenden Sie CTRL+ZIFFER.

▨ Um einen Bereich zu markieren, halten Sie die SHIFT- und die ALT-Taste, während Sie die Cursor-Tasten bewegen. Um diesen Modus abzuschalten, verwenden Sie CTRL+O+K.

```
procedure TForm1.Button2Click(Sender: TObject);
begin
  Canvas.PenPos.Color := clRed;
  Canvas.MoveTo(10,10);
  Canvas.LineTo(20,20);
end;
```

▨ Um das Projekt zu starten, verwenden Sie F9.

▨ Die Online-Hilfe wird mit F1 aufgerufen.

▨ Um einen Haltepunkt zu setzen oder zu löschen, verwendet man F5.

▨ Mit CTRL+F wird eine Suche gestartet, mit F3 wird die Suche wiederholt. Zum Ersetzen verwendet man CTRL+R.

▨ Um vom Quelltextfenster zum Formular (oder zurück) zu wechseln, drückt man F12.

Editoreinstellungen

Um den Editor den eigenen Wünschen anzupassen, ruft man den Menüpunkt TOOLS I EDITOR-OPTIONEN auf. In dieses Formular gelangt man auch, indem man vom Editor aus den Kontextmenüpunkt EIGENSCHAFTEN aufruft.

Auf der Registerseite *Anzeige* können Sie beispielsweise die Schriftgröße einstellen. Und wenn Ihre Kommentare nicht mehr blau und kursiv, sondern rot und unterstrichen dargestellt werden sollen, dann finden Sie die Einstellmöglichkeiten auf der Registerseite *Farben*.

Sie sollten der Versuchung widerstehen, alles in unterschiedlichen Farben und Stilen zu formatieren, sonst »sehen Sie den Wald vor lauter Bäumen nicht mehr«. Interessant ist es gegebenenfalls, Konstanten rot zu formatieren. Konstanten sollten – zumindest bei größeren Projekten – nicht mehr in den einzelnen Routinen zu finden sein, sondern in einem Definitionsteil am Anfang des *interface*- und / oder *implementation*-Teils oder gleich in einer eigenen Unit.

Desktop-Einstellungen

Je nachdem, was Sie gerade tun, haben Sie andere Fenster geöffnet. Wenn Sie gerade Quelltext erstellen, dann benötigen Sie ein möglichst großes Editor-Fenster. Wenn Sie Formulare erzeugen, dann benötigen Sie den Objektinspektor. Beim Debuggen brauchen Sie vielleicht die Liste der überwachten Ausdrücke – zur Entwurfszeit liegt Ihnen diese bloß im Weg rum.

Seit Delphi 5 besteht nun die Möglichkeit, mehrere Desktop-Einstellungen zu speichern. Um die aktuelle Situation zu speichern, verwenden Sie ANSICHT | DESKTOPS | DESKTOP SPEICHERN. Geben Sie im dann erscheinenden Dialog entweder einen neuen Namen ein, oder wählen Sie einen Namen aus, um einen bestehenden Desktop zu überschreiben.

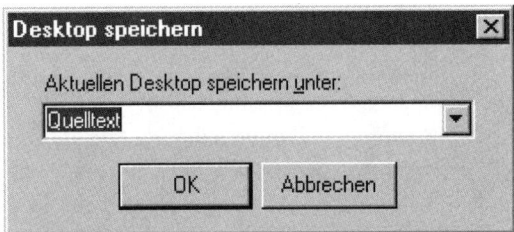

Sie können das eben erwähnte Menü auch verwenden, um zwischen den einzelnen Desktops zu wechseln. Schneller geht es aber mit der ComboBox im Delphi-Fenster.

Daneben finden Sie auch einen SpeedButton, um die aktuelle Einstellung zu speichern. Sie können einen Desktop auch zum Debug-Desktop küren – er wird dann immer verwendet, wenn der Programmablauf unterbrochen wird.

Diagramm

Programmierer neigen dazu, lieber zu programmieren als zu dokumentieren. Dieses Problem wurde unter Delphi bislang noch dadurch verschärft, dass zwar Kommentare im Quelltext möglich waren, nicht aber beim visuell programmierten. Gerade im Datenbankbereich lassen sich jedoch kleinere Projekte ohne eine einzige Zeile Quelltext erstellen.

Mit dem Diagramm besteht nun seit Delphi 6 die Möglichkeit, visuell programmiertes zu dokumentieren. Denjenigen Lesern, die Delphi 5 kennen, wird das Diagramm bekannt vorkommen. Damals war es jedoch nur für die Datenmodule verfügbar – inzwischen kann man für jede Unit mehrere solcher Diagramme erstellen.

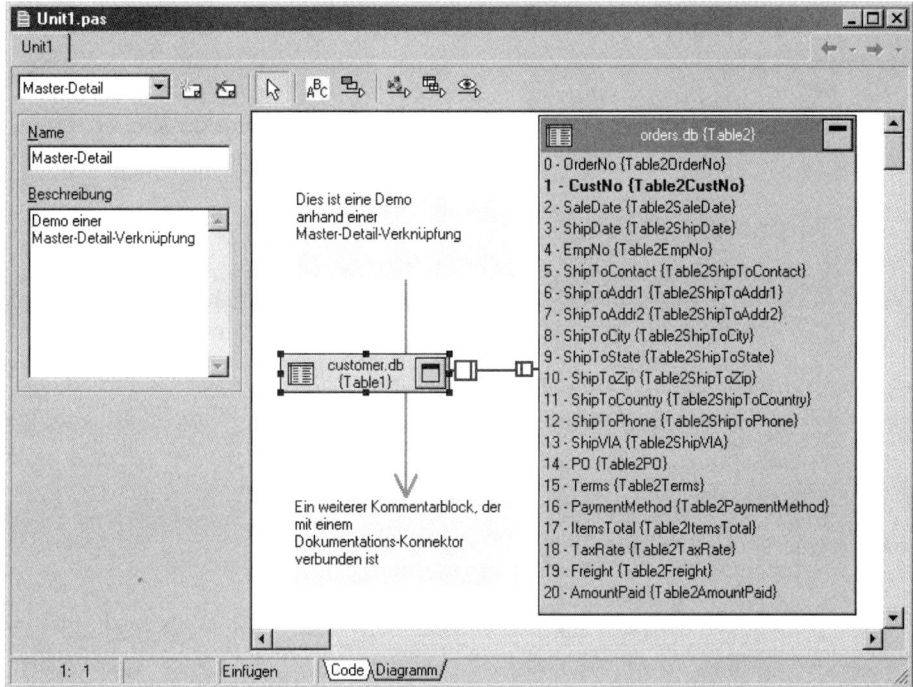

Sie können pro Unit mehrere Diagramme erstellen und zwischen diesen mit der ComboBox links oben wechseln. Für jedes Diagramm können Sie einen Namen (im Beispiel *Master-Detail*) und eine Beschreibung eingeben. Die beiden Buttons rechts neben der ComboBox links oben dienen dazu, ein neues Diagramm hinzuzufügen oder ein bestehendes zu löschen.

Um eine Komponente hinzuzufügen, wird sie mit Drag&Drop von der Objekt.Hierarchie herübergezogen. Die meisten Komponenten werden dabei nur als einfaches Kästchen angezeigt, bei Datenmengenkomponenten werden – sofern persistente TField-Instanzen angelegt sind – die Feldkomponenten aufgelistet. Über das Kontextmenü können nicht nur Einstellungen wie die Farben geändert werden, sondern auch die Komponenteneditoren der betreffenden Komponenten aufgerufen werden.

Des Weiteren können Felder mit Kommentaren oder verbindende Pfeile hinzugefügt werden. Außerdem können zueinander passende Komponenten (*TDataSource* zu *TTable* beispielsweise) miteinander verbunden werden, es können Master-Detail- und Nachschlage-Verknüpfungen erstellt und bearbeitet werden.

Leider sind die Möglichkeiten nicht überall so umfangreich wie im Datenbankbereich. Zu Dokumentationszwecken wäre es beispielsweise kann hilfreich, die Beschriftung eines Buttons anzeigen zu können.

1.3.2 Die Programmierhilfe

Seit Delphi 3 gibt es die Programmierhilfe als Unterstützung für den Programmierer.

Code-Vervollständigung

Die Code-Vervollständigung ist eine ComboBox, mit deren Hilfe Sie aus den Eigenschaften, Feldern und Methoden eines Objektes auswählen können. Markieren Sie den betreffenden Eintrag, und betätigen Sie dann die ENTER-Taste.

```
procedure TForm1.Button3Click(Sender: TObject);
begin
  Form1.
end;
end.
```

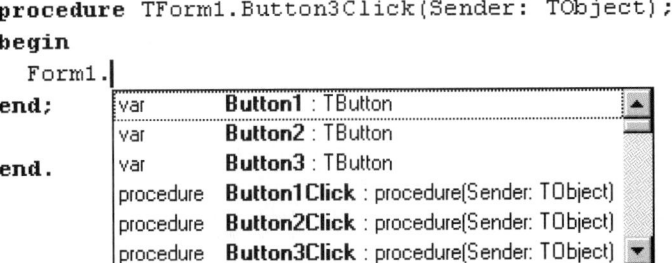

Um die Code-Vervollständigung aufzurufen, gibt es zwei Wege:

- Geben Sie den Bezeichner einer Instanz und einen Punkt ein oder

- Betätigen Sie CTRL+LEERTASTE.

Code-Parameter

Rufen Sie den Bezeichner einer Routine auf, und öffnen Sie die Klammer zur Parameterübergabe, dann zeigt Delphi in einem Hint-Fenster an, welche Parameter erwartet werden. Dabei wird der Parameter, der als nächstes erwartet wird, jeweils fett dargestellt.

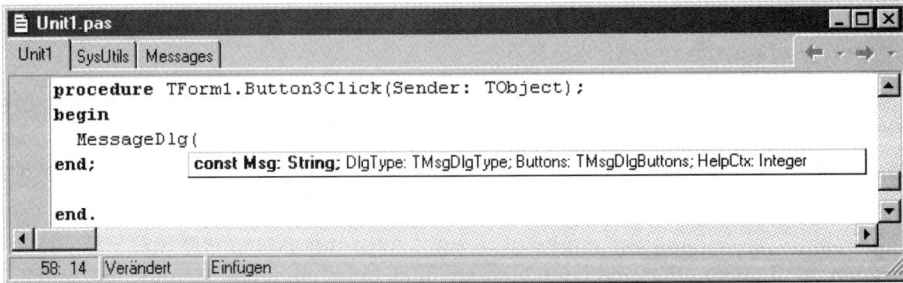

Quelltext-Schablonen

Viel Tipparbeit können Quelltext-Schablonen ersparen, beispielsweise eine für *Application.ProcessMessages*.

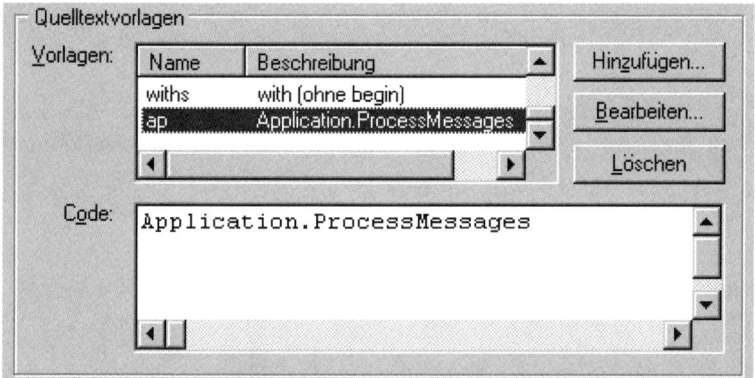

Um nun diese Anweisung in den Quelltext einzufügen, muss nur noch *ap* geschrieben und die Tastenkombination CTRL+J betätigt werden.

Klassen-Vervollständigung

Ebenfalls zur Vermeidung lästiger Tipparbeit dient die Klassenvervollständigung. Nehmen wir einmal an, Sie haben eine Unit mit der folgenden Klasse:

```
unit Unit2;

interface

type
  TTest = class
    property Hallo: string;
    property OnClick: TNotifyEvent;
  end;

implementation

end.
```

Stellen Sie sicher, dass sich der Cursor innerhalb der Klassendefinition befindet und betätigen Sie dann CTRL+SHIFT+C (»complete«). Delphi erweitert jetzt den Quelltext wie folgt:

```pascal
unit Unit2;

interface

type
  TTest = class
  private
    FHallo: string;
    FOnClick: TNotifyEvent;
    procedure SetHallo(const Value: string);
    procedure SetOnClick(const Value: TNotifyEvent);
  published
    property Hallo: string read FHallo write SetHallo;
    property OnClick: TNotifyEvent read FOnClick write SetOnClick;
  end;

implementation

{ TTest }

procedure TTest.SetHallo(const Value: string);
begin
  FHallo := Value;
end;

end.
```

Zu den Eigenarten, die noch nicht ganz ausgereift sind, gehört das Verhalten, dass stets explizit eine Schreibmethode erstellt wird. Gerade bei Ereignissen könnte man gut darauf verzichten.

Erstellt man eine Eigenschaftsdefinition gleich mit *read*- und *write*-Klausel, so hält sich Delphi jedoch an die dabei geäußerten Wünsche. Für die folgende Eigenschaft würde beispielsweise keine Schreibmethode erzeugt:

```pascal
property Wert2: integer read FWert2 write FWert2;
```

Für die folgende Eigenschaft würde sowohl eine Lese- als auch eine Schreibmethode erzeugt, allerdings kein Feld.

```pascal
property Wert: integer read GetWert write SetWert;
```

1.3.3 Konfiguration der Komponentenpalette

Bei jeder neuen Delphi-Version kommen neue Komponenten dazu. Wenn Sie dann vielleicht auch noch eigene Komponenten erstellen oder Komponenten von Drittanbietern nutzen, wird die Komponentenpalette schnell sehr unübersichtlich. Vielleicht gibt es ja einige Komponenten darunter, die Sie nie einsetzen. Diese können Sie entfernen.

Packages installieren

Mit dem Menüpunkt KOMPONENTE | PACKAGES INSTALLIEREN rufen Sie einen Dialog auf, der eigentlich dazu gedacht ist, neue Packages zu installieren.

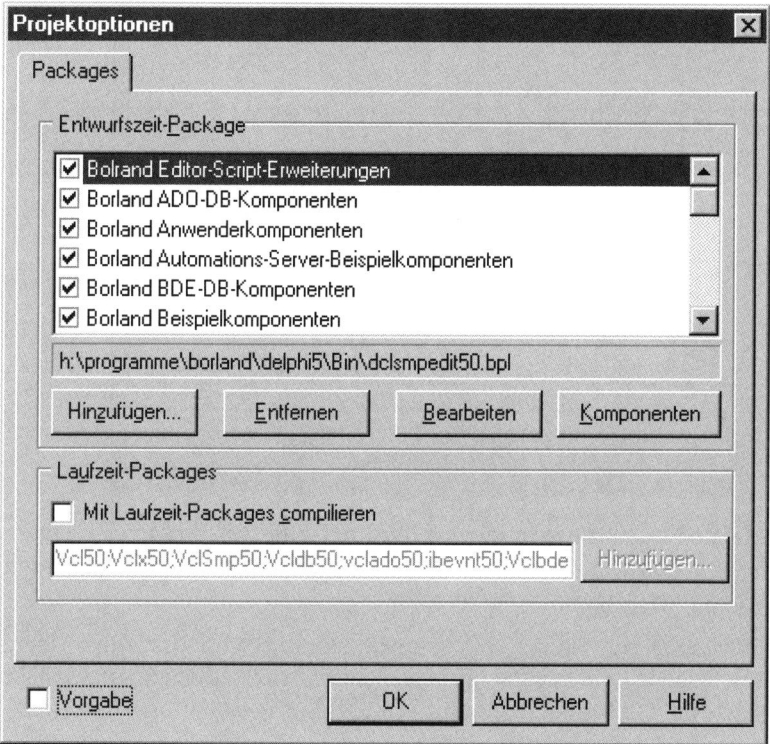

Wenn Sie ein oder mehrere Packages deaktivieren, dann werden diese auch nicht mehr in der Komponentenpalette angezeigt.

Stören Sie sich nicht daran, dass dieses Dialogfenster unter *Projektoptionen* firmiert. Sie können diese Registerseite auch über PROJEKT | OPTIONEN aufrufen, um dann beispielsweise einzustellen, ob Laufzeitpackages verwendet werden sollen.

Palette konfigurieren

Mit KOMPONENTE | PALETTE KONFIGURIEREN gelangen Sie in den folgenden Dialog:

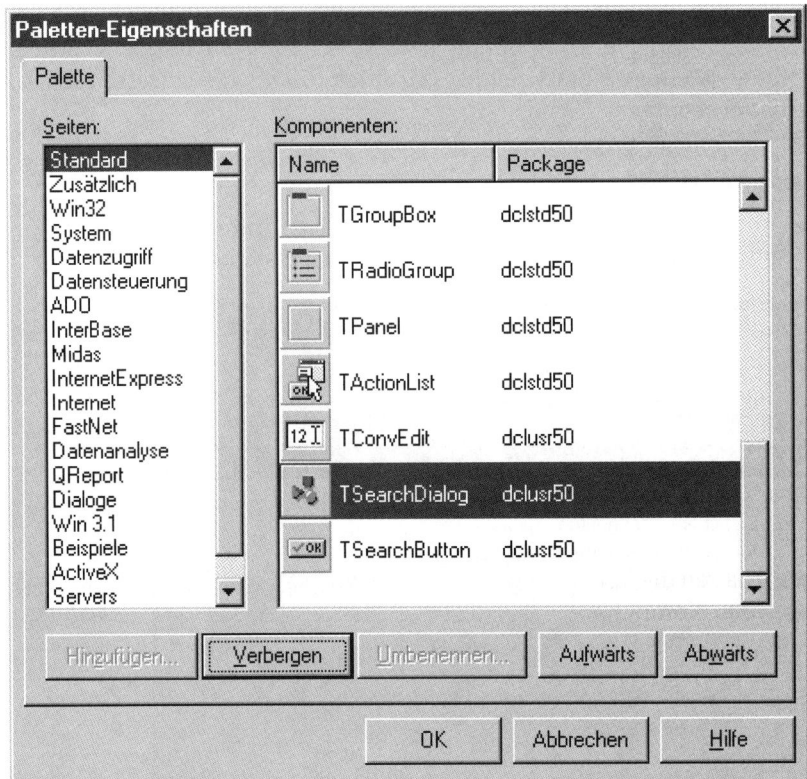

Hier können Sie die Reihenfolge ändern, in der Komponenten auf den einzelnen Registerseiten angezeigt werden. Sie können auch nicht benötigte Komponenten verbergen, also von der Anzeige ausschließen.

Des Weiteren haben Sie die Möglichkeit, neue Palettenseiten hinzuzufügen, leere Palettenseiten zu löschen oder bestehende Palettenseiten umzubenennen. Als sehr hilfreich empfinde ich die Möglichkeit, die Reihenfolge der Palettenseiten zu ändern.

Komponentenvorlagen

Die in Delphi 3 eingeführten Komponentenvorlagen sind eine Art Vorläufer der in Delphi 5 eingeführten Frames. Der Gedanke ist dabei, mehrere Komponenten gemeinsam einzufügen, die schon entsprechend verknüpft sind, und so Zeit zu sparen.

Um eine Komponentenvorlage zu erstellen, selektieren Sie diejenigen Komponenten, welche die Vorlage bilden sollen, und wählen KOMPONENTE | KOMPONENTEN-VORLAGE ERZEUGEN.

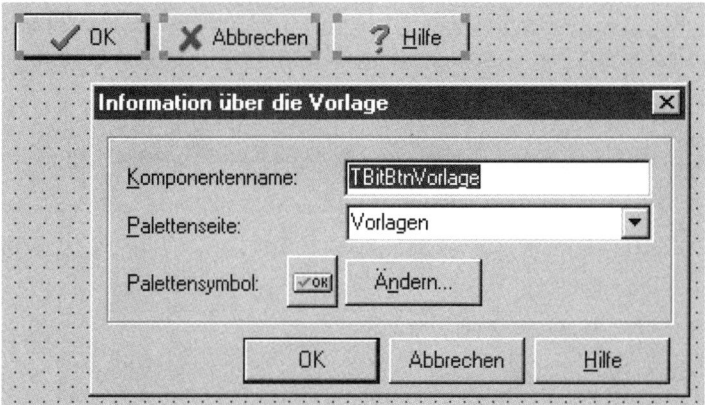

Eine solche Vorlage können Sie dann wie eine gewöhnliche Komponente in ein Formular einfügen. Tatsächlich werden dabei jedoch mehrere eigenständige Komponenten eingefügt.

Bis zu Delphi 4 hatten die Komponentenvorlagen ein ganz wesentliches Problem: Dadurch, dass den Komponenten beim Einfügen neue Namen zugewiesen wurden, wurde auch die Beschriftung geändert:

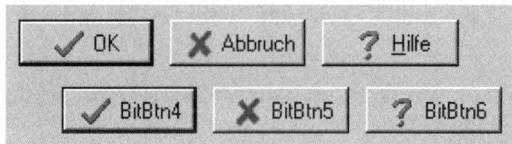

In Delphi 5 wurde dieses Problem nun endlich beseitigt, so dass man mit Komponentenvorlagen vernünftig arbeiten kann. Was schon immer brauchbar funktioniert hat, ist die Verbindung von Datenzugriffskomponenten. So kann man sich beispielsweise *TTable*/*TDataSource*-Kombinationen auf die Palette legen.

Keiner zwingt Sie, sich bei Komponentenvorlagen auf Kombinationen von Komponenten zu beschränken – Sie können ohne weiteres auch eine einzelne Komponente mit entsprechend gesetzten Eigenschaften auf die Palette legen. Wenn Sie beispielsweise mit *TActionList* arbeiten, können Sie sich viel Mühe ersparen, wenn Sie sich auf die Palettenseite *Standard* eine *TImageList*-Vorlage legen, die Sie mit allen Icons füllen, die Sie jemals einzusetzen gedenken.

1.3.4 Die Objektablage

Wenn Sie ein Formular auch in anderen Projekten verwenden möchten, dann können Sie es in der Objektablage speichern. Dazu sollte das Formular tunlichst einen individuellen Namen erhalten, damit es später nicht zu Namenskonflikten kommt. Wählen Sie dann aus dem Kontextmenü den Menüpunkt DER OBJEKTABLAGE HINZUFÜGEN.

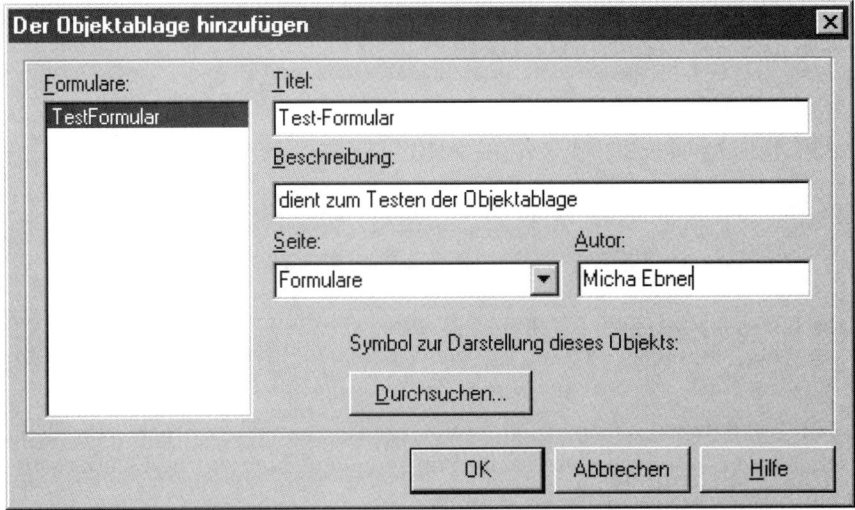

Geben Sie vor allem ein, auf welcher Seite das Formular später zu finden sein soll.

Um das Formular dann in ein Projekt einzufügen, wählen Sie DATEI I NEU I SEITE, hier im Beispiel also DATEI I NEU I FORMULAR.

Sie müssen sich dann entscheiden, ob Sie das Formular kopieren, vererben oder verwenden möchten.

- Wenn Sie *Kopieren* wählen, dann wird eine Kopie der Formulars in Ihr Projekt eingefügt. Sie können das Formular ändern, ohne dass dieses Auswirkungen auf das Original hat.

- Wenn Sie *Vererben* wählen, wird eine neue Klasse von diesem Formular abgeleitet, welche alles vom Original erbt. Sie können dann nichts mehr ändern, sondern nur noch erweitern.

- Sie können das Formular auch direkt *verwenden*. Da Sie dann mit dem Original arbeiten, wirken sich Änderungen auch auf alle anderen Projekte aus, in denen dieses Formular verwendet wird.

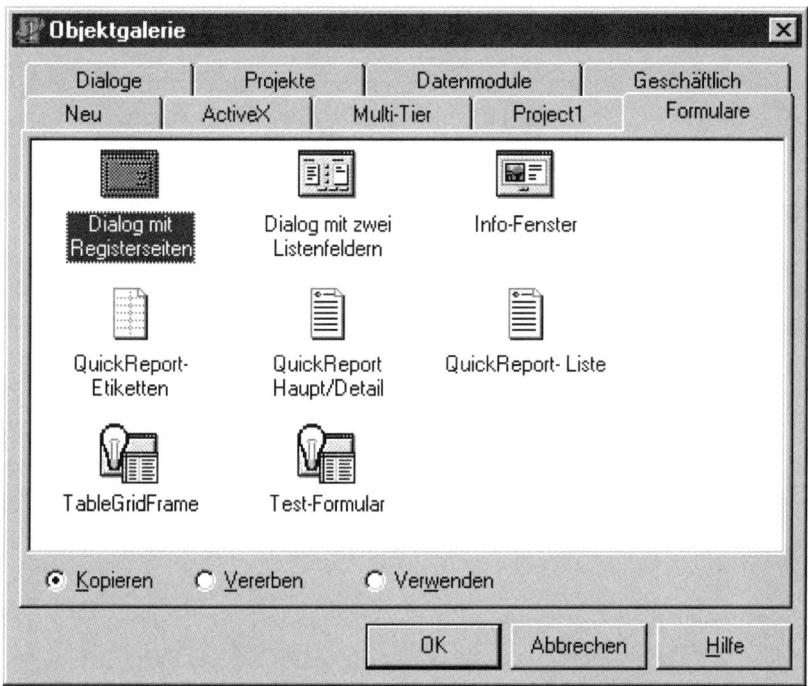

In der Objektgalerie finden Sie eine Registerseite mit dem Namen des Projekts, hier im Beispiel *project1*. Hier finden Sie alle Formulare und Datenmodule, welche im Projekt vorhanden sind. Beachten Sie bitte, dass Sie von diesen Elementen nur Nachfahren erzeugen können.

Um ein ganzes Projekt in die Galerie einzufügen, verwenden Sie den Menüpunkt PROJEKT | DEROBJEKTABLAGE HINZUFÜGEN.

1.3.5 Die To-Do-Liste

Ein weiteres nettes Tool, das in Delphi 5 dazugekommen ist, sind die To-Do-Listen. Dies sind Listen, in die Sie schreiben können, was Sie noch zu tun beabsichtigen. Diese Liste können Sie mit Ansicht I To-Do-Liste öffnen.

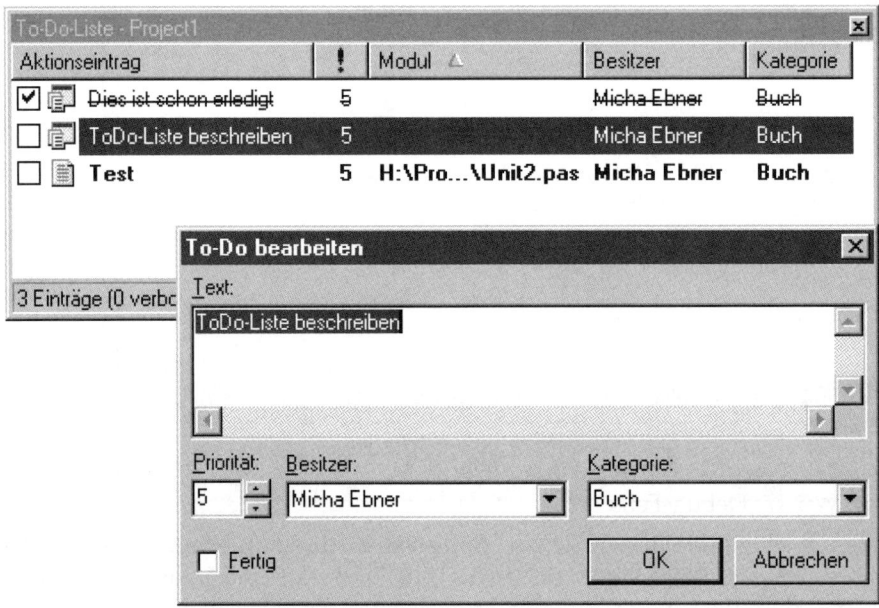

Es gibt zwei Arten von ToDo-Einträgen:

- Sie können Einträge mit dem Menüpunkt Hinzufügen aus dem Kontextmenü des Listenfensters hinzufügen. Diese werden dann in einer separaten Datei mit der Endung *todo* gespeichert (der Name gleicht dem der Projektdatei).

- Aus dem Quelltextfenster heraus können Sie mit dem Kontextmenüpunkt To-Do-Eintrag hinzufügen einen neuen Punkt in die Liste einfügen. Solche Einträge werden dann als Kommentar in den jeweiligen Quelltext eingefügt.

```
uses
  Windows, Messages, SysUtils, Classes, Graphics, Controls, Forms,
    Dialogs;
      { TODO 5 -oMicha Ebner -cBuch : Test }
type
  TForm2 = class(TForm)
    ...
```

1.4 Debugging

Größere Projekte wird man kaum auf Anhieb fehlerfrei erstellen. Deshalb gibt es in Delphi einen so genannten Debugger, der dabei hilft, Fehler zu entdecken.

1.4.1 Programmablauf unterbrechen

Die Debugging-Tools arbeiten nur dann (sinnvoll), wenn der Programmablauf unterbrochen ist. Es gibt zwei Möglichkeiten, den Programmablauf zu unterbrechen:

▓ Haltepunkte

▓ Exceptions.

Haltepunkte setzen

Ein Haltepunkt ist eine Stelle, an welcher der Programmablauf unterbrochen wird.

Um einen Haltepunkt zu setzen, führen Sie einen Mausklick auf die Leiste aus. Dort erscheint dann ein roter Punkt, zusätzlich wird die Zeile rot hinterlegt.

In der Abbildung sehen Sie zwei Haltepunkte. Der obere ist mit einem Kreuz versehen. Dies symbolisiert, dass ein solcher Haltepunkt nie erreicht wird, weil die betreffende Anweisung nicht ausgeführt wird – hier im Beispiel, weil der Haltepunkt auf eine Variablendeklaration gesetzt wurde.

Die Stellen, auf die Sie Haltepunkte setzen können, werden nach der Kompilierung mit kleinen, blauen Punkten markiert. Wenn Sie auf eine solche Stelle einen Haltepunkt setzen, dann wird er mit einem kleinen Haken versehen. Bei einem solchen Haltepunkt wird dann der Programmablauf unterbrochen.

Eigenschaften von Haltepunkten

Für gewöhnlich unterbricht der Programmablauf immer dann, wenn ein Halte-punkt erreicht wird. Dies kann – beispielsweise in einer Schleife mit hoher Durch-laufzahl – jedoch ziemlich lästig werden. Deshalb besteht die Möglichkeit, das Verhalten des Haltepunktes abzuändern. Rufen Sie dazu aus dem Kontextmenü des Haltepunktes (auf der Leiste) HALTEPUNKT-EIGENSCHAFTEN auf.

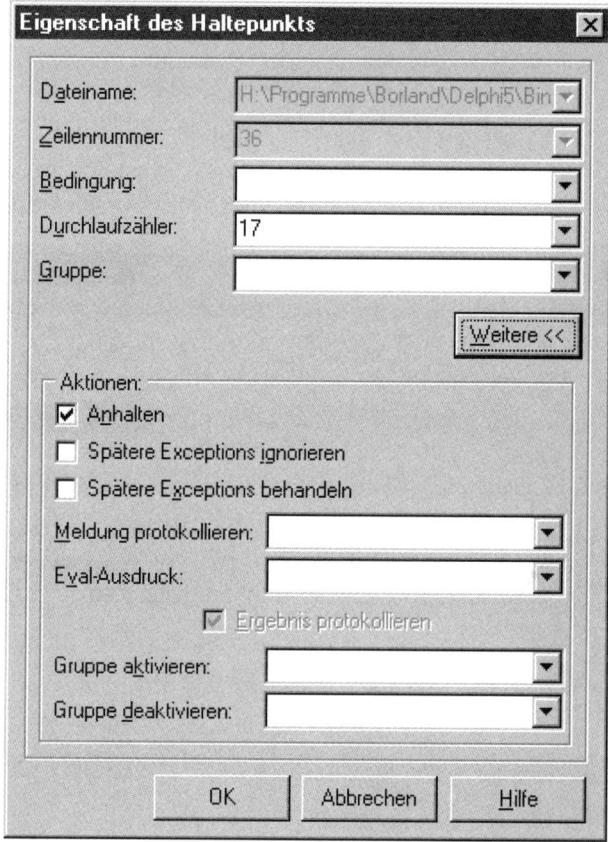

Die wesentlichen Eigenschaften, die Sie setzen können, sind die Bedingung und der Durchlaufzähler.

Setzen Sie Durchlaufzähler beispielsweise auf 17, dann wird nur dann angehal-ten, wenn der Haltepunkt das 17., 34., 51. ... Mal erreicht wird. Diese Option eig-net sich vor allem dazu, den Inhalt von Variablen nur hin und wieder zu beob-achten.

Bei der Bedingung können Sie einen booleschen Ausdruck eingeben, beispielsweise *i = 17*. Der Programmablauf würde nun nur dann unterbrochen, wenn diese Bedingung erfüllt ist.

Wenn Sie den Mauszeiger über einen Haltepunkt führen, dann zeigt ein Hint-Text unter anderem die Werte von Durchlaufzähler und Bedingung an.

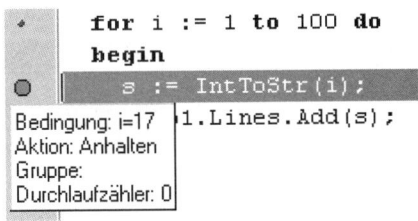

Exceptions

Damit bei Exceptions der Programmablauf unterbrochen wird, muss auf der Seite *Sprach-Exceptions* in den *Debugger-Optionen* die Option *Bei Delphi-Exceptions stoppen* gesetzt sein. Diesen Dialog öffnen Sie mit TOOLS | DEBUGGER-OPTIONEN.

Wenn Sie die Option *Integrierte Fehlersuche* ganz unten im Dialog *Debugger-Optionen* deaktivieren, dann wird der Programmablauf weder bei Exceptions noch bei Haltepunkten unterbrochen.

Wir wollen uns nun anschauen, was beim Auftreten einer Exception passiert. Zu diesem Zweck versuchen wir, den Inhalt von *Edit1* in eine Integer-Zahl zu wandeln, sorgen aber dafür, dass dort ein Text eingegeben ist, so dass diese Umwandlung unmöglich ist.

```
procedure TForm1.Button3Click(Sender: TObject);
var
   i: integer;
begin
   i := StrToInt(Edit1.Text);
end;
```

Wird diese Prozedur nun ausgeführt, dann tritt in der Funktion *StrToInt* eine Exception auf, worauf die folgende Meldung ausgegeben wird:

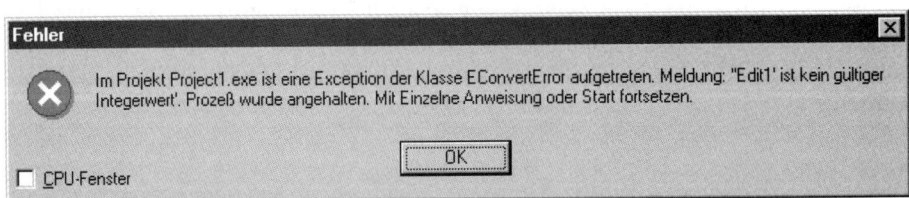

Anschließend wird das Quelltextfenster aufgerufen, so dass Sie den Inhalt von Variablen untersuchen können. Um den Programmablauf fortzuführen, betätigen Sie dann die Funktionstaste F9. Nun wird die Standard-Exceptionmeldung ausgegeben.

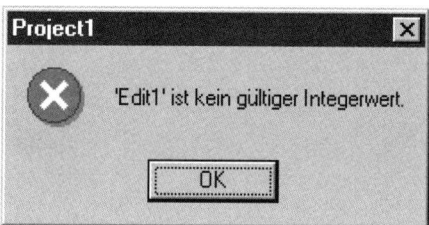

Nach dem diese mit OK geschlossen ist, wird mit dem Programmablauf fortgefahren.

Behandelte Exceptions

Nun werden in den meisten Fällen solche Typenumwandlungen in *try..except..end*-Konstruktionen gebettet.

```
procedure TForm1.Button3Click(Sender: TObject);
var
  i: integer;
begin
  try
    i := StrToInt(Edit1.Text);
  except
    i := 1;
  end;
end;
```

Eine solche Konstruktion würde die Standard-Exception-Meldung vermeiden, nicht aber die Unterbrechung des Programmablaufs – solche Unterbrechungen können auf Dauer jedoch ziemlich lästig sein. Prinzipiell würde die Möglichkeit bestehen, die Option *Bei Delphi-Exceptions stoppen* zu deaktivieren. Dann allerdings würde bei gar keiner Exception mehr angehalten.

Sinnvoller ist es hier, nur bei bestimmten Exceptions eine Unterbrechung zu verhindern. Klicken Sie dazu in TOOLS | DEBUGGER-OPTIONEN | SPRACH-EXCEPTIONS auf den Button *Hinzufügen,* und geben Sie *EConvertError* ein.

Selbst Exceptions auslösen

Sie können problemlos auch selbst Exceptions auslösen.

```
if i = 59
    then raise Exception.Create('Wir sind bei 59!');
```

Der Parameter, den Sie beim Erzeugen der Exception übergeben, ist die auszugebende Fehlermeldung.

Im Gegensatz zu Haltepunkten funktionieren selbstausgelöste Exceptions auch
dann, wenn das Programm nicht unter Aufsicht des Debuggers läuft.

Beachten Sie bitte, dass nicht behandelte Exceptions dazu führen, dass die Ausführung der Prozedur an dieser Stelle abgebrochen wird – auch bei selbstaus-
gelösten Exceptions.

Annahmen

Eine weitere Möglichkeit, Exceptions auszulösen, sind die Annahmen. Nehmen wir einmal an, wir gehen bei der Programmentwicklung davon aus, dass an der betreffenden Stelle die Variable v mit 0 initialisiert ist. Aus gewissen Gründen können wir uns aber dessen nicht sicher sein.

Wir haben dann die Möglichkeit, eine Annahme zu formulieren. Schlägt diese Annahme fehl, dann wird eine Exception mit dem entsprechenden Text ausgegeben.

```
Assert(v=0, 'Variable v wurde nicht initialisiert');
u := 0;
v := 7 / u;
```

Das Besondere an Annahmen ist nun, dass beim Auftreten der Exception sowohl die Unit als auch die Zeile genannt werden – und das nicht nur im Debugger, sondern auch in der Standard-Exceptionmeldung:

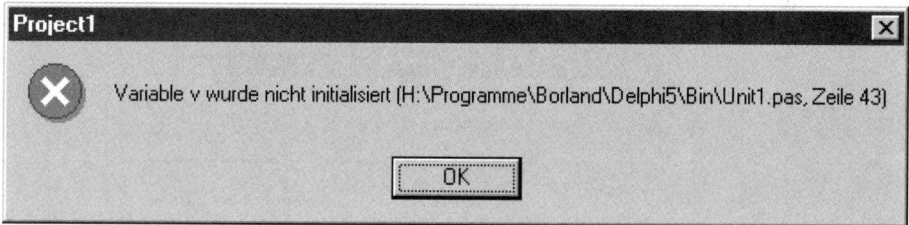

Nichts ist sinnloser, als wenn bei einem Fehler die lapidare Meldung *Es ist ein Fehler aufgetreten* ausgegeben wird. Der Anwender kann damit ohnehin nichts anfangen, und wenn er das Problem dem Entwickler mitteilt, dann kann er auch nur vage Vermutungen darüber anstellen, welche seiner vielen Exceptions mit identischer Fehlermeldung nun aufgetreten ist.

Im Fall einer fehlgeschlagenen Annahme kann der Entwickler nun zumindest ganz genau feststellen, in welcher Unit und in welcher Zeile der Fehler aufgetreten ist. Wenn ihm der Anwender dann noch in etwa mitteilen kann, was er davor getan hat, dann besteht durchaus die Chance, den Fehler zu finden. (Und – damit hier keine Mißverständnisse aufkommen: Programme, die sich durch unsinnige Anwendereingaben aus dem Konzept bringen lassen, sind fehlerhaft).

Siehe auch Kapitel 3.2.1.

1.4.2 Variablenwerte ermitteln

Wenn der Programmablauf unterbrochen wurde – sei es durch einen Haltepunkt, sei es durch eine Exception –, dann möchte man sich meist den Inhalt von Variablen ansehen. Dazu gibt es mehrere Möglichkeiten, die hier nun vorgestellt werden sollen.

Sie haben jedoch bei keiner dieser Möglichkeiten die Chance, einen Variableninhalt zu ermitteln, wenn der Compiler diese Variable wegoptimiert hat. Sie sollten deshalb gegebenenfalls *Projekt | Optionen | Compiler* aufrufen und dort die Option *Optimierung* deaktivieren.

Auswertung durch Kurzhinweis

Die einfachste Art und Weise, den Inhalt einer Variablen zu ermitteln, ist die Auswertung durch Kurzhinweis. Diese Option können Sie unter TOOLS | EDITOR-OPTIONEN | PROGRAMMHILFE aktivieren. Führen Sie dann die Maus über eine Variable, dann wird ihr Inhalt in einem Hinweise-Text angezeigt.

Lokale Variablen

Mit ANSICHT | DEBUG-FENSTER | LOKALE VARIABLEN öffnen Sie ein Fenster, in dem die Werte aller lokalen Variablen und aller Parameter angezeigt werden.

Im Kontext-Menü dieses Fensters finden Sie den Menü-Eintrag UNTERSUCHEN, mit dessen Hilfe eine Art Objekt-Inspektor geöffnet werden kann. Hier haben Sie nicht nur die Möglichkeit, den Inhalt von Instanzen weiter zu untersuchen, Sie können in manchen Fällen auch den Inhalt von Variablen ändern.

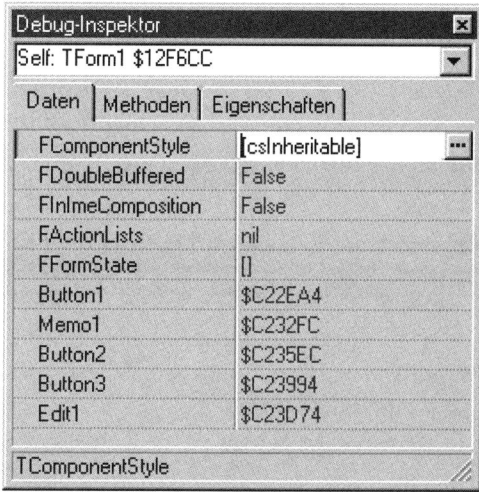

Auswerten/Ändern

Mit START | AUSWERTEN/ÄNDERN öffnen Sie ein Dialogfenster, mit dessen Hilfe Sie den Inhalt jeweils einer Variable betrachten und ändern können.

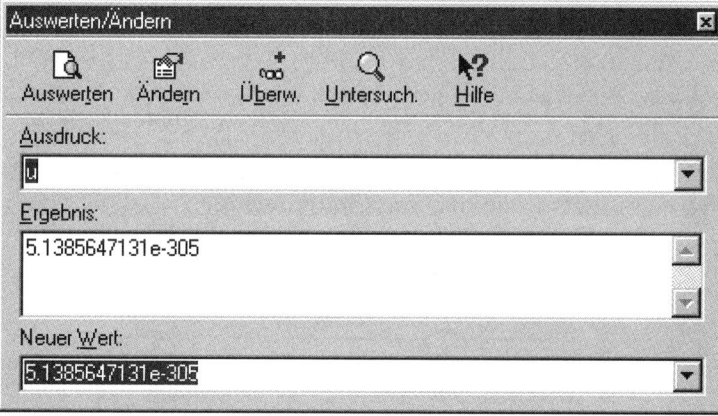

Überwachte Ausdrücke

Um zur Liste der überwachten Ausdrücke zu gelangen, gibt es zwei Wege:

▨ Rufen Sie den Menüpunkt ANSICHT | DEBUG-FENSTER | ÜBERWACHTE AUSDRÜCKE auf oder

▨ Wählen Sie START | AUSDRUCK HINZUFÜGEN, um gleich einen Ausdruck zur Liste der überwachten Ausdrücke hinzuzufügen.

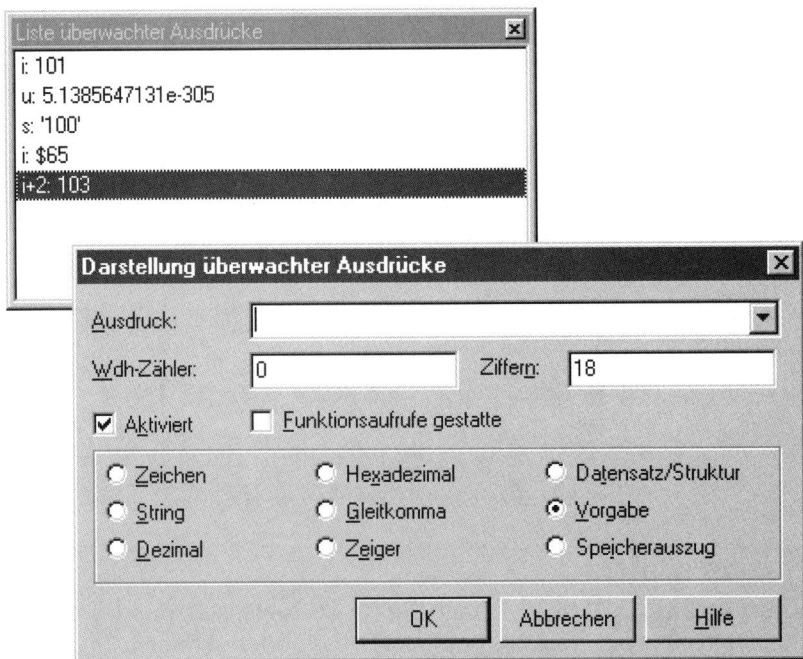

Sie können hier nicht nur den Inhalt von Variablen (und Konstanten) betrachten, sondern auch Ausdrücke auswerten, also beispielsweise *i+2*. Des Weiteren können Sie wählen, wie das Ergebnis dargestellt werden soll. Hier im Beispiel wird *i* einmal in Dezimal- und das andere Mal in Hexadezimal-Schreibweise dargestellt.

Im Kontextmenü finden Sie den Menüpunkt UNTERSUCHEN, mit dessen Hilfe Sie Variablen näher untersuchen und auch ändern können.

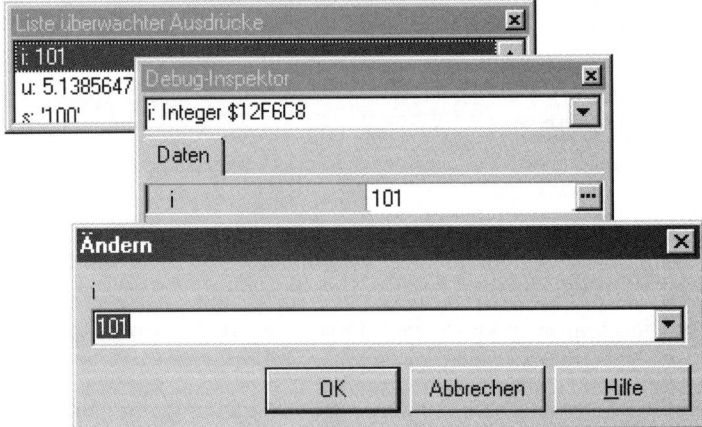

1.4.3 Programmablauf verfolgen

Nach einer Unterbrechung des Programmablaufs können Sie mit F9 (START | START) fortfahren. Sie haben auch die Möglichkeit, mit F7 oder F8 das Programm in einzelnen Schritten zu durchlaufen.

Während bei F8 (START | GESAMTE ROUTINE) der Quelltext Schritt für Schritt durchlaufen, nicht jedoch in Prozeduren und Funktionen verzweigt wird, wird bei F7 (START | EINZELNE ANWEISUNG) beim Aufruf einer Routine in diese verzweigt.

Die Anweisung, die im nächsten Schritt ausgeführt wird, wird auf der Leiste mit einem grünen Pfeil gekennzeichnet.

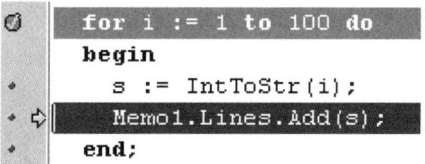

Das CPU-Fenster

Sie können den Programmablauf nicht nur im Quelltext, sondern auch auf Assembler-Ebene verfolgen. Um das entsprechende Fenster zu öffnen, wählen Sie ANSICHT | DEBUG-FENSTER | CPU.

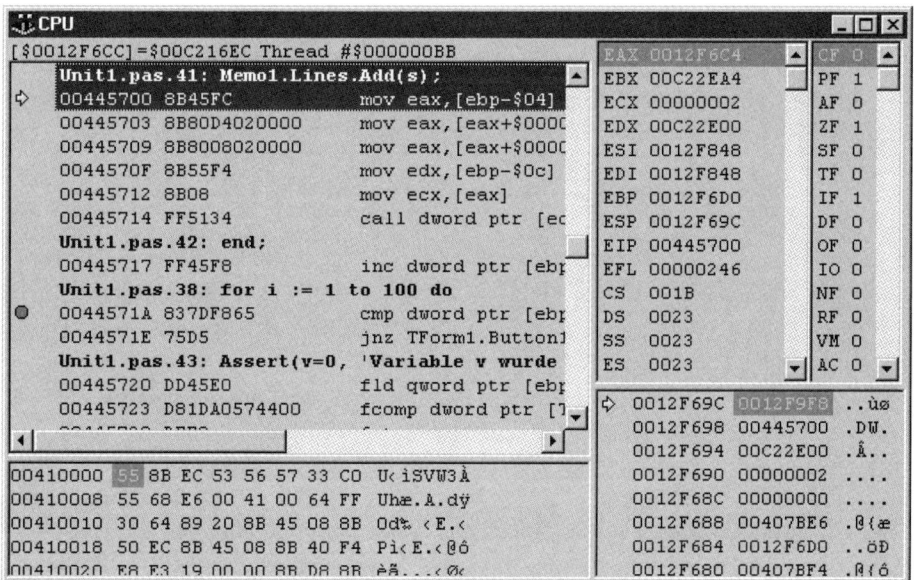

Solange im Kontextmenü die Option GEMISCHT aktiviert ist, werden hier links oben sowohl die Pascal-Anweisungen als auch der entsprechende Assembler-Code angezeigt. Mit F7 können Sie dann das Programm Assembler-Anweisung für Assembler-Anweisung ausführen – entsprechende Geduld vorausgesetzt.

Rechts oben werden der Inhalt der Register und der Flags angezeigt, unten ein Auszug des Speichers und des Stacks.

Fehler mittels des CPU-Fensters zu finden, setzt entsprechende Assembler-Kenntnisse voraus und ist meist reichlich langwierig. Interessanter ist es zu beobachten, wie der Compiler die Pascal-Anweisungen umsetzt und wie dabei die Optimierung wirkt.

Mit ANSICHT | DEBUG-FENSTER | FPU öffnen Sie ein Fenster, das den Inhalt der Gleitkommaeinheit anzeigt.

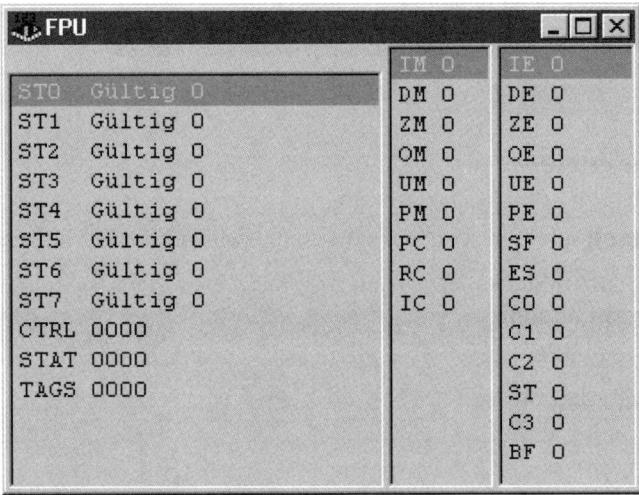

1.4.4 Weitere Debug-Fenster

Im folgenden sollen die weiteren Fenster des Debuggers kurz vorgestellt werden. Sie können unter ANSICHT | DEBUG-FENSTER geöffnet werden.

Haltepunkte

In einer Liste werden sämtliche gesetzten Haltepunkte aufgeführt. Dabei ist auch ersichtlich, ob Durchlaufzähler oder Bedingungen gesetzt sind. Der erste Haltepunkt der folgenden Liste ist nicht verfügbar, weil er auf eine Variablen-Deklaration gesetzt ist.

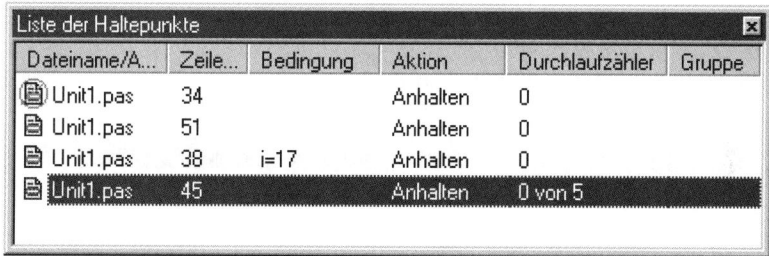

Aufruf-Stack

Mittels des Aufruf-Stacks kann ermittelt werden, welche Routinen aufgerufen wurden, um zur aktuellen Stelle zu gelangen, und welche Parameter dabei übergeben wurden. (Tip am Rande: Schalten Sie ja die Optimierung ab!)

```
procedure ausfuehren(i: integer; s: string);
begin
  Form1.Caption := s + IntToStr(i);
end;


procedure testen(u: integer; s: string);
begin
  s := s + ' ';
  ausfuehren(u + 3, s);
end;


procedure TForm1.Button1Click(Sender: TObject);
begin
  testen(1, 'Hallo');
end;
```

Für das vorangehende Listing würde man bei einem Haltepunkt in *ausfuehren* folgenden Aufruf-Stack erhalten:

Module

Mit dem Module-Fenster erfährt man vor allem, welche DLLs in den Adress-Raum dieses Programms gemappt wurden und welche Routinen von diesen DLLs exportiert werden.

Module					
Name	Basisadresse	Pfad		Einsprungpunkt	Adresse
⬥ Prozeß $B0				AbortDoc	$77EE9B7D
Project1.exe	$00400000	H:\Programme\Borlan...		AbortPath	$77EEA568
ntdll.dll	$77F70000			AddFontResourceA	$77EDB37B
KERNEL32.dll	$77F00000	C:\winnt\system32\		AddFontResourceTracking	$77EE6981
USER32.dll	$77E70000	C:\winnt\system32\		AddFontResourceW	$77EE6BCD
GDI32.dll	$77ED0000	C:\winnt\system32\		AngleArc	$77EE8D70
ADVAPI32.dll	$77DC0000	C:\winnt\system32\		AnimatePalette	$77EDD722
RPCRT4.dll	$77E10000	C:\winnt\system32\		Arc	$77EE8E2B
OLEAUT32.dll	$65340000	C:\winnt\system32\		ArcTo	$77EE8F26
ole32.dll	$77B80000	C:\winnt\system32\		BeginPath	$77EEA5C8
COMCTL32.dll	$715C0000	C:\winnt\system32\		BitBlt	$77ED1BED
msidle.dll	$71190000	C:\winnt\system32\		CancelDC	$77EE5454
				CheckColorsInGamut	$77EE71FE
				ChoosePixelFormat	$77EEAA66
				Chord	$77EE9003
				CloseEnhMetaFile	$77EDCD49
				CloseFigure	$77EEA68E
				CloseMetaFile	$77ED8201
				ColorMatchToTarget	$77EE7203

Threads

Nur bei Multi-Threading-Anwendungen interessant ist ein Fenster zur Anzeige der einzelnen Threads.

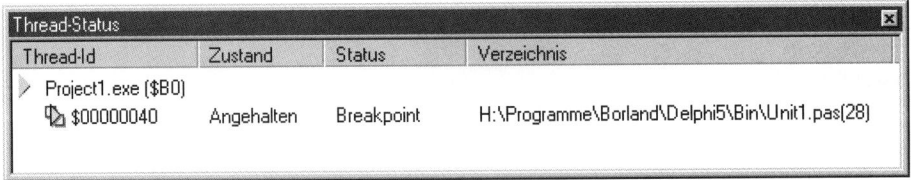

Ereignisprotokoll

Im Ereignisprotokoll werden das Laden von Modulen oder das Auftreten von Exceptions protokolliert.

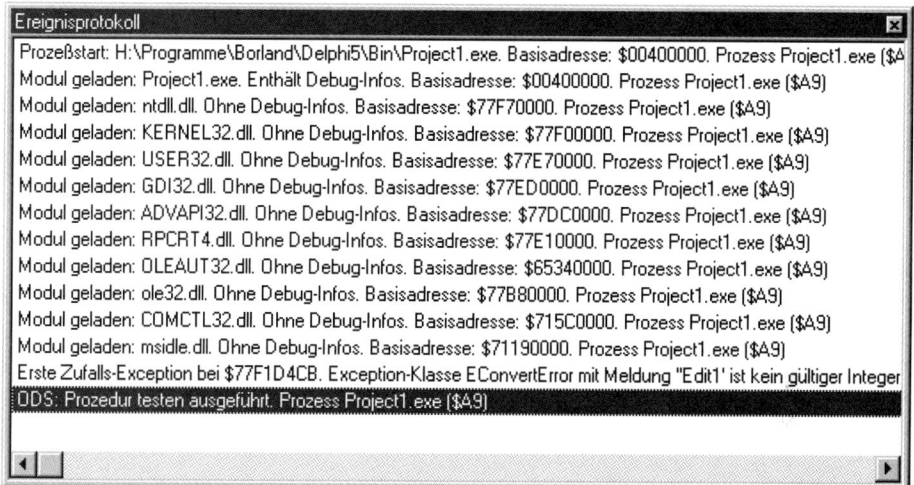

Mit *OutputDebugString* können Sie auch eigene Meldungen in das Protokoll schreiben.

```
procedure TForm1.Button1Click(Sender: TObject);
begin
  testen(1, 'Hallo');
  OutputDebugString('Prozedur testen ausgeführt.')
end;
```

2 ObjectPascal

2.1 Pascal

Dieses Kapitel ist eine Art »Crash-Kurs Pascal« und behandelt die für das Verständnis dieses Buches wesentlichen Pascal-Grundlagen. Ein solches Kapitel kann kein Pascal-Buch ersetzen (beispielsweise *GoTo Pascal mit Delphi 4*, erschienen bei Addison-Wesley) und behandelt auch nicht alle Pascal-Elemente.

2.1.1 Einfache Typen

In ObjectPascal sind eine ganze Reihe von Typen vordefiniert. Sie können jedoch auch eigene Typen definieren.

Integer-Zahlen

In Integer-Typen können ganzzahlige Werte gespeichert werden.

Typ	TurboPascal, Delphi 1	Delphi 2, Delphi 3	Delphi 4, Delphi 5	Speicher	Minimum	Maximum
Byte	x	x	x	1 Byte	0	255
ShortInt	x	x	x	1 Byte	-128	127
Word	x	x	x	2 Byte	0	65535
Integer	x			2 Byte	- 32 768	32 767
LongInt	x	x	x	4 Byte	- 2 147 483 648	2 147 483 647
SmallInt		x	x	2 Byte	- 32 768	32 767
Integer		x	x	4 Byte	- 2 147 483 648	2 147 483 647
Cardinal		x		4 Byte	0	2 147 483 647
Longword			x	4 Byte	0	4 294 967 295
Cardinal			x	4 Byte	0	4 294 967 295
int64			x	8 Byte	9 223 372 036 854 775 807	-9 223 372 036 854 775 808

Wenn der Wertebereich einer Integer-Variablen überschritten wird, tritt nur dann eine Fehlermeldung auf, wenn die Überlaufprüfung aktiviert ist. Auf der Registerseite PROJEKT | OPTIONEN | COMPILER finden Sie einen entsprechenden Schalter.

Mit Integer-Werten können Sie folgende Operationen ausführen:

- Addition (+), Subtraktion (-) und Multiplikation (*)
- Ganzzahlendivision (*div*) und Rest einer Ganzzahlendivision (*mod*)
- Die Logischen Operationen *and, or, xor* und *not*
- Bitschiebeoperationen nach links (*shl*) und nach rechts (*shr*)

Gleitkommazahlen

Mit Gleitkomma-Variablen können Zahlen mit Nachkommastellen gespeichert werden, außerdem ist der Wertebereich größer als bei den entsprechenden Integer-Zahlen. Dafür können die Zahlen jedoch nicht völlig exakt dargestellt werden.

Gehen Sie davon aus, dass beim Rechnen mit Gleitkommazahlen immer winzige Fehler entstehen, die sich bei ungeeigneter Programmierung zu gewaltigen Problemen aufsummieren können.

Verwenden Sie deshalb bei *if*-Verzweigungen nicht den =-Operator, sondern <= oder >=. Also statt

```
if d = 10 then ...
```

lieber

```
if d >= 10 then ...
```

Typ	Wertebereich	Speicher
Real48	$\pm 2.9 \times 10^{39} .. \pm 1.7 \times 10^{38}$	6
Single	$\pm 1.5 \times 10^{45} .. \pm 3.4 \times 10^{38}$	4
Double	$\pm 5.0 \times 10^{324} .. \pm 1.7 \times 10^{308}$	8
Extended	$\pm 3.6 \times 10^{4951} .. \pm 1.1 \times 10^{4932}$	10
Comp	$-2^{63}+1 .. 2^{63} -1$	8
Currency	-922337203685477.5808.. 922337203685477.5807	8

Der Typ *Real* entspricht ab Delphi 4 dem Typen *double*, in den vorangehenden Versionen dem Typen *Real48*. *Real48* ist nur aus Gründen der Abwärtskompatibilität vorhanden und sollte bei Neu-Programmierungen nicht verwendet werden.

Der Typ *Comp* rechnet nur mit ganzzahligen Werten, diese Berechnungen werden aber auf der Gleitkommaeinheit des Prozessors durchgeführt, deshalb zählt man *Comp* zu den Gleitkommazahlen.

Der Typ *Currency* rechnet fest mit vier Nachkommastellen und vermeidet somit gleitkommabedingte Rundungsungenauigkeiten.

Mit Gleitkommazahlen können Sie Operationen der vier Grundrechenarten durchführen (+, -, *, /).

Char

Der Typ *Char* speichert ein einzelnes Zeichen. Char-Konstanten müssen in einfache Anführungszeichen gesetzt werden:

```
var
   c: Char;
begin
   c := 'a';
```

Um den ASCII-Wert eines Zeichens zu ermitteln, verwenden Sie *Ord*, um ein Zeichen aus einem ASCII-Wert zu generieren, die Funktion *Chr* oder den Operator #.

Das folgende Beispiel macht aus jedem eingegebenen Zeichen das im Alphabet folgende, aus *d* beispielsweise *e*.

```
procedure TForm1.Edit1KeyPress(Sender: TObject; var Key: Char);
begin
   Key := Chr(Ord(Key) + 1);
end;
```

Boolean

Variablen des Typs *boolean* können nur die Werte *false* und *true* speichern. Mit booleschen Typen können die Operationen *not*, *and*, *or* und *xor* durchgeführt werden.

Bei *if*-Abfragen ist die verkürzte Schreibweise erlaubt, die folgenden beiden Anweisungen sind also synonym.

```
if CheckBox1.Checked = true then ...
if CheckBox1.Checked then ...
```

Im Regelfall werden boolesche Ausdrücke nur soweit ausgewertet, bis das Ergebnis festgestellt werden kann. Wenn im folgenden Beispiel *SaveDialog1* mit *Abbrechen* geschlossen wird und die Funktion *Execute* somit den Wert *false* zurückgibt, dann wird *SaveDialog2.Execute* gar nicht erst aufgerufen, weil das Ergebnis der *and*-Verknüpfung schon vorher feststeht.

```
if (SaveDialog1.Execute and SaveDialog2.Execute) then ...
```

Möchten Sie ein solches Verhalten verhindern, dann setzen Sie unter PROJEKT | OPTIONEN | COMPILER die Option *boolesche Ausdrücke vollständig*, Alternativ kann die Kompiler-Direktive *{$B+}* oder *{$BOOLEVAL ON}* gesetzt werden.

Arrays

Mit *array of* können Sie ein- oder mehrdimensionale Arrays definieren. Das folgende Beispiel zeigt Definition und Anwendung eines ein- und eines dreidimensionalen Arrays.

```
var
  a1: array[3..7] of integer;
  a2: array[0..4, 2..9, 1..215] of single;
  i: integer;
begin
  a1[3] := 17;
  a1[7] := 22;
  i := 5;
  a1[i] := 3;
  a2[3, 1, 55] := 3.567;
```

Wie Sie sehen, kann als Index eine Konstante (*a1[3]*) oder eine Variable (*a1[i]*) verwendet werden. Beachten Sie bitte, dass bei der Verwendung einer Variablen nicht sichergestellt ist, dass der Zugriff innerhalb des Array-Bereichs erfolgt.

Ist die Bereichsüberprüfung (PROJEKT | OPTIONEN | COMPILER) nicht aktiviert, dann würde bei einer Bereichsüberschreitung noch nicht einmal eine Fehlermeldung ausgegeben, sondern kommentarlos ein Lese- oder Schreibzugriff auf diejenige Speicherstelle durchgeführt, die für das betreffende Array-Feld gehalten wird.

Dynamische Arrays

Für gewöhnlich sind bei ObjectPascal die Arrays statische Arrays, die Größe wird also bereits beim Kompilieren festgelegt. Im Gegensatz dazu gibt es ab Delphi 4 dynamische Arrays, deren Größe erst zur Laufzeit spezifiziert wird.

```
var
  a: array of integer;
  azd: array of array of integer;
begin
  SetLength(a, 7);
  SetLength(azd, 7, 22);
  a[3] := 1;
  azd[2,11] := 3;
```

Vor der Verwendung muss ein dynamisches Array mit *SetLength* dimensioniert werden. Wie Sie am Beispiel von *azd* sehen, sind auch mehrdimensionale dynamische Arrays möglich.

Strings

Mit Delphi 2 wurden die herkömmlichen Pascal-Strings von den Ansi-Strings abgelöst. In Ansi-Strings können Texte nahezu unbegrenzter Länge gespeichert werden, die Verwendung ist jedoch genauso einfach wie bei herkömmlichen Pascal-Strings.

```
var
  s1: string;
  s2: string[12];
begin
  s1 := 'Test 1';
  s2 := 'Test 2';
  s1 := s2;
  s2 := s1;
```

Im Beispiel wurde zunächst mit dem Schlüsselwort *string* ein Ansi-String definiert. Ansi-Strings werden dynamisch verwaltet und haben eine nahezu unbegrenzte Länge.

Verwenden Sie das Wort *string* mit einer Längenangabe (*s2: string[12]*), dann wird ein Pascal-String der betreffenden Länge erzeugt, dieser wird nicht dynamisch verwaltet. Es können Pascal-Strings mit maximal 255 Zeichen Länge definiert werden.

Beim Programmieren besteht – abgesehen von der Länge – kein Unterschied zwischen Pascal-Strings und Ansi-Strings, sie sind auch zuweisungskompatibel. Beachten Sie bitte auch, dass String-Konstanten in einfache Anführungszeichen zu setzen sind.

Die Prozeduren und Funktionen für String-Operationen sind in Kapitel 2.3.1 beschrieben.

Nullterminierte Strings

Für Windows-API-Funktionen werden häufig nullterminierte Strings benötigt. Diese gibt es als *array of char* und als Zeiger darauf (*PChar*).

```
var
  c, d: array[0..12] of Char;
  p, q: PChar;
  s: string;
begin
  c := 'Test1';
  p := 'Test2';
  Label1.Caption := c;
  Label2.Caption := p;
```

```
s := 'Test3';
StrPCopy(d, s);
q := PChar(s);
Label3.Caption := d;
Label4.Caption := q;
```

Ansi-Strings und nullterminierte Strings sind weitgehend zuweisungskompatibel. Eine Ausnahme bildet die Zuweisung eines Ansi-Strings an eine *array of char*-Variable – dafür muss die Funktion *StrPCopy* eingesetzt werden.

WideString und WideChar

Der String-Typ *WideString* ist kompatibel mit dem COM-Typ BSTR. Wenn Sie so Dinge wie OLE-Automatisierung vorhaben, dann müssen Sie *WideString* verwenden. Es handelt sich dabei um einen dynamisch zugewiesenen String mit 16-Bit-Unicode-Zeichen, der im Gegensatz zu *AnsiString* jedoch keine Referenzzählung verwendet.

Setzen Sie *WideString* so ein, wie Sie es von *AnsiString* her gewohnt sind, der Compiler kümmert sich schon um eine korrekte Umsetzung. Sie können – wie gewohnt – mit *Length* die Länge feststellen und mittels Array-Indizes auf einzelnen Zeichen zugreifen.

```
procedure TForm1.Button1Click(Sender: TObject);
var
  s: WideString;
begin
  s := 'Test';
  s[2] := 'a';
  Caption := IntToStr(Length(s));
  Label1.Caption := s;
end;
```

WideChar ist ein 16-Bit-Unicode-Zeichen.

Ressourcen-Strings

Ressourcen-Strings sind Konstanten, die statt mit *const* mit resourcestring definiert werden. Sie werden nicht in das Programm gelinkt, sondern in die Ressourcen-Datei aufgenommen, so dass Sie vom Translation-Manager übersetzt werden können.

```
resourcestring
  s = 'Test';
begin
  ShowMessage(s);
```

2.1.2 Selbstdefinierte Typen

Sie haben in Pascal auch die Möglichkeit, Typen selbst zu definieren. Dazu dient das Schlüsselwort *type*. Den Bezeichnern selbstdefinierter Typen wird meist ein großes *T* als Präfix vorangestellt.

Teilbereichstypen

Ein Teilbereichstyp umfaßt einen Teil des Wertebereichs eines einfaches Typs.

```
type
  TTeilbereich = 20..30;
```

Beachten Sie bitte, dass eine Überschreitung des Wertebereichs nur dann zu einer Fehlermeldung führt, wenn die Compiler-Option *Bereichsüberprüfung* aktiviert ist (Projekt | Optionen | Compiler).

Aufzählungstypen

Bei einem Aufzählungstyp werden die zulässigen Werte in der Typendefinition genannt. Dabei muss es sich um gültige Bezeichner handeln.

```
type
  TFarbe = (Kreuz, Pik, Herz, Karo);
```

Aufzählungstypen werden intern als Integer-Typen verarbeitet und können somit problemlos umgewandelt werden.

```
var
  Farbe: TFarbe;
  i: integer;
begin
  Farbe := Herz;
  i := integer(Farbe);
  i := i + 1;
  Farbe := TFarbe(i);
```

Um den vorhergehenden Wert in der Liste zu erhalten, verwenden Sie *Pred*, den nachfolgenden Wert ermitteln Sie mit *Succ*.

```
Pik = Pred(Herz)
Karo = Succ(Herz)
```

Mengentypen

Eine Menge ist eine Sammlung von Elementen. Von den möglichen Elementen können keines, eines, mehrere oder alle in der Menge vorhanden sein.

```
type
  TFontStyles = set of (fsBold, fsItalic, fsUnderline, fsStrikeOut);
```

Alternativ wäre auch folgender Weg der Definition möglich (und gebräuchlich):

```
type
  TFontStyle = (fsBold, fsItalic, fsUnderline, fsStrikeOut);
  TFontStyles = set of TFontStyle;
```

Die Zuweisung an eine Mengenvariable funktioniert wie folgt:

```
var
  FontStyles: TFontStyles;
begin
  FontStyles := []
  FontStyles := [fsBold, fsUnderline]
  FontStyles := FontStyles + fsItalic;
  FontStyles := FontStyles - fsBold;
  include(FontStyles, fsBold);
```

Zunächst wird *FontStyles* eine leere Menge zugewiesen, anschließend eine Menge mit den Elementen *fsBold* und *fsUnderline*. In der dritten Anweisung wird dieser Menge *fsItalic* hinzugefügt, zuletzt wird das Element *fsBold* aus der Menge entfernt.

Mit *include* und *exclude* kann man auch Elemente einer Menge hinzufügen beziehungsweise daraus entfernen; der Compiler macht daraus sogar noch einen etwas effizienteren Code (wenn es mal auf ein Prozessorschrittchen ankommen sollte....). Allerdings funktioniert das nur mit Variablen und nicht mit Propertys, die folgende Anweisung funktioniert also nicht:

```
  Include(Font.Style, fsBold);
```

Mittels des Operators *in* kann man ermitteln, ob ein Element in der Menge vorhanden ist:

```
if fsBold in FontStyles then ...
```

Die Schnittmenge ist die Menge derjenigen Elemente, die in allen der untersuchten Mengen vorhanden ist. Um die Schnittmenge zweier Mengen zu bilden, verwendet man den **-Operator:

```
[Mon, Din, Mit, Don] * [Mit, Don, Fri, Sam] = [Mit, Don]
```

Auch Mengentypen können problemlos in Integer-Zahlen umgewandelt werden:

```
i := integer(FontStyles);
FontStyles := TFontStyles(i);
```

Records

Ein Record ist eine Sammlung mehrerer einfacher Typen. Im Gegensatz zu Arrays
können Records Felder unterschiedlicher Typen zusammenfassen.

```pascal
type
  TTest = record
    i: integer;
    s: string;
    d: double;
  end;
var
  Test: TTest;
begin
  Test.i := 15;
  Test.s := 'Hallo';
```

Eine Record-Definition wird mit dem Schlüsselwort *record* begonnen und mit *end*
abgeschlossen. Auf die einzelnen Felder des Records kann man wie auf Einzel-
Variable zugreifen, dabei ist der Bezeichner der Record-Variablen vom Bezeichner
des Record-Felder mit einem Punkt zu trennen.

Eine besondere Art von Records sind variante Records:

```pascal
type
  TMessage = record
    Msg: Cardinal;
    case Integer of
      0: (WParam: Longint;
        LParam: Longint;
        Result: Longint);
      1: (WParamLo: Word;
        WParamHi: Word;
        LParamLo: Word;
        LParamHi: Word;
        ResultLo: Word;
        ResultHi: Word);
  end;
```

Auf die Felder *WParam*, *LParam* und *Result* könnte hier auch zweimal wortweise
– also mit jeweils 16 Bit – zugegriffen werden.

Denken Sie nicht zu viel über die Anweisung *case Integer of* nach, und suchen Sie
vor allem keine Analogien zur *case*-Verzweigung.

2.1.3 Pascal-Sprachelemente

Im folgenden werden die Anweisungen erläutert, aus denen sich Pascal-Programme zusammensetzen. Beachten Sie bitte, dass alle Anweisungen mit einem Semikolon (Strichpunkt) abzuschließen sind. Eine Ausnahme dabei bildet die jeweils letzte Anweisung vor einem *end*, wo das Semikolon optional ist.

Das Programm

Ein Pascal-Programm beginnt mit dem Wort *program*, ihm folgt der Programmbezeichner. Es können dann Typen, Konstanten, Funktionen und Prozeduren definiert und Variablen deklariert werden. Der Anweisungsteil steht zwischen *begin* und *end*.

```
program Project1;

uses
  Forms,
  Unit1 in 'Unit1.pas' {Form1};

{$R *.RES}

begin
  Application.Initialize;
  Application.CreateForm(TForm1, Form1);
  Application.Run;
end.
```

Der Programm-Quelltext wird automatisch von Delphi verwaltet und muss in der Regel nicht manuell bearbeitet werden. Sie können den Programm-Quellext mit dem Menüpunkt PROJEKT | QUELLTEXT ANZEIGEN einsehen. Der Programm-Quelltext wird in einer Datei mit der Endung *dpr* (»delphi project«) gespeichert.

Units

Bei Delphi-Projekten ist der Großteil des Quelltextes meist in einer oder mehreren Units untergebracht. Eine Unit ist eine Einheit, welche der Compiler als Ganzes kompilieren kann. Der Quelltext einer Unit befindet sich in einer Datei mit der Endung *pas* (»pascal«), die kompilierte Unit erhält dann die Extension dcu (»delphi compiled unit«).

Eine Unit beginnt mit dem Schlüsselwort *unit*, gefolgt vom Bezeichner der Unit. Der Bezeichner der Unit gleicht dem Dateinamen; um eine Unit umzubenennen, wählen Sie DATEI | SPEICHERN UNTER.

Anschließend folgt der Interface-Teil, eingeleitet mit dem Schlüsselwort *interface*. Im Interface-Teil werden alle Elemente der Unit deklariert, welche von anderen Units oder dem Programm genutzt werden sollen. Im folgenden Beispiel gibt es nur ein solches Element, die Funktion *add*.

Im Implementation-Teil, eingeleitet mit dem Schlüsselwort *implementation*, müssen die exportierten Prozeduren und Funktionen schließlich definiert werden. Sie können dort auch weitere Routinen definieren, welche dann jedoch nur innerhalb der Unit verwendet werden können. Beachten Sie bitte, dass solche Routinen vor der Verwendung definiert werden müssen oder eine entsprechende *forward*-Deklaration (siehe einige Seiten weiter) erfolgen muss.

Die Unit endet mit einem *end*, das mit einem Punkt abgeschlossen wird. Quelltext hinter diesem Punkt wird vom Compiler ignoriert.

```
unit Unit2;


interface


function add(s1, s2: integer): integer;


implementation


function add(s1, s2: integer): integer;
begin
   result := s1 + s2;
end;


end.
```

Um dem Projekt eine neue Unit hinzuzufügen, wählen Sie Datei | Neu | Unit.

Eine Unit kann einen *initialization*-Abschnitt enthalten. Er beginnt mit dem reservierten Wort *initialization* und endet mit dem Beginn des *finalization*-Abschnitts oder - wenn kein finalization-Abschnitt vorhanden ist – mit dem Ende der Unit. Der *initialization*-Abschnitt enthält Anweisungen, die beim Programmstart in der angegebenen Reihenfolge ausgeführt werden.

Ist in einer Unit ein *initialization*-Abschnitt enthalten, so kann auch ein *finalization*-Abschnitt verwendet werden. Der *finalization*-Abschnitt beginnt mit dem reservierten Wort *finalization* und endet mit dem Ende der Unit. Er enthält Anweisungen, die beim Beenden des Hauptprogramms ausgeführt werden. Im *finalization*-Abschnitt können Sie beispielsweise die Ressourcen freigeben, die im *initialization*-Abschnitt zugewiesen wurden.

Formular-Units

Wenn Sie einem Projekt ein neues Formular hinzufügen (Datei | Neues Formular), dann legt Delphi automatisch eine Formular-Unit sowie eine Formular-Datei an. Diese beiden Dateien werden von Delphi automatisch aktualisiert, wenn Sie die Eigenschaften von Komponenten ändern oder eigene Komponenten hinzufügen.

Das folgende Beispiel zeigt die Unit und die Formular-Datei eines einfachen »HelloWorld«-Formulars.

```pascal
unit Unit1;

interface

uses
  Windows, Messages, SysUtils, Classes, Graphics, Controls, Forms,
  Dialogs, StdCtrls;

type
  TForm1 = class(TForm)
    Button1: TButton;
    procedure Button1Click(Sender: TObject);
  private
    { Private-Deklarationen }
  public
    { Public-Deklarationen }
  end;

var
  Form1: TForm1;

implementation

{$R *.DFM}

procedure TForm1.Button1Click(Sender: TObject);
begin
  ShowMessage('Hello world!');
end;

end.
```

Eine Formular-Datei können Sie einsehen, in der Regel ist es jedoch wenig zweckmäßig, diese manuell zu ändern. Formular-Dateien haben die Extension *dfm*
(»delphi form«).

```
object Form1: TForm1
  Left = 192
  Top = 107
  Width = 783
  Height = 540
  Caption = 'Form1'
  Color = clBtnFace
  Font.Charset = DEFAULT_CHARSET
  Font.Color = clWindowText
  Font.Height = -11
  Font.Name = 'MS Sans Serif'
  Font.Style = []
  OldCreateOrder = False
  PixelsPerInch = 96
  TextHeight = 13
  object Button1: TButton
    Left = 72
    Top = 48
    Width = 75
    Height = 25
    Caption = 'Button1'
    TabOrder = 0
    OnClick = Button1Click
  end
end
```

Die Uses-Klausel

Wenn Sie in einer Unit oder im Programm Elemente anderer Units nutzen, dann
müssen diese Units über die *uses*-Klausel eingebunden werden.

```
uses unit2;
```

Eine *uses*-Klausel kann im *interface*-Teil und/oder im *implementation*-Teil stehen.
Steht eine Unit in der *uses*-Klausel des *implementation*-Teils, dann können Elemente dieser Unit nicht im *interface*-Teil dieser Unit verwendet werden.

Es wäre jedoch wenig empfehlenswert, alle anderen Units grundsätzlich in der
uses-Klausel des *interface*-Teils unterzubringen, weil dadurch zirkuläre Referenzen entstehen. Wird eine Unit – hier *unit1* genannt – von einer anderen Unit – hier

unit2 genannt – im *interface*-Teil referenziert, so kann diese andere Unit (*unit2*) ihrerseits nicht *unit1* im *interface*-Teil referenzieren.

Sie sollten sich angewöhnen, selbsterstellte Units nur dann im *interface*-Teil einer Unit zu referenzieren, wenn es zwingend erforderlich ist.

Konstantendefinitionen und Variablendeklarationen

Erfolgt die Definition von Konstanten beziehungsweise die Deklaration von Variablen innerhalb von Routinen, dann spricht man von lokalen Konstanten beziehungsweise lokalen Variablen. Solche Konstanten beziehungsweise Variablen sind nur innerhalb der jeweiligen Routine gültig.

```
procedure linie(Color: TColor);
const
  a = 200;
var
  i: integer;
begin
  for i := 0 to 17
    do Form1.Canvas.Pixels[i, 1] := Color
end;
```

Konstanten und Variablen, welche Sie außerhalb von Routinen im *implementation*-Teil einer Unit definieren beziehungsweise deklarieren, sind innerhalb der ganzen Unit gültig. Werden diese Elemente im *interface*-Teil einer Unit aufgeführt, dann sind sie darüber hinaus auch überall dort gültig, wo diese Unit über eine *uses*-Klausel eingebunden ist.

Konstanten sollten Sie möglichst gobal definieren, Variablen möglichst lokal. Benötigen Sie den Zugriff auf eine Variable von mehreren Routinen aus, dann bietet sich als Alternative zur lokalen Variablen das Feld eines Objektes, beispielsweise des Formulars, an.

Globale Variablen sind innerhalb von Formular-Units oder Klassen-Units nicht ungefährlich, weil bei einer mehrmaligen Instantisierung der entsprechenden Klasse immer nur eine globale Variable vorhanden ist, was in der Mehrzahl der Fälle zu Problemen führt. Verwenden Sie globale Variablen nur dann, wenn diese Variable wirklich nur einmal im Programm benötigt wird.

Verwenden Sie für lokale Elemente möglichst kurze Bezeichner, für globale Elemente möglichst aussagekräftige und verwechslungssichere. Lokale Integer-Variablen werden – insbesondere, wenn es sich um Laufvariablen handelt – mit den Buchstaben *i*, *j* und *k* benannt, lokale String-Variablen mit *s*, *t*, *u* und *v*.

Typisierte Konstanten und initiaisierte Variablen

Typisierte Konstanten und initiaisierte Variablen sind praktisch dasselbe: Variablen, die bereits bei der Deklaration mit einem Wert vorbelegt werden.

```
{$J+}

const
  k: integer = 18;

var
  Form1: TForm1;
  i: integer = 17;

procedure TForm1.Button1Click(Sender: TObject);
begin
  k := 17;
  Caption := IntToStr(i + k);
end;
```

Auch wenn im Zusammenhang von typisierten Konstanten von Konstanten gesprochen wird, können sie doch das Ziel von Zuweisungen sein, sofern die entsprechende Kompiler-Option *{$J+}* gesetzt ist. Typisierte Konstanten werden aus Grund der Abwärtskompatibilität unterstützt und sollten durch initialisierte Variablen ersetzt werden.

Initialisierte Variablen sind nur bei globalen Variablen möglich. Globale Variable werden – sofern sie nicht explizit initialisiert werden, mit den Werten 0, *nil* oder *false* initialisiert.

Zuweisungen

Einer Variablen wird ein Wert mit dem Operator *:=* zugewiesen. Der zugewiesene Wert kann eine Konstante, eine andere Variable oder ein Ausdruck sein.

```
i := 3;
i := i + 1;
i := add(j, i);
```

Routinen (Prozeduren und Funktionen)

Routinen sind Sammlungen von Anweisungen, welche von anderen Stellen des Programms aufgerufen werden können.

Man unterscheidet hierbei Prozeduren und Funktionen, wobei Funktionen einen Wert zurückgeben können. Sowohl Prozeduren als auch Funktionen können Parameter übergeben werden. Im Beispiel *linie* gibt es einen Parameter namens *Color*, im Beispiel *add* zwei Parameter sowie einen Rückgabewert vom Typ *integer*.

```
procedure linie(Color: TColor);
begin
  Form1.Canvas.Pen.Color := Color;
  Form1.Canvas.MoveTo(0, 0);
  Form1.Canvas.LineTo(100, 100);
end;

function add(s1, s2: integer): integer;
begin
  result := s1 + s2;
end;
```

Routinen werden durch Nennung ihres Namens aufgerufen, dabei werden die Parameter übergeben. Wird eine Funktion in einer Operation eingesetzt, so wird nach dem Ausführen der Funktion ihr Rückgabewert in dieser Operation verwendet. Im folgenden Beispiel würde der Variablen *i* der Wert sechs zugewiesen.

```
linie(clRed);
i := add(1, 2) + 3;
```

Eine Routine beginnt mit dem Schlüsselwort *procedure* oder *function*, gefolgt vom Bezeichner der Routine. Anschließend folgt in Klammern die Liste der Parameter, welche die Routine übernimmt. Handelt es sich bei der Routine um eine Funktion, so wird nach einem Doppelpunkt der Typ des Funktionsergebnisses genannt. Der Kopf der Routine wird mit einem Semikolon abgeschlossen.

Es folgt dann optional eine Konstantendefinition und/oder eine Variablendeklaration. Der Anweisungsteil einer Routine steht zwischen *begin* und *end*, das *end* wird mit einem Semikolon abgeschlossen.

Forward

Eine Routine muss oberhalb der Verwendung definiert werden. Im Quelltext muss also erst die Definition stehen, erst danach darf die Routine verwendet werden. Von dieser Regel gibt es folgende Ausnahmen:

- Wird eine Routine im interface-Teil einer Unit deklariert, kann sie ab dem Punkt verwendet werden.

- Methoden werden schon durch die dazugehörende Klassendefinition bekanntgemacht.

- Mit dem Schlüsselwort *forward* ist eine so genannte Forward-Deklaration möglich. Dabei wird der Routinenkopf mit dem Schlüsselwort *forward* aufgeführt. Ab dieser Stelle ist die Routine bekannt und kann verwendet werden.

```
procedure linie(Color: TColor); forward;
// Ab hier kann die Routine linie verwendet werden.
// ....
procedure linie(Color: TColor);
begin
  Form1.Canvas.Pen.Color := Color;
  Form1.Canvas.MoveTo(0, 0);
  Form1.Canvas.LineTo(100, 100);
end;
```

Parameter

Parameter sind Werte, die Prozeduren oder Funktionen übergeben werden.

```
function add(s1, s2: integer): integer;
begin
  result := s1 + s2;
  s1 := 13;
end;
```

Solange nichts anderes vermerkt ist, sind alle Parameter Werte-Parameter, der Routine wird eine Kopie des Wertes übergeben, mit dem die Routine aufgerufen wurde. Dieser Werte-Parameter kann intern wie eine vorbelegte lokale Variable betrachtet werden. Sie können diese Kopie ändern, ohne dass dies Auswirkungen auf das Original hat (siehe *s1* im Beispiel *add*).

```
procedure add2(s1, s2: integer; var ergebnis integer);
begin
  ergebnis := s1 + s2;
end;
```

```
procedure Test;
var
  e: integer;
begin
  add2(1, 2, e);
end;
```

Stellen Sie einem Parameter das Schlüsselwort *var* voran, dann ist dieser Parameter ein Variablen-Parameter. Ihm wird nicht mehr eine Kopie eines Wertes übergeben, sondern ein Zeiger auf eine Variable, im Beispiel *add2* auf die Variable *e*. Ändert die Prozedur diesen Variablen-Parameter, dann wird automatisch das Original geändert. Auf diese Weise können auch Prozeduren Werte nach außen exportieren.

```
procedure ShowMessage(const Msg: string);
```

Stellen Sie einem Parameter das Schlüsselwort *const* voran, dann ist dieser Parameter ein Konstanten-Parameter. Auch einem Konstanten-Parameter wird keine Kopie, sondern ein Zeiger auf das Original übergeben. Im Gegensatz zum Variablen-Parameter führt es jedoch zu einer Fehlermeldung, wenn Sie versuchen, einem Konstanten-Parameter einen Wert zuzuweisen. Der Vorteil von Konstanten-Parametern liegt darin, dass von einem Wert keine Kopie gezogen werden muss, was bei größeren Variablen (Strings, Arrays etc.) von Vorteil ist.

if-Verzweigung

Eine *if*-Verzweigung führt die Anweisung im *then*-Teil nur dann aus, wenn die Auswertung des Ausdrucks im *if*-Teil den Wert *true* ergibt.

```
if i = 17
   then Color := clBlue;
```

Optional kann auch ein *else*-Teil hinzugefügt werden, dessen Anweisung ausgeführt wird, wenn die *if*-Bedingung nicht erfüllt ist.

```
if Form1.Color := clRed
   then Form1.Color := clBlue
   else Form1.Color := clRed;
```

Beachten Sie, dass diese *if..then..else*-Konstruktion eine einzige Anweisung ist und somit vor dem *else* kein Semikolon stehen darf.

Müssen im *then*- oder im *else*-Teil mehrere Anweisungen ausgeführt werden, dann ist ein *begin..end*-Block zu verwenden:

```
if i = 17 then
begin
   i := 0;
   Memo1.Lines.Add(s);
end {if i = 17 then}
else
begin
   i := i + 1;
   s := IntToStr(i);
end; {if i = 17 then}
```

Häufig werden bei der Bildung des Ausdruck im *if*-Teil Operatoren wie *not, and, or* und *xor* verwendet:

```
if ((Memo1.Lines.Count > 0)
    and (FAbbruch = false)
    and (FZweiter > 3))
  or (FDoch = true) then
begin
  s := Memo1.Text;
end;
```

Sparen Sie dabei nicht mit Klammern, und versuchen Sie, den Ausdruck möglichst übersichtlich darzustellen.

case-Verzweigung

Während es bei einer *if*-Verzweigung nur zwei Alternativen gibt, können bei einer *case*-Verzweigung mehrere Alternativen vorgesehen werden. Um die Bedingung für die einzelnen Alternativen zu formulieren, können Sie auch Aufzählungen und Bereiche verwenden.

```
case i of
  1: Color := clred;
  2, 8: Color := clBlue;
  3..7:
  begin
    Color := clGreen;
    Caption := '';
  end;
  9: Color := clWhite;
  else
    Color := clBlack;
end;
```

Beachten Sie bitte bei zeitkritischen Operationen, dass die *case*-Verzweigung deutlich langsamer als die *if*-Verzweigung ist.

for..to..do-Schleife

Eine *for..to..do*-Schleife ist eine Schleife mit fester Durchlaufzahl.

```
for i := 1 to 100
  do Memo1.Lines.Add(IntToStr(i));
```

Ist der Anfangswert der Schleifenvariablen größer als ihr Endwert, muss eine *for..downto..do*-Schleife verwendet werden. Müssen innerhalb der Schleife mehrere Anweisungen ausgeführt werden, dann ist ein *begin..end*-Block zu verwenden.

```
for i := 17 downto 3 do
begin
  j := i * 3;
  Memo1.Lines.Add(IntToStr(j));
end;
```

Anfangs- und Endwert der Schleifenvariable dürfen auch Variablen sein. Für die Schleifenvariable selbst sind nur ordinale Typen zulässig, also beispielsweise Integer-Zahlen, nicht jedoch Gleitkommazahlen.

```
for i := UpDown1.Position to UpDown2.Position do ...
```

while-Schleife

Eine *while*-Schleife wird ausgeführt, so lange die *while*-Bedingung erfüllt ist.

```
Table1.First;
while not Table1.EOF do
begin
  Memo1.Lines.Add(Table1.FieldByName('Name').AsString);
  Table1.Next;
end;
```

Achten Sie tunlichst darauf, dass die *while*-Bedingung nicht permanent erfüllt ist, weil das Programm sonst ewig in dieser Schleife festhängt.

repeat..until-Schleife

Die *repeat..until*-Schleife ist eine Schleife mit Abbruch-Bedingung, sie wird solange ausgeführt, bis die Abbruch-Bedingung erfüllt ist.

```
repeat {until f >= 9.5}
  f := f * 1.1;
  i := i + 1;
  StringGrid1.Cells[3, i] := FloatToStr(f);
until f >= 9.5;
```

Beachten Sie bitte, dass Sie bei einer *repeat..until*-Schleife kein *begin..end*-Block verwenden können (und auch keinen benötigen). Sie sollten auch darauf achten, dass irgendwann die Abbruch-Bedingung erfüllt ist.

Break, Exit, Abort und Continue

Die Prozedur *Break* bricht die Ausführung einer *for-, while-* oder *repeat*-Schleife ab.

```
for i := 1 to 10 do
begin
  Memo1.Lines.Add(IntToStr(i));
  if i > j then break;
end;
```

Mit *Continue* wird bei einer *for-, while-* oder *repeat*-Schleife der aktuelle Schleifen-durchlauf abgebrochen und mit dem nächsten Durchlauf fortgefahren.

Die Prozedur *Exit* beendet die aktuelle Prozedur.

```
procedure TForm1.btnAbbruchClick(Sender: TObject);
begin
  FAbbruch := true;
end;

for i := 1 to 1000000 do
begin

    ...
  if i mod 1000 = 0 then
  begin
    Application.ProcessMessages;
    if FAbbruch = true then Exit;
  end;
end;
```

Die Prozedur Abort beendet den aktuellen Prozess ohne Fehlermeldung.

with..do-Klausel

Die *with..do*-Klausel vereinfacht den Zugriff auf Klassen und Records und erhöht die Übersichtlichkeit des Listings.

```
with DataModule2.Table1 do
begin
  First;
  while not EOF do
  begin
    Memo1.Lines.Add(FieldByName('nachname').AsString);
    Memo2.Lines.Add(FieldByName('vorname').AsString);
    Next;
  end;
end; {with DataModule2.Table1 do}
```

Ohne *with*-Klausel hätte man folgendermaßen formulieren müssen:

```
DataModule2.Table1.First;
while not DataModule2.Table1.EOF do
begin
   Memo1.Lines.Add
      (DataModule2.Table1.FieldByName('nachname').AsString);
   Memo2.Lines.Add
      (DataModule2.Table1.FieldByName('vorname').AsString);
   DataModule2.Table1.Next;
end;
```

Die *with*-Klausel führt beim Kompilieren nicht zu zusätzlichen Prozessoranweisungen und somit auch nicht zu Performance-Einbußen.

Kommentare

Kommentare sind Zeichen im Quelltext, die vom Kompiler ignoriert werden. In der Regel werden Kommentare dazu verwendet, um den Quelltext zu erläutern. Es besteht aber auch die Möglichkeit, Anweisungen (vorübergehend) zu entfernen, ohne sie aus dem Quelltext zu löschen.

Kommentare in Pascal werden zwischen geschweiften Klammern (*{}*) oder *(* / *)*-Zeichen gesetzt. Ab Delphi 2 gibt es auch die Möglichkeit, mit zwei Schrägstrichen (*//*) den Text bis zum Zeilenende als Kommentar zu deklarieren.

```
{Dies ist ein Kommentar}
i := 12; (* und dies ist noch einer*)
j := 23; // und dieser geht bis zum Ende der Zeile
```

Manche Programmierer, darunter auch der Autor, setzen hinter ein *end* immer einen Kommentar, der erläutert, zu welchem *begin* dieses *end* gehört. Bei stark verschachtelten Konstruktionen, insbesondere dann, wenn die Routinen nicht mehr vollständig auf dem Bildschirm angezeigt werden können, erhöht dies deutlich die Übersichtlichkeit.

```
if i = 17 then
begin
   i := 0;
   Memo1.Lines.Add(s);
end {if i = 17 then}
else
begin
   i := i + 1;
   s := IntToStr(i);
end; {else i = 17 then}
```

Compiler-Direktiven

Steht direkt hinter einer geschweiften Klammer ein *$*-Zeichen, so ist dort kein
Kommentar, sondern eine Compiler-Direktive zu finden. Das folgende Beispiel
zeigt die Einbindung einer Ressourcen-Datei, genauer gesagt einer Formular-Datei.
Eine solche Compiler-Direktive ist in jeder Formular-Unit zu finden.

```
{$R *.DFM}
```

Bedingte Kompilierung

Mit Hilfe von Compiler-Direktiven ist auch eine bedingte Compilierung möglich, Teile des Quelltextes werden also nur beim Vorliegen gewisser Bedingungen
kompiliert. Mit $DEFINE wird dabei ein Symbol definiert, mit $IFDEF auf Existenz dieses Symbols verzweigt oder nicht. Im Gegensatz zur Pascal-Verzwei-
gung mit *if* gibt es hier keine *begin..end*-Blöcke, dafür einen Abschluß mit $ENDDIF

```
{$DEFINE Test}


{$IFDEF Test}
  Edit1.Text := 'Test';
{$ELSE}
  Edit1.Text := '';
{$ENDIF}
```

Wozu benötigt man bedingte Kompilierung?

- Diejenigen unter Ihnen, die parallel 16- und 32-Bit-Code entwickeln müssen,
  können dafür denselben Quelltext verwenden und mittels bedingter
  Kompilierung spezifischen Code einbauen. Zu diesem Zweck ist bereits das
  Symbol WIN32 definiert.

- Es gibt Aufgaben, die mit Kylix anders gelöst werden müssen als mit Delphi.
  Zu diesem Zweck gibt es die Symbole MSWINDOWS und LINUX

- Man kann eine spezielle Debugging-Version erstellen, die beispielsweise bestimmte Daten in eine Datei protokolliert. Für die endgültige Version wird
  dann die Symbol-Definition per Kommentar ausgeschaltet.

try..except

Tritt in einer Routine ein Fehler auf, so wird normalerweise eine Fehlermeldung
ausgegeben und die Routine abgebrochen. Mit einer *try..except*-Konstruktion können solche Fehler behandelt und die Fehlermeldungen abgefangen werden. Es
ist auch möglich, die Standard-Fehlermeldungen durch eigene Fehlermeldungen
zu ersetzen.

```
try
  i := StrToInt(Edit1.Text);
except
  i := 0;
end; {try}
```

Zunächst werden die Anweisungen im *try*-Block abgearbeitet. Tritt dabei kein Fehler auf, dann wird mit der Anweisung hinter dem *end* fortgefahren.

Tritt jedoch im *try*-Block ein Fehler auf, dann wird die Bearbeitung abgebrochen und in den *except*-Block gesprungen. Nachdem alle Anweisungen im *except*-Block abgearbeitet sind, wird mit der Anweisung hinter dem *end* fortgefahren.

```
try
  i := StrToInt(Edit1.Text);
  test.Show;
except
  on EConvertError
    do i := 0;
end; {try}
```

Mit Hilfe einer *on*-Verzweigung kann auf verschiedene Exceptions unterschiedlich reagiert werden. Im Beispiel würde ein Konvertierungsfehler stillschweigend »berichtigt«, während bei einer Zugriffsverletzung (Variable *test* nicht initialisiert) eine Fehlermeldung ausgegeben würde.

```
except
  on EConvertError
    do i := 0;
  on Exception
    do ShowMessage('unerwarteter Fehler');
end; {try}
```

Die Behandlung eines Exceptions-Typs mittels einer *on*-Klausel behandelt auch alle Exceptions, die davon abgeleitet sind. Mit *Exception* behandelt man gar alle Exceptions. Im eben vorgestellten Listing reagiert man mittels der ersten *on*-Klausel auf Konvertierungsfilter und mittels der zweiten auf alle anderen Exceptions.

```
except
  on E: EConvertError
    do ShowMessage(E.Message);
end; {try}
```

Für Pascal-Programmierer etwas ungewöhnlich ist die Art, wie ein Zeiger auf die Exception definiert und gesetzt wird.

try..finally

Ähnlich einer *try..except*-Konstruktion verhält sich eine *try..finally*-Konstruktion. Während jedoch der *except*-Block nur im Fehlerfalle ausgeführt wird, wird der *finally*-Block in jedem Fall ausgeführt. Eine *try..finally*-Konstruktion wird vor allem zur Freigabe belegter Ressourcen verwendet.

```
sl := TStringList.Create;
try
   {Arbeiten mit der String-Liste}
finally
   sl.Free;
end;
```

Solange kein Fehler auftritt, werden nach den Anweisungen im *try*-Teil die Anweisungen im *finally*-Teil abgearbeitet. Tritt jedoch im *try*-Teil ein Fehler auf, dann wird direkt in den *finally*-Teil gesprungen.

```
sl_1 := TStringList.Create;
try
   sl_2 := TStringList.Create;
   try
      sl_3 := TStringList.Create;
      try
         {Arbeiten mit der String-Liste}
      finally
         sl_3.Free;
      end;
   finally
      sl_2.Free;
   end;
finally
   sl_1.Free;
end;
```

Werden mehrere Ressourcen belegt, so müssten eigentlich mehrere *try..finally*-Konstruktionen geschachtelt werden, was den Quelltext ziemlich unübersichtlich macht. Besser geht es folgendermaßen:

```
sl_1 := nil;
sl_2 := nil;
sl_3 := nil;
try
   sl_1 := TStringList.Create;
   sl_2 := TStringList.Create;
```

```
  sl_3 := TStringList.Create;
  {Arbeiten mit der String-Liste}
finally
  sl_1.Free;
  sl_2.Free;
  sl_3.Free;
end;
```

Da die Methode *Free* nur dann den Destruktor *Destroy* aufruft, wenn der Zeiger-Variablen ein Wert ungleich *nil* zugewiesen ist, können alle *Free*-Anweisungen in einen gemeinsamen *finally*-Block. Vergessen Sie jedoch nicht, alle Zeiger-Variablen mit *nil* zu initialisieren.

Zeiger

Beim Programmieren mit Delphi arbeitet man dauernd mit Zeigern, auch wenn einem das nicht auffällt. Alle Objekt-Variablen (*Form1*, *Button1*...) sind nichts anderes als Zeiger, auch wenn wir sie nicht mehr explizit dereferenzieren müssen.

Das folgende Beispiel zeigt, wie man ein großes Array dynamisch im Speicher anlegt, verwendet und wieder freigibt.

```
type
  TMyArray = array[1..10000000] of byte;
  PMyArray = ^TMyArray;

var
  MyArray: PMyArray;
```

Zunächst einmal werden ein Array-Typ (*TMyArray*) und ein Zeigertyp auf diesen Array-Typ (*PMyArray*) definiert. Zeigertypen beginnen gemäß den Konventionen mit einem großen *P*. Anschließend wird eine Zeiger-Variable deklariert.

```
var
  i: integer;
begin
  new(MyArray);
  for i := 1 to 10000000 do
    MyArray^[i] := random(10) + 1;
```

Mit *new* wird der Speicherplatz für das Array angefordert, anschließend werden Zufallszahlen zwischen eins und zehn erzeugt und in das Array geschrieben.

```
var
  a: array[1..10] of integer;
  i, j: integer;
```

```
begin
  for i := 1 to 10 do a[i] := 0;
  for i := 1 to 10000000 do
  begin
    j := MyArray^[i];
    inc(a[j]);
  end;
  dispose(MyArray);
```

Im Array *a* wird die Häufigkeit der Vorkommen der einzelnen Zufallszahlen gezählt. Mit *dispose* wird anschließend der Speicher für das Array wieder freigegeben.

Prozedurale Typen

Prozedurale Typen werden vor allem als Methodenzeiger verwendet, welche wir
später besprechen werden. Ein Prozeduraler Typ ist ein Zeiger auf eine Prozedur
oder Funktion.

```
type
  PAendern = procedure(var i: integer);
```

PAendern ist ein Zeiger auf eine Prozedur, die einen Variablen-Parameter vom
Typ *integer* entgegennimmt.

```
procedure inkrementieren(var i: integer);
begin
  inc(i);
end;
```

Einer *PAendern*-Zeigervariablen kann nun ein Zeiger auf eine entsprechende Prozedur zugewiesen werden. Diese Prozedur wird dann durch Nennung des
Bezeichners der Zeigervariablen aufgerufen.

```
var
  i: integer;
  Aendern: PAendern;
begin
  Aendern := inkrementieren;
  i := 7;
  Aendern(i);
```

Die Verwendung von prozeduralen Typen scheint zunächst umständlich, bringt
aber bei den Komponenten-Ereignissen große Vorteile.

2.2 Objektorientierte Programmierung

In diesem Kapitel soll eine kurze Einführung in die objektorientierte Programmierung (OOP) gegeben werden. Da alle Delphi-Komponenten Objekte darstellen, programmiert man mit Delphi immer objektorientiert.

2.2.1 Was ist objektorientierte Programmierung?

Die objektorientierte Programmierung zeichnet sich durch drei wesentliche Eigenschaften aus:

■ *Kapselung:* Die Daten (*Felder*) sowie die Prozeduren und Funktionen (*Methoden*), die auf diese Daten zugreifen, werden zu einer Einheit zusammengefasst (*gekapselt*). Diese Einheit trennt die Schnittstelle von der Implementierung, so dass die Implementierung geändert werden kann, ohne dass sich die Schnittstelle ändert.

■ *Vererbung:* Von Klassen können weitere Klassen abgeleitet werden, welche alle Felder und Methoden der Vorfahren übernehmen (*erben*).

■ *Polymorphie:* Verschiedene Generationen einer Klasse (also *Vorfahren* und *Nachfahren*) können eine Methode mit ein und denselbem Namen auf verschiedene Weise implementieren.

Wenn Sie bislang noch nichts mit objektorientierter Programmierung zu tun hatten, dann werden Sie sich unter dem Gesagten herzlich wenig vorstellen können. Ein Beispiel soll uns deshalb diese Art der Programmierung erläutern und uns das Verständnis erleichtern. Vorher sollen jedoch noch einige Begriffe geklärt werden.

Klassen, Objekte und Instanzen

Ein Klasse ist ein »Bauplan« eines Objektes. Von einer Klasse, also von einem Bauplan, können mehrere Objekte instantisiert werden. Ein Beispiel für eine Klasse wäre *TButton*, Beispiele für von *TButton* instantisierte Objekte wären *Button1*, *Button2*, *Button3* ...

Zu Zeiten von TurboPascal sprach man nicht von Klassen und Objekten, sondern von Objekten und Instanzen. Diese Benennungsweise ist auch vielfach noch in der Fachliteratur zu finden, wenn auch mit abnehmender Tendenz. Die Problematik dieser alten Benennungsweise liegt darin, dass das Wort *Objekt* einmal für den »Bauplan« und das andere Mal für die Instanz verwendet wird – Mißssverständnisse sind hier vorprogrammiert.

Solche Missverständnisse kann man vermeiden, wenn man konsequent nur von Klassen und Instanzen spricht.

2.2.2 Ein Beispielobjekt

Ein Programm, dessen Aufbau und Funktion uns an dieser Stelle nicht näher interessieren soll, nimmt an verschiedenen Stellen Temperaturwerte entgegen. Diese Temperaturwerte liegen im Bereich von 10° bis 50° und werden in der Regel auf mehrere Nachkommastellen genau eingegeben.

Nun kann es vorkommen, dass bei der Eingabe das Dezimaltrennzeichen nicht oder an der falschen Stelle gesetzt wird, so dass die eingegebene Temperatur dann beispielsweise nicht 23,57°, sondern 235,7° beträgt. Wir wollen nun annehmen, dass solch eine Abweichung zu Konsequenzen führen würde, die unter allen Umständen vermieden werden müssen.

Bei konventioneller Programmierung würde man für diese Temperaturwerte jeweils eine Variable verwenden. Bei jedem Zugriff auf diese Variablen würde man sie nun daraufhin überprüfen, ob der eingegebene Temperaturwert im erlaubten Bereich liegt. Wäre dies nicht der Fall, dann würde eine Fehlermeldung ausgegeben und der Variableninhalt nicht verändert werden.

Wenn an vielen verschiedenen Stellen im Programm diesen Variablen ein Wert zugewiesen wird, dann wäre es nicht sonderlich effektiv, an allen diesen Stellen eine solche Gültigkeitsprüfung vorzunehmen.

Sinnvoller wäre es, irgendeine Konstruktion zu programmieren, welche die Gültigkeitsprüfung selbst vornimmt, so dass diese nur an einer Stelle im Programm eingefügt werden muss. Eine solche Konstruktion kann man mit einer Klasse verwirklichen.

Wir wollen nun schrittweise eine solche Klasse erstellen. Erzeugen Sie eine neue Unit und geben Sie folgenden Quelltext ein:

```
unit Unit2;

interface

type
  TTemp = class
  public
    property Temperatur: single;
  end;

implementation

end.
```

Sorgen Sie dafür, dass der Cursor innerhalb der Klassendefinition steht, und betätigen Sie dann die Tastenkombination Shift+Ctrl+C. Delphi (ab Version 4) vervollständigt daraufhin automatisch die Klassendefinition:

```
unit Unit2;

interface

type
  TTemp = class(TObject)
  private
    FTemperatur: single;
    procedure SetTemperatur(const Value: single);
  public
    property Temperatur: single
      read FTemperatur write SetTemperatur;
  end;

implementation

{ TTemp }

procedure TTemp.SetTemperatur(const Value: single);
begin
  FTemperatur := Value;
end;

end.
```

Mit dem Schlüsselwort *class* leiten Sie eine Klassendefinition ein. In Klammern wird dabei angegeben, von welcher Klasse die zu definierende Klasse abgeleitet wird, in diesem Fall von *TObject*. Wird eine Klasse direkt von *TObject* abgeleitet, kann die Klammer entfallen. Wir hätten auch schreiben können:

```
TTemp = class
```

Diese Klasse enthält eine öffentliche Eigenschaft (*property*) namens *Temperatur* und ein privates Feld namens *FTemperatur*. In der objektorientierten Programmierung verbirgt man die Daten vor dem Zugriff von außerhalb der Klasse und veröffentlicht stattdessen Eigenschaften, mit deren Hilfe man auf die Daten zugreifen kann.

Dies ist etwas umständlicher, hat aber den Vorteil, dass man die Klasse komplett »umbauen« kann, ohne dass sich bei der Verwendung der Klasse etwas ändert.

Die Eigenschaft *Temperatur* greift mittels einer Lesefunktion und einer Schreib-prozedur auf das Feld *FTemperatur* zu. Die Lesemethode wird in diesem Fall automatisch generiert und greift direkt auf das Feld zu, in die Schreibmethode bauen wir die Bereichsüberprüfung ein:

```
procedure TTemp.SetTemperatur(const Value: single);
begin
   if (Value > 10) and (Value < 50)
     then FTemperatur := Value
end;
```

Nun wollen wir in einem kleinen Testprogramm eine Instanz dieser Klasse erzeugen:

```
...

type
   TForm1 = class(TForm)
      ...
   private
      FTemp: TTemp;
   public
   end;


...


procedure TForm1.Button1Click(Sender: TObject);
begin
   FTemp := TTemp.Create;
end;


procedure TForm1.Button2Click(Sender: TObject);
begin
   FTemp.Temperatur := StrToFloat(Edit1.Text);
end;


procedure TForm1.Button3Click(Sender: TObject);
begin
   Edit2.Text := FloatToStr(FTemp.Temperatur);
end;
```

```
procedure TForm1.Button4Click(Sender: TObject);
begin
  FTemp.Free;
end;
```

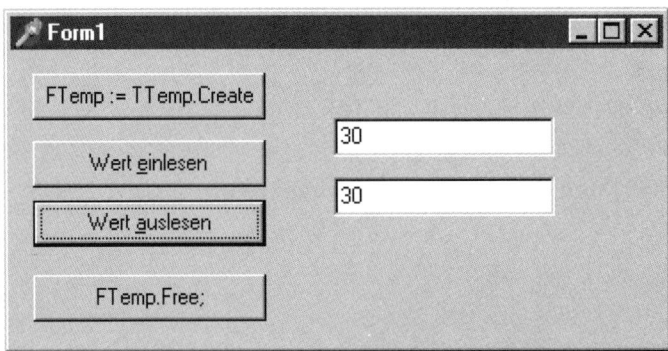

In der Prozedur *Button2Click* wird ein String in eine Zahl gewandelt, ohne dass mit einer *try..except*-Konstruktion Umwandlungsfehler abgefangen werden. Normalerweise wäre dies eine »Todsünde«, hier im Beispielprogramm wollen wir aber die Fehlermeldungen möglichst »ungeschminkt«.

Starten Sie das Programm, erstellen Sie eine Instanz, und weisen Sie ihr eine Temperatur innerhalb des zulässigen Bereichs zu. Anschließend lesen Sie diese Temperatur aus. Im zweiten Schritt geben Sie eine Temperatur außerhalb des zulässigen Bereichs ein, weisen diese zu und erhalten eine entsprechende Fehlermeldung.

Nun geben Sie die Instanz frei und wiederholen den Test. Bei der Zuweisung einer Temperatur innerhalb des zulässigen Bereichs erhalten Sie eine Zugriffsverletzung – schließlich versuchen Sie auf eine Instanz zugreifen, ohne dass diese existiert.

Wenn Sie jedoch einen Wert außerhalb des zulässigen Bereichs eingeben, dann erhalten Sie »ganz normal« eine Fehlermeldung. Dies liegt daran, dass die Prozedur *SetTemperatur* einmal kompiliert im Quelltext vorliegt, egal, ob keine, eine oder mehrere Instanzen dieser Klasse vorliegen. Wird eine neue Instanz erstellt, dann wird lediglich für die Felder dieser Instanz Speicher reserviert.

Solange Methoden nicht auf die Felder einer Klasse zugreifen, können Sie verwendet werden, ohne dass die Klasse instantiiert wird. Wir werden später die Klassenmethoden besprechen – bei diesen Methoden ist es überhaupt nicht vorgesehen, dass sie als Methode einer Instanz aufgerufen werden.

2.2.3 Vererbung

Man kann von Klassen neue Klassen ableiten, welche dann alle Eigenschaften der Vorgängerklasse übernehmen, oder – wie der Fachbegriff lautet – *erben*. Im Prinzip hat dies auch schon bei den *records* funktioniert (verschachtelte *record*s), wie das folgende Beispiel zeigt:

```
type
  TName = record
    Vorname: string[35];
    Nachname: string[35];
  end;


  TPerson = record
    Name: TName;
    Geburtsdatum: TDateTime;
  end;


  TMitarbeiter = record
    Person: TPerson;
    Einstelldatum: TDateTime;
  end;
```

Das Problem bei diesen Konstruktionen ist der Zugriff auf die Felder der »Urahnen«:

```
var
  Mitarbeiter: TMitarbeiter;
begin
  Mitarbeiter.Person.Name.Vorname := 'Yvonne';
```

Man kann sich wohl vorstellen, wie sich der Zugriff auf Felder gestaltet, die zehn Generationen früher definiert worden sind. Bei der Verwendung von Klassen würde dieses Beispiel folgendermaßen aussehen:

```
type
  TName = class
  public
    Vorname: string[35];
    Nachname: string[35];
  end;
```

```
TPerson = class(TName)
public
   Geburtsdatum: TDateTime;
end;


TMitarbeiter = class(TPerson)
public
   Einstelldatum: TDateTime;
end;


var
   Mitarbeiter: TMitarbeiter;
begin
   Mitarbeiter := TMitarbeiter.Create;
   Mitarbeiter.Vorname := 'Yvonne';
```

Gerade bei vielen Generationen von Klassen ist dies ein nicht zu unterschätzender Vorteil. Wir wollen nun von unserer Beispielklasse *TTemp* eine Klasse ableiten, welches die Eigenschaft *AsKelvin* besitzt – damit lassen sich auch Eingaben in absoluter Temperatur vornehmen. Dazu geben wir zunächst ein:

```
TTemp2 = class(TTemp)
public
   property AsKelvin: single read GetKelvin write SetKelvin
end;
```

Anschließend wird mit der Tastenkombination SHIFT+CTRL+C die Klasse vervollständigt.

```
type
   TTemp2 = class(TTemp)
   private
      function GetKelvin: single;
      procedure SetKelvin(const Value: single);
   public
      property AsKelvin: single read GetKelvin write SetKelvin;
   end;


   ...
```

```
function TTemp2.GetKelvin: single;
begin
  Temperatur + 273.15;
end;


procedure TTemp2.SetKelvin(const Value: single);
begin
  SetTemp(Value - 273.15);
end;
```

Die beiden Methoden *SetKelvin* und *GetKelvin* führen die Umrechnung von Grad
Celsius in Kelvin durch. Wie Sie sehen, ist es nicht erforderlich, für die Eigenschaft *AsKelvin* ein privates Feld zu verwenden. Die Temperatur in Kelvin wird
überhaupt nicht gespeichert, dies geschieht lediglich mit der Temperatur in Grad
Celsius im Feld *FTemperatur*.

Um die Klasse *TTemp2* zu verwenden, muss das Beispielprogramm an zwei Stellen modifiziert werden:

```
type
  TForm1 = class(TForm)
    . . .
  private
    FTemp: TTemp2;
  public
  end;


    . . .


procedure TForm1.Button1Click(Sender: TObject);
begin
  FTemp := TTemp2.Create;
end;
```

2.2.4 Überschreiben von Methoden

Methoden, die in Vorgängerklassen enthalten sind, lassen sich bei den Nachfolger-
klassen überschreiben. Um dies zu demonstrieren, soll die Vorgängerklasse *TTemp*
zunächst um die Methode *SetBack* erweitert werden, welche nichts anderes tut,
als die gespeicherte Temperatur auf Null zurückzusetzen.

```
type
  TTemp = class
    ...
  public
    ...
    procedure SetBack;
  end;


procedure TTemp.SetBack;
begin
  FTemperatur := 0;
end;
```

Nun könnte man bei der Klasse *TTemp2* der Ansicht sein, dass beim Zurückset-
zen der Temperatur auch gleich noch eine entsprechende Meldung ausgegeben
werden soll. Dies kann man dadurch bewerkstelligen, dass man in der Klasse
TTemp2 eine neue Methode *SetBack* einfügt, welche diese beiden Aufgaben wahrnimmt.

```
procedure TTemp2.SetBack;
begin
  FTemperatur := 0;
  ShowMessage('Temperatur zurückgesetzt');
end;
```

Die Methode *SetBack* ist nun in beiden Klassen vorhanden, tut aber nicht exakt
dasselbe. Das nennt man *Polymorphie*.

Aufruf der Vorgängermethode

Die eben gezeigte Vorgehensweise hat leider einen kleinen Schönheitsfehler: Nehmen wir als Beispiel die Methode *Create*, welche immer dann ausgeführt wird,
wenn eine Instanz erstellt werden soll. Diese Methode nutzt man für gewöhnlich
dazu, den einzelnen Feldern der Instanz sinnvolle Ausgangswerte zuzuweisen.
Nehmen wir nun an, die Klasse würde sich in der zehnten Generation befinden,
und in jeder Generation würden durchschnittlich drei neue Felder initialisiert.
Dann müssten zusätzlich zu den drei Feldern, die neu zu initialisieren sind, 27
Zuweisungen auf frühere Konstruktoren wiederholt werden.

Solange alle Klassen in der gleichen Unit definiert würden, wäre dies auch noch kein größeres Problem, da man einfach den entsprechenden Block kopieren könnte. Nun wird jedoch häufig der Fall eintreten, dass sich die Vorgängerklassen in verschiedenen anderen Units befinden, von denen teilweise nicht einmal der Quelltext vorliegt. Darüber hinaus hat man als Programmierer wirklich anderes zu tun, als sich mit den Details der Vorgängerklassen zu befassen.

Das Schlüsselwort *inherited* gibt uns die Möglichkeit, die Methoden des Vorgängermodells aufzurufen, so dass mit einer einzigen Anweisung die ganze Funktionalität der Vorgängermethoden übernommen werden kann.

Der Aufruf der Vorgängermethode kann prinzipiell an einer beliebigen Stelle erfolgen. Wird die Vorgängermethode nicht aufgerufen, dann wird sie vollständig durch die neue Methode ersetzt. Wenn versucht wird, eine Vorgängermethode ohne das Schlüsselwort *inherited* aufzurufen, dann stürzt das Programm mit einem Laufzeitfehler ab.

```
procedure TTemp2.SetBack;
begin
   inherited SetBack;
   ShowMessage('Temperatur zurückgesetzt');
end;
```

Statische und virtuelle Methoden

Nehmen wir an, dass für die Klasse *TTemp2* ein anderer Temperaturbereich zugelassen werden sollte. Man könnte nun auf die Idee kommen, einfach die Methode *SetTemperatur* durch eine neue Methode zu ersetzen, so wie es das folgende Listing zeigt:

```
type
   TTemp2 = class(TTemp)
   private
      procedure SetTemperatur(const Value: single);
      ...
   end;


procedure TTemp2.SetTemp(const Value: single);
begin
   if (Wert <= 60) and (Wert >= 10)
      then FTemperatur := Wert
      else ShowMessage ('Temperatur außerhalb des'
         + ' zulässigen Bereichs!');
end;
```

Leider funktioniert diese Vorgehensweise so nicht. Die Zuweisung erfolgt an die Eigenschaft *Temperatur*, welche in der Vorgängerklasse *TTemp* enthalten ist. Die Eigenschaft ruft dabei ihre Schreibmethode *SetTemp* auf, und dies ist die Methode der Klasse *TTemp* und nicht die von *TTemp2*.

Bei der Kompilierung wurde die Methode *SetTemp* fest an die Eigenschaft *Temperatur* gebunden, das heißt, beim Zugriff auf die Eigenschaft *Temperatur* erfolgt ein Sprung an die Adresse dieser Methode. Ob von *TTemp* noch weitere Klassen abgeleitet werden und ob diese die Methode *SetTemp* überschreiben, interessiert dabei nicht. Diese Bindung nennt man statische Bindung (*static*). Solange nichts anderes explizit angegeben wird, sind alle Methoden statisch gebunden.

Überschreiben der Eigenschaft

Dieses Problem kann man dadurch umgehen, dass man auch gleich die Eigenschaft überschreibt. Dies sieht im Deklarationsteil wie folgt aus:

```
type
   TTemp2 = class(TTemp)
   private
      . . .
      procedure SetTemp(const Value: single);
   public
      . . .
      property Temperatur:single read FTemperatur
         write SetTemp;
   end;
```

In diesem Fall nutzt verständlicherweise die Eigenschaft *Temperatur* von *TTemp2* auch die Methode *SetTemp* von *TTemp2*. Diese Vorgehensweise ist jedoch aufwendiger als nötig, da jeweils alle beteiligten Eigenschaften erneut deklariert werden müssen.

Bei den Delphi-Komponenten ist es häufiger der Fall, dass beim Ändern einer Eigenschaft die Komponente auf dem Bildschirm neu dargestellt werden muss, weswegen die Schreibmethoden der Eigenschaften die Methode *Paint* aufrufen. Wenn aus irgendwelchen Gründen diese Methode *Paint* geändert werden soll, müssten bei den meisten Komponenten nicht nur mehr als zehn Eigenschaften überschrieben werden, sondern auch deren Schreibmethoden.

Virtuelle und dynamische Methoden

Bei der objektorientierten Programmierung gibt es deshalb noch einen anderen Weg: Die Verwendung von virtuellen oder dynamischen Methoden.

```
type
  TTemp = class
  private
    FTemperatur: single;
    procedure SetTemperatur(const Value: single);virtual;
  public
    property Temperatur: single
      read FTemperatur write SetTemperatur;
  end;

  TTemp2 = class(TTemp)
  private
    function GetKelvin: single;
    procedure SetKelvin(const Value: single);
    procedure SetTemperatur(const Value: single);override;
  public
    property AsKelvin: single read GetKelvin write SetKelvin;
  end;
```

Durch das Schlüsselwort *virtual* wird der Compiler angewiesen, die Methode nicht direkt zu verbinden. Stattdessen wird die *virtuelle Methoden-Tabelle* verwendet, die auf die zu verwendende Methode verweist.

Beim Überschreiben der Methode muss das Schlüsselwort *override* verwendet werden, das dafür sorgt, dass der Eintrag in der VMT entsprechend abgeändert wird.

Dynamische Methoden werden in der gleichen Weise verwendet wie virtuelle, lediglich ihre interne Organisation ist ein wenig anders. Dynamische Methoden arbeiten ein wenig langsamer und benötigen dafür auch etwas weniger Speicher; sie werden mit dem Schlüsselwort *dynamic* deklariert.

Abstrakte Methoden

Abstrakte Methoden werden verwendet, um Methoden zu deklarieren, ohne sie schon an dieser Stelle implementieren zu müssen.

Nehmen wir einmal an, wir würden eine Reihe von Komponenten erstellen, die irgendwelche geometrischen Formen auf dem Bildschirm darstellen. Eine Komponente würde einen Kreis zeichnen, die andere ein Viereck, eine weitere ein Dreieck. (Eigentlich gibt es in Delphi schon die Komponente *TShape*, welche alle diese Formen zeichnen kann, aber es geht uns hier ja nicht um diese Komponenten.)

Für alle diese Komponenten soll ein gemeinsamer Vorfahr erstellt werden, welcher unter anderem die Eigenschaften *Color, Width* und *Height* implementiert, damit dies nicht bei jeder Methode eigens erfolgen muss. Wird die Farbe einer Komponente geändert, dann muss diese auf dem Bildschirm neu ausgegeben werden, es muss also die Methode *Paint* aufgerufen werden.

Da zu diesem Zeitpunkt jedoch noch nicht feststeht, was denn überhaupt gezeichnet werden soll, kann die Methode *Paint* nicht sinnvoll implementiert werden.

Sie muss aber zu diesem Zeitpunkt bereits deklariert werden, da ja andere Methoden, die es zu diesem Zeitpunkt schon gibt, diese Methode aufrufen. Hier erstellt man dann eine abstrakte Methode.

```
type
    TShapeAnchor = class(TGraphicControl)
       ...

    protected
       procedure Paint; virtual; abstract;

       ...
```

Abstrakte Methoden müssen zwingend virtuelle oder dynamische Methoden sein (und als solche deklariert werden), da sie im Vorfahrtyp ersetzt werden müssen. Außerdem darf diese Methode noch nicht aufgerufen werden, so lange sie noch nicht überschrieben worden ist. Infolgedessen sollte man von *TShapeAnchor* keine (!) Instanz erzeugen, sondern erst von den Nachfolgern, in denen diese Methode dann implementiert ist.

Zugriff auf geerbte Methoden

Wenn man bei einer Klasse eine geerbte Methode überschreibt, dann tut man dies in der Absicht, ab sofort nur noch die neue, jedoch nicht mehr die alte Methode zu verwenden. Ansonsten würde man die Methode nicht überschreiben, sondern eine neue, anders benannte Methode hinzufügen, welche gegebenenfalls die andere Methode aufruft.

Nun ist es zwar unwahrscheinlich, aber nicht unmöglich, dass man eine Methode der Vorgängerklasse aufrufen möchte. Sofern eine statische Bindung vorliegt, ist dies auch möglich, wie das folgende Beispiel zeigt.

```
type
    TTest1 = class
    public
       FFeld: integer;
       procedure setzen; {virtual;}
    end;
```

```
TTest2 = class(TTest1)
public
  procedure setzen; {override;}
end;


implementation

procedure TTest1.Setzen;
begin
  FFeld := 1;
end;

procedure TTest2.Setzen;
begin
  FFeld := 2;
end;

procedure TForm1.FormCreate(Sender: TObject);
begin
  Test := TTest2.Create;
end;

procedure TForm1.Button2Click(Sender: TObject);
begin
  TTest1(Test). Setzen;
  {oder (Test as TTest1).Setzen}
end;
```

Wird jedoch die Methode als virtuell oder dynamisch deklariert, dann wird auch mit dem hier gezeigten Aufruf die Methode von *TTest2* aufgerufen. Ein Aufruf der geerbten Methode ist hier nicht möglich.

2.2.5 Zugriffsschutz für Felder und Methoden

In den Beispielen auf den letzten Seiten sind die Schlüsselwörter *private* und *public* verwendet worden, ohne dass diese bis jetzt erläutert worden wären. Mit diesen Anweisungen wird die Zugriffsmöglichkeit auf die Felder, Methoden und Eigenschaften geregelt.

Eine der Grundsätze der objektorientierten Programmierung lautet, dass sich Klassen erweitern lassen, ohne dass der Programmierer die Klasse näher kennen muss oder gar dessen Quelltext benötigt. Beim Programmieren in Delphi erweitern sie beispielsweise immer die Klasse *TForm*, doch die wenigsten Leser werden sich jemals dessen Quelltext angesehen haben.

Dieser Grundsatz zwingt den Programmierer der Vorfahren-Klassen dazu, seine Klassen narrensicher zu programmieren. Wenn beispielsweise eine Eigenschaft über eine Schreibmethode auf ein Feld zugreift, um in dieser Schreibmethode Gültigkeitsprüfungen vorzunehmen, dann darf es dem Benutzer der Klasse nicht gestattet werden, direkt auf das Feld zuzugreifen, weil er dann damit diese Gültigkeitsprüfungen umgehen könnte.

Die vier Schutzklassen

Delphi kennt insgesamt vier Schutzklassen: *private, protected, public* und *published*.

▪ Auf die Felder und Methoden der Schutzklasse *private* kann von anderen Units als der, in welcher die Klasse definiert wird, nicht zugegriffen werden.

   Wenn Sie beispielsweise eigene Komponenten entwickeln – diese befinden sich dann für gewöhnlich in einer eigenen Unit – dann existieren diese Felder und Methoden für den Benutzer dieser Komponenten genausowenig wie für diejenigen Programmierer, die von diesen Komponenten weitere Komponenten ableiten wollen.

▪ Auch auf die Felder, Methoden und Eigenschaften der Schutzklasse *protected* kann der Benutzer der Klasse (von außerhalb der Unit) nicht zugreifen. Wird jedoch von dieser Klasse eine neue Klasse abgeleitet, dann sind für den Programmierer diese Bestandteile zugänglich und können beispielsweise überschrieben werden.

▪ Auf die Eigenschaften, Methoden und Felder der Schutzklasse *public* kann uneingeschränkt zugegriffen werden.

▪ Auch auf die Eigenschaften der Schutzklasse *published* kann uneingeschränkt zugegriffen werden. Darüber hinaus werden diese Eigenschaften im Objektinspektor angezeigt und können somit zur Entwurfszeit gesetzt werden. Eigenschaften in der hier verwendeten Bedeutung können auch Ereignisse sein.

▪ Der Vollständigkeit halber: Für Ole-Automatisierungsserver gab es mal noch *automated*, das inzwischen veraltet ist. Mehr dazu in der Online-Hilfe.

Die Schutzklassen können in beliebiger Reihenfolge angeordnet werden. Innerhalb der Schutzklassen werden zunächst die Felder (Variablen) und erst dann die Funktionen und Prozeduren aufgeführt.

Welche Schutzklasse verwenden

Bei der Wahl der Schutzklasse hat der Programmierer nur geringfügige Freiheiten. Die zu verwendende Schutzklasse ergibt sich meist direkt aus dem Zweck des Feldes, der Methode oder der Eigenschaft:

▪ Alle Ereignisse werden stets als *published* deklariert, damit sie im Objektinspektor mit ihrer Ereignisbehandlungsroutine verbunden werden können.

▪ Alle Eigenschaften, die im Objektinspektor gesetzt werden sollen, müssen als *published* deklariert werden. Eigenschaften, auf die nur zur Laufzeit zugegriffen werden soll (oder kann), werden als *public* deklariert.

▪ Alle Felder (Variablen) – Ausnahmen bestätigen die Regel – werden als *private* deklariert. Muss auf Felder von außen zugegriffen werden, dann wird dafür eine Eigenschaft implementiert.

▪ Nur bei den Methoden (Prozeduren und Funktionen) gibt es drei Möglichkeiten. Hier steht lediglich fest, dass Methoden nicht als *published* deklariert werden können – denn wie wollte man auch zur Entwurfszeit eine Prozedur oder eine Funktion (direkt) aufrufen.

  ▪ Alle Methoden, die der Benutzer der Klasse aufrufen soll, werden als *public* deklariert.

  ▪ Bei allen anderen Methoden ist im Zweifelsfall davon auszugehen, dass sie später überschrieben werden sollen, folglich werden sie als *protected* deklariert. Insbesondere alle virtuellen Methoden werden als *protected* (oder – wenn sie von außen aufgerufen werden sollen – als *public*) deklariert. Abstrakte Methoden werden stets als *protected* deklariert.

  ▪ Bei manchen Methoden steht von vornherein fest, dass sie nicht überschrieben werden sollen. Beispielsweise könnte es sein, dass eine bestimmte mathematische Operation als Funktion implementiert wird, weil sie an verschiedenen Stellen benötigt wird. Die Funktion wird einmal korrekt erstellt und muss dann selbstverständlich nicht mehr geändert werden. Wenn zudem sicher ist, dass diese Methode auch nicht von den Nachfolgern der Komponente benötigt wird, dann wird sie als *private* deklariert.

Zu den Ausnahmen von diesen Regeln kommen wir im nächsten Abschnitt.

Die Schutzklasse wechseln

Methoden, Eigenschaften und Ereignisse lassen sich auch später – also bei abgeleiteten Klassen – veröffentlichen. Nehmen wir an, es soll ein gemeinsamer Vorfahr für einige Komponenten erstellt werden, von denen einige die veröffentlichte Eigenschaft *Color* erhalten sollen, andere jedoch nicht.

Hier besteht nun die Möglichkeit, in der Vorfahr-Klasse die Eigenschaft als *protected* zu deklarieren und erst in der betreffenden Nachfahr-Klasse diese Eigenschaft dann zu veröffentlichen.

```
type
  TVorfahr = class;

    ...

  protected
    property Color: TColor read GetColor
      write SetColor;

    ...

  end;


  TNachfahr1 = class(TVorfahr)
    ...

  published
    property Color;

    ...

  end;
```

Beim Veröffentlichen von Eigenschaften, die vorher als *protected* deklariert wurden, braucht lediglich der Eigenschaftsname erwähnt zu werden – die Angabe der Lese- und Schreibmethoden ist überflüssig, solange diese sich nicht ändern.

Wenn Sie sich den Quelltext der *Visual Class Library* (DELPHI\SOURCE\VCL) ansehen, dann werden Sie feststellen, dass fast alle Komponenten Eigenschaften veröffentlichen, die in Vorfahrtypen als *protected* deklariert worden sind.

Die Schutzklasse einer Eigenschaft oder Methode kann nur herabgesetzt werden, der umgekehrte Weg (beispielsweise von *published* zu *protected*) ist nicht möglich.

2.2.6 Konstruktoren und Destruktoren

Eine Objektvariable beinhaltet nicht die Felder und die Methoden des Objekt-typs, sondern ist lediglich ein Zeiger auf eine entsprechende Instanz. Delphi dereferenziert jedoch automatisch, so dass man *Temp1.Temperatur* und nicht *Temp1^.Temperatur* schreibt.

Wie bei allen Zeigern muss vor deren Verwendung Speicher alloziert (also belegt) werden, der hinterher tunlichst wieder freigegeben werden sollte. Diese Aufga-ben übernehmen die Konstruktoren und Destruktoren. Von *TObject* erben alle Objekte den Konstruktor *Create* sowie den Destruktor *Destroy* und die Methode *Free*. (Die Methode *Free* untersucht zunächst, ob überhaupt eine Instanz von dem Objekt erstellt wurde, und ruft dann gegebenenfalls *Destroy* auf. Im Zweifelsfall sollten Sie stets *Free* verwenden.)

Wir haben unser Beispielobjekt bereits auf diese Weise erzeugt und wieder zer-stört. Durch entsprechende Ereignisbehandlungsroutinen geschah dies beim Start und beim Verlassen des Programms:

```
procedure TForm1.FormCreate(Sender: TObject);
begin
  Temp1 := TTemp.Create;
  Temp2 := TTemp.Create;
end;


procedure TForm1.FormDestroy(Sender: TObject);
begin
  Temp1.Free;
  Temp2.Free;
end;
```

Wir wollen nun daran gehen, eigene Konstruktoren und Destruktoren zu schrei-ben.

Erstellung eigener Konstruktoren

Eine Klasse kann problemlos mehrere Konstruktoren haben. Dies kann beispiels-weise dann sinnvoll sein, wenn beim Erzeugen der Instanz gleich einige Werte eingestellt werden sollen, diese aber nicht stets identisch sind.

Im folgenden Beispiel initialisiert der Konstruktor *Create* die Instanz mit einer Temperatur von 17°, während bei *CreateWert* die Temperatur, mit der initialisiert werden soll, als Parameter übergeben wird.

```
type
  TTemp = class

    . . .

  public

      . . .

    constructor Create;
    constructor CreateWert(PTemperatur: single);
  end;
```

Bei der Implementierung der Konstruktoren sollte nicht vergessen werden, den ererbten Konstruktor *Create* als Vorgängermethode aufzurufen.

```
constructor TTemp.Create;
begin
  inherited Create;
  FTemperatur := 17;
end;
```

```
constructor TTemp.CreateWert(PTemperatur: single);
begin
  inherited Create;
  FTemperatur := PTemperatur;
end;
```

Selbstverständlich werden auch Konstruktoren an die Nachkommen vererbt und können somit auch bei Instanzen von *TTemp2* verwendet werden.

```
procedure TForm1.FormCreate(Sender: TObject);
begin
  Temp1 := TTemp2.CreateWert(22);
  Temp2 := TTemp2.Create;
end;
```

Statisch oder virtuell?

In *TObject* und vielen davon abgeleiteten Objekten ist der Konstruktor *Create* eine statische Methode – bei der Deklaration davon abgeleiteter Typen ist die Anweisung *override* nicht verwendbar. Dagegen ist der Konstruktor von *TComponent* und allen davon abgeleiteten Objekten (also allen Komponenten) eine virtuelle Methode – hier sollte bei der Typendeklaration stets *override* verwendet werden.

Erstellung eigener Destruktoren

Der Destruktor *Destroy* ist stets eine virtuelle Methode, was für das Ableiten von Klassen zwei Konsequenzen zeitigt:

- Es ist bei der Typendeklaration stets die Anweisung *override* zu verwenden.

- Es wird immer der Destruktor *Destroy* und nie die Methode *Free* überschrieben. Die Methode *Free* stellt fest, ob es eine entsprechende Instanz gibt, und ruft dann die Methode *Destroy* auf.

Das Überschreiben des Destruktors ist vor allem dann erforderlich, wenn in die Klasse andere Objekte aufgenommen werden, die bei dieser Gelegenheit dann freizugeben sind. Im nachfolgenden Beispiel ist *FZeilen* ein Feld vom Typ *TStringList*, welches im Konstruktor erzeugt und im Destruktor wieder freigegeben wird. Als letzte Anweisung im Destruktor sollte immer der Aufruf des ererbten Destruktors stehen.

```
type
  TTest = class
  private
    FZeilen: TStringList;
  public
    constructor Create;
    destructor Destroy; override;
  end;

implementation

constructor TTest.Create;
begin
  inherited Create;
  FZeilen := TStringList.Create;
end;

destructor TTest.Destroy;
begin
  FZeilen.Free;
  inherited Destroy;
end;
```

Es macht keinen Sinn, einem Destruktor irgendwelche Parameter zu übergeben – man würde damit ohnehin nur eine Fehlermeldung verursachen. Genausowenig macht es Sinn, verschiedene Destruktoren zu programmieren (und auch dies wäre nicht möglich).

2.2.7 Typenumwandlung und Typenprüfung

Am häufigsten werden Objekt-Typenumwandlungen wohl bei Ereignisbe-handlungsroutinen verwendet. Diesen wird als Parameter *Sender* vom Typ *TObjekt* übergeben. Nun kommt es aber recht häufig vor, dass man auf eine Eigenschaft oder Methode derjenigen Komponente, die das Ereignis ausgelöst hat, zugreifen möchte, diese Eigenschaft oder Methode aber noch nicht in *TObject* implementiert ist. Hier muss dann eine Typenumwandlung durchgeführt werden.

Für diese Typenumwandlung gibt es prinzipiell zwei Möglichkeiten:

```
procedure TForm1.Button1Click(Sender: TObject);
begin
  Caption := TButton(Sender).Caption;
end;

procedure TForm1.Button1Click(Sender: TObject);
begin
  Caption := (Sender as TButton).Caption;
end;
```

Diese Ereignisbehandlungsroutinen würden die Beschriftung des Buttons, von dem sie ausgelöst worden sind, in der Titelzeile des Formulars anzeigen. Diesen Ereignisbehandlungsroutinen könnten nun beliebig vielen Buttons zugewiesen werden.

Die Frage ist nun, was passiert, wenn man diese Prozeduren Komponenten als Ereignisbehandlungsroutine zuweisen würde, die nicht vom Typ *TButton* oder einer seiner Nachfahren (beispielsweise *TBitBtn*) ist.

Bei der Anweisung *TButton(Sender).Caption* würden einfach die Werte aus dem Speicher ausgelesen werden, an deren Stelle Delphi die Eigenschaft *Caption* vermutet. Bei *TEdit* beispielsweise liegt dort zufälligerweise die Eigenschaft *Text*, bei anderen Komponenten könnte dort ganz etwas anderes liegen. Besonders bei Schreibzugriffen ist dies nicht ohne Risiko.

Eine solche Typenumwandlung führt übrigens auch nicht zu zusätzlichen Prozessorschritten, es ist lediglich eine Art »Compiler-Beruhigung«.

Bei der Verwendung von *(Sender as TButton).Caption* führt Delphi eine Typen-prüfung durch, so dass eine Exception ausgelöst wird, wenn *Sender* nicht vom Typ *TButton* oder einer seiner Nachfahren ist. Bedauerlicherweise lässt sich diese Art von Umwandlung nur bei Objekten anwenden.

Diese beiden Arten der Typenumwandlung sind selbstverständlich auch in einer *with*-Konstruktion verwendbar:

```
procedure TForm1.Button1Click(Sender: TObject);
begin
  with (Sender as TButton) do
  begin
    Form1.Caption := Caption;
    { oder Self.Caption := Caption }
    ...
  end;
end;
```

Typenprüfung mit is

Mit dem Operator *is* kann die Klasse einer Variablen überprüft werden. Das Ergebnis ist *true*, wenn die überprüfte Variable vom angegebenen Typ ist. Mit der folgenden Prozedur – auf dem Formular befindet sich ein *TButton* und ein *TBitBtn* – kann die Farbe des Formulars auf rot und blau gestellt werden.

Mit der in Kommentarzeichen gesetzten Anweisung würde dies jedoch nicht funktionieren: Da *TBitBtn* von *TButton* abgeleitet ist, wäre das Ergebnis in beiden Fällen gleich *true*.

```
procedure TForm1.Button1Click(Sender: TObject);
begin
  if Sender is TBitBtn
  {if Sender is TButton}
    then Color := clred
    else Color := clblue;
end;
```

Um bei Typenumwandlungen Fehler oder Fehlermeldungen zu vermeiden, kann davor eine Typenprüfung mit *is* durchgeführt werden:

```
if Sender is TButton
  then TButton(Sender).Caption := 'Test';
```

2.2.8 Klassenmethoden und Klassenreferenzen

Zuletzt wollen wir uns noch zwei Elemente anschauen, die mit Klassen anstatt mit Instanzen arbeiten.

Klassenmethoden

Eine Klassenmethode ist eine Prozedur oder Funktion, welche nicht als Methode der Instanz, sondern als Methode der Klassen aufgerufen wird.

```
type
  TTest = class
    class function Datum: string;
  end;


implementation


class function TTest.Datum: string;
begin
  result := DateToStr(now);
end;


procedure TForm1.Button1Click(Sender: TObject);
begin
  Caption := TTest.Datum;
end;
```

Einer Klassenmethode wird sowohl bei der Definition als auch bei der Implementierung das Schlüsselwort *class* vorangestellt. Beachten Sie, dass Sie bei der Implementierung nicht voraussetzen können, dass eine Instanz der Klasse erstellt ist, Sie können somit auch nicht auf die Felder der Klasse zugreifen. Der Parameter *Self* referenziert somit auch nicht eine Instanz, sondern die Klasse selbst.

Aufmerksamen Lesern wird es nicht entgangen sein, dass ein Konstruktor auch eine Klassenmethode, genauer gesagt eine Klassenfunktion ist. Diese erstellt eine Instanz der Klasse und gibt einen Zeiger darauf als Funktionsergebnis zurück.

Klassenreferenzen

Eine Klassenreferenz ist eine Variable, welche auf eine Klasse zeigt. In einem kompilierten Programm liegen alle Klassen mit ihren Methoden im Quelltext, und darauf kann nun ein Zeiger erstellt werden. Dies ist beispielsweise dann nötig, wenn erst zur Laufzeit festgelegt werden soll, von welcher Instanz eine Klasse erstellt werden soll. Auch dazu ein Beispiel:

In der Unit *Controls* ist der Klassenreferenztyp *TControlClass* definiert. Sie können auch eigene Klassenreferenztypen definieren.

```
type
  TControlClass = class of TControl;
```

In der Prozedur *Button1Click* wird eine Klassenreferenz deklariert, also eine Variable eines Klassenreferenztyps, sowie eine Variable vom Typ *TControl*.

Zunächst wird dann, je nach Zustand von *RadioGroup1*, die Variable *MyControl* gesetzt. Der Variablen *MyControl* wird ein Zeiger auf eine Klasse zugewiesen, schließlich handelt es sich um eine Klassenreferenz.

Anschließend wird von eben dieser Klasse eine Instanz erzeugt, wobei beim Programmieren noch überhaupt nicht feststeht, um welche Komponente es sich dabei handeln wird. Damit diese Komponente auch zu sehen ist, müssen einige Eigenschaften gesetzt werden.

Um einen Komponentennamen zu vergeben, wird die Eigenschaft *ClassName* bemüht. Wird beispielsweise eine Instanz von *TButton* erstellt, dann lautet der Komponentenname *Button*.

```
procedure TForm1.Button1Click(Sender: TObject);
var
  MyControl: TControlClass;
  Control: TControl;
begin
  case RadioGroup1.ItemIndex of
    0: MyControl := TButton;
    1: MyControl := TEdit;
    2: MyControl := TCheckBox;
  end;
  Control := MyControl.Create(Self);
  with Control do
  begin
    Left := 10;
    Top := 10;
    Parent := Self;
    Name := copy(Control.ClassName, 2,
      Length(Control.ClassName));
  end;
end; {procedure TForm1.Button1Click}
```

2.2.9 Interfaces

Damit Delphi COM-Objekte verwenden kann, wurde das Element der Interfaces in ObjectPascal aufgenommen. Interfaces sind jedoch nicht auf COM-Objekte beschränkt, sondern ergänzen ideal ObjectPascal. Beispielsweise ist es darüber möglich, Mehrfachvererbung zu simulieren, ohne sich die Probleme einer faktisch durchgeführten Mehrfachvererbung einzuhandeln.

Ein Interface ist eine Schnittstelle, die Eigenschaften und Methoden veröffentlicht, diese jedoch nicht implementiert. Zur Verwendung muss ein Interface mit einer Klasse verbunden werden, welche die Methoden implementiert. Eine Klasse kann dabei mehrere Interfaces integrieren. Interfaces können von anderen Interfaces erben.

Schauen wir uns ein einfaches Interface an:

```
type
  ITemp = interface(IUnknown)
    ['{FA174679-FAAB-4B57-91DD-94F79517ED53}']
    function GetTemp: integer;
    procedure SetTemp(Value: integer);
    property Temperatur: integer read GetTemp write SetTemp;
  end;
```

ITemp ist von *IUnknown* abgeleitet, dem Urahnen aller Interfaces. Die kryptisch anmutende Zeichenfolge in der zweiten Zeile ist eine GUID, eine *global unique identifier*, also eine weltweit einmalige ID. Sie dient dazu, das Interface eindeutig zu identifizieren.

Eine solche ID wäre nicht weltweit einmalig, wenn Sie diese bei eigenen Versuchen einfach hier abtippen würden. Sie sollten sie also deutlich modifizieren, oder besser noch mit dem Tastenkürzel SHIFT+STRG+G sich von Delphi eine GUID erzeugen lassen.

Als Elemente erhält das Interface die Eigenschaft *Temperatur* sowie deren Lese- und Schreibmethoden *SetTemp* und *GetTemp*.

```
  TTemp = class(TInterfacedObject, ITemp)
  private
    FTemp: integer;
  public
    destructor Destroy; override;
    function GetTemp: integer;
    procedure SetTemp(Value: integer);
    property Temperatur: integer read GetTemp write SetTemp;
  end;
```

IUnknown, der Urahne aller Interfaces, definiert die Methoden *QueryInterface*, *_AddRef* und *_Release*. Diese müssen deshalb von der verbundenen Klasse zwingend implementiert werden. Am einfachsten geht das, wenn man von *TInterfacedObject* ableitet. In manchen Fällen müsste dann jedoch so viel Funktionalität der neuen Klasse hinzugefügt werden, dass es ratsam ist, von einer besser geeigneten Klasse abzuleiten und die drei Methoden manuell zu implementieren.

Die Eigenschaft *Temperatur* und deren Zugriffsmethoden entsprechen dem, was aus Kapitel 2.2.2 bekannt ist. Darüber hinaus wurde der Destruktor überschrieben, um das Freigeben der Klasse mitgeteilt zu bekommen.

```
destructor TTemp.Destroy;
begin
  ShowMessage('Instanz wird freigegeben');
  inherited;
end;
```

In der Formularklasse definieren wir nun zwei Felder vom Typ *ITemp*.

```
TForm1 = class(TForm)
  ...
private
  FTemp1, FTemp2: ITemp;
  ...
end;
```

Zum Erzeugen der Klasse wird nach wie vor der Destruktor aufgerufen, dessen Funktionsergebnis wird nun der Interface-Variable zugewiesen:

```
procedure TForm1.Button1Click(Sender: TObject);
begin
  FTemp1 := TTemp.Create;
end;
```

Über das Interface kann nun auf die Eigenschaft *Temperatur* zugegriffen werden:

```
procedure TForm1.Button2Click(Sender: TObject);
begin
  FTemp1.Temperatur := StrToInt(Edit1.Text);
end;
```

```
procedure TForm1.Button3Click(Sender: TObject);
begin
  Edit2.Text := IntToStr(FTemp1.Temperatur);
end;
```

Wird die Instanz nicht mehr benötigt, dann wird die Variable einfach auf *nil* gesetzt. Dadurch wird ein interner Referenzzähler dekrementiert. Sobald keine Referenzen mehr auf die Instanz bestehen, wird diese automatisch freigegeben – in diesem Fall also sofort.

```
procedure TForm1.Button4Click(Sender: TObject);
begin
  FTemp1 := nil;
end;
```

Um zu testen, ob das mit dem Referenzzähler wirklich funktioniert, weisen wir die Referenz (nach dem Erzeugen der Klasse) einfach einer zweiten Interface-Variablen zu:

```
procedure TForm1.Button7Click(Sender: TObject);
begin
  FTemp2 := FTemp1;
end;
```

Die Instanz wird nun erst freigegeben, wenn beide Interface-Variablen auf *nil* gesetzt wurden.

Verwendung von mehreren Interfaces

Wir wollen nun unsere Klasse um zwei weitere Interfaces ergänzen:

```
IKelvin = interface
  ['{DC46851C-A88C-41A6-B942-727ADB3CE987}']
  function GetKelvin: integer;
  procedure SetKelvin(Value: integer);
  property AsKelvin: integer read GetKelvin write SetKelvin;
end;


ICelsius = interface
  ['{B2612B64-06C7-4B64-8397-F7013D61645E}']
  function GetCelsius: integer;
  procedure SetCelsius(Value: integer);
  property AsCelsius: integer read GetCelsius write SetCelsius;
end;
```

Mit dem Interface *IKelvin* wird die Möglichkeit geschaffen, die Klasse mit der Kelvin-Skala zu verwenden. Da der Zugriff über die Celsius-Skala ohnehin schon möglich ist, eignet sich *ICelsius* zur Demonstration der Methodenzuordnung.

Für die GUIDs legen wir zusätzlich Konstanten an:

```
const
  IKelvinID: TGUID = '{DC46851C-A88C-41A6-B942-727ADB3CE987}';
  ICelsiusID: TGUID = '{B2612B64-06C7-4B64-8397-F7013D61645E}';
```

Die Klasse *TTemp* wird wie folgt ergänzt:

```
TTemp = class(TInterfacedObject, ITemp, IKelvin, ICelsius)
private
  FTemp: integer;
public
  destructor Destroy; override;
  function ICelsius.GetCelsius = GetTemp;
  procedure ICelsius.SetCelsius = SetTemp;
  function GetTemp: integer;
  procedure SetTemp(Value: integer);
  property Temperatur: integer read GetTemp write SetTemp;
  function GetKelvin: integer;
  procedure SetKelvin(Value: integer);
  property AsKelvin: integer read GetKelvin write SetKelvin;
end;
```

Die integrierten Interfaces werden durch Kommata getrennt nach dem Vorfahren-typ der Klasse aufgeführt.

In der zweiten und dritten Zeile des public-Abschnitts sehen wir die Methoden-zuordnung: Der Methode *GetCelsius* des Interfaces *ICelsius* wird die Methode *GetTemp* zugeordnet, der Interface-Methode *SetCelsius* die Methode *SetTemp*. Durch die Methodenzuordnung ist es möglich, die Methoden des Interfaces und der Klasse unterschiedlich zu benennen.

Wenn wir die anderen Interfaces verwenden möchten, müssen wir jedoch erst eine Referenz darauf anfordern:

```
procedure TForm1.Button5Click(Sender: TObject);
var
  Kelvin: IKelvin;
begin
  if FTemp1.QueryInterface(IKelvinID, Kelvin) = S_OK
    then Kelvin.AsKelvin := StrToInt(Edit1.Text)
    else ShowMessage('Interface konnte nicht referenziert werden.');
end;
```

Dafür muss zunächst eine Interface-Variable deklariert werden. Mit der *IUnknown*-Methode *QueryInterface* wird dann versucht, eine Referenz auf eine andere Schnitt-stelle zu erhalten, wobei die GUID der gesuchten Schnittstelle als erster Parame-ter übergeben werden muss.

Bei Erfolg gibt die Methode *QueryInterface* das Funktionsergebnis *S_OK* zurück und schreibt den Zeiger auf das Interface in den zweiten Parameter, hier also nach *Kelvin*. Mit diesem Zeiger können dann die Eigenschaften und Methoden von *IKelvin* aufgerufen werden.

IUnknown

Das Interface *IUnknown* ist wie folgt definiert:

```
type
  IUnknown = interface
    ['{00000000-0000-0000-C000-000000000046}']
    function QueryInterface(const IID: TGUID; out Obj):
      HResult; stdcall;
    function _AddRef: Integer; stdcall;
    function _Release: Integer; stdcall;
  end;
```

Somit müssen diese drei Funktionen auch von *TInterfacedObject* implementiert werden. Wenn Sie nicht von *TInterfacedObject* ableiten, dann müssen Sie diese Methoden manuell implementieren.

Über die Eigenschaft *RefCount* kann der Stand des internen Referenzzählers abgefragt werden.

```
type
  TInterfacedObject = class(TObject, IUnknown)
  protected
    FRefCount: Integer;
    function QueryInterface(const IID: TGUID;
      out Obj): HResult; stdcall;
    function _AddRef: Integer; stdcall;
    function _Release: Integer; stdcall;
  public
    procedure AfterConstruction; override;
    procedure BeforeDestruction; override;
    class function NewInstance: TObject; override;
    property RefCount: Integer read FRefCount;
  end;


function TInterfacedObject._AddRef: Integer;
begin
  Result := InterlockedIncrement(FRefCount);
end;
```

```
function TInterfacedObject._Release: Integer;
begin
  Result := InterlockedDecrement(FRefCount);
  if Result = 0
    then Destroy;
end;


function TInterfacedObject.QueryInterface(const IID: TGUID;
    out Obj): HResult;
const
  E_NOINTERFACE = HResult($80004002);
begin
  if GetInterface(IID, Obj)
    then Result := 0
    else Result := E_NOINTERFACE;
end;
```

2.3 Runtime-Library

In der Unit *SysUtils* werden eine ganze Reihe von Prozeduren und Funktionen zusammengefasst, die Standardaufgaben wahrnehmen.

2.3.1 Stringbearbeitung

Es gibt vier Gruppen von Routinen zur Stringbearbeitung: Die erste arbeitet mit Pascal-Strings, die zweite mit nullterminierten Strings und die dritte Gruppe dient zur Umwandlung zwischen diesen beiden Typen. Die vierte Gruppe dient zur Formatierung von Strings.

Pascal-Strings

Beachten Sie bitte bei Pascal-Strings, dass diese 1-relativ sind, dass also das erste Zeichen den Index eins hat.

- Copy (Funktion)

```
function Copy(S: string; Index, Count: Integer): string;
```

Die Funktion *Copy* kopiert *Count* Zeichen ab der Position *Index* vom String *S* in das Funktionsergebnis.

```
BCD = Copy('ABCDEFG', 2, 3);
```

- Insert, Delete (Prozeduren)

```
procedure Insert(Source: string; var S: string; Index: Integer);
procedure Delete(var S: string; Index, Count:Integer);
```

Die Prozedur *Insert* fügt den String *Source* in den String *S* ein, und zwar an der Stelle *Index*. An der mit *Index* bezeichneten Stelle steht dann das erste Zeichen des eingefügten Strings.

Die Prozedur *Delete* löscht aus dem String *S* ab Stelle *Index Count* Zeichen. Das mit *Index* bezeichnete Zeichen ist das erste gelöschte.

```
s := 'ABCDEFG';
Insert('123', s, 3);
s = 'AB123CDEFG';

s := 'ABCDEFG';
Delete(s, 3, 2);
s = 'ABEFG';
```

Der Bezeichner *Delete* wird von vielen Klassen als Methodenbezeichner verwendet. Dies hat zur Folge, dass Sie damit die Methode ansprechen, wenn Sie *Delete* innerhalb einer *with*-Klausel verwenden (*with Table1 do...*). Stellen Sie dann den Unit-Bezeichner *System* voran.

```
with Table1 do
begin
  System.Delete(s, 3, 2);
end;
```

▨ Length, Pos (Funktionen)

```
function Length(S): Integer;
function Pos(Substr: string; S: string): Integer;
```

Mit *Length* kann die Länge eines Strings bestimmt werden. Mit *Pos* wird bestimmt, an welcher Stelle eines Strings *S* zum ersten Mal der String *Substr* erscheint. Ist *Substr* nicht in *S* enthalten, wird null zurückgegeben.

```
5 = Length('abcde');
3 = Pos('c', 'abcde');
0 = Pos('z', 'abcde');
```

Beachten Sie, dass *Pos* Groß- und Kleinschreibung unterscheidet. Wandeln Sie gegebenenfalls beide Parameter mittels *AnsiLowerCase* in Kleinbuchstaben um.

▨ Concat (Funktion)

```
function Concat(s1 [, s2,..., sn]: string): string;
```

Mit der Funktion *Concat* können mehrere Strings zusammengefügt werden. Mit dem Operator + ist dasselbe möglich.

▨ UpperCase, AnsiUpperCase, LowerCase, AnsiLowerCase (Funktionen)

```
function UpperCase(const S: string): string;
function AnsiUpperCase(const S: string): string;
function LowerCase(const S: string): string;
function AnsiLowerCase(const S: string): string;
```

Die Funktionen *UpperCase* und *AnsiUpperCase* wandeln alle Buchstaben im übergebenen String in Großbuchstaben um. Die Funktionen *LowerCase* und *AnsiLowerCase* wandeln alle Buchstaben im übergebenen String in Kleinbuchstaben um.

Während *UpperCase* und *LowerCase* nur mit dem Standard-ASCII-Zeichensatz arbeiten und beispielsweise deutsche Umlaute nicht konvertieren, tun dies die Funktionen *AnsiUpperCase* und *AnsiLowerCase*.

■ CompareStr, AnsiCompareStr, CompareText, AnsiCompareText (Funktionen)

```
function CompareStr(const S1, S2: string): Integer;
function AnsiCompareStr(const S1, S2: string): Integer;
function CompareText(const S1, S2: string): Integer;
function AnsiCompareText(const S1, S2: string): Integer;
```

Die Funktion *CompareStr* vergleicht zwei Strings. Sind beide Strings identisch, so beträgt das Funktionsergebnis null. Steht *S1* bei alphabetischer Sortierung weiter vorne als *S2*, so ist das Funktionsergebnis negativ (und zwar um den ASCII-Wert der ersten unterschiedlichen Stelle). Steht *S1* weiter hinten, so ist das Funktionsergebnis positiv. Die Funktion *CompareStr* unterscheidet zwischen Groß- und Kleinschreibung, deutsche Umlaute werden wie Sonderzeichen behandelt.

Sollen deutsche Umlaute entsprechend eingeordnet werden, so ist die Funktion *AnsiCompareStr* zu verwenden.

Die Funktionen *CompareText* und *AnsiCompareText* vergleichen Strings und ignorieren dabei die Groß- und Kleinschreibung.

■ TrimLeft, TrimRight, Trim (Funktionen)

```
function TrimLeft(const S: string): string;
function TrimRight(const S: string): string;
function Trim(const S: string): string;
```

Die Funktion *TrimLeft* entfernt führende Leer- und Steuerzeichen (beispielsweise einen Zeilenumbruch), *TrimRight* entfernt abschließende Leer- und Steuerzeichen. Die Funktion *Trim* entfernt solche Zeichen an beiden Enden des Strings.

■ QuotedStr, AnsiQuotedStr (Funktionen)

```
function QuotedStr(const S: string): string;
function AnsiQuotedStr(const S: string; Quote: Char): string;
```

Die Funktion *QuotedStr* setzt an den Anfang und an das Ende des übergebenen Strings ein einfaches Anführungszeichen. Befinden sich im String einfache Anführungszeichen, wird ihnen ein weiteres dazugestellt.

Bei der Funktion *AnsiQuotedStr* kann als Parameter *Quote* angegeben werden, welches Zeichen als Anführungszeichen angesehen und verwendet werden soll.

```
"Test ""eins""" = AnsiQuotedStr('Test "eins"', '"');
```

- AdjustLineBreaks (Funktion)

```
function AdjustLineBreaks(const S: string): string;
```

Ein »ordnungsgemäßer« Zeilenumbruch besteht auf den Steuerzeichen CR (ASCII-Zeichen 13) und LF (ASCII-Zeichen 10). Die Funktion *AdjustLineBreaks* sorgt dafür, dass alle einzelnen CR- und LF-Sonderzeichen durch eine CR/LF-Kombination ersetzt werden. Desweiteren werden die (in Unix verwendeten) LF/CR-Sequenzen in CR/LF-Sequenzen gewandelt.

- IsValidIdent (Funktion)

```
function IsValidIdent(const Ident: string): Boolean;
```

Die Funktion *IsValidIdent* gibt den Wert *true* zurück, wenn der Parameter *Ident* den formalen Anforderungen an einen Pascal-Bezeichner entspricht (beginnt mit einem Unterstrich oder einem Buchstaben, es folgen gegebenenfalls weitere Buchstaben, Ziffern oder Unterstriche).

IsValidIdent gibt auch dann *true* zurück, wenn *Ident* ein geschütztes Wort ist.

Nullterminierte Strings

- StrAlloc (Funktion), StrDispose (Prozedur)

```
function StrAlloc(Size: Cardinal): PChar;
procedure StrDispose(Str: PChar);
```

StrAlloc reserviert Speicher in der Größe von *Size* auf dem Heap und gibt einen Zeiger darauf als Funktionsergebnis zurück. *StrDispose* gibt den allozierten Speicher frei.

- StrNew (Funktion)

```
function StrNew(Str: PChar): PChar;
```

Die Funktion *StrNew* legt eine Kopie von *Str* auf dem Heap an und gibt einen Zeiger darauf zurück.

- StrLen, StrBufSize (Funktionen)

```
function StrLen(Str: PChar): Cardinal;
function StrBufSize(Str: PChar): Cardinal;
```

Mit *StrLen* wird die Länge eines Strings bestimmt, die terminierende Null nicht mitgerechnet.

Mittels *StrBufSize* kann die Größe des reservierten Speichers ermittelt werden. (Der Header wird dabei nicht mitgerechnet, so dass die verfügbare Größe ermittelt wird.)

■ StrCopy, StrMove, StrLCopy (Funktionen)

```
function StrCopy(Dest, Source: PChar): PChar;
function StrMove(Dest, Source: PChar; Count: Cardinal): PChar;
function StrLCopy(Dest, Source: PChar; MaxLen: Cardinal): PChar;
```

Die Funktion *StrCopy* kopiert den String *Source* in den String *Dest* und gibt
einen Zeiger auf *Dest* zurück. *StrMove* tut im Prinzip dasselbe, aber (nur) mit
Count Zeichen. *StrLCopy* kopiert ebenfalls von *Source* nach *Dest*, die Zahl der
zu kopierenden Zeichen wird jedoch sowohl mit der Länge von *Source* als
auch von *MaxLen* limitiert.

■ StrEnd, StrECopy (Funktion)

```
function StrEnd(Str: PChar): PChar;
function StrECopy(Dest, Source: PChar): PChar;
```

Die Funktion *StrEnd* liefert einen Zeiger auf die terminierende Null eines
Strings. *StrECopy* arbeitet wie *StrCopy*, liefert aber einen Zeiger auf das Ende
von *Dest* als Funktionsergebnis zurück.

■ StrCat, StrLCat (Funktionen)

```
function StrCat(Dest, Source: PChar): PChar;
function StrLCat(Dest, Source: PChar; MaxLen: Cardinal): PChar;
```

StrCat hängt *Source* an das Ende von *Dest* und gibt einen Zeiger auf *Dest* zurück. *StrLCat* kopiert *MaxLen* Zeichen von *Source* an das Ende von *Dest* und
liefert einen Zeiger auf *Dest*.

■ StrComp, StrIComp, StrLComp, StrLIComp (Funktionen)

```
function StrComp(Str1, Str2: PChar): Integer;
function StrIComp(Str1, Str2: PChar): Integer;
function StrLComp(Str1, Str2: PChar; MaxLen: Cardinal): Integer;
function StrLIComp(Str1, Str2: PChar; MaxLen: Cardinal): Integer;
```

Die Funktion *StrComp* vergleicht zwei Strings. Sind beide Strings identisch, so
beträgt das Funktionsergebnis null. Steht *S1* bei alphabetischer Sortierung
weiter vorne als *S2*, so ist das Funktionsergebnis negativ (und zwar um den
ASCII-Wert der ersten unterschiedlichen Stelle). Steht *S1* weiter hinten, so ist
das Funktionsergebnis positiv. Die Funktion *StrComp* unterscheidet zwischen
Groß- und Kleinschreibung, deutsche Umlaute werden wie Sonderzeichen
behandelt.

Die Funktion *StrIComp* unterscheidet nicht zwischen Groß- und Kleinschreibung, arbeitet aber ansonsten wie *StrComp*. Die Funktionen *StrLComp* und
StrLIComp arbeiten wie *StrComp* und *StrIComp*, berücksichtigen beim Vergleich
jedoch nur die ersten *MaxLen* Zeichen.

■ AnsiStrComp, AnsiStrIComp, AnsiStrLComp, AnsiStrLIComp (Funktionen)

```
function AnsiStrComp(S1, S2: PChar): Integer;
function AnsiStrIComp(S1, S2: PChar): Integer;
function AnsiStrLComp(S1, S2: PChar; MaxLen: Cardinal): Integer;
function AnsiStrLIComp(S1, S2: PChar; MaxLen: Cardinal): Integer;
```

Die Funktion *AnsiStrComp* vergleicht zwei Strings. Sind beide Strings identisch, so beträgt das Funktionsergebnis null. Steht *S1* bei alphabetischer Sortierung weiter vorne als *S2*, so ist das Funktionsergebnis negativ (und zwar um den ASCII-Wert der ersten unterschiedlichen Stelle). Steht *S1* weiter hinten, so ist das Funktionsergebnis positiv. Die Funktion *StrComp* unterscheidet zwischen Groß- und Kleinschreibung, deutsche Umlaute werden korrekt behandelt.

Die Funktion *AnsiStrIComp* unterscheidet nicht zwischen Groß- und Kleinschreibung, arbeitet aber ansonsten wie *AnsiStrComp*.

Die Funktionen *AnsiStrLComp* und *AnsiStrLIComp* arbeiten wie *AnsiStrComp* und *AnsiStrIComp*, berücksichtigen beim Vergleich jedoch nur die ersten *MaxLen* Zeichen.

■ StrScan, StrRScan, StrPos (Funktionen)

```
function StrScan(Str: PChar; Chr: Char): PChar;
function StrRScan(Str: PChar; Chr: Char): PChar;
function StrPos(Str1, Str2: PChar): PChar;
```

StrScan liefert einen Zeiger auf das erste Auftreten, *StrRScan* einen Zeiger auf das letzte Auftreten des Zeichens *Chr* im String *Str*.

StrPos liefert einen Zeiger auf das erste Vorkommen des Strings *Str2* im String *Str1*. Ist *Str2* in *Str1* nicht enthalten, wird als Funktionsergebnis *nil* zurückgegeben.

■ StrUpper, StrLower, AnsiStrUpper, AnsiStrLower (Funktionen)

```
function StrUpper(Str: PChar): PChar;
function StrLower(Str: PChar): PChar;
function AnsiStrUpper(Str: PChar): PChar;
function AnsiStrLower(Str: PChar): PChar;
```

StrUpper wandelt den übergebenen String in Großbuchstaben, *StrLower* in Kleinbuchstaben. Deutsche Umlaute werden dabei wie Sonderzeichen behandelt.

AnsiStrUpper und *AnsiStrLower* arbeiten wie *StrUpper* und *StrLower*, arbeiten jedoch korrekt mit deutschen Umlauten.

Stringumwandlung

▨ StrPas (Funktion)

```
function StrPas(Str: PChar): string;
```

StrPas wandelt einen nullterminierten String in einen Pascal-String.

▨ StrPCopy, StrPLCopy (Funktionen).

```
function StrPCopy(Dest: PChar; const Source: string): PChar;
function StrPLCopy(Dest: PChar; const Source: string;
  MaxLen: Cardinal): PChar;
```

StrPCopy wandelt den Pascal-String *Source* in den nullterminierten String *Dest* und gibt einen Zeiger auf *Dest*. *StrPLCopy* kopiert *MaxLen* Zeichen vom Pascal-String *Source* in den nullterminierten String *Dest* und liefert einen Zeiger auf *Dest*.

Stringformatierung

▨ Format (Funktion)

```
function Format(const Format: string;
  const Args: array of const): string;
procedure FmtStr(var Result: string; const Format: string;
  const Args: array of const);
```

Der Funktion *Format* wird ein String übergeben sowie ein Array von Werten, welche in diesen String einzufügen sind. Ein String mit den eingefügten Werten wird als Funktionsergebnis zurückgegeben. Die Prozedur *FmtStr* tut dasselbe, allerdings wird hier ein Variablenparameter anstatt eines Funktionsergebnisses verwendet.

```
'Noch 3 von 9 Werten' = Format('Noch %d von %d Werten', [3, 9])
```

Nach einem %-Zeichen wird ein Buchstabe erwartet, der den Typ des einzufügenden Wertes spezifiziert. Unter anderem sind folgende Buchstaben dafür zulässig (eine vollständige Liste finden Sie in der Online-Hilfe):

▨ *d* (»decimal«): Eine Integer-Zahl

▨ *f* für eine Gleitkommazahl in Festkommaschreibweise

▨ *e* für eine Gleitkommazahl in exponentieller Darstellung

▨ *s* für einen String

▦ StrFmt (Funktion)

```
function StrFmt(Buffer, Format: PChar;
  const Args: array of const): PChar;
```

Die Funktion *StrFmt* arbeitet mit nullterminierten Strings, gleicht aber ansonsten der Funktion *FmtStr*.

▦ LoadStr, FmtLoadStr (Funktion)

```
function LoadStr(Ident: Integer): string;
function FmtLoadStr(Ident: Integer;
  const Args: array of const): string;
```

Mit *LoadStr* wird ein String aus einer Ressourcendatei geladen. *FmtLoadStr* gleicht der Funktion *Format*, lädt den String aber aus einer Ressourcen-Datei.

2.3.2 Typenumwandlung

In diesem Abschnitt werden Funktionen besprochen, um einen Datentyp in einen anderen umzuwandeln.

Integerzahlen

▤ IntToStr, IntToHex (Funktionen)

```
function IntToStr(Value: Integer): string; overload;
function IntToStr(Value: Int64): string; overload;
function IntToHex(Value: Integer; Digits: Integer): string;
  overload;
function IntToHex(Value: Int64; Digits: Integer): string;
  overload;
```

Die Funktion *IntToStr* wandelt eine Integer-Zahl in einen String und verwendet dabei die Dezimal-Schreibweise. Die Funktion wird durch eine Version überladen, welche mit 64-Bit-Zahlen zurechtkommt.

Die Funktion *IntToHex* wandelt eine Integer-Zahl in einen String unter Verwendung der hexadezimalen Schreibweise. Der Parameter *Digits* gibt an, wie viele Stellen dabei mindestens verwendet werden.

```
Memo1.Lines.Add(IntToStr(77));
Memo1.Lines.Add(IntToHex(77, 2));
Memo1.Lines.Add(IntToHex(77, 8));
```

```
77
4D
0000004D
```

▤ StrToInt, StrToInt64, StrToIntDef, StrToInt64Def (Funktionen)

```
function StrToInt(const S: string): Integer;
function StrToInt64(const S: string): Int64;
function StrToIntDef(const S: string; Default: Integer): Integer;
function StrToInt64Def(const S: string; Default: Int64): Int64;
```

Die Funktion *StrToInt* wandelt einen String in eine Integer-Zahl, *StrToInt64* in eine 64-Bit-Integer-Zahl. Die beiden Funktionen arbeiten nur dann korrekt, wenn der Inhalt des Strings eine Ganzzahl ist. Andernfalls wird die Exception *EConvertError* ausgelöst.

Enthält der String *S* bei den Funktionen *StrToIntDef* und *StrToInt64Def* keine Ganzzahl, dann wird keine Exception ausgelöst, sondern die mit dem Parameter *Default* angegebene Zahl als Funktionsergebnis zurückgegeben.

Gleitkommazahlen

- FloatToStr, CurrToStr (Funktion)

```
function FloatToStr(Value: Extended): string;
function CurrToStr(Value: Currency): string;
```

Die Funktion *FloatToStr* wandelt eine Gleitkommazahl in einen String. Bei Bedarf wird dabei die Gleitkommadarstellung verwendet.

```
procedure TForm1.Button1Click(Sender: TObject);
begin
  Label1.Caption := FloatToStr(1.3);
  Label2.Caption := FloatToStr(0.001);
  Label3.Caption := FloatToStr(4 / 300000);
end;
```

```
1,3
0,001
1,33333333333333E-5
```

CurrToStr wandelt einen *Currency*-Wert in einen String. *CurrToStr* verwendet dabei bis zu vier Nachkommastellen, ein Währungszeichen wird dabei nicht hinzugefügt. Für die Ausgabe von Geldbeträgen ist diese Funktion eher nicht zu gebrauchen.

- FloatToStrF, CurrToStrF (Funktionen)

```
function FloatToStrF(Value: Extended; Format: TFloatFormat;
  Precision, Digits: Integer): string;
function CurrToStrF(Value: Currency; Format: TFloatFormat;
  Digits: Integer): string;
```

Diese beiden Funktionen wandeln eine Gleitkommazahl oder einen *Currency*-Wert in einen String unter Berücksichtigung der angegebenen Formatierungsanweisungen. Der Parameter *Format* kann die folgenden Werte annehmen:

- *ffGeneral*
- *ffExponent*
- *ffFixed*
- *ffNumber*
- *ffCurrency*

Statt einer komplizierten Beschreibung, welcher Wert von *FloatFormat* in Verbindung mit welchen Werten von *Precision* und *Digits* zu welchen Ergebnissen führt, wurde ein kleines Demo-Programm erstellt.

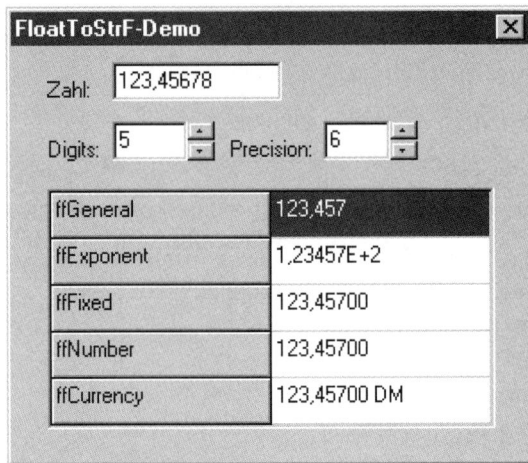

■ FormatFloat, FormatCurr (Funktion)

```
function FormatFloat(const Format: string;
  Value: Extended): string;
function FormatCurr(const Format: string;
  Value: Currency): string;
```

Die Funktionen *FormatFloat* und *FormatCurr* wandeln eine Gleitkommazahl in einen String und formatieren ihn gemäß dem Parameter *Format*.

Verwenden Sie das Zeichen *0*, um an diese Stelle obligatorisch eine Ziffer zu setzen, und das Zeichen *#*, um optional eine Ziffer zu setzen. Mit einem Punkt fügen Sie ein Dezimaltrennzeichen gemäß der Einstellung in der Windows-Systemsteuerung ein. Zu weiteren Details siehe die Online-Hilfe.

Auch hierfür gibt es ein Demo-Programm auf der Buch-CD.

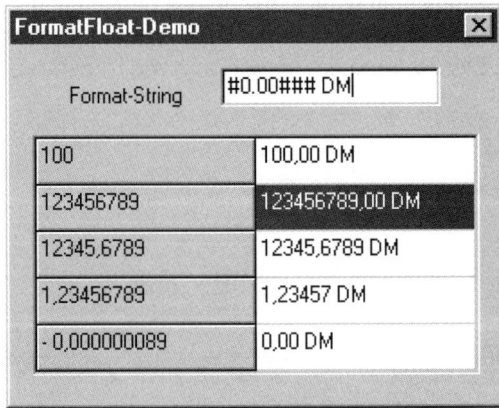

■ StrToFloat, StrToCurr (Funktionen)

```
function StrToFloat(const S: string): Extended;
function StrToCurr(const S: string): Currency;
```

Mit diesen Funktionen wird ein String in Gleitkommazahl beziehungsweise einen *Currency*-Wert gewandelt. Hierbei kann der String die betreffende Zahl in Festkomma- oder Gleitkommadarstellung enthalten. Führende oder folgende Leerzeichen sind dabei erlaubt. Kann die Umwandlung nicht erfolgen – beispielsweise, weil der String keine Zahl enthält –, wird die Exception *EConvertError* ausgelöst.

Datums- und Zeitwerte

■ TDateTime und TTimeStamp (Typen)

```
type
  TDateTime = Double;

  TTimeStamp = record
    Time: Integer;
    Date: Integer;
  end;
```

Delphi verwendet zum Speichern von Datumswerten vor allem den Typen *TDateTime*, aber auch den Typen *TTimeStamp*.

Der Typ *TDateTime* ist eine 8-Byte-Gleitkommazahl, welche die seit dem 30.12.1899, 0.00 Uhr vergangene Zeit in Tagen angibt. Durch den Nachkomma-Anteil wird dabei die Uhrzeit spezifiziert.

```
0          30.12.1899 0:00
2.75       1.1.1900 18:00
-1.25      29.12.1899 6:00
35065      1.1.1996 0:00
```

Der Record *TTimeStamp* enthält das Feld *Date* für die Zahl der Tage nach dem 1. Januar 0001 und das Feld *Time* für die Zahl der Millisekunden nach 0.00 Uhr.

■ DateTimeToTimeStamp, TimeStampToDateTime (Funktionen)

```
function DateTimeToTimeStamp(DateTime: TDateTime): TTimeStamp;
function TimeStampToDateTime (const TimeStamp: TTimeStamp): TDateTime;
```

Mit diesen beiden Funktionen können die beiden Datumstypen in den jeweils anderen Typ umgewandelt werden.

MSecsToTimeStamp, TimeStampToMSecs (Funktionen)

```
function MSecsToTimeStamp(MSecs: Comp): TTimeStamp;
function TimeStampToMSecs(const TimeStamp: TTimeStamp): Comp;
```

Als weiteres »Datumsformat« steht die Anzahl der seit dem 1. Januar 0001 vergangenen Millisekunden zur Verfügung. Die beiden Funktionen *MSecsToTimeStamp* und *TimeStampToMSecs* können dazu verwendet werden, diese Werte in den Typ *TTimeStamp* zu konvertieren und umgekehrt.

DateTimeToSystemTime (Prozedur), SystemTimeToDateTime (Funktion)

```
procedure DateTimeToSystemTime(DateTime: TDateTime;
  var SystemTime: TSystemTime);
function SystemTimeToDateTime(const SystemTime: TSystemTime): TDateTime;
```

Und selbstverständlich verwendet das Win32-API nochmals einen gänzlich anderen Datentyp, nämlich einen Record vom Typ *TSystemTime*. Und auch Werte dieses Typs können in den Typ *TDateTime* gewandelt werden – und umgekehrt.

DateTimeToFileDate, FileDateToDateTime (Funktionen)

```
function DateTimeToFileDate(DateTime: TDateTime): Integer;
function FileDateToDateTime(FileDate: Integer): TDateTime;
```

Das Alter von Dateien wird wiederum in einem anderen Datumsformat gespeichert – das erfordert dann dementsprechend wieder Funktionen zum Umrechnen.

EncodeDate, EncodeTime (Funktionen)

```
function EncodeDate(Year, Month, Day: Word): TDateTime;
function EncodeTime(Hour, Min, Sec, MSec: Word): TDateTime;
```

Um aus dem Jahr, dem Monat und dem Tag einen *TDateTime*-Wert zu machen, wird die Funktion *EncodeDate* verwendet. Entsprechend dazu wird *EncodeTime* benutzt, um eine Zeit aus der Stunde, der Minute, der Sekunde und der Millisekunde zu generieren. Um den 5. Juli 1999, 18:23:11 Uhr als *TDateTime*-Wert darzustellen, gehen Sie folgendermaßen vor:

```
FDateTime := EncodeDate(1999, 7, 5) + EncodeTime(18, 23, 11, 0);
```

DecodeDate, DecodeTime (Prozeduren)

```
procedure DecodeDate(Date: TDateTime; var Year, Month, Day: Word);
procedure DecodeTime(Time: TDateTime;
  var Hour, Min, Sec, MSec: Word);
```

Um einen *TDateTime*-Wert in die »Einzelbestandteile« zu zerlegen, verwenden Sie die Prozeduren *DecodeDate* und *DecodeTime*.

■ Date, Time, Now (Funktionen)

```
function Date: TDateTime;
function Time: TDateTime;
function Now: TDateTime;
```

Die Funktion *Date* ermittelt das aktuelle Datum, die Uhrzeit ist dabei 0.00 Uhr. *Time* ermittelt die aktuelle Uhrzeit, das Datum ist dabei der 30.12.1899. Das aktuelle Datum mit der aktuellen Uhrzeit ermittelt die Funktion *Now*.

■ DayOfWeek (Funktion)

```
function DayOfWeek(Date: TDateTime): Integer;
```

Mit der Funktion *DayOfWeek* kann der Wochentag ermittelt werden. Der Rückgabewert ist eine Integer-Zahl zwischen eins (Sonntag) und sieben (Samstag)

■ IncMonth (Funktion)

```
function IncMonth(const Date: TDateTime;
  NumberOfMonths: Integer):TDateTime;
```

Die Funktion *IncMonth* gibt ein Datum zurück, das um *NumberOfMonth* vor oder hinter dem als Parameter *Date* übergebenem Datum liegt. Gegebenenfalls wird auch das Jahr verändert.

Hat das übergebene Datum einen Tag, den es im neuen Monat nicht gibt, so wird der jeweils letzte Tag im neuen Monat verwendet. Würde beispielsweise der 31. März um einen Monat erhöht, so würde daraus der 30. April.

■ DateToStr, TimeToStr, DateTimeToStr (Funktionen)

```
function DateToStr(Date: TDateTime): string;
function TimeToStr(Time: TDateTime): string;
function DateTimeToStr(DateTime: TDateTime): string;
```

Die Funktion *DateToStr* wandelt den Datumsanteil eines *TDateTime*-Wertes in einen String. Die Formatierung der Anzeige folgt der globalen Variablen *ShortDateFormat*, welche über die Windows-Systemsteuerung eingestellt werden kann.

Die Funktion *TimeToStr* wandelt den Zeitanteil eines *TDateTime*-Wertes in einen String. Die Formatierung der Anzeige folgt der globalen Variable *LongTimeFormat*, welche über die Windows-Systemsteuerung eingestellt werden kann.

Um sowohl den Datums- als auch den Zeitanteil in einen String zu wandeln, kann *DateTimeToStr* verwendet werden. Beachten Sie dabei, dass der Zeitanteil »unterschlagen« wird, wenn er 0:00:00 beträgt.

▨ StrToDate, StrToTime, StrToDateTime (Funktionen)

```
function StrToDate(const S: string): TDateTime;
function StrToTime(const S: string): TDateTime;
function StrToDateTime(const S: string): TDateTime;
```

Die Funktion *StrToDate* wandelt einen String in einen *TDateTime*-Wert, wobei der Inhalt des Strings als Datumswert interpretiert wird. In welcher Reihenfolge die Datumsbestandteile anzuordnen sind, wird durch die globale Variable *ShortDateFormat* spezifiziert (meist Tag, Monat, Jahr). Mit welchem Zeichen diese Datumsbestandteile zu trennen sind, gibt die globale Variable *DateSeparator* vor (meist ein Punkt). Tritt bei der Konvertierung ein Fehler auf – beispielsweise, weil der String keinen korrekt formatierten Datumswert enthält –, dann tritt die Exception *EConvertError* auf.

Die Funktion *StrToTime* wandelt einen String in einen *TDateTime*-Wert, wobei der Inhalt des Strings als Zeitwert interpretiert wird. Die Zeitbestandteile sind durch das Zeichen zu trennen, das in der globalen Variable *TimeSeperator* angegeben ist (meist ein Doppelpunkt). Als erster Wert ist die Stunde, als zweiter die Minute anzugeben. Optional kann mit einem dritten Wert die Sekunde spezifiziert werden.

Ein String, der sowohl einen Datums- als auch einen Zeitwert enthält, kann mit der Funktion *StrToDateTime* in einen *TDateTime*-Wert gewandelt werden.

▨ IsLeapYear (Funktion)

```
function IsLeapYear(Year: Word): Boolean;
```

Die Funktion *IsLeapYear* gibt den Wert *true* zurück, wenn das betreffende Jahr ein Schaltjahr ist.

▨ FormatDateTime (Funktion)

```
function FormatDateTime(const Format: string;
  DateTime: TDateTime): string;
procedure DateTimeToString(var Result: string;
  const Format: string; DateTime: TDateTime);
```

Die Funktion *FormatDateTime* formatiert einen Datums- oder Zeitwert gemäß dem Parameter *Format*. Die Prozedur *DateTimeToString* tut im Prinzip dasselbe, verwendet jedoch zur Rückgabe einen Variablenparameter.

Die Beschreibung der einzelnen Werte für den Format-String finden Sie in der Online-Hilfe. Die wichtigsten Kombinationen können Sie aus dem Screen-Shot des Demo-Programms entnehmen.

FormatDateTime-Demo	
	07.09.1999 14:18:40
d.m.yy	7.9.99
dd.mm.yyyy	07.09.1999
ddd, dd.mmm	Di, 07.Sep
dddd, dd.mmmm	Dienstag, 07.September
hh.mm	14.18
hh:mm:ss	14:18:40
t	14:18
tt	14:18:40
t am/pm	14:18 pm

Strings

- StrPas (Funktion)

```
function StrPas(Str: PChar): string;
```

StrPas wandelt einen nullterminierten String in einen Pascal-String.

- StrPCopy, StrPLCopy (Funktionen).

```
function StrPCopy(Dest: PChar; const Source: string): PChar;
function StrPLCopy(Dest: PChar; const Source: string;
  MaxLen: Cardinal): PChar;
```

StrPCopy wandelt der Pascal-String *Source* in den nullterminierten String *Dest* und gibt einen Zeiger auf *Dest*. *StrPLCopy* kopiert *MaxLen* Zeichen vom Pascal-String *Source* in den nullterminierten String *Dest* und liefert einen Zeiger auf *Dest*.

2.3.3 Arbeiten mit Dateien

Zum Zugriff auf Dateien gibt es prinzipiell zwei Wege:

- Die Funktionen, die mit einer Datei-Variablen arbeiten und in der Unit *System* implementiert sind, sowie

- Die Funktionen, die mit einem Handle arbeiten und in *SysUtils* implementiert sind.

Dateizugriff mit Dateivariablen

- AssignFile, Reset, Rewrite, CloseFile (Prozeduren)

```
procedure AssignFile(var F; FileName: string);
procedure Reset(var F);
procedure Rewrite(var F:);
procedure CloseFile(var F);
```

Mit *AssignFile* wird eine Datei der Dateivariablen zugewiesen. Anschließend wird die Datei mit *Reset* zum Lesen oder mit *Rewrite* zum Schreiben geöffnet. Mit *CloseFile* wird die Datei wieder geschlossen.

Im folgenden Beispiel wird für die Datei-Variable eine typisierte Datei verwendet, hier vom Typ *extended*. Das Array *werte* sei eine globale Variable, in der die zu speichernden Werte erhalten sind.

```
var
  j: integer;
  f: file of extended;
begin
  AssignFile(f, 'c:\test.dat');
  Rewrite(f);
  for j := 1 to 50 do write(f, werte[j]);
  closeFile(f);
end;
```

- Write, Read (Prozeduren)

```
procedure Write(F, V1,...,Vn);
procedure Read(F , V1 [, V2,...,Vn ] );
```

Mittels *Write* können Daten in die Datei geschrieben werden, mittels *Read* werden sie daraus gelesen.

▣ Eof (Funktion)

```
function Eof(var F): Boolean;
```

Die Funktion *Eof* (»end of file«) gibt den Wert *true* zurück, wenn das Dateiende erreicht ist. Mittels des folgenden Beispiels wird die Kopie einer Textdatei erstellt.

```
var
  F1, F2: TextFile;
  Ch: Char;
begin
  if OpenDialog1.Execute then
  begin
    AssignFile(F1, OpenDialog1.Filename);
    Reset(F1);
    if SaveDialog1.Execute then
    begin
      AssignFile(F2, SaveDialog1.Filename);
      Rewrite(F2);
      while not Eof(F1) do
      begin
        Read(F1, Ch);
        Write(F2, Ch);
      end;
      CloseFile(F2);
    end; {if SaveDialog1.Execute then }
    CloseFile(F1);
  end; {if OpenDialog1.Execute then }
end;
```

Dateizugriff mittels Handle

▣ FileOpen (Funktion), FileClose (Prozedur)

```
function FileOpen(const FileName: string;
  Mode: LongWord): Integer;
procedure FileClose(Handle: Integer);
```

Mit *FileOpen* wird die mit *FileName* spezifizierte Datei geöffnet und ein Handle als Rückgabewert ermittelt. Tritt ein Fehler auf, wird -1 als Funktionsergebnis
zurückgegeben. Mittels des Parameters *Mode* kann angegeben werden, wie
die Datei zu öffnen ist.

- *fmOpenRead* öffnet die Datei zum Lesen.

- *fmOpenWrite* öffnet die Datei zum Schreiben, dabei wird der Inhalt vollständig ersetzt.

- *fmOpenReadWrite* öffnet die Datei zum Lesen und Schreiben, beim Schreiben kann der Inhalt auch verändert werden.

- *fmShareExclusive* bewirkt, dass andere Anwendungen die Datei nicht mehr öffnen können, bis sie wieder geschlossen wurde.

- *fmShareDenyWrite* verhindert, dass andere Anwendungen die Datei zum Schreiben öffnen.

- *fmShareDenyRead* verhindert, dass andere Anwendungen die Datei zu Lesen öffnen.

Mehrere dieser Optionen werden mittels einer *or*-Operators verknüpft.

```
FileHandle := FileOpen(FileName, fmOpenWrite or fmShareExclusive);
```

Mit *FileClose* wird eine geöffnete oder neu erzeugte Datei geschlossen.

- FileCreate (Funktion)

```
function FileCreate(const FileName: string): Integer;
```

FileCreate erzeugt eine neue Datei und gibt im Erfolgsfall ein Handle darauf zurück. Tritt ein Fehler auf, wird -1 als Funktionsergebnis zurückgegeben.

- FileRead, FileWrite (Funktionen)

```
function FileRead(Handle: Integer; var Buffer;
  Count: LongWord): Integer;
function FileWrite(Handle: Integer; const Buffer;
  Count: LongWord): Integer;
```

Mit *FileRead* wird aus einer Datei gelesen, mit *FileWrite* in eine Datei geschrieben. Als Parameter müssen das Handle der Datei übergeben werden, der Buffer, aus dem gelesen beziehungsweise in den geschrieben werden soll sowie die Anzahl der Bytes, die geschrieben beziehungsweise gelesen werden sollen.

Als Funktionsergebnis wird die Zahl der Bytes zurückgegeben, welche tatsächlich gelesen oder geschrieben wurden. Dies können weniger als *Count* sein, wenn vorher das Dateiende erreicht wurde. Im Fehlerfall wird -1 als Funktionsergebnis zurückgegeben.

- FileSeek (Funktion)

```
function FileSeek(Handle, Offset,
  Origin: Integer): Integer; overload;
function FileSeek(Handle: Integer; const Offset: Int64;
  Origin: Integer): Int64; overload;
```

Mit *FileSeek* wird die Position des Datensatzzeigers um *Offset* Bytes verschoben, und zwar vom Anfang der Datei aus (Origin = 0), von der aktuellen Position aus (Origin = 1) oder vom Ende der Datei aus (Origin = 2). Als Funktionsergebnis wird die neue Position des Datensatzzeigers zurückgegeben, gerechnet vom Anfang der Datei aus.

Informationen über Dateien

▩ FileExists (Funktion)

```
function FileExists(const FileName: string): Boolean;
```

Die Funktion *FileExists* liefert den Rückgabewert *true* zurück, wenn unter dem angegebenen Namen eine Datei existiert. *FileExists* wird unter anderem dazu verwendet, vor dem Überschreiben bestehender Dateien eine Sicherheitsabfrage anzuzeigen:

```
if FileExists(SaveDialog1.FileName) then
begin
  if MessageDlg('Datei existiert schon. Möchten Sie ' +
      SaveDialog1.Filename + ' überschreiben?',
      mtWarning,[mbYes, mbNo], 0) = mrYes
    then Speichern(SaveDialog1.FileName);
end {if FileExists(SaveDialog1.FileName) then}
else Speichern(SaveDialog1.FileName);
```

▩ TSearchRec (Record)

```
type
  TSearchRec = record
    Time: Integer;
    Size: Integer;
    Attr: Integer;
    Name: string;
    ExcludeAttr: Integer;
    FindHandle: THandle;
    FindData: TWin32FindData;
  end;
```

Die im nächsten Punkt besprochenen Funktion *FindFirst* und *FindNext* schreiben die Informationen über eine Datei in einen *TSearchRec*-Variablenparameter.

Ausführliche Daten erhalten Sie über das Feld *FindData*. Die Definition des Typs *TWin32FindData* entnehmen Sie unter dem Stichwort WIN32_FIND_DATA der Win32-Referenz.

■ FindFirst, FindNext, FindClose (Funktionen)

```
function FindFirst(const Path: string; Attr: Integer;
  var F: TSearchRec): Integer;
function FindNext(var F: TSearchRec): Integer;
procedure FindClose(var F: TSearchRec);
```

Zum Suchen von Dateien werden die oben benannten Funktionen verwendet. *FindFirst* sucht das erste Vorkommen einer Datei, die den Spezifikationen von *Path* und *Attr* entspricht. Wird eine solche Datei gefunden, werden Informationen über diese Datei in den Variablenparameter *F* geschrieben und ein Funktionsergebnis von null zurückgegeben.

Die folgenden Vorkommen von Dateien, die den gegebenen Anforderungen entsprechen, werden mit *FindNext* ermittelt. Zum Abschluß sollte der Speicher, der mittels *FindFirst* belegt wird, mit *FindClose* freigegeben werden. Wenn Sie dies versäumen, dann können Sie beispielsweise das betreffende Verzeichnis während der aktuellen Windows-Sitzung nicht mehr löschen. Nach jedem *FindFirst* sollte daher ein *try..finally..end*-Block begonnen werden (siehe das folgende Beispiel).

Mittels des *FindFirst*-Parameters *Path* können Anforderungen an den Pfad und an die Dateinamen der zu suchenden Dateien formuliert werden. So sucht beispielsweise *c:\ *.** nach Dateien im Root-Verzeichnis von Laufwerk *c*, während *c:\MyFiles\ *.txt* nach allen Textdateien im Verzeichnis *c:\MyFiles* sucht.

Um die Art der Dateien einzugrenzen, wird der Parameter *Attr* verwendet. Für *Attr* sind einige Konstanten vordefiniert, welche durch Addition miteinander kombiniert werden können.

■ faReadOnly = $00000001   Schreibgeschützte Dateien

■ faHidden = $00000002   Versteckte Dateien

■ faSysFile = $00000004   Systemdateien

■ faVolumeID = $00000008   Laufwerksbezeichner

■ faDirectory = $00000010   Verzeichnisse

■ faArchive = $00000020   Archivdateien

■ faAnyFile = $0000003F   Alle Dateien, als Addition aller anderen Konstanten

Die folgende Beispieldatei zeigt, wie mittels der drei besprochenen Funktionen die Dateinamen aller Dateien und Verzeichnisse von *c:* nach *Memo1* geschrieben werden.

```
procedure TForm1.Button2Click(Sender: TObject);
var
  SearchRec: TSearchRec;
  result: integer;
begin
  Memo1.Clear;
  result := FindFirst('c:\*.*', faAnyFile, SearchRec);
  try
    while result = 0 do
    begin
      Memo1.Lines.Add(SearchRec.Name);
      result := FindNext(SearchRec);
    end;
  finally
    FindClose(SearchRec);
  end;
end; {procedure TForm1.Button2Click}
```

▨ FileAge (Funktion)

```
function FileAge(const FileName: string): Integer;
```

Mittels der Funktion *FileAge* kann das Alter einer Datei ermittelt werden. Um das Ergebnis vom DOS-Datumsformat nach TDateTime umzurechnen, verwenden Sie die Funktion *FileDateToDateTime*.

▨ FileGetDate, FileSetDate (Funktionen)

```
function FileGetDate(Handle: Integer): Integer;
function FileSetDate(Handle: Integer; Age: Integer): Integer;
```

Zum Ermitteln des Alters einer Datei kann die Funktion *FileGetDate* ermittelt werden. Im Gegensatz zu *FileAge* wird die Datei mittels ihres Handles spezifiziert.

Um die Altersangabe einer Datei zu ändern, wird *FileSetDate* verwendet. Das Alter wird im DOS-Format dem Parameter *Age* zugewiesen, verwenden Sie gegebenenfalls die Funktion *DateTimeToFileDate*. Wurde die Altersangabe erfolgreich geändert, gibt *FileSetDate* den Wert null zurück.

▨ DateTimeToFileDate, FileDateToDateTime (Funktionen)

```
function DateTimeToFileDate(DateTime: TDateTime): Integer;
function FileDateToDateTime(FileDate: Integer): TDateTime;
```

Mit diesen beiden Funktionen kann zwischen dem DOS-Datumsformat und *DateTime* konvertiert werden.

▦ FileGetAttr, FileSetAttr (Funktionen)

```
function FileGetAttr(const FileName: string): Integer;
function FileSetAttr(const FileName: string;
  Attr: Integer): Integer;
```

Mit *FileGetAttr* können die Dateiattribute (versteckt, Archiv ...) einer Datei ermittelt werden. Die einzelnen Dateiattribute wurden bereits bei *FindFirst* aufgezählt.

Um die Attribute einer Datei zu ändern, verwenden Sie *FileSetAttr*. Ist die Änderung erfolgreich, wird null als Funktionsergebnis zurückgegeben.

▦ DeleteFile (Funktion)

```
function DeleteFile(const FileName: string): Boolean;
```

Die Funktion *DeleteFile* löscht die bezeichnete Datei und gibt im Erfolgsfall *true* zurück.

▦ RenameFile, ChangeFileExt (Funktionen)

```
function RenameFile(const OldName, NewName: string): Boolean;
function ChangeFileExt(const FileName, Extension: string): string;
```

Die Funktion *RenameFile* ändert den Namen einer Datei und gibt im Erfolgsfall *true* zurück.

Die Funktion *ChangeFileExt* ändert die Extension eines Dateinamens, nicht jedoch der dazugehörenden Datei. Diese Funktion kann beispielsweise dafür verwendet werden, einen neuen Dateinamen für *RenameFile* zu generieren. Vergessen Sie nicht, die Extension mit Punkt einzugeben.

```
RenameFile('c:\gaeb.txt', ChangeFileExt('c:\gaeb.txt', '.abc'));
```

▦ ExtractFileDir, ExtractFilePath (Funktionen)

```
function ExtractFilePath(const FileName: string): string;
function ExtractFileDir(const FileName: string): string;
```

Die Funktionen *ExtractFilePath* und *ExtractFileDir* ermitteln aus einem übergebenen Dateinamen den Dateipfad. Den Unterschied zwischen diesen beiden Funktionen demonstriert die folgende Abbildung:

	c:\gaeb.abc	c:\MyFiles\gaeb.abc
ExtractFileDir	c:\	c:\MyFiles
ExtractFilePath	c:\	c:\MyFiles\

- ExtractFileName, ExtractFileDrive, ExtractFileExt (Funktionen)

```
function ExtractFileName(const FileName: string): string;
function ExtractFileDrive(const FileName: string): string;
function ExtractFileExt(const FileName: string): string;
```

Die Funktion *ExtractFileName* ermittelt den reinen Dateinamen inklusive der Extension, jedoch ohne den Dateipfad und ohne den Laufwerksbezeichner.

ExtractFileDrive ermittelt den Laufwerksbezeichner eines Dateinamens, *ExtractFileExt* die Extension.

Verzeichnisse

- ExtractShortPathName (Funktion)

```
function ExtractShortPathName(const FileName: string): string;
```

Die Funktion *ExtractShortPathName* ermittelt den Dateinamen gemäß der 8:3-DOS-Konvention.

```
H:\Programme\Borland\Delphi4\Projects\class_function_test\Unit1.~pa
H:\PROGRA~1\Borland\Delphi4\Projects\CLASS_~1\Unit1.~pa
```

- FileSearch (Funktion)

```
function FileSearch(const Name, DirList: string): string;
```

Mittels der Funktion *FileSearch* kann eine Datei gesucht werden. Dazu müssen der Dateiname und die Liste der Pfade, in denen gesucht werden soll, angegeben werden. Mehrere Pfade sind dabei durch Semikola zu trennen. Es wird zunächst im aktuellen Verzeichnis und anschließend in den angegebenen Verzeichnissen gesucht. Sobald die Datei gefunden ist, wird der Dateiname mitsamt dem Pfad als Funktionsergebnis zurückgegeben.

```
Label1.Caption := FileSearch('test.txt', 'd:\;e:\temp;c:\');
```

- DiskSize, DiskFree (Funktionen)

```
function DiskSize(Drive: Byte): Int64;
function DiskFree(Drive: Byte): Int64;
```

Mit diesen beiden Funktionen können die Größe eines Laufwerks sowie der dort vorhandene freie Speicherplatz ermittelt werden. Als Parameter *Drive* wird die Nummer des Laufwerks übergeben, dabei ist 0 das aktuelle Laufwerk, 1 das Laufwerk A, 2 das Laufwerk B und so weiter. Die Funktion gibt die Größe in Byte zurück – oder -1, wenn die Laufwerksnummer ungültig ist.

■ GetCurrentDir, SetCurrentDir (Funktionen)

```
function GetCurrentDir: string;
function SetCurrentDir(const Dir: string): Boolean;
```

Mit *GetCurrentDir* wird der Name des aktuellen Verzeichnisses ermittelt. Mit *SetCurrentDir* wechselt man das aktuelle Verzeichnis, im Erfolgsfall gibt die Funktion den Wert *true* zurück.

■ CreateDir, RemoveDir (Funktionen)

```
function CreateDir(const Dir: string): Boolean;
function RemoveDir(const Dir: string): Boolean;
```

Mit *CreateDir* wird ein neues Verzeichnis erstellt, mit *RemoveDir* ein bestehendes Verzeichnis gelöscht. Im Erfolgsfall geben beide Funktionen den Wert *true* zurück.

2.3.4 Sonstiges

■ Beep (Prozedur)

```
procedure Beep;
```

Mittels *Beep* wird ein Piepston über den Lautsprecher oder die Soundkarte ausgegeben.

■ ParamCount, ParamStr, FindCmdLineSwitch (Funktionen),
CmdLine (globale Variable)

```
function ParamStr(Index: Integer): string;
function ParamCount: Integer;
function FindCmdLineSwitch(const Switch: string;
  SwitchChars: set of Char; IgnoreCase: Boolean): Boolean;
CmdLine: PChar;
```

Beim Start des Programms können so genannte Startparameter übergeben werden. Diese bilden zusammen mit dem Namen (inklusive Pfad) der Anwendung die Kommandozeile. Auf die Kommandozeile können Sie mit *CmdLine* zugreifen.

Mit *ParamCount* können Sie die Anzahl der Startparameter bestimmen, mit *ParamStr* diese ermitteln. Startparameter null ist Name und Pfad der Anwendung.

Beim Zugriff auf die Startparameter interessiert in der Regel vor allem, ob ein bestimmter Parameter enthalten ist. Anstatt nun eine Schleife über *ParamStr* zu bilden und manuell zu suchen kann auch die Funktion *FindCmdLineSwitch* verwendet werden.

Lässt man im Windows-Explorer per Drag&Drop Dateien auf eine Anwendung fallen, dann wird diese Anwendung gestartet, der Name der Datei, welche abgelegt wurde, wird als Startparameter eins übergeben. Das gleiche passiert, wenn eine Anwendung für eine Extension registriert wurde und diese Datei per Doppelklick geöffnet wird. Es ist nun Aufgabe der Anwendung, die entsprechende Datei zu öffnen und gegebenenfalls zu melden, dass das Dateiformat nicht passt.

```
procedure TForm1.FormCreate(Sender: TObject);
begin
  if (ParamCount = 1) and FileExists(ParamStr(1))
    then Memo1.Lines.LoadFromFile(ParamStr(1));
end;
```

2.4 Mathematische Funktionen

In den Units *System* und *Math* gibt es eine Reihe von Prozeduren und Funktionen, die mathematische Berechnungen durchführen. Die Unit *Math* muss gegebenenfalls von Hand eingebunden werden, bei *System* ist das nicht erforderlich.

2.4.1 Allgemeine Routinen

Zunächst einige Funktionen zum Runden, zur Berechnung von Quadraten, Logarithmen, Wurzeln und ähnlichen Dingen.

▪ Abs (*System*)

```
function Abs(X: integer): integer;
function Abs(X: real): real;
```

Abs ermittelt den Betrag des Parameters. (Der Betrag ist der stets positive Wert einer Zahl, egal, ob die Zahl positiv oder negativ ist.)

▪ Round, Int, Frac, Trunc (*System*), Ceil, Floor (*Math*)

```
function Round(X: Extended): Int64;
function Int(X: Real): Real;
function Frac(X: Extended): Extended;
function Trunc(X: Extended): Int64;
function Ceil(X: extended): integer;
function Floor(X: extended): integer;
```

Die vorgestellten Funktionen dienen zum Runden von Gleitkommazahlen.

	- 1.51	-1.5	-1.49	1.49	1.5	1.51
round(x)	-2	-2	-1	1	2	2
trunc(x)	-1	-1	-1	1	1	1
ceil(x)	-1	-1	-1	2	2	2
floor(x)	-2	-2	-2	1	1	1
int(x)	-1,00	-1,00	-1,00	1,00	1,00	1,00
frac(x)	-0,51	-0,50	-0,49	0,49	0,50	0,51

▪ Frexp (Prozedur, *Math*)

```
procedure Frexp(X: Extended; var Mantissa: Extended;
    var Exponent: Integer) register;
function Ldexp(X: Extended; P: Integer): Extended register;
```

Gleitkommazahlen werden intern in folgender Darstellung gespeichert:

$$x = man \cdot 2^{ex}$$

Dabei liegt die Mantisse im Bereich zwischen null und eins ($0 < x < 1$). Die Zahl zwei würde so dargestellt, dass die Mantisse den Wert 0,5 und der Exponent den Wert 2 hat.

Mit *Frexp* kann man zu einem Gleitkommawert Mantisse und Exponent ermitteln. Um aus Mantisse (X) und Exponent (P) wieder eine Gleitkommazahl zu generieren, verwendet man *Ldexp*.

■ Exp, Ln (System), LogN, Log10, Log2 (*Math*)

```
function Exp(X: Real): Real;
function Ln(X: Real): Real;
function LogN(N, X: Extended): Extended;
function Log10(X: Extended): Extended;
function Log2(X: Extended): Extended;
```

Mit *Exp* ermittelt man die Potenz der Eulerischen Zahl, mit *Ln* deren Umkehrfunktion, den natürlichen Logarithmus.

Den Logarithmus zu einer beliebigen Basis ermittelt man mit *LogN*, zu den Basen zehn und zwei mit *Log10* und *Log2*.

■ Sqr, Sqrt (*System*)

```
function Sqr(X: Extended): Extended;
function Sqrt(X: Extended): Extended;
```

Mit *Sqr* (»square«) wird das Quadrat einer Zahl gebildet, mit *Sqrt* (»squareroot«) die Quadratwurzel.

■ Power, IntPower (*Math*)

```
function Power(Base, Exponent: Extended): Extended;
function IntPower(Base: Extended; Exponent: Integer): Extended
register;
```

Mit diesen Funktionen kann man Potenzen berechnen.

$$x = \text{Base}^{\text{Exponent}}$$

■ Pi (*System*)

```
function Pi: Extended;
```

Pi liefert die Kreiszahl Pi. Und für diejenigen, die es immer wieder vergessen, Umfang U und Fläche A eines Kreises in Abhängigkeit von Radius r oder Durchmesser d:

```
U := 2 * Pi * r;
U := Pi * d;
A := Pi * Sqr(r);
A := Pi * SQR(d) / 4;
```

▦ Hight, Low (*System*)

```
function High(X);
function Low(X);
```

Die Funktionen *High* und *Low* ermitteln das obere und das untere Ende eines Wertebereichs. Sie werden beispielsweise dazu gebraucht, um bei einem offenen Array-Parameter durch alle Array-Felder zu iterieren:

```
function Durchschn(a: array of extended): extended;
var
  i: integer;
begin
  result := 0;
  for i := Low(a) to High(a)
    do result := result + a[i];
  result := result / (1 + High(a) - Low(a));
end;
```

▦ Max, Min (Math)

```
function Max(A,B: Integer): Integer; overload;
function Max(A,B: Int64): Int64; overload;
function Max(A,B: Single): Single; overload;
function Max(A,B: Double): Double; overload;
function Max(A,B: Extended): Extended; overload;
```

Von zwei übergebenen Zahlen ermittelt *Max* die größere und *Min* die kleinere. *Min* gibt es mit denselben Parametern und Ergebnistypen wie *Max*.

▦ PolyX (*Math*)

```
function Poly(X: Extended; const Coefficients:
  array of Double): Extended;
```

Mit *Poly* kann man recht einfach das Ergebnis eines Polynoms berechnen. Das Polynom

$$f(x) = x^2 + 2 \cdot x + 7$$

würde für das Argument 2 wie folgt berechnet:

```
y := Poly(2, [7, 2, 1]);
```

2.4.2 Trigonometrische Funktionen

Die trigonometrischen Funktionen arbeiten – sofern nichts anderes angegeben – mit dem Bogenmaß. Soll das Gradmaß verwendet werden, so ist entsprechend umzurechnen.

▪ sin, cos, arctan (Funktionen, *System*)

```
function Sin(X: Extended): Extended;
function Cos(X: Extended): Extended;
function ArcTan(X: Extended): Extended;
```

Diese Funktionen berechnen den Sinus, den Cosinus und den Arcus-Tangens (Umkehrfunktion des Tangens). Eine bessere Funktion zur Berechnung des Arcus-Tangens finden Sie im nächsten Abschnitt.

▪ weitere trigonometrische Funktionen (Funktionen, *Math*)

```
function ArcCos(X: Extended): Extended;
function ArcSin(X: Extended): Extended;
function ArcTan2(Y, X: Extended): Extended;
procedure SinCos(Theta: Extended; var Sin, Cos: Extended) register;
function Tan(X: Extended): Extended;
function Cotan(X: Extended): Extended;
function Hypot(X, Y: Extended): Extended;
```

Das Berechnen des Arcus-Tangens nur aus dem y-Wert müsste zwei mögliche Winkel (in benachbarten Quadranten) ergeben, was die Funktion *arctan* nicht zu liefern vermag. Bei *ArcTan2* kann deshalb zusätzlich noch der x-Wert übergeben werden, so dass der berechnete Winkel eindeutig ist.

Bei der Berechnung von Sinus oder Cosinus ermittelt die Gleitkommaeinheit immer auch den jeweils anderen Wert. Wenn man zu ein und demselben Winkel an beiden trigonometrischen Funktionen interessiert ist, dann kann man *SinCos* verwenden und sich eine Berechnung ersparen.

Die Funktion *Hypot* ermittelt die Länge der Hypothenuse in einem rechtwinkligen Dreieck.

■ Umrechnungsfunktionen (*Math*)

```
function DegToRad(Degrees: Extended): Extended;
function RadToDeg(Radians: Extended): Extended;
function GradToRad(Grads: Extended): Extended;
function RadToGrad(Radians: Extended): Extended;
function CycleToRad(Cycles: Extended): Extended;
function RadToCycle(Radians: Extended): Extended;
```

Mit diesen Funktionen können Winkel vom Bogenmaß (*Rad*) ins Gradmaß (*Deg*) oder in Neugrad (*Grad*, Vollwinkel 400°) und zurück umgerechnet werden.

■ Hyperbolische Funktionen (*Math*)

```
function Cosh(X: Extended): Extended;
function Sinh(X: Extended): Extended;
function Tanh(X: Extended): Extended;
function ArcCosh(X: Extended): Extended;
function ArcSinh(X: Extended): Extended;
function ArcTanh(X: Extended): Extended;
```

Nach einer Funktion des *Cosinus Hyperbolikus* (*cosh*) hängt beispielsweise ein Seil durch.

2.4.3 Statistische Funktionen

▪ Mean, Sum, SumOfSquares, MinValue, MaxValue (*Math*)

```
function Mean(const Data: array of Double): Extended;
function Sum(const Data: array of Double): Extended register;
function SumOfSquares(const Data: array of Double): Extended;
function MinValue(const Data: array of Double): Double;
function MaxValue(const Data: array of Double): Double;
```

Mit *Mean* wird das arithmetische Mittel der im Array übergebenen Zahlen ermittelt.

$$\text{Mean} = \varnothing = \frac{\sum_i x_i}{N}$$

Mit *Sum* wird die Summe aller Zahlen gebildet, mit *SumOfSquares* die Summe der Quadrate. *MinValue* und *Maxvalue* ermitteln den kleinsten und den größten Wert.

▪ TotalVariance, Variance, PopNVariance (*Math*)

```
function TotalVariance(const Data: array of Double): Extended;
function Variance(const Data: array of Double): Extended;
function PopnVariance(const Data: array of Double): Extended;
```

Bei der totalen Varianz wird die Differenz aus Wert und Durchschnitt gebildet, quadriert und aufsummiert.

$$\text{TotalVariance} = \text{Var}_{tot} = \sum_i (x - \varnothing)^2$$

Daraus können dann Variance und PopNVariance berechnet werden.

$$\text{Variance} = \frac{\text{Var}_{tot}}{N-1}$$

$$\text{PopnVariance} = \frac{\text{Var}_{tot}}{N}$$

▣ StdDev, PopnStdDev (*Math*)

```
function StdDev(const Data: array of Double): Extended;
function PopnStdDev(const Data: array of Double): Extended;
```

Die Standardabweichung wird aus der Wurzel der Varianz gebildet.

$$\text{StdDev} = \sqrt{\text{Variance}} = \sqrt{\frac{\sum_i (x_i - \varnothing)}{N-1}}$$

$$\text{PopnStdDev} = \sqrt{\text{PopnVariance}} = \sqrt{\frac{\sum_i (x_i - \varnothing)}{N}}$$

▣ Norm (*Math*)

```
function Norm(const Data: array of Double): Extended;
```

Mit *Norm* wird die Quadratwurzel aus der Summe der Quadrate der Einzelwerte berechnet.

2.4.4 Zufallszahlen

▣ Random, Randomize (Routinen, System), Randseed (globale Variablen)

```
function Random: real;
function Random(Range: integer): integer;
procedure Randomize;
RandSeed: LongInt;
```

Mit der Funktion Random erhalten Sie gleichverteilte Zufallszahlen. Ohne Parameter aufgerufen generiert Random Gleitkommazahlen zwischen null und eins, mit Parameter Intergerzahlen zwischen null und Range - 1. *Random(6)* würde also Zahlen zwischen null und fünf zurückgeben.

Die Zufallszahlen sind nicht wirklich zufällig, sondern werden aus der jeweils vorherigen Zahl berechnet, die in der globalen Variablen *RandSeed* gespeichert werden. Wenn Sie *RandSeed* auf einen bestimmten Wert setzen, dann erhalten Sie identische Reihen von Zufallszahlen (zumindest bei der gleichen Compiler-Version).

Um die Zahlenfolge weniger vorhersehbar zu machen, können Sie die Prozedur *Randomize* verwenden. *RandSeed* wird dann mittels der Systemzeit initialisiert, wodurch die mit *Random* ermittelten Zahlen zufällig erscheinen.

▣ RandG (Math)

```
function RandG(Mean, StdDev: Extended): Extended;
```

Mit *RandG* erzeugt man Zufallszahlen, die Gauß'scher Normalverteilung entsprechen. Als Parameter erwartet diese Funktion den Mittelwert *Mean* und die Standardabweichung *StdDev*. Je größer die Standardabweichung, desto breiter die »Glocke«.

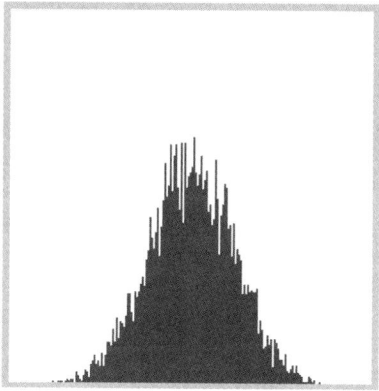

3 Komponenten

3.1 Die Vorfahren

Die Delphi-Komponenten haben meist eine ganze Reihe von Vorfahren. So ist beispielsweise *TEdit* von *TObject*, *TPersistent*, *TComponent*, *TControl*, *TWinControl* und *TCustomEdit* abgeleitet.

Im Stammbaum der Delphi-Komponenten gibt es Dutzende von Vorfahren. Aus dieser Menge sollen die drei wichtigsten hier besprochen werden:

- Von *TComponent* sind ausnahmlos alle Delphi-Komponenten abgeleitet.

- *TControl* fügt die Fähigkeiten hinzu, sich auf dem Bildschirm darzustellen und auf Maus-Botschaften zu reagieren.

- *TWinControl* implementiert die Fähigkeit, auf Tastatur-Botschaften reagieren zu können.

Beachten Sie bitte, dass – wie bereits in der Einführung erwähnt – bei der Besprechung der Komponenten nicht immer alle Eigenschaften, Methoden und Ereignisse aufgeführt werden. Schauen Sie sicherheitshalber in der Online-Hilfe nach, wenn Sie bei einer Komponente zusätzliche Fähigkeiten vermuten.

3.1.1 TComponent

Die Komponente *TComponent* ist der Urahne aller Komponenten, alle Delphi-Komponenten sind somit von *TComponent* abgeleitet.

TComponent selbst ist von *TObject* und *TPersistent* abgeleitet, so dass alle Delphi-Komponenten auch von diesen beiden Objekten abgeleitet sind.

▪ Name (Eigenschaft, veröffentlicht)

```
property Name: string;
```

Die Eigenschaft *Name* beinhaltet den Namen der Komponente.

Beim Einfügen einer Komponente aus der Komponentenpalette generiert Delphi automatisch einen Komponenten-Namen. Dieser besteht aus dem Komponententyp ohne das Präfix *T* und einer durchlaufenden Nummer. Die erste *TEdit*-Instanz würde somit den Namen *Edit1* erhalten.

Sie können der Komponente einen anderen Komponenten-Namen geben, dieser darf allerdings nicht (in diesem Formular) schon verwendet sein.

Es ist ein »ewiger Streit« unter den Programmierern, ob man den Komponentennamen so lässt, wie er ist, oder ob man sprechende Komponentennamen verwendet. Das Belassen der Komponentennamen ist zunächst einmal schneller und bequemer, allerdings muss man dann später immer wieder nachsehen, was denn nun *Edit27* für eine Funktion hat.

Wenn Sie sprechende Komponentennamen verwenden, dann stellen Sie die Komponentenabkürzung nach vorne, nicht nach hinten, also *btnAbbruch* statt *AbbruchBtn*. Wenn Sie nicht mehr wissen, wie Sie ihren Button benannt haben, dann suchen Sie sich (bei umfangreichen Formularen) »dumm und dämlich«, wenn die Komponentenabkürzung hinten steht. Steht Sie vorne, dann suchen Sie lediglich alles durch, was mit *btn* beginnt.

Wenn Sie Komponenten in einer Schleife behandeln wollen, dann geht das einfacher, wenn sie durch Delphi automatisch benannt worden sind:

```
for i := 4 to 27
    do (FindComponent('Edit' + IntToStr(i)) as TEdit).Text := '';
```

▪ Tag (Eigenschaft, veröffentlicht)

```
property Tag: Longint default 0;
```

Die Eigenschaft *Tag* hat in Delphi keine Funktion und kann vom Anwender zu eigenen Zwecken verwendet werden.

■ Owner (Eigenschaft, öffentlich, nur Lesen)

```
property Owner: TComponent;
```

Mit der Eigenschaft *Owner* kann die übergeordnete Komponente – meist das betreffende Formular – referenziert werden.

Wird das *Owner*-Objekt freigegeben, dann werden automatisch alle untergeordneten Objekte freigegeben. Per Quelltext eingefügte Komponenten müssen somit vor Programmende nicht explizit freigegeben werden.

■ Create (Methode)

```
constructor Create(AOwner: TComponent);
```

Der Konstruktor *Create* erzeugt eine Instanz der Komponente und liefert einen Zeiger darauf zurück. Als Parameter muss der *Owner* der Komponente übergeben werden.

Sie müssen *Create* nur verwenden, wenn Sie zur Laufzeit eine Komponente einfügen möchten. Das folgende Beispiel fügt eine *TEdit*-Instanz zur Laufzeit ein.

```
procedure TForm1.Button1Click(Sender: TObject);
var
  Neu_Edit: TEdit;
begin
  Neu_Edit := TEdit.Create(Self);
  with Neu_Edit do
  begin
    Name := 'Neue_Edit_Komponente';
    Parent := Self;
    Left := 20;
    Top := 20;
    Text := 'Test';
  end;
end; {procedure TForm1.Button1Click}
```

Zunächst wird die *TEdit*-Instanz erzeugt. *Self* referenziert das Objekt, in dessen Methode es verwendet wird. Hier im Beispiel ist *Button1Click* eine Methode von *Form1*, somit ist *Self* gleich *Form1*.

Anschließend wird ihr Komponentenname gesetzt. Der Komponentenname kann – wie bereits gesagt – relativ frei gewählt werden. In der Praxis empfehlen sich kürzere Komponentennamen als hier verwendet.

Die Eigenschaften *Parent*, *Left* und *Top* gibt es nur bei *TControl*-Nachfahren – *Left* und *Top* bestimmen die Position relativ zur übergeordneten Komponente. *Parent* bestimmt die übergeordnete Komponente und ist für die Anzeige auf dem Bildschirm zwingend erforderlich. Anschließend wird noch die Eigenschaft *Text* gesetzt.

▨ Destroy (Methode)

destructor Destroy;

Der Destruktor *Destroy* gibt die Komponente selbst und alle untergeordneten Komponenten frei. Rufen Sie nicht *Destroy* auf, sondern verwenden Sie die Methode *Free*.

▨ Free (Methode)

procedure Free;

Die Prozedur *Free* gibt die Komponente selbst und alle untergeordneten Komponenten frei.

▨ Assign (Methode)

procedure Assign(Source: TPersistent);

Kopiert den Inhalt von *Source* in die aufrufende Komponente.

Objektvariablen, und somit auch Komponentenvariablen, sind Zeiger auf die Objekte. Eine Zuweisung mit dem Operator *:=* würde somit die Zeiger auf Objekte, nicht aber deren Inhalt kopieren.

▨ ComponentState (Eigenschaft, öffentlich, nur Lesen)

property ComponentState: **set of** (csLoading, csReading, csWriting, csDestroying, csDesigning, csAncestor, csUpdating, csFixups, csFreeNotification, csInline);

Mit der Eigenschaft *ComponentState* kann der Status einer Komponente ermittelt werden. Zum Beispiel ist zur Entwurfszeit das Element *csDesigning* gesetzt. Bei Wrapper-Komponenten kann das dafür verwendet werden, nur zur Laufzeit ein Formular (oder was auch immer) zu erzeugen:

```
if not (csDesigning in ComponentState)
  then FForm := TFrm_Test.Create(Self);
```

Untergeordnete Komponenten

- Components (Eigenschaft, öffentlich, nur Lesen)

```
property Components[Index: Integer]: TComponent;
```

Die Array-Eigenschaft *Components* referenziert alle untergeordneten Komponenten.

- ComponentCount (Eigenschaft, öffentlich, nur Lesen)

```
property ComponentCount: Integer;
```

Mit Hilfe der Eigenschaft *ComponentCount* kann die Zahl der untergeordneten Komponenten ermittelt werden.

Die folgende Prozedur fügt die Namen aller in *Form1* enthaltenen Komponenten als Zeilen *Memo1* hinzu.

```
procedure TForm1.Button3Click(Sender: TObject);
var
  i: integer;
begin
  for i := 0 to Form1.ComponentCount - 1
    do Memo1.Lines.Add(Form1.Components[i].Name);
end;
```

- FindComponent (Methode)

```
function FindComponent(const AName: string): TComponent;
```

Die Funktion *FindComponent* ermittelt die Komponente anhand ihres Namens und gibt eine Referenz darauf zurück.

FindComponent wird häufig dazu verwendet, um mehrere Komponenten in einer Schleife zu behandeln. Die folgende Prozedur setzt die Eigenschaft *Text* von *Edit1* bis *Edit3* auf den Wert *Test*. Beachten Sie bitte, dass die Eigenschaft *Text* in *TComponent* nicht vorhanden ist und somit eine Typenumwandlung nach *TEdit* vorgenommen werden muss.

```
procedure TForm1.Button4Click(Sender: TObject);
var
  i: integer;
begin
  for i := 1 to 3
    do TEdit(Form1.FindComponent('Edit'
      + IntToStr(i))).Text := 'Test';
end;
```

3.1.2 TControl

Die Komponente *TControl* ist der Urahne aller visuellen Komponenten. *TControl* ist direkt von *TComponent* abgeleitet.

Beachten Sie bitte auch, dass viele Eigenschaften und Ereignisse, die beim *TControl* als *public* oder *protected* deklariert sind, in *TControl*-Nachfahren als *published* im Objektinspektor verfügbar sind.

Anzeige

▓ Visible (Eigenschaft, öffentlich)

```
property Visible: Boolean default true;
```

Mit Hilfe der Eigenschaft *Visible* wird bestimmt, ob eine Komponente angezeigt wird oder nicht.

▓ Hide, Show (Methoden)

```
procedure Hide;
procedure Show;
```

Die Methode *Hide* setzt *Visible* auf *false*, die Methode *Show* setzt *Visible* auf *true*.

▓ Enabled (Eigenschaft, öffentlich)

```
property Enabled: Boolean default true;
```

Wird *Enabled* auf *false* gesetzt, kann die Komponente keine Eingaben entgegennehmen und wird dementsprechend dargestellt.

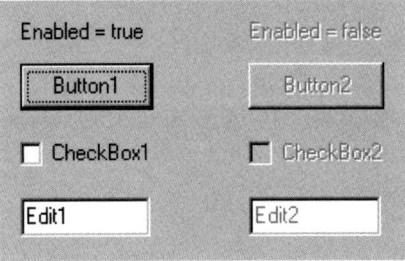

Hinweistexte

▪ ShowHint, ParentShowHint (Eigenschaften)

```
property ShowHint: Boolean default false;
property ParentShowHint: Boolean default true;
```

Damit ein Hinweistext angezeigt wird, wenn die Maus über einer Komponente verweilt, muss die Eigenschaft *ShowHint* den Wert *true* haben. Um den
Wert von *ShowHint* zu ändern, gibt es zwei Möglichkeiten:

▪ Die Eigenschaft *ShowHint* wird explizit geändert – in diesem Fall wird
ParentShowHint auf *false* gesetzt.

▪ *ParentShowHint* hat den Wert *true*, und die Eigenschaft *ShowHint* der übergeordneten Komponente wird entsprechend geändert.

Für gewöhnlich sollen Hinweis-Texte für alle Komponenten eines Formulars
angezeigt werden. In diesem Fall belassen Sie die Eigenschaft *ParentShowHint*
aller Komponenten auf dem Wert *true* und setzen die Eigenschaft *ShowHint*
des Formulars auf *true*.

▪ Hint (Eigenschaft, veröffentlicht)

```
property Hint: string;
```

Der Eigenschaft *Hint* wird der anzuzeigende Text zugewiesen. Sie haben die
Möglichkeit, der Eigenschaft *Hint* zwei Texte zuzuweisen, die durch einen
senkrechten Strich zu trennen sind:

▪ Ein (meist kurzer) Text, der bei der Komponente selbst angezeigt wird.

▪ Ein zweiter (meist etwas ausführlicherer) Text, welcher der *TApplication*-
Eigenschaft *Hint* zugewiesen wird. Dieser Hinweistext wird für gewöhnlich in der Statuszeile angezeigt.

```
Edit1.Hint := 'Eingabe|Geben Sie hier den Text ein';
```

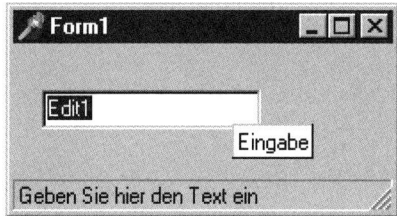

Während die Anzeige bei der Komponente automatisch erfolgt, muss zur Anzeige in der Statusleiste auf das *TApplication*-Ereignis *OnHint* reagiert werden.

```
type
  TForm1 = class(TForm)
    ...
  private
    procedure ApplicationHint(Sender: TObject);
    ...
  end;


procedure TForm1.ApplicationHint(Sender: TObject);
begin
  StatusBar1.SimpleText := Application.Hint;
end;


procedure TForm1.FormCreate(Sender: TObject);
begin
  Application.OnHint := ApplicationHint;
end;
```

Maus

▨ Cursor (Eigenschaft, veröffentlicht)

```
property Cursor: TCursor default crDefault;
```

Mit der Eigenschaft *Cursor* wird festgelegt, welche Form der Mauszeiger hat, wenn er sich über der betreffenden Komponente befindet. Hat *Cursor* den Wert *crDefault*, wird ein zur Komponente passender Mauszeiger verwendet, beispielsweise *crIBeam* bei *TEdit*-Instanzen.

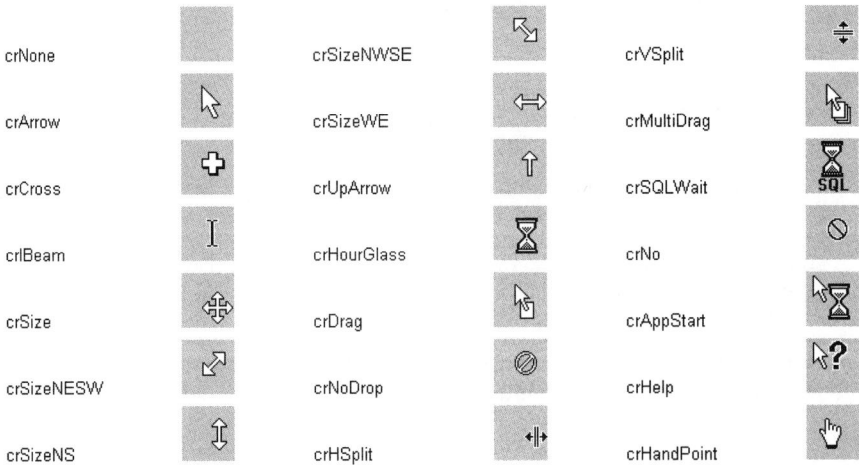

crNone	crSizeNWSE	crVSplit
crArrow	crSizeWE	crMultiDrag
crCross	crUpArrow	crSQLWait
crIBeam	crHourGlass	crNo
crSize	crDrag	crAppStart
crSizeNESW	crNoDrop	crHelp
crSizeNS	crHSplit	crHandPoint

Der Typ *TCursor* ist eine 16-Bit-Integer-Zahl, für welche die angegebenen Konstanten definiert sind. Sie können jedoch auch eigene Cursor definieren.

Dazu erzeugen Sie mit dem Bild-Editor eine Ressourcen-Datei und fügen dort einen oder mehrere Cursor hinzu. Vergessen Sie nicht, mit Cursor | Sensitive Zone festlegen anzugeben, welcher Punkt des Cursor-Icons als eigentliche Mausposition verwendet werden soll.

Binden Sie dann die Ressourcen-Datei ein, und laden Sie den Cursor in das *Cursors*-Array von *Screen*. Im folgenden Beispiel wird der Cursor *Lupe* aus der Ressource *Lupe.res* geladen. Für diesen Cursor wird die Konstante *crLupe* definiert.

```
const
  crLupe = 1;


implementation


{$R *.DFM}
{$R Lupe.res}


procedure TForm1.FormCreate(Sender: TObject);
begin
  Screen.Cursors[1]
    := LoadCursor(HInstance, 'Lupe');
end;
```

Die in Delphi definierten Cursor-Konstanten liegen alle im negativen Bereich, so dass Sie für eigene Cursor die Array-Felder ab eins aufwärts verwenden.

Wollen Sie zur Entwurfszeit bereits einer Komponente einen selbstdefinierten Cursor zuweisen, dann verwenden Sie im Objektinspektor die Ordnungsnummer des Cursors und nicht die selbstdefinierte Konstante.

PopupMenu (Eigenschaft, protected)

property PopupMenu: TPopupMenu;

Mit Hilfe der Eigenschaft *PopupMenu* kann jeder Komponente ein eigenes Kontext-Menü (rechte Maustaste) zugewiesen werden. Wird *PopupMenu* nichts zugewiesen, dann wird das Kontextmenü der übergeordneten Komponente verwendet.

■ OnClick, OnDblClick (Ereignisse)

```
property OnClick(Sender: TObject);
property OnDblClick(Sender: TObject);
```

Die Ereignisse *OnClick* und *OnDblClick* werden immer dann aufgerufen, wenn der Anwender einen Mausklick oder einen Doppelklick mit der linken Maustaste auf die Komponente ausführt.

Wird ein Doppelklick ausgeführt, dann wird nach dem ersten Mausklick das Ereignis *OnClick* und nach dem zweiten Mausklick das Ereignis *OnDblClick* ausgeführt.

■ OnMouseDown, OnMouseMove, OnMouseUp (Ereignisse)

```
property OnMouseDown(Sender: TObject; Button: TMouseButton;
   Shift: TShiftState; X, Y: Integer);
property OnMouseMove(Sender: TObject;
   Shift: TShiftState; X, Y: Integer);
property OnMouseUp(Sender: TObject; Button: TMouseButton;
   Shift: TShiftState; X, Y: Integer);
```

Die Ereignisse *OnMouseDown* beziehungsweise *OnMouseUp* treten vor beziehungsweise nach einem Mausklick auf. Das Ereignis *OnMouseMove* tritt beim Verschieben der Maus auf.

Bei einem Mausklick mit der linken Maustaste treten beim Betätigen das Ereignis *OnMouseDown* und beim Freigeben zunächst *OnClick* und dann *OnMouseUp* auf.

Als Parameter werden übergeben:

■ Die Koordinaten der Mausposition relativ zur linken, oberen Komponentenecke.

■ Der Zustand der Tasten UMSCH, STRG und ALT sowie der drei Maustasten.

■ Bei den Ereignissen *OnMouseDown* und *OnMouseUp* wird noch der Parameter *Button* übergeben, der anzeigt, mit welchem der drei möglichen Maustasten das Ereignis ausgelöst worden ist.

TShiftState und *TMouseButton* sind wie folgt definiert:

```
type TShiftState = set of
   (ssShift, ssAlt, ssCtrl, ssLeft, ssRight, ssMiddle, ssDouble);

type TMouseButton = (mbLeft, mbRight, mbMiddle);
```

Die Parameter *Shift* und *Button* werden wie folgt verwendet:

```
if ssAlt in Shift then ...
```

```
if Button = mbMiddle then ...
```

Die folgende Prozedur weist *Panel1* die Farbe des Pixels zu, über welchem der Mausklick erfolgt ist (setzen Sie weder *Center* noch *Stretch* von *Image1* auf *true*).

```
procedure TForm1.Image1MouseDown(Sender: TObject;
  Button: TMouseButton; Shift: TShiftState; X, Y: Integer);
begin
  Panel1.Color := Image1.Canvas.Pixels[x,y];
end;
```

Darstellung

▨ Caption, Text (Eigenschaft, protected)

```
property Caption: string;
property Text: string;
```

Die Eigenschaft *Caption* wird zur Beschriftung von Komponenten verwendet. *Text* wird bei Komponenten verwendet, die einzeilige Benutzer-Texteingaben entgegennehmen können (*TEdit*, *TComboBox* ...)

▨ Font (Eigenschaft, protected)

```
property Font: TFont;
```

Die Eigenschaft *Font* bestimmt, mit welchem Font (Schriftart, Schriftgröße, Stil) *Caption* oder *Text* angezeigt wird. Zur Definition von *TFont* siehe Kapitel 4.2.1.

▨ ParentFont (Eigenschaft, protected)

```
property ParentFont: Boolean default true;
```

Hat *ParentFont* den Wert *true*, dann übernimmt die Komponente die Eigenschaft *Font* von der übergeordneten Komponente. Wenn Sie den Wert *Font* einer Komponente ändern, wird *ParentFont* automatisch auf *false* gesetzt.

Um in einem Formular einheitliche Fonts zu verwenden, setzen Sie die Eigenschaft *Font* des Formulars auf den gewünschten Wert und belassen die Eigenschaft *ParentFont* aller untergeordneten Komponenten auf *true*.

■ Color (Eigenschaft, veröffentlicht)

```
property Color: TColor;
```

Mit *Color* wird die Farbe einer Komponente eingestellt. Für den Typ *TColor* sind einige Farbkonstanten definiert (clBlack, clRed, clGreen ...).

Der Typ *TColor* ist eine 32-Bit-Integerzahl, die nach dem Muster xxBBGGRR aus dem je 8 Bit breiten Rot-, Grün- und Blauanteil zusammengesetzt ist.

Um einen *TColor*-Wert aus den drei Farbanteilen zu synthetisieren, verwenden Sie folgende Anweisung:

```
Color := (Blau shl 16) + (Gruen shl 8) + Rot
```

Um aus einem *TColor*-Wert die drei Farbanteile zu analysieren, verwenden Sie die folgenden Anweisungen:

```
Blau  := Byte(Color shr 16);
Gruen := Byte(Color shr 8);
Rot   := Byte(Color);
```

■ ParentColor (Eigenschaft, veröffentlicht)

```
property ParentColor: Boolean default true;
```

Hat *ParentColor* den Wert *true*, dann übernimmt die Komponente die Eigenschaft *Color* von der übergeordneten Komponente. Wenn Sie den Wert *Color* einer Komponente ändern, wird *ParentColor* automatisch auf *false* gesetzt.

Position

■ Left, Top (Eigenschaft, veröffentlicht)

```
property Left: Integer;
property Top: Integer;
```

Die Eigenschaften *Left* und *Top* bestimmen die Position der linken, oberen Komponentenecke relativ zur übergeordneten Komponente (Parent).

■ Width, Height (Eigenschaft, veröffentlicht)

```
property Width: Integer;
property Height: Integer;
```

Diese beiden Eigenschaften bestimmen die Breite (*Width*) und die Höhe (*Height*) der Komponente.

▦ BoundsRect (Eigenschaft, öffentlich)

```
property BoundsRect: TRect;
```

Mit *BoundsRect* können die Position und die Abmessungen einer Komponente durch Zuweisung eines *TRect*-Wertes erfolgen. Gebräuchlicher ist die Verwendung der Eigenschaften *Left*, *Top*, *Width* und *Height*.

▦ ClientWidth, ClientHeight (Eigenschaften, öffentlich)

```
property ClientWidth: Integer;
property ClientHeight: Integer;
```

Mit diesen Eigenschaften kann der Client-Bereich einer Komponente ermittelt werden. Dieser entspricht den Komponentenabmessungen abzüglich der Abmessungen von Rahmen, Titelleisten und ähnlichem.

Das folgende Beispiel zeigt die Erstellung eines Farbverlauf von schwarz nach rot innerhalb eines Formulars.

```
procedure TForm1.FormPaint(Sender: TObject);
var
  i: integer;
begin
  for i := 0 to ClientHeight do
  begin
    Canvas.Pen.Color := i * 255 div ClientHeight;
    Canvas.MoveTo(0,i);
    Canvas.LineTo(ClientWidth, i);
  end;
end;
```

▦ ClientToScreen, ScreenToClient (Methoden, öffentlich)

```
function ClientToScreen(const Point: TPoint): TPoint;
function ScreenToClient(const Point: TPoint): TPoint;
```

Die Positionsangaben (Left, Top) eines Controls beziehen sich stets auf den jeweiligen Parent, und nicht auf absolute Bildschirmkoordinaten. Werden letzte benötigt – beispielsweise, um ein Popup-Menü an einer bestimmten Stelle auf einem Formular aufzurufen – dann können sie mit *ClientToScreen* umgerechnet werden. Mit *ScreenToClient* funktioniert die Umrechnung in die umgekehrte Richtung.

```
procedure TForm1.Button1Click(Sender: TObject);
var
  p: TPoint;
begin
  p := ClientToScreen(
    Point(Button1.Left , Button1.Top));
  PopupMenu1.Popup(p.x, p.y + 30);
end;
```

■ Parent (Eigenschaft, öffentlich)

```
property Parent: TWinControl;
```

Mit *Parent* wird spezifiziert, innerhalb welches *TWinControl*-Nachfolgers ein
Control angezeigt wird. Auf diesen Parent beziehen sich dann auch die Eigenschaften *Left* und *Top*.

Solange Sie Komponenten visuell einfügen, wird Parent automatisch gesetzt.
Wenn Sie Komponenten zu Laufzeit einfügen, dann müssen Sie *Parent* explizit setzen, ansonsten wird die Komponente nicht angezeigt:

```
Button := TButton.Create(Form1);
Button.Parent := Panel1;
...
```

Wird eine Komponente direkt auf ein Formular gesetzt, dann ist der Parent
die betreffende Komponente. Werden Container-Komponeten wie beispielsweise *TPanel* oder *TGroupBox* verwendet, dann ist der Parent auf diese Komponente zu setzen.

Die Eigenschaft *Parent* kann problemlos zur Laufzeit geändert werden. Das
folgende Beispiel lässt einen Button zwischen zwei Formularen hin- und her-
springen.

```
procedure TForm1.Button3Click(Sender: TObject);
begin
  if Button3.Parent = Form1
    then Button3.Parent := Form2
    else Button3.Parent := Form1;
end;
```

Wenn Sie Formulare selbst erstellen, und diese Formulare frei verschiebbar
sein sollen, dann setzen Sie *Parent* auf *nil*. Sie können jedoch *Parent* auf einen
anderen Wert – im folgenden Beispiel auf *Button1* – setzen, dann ist das Formular innerhalb dieser Komponente verschiebbar (und sichtbar). Ob das sinnvoll ist, ist eine ganz andere Frage ...

```
procedure TForm2.Button1Click(Sender: TObject);
begin
  FForm := TForm.Create(Application);
  FForm.Parent := Button1;
  FForm.Show;
end;
```

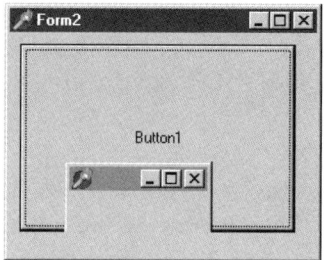

■ Constraints (Eigenschaft, öffentlich)

```
property Constraints: TSizeConstraints;
```

Mit Hilfe der Objekt-Eigenschaft *Constrains* kann die minimale (*MinWidth*, *MinHeight*) und maximale (*MaxWidth*, *MaxHeight*) Ausdehnung einer Komponente bestimmt werden. Per Voreinstellung haben in der Regel alle diese vier Objekt-Eigenschaften den Wert null, was bedeutet, dass die Ausdehnung nicht reglementiert wird.

■ Align (Eigenschaft, öffentlich)

```
property Align:(alNone, alTop, alBottom, alLeft, alRight, alClient)
  default alNone;
```

Mit Hilfe der Eigenschaft *Align* kann man eine Komponente an der übergeordneten Komponente ausrichten. Ihre Abmessungen passen sich dann den Größenänderungen der übergeordneten Komponente an.

▪ Bei *alNone* findet keine Ausrichtung an der übergeordneten Komponente statt.

▪ Bei *alTop*, *alButton*, *alLeft* und *alRight* wird die Komponente am oberen, unteren, linken oder rechten Rand der übergeordneten Komponente ausgerichtet. Sie füllt die übergeordnete Komponente dann zur vollen Breite beziehungsweise zur vollen Höhe aus.

▪ Bei *alClient* füllt die Komponente den verbleibenden freien Bereich der übergeordneten Komponente.

▓ Anchors (Eigenschaft, veröffentlicht)

```
property Anchors: set of (akTop, akLeft, akRight, akBottom)
  default [akLeft,akTop];
```

Mit der Eigenschaft *Anchors* legen Sie fest, wie eine Komponente ihre Position und/oder Abmessungen verändert, wenn die übergeordnete Komponente vergrößert oder verkleinert wird.

Per Voreinstellung sind die Elemente *akLeft* und *akTop* in der Menge *Anchors*, so dass die Komponente immer dieselben Abstände zum linken, oberen Rand der übergeordneten Komponente einhält.

Wenn Sie »Anker« (so die wörtliche Übersetzung) auf gegenüberliegende Seiten gleichzeitig setzen (*akTop* und *akBottom* und/oder *akLeft* und *akRight*), dann wird eine Größenänderung bewirkt, sobald die übergeordnete Komponenten ihre Abmessungen ändert.

▓ ClientToScreen, ScreenToClient (Methoden)

```
function ClientToScreen(const Point: TPoint): TPoint;
function ScreenToClient(const Point: TPoint): TPoint;
```

Mit *ClientToScreen* können Koordinaten, die relativ zur linken, oberen Komponentenecke berechnet sind, in Koordinaten umgerechnet werden, die relativ zur linken, oberen Bildschirmecke berechnet sind.

Die Methode *ScreenToClient* führt die Berechnung in die umgekehrte Richtung durch.

▓ OnResize (Ereignis)

```
property OnResize(Sender: TObject);
```

Das Ereignis *OnResize* tritt auf, wenn die Abmessungen der Komponente verändert werden.

Drag&Drop

Unter *Drag&Drop* versteht man das Kopieren oder Verschieben von Informationen mittels »Verschieben und ablegen«.

Sie kennen das Verfahren sicher vom Windows-Explorer: Um eine Datei zu verschieben, führen Sie einen Mausklick auf den entsprechenden Eintrag durch, halten die Maustaste und verschieben den Mauszeiger zu dem Verzeichnis, in welches die Datei abgelegt werden soll. Mit dem Freigeben der Maustaste wird die Datei verschoben.

Drag&Drop funktioniert mit den hier beschriebenen Eigenschaften, Methoden und Ereignissen nur innerhalb einer von Delphi erstellten Anwendung.

In der Regel müssen Sie für die Implementierung von *Drag&Drop* nur drei Schritte durchführen: Setzen Sie die Eigenschaft *DragMode* der »sendenden« Komponenten auf *dmAutomatic,* und erstellen Sie OnDragOver- und OnDragDrop-Ereignisbehandlungsroutinen für die »empfangenden« Komponenten.

▦ DragKind (Eigenschaft, protected)

```
property DragKind: (dkDrag, dkDock) default dkDrag;
```

Mit Hilfe der Eigenschaft *DragKind* wird festgelegt, ob *Drag&Drop* oder *Docking* durchgeführt wird, wenn zur Laufzeit eine Komponente mit der Maus »gezogen« wird. *Docking* wird im nächsten Abschnitt beschrieben.

▦ DragMode (Eigenschaft, protected)

```
property DragMode: (dmManual, dmAutomatic) default dmManual;
```

Hat *DragMode* den Wert *dmAutomatic,* dann wird mit dem *Dragging* automatisch begonnen, wenn bei niedergehaltener Maustaste die Maus verschoben wird. Bei *dmManual* muss dagegen explizit die Methode *BeginDrag* aufgerufen werden.

Es muss lediglich *DragMode* der »Sender« auf *dmAutomatic* gesetzt werden.

▦ OnDragOver (Ereignis)

```
property OnDragOver(Sender, Source: TObject; X, Y: Integer;
  State: TDragState; var Accept: Boolean);
```

Das Ereignis *OnDragOver* tritt auf, wenn bei einer *Drag*-Operation der Mauszeiger über die betreffende Komponente bewegt wird. Wird der Variablen-Parameter *Accept* auf *true* gesetzt, dann wird mit der Form des Cursors angezeigt, dass die Komponente bereit ist, die entsprechenden Daten aufzunehmen. Mit Hilfe des Parameters *Source* kann dabei bestimmt werden, von welchem »Sender« die *Drag*-Operation ausgeht.

```
procedure TForm1.Memo1DragOver(Sender, Source: TObject;
  X, Y: Integer; State: TDragState; var Accept: Boolean);
begin
  if Source = ListBox1
    then Accept := true;
end;
```

Mit Hilfe des Parameters *State* können Sie prüfen, ob die Maus in die Komponente hineingezogen oder herausgezogen oder ob sie innerhalb der Komponente bewegt wird. Wenn Sie rechenintensive Gültigkeitsprüfungen durchführen, können Sie mit Hilfe dieses Parameters dafür sorgen, dass diese nur einmal durchgeführt werden müssen.

```
type TDragState = (dsDragEnter, dsDragLeave, dsDragMove);
```

■ OnDragDrop (Ereignis)

```
property OnDragDrop(Sender, Source: TObject; X, Y: Integer);
```

Das Ereignis *OnDragDrop* tritt ein, wenn bei einem *Drag*-Vorgang die Maustaste freigegeben wird (*Drop*). In der *OnDragDrop*-Ereignisbehandlungsroutine muss für das Verschieben beziehungsweise Kopieren der Daten gesorgt werden.

```
procedure TForm1.Memo3DragDrop(Sender, Source: TObject;
  X, Y: Integer);
begin
  if Source = ListBox1
    then TMemo(Sender).Lines.Add
      (TListBox(Source).Items[TListBox(Source).ItemIndex]);
end;
```

■ BeginDrag (Methode)

```
procedure BeginDrag(Immediate: Boolean; Threshold: Integer = -1);
```

Hat *DragMode* den Wert *dmManual*, dann muss eine *Drag&Drop*-Operation durch den Aufruf von *BeginDrag* gestartet werden. Hat *Immediate* den Wert *true*, dann wird die Aktion sofort gestartet und der Cursor erhält das entsprechende Icon.

Hat *Immediate* den Wert *false*, dann wird die Aktion erst dann gestartet, nachdem die Maus (bei gehaltener Maus-Taste) um die Anzahl von *Threshold* Pixel verschoben wurde.

■ Dragging (Methode)

```
function Dragging: Boolean;
```

Gibt *Dragging* den Wert *true* zurück, dann wurde von den entsprechenden Komponente aus eine *Drag&Drop*-Operation gestartet, die noch nicht beendet wurde.

■ DragCursor (Eigenschaft, protected)

```
property DragCursor: TCursor default crDrag;
```

Die Eigenschaft *DragCursor* gibt an, wie der Cursor aussieht, wenn nach einer gestarteten *Drag&Drop*-Aktion der Cursor sich über einer Komponente befindet, welche ein »Drop« akzeptiert. Werden mehrere Elemente gemeinsam gezogen, dann stellt man *DragCursor* meist auf *crMultiDrag*.

▪ OnStartDrag (Ereignis), OnEndDrag (Ereignis)

```
property OnStartDrag(Sender: TObject;
  var DragObject: TDragObject);
property OnEndDrag(Sender, Target: TObject; X, Y: Integer);
```

Das Ereignis *OnStartDrag* tritt auf, wenn eine *Drag&Drop*-Aktion begonnen wurde. Mittels des Variablen-Parameters *DragObject* können einige Einstellungen vorgenommen werden, näheres in der Online-Hilfe.

Das Ereignis *OnEndDrag* tritt auf, wenn eine Drag&Drop-Aktion beendet wurde – unabhängig davon, ob es dabei zu einem »Drop« gekommen ist.

Ablegen von Dateien

Wenn vom Windows-Explorer oder von einem Ordner Dateien zu einer Anwendung gezogen und dort abgelegt werden, dann sollten diese Dateien von der betreffenden Anwendung geöffnet werden – sofern das Format unterstützt wird.

Eine solche Funktionalität muss mit WinAPI-Funktionen implementiert werden. Zunächst muss sich die Anwendung als Ziel von solchen Drag&Drop-Operationen anmelden:

```
procedure TMainForm.FormCreate(Sender: TObject);
begin
  DragAcceptFiles(Handle, true);
end;
```

Nun muss nur noch auf die Windows-Botschaft WM_DROPFILES reagiert werden. Zu diesem Zweck wird die Prozedur *WMDropFiles* deklariert und mit dieser Botschaft verbunden.

```
type
  TMainForm = class(TForm)
    ...
  private
    procedure WMDropFiles(var AMessage: TMessage);
      message WM_DROPFILES;
  end;
```

Es können mehrere Dateien gleichzeitig auf einer Anwendung abgelegt sein. Deswegen muss zunächst einmal ermittelt werden, wie viele Dateien es denn sind. Dazu wird – wie später zum Ermitteln der einzelnen Dateinamen – die WinAPI-Methode *DragQueryFile* verwendet, als zweiter Parameter wird jedoch *$FFFFFFFF* übergeben.

In einer Schleife werden dann alle Dateinamen ermittelt. Das Beispiel hier wurde im Rahmen eines MDI-Texteditors erstellt, für jede Datei wird mit *CreateMDIChild* ein neues Kindfenster aufgemacht.

```
procedure TMainForm.WMDropFiles(var AMessage: TMessage);
var
  i, count: integer;
  FileName: array[0..255] of char;
begin
  count := DragQueryFile(AMessage.WParam, $FFFFFFFF, FileName, 255);
  for i := 0 to count - 1 do
  begin
    DragQueryFile(AMessage.WParam, i, FileName, 255);
    CreateMDIChild(FileName);
  end; {for i := 0 to count - 1 do}
end; {procedure TMainForm.WMDropFiles}
```

Docking

Docking ermöglicht es dem Anwender (theoretisch), die Controls auf dem Formular seinen Wünschen entsprechend anzuordnen. Man sollte jedoch bedenken, dass es dabei zu recht seltsamen Ergebnissen kommen kann und der Support dadurch auch nicht gerade erleichtert wird (den »Button rechts oben« gibt es dann nämlich nicht mehr).

Die folgende Abbildung zeigt ein Formular einmal vor und einmal nachdem die beiden Komponenten »gedockt« wurden. Beachten Sie, dass Sie nun beide Komponenten-Formulare schließen und somit die Komponenten entfernen können.

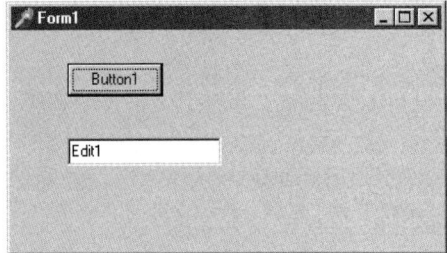 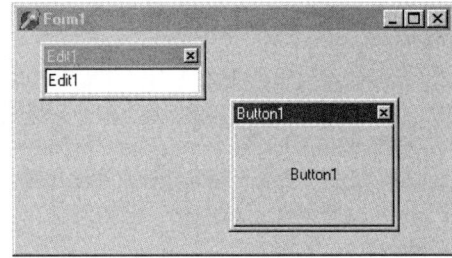

Beachten Sie bitte auch, dass Controls nur bei *TWinControl*-Nachfolgern andokken können. Die entsprechenden Eigenschaften und Ereignisse sind somit bei *TWinControl* beschrieben.

▓ DragKind (Eigenschaft, protected)

```
property DragKind: (dkDrag, dkDock) default dkDrag;
```

Mit Hilfe der Eigenschaft *DragKind* wird festgelegt, ob *Drag&Drop* oder *Dokking* durchgeführt wird, wenn zur Laufzeit eine Komponente mit der Maus »gezogen« wird. *Drag&Drop* ist im vorigen Abschnitt beschrieben.

▓ DragMode (Eigenschaft, protected)

```
property DragMode: (dmManual, dmAutomatic) default dmManual;
```

Hat *DragMode* den Wert *dmAutomatic,* dann wird mit dem *Docking* automatisch begonnen, wenn bei niedergehaltener Maustaste die Maus verschoben wird. Bei *dmManual* muss dagegen explizit die Methode *BeginDrag* aufgerufen werden.

▓ OnStartDock, OnEndDock (Ereignisse)

```
property OnStartDock(Sender: TObject; var DragObject: TDragDockObject);
property OnEndDock(Sender, Target: TObject; X, Y: Integer);
```

Diese Ereignisse treten vor beziehungsweise nach einer Docking-Aktion auf.

Online-Hilfe

Ab Delphi 6 sind die Eigenschaften zum Aufruf der Online-Hilfe in schon *TControl* und nicht mehr in *TWinControl* angesiedelt. Damit auch die in Windows 98 eingeführte HTML-Hilfe mit erträglichem Aufwand eingesetzt werden kann, kann die Hilfe nicht mehr nur über die Kontext-ID, sondern auch über ein Schlüsselwort aufgerufen werden.

Die hier vorgestellten Eigenschaften dienen dazu, automatisch die Online-Hilfe aufzurufen, wenn der Anwender F1 drückt.

▓ HelpType (Eigenschaft, veröffentlicht)

```
property HelpType: (htKeyword, htContext) default htContext;
```

Mit *HelpType* wird spezifiziert, ob das Hilfe-Thema mit einer Kontext-ID oder mit einem Schlüsselwort aufgerufen werden soll.

▓ HelpContext, HelpKeyword (Eigenschaften, veröffentlicht)

```
property HelpContext: longint default 0;
property HelpKeyword: string;
```

Hat *HelpType* den Wert *htContext,* dann muss der Eigenschaft *HelpContext* die Kontext-ID zugewiesen werden, die der aufzurufenden Hilfe-Seite entspricht. Hat *HelpContext* den Wert null, dann wird die Online-Hilfe nicht aufgerufen.

Hat *HelpType* den Wert *htKeyword*, dann muss das zur aufzurufenden Online-Seite gehörende Schlüsselwort der Eigenschaft *HelpKeyword* zugewiesen werden.

Sonstiges

▓ Perform (Methode)

function Perform(Msg: Cardinal; WParam, LParam: Longint): Longint;

Mit *Perform* können Windows-Botschaften an die Komponente geschickt werden. Mit den folgenden beiden Anweisungen würde man beispielsweise einen Mausklick auf *Button2* »durchführen«. Weitere Beispiele bei *TMemo* in Kapitel 3.3.6.

```
Button2.Perform(WM_LBUTTONDOWN, 1, 1);
Button2.Perform(WM_LBUTTONUP, 1, 1);
```

Beachten Sie bitte, dass Perform die Botschaften nicht in die Botschaften-Warteschlange einfügt, sondern direkt *WindowProc* aufruft. Sollte ein Einstellen in die Botschaften-Warteschlange erforderlich sein, so verwenden Sie *SendMessage* oder *PostMessage*.

▓ Action (Eigenschaft, öffentlich)

property Action: TBasicAction;

Mittels der Eigenschaft *Action* kann eine Komponente – beispielsweise ein Button – mit einer Action verbunden werden, die dann ausgelöst wird, wenn die Komponente »betätigt« wird.

3.1.3 TWinControl

Während *TControl* alles implementiert, was mit der Maus zu tun hat, ist *TWinControl* für die Tastatur zuständig. *TWinControl* ist von *TControl* abgeleitet.

Tastatur

Die hier vorgestellten Ereignisse funktionieren im Kontext einer bestimmten Komponente. Soll anwendungsweit auf Tastatureingaben reagiert werden, dann sollten Sie sich das *TApplication*-Ereignis *OnMessage* anschauen. Dort finden Sie dann auch ein Beispiel, wie mit der WinAPI-Funktion *GetKeyState* der Zustand der Steuertasten abgefragt wird.

▨ OnKeyPress (Ereignis)

```
property OnKeyPress(Sender: TObject; var Key: Char);
```

Das Ereignis *OnKeyPress* tritt auf, wenn eine Taste gehalten wird. Wird die Taste lange gehalten, dann tritt *OnKeyPress* mehrmals auf. Mittels des Variablenparameters *Key* können Sie nicht nur ermitteln, welches Zeichen mit der Tastatur eingegeben wird, sondern dieses auch abändern. Das folgende Beispiel sorgt dafür, dass Sie kein *a* eingeben können.

```
procedure TForm1.Edit1KeyPress(Sender: TObject; var Key: Char);
begin
  if Key = 'a'
    then Key := #0;
end;
```

▨ OnKeyDown, OnKeyUp (Ereignisse)

```
property OnKeyDown(Sender: TObject; var Key: Word;
  Shift: TShiftState);
property OnKeyUp(Sender: TObject; var Key: Word;
  Shift: TShiftState);
```

Möchten Sie auf Tasten oder Tastenkombinationen reagieren, die keine ASCII-Zeichen sind, dann verwenden Sie *OnKeyDown* oder *OnKeyUp*. Mittels *Shift* können Sie ermitteln, ob gleichzeitig die *Shift-*, die *Ctrl-* oder die *Alt-*Taste betätigt wurde.

Achtung: Die Tab-Taste löst bei den meisten Komponenten kein *OnKeyDown*-Ereignis aus. Sollte dies – beispielsweise, weil man sich »eigenhändig« eine Tabellendarstellung zusammenbaut – mal erwünscht sein, dann muss von der ursprünglichen Komponente eine eigene Klasse abgeleitet werden, diese muss dann auf die Windows-Botschaft reagieren.

```
type
  TTabEdit = class(TEdit)
  private
    procedure WMGetDlgCode(var Msg: TWMGetDlgCode);
      message WM_GETDLGCODE;
  end;


procedure TTabEdit.WMGetDlgCode(var Msg: TWMGetDlgCode);
begin
  Msg.Result := Msg.Result or DLGC_WANTTAB;
end;
```

Fokus

Nur dann, wenn ein *TWinControl*-Nachfolger auch gerade den Fokus hat, kann er Tastatureingaben entgegennehmen.

▪ SetFocus, CanFocus (Methoden)

```
procedure SetFocus;
function CanFocus: Boolean;
```

Mittels *SetFocus* weist man einem Steuerelement den Fokus zu.

Ist dieses Steuerelement jedoch nicht sichtbar, oder hat seine Eigenschaft *Enabled* den Wert *false*, dann würde ein Aufruf von *SetFocus* zu einer Exception führen. Deshalb sollte vorher mit *CanFocus* abgefragt werden, ob das Steuerelement überhaupt den Fokus erhalten kann.

Die Funktion *CanFocus* kann aber auch dann zu dem Ergebnis *true* kommen, wenn das Formular, auf dem sich die betreffende Komponente befindet, nicht *Visible* oder nicht *Enabled* ist. Wie der folgende Quelltext zeigt, wird die Suche einfach einen Schritt zu früh abgebrochen.

```
function TWinControl.CanFocus: Boolean;
var
  Control: TWinControl;
  Form: TCustomForm;
begin
  Result := False;
  Form := GetParentForm(Self);
  if Form <> nil then
  begin
    Control := Self;
```

```
  while Control <> Form do
  begin
    if not (Control.FVisible and Control.Enabled) then Exit;
    Control := Control.Parent;
  end;
  Result := True;
end;
end;
```

Nun führt allerdings auch dann der Aufruf von *SetFocus* zu einer Exception, wenn *Visible* oder *Enabled* des betreffenden Formulars nicht *true* sind. Ist zu befürchten, dass dies vorkommen kann, dann muss die Zuweisung wie folgt abgesichert werden:

```
if Edit1.CanFocus and GetParentForm(Edit1).Visible
   and GetParentForm(Edit1).Enabled
  then Edit1.SetFocus;
```

▪ Focused (Methode)

```
function Focused: Boolean;
```

Mit *Focused* kann festgestellt werden, ob ein Steuerelement den Fokus hat.

▪ OnEnter, OnExit (Ereignisse)

```
property OnEnter(Sender: TObject);
property OnExit(Sender: TObject);
```

Das Ereignis *OnEnter* tritt auf, wenn ein Steuerelement den Fokus erhält, *OnExit*, wenn es ihn verliert. Bei einem Fokuswechsel tritt zunächst ein *OnExit* der abgebenden und dann ein *OnEnter* der erhaltenden Komponente auf.

▪ TabOrder (Eigenschaft, öffentlich)

```
property TabOrder: -1..32767;
```

Mit Hilfe der TAB-Taste können Sie den Fokus von einem Steuerelement zum nächsten »weiterschalten«. Die Reihenfolge, wie der Fokus weitergegeben wird, legt man mittels der Eigenschaft *TabOrder* fest.

Für *TabOrder* gibt es ein Tool, das Sie mit BEARBEITEN | TABULATORREIHENFOLGE aufrufen können.

HelpContext(Eigenschaft, veröffentlicht)

```
property HelpContext: -MaxLongInt..MaxLongInt;
```

Ab Delphi 6 ist die Eigenschaft *HelpContext* bereits in *TControl* implementiert.

Docking

DockSite (Eigenschaft, protected)

```
property DockSite: Boolean default false;
```

Mit *DockSite* wird spezifiziert, ob andere Controls an die Komponente andokken können.

OnDockOver, OnDockDrop (Ereignisse)

```
property OnDockOver(Sender: TObject; Source: TDragDockObject;
  X, Y: Integer; State: TDragState; var Accept: Boolean);
property OnDockDrop(Sender: TObject; Source: TDragDockObject;
  X,  Y: Integer);
```

Das Ereignis *OnDockOver* tritt auf, wenn bei einer Docking-Aktion der Mauszeiger über die betreffende Komponente bewegt wird, *OnDockDrop* tritt auf, wenn die Maustaste dann losgelassen wird.

DockClientCount, DockClients (Eigenschaft, öffentlich, nur Lesen)

```
property DockClientCount: Integer;
property DockClients[Index: Integer]: TControl;
```

Die Zahl der angedockten Komponenten kann mit *DockClientCount* bestimmt werden. Auf diese Komponenten kann mit der Array-Eigenschaft *DockClients* zugegriffen werden.

▨ OnUnDock (Ereignis)

```
property OnUnDock(Sender: TObject; Client: TControl;
  NewTarget: TWinControl; var Allow: Boolean);
```

Das Ereignis *OnUnDock* tritt auf, wenn eine angedockte Komponente wieder von dem jeweiligen *TWinControl*-Nachfolger getrennt wird. Um das Trennen zu verhindern, setzen Sie *Allow* auf *false*.

Untergeordnete Controls

▨ ControlCount, Controls (Eigenschaft, öffentlich, nur Lesen)

```
property ControlCount: Integer;
property Controls[Index: Integer]: TControl;
```

Mittels *ControlCount* kann man ermitteln, wie viele Controls dieses Steuerelement als *Parent* haben. Auf die einzelnen Controls kann mittels der Array-Eigenschaft *Controls* zugegriffen werden.

▨ ContainsControl (Methode)

```
function ContainsControl(Control: TControl): Boolean;
```

Mittels *ContainsControl* kann ermittelt werden, ob die durch den Parameter spezifizierte Komponente direkt oder indirekt dem jeweiligen *TWinControl*-Nachfolger untergeordnet ist.

▨ ControlAtPos (Methode)

```
function ControlAtPos(const Pos: TPoint;
  AllowDisabled: Boolean): TControl;
```

Mittels *ControlAtPos* kann ermittelt werden, welches untergeordnete Control sich an einer bestimmten Position befindet. Um diejenigen Komponenten auszuschließen, deren Eigenschaft *Enabled* den Wert *false* hat, ist *AllowDisabled* auf *false* zu setzen. Wird keine Komponente an der Position gefunden, dann gibt die Funktion das Ergebnis *nil* zurück.

▨ Broadcast (Methode)

```
procedure Broadcast(var Message);
```

Mit *Broadcast* können Windows-Botschaften an alle untergeordneten Controls geschickt werden.

Sonstiges

- Handle (Eigenschaft, öffentlich, nur Lesen),
  WindowHandle (Eigenschaft, protected)

```
property Handle: HWND;
property WindowHandle: Hwnd;
```

Für Windows-API-Funktionen wird meist ein Handle benötigt. Dieses Handle kann mittels der Eigenschaft *Handle* ermittelt werden.

Mit *WindowHandle* kann das Handle auch gesetzt werden, diese Eigenschaft ist aber protected.

- OnMouseWheel, OnMouseWheelDown, OnMouseWheelUp (Ereignisse)

```
property OnMouseWheel(Sender: TObject; Shift: TShiftState;
  WheelDelta: Integer; MousePos: TPoint; var Handled: Boolean);
property OnMouseWheelDown(Sender: TObject; Shift: TShiftState;
  MousePos: TPoint; var Handled: Boolean);
property OnMouseWheelUp(Sender: TObject; Shift: TShiftState;
  MousePos: TPoint; var Handled: Boolean);
```

In *TWinControl* implementiert, aber in den wenigsten Steuerelementen veröffentlicht sind die Ereignisse zum Reagieren auf Betätigung eines Mausrades. Näheres dazu in der Online-Hilfe.

3.2 TApplication, TScreen, TForm

Die drei Komponenten *TApplication*, *TScreen* und *TForm* sind nicht auf der Komponentenpalette zu finden. Von *TApplication* und *TScreen* wird jeweils automatisch eine Instanz erzeugt (namens *Application* beziehungsweise *Screen*).

Um einer Anwendung ein neues Formular hinzuzufügen, verwenden Sie den Menüpunkt DATEI | NEUES FORMULAR.

3.2.1 TApplication

Die Komponente *TApplication* kapselt allgemeine Eigenschaften, Methoden und Ereignisse, die nicht an ein bestimmtes Formular geknüpft sind. *TApplication* ist von *TComponent* abgeleitet.

Delphi erstellt automatisch eine Instanz namens *Application* von *TApplication*. Sie sollten *TApplication* nicht selbst instantisieren.

Anwendung

▨ Title (Eigenschaft, öffentlich), ExeName (Eigenschaft, öffentlich, nur Lesen)

```
property Title: string;
property ExeName: string;
```

Den Namen der Anwendung setzen Sie mit Title oder zur Entwurfszeit unter PROJEKT | OPTIONEN | ANWENDUNG. Den Namen der Datei (inklusive dem Pfad) können Sie mit *ExeName* ermitteln.

▨ Icon (Eigenschaft, öffentlich)

```
property Icon: TIcon;
```

Das Icon für die Anweisung weisen Sie der Eigenschaft *Icon* zu. Sie können zur Entwurfszeit auch mit PROJEKT | OPTIONEN | ANWENDUNG ein Icon zuweisen.

▨ OnActivate, OnDeactivate (Ereignisse)

```
property OnActivate(Sender: TObject);
property OnDeactivate(Sender: TObject);
```

Das Ereignis *OnActivate* tritt auf, wenn eine Anwendung den Fokus erhält, *OnDeactivate*, wenn sie ihn verliert.

Ereigniswarteschlange

▨ ProcessMessages (Methode)

```
procedure ProcessMessages;
```

Mittels der Methode *ProcessMessages* werden alle anstehenden Ereignisbehandlungsroutinen abgearbeitet.

Rufen Sie bei langdauernden Opperationen hin und wieder diese Methode auf, damit die Anwendung auf Benutzereingaben reagieren und gegebenenfalls die Operation auch abbrechen kann.

```pascal
procedure TForm1.Button1Click(Sender: TObject);
{Operation starten}
var
  i: integer;
begin
  Screen.Cursor := crHourGlass;
  FAbbruch := false;
  for i := 1 to 100000 do
  begin

      ...

    if i mod 1000 = 0 then
    begin
      Application.ProcessMessages;
      if FAbbruch = true
        then exit;
    end; {if i mod 1000 = 0 then}
  end; {for i := 1 to 100000 do}
  Screen.Cursor := crDefault;
end; {procedure TForm1.Button1Click}

procedure TForm1.Button2Click(Sender: TObject);
{Operation abbrechen}
begin
  FAbbruch := true;
end;
```

OnMessage, OnShortCut (Ereignisse)

```pascal
property OnMessage(var Msg: TMsg; var Handled: Boolean);
property OnShortCut(var Msg: TWMKey; var Handled: Boolean);
```

Das Ereignis *OnMessage* tritt auf, wenn die Anwendung eine Windows-Botschaft empfängt. Die Botschaft selbst wird als Parameter *Msg* übergeben. Wenn Sie in der *OnMessage*-Ereignisbehandlungsroutine abschließend auf die Botschaft reagieren, dann können Sie verhindern, dass die Botschaft an die einzelnen Formulare weitergereicht wird, indem Sie *Handled* auf *true* setzen.

Eine Windows-Anwendung kann – ohne dass etwas besonderes passiert – mehrere tausend Botschaften in der Sekunde erhalten. Die *OnMessage*-Ereignisbehandlungsroutine sollte deshalb möglichst schnell sein – zumindest bei allen Botschaften, auf die nicht reagiert werden soll.

Das Ereignis *OnShortCut* tritt bei allen Tastaturereignissen auf und ähnelt ansonsten *OnMessage*.

Die folgende Prozedur implementiert die Steuerung eines Lichtsteuersystems über die Funktionstasten. Zunächst wird sichergestellt, dass bei allen anderen Botschaften außer *WM_KeyDown* und *WM_KeyUp* die Prozedur sofort wieder verlassen wird.

Im zweiten Schritt wird geprüft, ob es sich bei der Taste um eine Funktionstaste bis F8 handelt und ob gleichzeitig die Sʜɪꜰᴛ-Taste betätigt wurde. Ist dies der Fall, dann werden die Methoden *ClickButton* und *FreeButton* der Komponente *TMasterFade* aufgerufen. (*TMasterFade* ist nicht in der VCL enthalten.)

```
procedure TForm1.ApplicationMessage(var Msg: TMsg;
  var Handled: Boolean);
var
  Master: TMasterFade;
begin
  if not ((Msg.Message = WM_KeyDown)
    or (Msg.Message = WM_KeyUp)) then exit;
  if (GetKeyState(VK_SHIFT) < 0)
    and (Msg.wParam > 111) and (Msg.wParam < 121) then
  begin
    Master := TMasterFade(Form12.FMasters[Msg.wParam - 112]);
    if Msg.Message = WM_KeyDown
      then Master.ClickButton(Master, mbLeft, [], 8, 8);
    if Msg.Message = WM_KeyUp
      then Master.FreeButton(Master, mbLeft, [], 8, 8);
  end; {if GetKeyState(VK_SHIFT) < 0 then}
end; {procedure TForm1.ApplicationMessage}
```

▦ OnIdle (Ereignis)

```
property OnIdle(Sender: TObject; var Done: Boolean);
```

Das Ereignis *OnIdle* tritt auf, wenn die Anwendung nichts zu tun hat. Normalerweise wird nach dem Abarbeiten der *OnIdle*-Ereignisbehandlungsroutine diese wieder aufgerufen, wenn die Anwendung immer noch nichts zu tun hat. Soll das verhindert werden, ist der Variablenparameter *Done* auf *true* zu setzen.

Ein etwas ausgefallenes Beispiel für die Verwendung von *OnIdle* ist das Öffnen von Tabellen und Abfragen beim Programmstart. Ist die Eigenschaft *Active* der *TTable*- und *TQuery*-Instanzen gleich *true*, dann dauert es etwas länger, bis die Anwendung gestartet ist, weil erst alle diese Datenmengenkomponenten geöffnet werden müssen.

Bei der folgenden Konstruktion werden der Reihe nach alle Datenmengenkomponenten geöffnet, wenn die Anwendung nach dem Start gerade nichts
zu tun hat. Sobald alles geöffnet ist, wird die Ereignisbehandlungsroutine vom
Ereignis getrennt.

```
procedure TForm1.FormShow(Sender: TObject);
begin
  FStep := 0;
  Application.OnIdle := Application.Idle;
end;

procedure TForm1.ApplicationIdle(Sender: TObject;
  var Done: boolean);
begin
  case FStep of
    0: Table1.Open;
    1: Table2.Open;
    2: Form2.Query1.Open;

       . . .
    27: Application.OnIdle := nil;
  end; {case FStep of}
  inc(FStep);
  Done := false;
end; {procedure TForm1.ApplicationIdle}
```

- OnSettingsChange (Ereignis)

```
property OnSettingChange: (Sender: TObject; Flag: Integer; const
Section: string; var Result: Longint);
```

Das Ereignis *OnSettingsChange* tritt dann auf, wenn Windows-Systemeinstel-
lungen geändert werden, beispielsweise das Hintergrundbild des Desktops
ausgetauscht wird. Nähere Informationen dazu finden Sie in der Online-Hilfe.

Online-Hilfe

- HelpFile (Eigenschaft, öffentlich)

```
property HelpFile: string;
```

Der Eigenschaft *HelpFile* wird der Dateiname der Online-Hilfe zugewiesen.
Die Hilfe-Datei der Anwendung wird nur dann verwendet, wenn dem aktuellen Formular keine eigene Hilfe-Datei zugewiesen ist.

Sie können zur Entwurfszeit auch mit PROJEKT | OPTIONEN | ANWENDUNG eine
Hilfedatei zuweisen. Dabei wird der Dateiname der Hilfedatei inklusive dem
vollständigen Pfad gespeichert.

Wird das Programm auf einem anderen Rechner installiert, so stimmt vermutlich der Pfad des zugewiesenen Dateinamens nicht mehr. Während die
aktuelleren Delphi-Versionen die Hilfe-Datei auch dann finden, vorausgesetzt,
sie befindet sich im selben Pfad wie die Exe-Datei, machen hier die frühen
Delphi-Versionen Probleme. Diese können Sie umgehen, wenn Sie die Eigenschaft *HelpFile* erst zur Laufzeit setzen:

```
procedure TForm1.FormCreate(Sender: TObject);
begin
  Application.HelpFile := ExtractFilePath(Application.ExeName)
     + '\DEMO300.HLP';
end;
```

HelpCommand, HelpContext, HelpJump (Methoden)

```
function HelpCommand(Command: Word; Data: Longint): Boolean;
function HelpContext(Context: LongInt): Boolean;
function HelpJump(const JumpID: string): Boolean;
```

In den meisten Fällen wird die Online-Hilfe durch die Funktionstaste F1 aktiviert. Es wird dann diejenige Hilfe-Seite aufgerufen, die der Eigenschaft
HelpContext der gerade fokusierten Komponente entspricht.

Mit Hilfe der Methoden *HelpCommand*, *HelpContext* und *HelpJump* kann man
die Online-Hilfe auch programmgesteuert öffnen. Mit *HelpContext* rufen Sie
eine Seite der Online-Hilfe auf, wobei die Kontext-Nummer der betreffenden
Seite als Parameter übergeben wird:

```
Application.HelpContext(1);
```

Um eine Hilfe-Seite nach dem Kontext-String zu öffnen, wird die Anweisung
HelpJump verwendet.

```
Application.HelpJump('How_to_use_Macros');
```

Spezielle Anweisungen an die Online-Hilfe rufen Sie mit HelpCommand auf.
Um die Suchen-Funktion der Online-Hilfe aufzurufen, verwenden Sie das
Kommando *Help_PartialKey*. Im folgenden Beispiel wird die Suchen-Funktion
mit dem Begriff *Macros* initialisiert. Soll die Suchen-Funktion ohne einen spe-
ziellen Begriff aufgerufen werden, so ist ein Zeiger auf einen leeren String zu
übergeben.

```
procedure TForm1.Button2Click(Sender: TObject);
var
  s: string;
begin
  s := 'Macros';
  Application.HelpCommand(HELP_PartialKey, integer(@s[1]));
end;
```

Es ist auch möglich, die Online-Hilfe der Online-Hilfe aufzurufen:

```
procedure TMain.Hilfebenutzen2Click(Sender: TObject);
begin
  Application.HelpCommand(HELP_HelpOnHelp, 0);
end;
```

▩ OnHelp (Ereignis)

```
property OnHelp(Command: Word; Data: Longint;
  var CallHelp: Boolean): Boolean;
```

Das Ereignis *OnHelp* wird dann ausgelöst, wenn vom Programm die Online-Hilfe aufgerufen wird – beispielsweise durch F1. Um das Aufrufen der Online-Hilfe zu verhindern, muss der Variablen-Parameter *CallHelp* auf *false* gesetzt werden.

Die möglichen Werte für die Parameter *Command* und *Data* finden Sie in der *Win32*-Hilfe unter dem Stichwort *Help Functions*. Beachten Sie bitte, dass das Ereignis *OnHelp* eine Funktion als Ereignisbehandlungsroutine erwartet.

Hints

Hints sind Hinweistexte, die dann angezeigt werden (können), wenn der Mauszeiger länger auf einer Komponente verweilt.

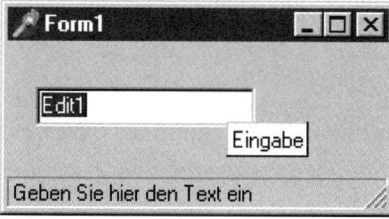

▩ Hint (Eigenschaft, veröffentlicht), OnHint (Ereignis)

```
property Hint: string;
```

Mit der Eigenschaft *Hint* kann der (lange) gerade aktuelle Hinweistext ermittelt werden.

Das Ereignis *OnHint* tritt auf, wenn ein Mauszeiger länger auf einer Komponente verweilt. *OnHint* wird auch dann ausgelöst, wenn die Eigenschaft *ShowHint* der betreffenden Komponente den Wert *false* hat, nicht jedoch, wenn deren Eigenschaft *Hint* ein leerer String zugewiesen ist.

Es ist möglich, der *TControl*-Eigenschaft *Hint* zwei Hinweistexte zuzuweisen, die durch einen senkrechten Strich zu trennen sind:

```
Edit1.Hint := 'Eingabe|Geben Sie hier den Text ein';
```

Der erste Hinweistext wird immer an der Komponente angezeigt, während der zweite Text beispielsweise in einer Statusleiste angezeigt werden kann:

```
type
  TForm1 = class(TForm)

    . . .

  private
    procedure ApplicationHint(Sender: TObject);

    . . .

  end;


procedure TForm1.ApplicationHint(Sender: TObject);
begin
  StatusBar1.SimpleText := Application.Hint;
end;


procedure TForm1.FormCreate(Sender: TObject);
begin
  Application.OnHint := ApplicationHint;
end;
```

▩ HintPause, HintHidePause (Eigenschaften, öffentlich)

```
property HintPause: Integer default 500;
property HintHidePause: Integer default 2500;
```

Mit *HintPause* stellen Sie ein, wie viele Millisekunden der Mauszeiger über der jeweiligen Komponente verweilen muss, bis der Hinweistext eingeblendet wird. Mit *HintHidePause* wird spezifiziert, wann der Hinweistext wieder ausgeblendet wird.

▩ HintColor (Eigenschaft, öffentlich)

```
property Color: TColor default clInfoBk;
```

Mit *HintColor* kann man die Hintergrundfarbe derjenigen Hinweistexte ändern, die direkt an der Komponente angezeigt werden.

- OnShowHint (Ereignis)

```
property OnShowHint(var HintStr: string; var CanShow: Boolean;
  var HintInfo: THintInfo);
```

Das Ereignis *OnShowHint* wird ausgelöst, bevor ein Hinweistext angezeigt wird. Um das Anzeigen zu verhindern, wird der Variablen-Parameter *CanShow* auf *false* gesetzt.

Der anzuzeigende Hinweistext kann mittels *HintStr* abgeändert werden. Wenn Sie Details, beispielsweise die Hintergrundfarbe, individuell einstellen möchten, dann können Sie das mit *HintInfo* tun. Der Typ *THintInfo* ist in der Online-Hilfe detailliert beschrieben.

Exceptions

- OnException (Ereignis)

```
property OnException(Sender: TObject; E: Exception);
```

Das Ereignis *OnException* wird ausgelöst, wenn eine Exception auftritt, welche nicht durch eine *try..except..end* oder eine *try..finally..end*-Konstruktion abgefangen wurde.

- ShowException (Methode)

```
procedure ShowException(E: Exception);
```

Ist *OnException* keine Ereignisbehandlungsroutine zugewiesen, dann wird *ShowException* automatisch bei jeder Exception aufgerufen und zeigt in einem Meldungsfenster den Exceptiontext an.

Soll das Meldungsfenster erscheinen, obwohl *OnException* eine Ereignisbehandlungsroutine zugewiesen wurde, muss ShowException dort explizit aufgerufen werden.

```
procedure TForm1.ApplicationException(Sender: TObject;
  E: Exception);
begin
   ...
  Application.ShowException(E);
end;
```

Effektives Fehlerhandling

Vielen Programmen mangelt es an einem effektiven Fehler-Handling. Manchmal werden *except..end*-Blöcke einfach leer gelassen (»ich schlage mir meine Fehlermeldungen tot«), oder man findet Standard-Meldungen wie *Es ist ein Fehler aufgetreten*. (Damit kann weder der Anwender noch der Entwickler wirklich etwas anfangen.)

Vermutlich ist ein wirklich anwenderfreundliches Fehlermanagement gar nicht zu realisieren. Dann sollte aber wenigstens der Entwickler mit den Fehlermeldungen etwas anfangen können, vor allen sollte er möglichst genau die Stelle lokalisieren können, wo das Problem aufgetreten ist. Zu diesem Zweck lassen sich Assertions etwas zweckentfremden:

```
procedure TForm1.Button1Click(Sender: TObject);
var
  i: integer;
begin
  try
    i := StrToInt(Edit1.Text);
    Label1.Caption := IntToStr(i * 2);
  except
    on E: Exception
      do Assert(false, E.Message);
  end;
end;
```

Die Prozedur *Button1Click* ist ein ganz simples Beispiel für die Möglichkeit eines Fehlers. Im *except..end*-Block wird mittels einer Assert-Anweisung, deren Parameter *Condition* auf *false* gesetzt wird, eine erneute Exception ausgelöst, der die Fehlermeldung der ursprünglichen Fehlermeldung weitergereicht wird.

Nun wird auf das *TApplication*-Ereignis *OnException* dadurch reagiert, dass diese Exceptions neben Programmversion sowie Datum und Uhrzeit in eine Datei geschrieben werden. Anschließend wird auch noch eine Fehlermeldung angezeigt.

```pascal
procedure TForm1.ApplicationEvents1Exception(Sender: TObject;
  E: Exception);
var
  sl: TStringList;
  s: string;
begin
  s := ExtractFilePath(Application.ExeName) + 'fehler.txt';
  sl := TStringList.Create;
  try
    if FileExists(s)
      then sl.LoadFromFile(s);
    sl.Add(PROG_VERS + FormatDateTime('dd.mm.yyyy hh.mm.ss', now));
    sl.Add(E.Message);
    sl.SaveToFile(s);
  finally
    sl.Free;
  end;
  Application.ShowException(E);
end; {procedure TForm1.ApplicationEvents1Exception}
```

Im Support-Fall kann man nun den Anwender bitten, diese Datei per eMail-Anhang einem zuzusenden und sieht dann gleich, an welcher Stelle (sprich: in welcher Unit und an welcher Zeilennummer) der Fehler aufgetreten ist. Zu diesem Zweck ist es erforderlich, alle herausgegebenen Programmversionen zu archivieren. Mittels der auch angezeigten Programmversion sieht man dann, welche Version gerade verwendet wurde.

Prinzipiell wäre es auch denkbar, beim Auftreten einer Exception gleich eine eMail an den Entwickler zu veranlassen. Man könnte auch nach einiger Zeit diese Dateien einsammeln und daraus Anregungen für die weitere Entwicklung und den Support gewinnen.

3.2.2 TScreen

Die Komponente *TScreen* kapselt die Anzeige des Programms auf dem Bildschirm. *TScreen* ist von *TComponent* abgeleitet.

Delphi erzeugt automatisch eine Instanz von *TScreen* namens *Screen*. Sie sollten *TScreen* nicht selbst instantisieren.

■ Width, Height, PixelPerInch (Eigenschaften, öffentlich, nur Lesen)

```
property Height: Integer;
property Width: Integer;
property PixelsPerInch: Integer;
```

Die Höhe und die Breite des Bildschirms in Pixeln wird mittels der Eigenschaften *Height* und *Width* ermittelt. Mit *PixelPerInch* lässt sich ermitteln, wie viele Pixel pro Inch (nach Ansicht von Windows) gezeichnet werden.

Mit der folgenden Anweisung kann man dann die Zollgröße des Monitors ermitteln – oder auch nicht. Mangels Einstellmöglichkeit »degradiert« NT 4.0 meinen *Vision Master Pro 21* zum schnöden 15-Zöller.

```
Label1.Caption := FloatToStr(SQRT(SQR(Screen.Height)
  + SQR(Screen.Width)) / Screen.PixelsPerInch);
```

■ MonitorCount, Monitors (Eigenschaften, öffentlich, nur Lesen)

```
property MonitorCount: Integer;
property Monitors[Index: Integer]: TMonitor;
```

Seit Windows 98 werden auch Multi-Monitor-Systeme unterstützt. Die Anzahl der Monitore lässt sich mit *MonitorCount* herausfinden, Informationen über die einzelnen Monitore über *Monitors*. Näheres in der Online-Hilfe.

■ Fonts (Eigenschaft, öffentlich, nur Lesen)

```
property Fonts: TStrings;
```

Mit *Fonts* kann ermittelt werden, welche Schriftarten vom Bildschirm unterstützt werden. Die folgende Anweisung weist die Namen dieser Schriften einer Listbox zu:

```
ListBox1.Items := Screen.Fonts;
```

Die für den Drucker verfügbaren Schriften ermitteln Sie mit der *TPrinter*-Eigenschaft *Fonts*.

Cursor

■ Cursor (Eigenschaft, öffentlich)

```
property Cursor: (-32768..32767;);
```

Der Cursor wird mit der Eigenschaft *Cursor* eingestellt. Das folgende Beispiel zeigt, wie man vor einer längeren Operation den Sanduhr-Cursor einstellt und hinterher wieder den Normalzustand herstellt.

```
try
  Screen.Cursor := crHourGlass;
    ...
finally
  Screen.Cursor := crDefault;
end;
```

■ Cursors (Eigenschaft, öffentlich)

```
property Cursors[Index: Integer]: HCursor;
```

Die verfügbaren Cursor finden sind in der Array-Eigenschaft *Cursors* aufgelistet. Die folgende Abbildung zeigt die vordefinierten Cursor:

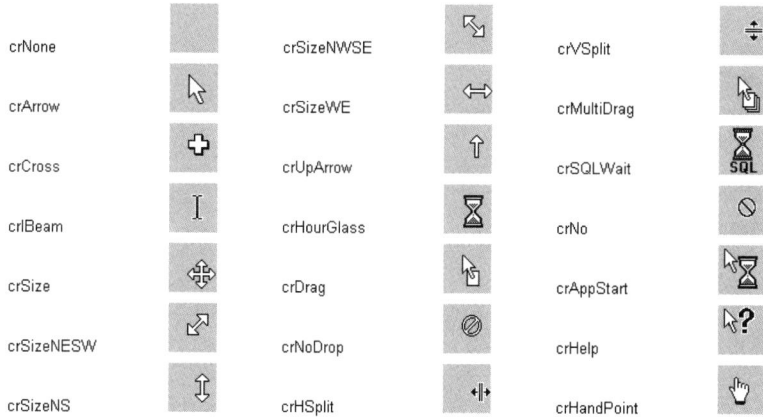

Um selbstdefinierte Cursor aus einer Ressourcen-Datei zu laden, gehen Sie wie folgt vor:

```
implementation

{$R *.DFM}
{$R Lupe.RES}

const
  crLupe = 1;
```

```
procedure TForm1.FormCreate(Sender: TObject);
begin
   ...
   Screen.Cursors[1]
     := LoadCursor(HINSTANCE, 'Lupe');
end;
```

Zunächst muss die Ressourcen-Datei eingebunden werden. Desweiteren sollte eine Konstante für die Cursor definiert werden. Die in Windows vorbelegten Konstanten bewegen sich alle im negativen Bereich, so dass für selbstdefinierte Konstanten der positive Bereich bleibt. Der Cursor wird dann mit der API-Funktion *LoadCursor* aus der Ressource geladen.

Formulare und Controls

▨ ActiveControl, ActiveForm (Eigenschaften, öffentlich, nur Lesen)

```
property ActiveControl: TWinControl;
property ActiveForm: TForm;
```

Mit *ActiveControl* kann das Steuerelement referenziert werden, das gerade den Fokus hat. *ActiveForm* liefert einen Zeiger auf das gerade aktive Formular.

▨ OnActiveControlChange, OnActiveFormChange (Ereignisse)

```
property OnActiveControlChange(Sender: TObject);
property OnActiveFormChange(Sender: TObject);
```

Wenn ein anderes Steuerelement den Fokus erhält, tritt das Ereignis *OnActiveControlChange* auf. Wenn ein anderes Formular aktiviert wird, wird *OnActiveFormChange* ausgelöst.

▨ CustomFormCount, CustomForms (Eigenschaft, öffentlich, nur Lesen)

```
property CustomFormCount: Integer;
property CustomForms[Index: Integer]: TCustomForm;
```

Mit *CustomFormCount* kann die Anzahl der vorhandenen Formulare ermittelt werden, die Array-Eigenschaft *CustomForms* liefert Zeiger auf die einzelnen Formulare.

▨ DataModuleCount, DataModules (Eigenschaft, öffentlich, nur Lesen)

```
property DataModuleCount: Integer;
property DataModules[Index: Integer]: TDataModule;
```

Mit *DataModuleCount* erfährt man die Zahl der vorhandenen Datenmodule, *DataModules* liefert Zeiger auf die einzelnen Datenmodule.

3.2.3 TForm

Die Komponente *TForm* kapselt ein Windows-Hauptfenster. *TForm* ist von *TWinControl* abgeleitet.

Formular anzeigen

■ Show, Close, ShowModal (Methoden), ModalResult (Eigenschaft, öffentlich)

```
procedure Show;
function ShowModal: Integer;
property ModalResult: integer;
procedure Close;
```

Mit der Prozedur *Show* zeigen Sie ein Formular an. Mit der Funktion *ShowModal* zeigen Sie ein Formular »modal« an – das heißt, mit der Programmausführung wird erst dann fortgefahren, wenn das Formular geschlossen wird. Ist ein Formular modal geöffnet, dann können Sie derweil nicht die anderen Formulare aktivieren (mit der Ausnahme derjenigen Formulare, die vom modalen Formular aus geöffnet wurden).

Die Funktion *ShowModal* gibt einen Integer-Wert zurück, der dem der Eigenschaft *ModalResult* des modal angezeigten Formulars entspricht. Indem Sie ModalResult einen Wert ungleich null zuweisen, schließen Sie gleichzeitig das Formular. Für die Eigenschaft ModalResult sind einige Konstanten definiert (*mrNone, mrOk, mrCancel, mrAbort, mrRetry, mrIgnore, mrYes, mrNo, mrAll*).

Das folgende Listing zeigt, wie Sie ein Formular zur Laufzeit erstellen und dann modal anzeigen.

```
Form2 := TForm2.Create(nil);
try
  if Form2.ShowModal = mrOk then
  begin
    ...
  end;
finally
  Form2.Free;
end;
```

Mit der Methode *Close* wird das Formular geschlossen.

▨ OnShow, OnClose, OnCloseQuery (Ereignisse)

```
property OnShow(Sender: TObject);
property OnCloseQuery(Sender: TObject; var CanClose: Boolean);
property OnClose(Sender: TObject; var Action: TCloseAction);
```

Nach dem Öffnen eines Formulars tritt das Ereignis *OnShow* auf.

Wird ein Formular geschlossen, tritt zunächst das Ereignis *OnCloseQuery* auf.
Sie können das Schließen des Formulars verhindern, indem Sie den Variablen-Parameter *CanClose* auf *false* setzen.

Die folgende *OnCloseQuery*-Ereignisbehandlungsroutine prüft zunächst, ob
die Daten geändert und noch nicht gespeichert wurden. Ist dies der Fall, wird
eine Sicherheitsabfrage durchgeführt. Äußert der Anwender während dieser
Sicherheitsabfrage den Wunsch, die Datei zu speichern oder den Vorgang abzubrechen, wird *CanClose* auf *false* gesetzt.

```
procedure TChild.FormCloseQuery(Sender: TObject;
  var CanClose: Boolean);
var
  Ergebnis: TModalResult;
begin
  if Fgeaendert = true then
  begin
    Ergebnis := MessageDlg(' Datei ' + caption +
      ' wurde geändert. Speichern ?',
      mtwarning, [mbYes, mbNo, mbAbort], 0);
    if Ergebnis = mrNo then exit;
    CanClose := false;
    if Ergebnis = mrYes then
    begin
      if Speichern1.enabled = true
        then Speichern1Click(Sender)
        else Speichernunter1Click(sender);
    end; {if Ergebnis = mbYes then}
  end; {if geaendert = true}
end; {procedure TChild.FormCloseQuery}
```

Nach *OnCloseQuery* tritt das Ereignis *OnClose* auf. Der Variablenparameter
Action kann auf folgende Werte gesetzt werden:

▨ *caNone*: Das Formular wird nicht geschlossen.

▨ *caHide*: Das Formular wird verborgen. Ein Zugriff auf das Formular ist
weiterhin möglich. Dies ist die Voreinstellung des Variablenparameters.

▨ *caMinimize*: Das Formular wird zum Symbol verkleinert.

caFree: Die Instanz des Formulars wird freigegeben. Ein Zugriff auf das Formular ist dann nicht mehr möglich.

Visible (Eigenschaft, veröffentlicht), Hide (Methode), OnHide (Ereignis)

```
property Visible: Boolean default true;
procedure Hide;
property OnHide(Sender: TObject);
```

Um ein Formular zu verbergen, wird *Visible* auf *false* gesetzt oder die Prozedur *Hide* aufgerufen. Das Ereignis *OnHide* tritt auf, wenn das Formular verborgen wird, also auch dann, wenn *Close* mit *caHide* aufgerufen wird.

Aussehen des Formulars

BorderStyle (Eigenschaft, veröffentlicht)

```
property BorderStyle: (bsNone, bsSingle, bsSizeable, bsDialog,
   bsToolWindow, bsSizeToolWin) default bsSizeable;
```

Mittels der Eigenschaft *BorderStyle* lässt sich nicht nur spezifizieren, mit welchem Rahmen das Formular angezeigt wird, sondern auch, wie die Titelleiste aussieht:

bsNone: Das Formular wird ohne Rahmen und ohne Titelleiste angezeigt.

bsSingle: Das Formular wird mit einfachem Rahmen sowie mit Titelleiste angezeigt. Das Formular lässt sich zum Symbol verkleinern sowie auf Bildschirmgröße vergrößern, andere Größenänderungen sind jedoch nicht möglich.

bsSizeable: Formular mit doppeltem Rahmen, deshalb in der Größe stufenlos änderbar.

bsDialog: Formular lässt sich weder in der Größe ändern noch zum Symbol verkleinern.

bsToolWindow und bsSizeToolWin: Fenster mit kleinerer Titelzeile. bsSizeToolWin lässt sich in der Größe stufenlos ändern.

- BorderIcons (Eigenschaft, veröffentlicht)

```
property BorderIcons: set of (biSystemMenu, biMinimize,
  biMaximize, biHelp);
```

Ob ein System-Menü und/oder die Buttons zum Vergrößen und Verkleinern des Formulars angezeigt werden, hängt vor allem von der Eigenschaft *BorderStyle* ab. Mittels *BorderIcons* können jedoch Buttons von der Anzeige ausgeschlossen werden.

Hat *BorderStyle* den Wert *bsDialog*, dann kann mit *biHelp* ein Fragezeichen-Button hinzugefügt werden. Wird dieser Button angeklickt, dann erhält der Mauszeiger die Form eines Fragezeichens. Mit diesem Fragezeichen können nun die Komponenten des Dialogs angeklickt werden, die dann die Online-Hilfe aufrufen.

- Scaled (Eigenschaft, veröffentlicht)

```
property Scaled: boolean default true;
```

Hat *Scaled* den Wert *true*, dann wird das Formular entsprechend skaliert, wenn sich der Wert *PixelPerInch* ändert – beispielsweise bei der Einstellung einer anderen Bildschirmauflösung, oder wenn von großen auf kleine Schriften umgestellt wird. Diese an sich gute Idee führt in der Praxis fast immer zu unbrauchbaren Resultaten, so dass Sie *Scaled* stets auf *false* setzen sollten.

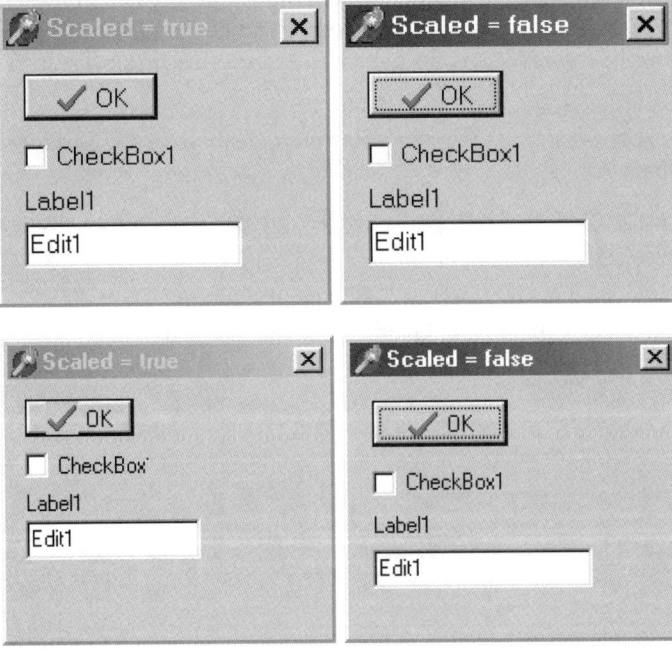

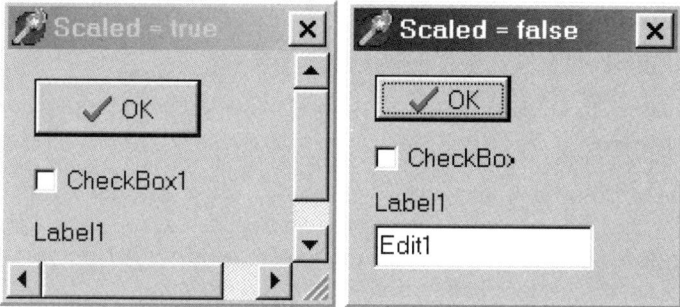

Vergessen Sie auch dann nicht, wenn Sie *Scaled* auf *false* gestellt haben, der Beschriftung von Checkboxen ausreichend Platz zu schaffen.

Position des Formulars

▦ Position (Eigenschaft, veröffentlicht)

```
property Position: (poDesigned, poDefault, poDefaultPosOnly,
  poDefaultSizeOnly, poScreenCenter, poDesktopCenter)
  default poDesigned;
```

Per Voreinstellung wird das Formular an der Position angezeigt, die es vor der Compilierung auf dem Entwicklungsrechner hatte. Wenn der Entwickler mit einer deutlich höheren Bildschirmauflösung arbeitet als der Endanwender, kann das dazu führen, dass der Endanwender das Formular dann gar nicht mehr sieht.

Wird Position auf *poDefault* gesetzt, dann wird die Größe und die Position des Formulars von Windows festgelegt. Es ist auch möglich, nur die Position (*poDefaultPosOnly*) oder nur die Größe (*poDefaultSizeOnly*) von Windows festlegen zu lassen.

Formulare lässt man meist in der Bildschirmmitte (*poScreenCenter*) anzeigen. Der Wert *poDesktopCenter* ist bei Mehrbildschirmsystemen interessant, näheres siehe Online-Hilfe.

▦ WindowState (Eigenschaft, veröffentlicht)

```
property WindowState: (wsNormal, wsMinimized, wsMaximized)
  default wsNormal;
```

Mit *WindowState* kann das Formular bildschirmfüllend vergrößert (*wsMaximized*) oder zum Symbol verkleinert (*wsMinimized*) werden.

MDI-Anwendungen

▨ FormStyle (Eigenschaft, veröffentlicht)

```
property FormStyle: (fsNormal, fsMDIChild, fsMDIForm, fsStayOnTop)
  default fsNormal;
```

Mit *FormStyle* wird spezifiziert, von welcher Art ein Formular ist. Frei verschiebbare Formulare haben als *FormStyle* den Wert *fsNormal*. Hat ein Formular den Wert *fsStayOnTop*, dann wird es nicht durch andere Formulare überlagert, es sei denn, auch diese haben den Wert *fsStayOnTop*.

Formulare, die nur innerhalb eines anderen Formulars angezeigt werden, sind so genannte Kindfenster. Sie kennen solche Kindfenster beispielsweise von einer Textverarbeitung, wo jeder Text in einem eigenen Kindfenster angezeigt wird. Um ein solches Kindfenster zu erstellen, muss *FormStyle* auf *fsMDIChild* gesetzt werden. Das Rahmenformular muss den Wert *fsMDIForm* erhalten.

Beachten Sie, dass Kindfenster nicht verborgen werden können. Ändern Sie *FormStyle* auf *fsMDIChild*, dann wird auch immer das Formular angezeigt – es bleibt auch dann angezeigt, wenn Sie *FormStyle* wieder zurück aus *fsNormal* setzen.

▨ ActiveMDIChild (Eigenschaft, öffentlich, nur Lesen)

```
property ActiveMDIChild: TForm;
```

Über *ActiveMDIChild* kann auf das gerade aktivierte Kindfenster zugegriffen werden.

▨ MDIChildCount, MDIChildren (Eigenschaften, öffentlich, nur Lesen)

```
property MDIChildCount: Integer;
property MDIChildren[I: Integer]: TForm;
```

Die Anzahl der vorhandenen Kindfenster kann mit *MDIChildCount* ermittelt werden. Die Array-Eigenschaft *MDIChildren* stellt Zeiger auf die einzelnen Kindfenster zur Verfügung.

▨ ArrangeIcons, Cascade, Tile (Methoden), TileMode (Eigenschaft, öffentlich)

```
procedure ArrangeIcons;
procedure Cascade;
procedure Tile;
property TileMode: (tbHorizontal, tbVertical);
```

Mit *Cascade* werden die Kindfenster überlappend angeordnet, mit *Tile* übereinander oder nebeneinander, je nach Wert von *TileMode*. Sind die Kindfenster zu Symbolen verkleinert, so können diese mit *ArrangeIcons* angeordnet werden.

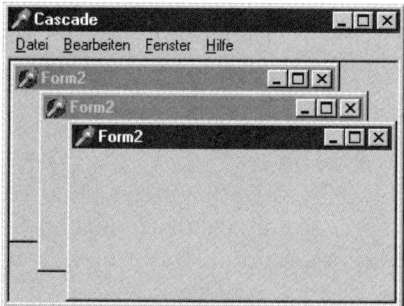
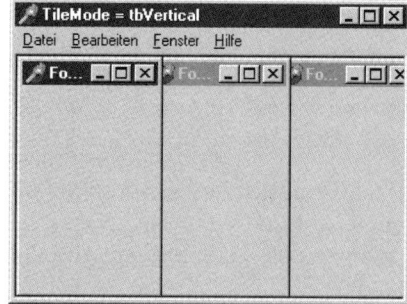

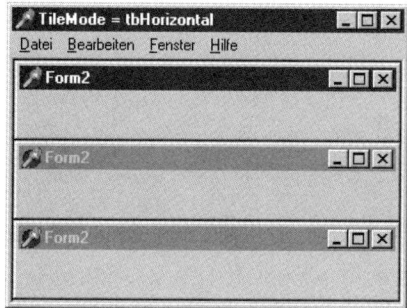
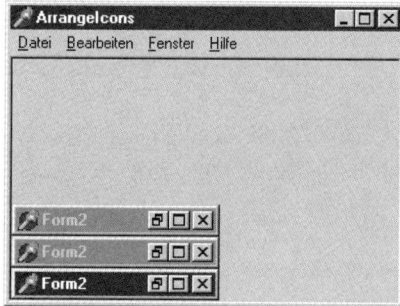

▦ Next, Previous (Methoden)

```
procedure Next;
procedure Previous;
```

Diese Methoden werden verwendet, um das nächste (*Next*) oder das vorhergehende (*Previous*) Kindfenster zu aktivieren.

▦ WindowMenu (Eigenschaft, veröffentlicht)

```
property WindowMenu: TMenuItem;
```

Die Liste der vorhandenen Kindfenster wird gewöhnlich dem Fenster-Menü
als Menüpunkt angehängt. Mit einem Klick auf einen dieser Menüpunkte kann
das jeweilige Kindfenster aktiviert werden. Dafür ist kein Quelltext erforderlich, lediglich die Eigenschaft *WindowMenu* des MDI-Rahmenfensters muss
auf den entsprechenden Menüpunkt (meist *Fenster1*) gesetzt werden.

Beachten Sie bitte, dass dieses Menü nicht mit einem Trennstrich beendet werden darf, sonst passiert überhaupt nichts.

Fokus

▣ OnActivate, OnDeactivate (Ereignisse)

```
property OnActivate(Sender: TObject);
property OnDeactivate(Sender: TObject);
```

Das Ereignis *OnActivate* tritt auf, wenn ein Formular den Fokus erhält, *OnDeaktivate*, wenn es ihn verliert. Ein Formular erhält auch dann den Fokus, wenn eines seiner Steuerelemente den Fokus erhält.

Die *TForm*-Ereignisse *OnActivate* und *OnDeactivate* treten dann nicht auf, wenn der Fokus von einer anderen Anwendung oder zu einer anderen Anwendung wechselt. Dann treten jedoch die gleichnamigen *TApplication*-Ereignisse auf.

▣ Active (Eigenschaft, öffentlich, nur Lesen)

```
property Active: Boolean;
```

Mittels *Active* kann ermittelt werden, ob ein Formular den Fokus hat.

▣ ActiveControl (Eigenschaft, veröffentlicht)

```
property ActiveControl: TWinControl;
```

Mit *ActiveControl* kann bestimmt werden, welche untergeordnete Komponente den Fokus hat. Diese Komponente muss ein *TWinControl*-Nachfolger sein, da andere Komponenten keinen Fokus erhalten können.

▣ FocusControl, DefocusControl (Methoden)

```
procedure FocusControl(Control: TWinControl);
procedure DefocusControl(Control: TWinControl; Removing: Boolean);
```

Mit *FocusControl* wird einer untergeordneten Komponente der Fokus zugewiesen, mit *DefokusControl* wird er ihr entzogen.

Scrollbalken

▣ AutoScroll (Eigenschaft, veröffentlicht)

```
property AutoScroll: Boolean default true;
```

Hat *AutoScroll* den Wert *true*, dann werden bei Bedarf automatisch Scrollbalken angezeigt.

▣ ScrollInView (Methode)

```
procedure ScrollInView(AControl: TControl)
```

Die Methode *ScrollInView* verschiebt den angezeigten Ausschnitt so, dass die als Parameter übergebene Komponente – nach Möglichkeit vollständig – angezeigt wird.

■ HorzScrollBar, VertScrollBar (Eigenschaften, veröffentlicht)

```
property HorzScrollBar: TControlScrollBar;
property VertScrollBar: TControlScrollBar;
```

Mittels der Objekt-Eigenschaften *HorzScrollBar* und *VertScrollBar* kann auf den waagerechten und senkrechten Scrollbalken zugegriffen werden. Der Typ *TControlScrollBar* ist in Kapitel 3.4.10 bei *TScrollBox* ausführlich beschrieben.

Sonstiges

■ Icon, HelpFile (Eigenschaften, veröffentlicht)

```
property Icon: TIcon;
property HelpFile: string;
```

Für gewöhnlich übernimmt jedes Formular das Icon und die Hilfedatei der Anwendung. Mittels dieser beiden Eigenschaften kann jedoch einem Formular ein eigenes Icon und eine eigene Hilfedatei zugewiesen werden.

■ Menu (Eigenschaft, veröffentlicht)

```
property Menu: TMainMenu;
```

Mit *Menu* wird eingestellt, welches Hauptmenü das Formular verwenden soll. Sie können zur Laufzeit zwischen verschiedenen Menüs wechseln. Wie Sie verschiedene Menüs mischen, ist bei *TMainMenu* in Kapitel 3.3.2 beschrieben.

■ Parent (Eigenschaft, öffentlich)

```
property Parent: TWinControl;
```

Im Gegensatz zu anderen *TWinControl*-Nachfolgern werden Formulare auch dann angezeigt, wenn *Parent* den Wert *nil* hat – sie sind dann frei auf dem gesamten Bildschirm verschiebbar.

■ Canvas (Eigenschaft, öffentlich, nur Lesen), OnPaint (Ereignis)

```
property Canvas: TCanvas;
property OnPaint(Sender: TObject)
```

Mittels des Objectes *Canvas* kann direkt auf das Formular gezeichnet werden. Beachten Sie dabei, dass diese Zeichnungen nicht gespeichert werden und daher wiederholt werden müssen, wenn das Formular neu gezeichnet werden muss – beispielsweise, wenn es zwischenzeitlich von einem anderen Formular verdeckt war.

Muss das Formular neu gezeichnet werden, tritt das Ereignis *OnPaint* auf. Verwenden Sie *OnPaint* nur für Zeichenoperationen, die Sie selbst auf dem Canvas ausführen.

■ OnShortCut (Ereignis)

```
property OnShortCut(var Msg: TWMKey; var Handled: Boolean);
```

Wird eine Taste gedrückt, solange das Formular aktiviert ist, dann wird *OnShortCut* aufgerufen, bevor die Windows-Botschaft zum fokusierten Steuerelement weitergeleitet wird. Mittels *Msg* können Sie das Zeichen ermitteln und auch ändern. Setzen Sie *Handled* auf *true*, dann wird die Windows-Botschaft nicht zum fokusierten Steuerelement weitergereicht.

■ OnCreate, OnDestroy (Ereignisse)

```
property OnCreate(Sender: TObject);
property OnDestroy(Sender: TObject);
```

Nach dem Erstellen des Formulars wird das Ereignis *OnCreate*, vor dem Zerstören das Ereignis *OnDestroy* ausgelöst.

Verwenden Sie *OnCreate*, um Objekte zu erzeugen, die vom Formular benötigt werden, beispielsweise Stringlisten oder Bitmaps, aber auch Komponenten, die Sie nicht mit dem Designer einfügen möchten.

Um solche Objekte wieder freizugeben, verwenden Sie das Ereignis *OnDestroy*. Beachten Sie, dass Sie Komponenten nicht selbst freigeben müssen, solange Sie die Eigenschaft *Owner* entsprechend gesetzt haben. (*Owner* wird als Parameter dem Konstruktor *Create* übergeben.)

■ Print, GetFormImage (Methoden), PrintScale (Eigenschaft, veröffentlicht)

```
procedure Print;
function GetFormImage: TBitmap;
property PrintScale: (poNone, poProportional, poPrintToFit)
  default poProportional;
```

Mit *Print* wird ein Bild des Formulars ausgedruckt. Die Skalierung kann mit *PrintScale* eingestellt werden, mehr dazu in der Online-Hilfe.

Mit *GetFormImage* kann ein Bild des Formulars als *Bitmap* angefordert werden.

3.3 Standard

Auf der Palettenseite *Standard* finden sich die folgenden Komponenten:

3.3.1 TFrame

Bei der visuellen Programmierung kommt es öfters vor, dass man dieselbe Kombination von Komponenten mehrmals benötigt. Mittels Komponentenvorlagen hat man durchaus auch die Möglichkeit, mehrere Komponenten gleichzeitig einzufügen, deren Eigenschaften auch schon entsprechend gesetzt sein können. So richtig »rund« hat diese Sache allerdings nicht funktioniert, so dass es ab Delphi 5 dann die Frames gibt.

Dabei handelt es sich um eine Art Formulare, deren Inhalt in anderen Formularen eingefügt werden kann. Wir wollen das gleich an einem Beispiel nachvollziehen. Dazu wird mit DATEI | NEUER FRAME ein neuer Frame erzeugt. Auf diesem Frame werden dann Komponenten zum Zugriff auf eine Tabelle angeordnet (zwei *TPanel, TTable, TDataSource, TDBGrid, TDBNavigator*)

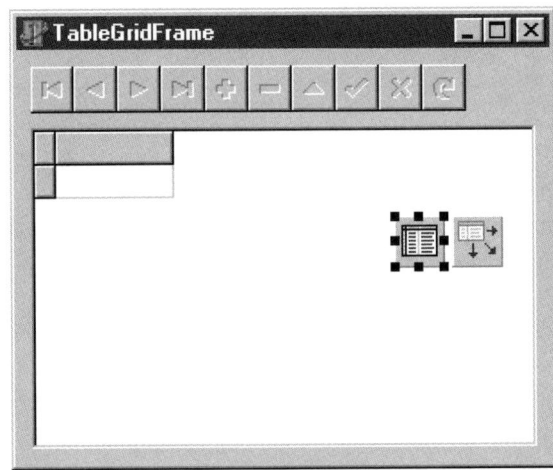

Speichern Sie die Unit (beispielsweise unter dem Dateinamen *TableGridFrameUnit*) und öffnen Sie ein Formular. Dort können Sie nun von der Komponentenseite *Standard* eine Instanz von *TFrame* in das Formular einfügen. Sie werden dann mit einem Dialog konfrontiert, aus dem Sie unter den definierten Frames auswählen müssen.

Beachten Sie dabei, dass Frames – im Gegensatz zu Komponenten – nicht projektübergreifend sind. Sie können nur diejenigen Frames verwenden, die Sie auch im Projekt definiert haben.

Es ist jedoch möglich, solche Frames wie Formulare in der Objektablage zu speichern, damit sie auch in andere Projekte übernommen werden können.

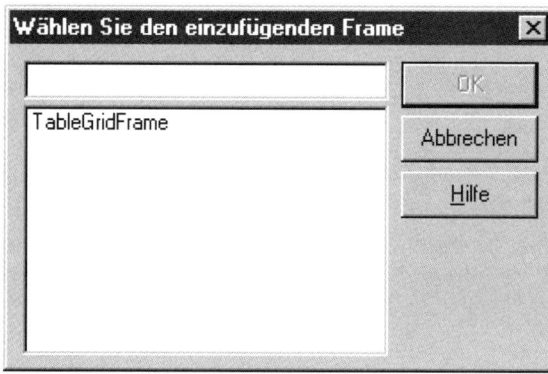

Sie können nun in ein Formular zwei dieser Frames einfügen und mit unterschied-lichen Tabellen verknüpfen.

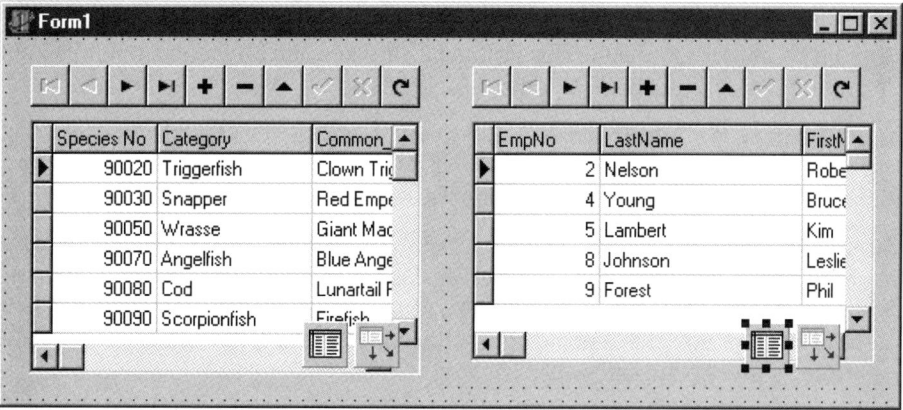

Nun wollen wir daran gehen, Eigenschaften des Frames zu ändern, und zwar, nachdem bereits Instanzen von diesem Frame in ein Formular eingefügt wurden. Sie können beispielsweise die Farbe der Panels ändern. Wie Sie sehen, wirkt sich die Änderung auf alle Instanzen dieses Frames aus. Sie können jedoch nachträg-lich die Eigenschaften der einzelnen Instanzen immer noch ändern.

Im nächsten Schritt wollen wir für *Table1 OnPost-* und *OnDelete*-Ereignis-behandlungsroutinen erstellen. Wie Sie in Kapitel 3.10 zu erfahren ist, werden Datenänderungen nach einem *Post* nur in den Speicher, nicht aber auf die Fest-platte geschrieben. Um ein Schreiben auf die Festplatte zu veranlassen, ist die Methode *FlushBuffers* zu verwenden, die man sinnvollerweise in die *OnPost-* und *OnDelete*-Ereignisbehandlungsroutinen steckt.

```
procedure TTableGridFrame.Table1AfterPost(DataSet: TDataSet);
begin
  Table1.FlushBuffers;
end;
```

Auch diese Änderungen wirken sich auf die einzelnen *TFrame*-Instanzen aus. Nun soll versucht werden, das Ereignis *AfterPost* von einer der Instanzen aus zu verwenden. Nach einem Doppelklick auf den Objektinspektor legt Delphi den folgenden Prozedurenrumpf an:

```
procedure TForm1.TableGridFrame1Table1AfterPost(DataSet: TDataSet);
begin
  TableGridFrame1.Table1AfterPost(DataSet);

end;
```

Wie Sie sehen, erscheint als erste Anweisung gleich der Aufruf der *AfterPost*-Ereignisbehandlungsroutine des Frames. Diese können Sie gegebenenfalls auch an anderer Stelle positionieren oder ganz löschen.

Beim Versuch, das Projekt zu kompilieren, folgt dann jedoch eine Fehlermeldung, dass der Typ *TDataSet* unbekannt ist. Hier müssen Sie dann die Unit *db* von Hand einbinden (am dieser Stelle müsste Inprise noch nachbessern).

Zu einem weiteren Problem kommen Sie, wenn Sie persistente *TField*-Komponenten anlegen möchten. Hier werden Sie dann mit der Fehlermeldung *Zu Frame-Instanzen können keine neuen Komponenten hinzugefügt werden* konfrontiert. Wenn Sie also Spalten von der Anzeige ausschließen wollen, müssen Sie *TDBGrid*-Eigenschaft *Colums* bearbeiten.

Die Eigenschaften und Methoden von TFrame

TFrame ist nicht nur von *TWinControl*, sondern auch – wie *TScrollBox* – von *TScrollingWinControl* abgeleitet. Folgende Eigenschaften und Methoden sind bei *TScrollBox* (Kapitel 3.4.9) beschrieben:

- AutoScroll (Eigenschaft, veröffentlicht)
- HorzScrollBar, VertScrollBar (Eigenschaften, veröffentlicht)
- ScrollInView (Methode)

3.3.2 TMainMenu

Die Komponente *TMainMenu* kapselt das Haupt-Menü eines Formulars. *TMainMenu* ist von *TComponent* abgeleitet.

Der Menü-Designer

Mit einem Doppelklick auf das *TMainMenu*-Komponenten-Icon ruft man den Menü-Designer auf. Sofern man eine Action-Liste definiert hat (siehe *TActionList*, Kapitel 3.3.16), muss man lediglich die Eigenschaft *Action* der einzelnen Menüpunkte entsprechend setzen.

Sofern man ohne Action-Liste arbeitet, beispielsweise dehalb, weil es sie bei Delphi 1 bis 3 das noch nicht gibt, muss man die Menütitel von Hand eingeben – ein entsprechender Komponentenname wird dann automatisch generiert.

Menüs können über das Kontextmenü als Vorlage gespeichert beziehungsweise geladen werden, das kann viel Tipparbeit ersparen. Einige Standard-Menüs sind in Delphi bereits vordefiniert.

Um einen Trennstrich zu erzeugen, wird ein Minuszeichen eingegeben. Zum Erstellen eines Untermenüs wird der entsprechende Menüpunkt aus dem Kontextmenü verwendet.

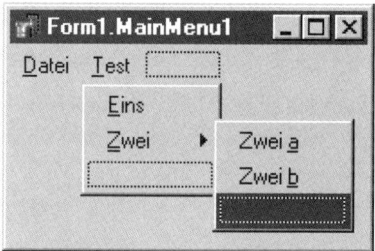

Um zwischen zwei bestehenden Menüpunkten einen neuen einzufügen, verwendet man die EINFG-Taste, um einen Menüpunkt zu löschen, die ENTF-Taste.

TMainMenu

▧ Items (Eigenschaft, veröffentlicht)

```
property Items: TMenuItem;
```

Die Eigenschaft *Items* beschreibt die Struktur des Menüs. Der Eigenschafts-Editor von *Items* ist der Menü-Designer.

▓ Images (Eigenschaft, veröffentlicht)

```
property Images: TImageList;
```

Sollen links neben den Menüpunkten kleine Icons angezeigt werden, dann muss *Images* eine *TImageList*-Instanz zugewiesen werden. Diese Eigenschaft ist ab Delphi 4 vorhanden.

▓ OwnerDraw (Eigenschaft, veröffentlicht)

```
property OwnerDraw: Boolean default false;
```

Sollen die Menüs programmgesteuert gezeichnet werden, ist die Eigenschaft *OwnerDraw* auf *true* zu setzen. Das Zeichnen erfolgt dann in der *OnDrawItem*-Ereignisbehandlungsroutine des einzelnen Menüpunktes.

▓ OnChange (Ereignis)

```
property OnChange(Sender: TObject; Source: MenuItem;
  Rebuild: Boolean);
```

Das Ereignis *OnChange* wird ausgelöst, wenn die Struktur der Menüs geändert wird.

Mischen von Menüs

Das Mischen von Menüs erfolgt hauptsächlich bei MDI-Anwendungen: Ist ein Kindfenster geöffnet, dann wird dessen Menü dem Menü des Rahmenformulars hinzugefügt, im Kindfenster selbst wird kein Menü angezeigt.

Das Mischen von Menüs kann aber auch bei anderen Formularen erfolgen. Mit Hilfe der Methode *Merge* kann ein beliebiges Menü einem anderen Menü hinzugefügt werden. Es können aber immer nur zwei Menüs zusammengefügt werden.

Die Art und Weise, wie Menü-Blöcke (Menü-Titel mit allen darunterliegenden Menü-Punkten) zusammengefügt werden, hängt von der Eigenschaft *GroupIndex* des Menü-Titels ab. Menü-Blöcke im vorhandenen Menü werden durch eingefügte ersetzt, wenn sie den gleichen Wert in der Eigenschaft *GroupIndex* haben.

Bei unterschiedlichen Werten von *GroupIndex* werden die neuen Menü-Blöcke den alten hinzugefügt. Dabei bestimmt *GroupIndex* die Anordnung: Menü-Blöcke mit höheren Werten für *GroupIndex* stehen weiter rechts.

▓ Merge (Methode)

```
procedure Merge(Menu: TMainMenu);
```

Um einem Menü ein anderes hinzuzufügen, wird die Methode *Merge* verwendet. Beachten Sie, dass Sie nicht mehr als zwei Menüs zusammenfügen können. Dass hinzuzufügende Menü kann sich auch in einem anderen Formular befinden.

```
procedure TForm1.Button3Click(Sender: TObject);
begin
  MainMenu1.Merge(Form2.MainMenu1);
end;
```

- Unmerge (Methode)

```
procedure Unmerge(Menu: TMainMenu);
```

Um zusammengefügte Menüs wieder zu trennen, wird die Methode *Unmerge* verwendet.

- Automerge (Eigenschaft, veröffentlicht)

```
property Automerge: boolean;
```

Statt *Merge* und *Unmerge* aufzurufen, können Sie bei Nicht-MDI-Anwendungen auf die Eigenschaft *Automerge* der Menüs der untergeordneten Formulare (nicht des Menüs des Hauptformulars) auf *true* setzen.

TMenuItem

Die Komponente *TMenuItem* kapselt einen einzelnen Menüpunkt. TMenuItem ist von *TComponent* abgeleitet.

- Action (Eigenschaft, veröffentlicht)

```
property Action: TBasicAction;
```

Mit Hilfe der Eigenschaft *Action* wird ein Menüpunkt mit einer *TAction*-Instanz verknüpft. Bei dieser Gelegenheit werden auch die Eigenschaften *Caption*, *ShortCut*, *Hint* und *ImageIndex*, welche jedoch später überschrieben werden können (Näheres siehe *TActionList*, Kapitel 3.3.16).

- Caption, Hint (Eigenschaften, veröffentlicht)

```
property Caption: string;
property Hint: string;
```

Die Eigenschaft *Caption* enthält die Beschriftung des Menüpunktes.

Mit einem kaufmännischem Und (&) sorgen Sie dafür, dass der folgende Buchstabe unterstrichen wird und der Menüpunkt mit diesem (folgenden) Buchstaben über die Tastatur aufgerufen werden kann. Dabei ist – mit der Ausnahme der deutschen Umlaute – die Groß- und Kleinschreibung irrelevant.

Auch wenn Sie die Eigenschaft *Hint* setzen, wird direkt am Menüpunkt kein Hinweistext angezeigt. Er wird jedoch im Hint-Fall *Application.Hint* zugewiesen, so dass er beispielsweise in der Statusleiste angezeigt werden kann.

■ ShortCut (Eigenschaft, veröffentlicht)

```
property ShortCut: TShortCut;
```

Soll ein Menüpunkt auch mit einem Tastenkürzel (beispielsweise STRG + T) aufzurufen sein, so ist die Eigenschaft *ShortCut* entsprechend zu setzen. Dabei sind auch Kombinationen mit der ALT-Taste möglich, auch wenn diese in der Combo-Box des Objektinspektors nicht aufgeführt sind.

Die Tastenkürzel werden nicht nur in der Menüzeile angezeigt, auch deren Funktion ist bereits implementiert.

Um die Eigenschaft zur Laufzeit zuweisen zu können, werden die Funktion *ShortCut* und *TextToShortCut* verwendet.

```
function ShortCut(Key: Word; Shift: TShiftState): TShortCut;
function TextToShortCut(Text: string): TShortCut;
function ShortCutToText(ShortCut: TShortCut): string;
```

Die Tastenkombination Strg+N könnte man auf folgende Weisen generieren:

```
TextToShortCut('Ctrl+N')
ShortCut(Word('N'), [ssCtrl]);
```

■ ImageIndex (Eigenschaft, veröffentlicht)

```
property ImageIndex: Integer default -1;
```

Soll links neben dem Menüpunkt ein Icon angezeigt werden, dann kann dieses der Eigenschaft *Bitmap* zugewiesen werden. Alternativ kann es aus einer Image-Liste bezogen werden, die Eigenschaft *ImageIndex* gibt dann die Position des Bildes in der Liste an. Vergessen Sie in diesem Fall nicht, die Image-Liste der Eigenschaft *Images* der *TMainMenu*-Instanz zuzuweisen.

■ GroupIndex (Eigenschaft, veröffentlicht)

```
property GroupIndex: Byte default 0;
```

Mit Hilfe der Eigenschaft *GroupIndex* können Menü-Punkte zu Gruppen zusammengefasst werden. Bei Menü-Titeln (*Datei*, *Bearbeiten* usw.) werden anhand dieser Gruppierung die Menüs beim Mischen angeordnet und ersetzt.

Bei gewöhnlichen Menüpunkten wird diese Eigenschaft benötigt, wenn innerhalb eines Menüs mehrere Radio-Gruppen eingesetzt werden sollen (siehe Eigenschaft *RadioItem*).

■ OnClick (Ereignis)

```
property OnClick(Sender: TObject);
```

Das Ereignis *OnClick* wird ausgelöst, wenn der Menüpunkt aufgerufen wird (durch Anklicken mit der Maus oder über die Tastatur).

■ Hint (Eigenschaft, veröffentlicht)

```
property Hint: string;
```

Auch *TMenuItem* implementiert eine Eigenschaft *Hint*, die Hinweistexte können jedoch nur über *Application.OnHint* angezeigt werden.

Darstellung

■ Break (Eigenschaft, veröffentlicht)

```
property Break: (mbNone, mbBreak, mbBarBreak) default mbNone;
```

Die Eigenschaft *Break* wird verwendet, um mehrspaltige Menüs zu erzeugen. Mit jedem Menüpunkt, dessen Eigenschaft *Break* ungleich *mbNone* ist, wird eine neue Spalte angebrochen.

Soll zwischen den Spalten eine Trennlinie gezeichnet werden, ist *Break* auf *mbBarBreak* zu setzten. Soll auf die Trennlinie zwischen den Spalten verzichtet werden, ist *mbBreak* zu verwenden.

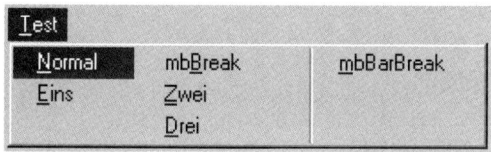

■ Checked (Eigenschaft, veröffentlicht)

```
property Checked: Boolean default false;
```

Ist die Eigenschaft *Checked* gleich *true*, dann wird (sofern *RadioItem* gleich *false*) der Menüpunkt mit einem Häkchen versehen.

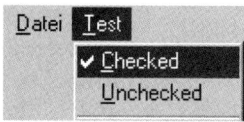

Das Umschalten zwischen Häkchen / kein Häkchen muss programmgesteuert erfolgen.

```
procedure TForm1.Checked1Click(Sender: TObject);
begin
  Checked1.Checked := not Checked1.Checked;
end;
```

▨ RadioItem (Eigenschaft, veröffentlicht)

```
property RadioItem: Boolean default false;
```

Ist die Eigenschaft *RadioItem* gleich *true*, dann wird für *Checked = true* kein Häkchen, sondern ein Punkt verwendet.

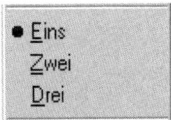

Analog zu Komponenten wie *TRadioButton* kann von den Menüpunkten, deren Eigenschaft *GroupIndex* den gleichen Wert hat, immer nur einer den *RadioItem*-Punkt und somit den Wert *Checked = true* haben. Die Eigenschaft Checked muss hier nur programmgesteuert gesetzt, nicht aber zurückgesetzt werden.

```
procedure TForm1.Eins1Click(Sender: TObject);
begin
  Eins1.Checked := true;
end;
```

▨ Bitmap (Eigenschaft, veröffentlicht)

```
property Bitmap: TBitmap;
```

Mit Hilfe der Eigenschaft *Bitmap* kann einem Menüpunkt ein Icon zugewiesen werden. Effektiver ist es in der Regel, dem Menü eine Image-Liste zuzuweisen.

▨ OnDrawItem (Ereignis)

```
property OnDrawItem(Sender: TObject; ACanvas: TCanvas;
  ARect: TRect; Selected: Boolean);
```

Hat die Eigenschaft *OwnerDraw* der *TMainMenu*-Instanz den Wert true, dann können die Menüeinträge programmgesteuert gezeichnet werden. Dies ist dann nicht bei jedem Menüpunkt erforderlich, solange *OnDrawItem* keine Ereignisbehandlungsroutine zugewiesen ist, erfolgt das Zeichnen des Menüpunktes nach wie vor automatisch.

ACanvas ist die Zeichenfläche, auf die gezeichnet wird, *ARect* bezeichnet die Grenzen des Menüpunktes. Hat der betreffende Menüpunkte den Fokus (beim Navigieren mit der Tastatur), dann hat *Selected* den Wert *true*.

Die folgende Beispielprozedur füllt den Menüpunkt mit einem roten Rechteck. Hat *Selected* den Wert *true*, erhält das Rechteck einen schwarzen Rand.

```
procedure TForm1.rot1DrawItem(Sender: TObject; ACanvas: TCanvas;
  ARect: TRect; Selected: Boolean);
begin
  with ACanvas do
  begin
    Brush.Color := clRed;
    Pen.Width := 3;
    if Selected = true
      then Pen.Color := clBlack
      else Pen.Color := Brush.Color;
    Rectangle(ARect.Left, ARect.Top, ARect.Right, ARect.Bottom);
  end; {with ACanvas do}
end; {procedure TForm1.rot1DrawItem}
```

OnMeasureItem (Ereignis)

```
property OnMeasureItem(Sender: TObject; ACanvas: TCanvas;
  var Width, Height: Integer);
```

In der *OnMeasureItem*-Ereignisbehandlungsroutine können bei selbstgezeichneten Menüs die Abmessungen der Menüpunkte festgelegt werden. Während die Höhen der Menüpunkte individuell festgelegt werden können, richtet sich die Breite einer Spalte nach dem breitesten Eintrag.

```
procedure TForm1.Gelb1MeasureItem(Sender: TObject;
  ACanvas: TCanvas; var Width, Height: Integer);
begin
  Width := 200;
  Height := Height * 2;
end;
```

Menüs per Quelltext erstellen

Im Regelfall werden Menüs zur Entwurfszeit mit dem Menü-Designer erstellt. In manchen Fällen kann es auch nötig werden, Menü-Punkte zur Laufzeit hinzuzufügen oder zu löschen.

▨ Add (Methode)

```
procedure Add(Item: TMenuItem);
```

Mit *Add* wird ein neuer Menüpunkt einem Menü-Block hinzugefügt. Ist der Menüpunkt nicht bereits vorhanden, dann muss er mit *Create* erzeugt werden, Beschriftung und Ereignisbehandlungsroutine sollten bei dieser Gelegenheit gleich zugewiesen werden.

```
procedure TForm1.Button6Click(Sender: TObject);
var
  NeuerPunkt: TMenuItem;
begin
  NeuerPunkt := TMenuItem.Create(Self);
  NeuerPunkt.Caption := 'Neuer &Punkt';
  NeuerPunkt.OnClick := Button1Click;
  Test1.Add(NeuerPunkt);
end;
```

▨ Delete, Remove (Methoden)

```
procedure Delete(Index: Integer);
procedure Remove(Item: TMenuItem);
```

Mit *Delete* und *Remove* können Menüeinträge entfernt werden. Während *Delete* den Index des Menüeintrags als Parameter erwartet, verwendet *Remove* einen Zeiger darauf.

▨ Insert (Methode)

```
procedure Insert(Index: Integer; Item: TMenuItem);
```

Während *Add* einen neuen Menüpunkt am Ende des Menü-Blocks einfügt, kann bei *Insert* die Stelle spezifiziert werden. Nachfolgende Menüeinträge werden dann um eine Stelle nach unten verschoben.

▨ IndexOf (Methode)

```
function IndexOf(Item: TMenuItem): Integer;
```

Die Funktion *IndexOf* wandelt einen Zeiger auf einen Menüpunkt in dessen Indexwert um.

Das Einfügen und Löschen von Menüpunkten zur Laufzeit zeigt die Prozedur *AltDatAkt*, welche die Liste von zuletzt verwendeten Dateien als Menü-Punkte dem Datei-Menü anhängt. Die Prozedur ist dem MDI-Grundgerüst entnommen und dort beschrieben.

```
procedure TMain.AltDatAkt(Datei: TFileName);
var
  i: integer;
  NewItem: TMenuItem;
begin
  HistoryList1.AddString(Datei);
  FAlteDateien := Form2.SpinEdit1.Value;
  if FAlteDateien > HistoryList1.Count
    then FAlteDateien := HistoryList1.Count;
  while Datei1.count > FMPZahl
    do Datei1.delete(FMPZahl);

  for i := 1 to FAlteDateien do
  begin
    if HistoryList1.Strings[i-1] <> '' then
    begin
      NewItem := TMenuItem.Create(Self);
      NewItem.Caption := '&' + inttostr(i) + ' '
        + HistoryList1.Strings[i-1];
      NewItem.OnClick := AltLadenClick;
      Datei1.Add(NewItem);
    end;
  end; {for i := 1 to FAlteDateien do}
end; {procedure TMain.AltDatAkt}
```

A Propos MDI-Anwendungen: Üblicherweise wird dort dem Fenster-Menü eine Liste der geöffneten Fenster angehängt. Dafür ist allerdings kein Quelltext erforderlich, lediglich die Eigenschaft *WindowMenu* des Rahmenformulars muss entsprechend gesetzt werden.

Menüpunkte dem Systemmenü hinzufügen

Jedes »normale« Windows-Formular hat ein System-Menü, anhand dessen man es Mini- oder Maximieren, Schließen oder Verschieben kann. Dieses Systemmenü wird mit einem Mausklick auf das Icon links oben in der Titelleiste aufgerufen. Mit Hilfe von API-Funktionen haben Sie die Möglichkeit, eigene Menüpunkte diesem Systemmenü hinzuzufügen.

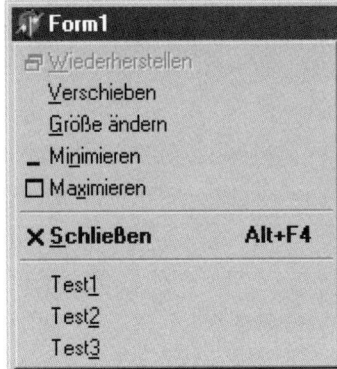

Damit die neuen Menüpunkte nicht nur angezeigt werden, sondern auch entsprechende Aktionen auslösen, ist es nötig, auf die entsprechende ID der Windows-Botschaft WM_SYSCOMMAND zu reagieren. Für diese IDs werden erst einmal Konstanten definiert. Außerdem wird eine Prozedur definiert, die auf die Windows-Botschaft WM_SYSCOMMAND reagiert.

```
const
  CM_TEST1 = $00A1;
  CM_TEST2 = $00A2;
  CM_TEST3 = $00A3;


type
  TForm1 = class(TForm)
    procedure FormCreate(Sender: TObject);
  private
    procedure WMSysCommand(var Message: TWMSysCommand);
      message WM_SYSCOMMAND;
  public
  end;
```

Beim Erstellen des Formulars wird für jeden neu hinzuzufügenden Menüpunkt *AppendMenu* aufgerufen. Als Handle wird das Handle des Systemmenüs übergeben, das vorher mit *GetSystemMenu* ermittelt wurde, desweiteren die Art des Menüeintrags, die ID der zu versendenden Windows-Botschaft sowie der Menütext. Mit *MF_STRING* werden »normale« Menüzeilen eingefügt, mit *MF_SEPARATOR* eine Trennlinie.

```
procedure TForm1.FormCreate(Sender: TObject);
var
  MyHandle: HMenu;
```

```
begin
  MyHandle := GetSystemMenu(Handle, false);
  AppendMenu(MyHandle, MF_SEPARATOR, 0, nil);
  AppendMenu(MyHandle, MF_STRING, CM_TEST1, 'Test&1');
  AppendMenu(MyHandle, MF_STRING, CM_TEST2, 'Test&2');
  AppendMenu(MyHandle, MF_STRING, CM_TEST3, 'Test&3');
end;
```

Bei Eintreffen der Windows-Botschaft WM_SYSCOMMAND wird die gleichnamige Prozedur aufgerufen. Hier wird dann anhand der ID festgelegt, welche Aktion aufgerufen werden soll. Hier wird als kleines Beispiel die Beschriftung der Titelzeile geändert.

```
procedure TForm1.WMSysCommand(var Message: TWMSysCommand);
begin
  case Message.CmdType of
    CM_TEST1: Caption := 'Eins';
    CM_TEST2: Caption := 'Zwei';
    CM_TEST3: Caption := 'Drei';
  else
    inherited;
  end;
end;
```

3.3.3 TPopupMenu

Mit der Komponente *TPopupMenu* können so genannte Kontext-Menüs erstellt werden – das sind Menüs, die mit der rechten Maustaste aufgerufen werden und an der Mausposition erscheinen.

Von *TControl* abgeleitete Komponenten haben eine Eigenschaft *PopupMenu*, der eine *TPopupMenu*-Instanz zugewiesen werden kann. Auf diese Weise können für verschiedene Komponenten unterschiedliche Kontext-Menüs verwendet werden. Solange für eine Komponente die Eigenschaft *PopupMenu* nicht gesetzt wird, wird das Kontext-Menü der übergeordneten Komponente verwendet.

Die Vorgehensweise beim Erstellen eines Kontext-Menüs gleicht im wesentlichen der beim Erstellen eines Haupt-Menüs und kann in Kapitel 3.3.2 nachgelesen werden. *TPopupMenu* ist von *TComponent* abgeleitet.

▨ Popup (Methode)

```
procedure Popup(X, Y: Integer);
```

Mit Hilfe der Methode *Popup* kann das Kontext-Menü an einer bestimmten Stelle auf dem Bildschirm angezeigt werden.

▨ AutoPopup (Eigenschaft, veröffentlicht)

```
property AutoPopup: Boolean default true;
```

Soll verhindert werden, dass sich das Kontext-Menü automatisch beim Click mit der rechten Maustaste (oder der entsprechenden Taste auf der WIN95-Tastatur) öffnet, dann ist *AutoPopup* auf *false* zu setzen.

▨ Alignment (Eigenschaft, veröffentlicht)

```
property Alignment: (paLeft, paRight, paCenter) default paLeft;
```

Mit Hilfe der Eigenschaft *Alignment* wird festgelegt, wie das Kontext-Menü relativ zum Mauszeiger positioniert wird.

▨ PopupComponent (Eigenschaft, öffentlich)

```
property PopupComponent: TComponent;
```

Mit Hilfe von *PopupComponent* kann man feststellen, von welcher Komponente das Kontext-Menü aufgerufen worden ist.

▨ OnPopup (Ereignis)

```
property OnPopup(Sender: TObject)
```

Das Ereignis *OnPopup* wird ausgelöst, wenn das Kontext-Menü geöffnet wird.

3.3.4 TLabel

Die Komponente *TLabel* dient zur Beschriftung von Formularen und bisweilen zur visuellen Ausgabe von Daten. *TLabel* ist von *TControl* abgeleitet.

Beschriftung

■ Caption (Eigenschaft, veröffentlicht)

```
property Caption: string;
```

Der Eigenschaft *Caption* wird der String zugewiesen, welchen das Label ausgeben soll. Sollen Daten anderer Typen ausgegeben werden, so ist eine Typenumwandlung erforderlich.

■ AutoSize (Eigenschaft, veröffentlicht)

```
property AutoSize: boolean default true;
```

Wird die Eigenschaft *AutoSize* auf *true* gesetzt, dann passt sich die *TLabel*-Komponente dem darzustellenden Text an. Andernfalls kann es passieren, dass der Text nicht vollständig angezeigt werden kann:

Text zi

■ WordWrap (Eigenschaft, veröffentlicht)

```
property WordWrap: boolean default false;
```

Um Text mehrzeilig anzuzeigen, muss die Eigenschaft *WordWrap* auf *true* gesetzt werden. Den Umbruch nimmt die Komponente selbst vor:

Wenn WordWrap auf true gestellt wird, kann Text mehrzeilig angezeigt werden.

Darstellung

■ Transparent (Eigenschaft, veröffentlicht)

```
property Transparent: boolean default false;
```

Im Regelfall wird der Hintergrund einer *TLabel*-Komponente mit der Farbe ausgefüllt, welche in der Eigenschaft *Color* angegeben ist. Soll jedoch als Hintergrund die hinter dem Label liegende Komponente angezeigt werden (beispielsweise eine *TImage*), dann muss die Eigenschaft *Transparent* auf *true* gesetzt werden.

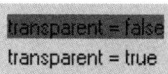
transparent = false
transparent = true

▪ Alignment (Eigenschaft, veröffentlicht)

```
property Alignment: TAlignment default taLeftJustify;
```

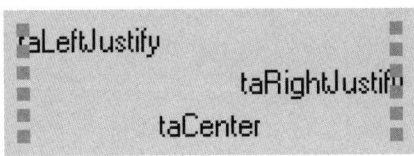

Alignment bestimmt die horizontale Ausrichtung in der Komponente. Nur relevant, wenn *AutoSize = false*.

▪ Layout (Eigenschaft, veröffentlicht), ab Delphi 3

```
property Layout: TTextLayout default tlTop;
```

Mit der Eigenschaft *Layout* wird festgelegt, ob der Text oben (*tlTop*), in der Mitte (*tlCenter*) oder unten (*tlBottom*) in der *TLabel*-Komponente angezeigt wird. Nur relevant, wenn *AutoSize = false*.

Fokus-Steuerung

▪ FocusControl (Eigenschaft, veröffentlicht)

```
property FocusControl: TWinControl;
```

Um einen *TWinControl*-Nachfahren mit der Tastatur fokusieren zu können, verwendet man eine *TLabel*-Komponente, deren Eigenschaft *FocusControl* auf die gewünschte Komponente gestellt wird. Bei Eingeben der Beschriftung in der Eigenschaft *Caption* verwendet man ein *&*-Zeichen, um einen Buchstaben zu unterstreichen. Mit Hilfe der Kombination Alt+Buchstaben (hier im Beispiel Alt+T) kann dann die über *FocusControl* verbundene Komponente fokusiert werden.

▪ ShowAccelChar (Eigenschaft, veröffentlicht)

```
property ShowAccelChar: boolean default true;
```

Wird in einer Beschriftung ein kaufmännisches Und (&) benötigt, dann veranlaßt man dessen Anzeige und vermeidet, dass der folgende Buchstabe unterstrichen wird, indem man *ShowAccelChar* auf *false* setzt.

3.3.5 TEdit

Die Komponente *TEdit* dient zur Eingabe von einzeiligen Texten; sie kann auch einzeilige Texte ausgeben. Soll mit mehrzeiligen Texten gearbeitet werden, so ist *TMemo* (3.3.6) zu verwenden. *TEdit* ist von *TWinControl* abgeleitet.

Text und Darstellung

▨ Text (Eigenschaft, veröffentlicht)

```
property Text: string;
```

Mit der Eigenschaft *Text* kann auf den in der *TEdit*-Instanz enthaltenen Text zugegriffen werden. Es sind sowohl Lese- als auch Schreibzugriffe möglich.

▨ OnChange (Ereignis)

```
property OnChange(Sender: TObject);
```

Das Ereignis *OnChange* wird ausgelöst, wenn der Text einer *TEdit*-Instanz geändert wird. *OnChange* tritt auch dann auf, wenn der Text durch Zugriff auf die Eigenschaft *Text* geändert wird oder wenn der Eigenschaft *PasswordChar* ein anderer Wert zugewiesen wird. *OnChange* tritt nicht auf, wenn die Eigenschaft *CharCase* geändert wird.

▨ CharCase (Eigenschaft, veröffentlicht)

```
property CharCase: (ecNormal, ecUpperCase, ecLowerCase)
  default ecNormal;
```

Mit der Eigenschaft *CharCase* kann bestimmt werden, ob der Text in Groß- und Kleinschreibung (*ecNormal*), nur in Klein- (*ecLowerCase*) oder nur in Großbuchstaben (*ecUpperCase*) gespeichert wird. *CharCase* wirkt sich nicht nur auf die Anzeige, sondern auch auf den Inhalt der Eigenschaft *Text* aus.

▨ PasswordChar (Eigenschaft, veröffentlicht)

```
property PasswordChar: Char default #0;
```

Soll mit einer *TEdit*-Komponente ein Passwort abgefragt werden, dann soll dies in der Regel nicht auf dem Bildschirm dargestellt werden. Dies kann dadurch erreicht werden, dass der Eigenschaft *PasswordChar* der darzustellende Buchstabe zugewiesen wird. *PasswordChar* wirkt sich nicht auf die Eigenschaft *Text* aus.

▪ MaxLength (Eigenschaft, veröffentlicht)

```
property MaxLength: Integer default 0;
```

Mit der Eigenschaft *MaxLength* wird die Zahl der Zeichen begrenzt, die in *TEdit* eingegeben werden können. *MaxLength* begrenzt nur die Eingabe über die Tastatur – der Eigenschaft *Text* können längere Zeichenfolgen zugewiesen werden, die dann auch angezeigt werden.

Soll die Eigenschaft *Text* unter Berücksichtigung von *MaxLength* gesetzt werden, dann kann die Eigenschaft *SelText* verwendet werden:

```
with Edit1 do
begin
  SelStart := 0;
  SelLength := Length(Text);
  SelText := '1234567';
end;
```

▪ AutoSize (Eigenschaft, veröffentlicht)

```
property AutoSize: Boolean default true;
```

Wird *AutoSize* auf *true* belassen, dann wird die Höhe einer *TEdit*-Instanz automatisch der Schriftgröße und den Rahmeneinstellungen angepasst.

▪ ReadOnly (Eigenschaft, veröffentlicht)

```
property ReadOnly: Boolean default false;
```

Wenn Sie (vorübergehend) verhindern wollen, dass der Benutzer den Inhalt von *TEdit* ändert, dann setzen Sie *ReadOnly* auf *true*.

Text und Zwischenablage

▪ SelText (Eigenschaft, öffentlich)

```
property SelText: string;
```

Mit Hilfe der Eigenschaft *SelText* kann der selektierte Text einer *TEdit*-Instanz gelesen oder geändert werden. Ist kein Text selektiert, dann gibt ein Lesezugriff auf *SelText* einen leeren String zurück, während ein Schreibzugriff den Text an der Cursor-Position einfügt.

▪ SelStart, SelLength (Eigenschaften, öffentlich)

```
property SelStart: Integer;
property SelLength: Integer;
```

Mit Hilfe der Eigenschaften kann ermittelt oder bestimmt werden, wo der selektierte Text beginnt und wie lang dieser ist.

Mit Hilfe der folgenden Routine würde man einen Text vor den bereits enthaltenen Text setzen:

```
with Edit1 do
begin
  SelStart := 0;
  SelLength := 0;
  SelText := '1234567';
end;
```

CutToClipboard, CopyToClipboard, PasteFromClipboard (Methoden)

```
procedure CutToClipboard;
procedure CopyToClipboard;
procedure PasteFromClipboard;
```

Mit Hilfe dieser Methoden kann man den selektierten Text in die Zwischenablage ausschneiden (*CutToClipboard*) beziehungsweise kopieren (*CopyToClipboard*) oder den selektierten Text durch den Inhalt der Zwischenablage ersetzen (*PasteFromClipboard*). Ist kein Text selektiert, dann wird der Inhalt der Zwischenablage an der Cursor-Position eingefügt.

Sind die Daten, die in der Zwischenablage enthalten sind, in keinem Text-Format, dann wird der selektierte Text durch einen leeren String ersetzt. Bei Einfügen über die Zwischenablage wird die Eigenschaft *MaxLength* berücksichtigt.

Die Tastenkombinationen STRG+X, STRG+C und STRG+V lösen automatisch die entsprechenden Zwischenablage-Aktionen aus.

Clear, ClearSelection (Methode)

```
procedure Clear;
procedure ClearSelection;
```

Die Methode *Clear* löscht den gesamten Inhalt der Eigenschaft *Text*, während *ClearSelection* nur den selektierten Text löscht.

Mit der folgenden Routine wird das jeweils zweite Zeichen des Textes von *Edit1* entfernt.

```
with Edit1 do
begin
  SelStart := 1;
  SelLength := 1;
  ClearSelection;
end;
```

▫ SelectAll (Methode)

```
procedure SelectAll;
```

Mit *SelectAll* wird der ganze Text markiert.

▫ CanUndo (Eigenschaft, öffentlich, nur Lesen), Undo, ClearUndo (Methoden)

```
property CanUndo: Boolean;
procedure Undo;
procedure ClearUndo;
```

Mit *Undo* kann eine Eingabe rückgängig gemacht werden. Mit *CanUndo* kann festgestellt werden, ob es Eingaben gibt, die rückgängig gemacht werden können, und ob *Undo* somit eine Funktion hat.

Die Methode *ClearUndo* nimmt laut Online-Hilfe alle im Rückgängig-Puffer gespeicherten Änderungen zurück. Ein solches Verhalten konnte jedoch – zumindest bei mir auf dem Rechner – nicht festgestellt werden.

Fokus wechseln mit der ENTER-Taste

Um den Fokus von einer Komponente zur nächsten weiterzuschalten, verwendet man bei Windows die TAB-Taste. Mit der ENTER-Taste ist dies standardmäßig nicht möglich. Dies ist besonders dann ärgerlich, wenn man DOS-Programme auf Windows umstellen muss und die Bedienung an das alte Programm anlehnen möchte, um den Schulungsaufwand zu minimieren. Mit Hilfe der folgenden Routine kann man auch die ENTER-Taste zum Wechseln des Fokus einsetzen:

```
procedure TForm1.Edit1KeyPress(Sender: TObject; var Key: Char);
begin
  if Key = #13 then
  begin
    Perform(WM_NEXTDLGCTL, 0, 0);
    Key := #0;
  end;
end;
```

Leider funktioniert es nicht, dem Variablen-Parameter *Key* einfach den Wert *#9* zuzuweisen. Stattdessen wird mit der Methode *Perform* das Windows-Ereignis *WM_NEXTDLGCTL* ausgelöst. Anschließend wird dem Variablen-Parameter *Key* der Wert *#0* zugewiesen, um auch noch den lästigen Piep-Ton zu eliminieren.

Bei älteren Delphi-Versionen müssen Sie die Unit *Messages* einbinden.

Eingabe auf Zahlen beschränken

Wenn in eine *TEdit*-Instanz nur Zahlen eingegeben werden sollen – beispielsweise, weil die Eingabe anschließend mit *StrToInt* oder *StrToFloat* weiterverarbeitet
wird, dann sollte man dafür sorgen, dass gar keine anderen Zeichen eingegeben
werden. Nun möchte man nicht immer dafür eine *TMaskEdit*-Komponente verwenden – sei es, dass man den Strich störend findet, sei es, dass Dezimalkommata
vorgesehen sind, und das vielleicht noch an wechselnden Stellen.

```
procedure TForm1.Edit1KeyPress(Sender: TObject; var Key: Char);
begin
  if not (Key in [#8, '0'..'9']) then
  begin
    if Key in [',', '.', ';', ':'] then
    begin
      if Edit1.Tag = 0 then
      begin
        Edit1.Tag := 1;
        Key := #44;
      end {if Edit1.Tag = 0 then}
      else Key := #0;
    end {if Key in [',', '.', ';', ':'] then}
    else Key := #0;
  end; {if not (Key in [#8, '0'..'9']) then}
end; {procedure TForm1.Edit1KeyPress}
```

Zunächst wird das eingegebene Zeichen daraufhin untersucht, ob es sich um
eine Zahl oder die *Backspace*-Taste handelt. Ist dies der Fall, ist alles in Ord-
nung.

Im nächsten Schritt wird geprüft, ob es sich um ein Komma handelt oder um
ein Zeichen, das wohl versehentlich statt eines Kommas eingegeben wurde.
Hier wird dann geprüft, ob bereits ein Komma vorhanden ist. Ist dies nicht
der Fall, dann wird ein solches eingefügt.

Auf diese Weise wird verhindert, dass die Zahl mit zwei Komma geschrieben
wird – auch damit kommt *StrToFloat* nicht zurecht. Soll das Ergebnis mit *StrToInt*
weiterverarbeitet werden, dann ist dieser Teil zu streichen, so dass auch kein
Komma eingefügt wird. Alle anderen Zeichen werden ohnehin ignoriert.

3.3.6 TMemo

Die Komponente TMemo dient zur Ein- und Ausgabe von mehrzeiligen Texten.
TMemo ist von *TWinControl* abgeleitet.

Text und Formatierung

▦ Lines (Eigenschaft, veröffentlicht)

```
property Lines: TStrings;
```

Mit Hilfe der Eigenschaft *Lines* kann zeilenweise auf den Inhalt einer *TMemo*-
Instanz zugegriffen werden. Näheres siehe unter *TStrings* in Kapitel 4.1.1.

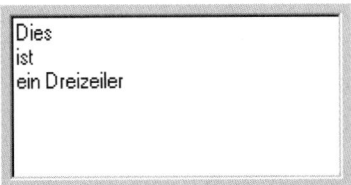

```
with Memo1.Lines do
begin
  Clear;
  Add('Dies');
  Add('ist');
  Add('ein Dreizeiler');
end;
```

▦ Text (Eigenschaft, öffentlich)

```
property Text: string;
```

Mit Hilfe der Eigenschaft *Text* kann auf den kompletten Inhalt einer *TMemo*-
Instanz zugegriffen werden.

```
Memo1.Text := 'Dies' + chr(13) + chr(10)
   + 'ist' + chr(13) + chr(10)
   + 'ein Dreizeiler';
```

▦ ScrollBars (Eigenschaft, veröffentlicht)

```
property ScrollBars: (ssNone, ssHorizontal, ssVertical, ssBoth)
  default ssNone;
```

Mit der Eigenschaft *ScrollBar* wird spezifiziert, ob die *TMemo*-Instanz mit
Scrollbalken ausgestattet wird. *ScrollBar* kann vier verschiedene Werte annehmen.

▨ WantReturns (Eigenschaft, veröffentlicht)

```
property WantReturns: Boolean default true;
```

Hat *WantReturns* den Wert *true*, dann werden mit der EINGABE-Taste Zeilenumbrüche in den *TMemo*-Text eingefügt. Soll die EINGABE-Taste auf das Formular wirken – beispielsweise um einen Dialog mit OK abzuschließen –, dann
muss *WantReturns* auf *false* gesetzt werden; Zeilenumbrüche können dann mit
STRG+EINGABE eingefügt werden.

▨ WantTabs (Eigenschaft, veröffentlicht)

```
property WantTabs: Boolean default false;
```

Per Voreinstellung (*WantTabs = false*) wird mit der TAB-Taste der Fokus zwischen den einzelnen *TWinControl*-Nachfolgern weitergeschaltet. Sollen jedoch
in einer *TMemo*-Instanz Tabulator-Zeichen eingefügt werden, dann ist *WantTabs*
auf *true* zu setzen; eine Möglichkeit, den Fokus über die Tastatur weiterzuschalten, besteht dann aber nicht mehr.

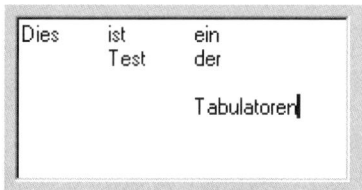

▨ WordWrap (Eigenschaft, veröffentlicht)

```
property WordWrap: Boolean default true;
```

Hat *WordWrap* (gemäß Voreinstellung) den Wert *true*, dann werden Zeichen,
die über das Zeilenende hinausgehen, in die nächste Zeile umgebrochen.
TMemo führt den Umbruch – sofern möglich – nach Leerzeichen durch, nicht
jedoch nach Satzzeichen. Soll kein automatischer Umbruch durchgeführt werden, ist *WordWrap* auf *false* zu setzen.

Zwischenablage

Die Eigenschaften und Methoden zum Selektieren von Text und zum Zugriff auf
die Zwischenablage gleichen jenen von *TEdit* und sind in Kapitel 3.3.5 behandelt.

Windows-Botschaften

Mit Hilfe der *TControl*-Methode *Perform* lassen sich Windows-Botschaften an die Komponente senden. Dies eröffnet vor allem im Zusammenhang mit *TMemo* einige zusätzliche Möglichkeiten.

▦ Storno-Funktion

```
Memo1.Perform(WM_UNDO, 0, 0);
```

In den frühen Delphi-Versionen implementierte *TCustomEdit* noch nicht die Methode *Undo*. Um dort eine Storno-Funktion zu implementieren, muss die Windows-Botschaft WM_UNDO abgesetzt werden.

▦ Cursor-Steuerung

```
Perform(WM_KEYDOWN, VK_LEFT, 0);
Perform(WM_KEYDOWN, VK_RIGHT, 0);
Perform(WM_KEYDOWN, VK_UP, 0);
Perform(WM_KEYDOWN, VK_DOWN, 0);
Perform(WM_KEYDOWN, VK_HOME, 0);  // Pos 1
Perform(WM_KEYDOWN, VK_END, 0);  // Ende
Perform(WM_KEYDOWN, VK_PRIOR, 0);  // vorige Seite
Perform(WM_KEYDOWN, VK_NEXT, 0);  // nächste Seite
```

Mit der Windows-Botschaft WM_KEYDOWN lassen sich Tastatureingaben simulieren – hier im Beispiel die Tasten für die Verschiebung des Cursors.

```
procedure TForm1.Button1Click(Sender: TObject);
begin
  Memo1.Perform(WM_KEYDOWN, VK_RIGHT, 0);
  FocusControl(Memo1);
end;
```

Prinzipiell könnte man auf diese Weise auch Text eingeben, dies wäre jedoch ziemlich umständlich. Um Text an der aktuellen Cursor-Position einzugeben, verwenden Sie besser die Eigenschaft *SelText*.

▦ Zeile und Spalte

```
procedure TForm1.Memo1Change(Sender: TObject);
var
  z, s: integer;
begin
  with Memo1 do
  begin
    z := Perform(EM_LINEFROMCHAR, SelStart, 0);
```

```
      s := SelStart - Perform(EM_LINEINDEX, z, 0);
      Label1.Caption := 'Zeile ' + IntToStr(z + 1)
         + '       Zeichen ' + IntToStr(s + 1);
   end; {with Memo1 do}
end; {procedure TForm1.Memo1Change}


procedure TForm1.Memo1KeyUp(Sender: TObject;
   var Key: Word; Shift: TShiftState);
begin
   Memo1Change(Sender);
end;
```

Da *Perform* eine Funktion ist, lassen sich auf diese Weise auch Werte ermitteln. Wir wollen das nutzen, um die Zeile und die Spalte anzuzeigen, in welcher der Cursor steht. Dazu verwenden wir die Windows-Botschaften EM_LINEFROMCHAR und EM_LINEINDEX.

Wenn die Zählung bei eins beginnen soll, dann muss – wie hier im Beispiel – bei der Anzeige eins dazugezählt werden. Es wird dann die Reihe und die Spalte desjenigen Zeichens angezeigt, vor dem der Cursor steht.

Damit die Anzeige laufend aktualisiert wird, muss die Prozedur *Memo1Change* dem Ereignis *OnClick* zugewiesen werden. Außerdem muss diese Prozedur auch mit dem Ereignis *OnKeyUp* verknüpft werden.

3.3.7 TButton

Mit Hilfe von Buttons werden Aktionen per Maus oder per Tastatur gestartet. Im Unterschied zu den Komponenten *TBitBtn* und *TSpeedButton* haben *TButton*-Instanzen lediglich eine Beschriftung, jedoch kein Icon. *TButton* ist von *TWinControl* abgeleitet.

▩ Caption (Eigenschaft, veröffentlicht)

property Caption: **string**;

Mit Hilfe der Eigenschaft *Caption* wird ein Button beschriftet. Wird in der Eigenschaft *Caption* ein *&*-Zeichen verwendet, dann wird der folgende Buchstabe unterstrichen dargestellt. Das Ereignis *OnClick* kann dann auch durch Betätigung der ALT- und der entsprechenden Buchstabentaste ausgelöst werden.

Die Eigenschaft *Caption* des folgenden Buttons hat den Wert *&Button1*, und der Button kann mit ALT+B betätigt werden.

▩ OnClick (Ereignis)

property OnClick(Sender: TObject);

Das Ereignis *OnClick* wird ausgelöst, wenn der Button angeklickt oder über die Tastatur ausgelöst wird.

▩ Cancel (Eigenschaft, veröffentlicht)

property Cancel: Boolean **default** false;

Hat *Cancel* der Wert *true*, dann kann der Button auch über die ESC-Taste ausgelöst werden. Hat bei mehreren Buttons die Eigenschaft *Cancel* den Wert *true*, so wird der erste sichtbare Button in der Tabulatorreihenfolge ausgelöst.

▩ Default (Eigenschaft, veröffentlicht)

property Default: Boolean **default** false;

Hat *Default* der Wert *true*, dann kann der Button auch über die EINGABE-Taste ausgelöst werden. Dies ist jedoch nur dann der Fall, wenn keine andere *TButton*- oder *TBitBtn*-Instanz den Fokus hat. Ist bei mehreren Buttons die Eigenschaft *Cancel = true*, so wird der erste sichtbare Button in der Tabulatorreihenfolge ausgelöst.

Wird die Eigenschaft *Default* auf *true* gesetzt, dann wird der Button »verstärkt« dargestellt, so wie *Button2* in der folgenden Abbildung.

■ ModalResult (Eigenschaft, veröffentlicht)

property ModalResult: integer **default** mrNone;

Wird *ModalResult* auf einen anderen Wert als *mrNone* gesetzt, dann wird ein modal geöffnetes Formular mit Hilfe dieses Buttons geschlossen, ohne dass es eines weiteren Quelltextes bedarf. Der Wert der Eigenschaft *ModalResult* wird dann als Funktionsergebnis der *TForm*-Funktion *ShowModal* zurückgegeben.

■ Font (Eigenschaft, veröffentlicht)

property Font: TFont;

Auch TButton erbt von *TControl* die Eigenschaft *Font*. Wenn Sie allerdings *Font.Color* verändern, dann hat dies keine Auswirkung auf den Button (schließlich kann diese Eigenschaft in der Systemsteuerung eingestellt werden). Wenn Sie die Schriftfarbe ändern möchten, dann verwenden Sie *TBitBtn*.

3.3.8 TCheckBox

Eine Check-Box wird verwendet, um eine Optionen zu wählen oder auszuschließen. Wenn die Eigenschaft *AllowGrayed* gesetzt ist, kann auch der Zustand nicht
definiert gewählt werden. Hat eine *TCheckBox*-Instanz den Fokus, kann ihr Zustand mit der Leertaste geändert werden. *TCheckBox* ist von *TWinControl* abgeleitet.

- Checked (Eigenschaft, veröffentlicht)

    property Checked: Boolean **stored** False;

    Die Eigenschaft *Checked* hat den Wert *true*, wenn *State* den Wert *cbChecked* hat.
    Wird *Checked* auf *false* gesetzt, hat *State* anschließend auch dann den Wert
    cbUnchecked, wenn *State* davor den Wert *cbGrayed* gehabt hat.

- AllowGrayed (Eigenschaft, veröffentlicht)

    property AllowGrayed: Boolean **default** False;

    Wird *AllowGrayed* auf *true* gesetzt, dann kann mit der Maus oder der Tastatur
    (Leertaste) die Eigenschaft *State* auf *cbGrayed* gesetzt werden. Hat *AllowGrayed*
    den Wert *false*, kann dies nur per Zugriff auf die Eigenschaft *State* erfolgen.

- State (Eigenschaft, veröffentlicht)

    property State: (cbUnchecked, cbChecked, cbGrayed)
      default cbUnchecked;

    Mit der Eigenschaft *State* wird der Zustand einer Check-Box gesetzt oder ab-
    gefragt.

- Alignment (Eigenschaft, veröffentlicht)

    property Alignment: (taLeftJustify, taRightJustify)
      default taRightJustify;

    Mit Hilfe der Eigenschaft *Alignment* wird bestimmt, ob der Text links oder
    rechts von der Check-Box angezeigt wird.

3.3.9 TRadioButton

Die Komponente *TRadioButton* wird verwendet, um aus mehreren, sich gegen-seitig ausschließenden Optionen eine zu wählen. Das Verhalten von *TRadioButton* entspricht den Stationstasten am Radio – man kann zwischen mehreren Sendern wählen, es kann aber immer nur einer gespielt werden.

Sollen innerhalb eines Formulars mehrere Optionsgruppen mittels *TRadioButton*-Instanzen gesetzt werden, dann sind diese mit Hilfe von *TPanel-* oder *TGroupBox*-Instanzen zu trennen. Siehe dazu auch Kapitel 3.3.14 (*TRadioGroup*). *TRadioButton* ist von *TWinControl* abgeleitet.

▨ Checked (Eigenschaft, veröffentlicht)

property Checked: boolean **default** false;

Die Eigenschaft *Checked* bestimmt, ob der Radio-Button selektiert ist oder nicht.

▨ Alignment (Eigenschaft, veröffentlicht)

property Alignment: (taLeftJustify, taRightJustify)
  default taRightJustify;

Mit Hilfe der Eigenschaft *Alignment* wird bestimmt, ob der Text links oder rechts vom Radio-Button angezeigt wird.

3.3.10 TListBox

Die Komponente *TListBox* dient zum Auflisten vieler Zeilen und zum Auswählen eines Eintrags oder mehrerer Einträge aus dieser Liste. Im Gegensatz zu
TRadioButton-/TRadioGroup-Lösungen sind *TListBox*-Instanzen insbesondere dann
hilfreich, wenn der vorhandene Platz nicht zur Darstellung aller Zeilen reicht
und somit durch die Liste gescrollt werden muss. *TListBox* ist von *TWinControl*
abgeleitet.

■ Items (Eigenschaft, veröffentlicht)

```
property Items: TStrings;
```

Die in der Listbox anzuzeigenden Einträge werden in der Eigenschaft *Items*
gespeichert. Näheres zu *TStrings* in Kapitel 4.1.1.

■ ItemIndex (Eigenschaft, öffentlich)

```
property ItemIndex: Integer;
```

Die Funktion der Eigenschaft *ItemIndex* hängt von der Eigenschaft *MultiSelect*
ab. Hat *MultiSelect* den Wert *false*, kann also immer nur ein Eintrag gewählt
werden, dann wird mit *ItemIndex* bestimmt, welcher Eintrag gewählt ist, wobei die Zählung bei null beginnt. Hat *ItemIndex* den Wert -1, so ist kein Eintrag
ausgewählt.

Den Text des aktuell ausgewählten Eintrags ermittelt man wie folgt:

```
if ListBox1.ItemIndex >= 0
  then s := ListBox1.Items[ListBox1.ItemIndex];
```

Wenn *MultiSelect* den Wert *true* hat, also mehrere Einträge gewählt sein können, dann zeigt *ItemIndex* an, welcher Eintrag gerade den Fokus hat.

■ MultiSelect (Eigenschaft, veröffentlicht)

```
property MultiSelect: boolean default false;
```

Hat *MultiSelect* den Wert *false*, dann kann immer nur ein Eintrag gewählt werden. Um mehrere Einträge wählen zu können, muss *MultiSelect* auf *true* gesetzt werden.

■ ExtendedSelect (Eigenschaft, veröffentlicht)

```
property ExtendedSelect: Boolean default true;
```

Mit Hilfe der Eigenschaft *ExtendedSelect* wird bestimmt, wie mehrere Einträge
ausgewählt werden, wenn *MultiSelect* den Wert *true* hat. Hat *ExtendedSelect*
den Wert *false*, dann wird bei jedem Mausklick auf einen Eintrag der Zustand
zwischen gewählt und nicht gewählt umgeschaltet.

Hat *ExtendedSelect* den Wert *true*, dann wird bei einem Mausklick ohne Kombination mit einer Steuerungstaste der entsprechende Eintrag gewählt und der vorhergehende abgewählt. Um zusätzliche Einträge zu markieren, muss während des Mausklicks die Strg-Taste gehalten werden, Bereiche mehrerer Einträge markiert man mit gleichzeitigem Halten der Umschalt-Taste.

■ Selected (Eigenschaft, öffentlich)

property Selected[Index: Integer]: Boolean;

Mit Hilfe der Eigenschaft *Selected* wird abgefragt, ob ein bestimmter Eintrag in der Liste markiert ist. Die Zählung der Einträge beginnt dabei bei null.

Hat *MultiSelect* den Wert *true*, dann kann mit *Selected* auch ein Eintrag gewählt werden. Hat *MultiSelect* den Wert *false*, dann führt der Versuch, der Eigenschaft *Selected* einen Wert zuzuweisen, zu einem Indexfehler.

Darstellung

■ Columns (Eigenschaft, veröffentlicht)

property Columns: Integer **default** 0;

Hat *Columns* den Wert null, dann wird die List-Box erforderlichenfalls mit einem senkrechten Scrollbalken versehen. Bei Werten größer null wird die List-Box wenn nötig mit einem waagerechten Scrollbalken und die Einträge in der angegebenen Zahl von Spalten angezeigt.

In der folgenden Abbildung hat *Columns* den Wert zwei und *MultiSelect* den Wert *true*.

■ IntegralHeight (Eigenschaft, veröffentlicht)

property IntegralHeight:boolean **default** false;

Je nach Höhe der List-Box und der Größe der verwendeten Schrift wird der letzte Eintrag einer ListBox meist nicht vollständig angezeigt, was etwas unschön aussieht. Indem man die Eigenschaft *IntegralHeight* auf *true* setzt, kann man dafür sorgen, dass die Höhe der List-Box so reduziert wird, dass sie nach dem letzten noch vollständig angezeigten Eintrag endet.

■ TopIndex (Eigenschaft, öffentlich)

```
property TopIndex: Integer;
```

Hat die Eigenschaft Items mehr Einträge als die Listbox Zeilen, dann kann
nur eine Teilmenge davon angezeigt werden – es wird dann automatisch ein
Scrollbalken eingeblendet. Mit *TopIndex* kann der Index des Eintrags bestimmt
werden, der in der obersten Zeile angezeigt wird.

Selbstgezeichnete List-Boxen

Im Regelfall wird die Anzeige der Einträge von der List-Box automatisch vorgenommen. Es besteht jedoch auch die Möglichkeit, die Darstellung selbst zu übernehmen – das ist beispielsweise dann erforderlich, wenn zusätzlich zu den Einträgen Bilder angezeigt werden sollen.

■ Style (Eigenschaft, veröffentlicht)

```
property Style: (lbStandard, lbOwnerDrawFixed, lbOwnerDrawVariable);
  default lbStandard;
```

Wenn Sie die Darstellung der Einträge in der List-Box selbst übernehmen
möchten, müssen Sie die Eigenschaft *Style* auf den Wert *lbOwnerDrawFixed*
oder *lbOwnerDrawVariable* setzen. Während bei *lbOwnerDrawFixed* die Höhe
aller Einträge gleich hoch ist, kann sie bei *lbOwnerDrawVariable* von Eintrag zu
Eintrag variieren.

■ OnDrawItem (Ereignis)

```
property OnDrawItem(Control: TWinControl; Index: Integer;
  Rect: TRect; State: TOwnerDrawState);
```

Das Ereignis *OnDrawItem* tritt immer dann auf, wenn ein Eintrag neu gezeichnet werden muss. Als Parameter werden der Ereignisbehandlungsroutine der
Index der Eintrages und dessen Position in der List-Box übergeben. Die Änderung der Darstellung beim Markieren der Einträge führt *TListBox* automatisch durch, so dass der Parameter *State* nur in Ausnahmefällen benötigt wird.

Die folgende Abbildung zeigt auf der rechten Seite eine List-Box, welche die
im System installierten Fonts in entsprechender Darstellung anzeigt. Die dazu
gehörende *OnDrawItem*-Ereignisbehandlungsroutine lautet wie folgt:

```
procedure TForm1.ListBox2DrawItem(Control: TWinControl;
  Index: Integer; Rect: TRect; State: TOwnerDrawState);
begin
  ListBox2.Canvas.Font.Name := ListBox2.Items[Index];
  ListBox2.Canvas.TextRect
    (Rect, Rect.Left, Rect.Top, ListBox2.Items[Index]);
end;
```

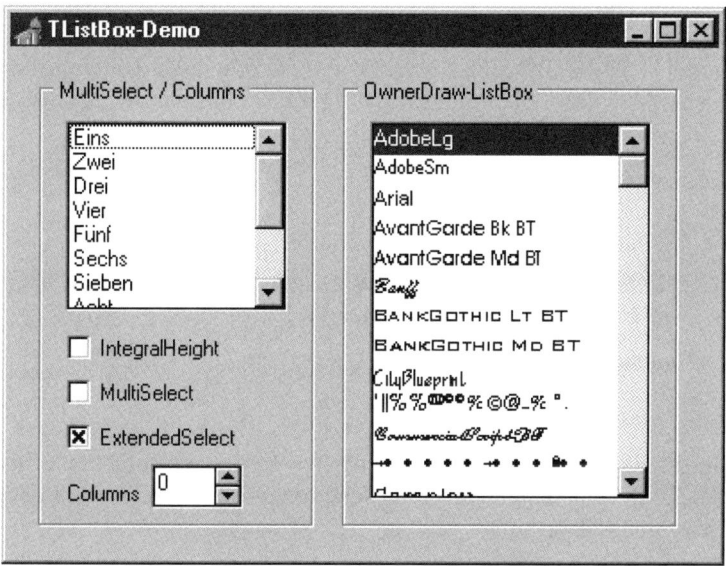

Um die im System installierten Schriftarten der Eigenschaft *Items* zuzuweisen, geht man wie folgt vor:

```
procedure TForm1.FormCreate(Sender: TObject);
begin
  ListBox2.Items.Assign(Screen.Fonts);
  ListBox2.ItemIndex := 0;
end;
```

■ OnMeasureItem (Ereignis)

```
property OnMeasureItem(Control: TWinControl; Index: Integer;
  var Height: Integer);
```

Ist die Eigenschaft *Style* auf den Wert *lbOwnerDrawVariable* gesetzt, dann wird vor dem Ereignis *OnDrawItem* das Ereignis *OnMeasureItem* aufgerufen, dessen Variablen-Parameter *Height* die Höhe des folgenden Eintrags zugewiesen wird.

3.3.11 TComboBox

Die Komponente *TComboBox* kann ebenso wie *TListBox* viele Zeilen auflisten, nimmt aber in zugeklapptem Zustand nur wenig mehr Platz in Anspruch als eine *TEdit*-Instanz. *TListBox* ist von *TWinControl* abgeleitet.

▨ Items (Eigenschaft, veröffentlicht)

```
property Items: TStrings;
```

Die in der Combobox anzuzeigenden Einträge werden in der Eigenschaft *Items* gespeichert. Näheres zu *TStrings* in Kapitel 4.1.1.

▨ ItemIndex (Eigenschaft, öffentlich)

```
property ItemIndex: Integer;
```

Mit der Eigenschaft *ItemIndex* kann ermittelt werden, welcher der Einträge momentan selektiert ist. Es ist auch möglich, den gewählten Eintrag mit Hilfe von *ItemIndex* zu ändern.

▨ Text (Eigenschaft, veröffentlicht)

```
property Text: string;
```

Die Eigenschaft *Text* enthält den Inhalt des momentan selektierten Eintrags. Solange die Eigenschaft *Style* nicht den Wert *csDropDownList* hat, kann der angezeigte Text auch mit Hilfe dieser Eigenschaft verändert werden.

▨ Style (Eigenschaft, veröffentlicht)

```
property Style: (csDropDown, csSimple, csDropDownList,
   csOwnerDrawFixed, csOwnerDrawVariable); default csDropDown;
```

Die Eigenschaft *Style* bestimmt das Aussehen der Combobox. *Style* kann die folgenden Werte annehmen:

▪ *csDropDown*: Der angezeigte Text kann frei editiert werden, es kann aber auch ein Eintrag aus der Liste ausgewählt werden.

▪ *csDropDownList*: Es können ausschließlich Einträge aus der Liste ausgewählt werden.

▪ *csSimple*: Die Komponente sieht so aus wie eine *TEdit*-Instanz, Einträge aus der Liste können jedoch über die Cursor-Tasten gewählt werden.

▪ *csOwnerDrawFixed*: Die Einträge in der Liste werden vom Anwender selbst gezeichnet, die Höhe der Einträge ist konstant. Siehe auch *TListBox*.

▪ *csOwnerDrawVariable*: Die Einträge in der Liste werden vom Anwender selbst gezeichnet, die Höhe der Einträge kann für jeden Eintrag einzeln festgelegt werden. Siehe auch *TListBox*.

- DropDownCount (Eigenschaft, veröffentlicht)

property DropDownCount: integer **default** 8;

Mit der Eigenschaft *DropDownCount* wird bestimmt, wie viele Einträge in der heruntergeklappten Liste maximal angezeigt werden. In der folgenden Abbildung hat *DropDownCount* der Wert fünf.

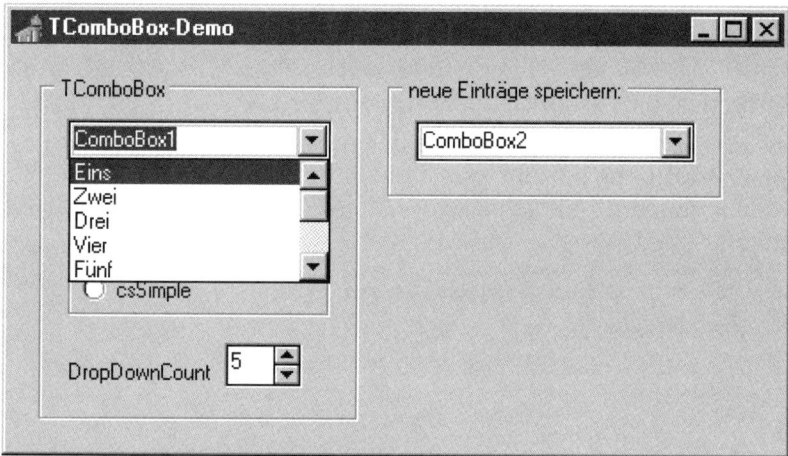

- OnChange, OnDropDown (Ereignisse)

property OnChange(Sender: TObject);
property OnDropDown(Sender: TObject);

Das Ereignis *OnChange* tritt auf, wenn sich der angezeigte Text ändert – sowohl bei der manuellen Eingabe eines Textes als auch bei der Auswahl eines Eintrages. Das Ereignis *OnDropDown* tritt auf, wenn die Auswahlliste nach unter geklappt wird.

- DroppedDown (Eigenschaft, öffentlich)

property DroppedDown: boolean;

Mit der Eigenschaft *DroppedDown* kann die Liste programmgesteuert nach unten oder nach oben geklappt werden; ebenso kann die Stellung der Liste ermittelt werden.

- SelStart, SelLength, SelText (Eigenschaften, öffentlich)

Eine Beschreibung und ein Beispiel zu den genannten Eigenschaften ist in Kapitel 3.3.5 (*TEdit*) zu finden.

▪ OnDrawItem, OnMeasureItem (Ereignisse)

```
property OnDrawItem(Control: TWinControl; Index: Integer;
Rect: TRect; State: TOwnerDrawState);
property OnMeasureItem(Control: TWinControl; Index: Integer;
  var Height: Integer);
```

Eine ausführliche Beschreibung dieser Ereignisse ist in Kapitel 3.3.10 (*TListBox*) zu finden.

Speichern der Benutzereingaben

Bisweilen mag es erwünscht sein, dass der Anwender die Eingaben, die er in einer Combobox macht, als Einträge in die Liste aufnehmen kann. Dies gehört nicht zu den Standardfunktionen von *TComboBox*, so dass hier einige Zeilen Quelltext erforderlich sind:

```
procedure TForm1.ComboBox2KeyDown(Sender: TObject; var Key: Word;
  Shift: TShiftState);
var
  i: integer;
begin
  if ssCtrl in Shift then
  begin
    if Ord(Key) = 45
      then ComboBox2.Items.Add(ComboBox2.Text);
    if Ord(Key) = 46 then
    begin
      i := ComboBox2.Items.IndexOf(ComboBox2.Text);
      if i > -1
        then ComboBox2.Items.Delete(i);
      Key := Ord(38);
    end; {if Ord(Key) = 46 then}
  end; {if [ssCtrl] in Shift then}
end; {procedure TForm1.ComboBox2KeyDown}
```

Der Anwender soll mit STRG+EINFG den angezeigten Text ist die Liste einfügen und mit STRG+ENTF den Eintrag wieder entfernen können. In der *OnKeyDown*-Ereignisbehandlungsroutine wird deshalb zunächst geprüft, ob eine der besagten Tasten in Kombination mit der *Strg*-Taste betätigt wurde. Soll ein Eintrag in die Liste aufgenommen werden, so muss er nur mit *Add* der Eigenschaft *Items* hinzugefügt werden.

Löst der Anwender das Löschen eines Eintrages aus, so wird zunächst geprüft, ob sich dieser überhaupt in der Liste befindet – wenn *Style* den Wert *csDropDownList* hat, ist dies ja nicht gewährleistet. Ist dies der Fall, dann wird er mit *Delete* aus der Liste entfernt.

Die Zuweisung an den Variablen-Parameter *Key* sorgt dafür, dass der vorhergehende Eintrag in der Liste angezeigt wird.

Desweiteren wäre es wünschenswert, wenn diese Einträge beim Verlassen des Programms nicht verlorengehen würden. Die dazu erforderlichen Anweisungen sind etwas umfangreicher geraten, weil eine bedingte Kompilierung dafür sorgt, dass bei Delphi 1 eine Ini-Datei und ab Delphi 2 die Registry verwendet wird. Deshalb sollen die Listings hier nicht abgedruckt werden, sie können jedoch auf der beiliegenden CD eingesehen werden.

3.3.12 TScrollBar

Die Komponente *TScrollBar* wird in der Regel automatisch von anderen Kompo-
nenten wie *TForm* oder *TStringGrid* verwendet. Es ist jedoch auch möglich, eine
TScrollBar-Instanz einzeln einzufügen, um damit beispielsweise irgendwelche
Werte schnell einstellen zu können. *TScrollBar* ist von *TWinControl* abgeleitet.

▓ Kind (Eigenschaft, veröffentlicht)

```
property Kind: (sbHorizontal, sbVertical) default sbHorizontal;
```

Mit *Kind* wird bestimmt, ob die Komponente liegend (*sbHorizonzal*) oder stehend (*sbVertical*) angezeigt wird.

Beachten Sie bitte folgendes Verhalten ab Version vier: Wenn *Kind* den Wert
sbVertical hat, dann wird bei Start des Programms eine Breite von 16 Pixeln
eingestellt, unabhängig davon, welche Breite im Objektinspektor eingestellt
wurde. Die Breite kann aber anschließend wieder auf den gewünschten Wert
gesetzt werden.

▓ Position (Eigenschaft, veröffentlicht)

```
property Position: Integer default 0;
```

Je nach Stellung des Scrollbalken-Knopfes enthält *Position* einen Wert zwischen
Min und *Max*. Ein Wert kann *Position* auch zugewiesen werden.

▓ Min, Max (Eigenschaften, veröffentlicht)

```
property Min: Integer default 0;
property Max: Integer default 0;
```

Mit *Min* und *Max* werden die Grenzen gesetzt, zwischen denen *Position* liegt,
je nach Stellung des Scrollbalkens. Dabei kann *Min* nicht größer werden als
Max, der kleinere Wert liegt somit immer links beziehungsweise oben.

▓ SmallChange, LargeChange (Eigenschaft, veröffentlicht)

```
property SmallChange: 1..32767 default 1;
property LargeChange: 1..32767 default 1;
```

Die Eigenschaft *SmallChange* spezifiziert, welcher Schritt ausgeführt wird, wenn
ein Mausklick auf die Pfeil-Buttons an den Enden des Scrollbalkens ausgeführt wird.

Die Eigenschaft *LargeChange* spezifiziert, welcher Schritt ausgeführt wird, wenn
ein Mausklick auf den Scrollbalken selbst ausgeführt wird. *LargeChange* sollte
in etwa so gesetzt werden, dass man mit fünf bis zehn Mausklicks einen
Scrollbalken vollständig durchlaufen kann.

■ OnChange (Ereignis)

```
property OnChange(Sender: TObject);
```

Das Ereignis *OnChange* wird aufgerufen, wenn der Wert von *Position* vom Anwender oder vom Programm geändert wird. *OnChange* wird nach *OnScroll* ausgelöst.

■ OnScroll (Ereignis)

```
OnScroll(Sender: TObject; ScrollCode: TScrollCode;
  var ScrollPos: Integer);
```

Das Ereignis *OnScroll* wird aufgerufen, wenn der Anwender den Wert von *Position* ändert. Mit Hilfe des Parameters *ScrollCode* kann bestimmt werden, auf welche Art und Weise der Wert verändert wurde. Eine Auflistung der möglichen Werte von *TScrollCode* ist in der Online-Hilfe zu finden.

Mit dem Variablen-Parameter *ScrollPos* kann der Wert von *Position* geändert werden. Die folgende *OnScroll*-Ereignisbehandlungsroutine stellt sicher, dass *Position* nur Werte annimmt, die glatt durch fünf teilbar sind, auch wenn der Knopf des Scrollbalkens mit der Maus verschoben wird.

```
procedure TForm1.ScrollBar1Scroll(Sender: TObject;
  ScrollCode: TScrollCode; var ScrollPos: Integer);
begin
  ScrollPos := 5 * ((ScrollPos + 2) div 5);
end;
```

Sie sollten die Eigenschaft *SmallChange* dann auf fünf und die Eigenschaft *LargeChange* auf ein Vielfaches von fünf setzen.

3.3.13 TGroupBox

Die Komponente *TGroupBox* dient zum Zusammenfassen von Komponenten. Sie unterscheidet sich von *TPanel* dadurch, dass erstens die Bezeichnung in der linken, oberen Ecke ist und zweistens, dass der Rand nicht entfernt werden kann.

Komponenten wie *TGroupBox* oder *TPanel* sind nicht nur dann nützlich, wenn mehrere Komponenten optisch voneinander getrennt werden sollen. Sie sind auch dann erforderlich, wenn in einem Formular mehrere *TRadioButton*-Gruppen erstellt werden sollen. In diesem Fall kann auch der Einsatz von *TRadioGroup* (Kapitel 3.3.14) sinnvoll sein.

TGroupBox ist von *TWinControl* abgeleitet.

▨ Caption (Eigenschaft, veröffentlicht)

```
property Caption: string;
```

Mit Hilfe der Eigenschaft *Caption* wird die *TGroupBox*-Instanz beschriftet. Die folgende Abbildung soll anregen, vor und hinter der eigentlichen Beschriftung ein Leerzeichen einzufügen (*GroupBox2*, rechts).

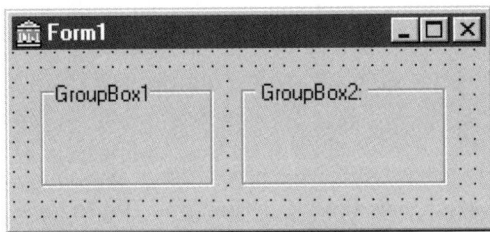

3.3.14 TRadioGroup

Die Komponente *TRadioGroup* dient zur Auswahl einer aus mehreren Optionen, die Auswahl wird mit Hilfe von Radio-Button getroffen. Im Gegensatz zu *TListBox* werden diese grundsätzlich alle angezeigt, Scrollbalken kommen nicht zum Einsatz. *TRadioGroup* ist von *TWinControl* abgeleitet.

▦ Items (Eigenschaft, veröffentlicht)

```
property Items: TStrings;
```

Die in der Radio-Group anzuzeigenden Einträge werden in der Eigenschaft *Items* gespeichert. Näheres zu *TStrings* in Kapitel 4.1.1.

▦ ItemIndex (Eigenschaft, öffentlich)

```
property ItemIndex: Integer;
```

Mit der Eigenschaft *ItemIndex* kann ermittelt werden, welcher der Einträge momentan selektiert ist. Es ist auch möglich, den gewählten Eintrag mit Hilfe von *ItemIndex* zu ändern.

▦ Columns (Eigenschaft, veröffentlicht)

```
property Columns: Integer default 1;
```

Mit *Colums* wird spezifiziert, in wie vielen Spalten die Radio-Buttons angezeigt werden.

3.3.15 TPanel

Mit Hilfe von *TPanel* können Komponenten visuell und auch funktionell (*TRadioButton*) zusammengefasst werden. *TPanel* wird insbesondere auch dazu verwendet, Formulare in Bereiche zu teilen, die sich den Größenänderungen des Formulars anpassen. *TPanel* ist von *TWinControl* abgeleitet.

▪ BevelInner, BevelOuter (Eigenschaften, veröffentlicht)

```
property BevelInner: (bvNone, bvLowered, bvRaised, bvSpace);
  default bvNone;
property BevelOuter: (bvNone, bvLowered, bvRaised, bvSpace);
  default bvRaised;
```

Mit *BevelInner* und *BevelOuter* wird bestimmt, ob das *Panel* eine innere und/ oder äußere Schrägkante hat und ob diese erhöht (*bvRaised*) oder vertieft dargestellt (*bvLowered*) werden.

▪ BevelWith (Eigenschaft)

```
property BevelWidth: 1..MaxInt default 1;
```

Mit *BevelWidth* kann man die Breite der Schrägkanten einstellen. In den meisten Fällen sehen jedoch breite Schrägkanten schrecklich aus, so dass man diesen Wert auf eins belassen sollte.

▪ BorderStyle (Eigenschaft)

```
property BorderStyle: (beNone, bsSingle) default bsNone;
```

Um zusätzlich zu den (gegebenenfalls breiten) Schrägkanten einen Rahmen zu setzen, wird die Eigenschaft *BorderStyle* auf *bsSingle* gesetzt.

▪ BorderWidth (Eigenschaft)

```
property BorderWidth: 0..MaxInt default 0;
```

Um zwischen der inneren und äußeren Schrägkante einen Abstand zu schaffen, kann die Eigenschaft *BorderWidth* verwendet werden.

Bisweilen verwendet man Formulare, die vollständig von einer anderen Komponente, beispielsweise einer *TStringGrid*-Instanz, ausgefüllt sind. Soll auch nach Größenänderungen des Formulars stets ein kleiner Rahmen um diese Komponente sein, so verwendet man eine *TPanel*-Instanz, setzt *BorderWidth* auf einen passenden Wert und setzt sowohl *BevelInner* als auch *BevelOuter* auf *bvNone*.

■ Locked (Eigenschaft)

```
property Locked: Boolean default false;
```

Wird eine *TPanel*-Komponente an einem OLE-Container ausgerichtet, so wird sie als dessen Werkzeugleiste betrachtet und gegebenenfalls von der Werkzeugleiste des OLE-Servers ersetzt. Um diesen Vorgang zu verhindern, muss *Locked* auf *true* gesetzt werden.

■ OnResize (Ereignis)

```
property OnResize(Sender: TObject);
```

Das Ereignis *OnResize* tritt auf, wenn die Größe des Panels verändert wird.

3.3.16 TActionList

Mit Hilfe der Komponente *TActionList* kann die Benutzerschnittstelle (Menüs, Tool-Balken) zentral verwaltet werden. *TActionList* ist von *TComponent* abgeleitet.

Wozu das Ganze?

Viele moderne Programme sind so komplex, dass der Anwender keine Übersicht über die ablaufenden Vorgänge behalten kann (das soll ja einigen Programmierern schon so gehen ...). Deshalb sollte man die Benutzeroberfläche so gestalten, dass sie den Anwender bei der Benutzung der Programme unterstützt. Beispielsweise sollte man in einem Menü diejenigen Menüpunkte grau darstellen, deren Benutzung im Moment keinen Sinn macht.

Nun sind Programme ja auch gewissen Modeerscheinungen unterworfen. So ist es im Moment üblich, dass ein Programm nicht nur ein Menü hat, sondern auch noch einen Tool-Balken und ein Kontextmenü. Und bei allen diesen Einheiten muss man nun dafür sorgen, dass unsinnige Benutzeraktionen gesperrt werden. Das ist zunächst einmal viel Aufwand.

Erschwerend kommt hinzu, dass man dabei tunlichst keinen Fehler machen sollte. Vor allem sollte man keine Anweisungen sperren, welche der Anwender gerade dringend benötigt (es sei denn, man benötigt ein wirklich überzeugendes Argument zum Verkauf des nächsten Updates ...).

Idee der Komponente *TActionList* ist nun, die Verwaltung der Benutzerstelle an einer Stelle zu zentralisieren und ein Stück weit zu automatisieren. Wie das geht, wollen wir uns gleich im Beispiel ansehen:

In unserem neuen Projekt benötigen wir zunächst einmal eine Image-Liste. Damit Sie diese nun nicht mühsam selbst zusammenstellen müssen, habe ich ein Formular mit eben dieser Liste im Verzeichnis *\kap_3\kap_3_3\TAction\Form* gespeichert.

Es ist im übrigen eine gute Idee, sich eine Image-Liste mit den gebräuchlichsten Symbolen als Komponentenvorlage auf die Palette zu legen – am besten gleich neben *TActionList*.

Damit das Beispiel nicht ausufert, wollen wir hier nur mit ein paar Zwischenablage-Operationen arbeiten. Fügen Sie dazu zwei *TEdit*- und eine *TMemo*-Instanz ein. Desweiteren benötigen wir nun eine *TActionList*. Deren Eigenschaft *Images* weisen Sie *ImageList1* zu. Mit einem Doppelklick darauf gelangen Sie in den Komponenten-Editor.

Wählen Sie hier Neue STANDARD-AKTION, und fügen Sie die Aktionen *TEditCopy,*
TEditCut und *TEditPaste* ein. Die einzelnen Actions sind nun in der Liste, und
deren Eigenschaften wie *Caption, ShortCut, Hint* und *ImageIndex* haben (hoffent-
lich) die benötigten Werte.

Nun fügen wir ein Menü ein, dessen Eigenschaft *Images* setzen wir auf *ImageList1.*
Mit einem Doppelklick auf die *TMainMenu*-Instanz wird der Menü-Editor aufgerufen und als Menütitel *&Bearbeiten* gewählt.

Bei den weiteren Menüpunkten braucht keine Beschriftung eingegeben zu werden, es muss lediglich die Eigenschaft *Action* entsprechend gesetzt werden. Die
Eigenschaften *Caption, ShortCut, Hint* und *ImageIndex* übernehmen dabei die Eigenschaften von *TActionList.*

In ähnlicher Weise wird je eine *TToolBar*- und eine *TPopupMenu*-Instanz in das
Formular eingefügt und mit Buttons beziehungsweise Menüpunkten versehen.
Vergessen Sie dabei nicht, die Eigenschaft *Images* zu setzen. Bei *ToolBar1* soll die
Eigenschaft *ShowHint* auf *true* gesetzt werden.

Starten Sie nun die Anwendung mit F9, und spielen Sie ein wenig mit den Menüpunkten. Wie Sie sehen, funktionieren nicht nur die Zwischenablage-Operationen, sondern auch das Sperren der Menüpunkte und der Tool-Buttons ohne eine
einzige Zeile Quelltext.

Verständlicherweise können nicht alle Funktionen so einfach erstellt werden. Fertig
funktionierende Actions gibt es neben den Zwischenablage-Operationen für Text-
felder (*TEdit, TMemo* usw.) auch noch für das Fenster-Menü von MDI-Anwendungen und für die Navigations-Befehle von Datenbanken.

Selbsterstellte Actions

Bei der Verwendung von *TActionList* sind wir nicht auf die Verwendung der vordefinierten Actions beschränkt, Sie können mit dem *TActionList*-Editor auch sehr
leicht eigene erstellen. In diesem Fall müssen jedoch die Eigenschaften *Name,*
Caption, Hint, ShortCut und *ImageIndex* selbst gesetzt werden.

Auch müssen dann die Aktionen, die durchgeführt werden sollen, vom Programmierer selbst erstellt werden. Dabei erkennt die Komponente selbst, ob ihrem *OnExecute*-Ereignis eine Ereignisbehandlungsroutine zugewiesen ist, und stellt die Menüpunkte unbenutzter Actions selbstständig grau dar.

Ob das von Vorteil ist, sei einmal dahingestellt. Wenn Sie zunächst die *Enabled*-Logik implementieren wollen, dann dürfen Sie die *OnExecute*-Ereignis-behandlungsroutinen nicht leer lassen, weil sonst die Eigenschaft *Enabled* stets auf *false* zurückgesetzt würde. Ein Kommentar in der *OnExecute*-Ereignis-behandlungsroutine reicht jedoch aus.

Die Entscheidung allerdings, ob die Ausführung einer vorhandenen Ereignis-behandlungsroutine auch Sinn macht, liegt dann wieder beim Programmierer. Wir wollen dies anhand eines kleinen Bitmap-Betrachters mit Zwischenablage-Funktionalität nachvollziehen.

```
procedure TForm1.AusschneidenExecute(Sender: TObject);
begin
   if Image1.Picture.Bitmap <> nil
     then Clipboard.Assign(Image1.Picture);
   Image1.Picture.Graphic := nil;
   FormActivate(Sender);
end;


procedure TForm1.KopierenExecute(Sender: TObject);
begin
   Clipboard.Assign(Image1.Picture);
   FormActivate(Sender);
end;


procedure TForm1.EinfgenExecute(Sender: TObject);
begin
   Image1.Picture.Assign(Clipboard);
   FormActivate(Sender);
end;


procedure TForm1.FormActivate(Sender: TObject);
begin
   Ausschneiden.Enabled := (Image1.Picture.Height <> 0);
   Kopieren.Enabled := (Image1.Picture.Height <> 0);
   Einfgen.Enabled := Clipboard.HasFormat(CF_BITMAP);
end;
```

```
procedure TForm1.FormCreate(Sender: TObject);
begin
  Application.OnActivate := FormActivate;
end;
```

Zur zentralen Verwaltung der *Enabled*-Eigenschaften hat *TActionList* das Ereignis *OnUpdate*, das aber dermaßen häufig ausgelöst wird, dass dessen Verwendung sehr ressourcenintensiv sein dürfte.

In vielen Fällen wird es sinnvoller sein, sich genau zu überlegen, wann sich die Zustände überhaupt ändern können. In unserem Beispiel ist dies zum einen dann, wenn eine Zwischenablage-Operation ausgeführt wird. Wird beispielsweise das vorhandene Bild ausgeschnitten, dann machen die Menüpunkte *Ausschneiden* und *Kopieren* keinen Sinn mehr und sollten deshalb gesperrt werden.

Ob der Menüpunkt *Einfügen* zweckmäßig ist, hängt davon ab, welches Format der Inhalt der Zwischenablage hat. Dieses kann auch von anderen Programmen geändert werden, so dass die Abfrage dann erfolgen sollte, wenn der Fokus von einem anderen Programm zu unserem Bildbetrachter erfolgt, als Ereignis verwenden wir daher *Application.OnActivate*.

Desweiteren fällt auf, dass bei einer leeren *TPicture*-Komponte auf die Eigenschaft *Graphic.Empty* nicht zugegriffen werden darf. Ob *Image1.Picture* ein Bild enthält, ermitteln wir somit anhand der Bildhöhe. Die Information, ob sich ein Bitmap in der Zwischenablage befindet, liefert die Methode *TClipboard.HasFormat*.

TActionList

■ Actions (Eigenschaft, veröffentlicht)

```
property Actions[Index: Integer]: TContainedAction;
```

Über die Array-Eigenschaft *Actions* kann auf die in der Liste gespeicherten Actions zugegriffen werden.

■ ActionCount (Eigenschaft, öffentlich, nur Lesen)

```
property ActionCount: Integer;
```

Die Eigenschaft *ActionCount* enthält die Zahl der in der Action-Liste gespeicherten Actions.

■ Images (Eigenschaft, veröffentlicht)

```
property Images: TCustomImageList;
```

Mit Hilfe der Eigenschaft *Images* kann der Action-Liste eine Image-Liste zugewiesen werden, damit die Menü-Symbole auch im *TActionList*-Editor angezeigt werden.

▪ OnUpdate (Ereignis)

```
property OnUpdate(Action: TBasicAction; var Handled: Boolean);
```

Das Ereignis *OnUpdate* wird immer dann ausgelöst, wenn *TActionList* der Ansicht ist, die Eigenschaft *Enabled* einer ihrer Actions müsste vielleicht geändert werden. *OnUpdate* tritt recht häufig auf, in vielen Fällen kann man die Aktualisierung der *Enabled*-Eigenschaften ressourcenfreundlicher gestalten.

Das Ereignis *OnUpdate* kann mit der Methode *UpdateAction* gezielt ausgelöst werden.

▪ OnExecute (Ereignis)

```
property OnExecute(Action: TBasicAction; var Handled: Boolean);
```

Das Ereignis *OnExecute* wird immer dann ausgelöst, wenn eine der Aktionen aufgerufen wird, beispielsweise dadurch, dass ein Button angeklickt wird.

Das *TActionList*-Ereignis *OnExecute* ist besonders dann sinnvoll, wenn vordefinierten Actions noch weitere Anweisungen auslösen sollen. Würde man eine entsprechende Ereignisbehandlungsroutine dem *OnExecute*-Ereignis der einzelnen Actions zuweisen, dann würde die vordefinierte Funktion überschrieben und nicht mehr ausgeführt. Führt man die Anweisungen im Rahmen der *OnExecute*-Ereignisbehandlungsroutine von *TActionList* aus, dann gilt die Aktion als noch nicht behandelt, es sei denn, es wird explizit der Variablen-Parameter *Handled* auf *true* gesetzt.

TAction

Die Komponente *TAction* kapselt eine einzelne Aktion. *TAction* wird nicht über die Komponentenpalette eingefügt, sondern mit dem *TActionList*-Editor erzeugt.

▪ Caption, Hint, ShortCut, ImageIndex (Eigenschaften, veröffentlicht)

```
property Caption: string;
property Hint: string;
property ShortCut: TShortCut;
property ImageIndex: Integer default -1;
```

Die Werte von *Caption, Hint, ShortCut* und *ImageIndex* werden automatisch den jeweiligen Menüpunkten und Buttons zugewiesen, wenn deren Eigenschaft *Action* auf die betreffende *TAction*-Instanz gesetzt werden, sie können aber danach noch geändert werden.

■ Enabled, Checked, Visible (Eigenschaften, veröffentlicht)

```
property Enabled: Boolean default true;
property Checked: Boolean default false;
property Visible: Boolean default true;
```

Mit Hilfe der Eigenschaften *Enabled*, *Checked* und *Visible* können die gleichnamigen Eigenschaften der verbundenen Menüpunkte und Buttons zentral gesetzt werden.

■ Category (Eigenschaften, veröffentlicht)

```
property Category: string;
```

Um bei vielen Actions im *TActionList*-Editor die Übersicht nicht zu verlieren, können die Actions in verschiedene Kategorien eingeteilt werden. Zur Laufzeit hat diese Eigenschaft keine Bedeutung.

■ OnExecute (Ereignis)

```
property OnExecute(Sender: TObject);
```

Das Ereignis *OnExecute* wird dann ausgelöst, wenn eine verbundene Komponente betätigt, beispielsweise ein Menüpunkt angeklickt wird.

Die vordefinierten Actions haben auch ein vordefiniertes Verhalten, das dann überschrieben wird, wenn dem *TAction*-Ereignis *OnExecute* eine Ereignisbehandlungsroutine zugewiesen wird.

3.4 Zusätzlich

Auf der Palettenseite *Zusätzlich* finden sich die folgenden Komponenten:

Die Komponente *TChart* wird wegen ihres Umfangs in einem eigenen Kapitel (3.5) beschrieben.

3.4.1 TBitBtn

Die Komponente *TBitBtn* stellt Buttons zur Verfügung, die mit kleinen Icons versehen werden können. *TBitBtn* ist von *TWinControl* abgeleitet.

■ Kind (Eigenschaft, veröffentlicht)

```
property Kind: (bkCustom, bkOK, bkCancel, bkHelp, bkYes, bkNo,
    bkClose, bkAbort, bkRetry, bkIgnore, bkAll); default bkCustom;
```

Wird die Eigenschaft *Kind* auf einen Wert ungleich *bkCustom* gesetzt, dann wird *ModalResult* auf einen entsprechenden Wert gesetzt und der Eigenschaft *Glyph* ein passendes Icon zugewiesen.

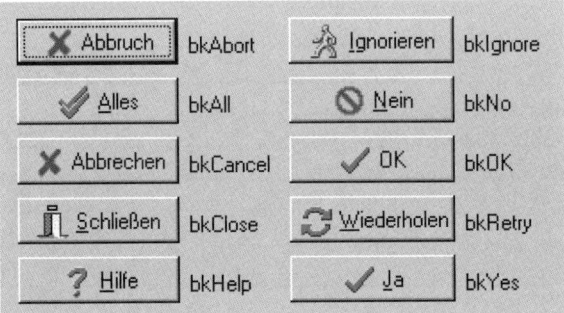

Anzeige des Icons

■ Glyph, NumGlyphs (Eigenschaften, veröffentlicht)

```
property Glyph: TBitmap;
property NumGlyphs: 1..4; default 1;
```

Das anzuzeigende Icon wird der Eigenschaft *Glyph* zugewiesen. Das verwendete Bitmap kann bis zu vier Icons enthalten, die je nach Zustand des Buttons verwendet werden. Die Anzahl der Icons muss mit *NumGlyphs* spezifiziert werden.

Die vier Icons werden für die folgenden Stati verwendet:

■ nicht gedrückt (1)

■ deaktiviert (2)

■ gedrückt (3)

■ dauerhaft gedrückt (4).

Ist für einen der Stati kein Icon vorhanden, dann wird das erste Icon verwendet.

■ Style, Margin, Spacing (Eigenschaften, veröffentlicht)

```
property Layout: (blGlyphLeft, blGlyphRight, blGlyphTop,
  blGlyphBottom); default blGlyphLeft;
property Spacing: Integer; default 4;
property Margin: Integer; default -1;
```

Mit *Layout* wird spezifiziert, an welcher Stelle das Icon angezeigt werden soll. *Spacing* bestimmt den Abstand zwischen Text und Icon.

Mit *Margin* wird der Abstand zwischen dem Icon und dem Rand der Schaltfläche angegeben. Soll der Inhalt zentriert werden, so ist Margin auf -1 zu setzen.

Abgeleitet von TButton

TBitBtn ist von *TButton* abgeleitet und erbt somit einige Eigenschaften, die schon in Kapitel 3.3.7 beschrieben sind:

■ Caption (Eigenschaft, veröffentlicht)

■ OnClick (Ereignis)

■ Cancel (Eigenschaft, veröffentlicht)

■ Default (Eigenschaft, veröffentlicht)

■ ModalResult (Eigenschaft, veröffentlicht)

3.4.2 TSpeedButton

Die Komponente *TSpeedButton* ähnelt *TBitBtn* (Kapitel 3.4.1), ist jedoch von *TControl* und nicht von *TWinControl* abgeleitet. Sie nimmt somit keine Tastatureingaben entgegen und erhält auch keinen Focus.

Anzeige der Icons

Die Eigenschaften zur Anzeige der Icons gleichen denen von *TBitBtn* (siehe Kapitel 3.4.1):

- ▨ Glyph, NumGlyphs (Eigenschaften, veröffentlicht)
- ▨ Layout, Margin, Spacing (Eigenschaften, veröffentlicht)

Gruppenbildung

- ▨ GroupIndex (Eigenschaft, veröffentlicht)

```
property GroupIndex: Integer; default 0;
```

Hat *GroupIndex* den Wert null, dann verhält sich der SpeedButton wie ein normaler Button.

Hat *GroupIndex* einen Wert ungleich null, dann bildet der SpeedButton mit allen anderen SpeedButtons, deren Eigenschaft *GroupIndex* denselben Wert haben, eine Gruppe. Wird ein SpeedButton dieser Gruppe aktiviert, so wird der zuvor aktivierte SpeedButton deaktiviert.

- ▨ Down (Eigenschaft, veröffentlicht)

```
property Down: Boolean; default false;
```

Mit *Down* kann abgefragt und gesetzt werden, ob der betreffende SpeedButton aktiviert ist. Beachten Sie, dass beim Aktivieren eines SpeedButtons alle anderen SpeedButton der Gruppe deaktiviert werden.

Hat *GroupIndex* den Wert null, dann läßt sich *Down* nicht auf *true* setzen.

- ▨ AllowAllUp (Eigenschaft, veröffentlicht)

```
property AllowAllUp: Boolean; default false;
```

Damit alle SpeedButton einer Gruppe deaktiviert werden können, muss *AllowAllUp* auf *true* gesetzt werden. Der aktivierte SpeedButton wird dann durch nochmaliges Anklicken deaktiviert.

3.4.3 TMaskEdit

Bisweilen muss eine Anwendereingabe nach bestimmten Kriterien formatiert sein. Hier kann dann mit der Komponente *TMaskEdit* dafür gesorgt werden, dass eine Eingabe nicht anders als nach den Formatierungsrichtlinien erfolgen kann.

TMaskEdit ist ebenso wie *TEdit* von *TCustomEdit* abgeleitet und erbt viele Eigenschaften, Methoden und Ereignisse, die bereits bei *TEdit* in Kapitel 3.3.4. beschrieben wurden. *TMaskEdit* ist außerdem von *TWinControl* abgeleitet.

▪ EditMask (Eigenschaft, veröffentlicht)

```
property EditMask: string;
```

Mit Hilfe der Eigenschaft *EditMask* wird die Eingabemaske erstellt. *EditMask* verfügt über einen Eigenschaftseditor.

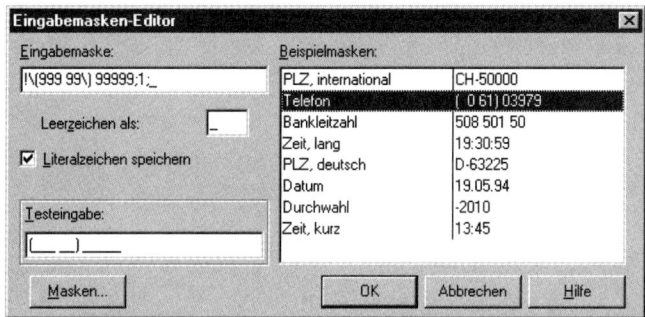

Eine vollständige Auflistung der verwendeten Zeichen ist in der Online-Hilfe zu finden. Hier folgt eine Auswahl der gebräuchlichsten Zeichen:

L / l   Hier muss (L) / kann (l) ein Buchstabe (A-Z, a-z) eingegeben werden.

A / a   Hier muss / kann ein Buchstabe (A-Z, a-z) oder eine Ziffer (0-9) eingegeben werden.

C / c   Hier muss / kann ein beliebiges Zeichen eingegeben werden.

0 / 9   Hier muss / kann eine Ziffer eingegeben werden.

\#   Hier kann eine Ziffer oder ein Plus- oder Minus-Zeichen eingegeben werden.

_   Das Zeichen _ (Unterstrich) fügt ein festes Leerzeichen in den Text ein. Bei der Eingabe in das Feld wird dieses Leerzeichen vom Cursor übersprungen.

\   Um Maskenzeichen als normale Zeichen in die Maske einzufügen, ist ein \-Zeichen voranzustellen.

3.4.4 TStringGrid

TStringGrid dient zur Anzeige von Strings in Tabellenform. Im Gegensatz zu
TDrawGrid (Kapitel 3.4.5) werden die Strings dabei in der Komponente gespeichert.

TStringGrid ist nicht nur von *TWinControl*, sondern auch von *TDrawGrid* (Kapitel
3.4.5) abgeleitet. Die von *TDrawGrid* implementierten Eigenschaften, Methoden
und Ereignisse werden hier nicht nochmals beschrieben.

- Cells (Eigenschaft, öffentlich)

```
property Cells[ACol, ARow: Integer]: string;
```

Mit der zweidimensionalen Array-Eigenschaft *Cells* kann auf die gespeicherten Strings zugegriffen werden. Die Indizierung beginnt jeweils mit null.

Da die Eigenschaft *Cells* nur öffentlich und nicht veröffentlicht ist, können die
Strings nicht zur Entwurfszeit eingegeben werden. Das folgende Listing zeigt
eine Reihennummerierung zur Laufzeit:

```
procedure TForm1.FormCreate(Sender: TObject);
var
  i: integer;
begin
  for i := 1 to StringGrid1.RowCount - 1
    do StringGrid1.Cells[0,i] := IntToStr(i);
end;
```

Die in Kapitel 6.4.1 beschriebene Komponente *TBStringGrid* beherrscht die
Entgegennahme der Zelleninhalte zur Entwurfszeit.

- Cols, Rows (Eigenschaften, öffentlich)

```
property Cols[Index: Integer]: TStrings;
```

Mit den eindimensionalen Array-Eigenschaften *Cols* und *Rows* kann spaltenweise (*Cols*) oder reihenweise (*Rows*) auf die gespeicherten Strings zugegriffen werden. Im Gegensatz zu *Cells* haben hier die Array-Felder den Typ
TStrings.

- Objects (Eigenschaft, öffentlich)

```
property Objects [ACol, ARow: Integer]: TObject;
```

Neben Strings können zu den Zellen auch Objektreferenzen gespeichert werden. Auf diese wird mit der zweidimensionalen Array-Eigenschaft *Objects*
zugegriffen.

3.4.5 TDrawGrid

Die Komponente *TDrawGrid* dient zur Anzeige von Daten in Tabellenform. Die
Daten werden dabei nicht in der *TDrawGrid*-Instanz gespeichert, der Programmierer muss mittels einer *OnDrawCell*-Ereignisbehandlungsroutine sicherstellen,
dass die gewünschten Daten angezeigt werden.

Mit *TStringGrid* (Kapitel 3.4.4) wird eine Komponente zur Verfügung gestellt,
welche Strings anzeigen und auch speichern kann.

TDrawGrid ist von TWinControl abgeleitet.

Spalten und Reihen

- ColCount, RowCount (Eigenschaften, veröffentlicht)

```
property ColCount: Longint; default 5;
property RowCount: Longint; default 5;
```

Mit *ColCount* wird die Zahl der Spalten, mit *RowCount* die Zahl der Reihen
des Gitters spezifiziert.

- Col, Row (Eigenschaften, öffentlich)

```
property Col: Longint;
property Row: Longint;
```

Diese Eigenschaften können verwendet werden, um von der aktuell gewählten Zelle die Spalte (*Col*) und Reihe (*Row*) zu ermitteln oder um eine bestimmte Zelle auszuwählen. Die Zählung beginnt dabei mit null.

- FixedCols, FixedRows, FixedColor (Eigenschaften, veröffentlicht)

```
property FixedCols: Integer; default 1;
property FixedRows: Integer; default 1;
property FixedColor: TColor; default clBtnFace;
```

Für Spalten- und Reihenüberschriften und ähnliche Zwecke kann eine bestimmte Zahl von Spalten und Reihen festgelegt werden, die stets am linken
beziehungsweise oberen Rand angezeigt werden, auch wenn in der Tabelle
gescrollt wird. In diese Spalten und Reihen können vom Benutzer keine Eingaben vorgenommen werden.

Die Anzahl solcher Spalten wird mit *FixedCols*, die Anzahl der Reihen mit
FixedRows spezifiziert. Mit *FixedColors* können diese Spalten und Reihen farblich abgesetzt werden.

▨ ColWidths, RowHeights (Eigenschaften, öffentlich)

```
property ColWidths[Index: Longint]: Integer;
property RowHeights[Index: Longint]: Integer;
```

Mit den Array-Eigenschaften *ColWidths* und *RowHeights* können die Breite der Spalten und die Höhe der Reihen spezifiziert werden.

▨ DefaultColWidth, DefaultRowHeight (Eigenschaften, veröffentlicht)

```
property DefaultColWidth: Integer; default 64;
property DefaultRowHeight: Integer; default 24;
```

Diese Eigenschaften setzen alle Spaltenbreiten beziehungsweise Zellenhöhen auf die angegebenen Werte. Dabei werden alle Werte von *ColWidths* beziehungsweise *RowHeights* überschrieben.

Darstellung des Gitters und der Daten

▨ GridLineWidth, DefaultDrawing (Eigenschaften, veröffentlicht)

```
property GridLineWidth: Integer; default 1;
property DefaultDrawing: Boolean; default true;
```

Mit *GridLineWidth* wird die Stärke der Trennlinien zwischen den Zellen angegeben. Um keine solche Linien anzuzeigen, wird *GridLineWidth* auf null gesetzt.

Sie können die Anzeige des Gitters auch vermeiden, indem Sie *DefaultDrawing* auf *false* setzen. Ein Gitter können Sie dann immer noch in der *OnDrawCell*-Ereignisbehandlungsroutine erstellen.

Um die Darstellung der senkrechten Linien zu vermeiden, setzen Sie die Option *goVertLine* auf *false*. Wollen Sie keine waagerechten Linien angezeigt haben, müssen Sie *goHorzLine* auf *false* setzen.

▨ BorderStyle (Eigenschaft, veröffentlicht)

```
property BorderStyle: bsNone..bsSingle; default bsSingle;
```

Mit *BorderStyle* wird vorgegeben, ob ein Rahmen um das Grid gezeichnet werden soll.

Wird die *TDrawGrid*-Instanz nicht vollständig vom Gitter ausgefüllt, dann erscheinen rechts und/oder unten freie weiße Flächen, die mitunter etwas störend wirken. Um diese Flächen zu vermeiden, gehen Sie wie folgt vor:

▪ Setzen Sie die Eigenschaft *Color* auf die Farbe des Hintergrundes (meist *clBtnFace*).

▪ BorderStyle wird auf *clNone* gesetzt.

□ *ScrollBars* muss den Wert *ssNone* erhalten.

□ In der *OnDrawGrid*-Ereignisbehandlungsroutine muss die Hintergrundfarbe der Zelle gesetzt werden.

```
procedure TForm1.DrawGrid1DrawCell(Sender: TObject;
  ACol, ARow: Integer; Rect: TRect; State: TGridDrawState);
var
  s: string;
begin
  with DrawGrid1.Canvas do
  begin
    if gdFixed in State
      then Brush.Color := clBtnFace
      else Brush.Color := clWindow;
    if gdSelected in State
      then Brush.Color := clHighlight;
    s := IntToStr(ACol) + ', ' + IntToStr(ARow);
    TextRect(Rect, Rect.Left + 5, Rect.Top + 2, s);
  end; {with DrawGrid1.Canvas do}
end; {procedure TForm1.DrawGrid1DrawCell}
```

□ OnDrawCell (Ereignis)

```
property OnDrawCell(Sender: TObject; ACol, ARow: Integer;
  Rect: TRect; State: TGridDrawState);
```

Das Ereignis *OnDrawCell* tritt immer dann auf, wenn eine Zelle zum ersten
Mal oder erneut auf dem Bildschirm dargestellt werden muss. In der
OnDrawCell-Ereignisbehandlungsroutine müssen Sie die Darstellung der Da-
ten veranlassen.

Anzeige eines Tabellenausschnittes

□ GridHeight, GridWidth (Eigenschaften, öffentlich, nur Lesen)

```
property GridHeight: Integer;
property GridWidth: Integer;
```

Mit *GridHeight* und *GridWidth* können die Abmessungen des Gitters innerhalb der *TDrawGrid*-Instanz ermittelt werden. Sind diese Abmessungen kleiner als *ClientHight* beziehungsweise *ClientWidth*, dann wird rechts oder unten
ein freier Bereich angezeigt. Andernfalls werden gegebenenfalls Scrollbalken
verwendet.

■ ScrollBars (Eigenschaft, veröffentlicht)

```
property ScrollBars: (ssNone, ssHorizontal, ssVertical, ssBoth);
  default ssBoth;
```

Mit der Eigenschaft *ScrollBars* wird festgelegt, welche Scrollbalken erforderlichenfalls angezeigt werden.

■ LeftCol, TopRow (Eigenschaften, öffentlich)

```
property LeftCol: Longint;
property TopRow: Longint;
```

Mit *LeftCol* beziehungsweise *TopRow* können die erste frei verschiebbare Spalte beziehungsweise die erste frei verschiebbare Reihe des Gitters ermittelt werden. Die über *FixedCols* und *FixedRows* festgelegten Spalten sind nicht frei verschiebbar.

■ VisibleColCount, VisibleRowCount (Eigenschaften, öffentlich, nur Lesen)

```
property VisibleColCount: Integer;
property VisibleRowCount: Integer;
```

Mit *VisibleColCount* beziehungsweise *VisibleRowCount* kann die Anzahl der aktuell angezeigten Spalten respektive Reihen ermittelt werden.

■ OnTopLeftChanged (Ereignis)

```
property OnTopLeftChanged(Sender: TObject);
```

Das Ereignis *OnTopLeftChanged* tritt auf, wenn durch ein Verschieben des Tabellenausschnittes die angezeigte linke, obere Ecke geändert wird.

■ OnColumnMoved, OnRowMoved (Ereignisse)

```
property OnColumnMoved(Sender: TObject;
  FromIndex, ToIndex: Integer);
property OnRowMoved(Sender: TObject; FromIndex, ToIndex: Integer);
```

Die Ereignisse *OnColumnMoved* beziehungsweise *OnRowMoved* treten dann auf, wenn eine Spalte beziehungsweise eine Reihe verschoben wird. Mit Hilfe der Parameter *FromIndex* und *ToIndex* kann bestimmt werden, von welcher zu welcher Position verschoben wird.

Damit Spalten verschoben werden können, muss die Option *goColMoving* gesetzt sein, für das Verschieben von Reihen ist die Option *goRowMoving* erforderlich.

▓ CellRect, MouseToCell (Methoden)

```
function CellRect(ACol, ARow: Longint): TRect;
procedure MouseToCell(X, Y: Integer; var ACol, ARow: Longint);
```

Mit der Funktion *CellRect* kann die Lage und die Größe einer Zelle des Gitters bestimmt werden. Befindet sich die Zelle außerhalb der angezeigten Bereichs, dann haben alle *TRect*-Elemente den Wert null.

Mit *MouseToCell* kann bestimmt werden, innerhalb welcher Zelle bestimmte Koordinaten liegen. Diese Methode ist im Zusammenhang mit den Ereignissen *OnMouseDown* und *OnMouseUp* hilfreich.

```
procedure TForm1.DrawGrid1MouseDown(Sender: TObject;
  Button: TMouseButton; Shift: TShiftState; X, Y: Integer);
var
  col, row: integer;
begin
  DrawGrid1.MouseToCell(x, y, col, row);
  Caption := IntToStr(col) + '|' + IntToStr(Row);
end;
```

Eingabe von Daten

Damit in die *TDrawGrid*-Instanz Strings eingegeben werden können, muss die Option *goEditing* auf *true* gesetzt werden. Wird dann eine einzelne Zelle selektiert, dann wird ein sogenannter Inplace-Editor aufgerufen.

▓ OnGetEditText, OnGetEditMask, OnSetEditText (Ereignisse)

```
property OnGetEditText(Sender: TObject; ACol, ARow: Integer;
  var Value: String);
property OnGetEditMask(Sender: TObject; ACol, ARow: Integer;
  var Value: String);
property OnSetEditText(Sender: TObject; ACol, ARow: Integer;
  const Value: String);
```

Beim Anzeigen des Inplace-Editors werden die Ereignisse *OnEditText* und *OnEditMask* aufgerufen. In der *OnGetEditText*-Ereignisbehandlungsroutine kann dem Variablen-Parameter *Value* der Text übergeben werden, der im Inplace-Editor angezeigt werden soll. Für gewöhnlich verwendet man den Text, der bislang schon in der Zelle angezeigt wurde.

Soll im *Implace*-Editor eine Eingabemaske verwendet werden, dann muss diese in der *OnGetEditMask*-Ereignisbehandlungsroutine dem Variablen-Parameter *Value* übergeben werden. Die Syntax für die Eingabemaske kann bei der Komponente *TMaskEdit* (Kapitel 3.4.3) nachgesehen werden.

Beim Schließen des Editors wird das Ereignis *OnSetEditText* ausgelöst. Dessen
Parameter *Value* kann entnommen werden, welchen Text der Anwender eingegeben hat.

■ OnSelectCell (Ereignis)

```
property OnSelectCell(Sender: TObject; ACol, ARow: Integer;
  var CanSelect: Boolean);
```

Das Ereignis *OnSelectCell* tritt vor dem Selektieren einer Zelle auf. Um das
Selektieren der betreffenden Zelle zu vermeiden, wird der Variablen-Parameter *CanSelect* auf *false* gesetzt.

■ Selection (Eigenschaft, öffentlich)

```
property Selection: TGridRect;
```

Mit Hilfe der Eigenschaft Selection kann bestimmt werden, welche Zellen im
Moment markiert sind. Die Definition von *TGridRect* schlagen Sie in der Online-Hilfe nach.

Optionen

■ Options (Eigenschaft, veröffentlicht)

```
property Options: set of (goFixedVertLine, goFixedHorzLine,
  goVertLine, goHorzLine, goRangeSelect, goDrawFocusSelected,
  goRowSizing, goColSizing, goRowMoving, goColMoving, goEditing,
  goTabs, goRowSelect, goAlwaysShowEditor, goThumbTracking);
```

In der Eigenschaft Options sind 15 Optionen zusammengefaßt, von denen
hier nur ein Teil vorgestellt werden soll:

■ Ist *GoEditing* gesetzt, dann ist für das Grid ein automatischer Inplace-Editor verfügbar.

■ Mit *goRowSizing* und *goColSizing* wird festgelegt, ob sich die Reihenhöhen
  beziehungsweise Spaltenbreiten zur Laufzeit mit der Maus verändern lassen.

■ Damit sich Spalten beziehungsweise Reihen zur Laufzeit verschieben lassen, müssen die Optionen *goColMoving* beziehungsweise *goRowMoving*
  gesetzt werden.

■ Soll mit der Tab-Taste die nächste Zelle angewählt werden können, muss
  goTabs gesetzt sein.

■ Für die Anzeige von Linien im festen Bereich sind die Optionen
  goFixedVertLine und *goFixedHorzLine* zuständig, für die Linien im verschiebbaren Bereich die Optionen *goVertLine* und *goHorzLine*.

3.4.6 TImage

Die Komponente *TImage* dient zum Anzeigen von Bildern. Im Gegensatz zu *TPaintBox* (Kapitel 3.7.1) wird das Bild dabei in der Komponente gespeichert und automatisch auf dem Bildschirm angezeigt.

TImage ist von *TControl* abgeleitet.

▨ Picture (Eigenschaft, veröffentlicht)

```
property Picture: TPicture;
```

Mit *Picture* kann auf das in *TImage*-Instanz enthaltene Bild zugegriffen werden. Mehr zu *TPicture* in Kapitel 4.3.1.

▨ AutoSize, Center, Stretch (Eigenschaften, veröffentlicht)

```
property AutoSize: Boolean; default false;
property Center: Boolean; default false;
property Stretch: Boolean; default false;
```

Wird *AutoSize* auf *true* gesetzt, dann werden die Abmessungen der Komponente dem anzuzeigenden Bild angepaßt. Um das anzuzeigende Bild in der Komponente zu zentrieren, muss *Center* auf *true* gesetzt werden.

Soll das anzuzeigende Bild auf Komponentengröße vergrößert oder verkleinert werden, dann ist *Stretch* auf *true* zu setzen. Beachten Sie, dass es dabei zu Verzerrungen des Bildes kommen kann.

▨ Transparent (Eigenschaft, veröffentlicht)

```
property Transparent: Boolean; default false;
```

Wird *Transparent* auf *true* gesetzt und wird in der Komponente ein Bitmap angezeigt, dann wird dieses transparent dargestellt. Näheres zur Transparenten Darstellung in Kapitel 4.3.3.

▨ Canvas (Eigenschaft, öffentlich, nur Lesen)

```
property Canvas: TCanvas;
```

Ist in der Eigenschaft *Picture* ein Bitmap enthalten, dann enthält *Canvas* eine Referenz auf dessen Zeichenfläche. Statt

```
Image1.Picture.Bitmap.Canvas.LineTo(10, 10);
```

schreibt man dann nur noch

```
Image1.Canvas.LineTo(10, 10);
```

TCanvas ist in Kapitel 4.2 beschrieben.

■ Align (Eigenschaft, veröffentlicht)

```
property Align: (alNone, alTop, alBottom, alLeft, alRight,
  alClient); default alNone;
```

Mit Align kann eine *TImage*-Instanz an der übergeordneten Komponente, beispielsweise am Formular, ausgerichtet werden. Zu beachten ist dabei allerdings, dass ein in der Eigenschaft *Picture* enthaltenes Bitmap den Größenänderungen der *TImage*-Komponente nicht folgt.

In der folgenden Abbildung wurde die Eigenschaft *Align* der *TImage*-Kompo-
nente auf *alClient* gesetzt. Nach einer Größenänderung des Formulars wurden zwar die Abmessungen der *TImage*-Komponente angepaßt, nicht aber des
darin enthaltenen *TBitmap*-Objektes. Auch bei einem erneuten Zeichnen auf
das Bitmap kann nicht im gesamten Bereich der *TImage*-Instanz gezeichnet
werden.

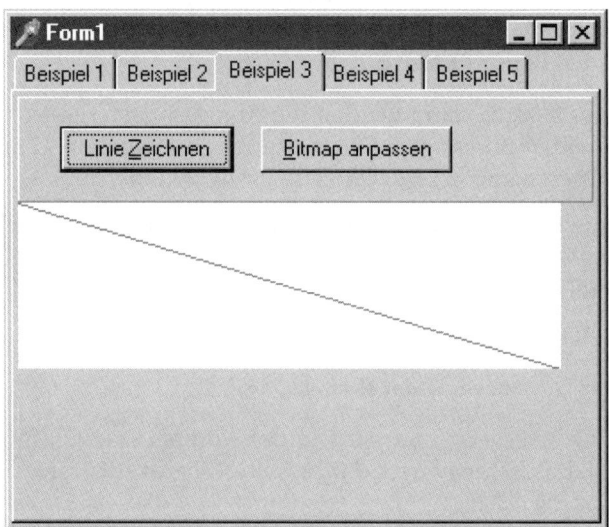

Abhilfe schafft hier ein explizites Ändern der Größe des Bitmaps bei einer
Größenänderung des Formulars:

```
procedure TForm1.FormResize(Sender: TObject);
begin
  Image1.Picture.Bitmap.Height := Image1.Height;
  Image1.Picture.Bitmap.Width := Image1.Width;
end;
```

3.4.7 TShape

TShape dient zur Anzeige von geometrischen Formen auf dem Bildschirm. *TShape* ist von *TControl* abgeleitet.

▨ Shape (Eigenschaft, veröffentlicht)

```
property Shape: (stRectangle, stSquare, stRoundRect,
  stRoundSquare, stEllipse, stCircle); default stRectangle;
```

Mit *Shape* wird die anzuzeigende Form eingestellt.

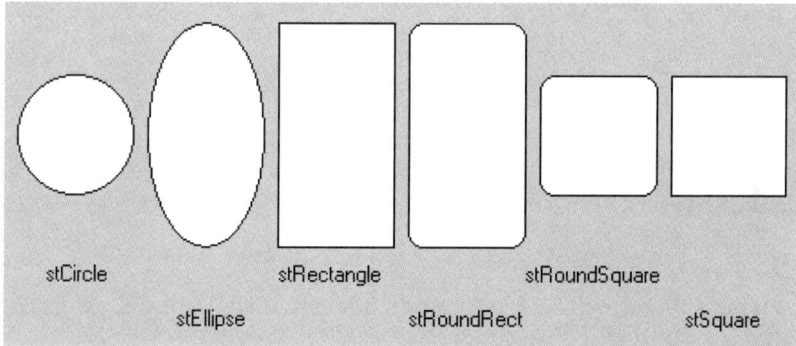

▨ Pen, Brush (Eigenschaften, veröffentlicht)

```
property Pen: TPen;
property Brush: TBrush;
```

Mit Hilfe der Eigenschaften *Pen* und *Brush* wird vorgegeben, wie der Umriß (*Pen*) und die Füllung (*Brush*) der Form darzustellen ist. *TPen* und *TBrush* sind in Kapitel 4.2.1 beschrieben.

3.4.8 TBevel

Die Komponente *TBevel* dient zur Anzeige von Linien und Rahmen auf dem Formular. *TBevel* ist von *TControl* abgeleitet.

▪ Shape (Eigenschaft, veröffentlicht)

```
property Shape: (bsBox, bsFrame, bsTopLine, bsBottomLine,
    bsLeftLine, bsRightLine, bsSpacer); default bsBox;
```

Mit *Shape* wird spezifiziert, welche Form dargestellt werden soll.

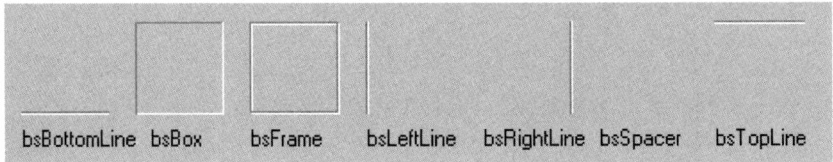

▪ Style (Eigenschaft, veröffentlicht)

```
property Style: (bsLowered, bsRaised); default bsLowered;
```

Um zu bestimmen, ob die Form vertieft oder erhaben dargestellt werden soll, verwenden Sie die Eigenschaft *Style*.

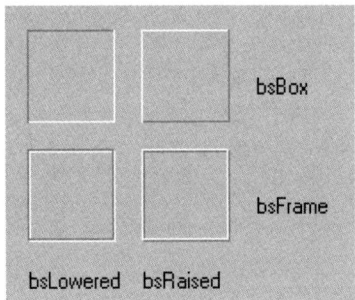

3.4.9 TScrollBox

Wird ein Formular so weit verkleinert, dass nicht mehr alle untergeordneten Controls angezeigt werden können, dann werden automatisch Scrollbalken verwendet.

Sollen jedoch innerhalb eines Teiles einer Formulars mehr Controls (oder größere Controls) angezeigt werden, als Platz dafür vorhanden ist, dann muss dafür eine Scroll-Box verwendet werden.

Vorsicht: Wenn Sie zur Laufzeit neue Komponenten in die ScrollBox einfügen, dann beziehen sich deren Werte für *Left* und *Top* auf die linke obere Ecke des gerade sichtbaren Scroll-Bereichs. Sollen sich solche Positionsangaben auf die linke obere Ecke des scrollbaren Bereichs beziehen, sind die Zuweisungen wie folgt vorzunehmen:

```
BitBtn2.Left := 10 - ScrollBox1.HorzScrollBar.Position;
BitBtn2.Top := 10 - ScrollBox1.VertScrollBar.Position;
```

TScrollBox ist von *TWinControl* abgeleitet.

▪ HorzScrollBar, VertScrollBar (Eigenschaften, veröffentlicht);

```
property HorzScrollBar: TControlScrollBar;
property VertScrollBar: TControlScrollBar;
```

Die Objekt-Eigenschaften *HorzScrollBar* und *VertScrollBar* kapseln die Eigenschaften der beiden Scrollbalken. Der Typ *TControlScrollBar* ist im nächsten Abschnitt detailliert beschrieben.

▪ AutoScroll (Eigenschaft, veröffentlicht)

```
property AutoScroll: Boolean; default true;
```

Hat *AutoScroll* den Wert *true*, dann werden die Eigenschaften *HorzScrollBar.Range* und *VertScrollBar.Range* so gesetzt, dass zu jedem in Scroll-Box enthaltenen Control gescrollt werden kann.

Wenn Sie *AutoScroll* auf *false* setzen, dann müssen Sie *Range* selbst setzen und haben dafür aber auch die Kontrolle darüber, über welchen Bereich gescrollt werden kann.

▪ ScrollInView (Methode)

```
procedure ScrollInView(AControl: TControl)
```

Mit *ScrollInView* sorgen Sie dafür, dass der Bildausschnitt so verschoben wird, dass die als Parameter übergebene Komponente (nach Möglichkeit in ganzer Größe) im angezeigten Bildausschnitt liegt.

TControlScrollBar

Das Objekt *TControlScrollBar* kapselt die Eigenschaften jeweils eines Scrollbalkens.

▨ Range, Margin (Eigenschaften, veröffentlicht)

```
property Range: Integer;
property Margin: Word; default 0;
```

Mit *Range* wird spezifiziert, über welchen Bereich (in Pixeln) der Bildlauf durchgeführt werden kann. Ist *Range* kleiner oder gleich *ClientWidth* beziehungsweise *ClientHeight* der Scroll-Box, dann werden keine Scroll-Balken angezeigt.

Hat *AutoScroll* der *ScrollBox* den Wert *true*, dann wird *Range* automatisch so gesetzt, dass alle in der Scroll-Box enthaltenen Controls vollständig angezeigt werden können und zusätzlich am Rand der mit *Margin* spezifizierte Rand bleibt.

▨ Position (Eigenschaft, veröffentlicht)

```
property Position: Integer; default 0;
```

Mit *Position* wird die linke oder obere Ecke des Bildausschnittes ermittelt oder geändert.

▨ Increment (Eigenschaft, veröffentlicht)

```
property Increment: 1..32767; default 8;
```

Mit *Increment* legt man fest, um wieviel Pixel der Bildausschnitt beim Mausklick auf die Pfeil-Buttons verschoben wird.

▨ ButtonSize, Color, Size, Style (Eigenschaften, veröffentlicht)

```
property ButtonSize: Integer; default 0;
property Color: TColor; default clBtnHighlight;
property Size: Integer; default 0;
property Style: (ssRegular, ssFlat, ssHotTrack);
  default ssRegular;
```

Mit diesen vier Eigenschaften kann das Aussehen der Scroll-Balken modifiziert werden.

▨ Tracking (Eigenschaft, veröffentlicht)

```
property Tracking: Boolean; default false;
```

Hat *Tracking* den Wert *false*, dann wird der Bildausschnitt erst verschoben, wenn die Maustaste freigegeben wird. Hat *Tracking* den Wert *true*, dann wird die Anzeige laufend aktualisiert, was entsprechend Rechenzeit benötigt.

3.4.10 TCheckListBox

Die Komponente *TCheckListBox* implementiert eine List-Box, in welcher die Einträge *TCheckBox*-Kästchen erhalten, so dass auch der Status *cbGrayed* möglich ist.

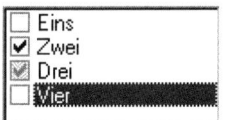

TCheckListBox ist wie *TListBox* von *TCustomListBox* abgeleitet und implementiert
viele Eigenschaften, Methoden und Ereignisse, die bereits bei *TListBox* in Kapitel
3.3.9 beschrieben sind. *TCheckBox* ist außerdem von *TWinControl* abgeleitet.

▨ AllowGrayed (Eigenschaft, veröffentlicht)

   property AllowGrayed: Boolean; **default** false;

   Um den Status *cbGrayed* zu ermöglichen, muss *AllowGrayed* auf *true* gesetzt
   werden.

▨ Checked, State (Eigenschaften, öffentlich)

   property State[Index: Integer]: (cbUnchecked, cbChecked, cbGrayed);
   property Checked[Index: Integer]: Boolean;

   Mit Hilfe der Array-Eigenschaft *State* kann man bestimmen, welchen Status
   das Kästchen des jeweiligen Eintrags hat.

   Der Wert der Array-Eigenschaft *Checked* ist *true*, wenn *State* den Wert *cbChecked*
   hat.

▨ OnClickCheck (Ereignis)

   property OnClickCheck(Sender: TObject);

   Das Ereignis *OnClickCheck* tritt auf, wenn man mit der Maus oder der Leertaste den Status eines der Kästchen verändert.

3.4.11 TSplitter

Um ein Formular in zwei oder mehr Bereiche zu unterteilen, deren Größe zur Laufzeit verändert werden können, wird die Komponente *TSplitter* verwendet. Gehen Sie dabei folgendermaßen vor:

- Zunächst wird eine Komponente, beispielsweise ein Panel, mit *Align* an einer Seite der Komponente ausgerichtet.

- Nun wird die *TSplitter*-Komponente eingefügt, die ihrerseits mit *Align* an die erste Komponente angelehnt wird.

- Zuletzt wird eine dritte Komponente eingefügt, deren Eigenschaft *Align* auf *alClient* gesetzt wird.

Zur Laufzeit kann dann der Splitter verschoben und damit die Größe der beiden benachbarten Komponenten verändert werden. Soll die Stellung in einer Ini-Datei gespeichert werden, dann speichern Sie die Abmessung der Komponente, an welcher der Splitter angelehnt ist.

TSplitter ist von *TControl* abgeleitet.

- Beveled (Eigenschaft, veröffentlicht)

  ```
  property Beveled: Boolean; default false;
  ```

  Hat *Beveled* den Wert *false*, dann hebt sich der Splitter selbst nicht vom Hintergrund ab und ist bestenfalls durch die Lücke zwischen den beiden benachbarten Komponenten erkennbar. Handelt es sich dabei um Komponenten, deren Rand sich selbst nicht vom Hintergrund absetzt, dann muss *Beveled* auf *true* gesetzt werden.

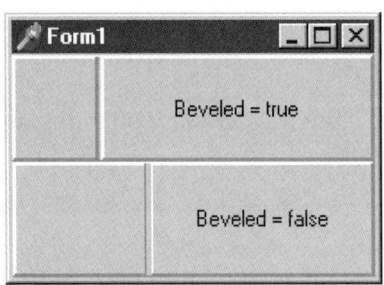 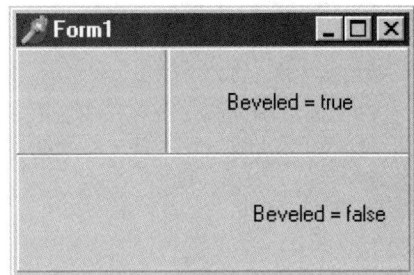

- MinSize (Eigenschaft, veröffentlicht)

  ```
  property MinSize: 1..High(Integer); default 30;
  ```

  Die beiden benachbarten Komponenten können mit dem Splitter nicht auf Größen kleiner *MinSize* gesetzt werden.

■ OnCanResize (Ereignisse)

```
property OnCanResize(Sender: TObject; var NewSize: Integer;
  var Accept: Boolean);
property OnMoved(Sender: TObject);
```

Das Ereignis *OnCanResize* tritt auf, bevor den benachbarten Komponenten die neue Größe zugewiesen wird. In der *OnCanResize*-Ereignisbehandlungsroutine kann dies verhindert werden, indem der Variablen-Parameter *Accept* auf *false* gesetzt wird. Soll eine andere Größe der linken beziehungsweise oberen Komponente verwendet werden, dann ist der Variablen-Parameter *NewSize* entsprechend abzuändern.

Das Ereignis *OnMoved* tritt nach dem Verschieben des Splitters auf. Eine *OnMoved*-Ereignisbehandlungsroutine kann dazu verwendet werden, die benachbarten Komponenten neu zu zeichnen.

■ Canvas (Eigenschaft, öffentlich, nur Lesen), OnPaint (Ereignis)

```
property Canvas: TCanvas;
property OnPaint(Sender: TObject);
```

Mittels der Eigenschaft *Canvas* kann Graphik auf dem Splitter ausgegeben werden. Eine Referenz von *TCanvas* ist in Kapitel 4.2 zu finden.

Muss die Graphik auf dem Splitter neu ausgegeben werden, tritt das Ereignis *OnPaint* auf.

■ ResizeStyle (Eigenschaft, veröffentlicht)

```
property ResizeStyle: (rsNone, rsLine, rsUpdate, rsPattern);
  default rsPattern;
```

Mit ResizeStyle kann festgelegt werden, in welcher Art und Weise der Vorgang des Verschiebens dargestellt wird.

▫ Bei den Werten *rsLine* und *rsPattern* symbolisiert eine schwarze (*rsLine*) beziehungsweise graue (*rsPattern*) Linie die Position des Splitters, die Anpassung der benachbarten Komponenten erfolgt erst nach dem Loslassen der Maustaste.

▫ Bei *rsNone* erfolgt beim Verschieben des Splitters keine graphische Rückmeldung, lediglich nach dem Freigeben der Maustaste werden die benachbarten Komponenten angepaßt.

▫ Eine Veränderung der Größe der benachbarten Komponenten schon während des Verschiebens des Splitters erfolgt bei *rsUpdate*. Beachten Sie bitte, dass die laufende Aktualisierung sehr rechenintensiv ist.

3.4.12 TStaticText

Die Komponente *TStaticText* erfüllt die gleiche Funktion wie *TLabel*, ist jedoch von *TWinControl* abgeleitet. Damit besitzt sie ein Fenster-Handle, die Tastaturereignisse sowie *OnEnter* und *OnExit* sind jedoch nicht implementiert.

Zu den Eigenschaften siehe *TLabel* in Kapitel 3.3.3.

■ BorderStyle (Eigenschaft, veröffentlicht)

```
property BorderStyle: (sbsNone, sbsSingle, sbsSunken);
  default sbsNone;
```

Mit Hilfe von *BorderStyle* kann ein Rahmen um den Text gezogen werden.

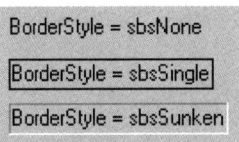

3.4.13 TApplicationEvents

Das Schreiben von Ereignisbehandlungsroutinen für die Komponente *TApplication* war bislang ein wenig umständlich, weil nicht automatisch ein Prozedurenrumpf angelegt werden konnte. Dies hat sich ab Delphi 5 geändert.

Die Komponente *TApplicationEvents* ermöglicht es, über den Objektinspektor Ereignisbehandlungsroutinen der Instanz *Application* (indirekt) zuzuweisen. Die folgenden Ereignisse sind bei *TApplication* in Kapitel 3.2.1 beschrieben.

- OnActivate (Ereignis)
- OnDeactivate (Ereignis)
- OnException (Ereignis)
- OnHelp (Ereignis)
- OnHint (Ereignis)
- OnIdle (Ereignis)
- OnMessage (Ereignis)
- OnShortCut (Ereignis)
- OnShowHint (Ereignis)

3.4.14 TValueListEditor

Eine Werteliste ist eine Textdatei, die nach dem Muster

```
Schlüssel_1=Wert_a
Schlüssel_2=Wert_b
Schlüssel_3=Wert_c
```

aufgebaut ist. Ini-Dateien sind beispielsweise nach diesem Muster aufgebaut, wobei es dort noch eine Unterteilung in Segmente gibt. Die Klasse *TStrings* (Kapitel 4.1) stellt Eigenschaften bereit, um auf solche Wertelisten sehr einfach (wenn auch nicht unbedingt performant) zugreifen zu können.

Seit Delphi 6 gibt es eine Komponente für das direkte Editieren solcher Wertelisten: *TValueListEditor*. *TValueListEditor* stammt von *TDrawGrid* (Kapitel 3.4.5) ab.

Schlüssel	Wert
alpha	eins
beta	zwei
gamma	eins
	zwei
	drei

Die Einträge

▪ Strings, Keys, Values, Cells (Eigenschaften, veröffentlicht)

```
property Strings: TStrings;
property Keys[Index: Integer]: string;
property Values[const Key: string]: string;
property Cells[ACol, ARow: Integer]: string;
```

Mit Hilfe der Eigenschaft *Strings* wird die Werteliste zugewiesen oder ausgelesen. *TStrings* ist in Kapitel 4.1.1 beschrieben. Um die Werteliste aus einer Datei zu lesen, würde man beispielsweise die *TStrings*-Methode *LoadFromFile* verwenden.

Die Array-Eigenschaft *Keys* beinhaltet die einzelnen Schlüssel, mit *Values* kann man auf die dazugehörenden Werte zugreifen. Mit der Eigenschaft *Cells* kann auf die einzelnen Zelleninhalte zugegriffen werden.

▪ KeyOptions (Eigenschaft, veröffentlicht), InsertRow, DeleteRow (Methoden)

```
property KeyOptions: set of
  (keyEdit, keyAdd, keyDelete, keyUnique) default [];
function InsertRow(const KeyName, Value: string;
  Append: Boolean): Integer;
procedure DeleteRow(ARow: Integer);
```

Sollen sich nicht nur die Werte, sondern auch die Schlüssel editieren lassen, dann ist in der Menge *KeyOptions* das Element *keyEdit* zu setzen. Um mit der INS-Taste (oder, wenn die letzte Zeile aktiv ist, mit der Cursor-Taste nach unten) neue Zeilen einzufügen, muss die Option *keyAdd* gesetzt sein, um mit CTRL+ENTF Wertepaare zu löschen, die Option *keyDelete*.

Sinn einer Werteliste ist es in der Regel, dass die Schlüssel eindeutig sind. Mit der Option *keyUnique* kann das Auslösen einer Exception bei Eingabe doppelter Schlüssel vorgesehen werden.

Mit *InsertRow* kann ein neues Wertepaar eingefügt werden, das vor (*Append* = *false*) oder hinter (*Append* = *true*) der aktuellen Zeile eingefügt wird. Mit *DeleteRow* kann eine Zeile gelöscht werden.

- FindRow (Methode)

```
function FindRow(const KeyName: string; var Row: Integer): Boolean;
```

Mit *FindRow* kann ermittelt werden, ob es einen Schlüssel angegebenen Namens gibt. Im Erfolgsfall liefert die Funktion den Zeilenindex über den Variablenparameter *Row* zurück.

- ItemProps (Eigenschaft, öffentlich)

```
property ItemProps[const KeyOrIndex: Variant]: TItemProp;
```

Mittels der Array-Eigenschaft ItemProps können einige Eigenschaften der einzelnen Zeilen eingestellt werden. Der Array-Selektor ist hier vom Typ Variant, so dass sowohl über den Schlüssel wie auch über den Index selektiert werden kann. *TItemProp* ist in einem eigenen Abschnitt beschrieben.

Darstellung

- TitleCaptions (Eigenschaft, veröffentlicht)

```
property TitleCaptions: TStrings default ['Schlüssel', 'Wert'];
```

Mit der Eigenschaft *TitleCaptions* stellt man die Spaltenüberschriften ein, wobei nur die ersten beiden Zeilen dieser Stringliste ausgewertet werden. Siehe auch *DisplayOptions*.

- DisplayOptions (Eigenschaft, veröffentlicht)

```
property DisplayOptions: set of (doColumnTitles, doAutoColResize,
  doKeyColFixed) default [doColumnTitles, doAutoColResize,
  doKeyColFixed];
```

Das Element *doColumnTitles* ist erforderlich, damit Spaltentitel angezeigt werden. Ist die Option *doAutoColResize* aktiviert, dann passen sich bei einer Breitenänderung der Komponente die Spaltenbreiten so an, dass sie die Komponente vollständig ausfüllen. Ist die Option *doKeyColFixed* aktiviert, dann behält die

Schlüsselspalte ihre Breite bei und lediglich die Breite der Wertespalte wird verändert, andernfalls teilen sich beide Spalten den zur Verfügung stehenden Platz.

▪ OnGetPickList (Ereignis)

```
property OnGetPickList(Sender: TObject; const KeyName: string;
  Values: TStrings)
```

Bei jedem Zeilenwechsel wird *OnGetPickList* aufgerufen. Wird dabei dem Parameter *Values* eine Stringliste zugewiesen, dann wird diese als Nachschlageliste für die Wertespalte verwendet. Verwenden Sie für die Zuweisung *Assign*.

▪ OnEditButtonClick (Ereignis)

```
property OnEditButtonClick(Sender: TObject)
```

Siehe bei *TItemProp*.

TItemProp

TItemProp ist die Klasse der Eigenschaft *ItemProps*.

▪ EditStyle, PickList (Eigenschaften)

```
property EditStyle: (esSimple, esEllipsis, esPickList)
  default esSimple;
property PickList: TStrings;
```

Mit *EditStyle* kann spezifiziert werden, wie sich die einzelne Zeile verhalten soll. Wird diese Eigenschaft auf *esEllipsis* gesetzt, dann wird rechts ein Button mit drei Punkte angezeigt. Ein Mausklick auf diesen Button löst das Ereignis *OnEditButton* aus, auf welches dann zu reagieren ist.

Wird *EditStyle* auf *esPickList* gesetzt, dann wird die mit *PickList* spezifizierte Nachschlageliste zur Verfügung gestellt.

▪ ReadOnly, MaxLength, EditMask (Eigenschaften)

```
property ReadOnly: Boolean;
property MaxLength: Boolean;
property EditMask: string;
```

Um das Verändern eines Wertes zu verhindern, setzt man *ReadOnly* auf *true*, mit *MaxLength* läßt sich die maximale Anzahl von Zeichen spezifizieren. Eine Eingabemaske läßt sich mit *EditMask* vorgeben, mehr dazu in Kapitel 3.4.3.

3.4.15 TLabeledEdit

TLabeledEdit ist ein einfaches Beispiel dafür, wie die seit Delphi 6 möglichen Unter-komponenten Verwendung finden können. Es handelt sich hier um ein Eingabe-feld, das mit einem Label zur Beschriftung kombiniert ist.

TLabeledEdit ist wie die in Kapitel 3.3.5 beschriebene Komponente *TEdit* von *TCustomEdit* abgeleitet und hat implementiert den vollständigen Funktionsum-fang von *TEdit*.

- EditLabel (Eigenschaft, veröffentlicht, nur Lesen)

    ```
    property EditLabel: TBoundLabel;
    ```

    Mit der Eigenschaft *EditLabel* können die Eigenschaften des verbundenen Labels spezifiziert werden. *TBoundLabel* ist ebenso wie die in Kapitel 3.3.4 be-schriebene Komponente *TLabel* von *TCustomLabel* abgeleitet und implemen-tiert den vollständigen Funktionsumfang von *TLabel*.

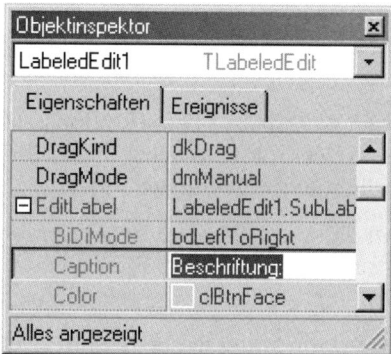

- LabelPosition, LabelSpacing (Eigenschaften, veröffentlicht)

    ```
    property LabelPosition: (lpAbove, lpBelow, lpLeft, lpRight)
      default lpAbove;
    property LabelSpacing: Integer;
    ```

    Mit *LabelPosition* kann angegeben werden, ob das Label oberhalb (*lpAbove*), unterhalb (*lpBelow*), links (*lpLeft*) oder rechts (*lpRight*) vom Edit plaziert wird. Den Abstand zwischen Label und Edit stellt man mit *LabelSpacing* ein.

3.4.16 TColorBox

TColorBox ist eine ComboBox, die mit den in Delphi verfügbaren Farbkonstanten und Rechtecken in der dazugehörenden Farbe gefüllt ist. *TColorBox* ist von *TWinControl* und wie die in Kapitel 3.3.11 beschriebene Komponente *TComboBox* von *TCustomComboBox* abgeleitet.

- Style, NoneColorColor, DefaultColorColor (Eigenschaften, veröffentlicht)

  ```
  property Style: set of (cbStandardColors, cbExtendedColors,
     cbSystemColors, cbIncludeNone, cbIncludeDefault, cbCustomColor,
     cbPrettyNames) default [cbStandardColors, cbExtendedColors,
     cbSystemColors];
  property NoneColorColor: TColor default clBlack;
  property DefaultColorColor: TColor default clBlack;
  ```

  Mit *Style* kann man das genaue Verhalten der ColorBox einstellen:

  - *cbStandardColors*: Die sechzehn Standard-Farben stehen zur Auswahl (*clBlack*, *clRed*...)

  - *cbExtendedColors*: Die in Delphi 6 neu hinzugekommenen Farbkonstanten *clMoneyGreen*, *clSkyBlue*, *clCream* und *clMedGray* stehen zur Auswahl.

  - *cbSystemColors*: Die Windows-Systemfarben (*clWindow*, *clBtnFace*...) werden der Auswahl hinzugefügt.

  - *cbIncludeNone*: Die ColorBox enthält den Wert *clNone*. Diese Option bedingt, dass auch *cbSystemColors* gesetzt ist. In der ColorBox wird dieser Eintrag mit der über *NoneColorColor* eingestellten Farbe gekennzeichnet.

  - *cbIncludeDefault*: Die ColorBox enthält den Wert *clDefault*. Diese Option bedingt, dass auch *cbSystemColors* gesetzt ist. In der ColorBox wird dieser Eintrag mit der über *DefaultColorColor* eingestellten Farbe gekennzeichnet.

  - *cbCustomColor*: Ist diese Option gesetzt, dann lautet der erste Eintrag in der ColorBox *Individuell* (hier ausnahmsweise auf deutsch). Wird dieser Eintrag gewählt, dann wird der in Kapitel 3.8.4 beschriebene ColorDialog geöffnet und der Anwender kann sich eine Farbe frei wählen.

  - *cbPrettyNames*: Es werden keine Konstanten (*cbBlack*), sondern englische Namen (*Black*) verwendet.

- Selected (Eigenschaft, veröffentlicht)

  ```
  property Selected: TColor default clBlack;
  ```

  Mit *Selected* kann die gewählte Farbe ermittelt oder ein Eintrag voreingestellt werden.

3.4.17 TActionManager

Mit der in Kapitel 3.3.15 beschriebenen Komponenten *TActionList* kann die Logik der Benutzeroberfläche zentralisiert werden. Mit den in Delphi 6 hinzugekommenen Komponenten *TActionManager*, *TActionMainMenuBar*, *TActionToolBar* und *TCustomizeDlg* wird dieses Konzept weiterentwickelt: Menüs und Buttonleisten können einfach an den ActionManager »drangehängt« werden, vielfach ist Standard-Funktionalität schon implementiert – und vor allem kann der Benutzer Menü und Buttonleisten umkonfigurieren, ohne dass der Entwickler dafür eine Zeile Quelltext schreiben müsste.

Im Verzeichnis *Delphi 6\Demos\ActionBands* ist ein einfacher Text-Editor zu finden, der diese Komponenten verwendet. Schauen Sie sich einfach mal an, mit wie wenig Quelltext diese Anwendung auskommt...

TActionManager ist wie die in Kapitel 3.3.15 beschriebene Komponente *TActionList* von *TCustomActionList* abgeleitet.

Arbeiten mit dem Editor

Mit einem Doppelklick auf das *TActionManager*-Icon öffnet man einen Komponenten-Editor, in dem neue Aktionen angelegt werden können:

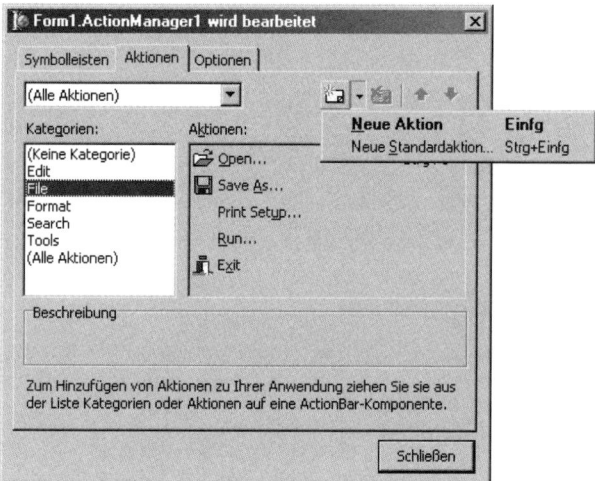

Dort wird dann entweder eine Neue Aktion oder eine Neue Standardaktion angelegt. Standard-Aktionen verfügen bereits über entsprechende Funktionalität, *TRichEditBold* weist dem markierten Text in einem fokusiertem RichEdit das Zeichenattribut *fett* zu. Bei Standard-Aktionen dagegen muss zwingend auf das Ereignis *OnExecute* reagiert werden, sonst wird der Menüpunkt als nicht verfügbar angezeigt.

Eigenschaften

Die folgenden Eigenschaften und Ereignisse werden von *TCustomActionList* geerbt und sind bei *TActionList* (Kapitel 3.3.15) beschrieben.

▪ Actions (Eigenschaft, veröffentlicht)

▪ ActionCount (Eigenschaft, öffentlich, nur Lesen)

▪ Images (Eigenschaft, veröffentlicht)

▪ OnUpdate (Ereignis)

▪ OnExecute (Ereignis)

▪ ActionBars (Eigenschaft, veröffentlich)

```
property  ActionBars: TActionBars;
```

Die Kollektion *ActionBars* repräsentiert die angeschlossenen Menüs und Buttonleisten. TActionBars wird in einem eigenen Abschnitt besprochen.

▪ LinkedActionsLists (Eigenschaft, veröffentlicht)

```
property  LinkedActionLists: TActionListCollection;
```

Mit dieser Eigenschaft können Referenzen auf andere ActionListen erstellt werden. Diese können dann auch mit dem Komponenteneditor bearbeitet werden.

▪ PrioritySchedule (Eigenschaft, veröffentlicht)

```
property  PrioritySchedule: TStringList;
```

Mit der Werteliste in *PrioritySchedule* kann festgelegt werden, ab welcher Nichtbenutzungshäufigkeit ein Menüpunkt ausgeblendet wird.

Speichern der Konfiguration

▪ FileName (Eigenschaft, veröffentlicht), ResetUseageData (Methode)

```
property FileName: string;
procedure ResetUseageData;
```

Der Anwender hat die Möglichkeit, Menüs und Buttonleisten umzukonfigurieren. Damit ihm diese Änderungen auch über das Beenden des Programms hinweg erhalten bleiben, können sie in einer Datei gespeichert werden.

Am einfachsten geht dies, indem *FileName* entsprechend gesetzt wird. Bei Beenden des Programms wird dann die Konfiguration automatisch gespeichert und beim Starten des Programms wieder geladen.

Beim Entwickeln sollten Sie *FileName* anfangs leer lassen, weil Sie sonst nach jeder Änderung in der IDE die Datei löschen müssen, damit die Änderungen auch wirksam werden.

Mit *ResetUseageData* wird die mit *FileName* spezifizierte Datei gelöscht, die Konfiguration ist dann wieder so wie nach der ersten Programmstart.

- SaveToFile, SaveToStream, LoadFromFile, LoadFromStream (Methoden)

```
procedure SaveToFile(const FileName: string);
procedure SaveToStream(Stream: TStream);
procedure LoadFromFile(const FileName: string);
procedure LoadFromStream(Stream: TStream);
```

Mit diesen Methoden kann die Konfiguration in eine Datei oder einen Stream gespeichert beziehungsweise daraus geladen werden.

TActionBars

TActionBars faßt die Information über die verbundenen Menüs und Buttonleisten zusammen. *TActionBars* ist von *TCollection* abgeleitet.

- SessionCount (Eigenschaft veröffentlicht)

```
property SessionCount: Integer default 0;
```

Mit *SessionCount* wird bestimmt, wie oft die Anwendung bereits geöffnet wurde.

- Items (Eigenschaft, veröffentlicht)

Die von *TCollection* geerbte Eigenschaft *Items* referenziert die einzelnen *TActionBar*-Element. Diese weisen unter anderem folgende Eigenschaften auf, die zum Teil im Abschnitt *TActionClassItem* beschrieben sind:

- *ActionBar*: Referenz auf den verbundenen *TActionBar*-Nachfolger (*TActionMainMenuBar* oder *TActionToolBar*).

- Background

- BackgroundLayout

- ChangesAllowed

- Color

- ContextItems

- Items

3.4.18 TActionMainMenuBar

Die Komponente *TActioMainMenuBar* beinhaltet ein Menü, das mit *TActionManager* kooperiert. Um einen neuen Menütitel anzulegen, ziehen Sie den entsprechenden Eintrag vom Komponenteditor des ActionManagers auf das Menü. Für einen neuen Menüpunkt öffnen Sie das entsprechende Menü, fügen mit INS einen neuen Menüpunkt ein und wählen mit *Action* zu auszulösende Aktion.

TActioMainMenuBar ist von *TWinControl* abgeleitet.

■ ActionManager (Eigenschaft, veröffentlicht)

```
property ActionManager: TActionManager;
```

Mit *ActionManager* wird die *TActionManager*-Instanz referenziert, mit welcher das Menü verbunden ist.

■ ActionControl (Eigenschaft, öffentlich, nur Lesen)

```
property ActionControls[const Index: Integer]: TCustomActionControl;
```

Mit *ActionControls* können Zeiger auf die einzelnen Menüeinträge erhalten werden.

■ HorzMargin, VertMargin (Eigenschaften, veröffentlicht)

```
property HorzMargin: Integer default 1;
property VertMargin: Integer default 1;
```

Mit *HorzMargin* kann der Abstand des ersten Menüpunktes zum linken Rand bestimmt werden, mit *VertMargin* der zum oberen Rand.

■ AllowHiding (Eigenschaft, veröffentlicht)

```
property AllowHiding: Boolean default false;
```

Mit *AllowHiding* wird eingestellt, ob das Menü über den Customize-Dialog ausgeblendet werden darf. Es ist nicht ganz richtig, wenn die Online-Hilfe davon schreibt, dass bei Menüs dieser Wert *false* sein muss: technisch kann man ihn problemlos auf *true* setzen und dann das Menü ausblenden – ob das mit irgendwelchen Design-Richtlinien kollidiert, ist eine andere Frage.

■ ExpandDelay (Eigenschaft veröffentlicht)

```
property ExpandDelay: Integer default 4000;
```

Um die Übersichtlichkeit zu erhöhen, können in einem Menü alle schon länger nicht mehr verwendeten Punkte ausgeblendet werden. Hat der Anwender ein Menü geöffnet und klickt längere Zeit keinen Menüpunkt an, dann werden nach *ExpandDelay* alle Menüpunkte angezeigt.

TActionClientItem

Die Klasse *TActionClientItem* repräsentiert einen Menüeintrag in *TActioMainMenuBar* oder einen Button in *TActionToolBar*. Da es sich dabei um eine Wrapper-Klasse handelt, ist *TActionClientItem* nicht von TWinControl, sondern von *TCollectionItem* abgeleitet.

- Action (Eigenschaft, veröffentlicht)

```
property Action: TBasicAction;
```

Mit *Action* wird die Aktion referenziert, von der Eigenschaften wie *Caption*, *ImageIndex* oder *ShortCut* übernommen werden und welche die Aktion für das jeweilige Steuerelement ausführt.

- Caption, ImageIndex, ShortCut (Eigenschaften, veröffentlicht)

```
property Caption: String;
property ImageIndex: Integer;
property ShortCut: TShortCut;
```

Mit *Caption* kann die Beschriftung des Eintrags abgeändert werden, mit ImageIndex das anzuzeigende Icon, mit *ShortCut* das Tastenkürzel. Für gewöhnlich werden diese Eigenschaften von der *Action* übernommen.

- ShowCaption, ShowGlyph, ShowShortCut (Eigenschaften, veröffentlicht)

```
property ShowCaption: Boolean default true;
property ShowGlyph: Boolean default true;
property ShowShortCut: Boolean default true;
```

Um die Beschriftung anzuzeigen, muss *ShowCaption* den Wert *true* haben. Die Anzeige des Icons erfordert, dass *ShowGlyph* den Wert *true* hat, für das Tastenkürzel *ShowShortCut*.

- ChangesAllowed (Eigenschaft, veröffentlicht)

```
property ChangesAllowed: set of (caModify, caMove, caDelete)
  default [caModify,caMove,caDelete];
```

Mit *ChangesAllowed* wird spezifiziert, ob der Eintrag zur Laufzeit in seinen Eigenschaften geändert (*caModify*), verschoben (*caMove*) oder gelöscht (*caDelete*) werden darf. Bei für die Bedienung essentiellen Menüpunkten beispielsweise sollten Sie das Löschen unterbinden.

- Items, ContextItems (Eigenschaften, veröffentlicht)

```
property Items: TActionClients;
property ContextItems: TActionClients;
```

Items und *ContextItems* sind Kollektionen, die ihrerseits wieder *TActionClientItem*-Elemente aufnehmen. Die Elemente von *Items* werden bei *TActionMainMenuBar* als Untermenüpunkte angezeigt, bei *TActionToolBar* werden sie in eine Auswahlliste aufgenommen.

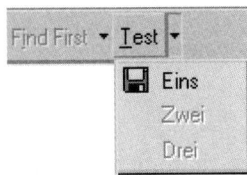

Die Elemente *ContextItems* bilden ein Kontextmenü für den betreffenden Eintrag, das wie gewohnt mit der rechten Maustaste aufgerufen kann.

▪ Background, BackgroundLayout, Color (Eigenschaften, veröffentlicht)

```
property Background: TPicture;
property BackgroundLayout: (blNormal, blStretch, blTile,
  blLeftBanner, blRightBanner) default blNormal;
property Color: TColor;
```

Mit *Background* kann ein Hintergrundbild zugewiesen werden, mit *BackgroundLayout* kann spezifiziert werden, wie dieses genau anzuzeigen ist. Alternativ dazu kann mit *Color* dem Eintrag eine Hintergrundfarbe zugewiesen werden.

▪ UsageCount, LastSession (Eigenschaft, veröffentlicht)

```
property UsageCount: Integer default 0;
property LastSession: Integer default 0;
```

Um die Übersichtlichkeit zu erhöhen, können in einem Menü alle schon länger nicht mehr verwendeten Punkte ausgeblendet werden. Um dieses Verhalten zu steuern, wird in *UsageCount* die Anzahl der Aufrufe hochgezählt und in *LastSession* gespeichert, wann der Menüpunkt zuletzt verwendet wurde.

Möchte man, dass ein Menüpunkt dem Anwender zumindest eine Zeit lang angezeigt wird, dann kann man *UsageCount* hochsetzen.

3.4.19 TActionToolBar

Die Komponente *TActionToolBar* ist eine Leiste von ToolButtons, die mit *TActionManager* kooperiert. Um einen neuen Button anzulegen, ziehen Sie einen Eintrag aus dem Komponenten-Editor von *TActionManager* auf die Leiste.

TActionToolBar ist von *TWinControl* abgeleitet.

- Orientation (Eigenschaft, veröffentlicht)

```
property Orientation: (boLeftToRight, boRightToLeft,
  boTopToBottom, boBottomToTop) default boLeftToRight;
```

Mit *Orientation* wird angegeben, wie die einzelnen Buttons anzuordnen sind – mit *boTopToBottom* könnte man sie beispielsweise untereinander stapeln.

TActionToolBar ist wie *TActionMainMenuBar* von *TCustomActionDockBar* abgeleitet und implementiert folgende Eigenschaften, die bereits bei *TActionMainMenuBar* beschrieben wurden:

- ActionManager (Eigenschaft, veröffentlicht)

- ActionControl (Eigenschaft, öffentlich, nur Lesen)

- HorzMargin, VertMargin (Eigenschaften, veröffentlicht)

- AllowHiding (Eigenschaft, veröffentlicht)

3.4.20 TCustomizeDialog

TCustomizeDlg stellt einen Dialog zur Verfügung, mit dessen Hilfe man die Action- und MainMenuAction-Bars zur Laufzeit editieren kann. Für gewöhnlich muss diese Komponente nicht manuell in ein Projekt eingefügt werden, weil für diesen Dialog ohnehin die Standard-Aktion TCustomizeActionBars zur Verfügung steht.

TCustomizeDialog ist von TComponent abgeleitet.

- Show (Methode)

  procedure TCustomizeDlg.Show;

  Mit der Methode *Show* wird der Dialog aufgerufen.

- ActionManager (Eigenschaft, veröffentlicht)

  property ActionManager: TCustomActionManager;

  Mit *ActionManager* wird die *TActionManager*-Instanz referenziert, welche der Dialog bearbeitet.

- StayOnTop (Eigenschaft, veröffentlicht)

  property StayOnTop: Boolean **default** false;

  Hat *StayOnTop* den Wert *true*, dann liegt das Fenster über allen anderen Fenstern.

- OnShow, OnClose (Ereignisse)

  property OnShow(Sender: TObject);
  property OnClose(Sender: TObject);

  Das Ereignis *OnShow* tritt vor dem Öffnen des Dialogs, das Ereignis *OnClose* nach dem Schließen auf.

3.5 TChart

In diesem Kapitel werden die von *TCustomChart* abgeleiteten Komponenten besprochen.

Es handelt sich dabei im einzelnen um

 TChart auf der Palettenseite *Zusätzlich,*

 TDBChart auf der Palettenseite *Datensteuerung,*

 TDecisionGraph auf der Palettenseite *Datenanalyse* und

 TQRChart auf der Palettenseite *QReport.*

Den Stammbaum dieser Komponenten zeigt die folgende Abbildung:

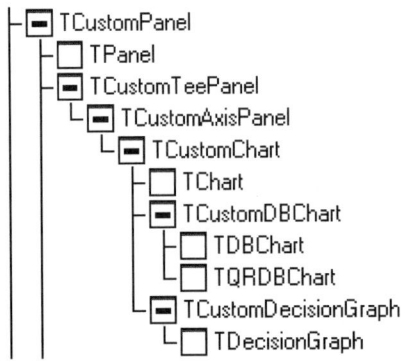

3.5.1 Ein Beispielprogramm

In unserem Beispielprogramm sollen die Wahlergebnisse von fiktiven Wahlen irgendwann im nächsten Jahrtausend, in denen ebenso fiktive Parteien gegeneinander antreten, grafisch dargestellt werden. Wie diese elf Wahlen ausgefallen sind, zeigt die folgende Abbildung:

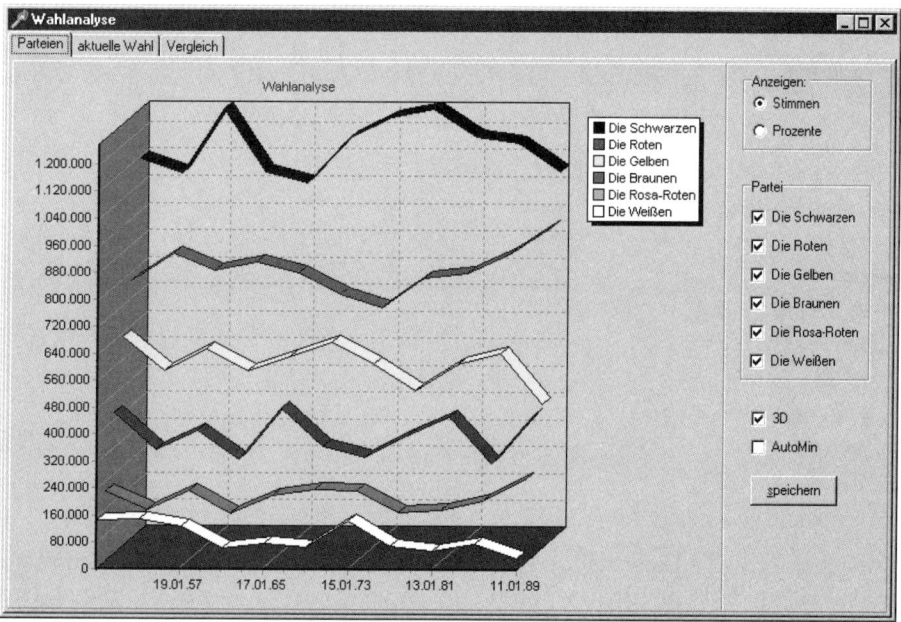

Auf der ersten Seite des *TabbedNotebooks* werden die Ergebnisse aller elf Wahlen angezeigt, mit Hilfe von *TCheckBox*-Komponenten lässt sich bestimmen, welche Parteien mit ihrem Ergebnis angezeigt werden sollen und welche nicht. Zunächst wird einmal eine *TDBChart*-Komponente eingefügt, mit einem Doppelklick auf dieselbe wird der Komponenteneditor geöffnet.

Nach Betätigung des Buttons HINZUFÜGEN wird zunächst ein Dialog zur Auswahl eines Diagrammtyps geöffnet. Je nach dem, welcher Diagrammtyp gewählt wird, wird eine andere Reihenkomponente erstellt – eine spätere Umwandlung ist nicht immer möglich.

Die Wahlergebnisse sollen hier als Linien-Diagramm erscheinen – für jede Partei wird nun eine entsprechende Reihenkomponente erstellt und ihr als Titel der Parteiname zugewiesen:

Solange keine Werte oder keine Datenquelle zugewiesen worden ist, werden zufällig generierte Werte angezeigt. Wir wollen zunächst daran gehen, die Komponente mit Daten zu versorgen. Da für jede Partei eine eigene Reihenkomponente erstellt wird, wären dafür auch jeweils eine Datenmengenkomponente erforderlich, welche die zu der jeweiligen Partei gehörenden Daten herausfiltert. Sollen dann nicht die Stimmen, sondern die Stimmanteile dargestellt werden, wird diese Vorgehensweise unverhältnismäßig aufwendig.

Deshalb wird hier die Möglichkeit der Datenbankanbindung nicht genutzt, sondern die Werte werden einzeln aus *Table1* ausgelesen und den jeweiligen Reihenkomponenten zugewiesen.

```
procedure TForm1.FormShow(Sender: TObject);
var
  i: integer;
  ergebnisse: array[1..6] of integer;
  summe: integer;
  datum: TDateTime;
begin
  DBChart1.Visible := false;
  Series1.Clear;
     ...
  Series6.Clear;
  Table1.First;
  summe := 0;
  i := 1;
```

Zunächst wird die Eigenschaft *Visible* von *DBChart1* auf *false* gesetzt, damit auf jeden Fall ein Bildneuaufbau während der Zuweisung der Werte unterbleibt. Hier im Beispiel ist das Löschen alter Werte in den Reihenkomponenten eigentlich überflüssig.

```
while(Table1.EOF = false) do
begin
  ergebnisse[i] := Table1.FieldByName('Stimmen').AsInteger;
  summe := summe + ergebnisse[i];
  i := i + 1;
  if i = 7 then
  begin
    Datum := Table1.FieldByName('Datum').AsDateTime;
    if RadioGroup1.ItemIndex = 0 then
    begin
      Series1.AddXY(Datum, ergebnisse[1], '', clBlack);
         ...
      Series6.AddXY(Datum, ergebnisse[6], '', clWhite);
    end {if RadioGroup1.ItemIndex = 0 then}
```

Nacheinander werden alle Werte der Tabellen ausgelesen und – sobald eine Wahl komplett eingelesen wolässt ist – den Reihenkomponenten zugewiesen. Beachten Sie, dass Sie den jeweiligen Werten eine eigene Farbe zuweisen können – Sie könnten somit für jeden Wert einer Reihe ein andere Farbe verwenden.

```
    else
    begin
        Series1.AddXY(Datum, (ergebnisse[1] * 100 / summe), '',
            clBlack);

            . . .

        Series6.AddXY(Datum, (ergebnisse[6] * 100 / summe), '',
            clWhite);
    end; {else RadioGroup1.ItemIndex = 0 then}
    i := 1;
    summe := 0;
  end; {if i = 7 then}
  Table1.Next;
end; {Table1.EOF = false}
DBChart1.Visible := true;
end; {procedure TForm1.FormShow}
```

Sollen nicht die Stimmen, sondern die Anteile dargestellt werden, dann muss die Stimmenzahl der jeweiligen Partei durch die Gesamtstimmenzahl geteilt werden. Je nach »Wahlbeteiligung« haben die Diagramme von Stimmenzahl und Anteilen ein etwas voneinander differierendes Aussehen.

```
procedure TForm1.CheckBox1Click(Sender: TObject);
begin
  Series1.Active := CheckBox1.Checked;
    . . .
  Series6.Active := CheckBox6.Checked;
end;
```

Nicht immer sollen die Ergebnisse aller Parteien dargestellt werden. Mit Hilfe der Komponenten *CheckBox1* bis *CheckBox6* kann für jede Partei entschieden werden, ob sie in das Diagramm aufgenommen wird oder nicht. Allen diesen *TCheckBox*-Komponenten wird die Ereignisbehandlungsroutine *CheckBox1Click* zugewiesen.

```
procedure TForm1.CheckBox7Click(Sender: TObject);
begin
  DBChart1.View3D := CheckBox7.Checked;
end;
```

Die 3D-Darstellung macht zwar optisch keinen schlechten Eindruck, es ist aber nahezu unmöglich, auch nur halbwegs genaue Werte aus der Grafik abzulesen. Deshalb wurde die Möglichkeit implementiert, auf zweidimensionale Darstellung umzuschalten.

```
procedure TForm1.CheckBox8Click(Sender: TObject);
begin
    DBChart1.LeftAxis.AutomaticMinimum := CheckBox8.Checked;
    if CheckBox8.Checked = false
        then DBChart1.LeftAxis.Minimum := 0;
end;
```

Per Voreinstellung werden die Achsen automatisch skaliert. Diese Lösung erspart viel Arbeit und Fehlersuche, ist hier aber nicht ganz optimal, weil der Betrachter über die tatsächlichen Werte getäuscht wird.

Zunächst einmal soll das Minimum der linken Achse fest auf den Wert *null* gesetzt werden, wie Bild 7.4 dies zeigt.

Beim Vergleich von zwei Parteien, deren Stimmergebnisse eher näher beieinanderliegen, kann es jedoch sinnvoll sein, das Minimum automatisch zu wählen, weil dann der zur Verfügung stehende Platz besser genutzt wird. Mit Hilfe von *CheckBox8* kann zwischen den beiden Darstellungsarten umgeschaltet werden. Wird auf die Darstellung umgeschaltNummerierung die linke Achse mit *null* beginnt, dann muss dieser Wert explizit zugewiesen werden.

```
procedure TForm1.Button1Click(Sender: TObject);
begin
    if SaveDialog1.Execute then
    begin
        if FileExists(SaveDialog1.FileName) then
        begin
            if MessageDlg('Datei ' + SaveDialog1.FileName +
                ' existiert. Überschreiben?', mtWarning, mbYesNoCancel,
                0) = mrYes
                then DBChart1.SaveToBitmapFile(SaveDialog1.FileName);
        end {if FileExists(SaveDialog1.FileName)}
        else DBChart1.SaveToBitmapFile(SaveDialog1.FileName);
    end; {if SaveDialog1.Execute then}
end; {procedure TForm1.Button1Click}
```

Eine Chart-Grafik kann auch als Bitmap (oder als Metafile) gespeichert werden, die Anweisung lautet hier schlicht *SaveToBitmapFile*. Der zu verwendende Dateiname wird mit Hilfe von *SaveDialog1* abgefragt. Desweiteren wird festgestellt, ob unter dem fraglichen Namen bereits eine Datei existiert – ist dies der Fall, dann wird eine Sicherheitsabfrage durchgeführt.

Die aktuelle Wahl

Auf der nächsten Notebook-Seite soll das Ergebnis der aktuellen Wahl dargestellt werden, wahlweise als Balken- oder als TortenGrafik. Wir wollen hier nun
auch die Möglichkeit zur Datenbankanbindung von *TDBChart* nutzen. In das
Formular wird deshalb die Komponente *Query1* eingefügt, der folgende SQL-
Anweisung zugewiesen wird:

```
SELECT
    e.stimmen,
    p.namen
  FROM ergebnisse e, parteien p
  WHERE (e.partei = p.nummer)
    AND (e.datum = (SELECT MAX(datum) FROM ergebnisse))
```

Damit auch die Parteiennamen zugewiesen werden können, muss ein JOIN die
Tabellen *ergebnisse* und *parteien* verbinden. Das Datum der jüngsten Wahl wird
mit Hilfe einer Unterabfrage ermittelt.

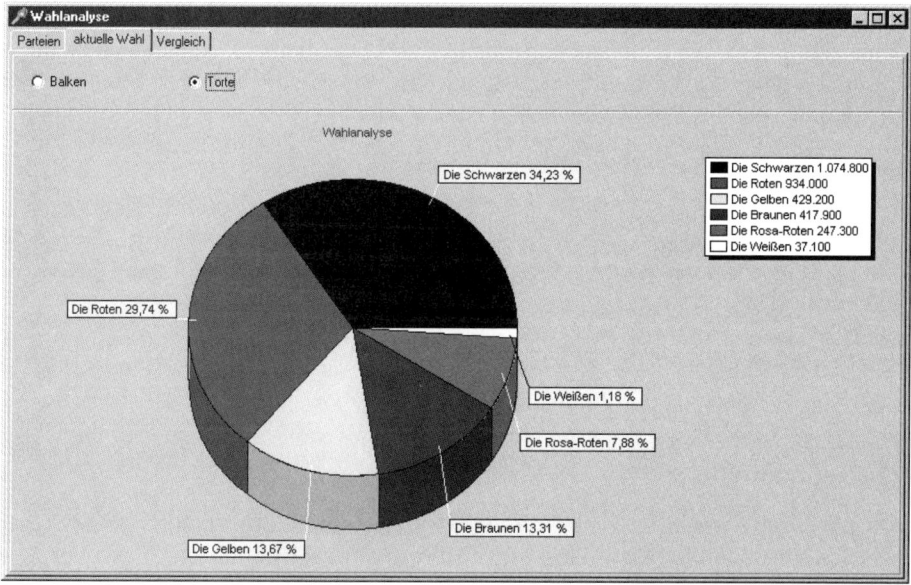

In *DBChart1* werden nun zwei Reihenkomponenten erstellt: eine für die Balken-
und eine für die TortenGrafik. Um die Datenquelle auszuwählen, wird der
Komponenteneditor geöffnet und die jeweilige Reihenkomponente gewählt. Auf
der Registerseite REIHEN | DATENQUELLE wird dann *Query1* als *Datenmenge* ge-
wählt, die *Beschriftung* bezieht die Komponente aus der Spalte *namen*, *Pie* beziehungsweise *Bar* aus der Spalte *stimmen*.

Wie in Bild 7.5 zu sehen ist, sind in der Legende die Stimmergebnisse, bei der
Beschriftung der Grafik die Anteile angegeben. Auch dies macht *TDBChart* automatisch, wenn es denn entsprechend eingestellt wird.

Um die Beschriftung der Grafik einzustellen, wählt man im Komponenteneditor
REIHEN | MARKIERUNGEN und wählt dort den *Stil Beschriftung & Prozent*. Zur Ge-
staltung der Legende wählt man DIAGRAMM | LEGENDE, als *Textstil* wird hier *Rech-
ter Wert* verwendet.

Momentan würden beide Reihenkomponenten gleichzeitig angezeigt – dies ist
ohne weiteres möglich, aber nicht unbedingt übersichtlich. Die Wahl zwischen
den beiden Reihenkomponenten erfolgt wie gehabt mit Hilfe der Eigenschaft
Active.

Für die einzelnen Parteien werden zunächst willkürliche Farben verwendet, was
gerade hier nicht so beibehalten werden kann. Prinzipiell wäre es möglich, in die
Datenbanktabelle eine zusätzliche Spalte aufzunehmen, welche die Farbe der jeweiligen Partei als RGB-Wert enthält (*0* als *schwarz*, *255* als *rot* usw). Als Eigenschaft *ColorSource* der betreffenden Reihenkomponenten würde dann diese Spalte ausgewählt (die Abfrage müsste entsprechend ergänzt werden).

Nun gehören nach meiner Auffassung in eine Datenbank Daten und keine Informationen darüber, wie diese darzustellen sind. Die Farben für die einzelnen Werte können auch im Programm selbst zugewiesen werden.

```
Series7.ValueColor[0]   := clBlack;
Series7.ValueColor[1]   := clRed;
Series7.ValueColor[2]   := clYellow;
Series7.ValueColor[3]   := clMaroon;
Series7.ValueColor[4]   := clFuchsia;
Series7.ValueColor[5]   := clWhite;


Series8.ValueColor[0]   := clBlack;
   ...
Series8.ValueColor[5]   := clWhite;
```

Die jeweilige Farbe muss den Werten in beiden Reihenkomponenten zugewiesen
werden. Beachten Sie auch, dass die Zählung der Werte mit dem Indexwert *null*
beginnt.

Gewinn- und Verlustrechnung

Auf der letzten Seite sollen die Gewinne und Verluste der einzelnen Parteien
dargestellt werden. Dieser Teil soll hier nicht beschrieben werden, bei Interesse
können Sie den Quelltext auf der beiliegenden CD finden.

3.5.2 Referenz TChart

Die Komponenten *TChart* dienen zur Aufnahme von Reihenkomponenten. Die Reihenkomponenten werden jeweils in eigenen Kapiteln besprochen.

TChart ist von *TWinControl* abgeleitet.

▪ SeriesList (Eigenschaft, veröffentlicht)

```
property SeriesList: TChartSeriesList;
```

Die Eigenschaft *SeriesList* verwaltet die Liste der Reihenkomponenten. Die Reihenkomponenten kapseln die Anzeige der Daten.

Der abstrakte Vorfahre aller Reihenkomponenten – *TChartSeries* – ist in Kapitel 3.5.3 beschrieben, die instantisierbaren Reihenkomponenten in Kapitel 3.5.4.

Die Achsen

Die folgenden Eigenschaften benötigen Sie lediglich, wenn Sie zur Laufzeit die Achseneinstellungen ändern müssen. Zur Entwurfszeit verwenden Sie lieber den Komponenteneditor:

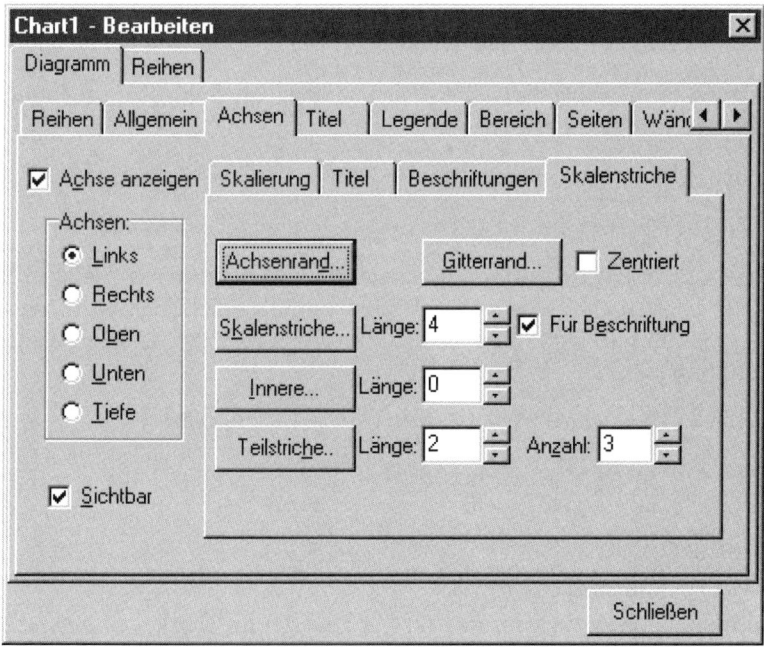

▪ BottomAxis, LeftAxis, RightAxis, TopAxis, DepthAxis
 (Eigenschaften, veröffentlicht)

```
property BottomAxis : TChartAxis;
property LeftAxis : TChartAxis;
property RightAxis : TChartAxis;
property TopAxis : TChartAxis;
property DepthAxis: TChartAxis;
```

Die Komponente *TChart* implementiert Achsen an allen vier Rändern der Komponente. Damit diese gezeichnet werden, muss nicht nur die Eigenschaft *Visible* jeweils *true* sein, die Achse muss auch bei wenigstens einer Reihenkomponente als *HorizAxis* oder *VertAxis* ausgewählt sein. Da jede Reihenkomponente nur jeweils eine horizontale und vertikale Achse wählen kann, müssen mindestens zwei Reihenkomponenten verwendet werden, damit sowohl die obere und die untere (beziehungsweise sowohl die linke als auch rechte) Achse angezeigt werden kann.

Eine weitere Achse für die Tiefe eines dreidimensionalen Diagramms wird als *DepthAxis* implementiert.

Die Eigenschaften und Methoden von *TChartAxis* werden im kommenden Abschnitt besprochen.

▪ AxisVisible (Eigenschaft, veröffentlicht)

```
property AxisVisible : Boolean default true;
```

Um alle Achsen gemeinsam von der Anzeige auszuschließen, wird die Eigenschaft *AxisVisible* auf *false* gesetzt.

▪ GetAxisSeries (Methode)

```
function GetAxisSeries(Axis: TChartAxis): TChartSeries ;
```

Die Funktion *GetAxisSeries* ermittelt die erste Reihenkomponente, welche die als Parameter übergebene Achse *Axis* als horizontale beziehungsweise vertikale Achse gewählt hat. Hat keine Reihenkomponente diese Achse gewählt, gibt die Funktion der Wert *nil* zurück.

▪ MaxXValue, MaxYValue, MinXValue, MinYValue (Methoden)

```
function MaxXValue (AAxis: TChartAxis): Double ;
function MaxYValue (AAxis: TChartAxis): Double ;
function MinXValue (AAxis: TChartAxis): Double ;
function MinYValue (AAxis: TChartAxis): Double ;
```

Diese Funktionen geben die Minima und Maxima der mit der jeweiligen Achse verbundenen Wertelisten an. Diese Funktionen sind beispielsweise dann sehr nützlich, wenn man die Achsen manuell skaliert, die Skalierung jedoch zur Laufzeit den Werten anpassen möchte.

Die Komponente TChartAxis

▨ Visible (Eigenschaft, veröffentlicht)

```
property Visible : Boolean default true;
```

Zum Zeigen und Verbergen der jeweiligen Achse wird die Eigenschaft *Visible* verwendet. Sollen alle Achsen gemeinsam verborgen werden, kann dazu die *TChart*-Eigenschaft *AxisVisible* verwendet werden.

▨ Automatic, AutomaticMaximum, AutomaticMinimum (Eigenschaften, veröffentlicht)

```
property Automatic: Boolean default true;
property AutomaticMaximum: Boolean default true;
property AutomaticMinimum: Boolean default true;
```

Wird die Eigenschaft *Automatic* auf *true* gesetzt, dann wird die Achse automatisch skaliert, andernfalls kann immer noch das Maximum oder das Minimum automatisch skaliert werden.

Wird die automatische Skalierung abgestellt, dann haben die Eigenschaften *Maximum* und *Minimum* den Wert, der von der Automatik berechnet wurde. Sollen die Werte verwendet werden, die vor dem Anstellen der Automatik verwendet wurden, dann sind diese explizit zu setzen.

▨ Maximum, Minimum, Inverted (Eigenschaften, veröffentlicht)

```
property Maximum: Double default 0;
property Minimum: Double default 0;
property Inverted: Boolean default false;
```

Um die Achsen manuell zu skalieren, werden die Eigenschaften *Maximum* und *Minimum* entsprechend gesetzt – die Automatik muss dafür abgeschaltet sein. In jedem Fall, auch bei der Verwendung der Automatik, lassen sich die Werte auslesen.

Um für die Achsenskalierung Minimum und Maximum zu vertauschen, wird die Eigenschaft *Inverted* auf *true* gesetzt.

▨ Logarithmic (Eigenschaft, veröffentlicht)

```
property Logarithmic: Boolean default false;
```

Um eiso genanntlogarithmisch zu skalieren, wird die Eigenschaft *Logarithmic* auf *true* gesetzt. Dabei müssen die Eigenschaften *Maximum* und *Minimum* Werte größer *null* haben und dürfen nicht als Datumswerte angezeigt werden.

▦ RoundFirstLabel (Eigenschaft, veröffentlicht)

```
property RoundFirstLabel: Boolean default true;;
```

Wenn das Minimum einer Achse bei *37,25* liegen würde, dann würde die Beschriftung der Achse (je nach Werteumfang und Skalenteilung) beispielsweise
bei *47,25* beginnen. Setzt man nun die Eigenschaft *RoundFirstLabel* auf *true*, dann
beginnt die Skalierung mit einem »runderen« Wert, beispielsweise mit *40*.

▦ AxisValuesFormat (Eigenschaft, veröffentlicht)

```
property AxisValuesFormat: String default #,##0.###;
```

Mit Hilfe der Eigenschaft *AxisValueFormat* wird die Achsenbeschriftung formatiert. Der Vorgabewert *#,##0.###* formatiert die Beschriftung auf maximal
drei Stellen genau und fügt ein Dezimal- und ein Tausendertrennzeichen ein
– bei deutscher Systemeinstellung ein Dezimalkomma und einen Tausender-
punkt.

▦ DateTimeFormat, ExactDateTime (Eigenschaften, veröffentlicht)

```
property DateTimeFormat: String;
property ExactDateTime: Boolean;
```

Zum Formatieren von Datums- und Zeitangaben wird die Eigenschaft
DateTimeFormat verwendet. Sollen beispielsweise die Jahreszahlen vierstellig
ausgegeben werden, dann wird der Wert *dd.mm.yyyy* verwendet.

Die Funktion der Eigenschaft *ExactDateTime* lässt sich in Bild 7.23 betrachten.
Bei sonst identischen Einstellungen hat bei der unteren Achse die Eigenschaft
ExactDateTime den Wert *true*, bei der oberen Achse den Wert *false*.

▦ Increment (Eigenschaft, veröffentlicht)

```
property Increment: Double;
```

Um den Abstand zwischen zwei Skalen(grob-)teilungen zu bestimmen, wird
die Eigenschaft *Increment* verwendet. Ist dieser Wert für eine vernünftige Anzeige zu klein, berechnet die Komponente selbst einen akzeptablen Wert.

Da *TDateTime*-Werte *Double*-Zahlen sind, können auf diese Weise auch Zeit-
abstände festgelegt werden. Mit der folgenden Anweisung würde eine
Eingefasstung in Monate festgelegt (siehe dazu auch die Eigenschaft
ExactDateTime):

```
Chart1.BottomAxis.Increment := 30;
```

Was man bei Datumswerten noch problemlos mit Kopfrechnen bewältigen
kann, wird bei Zeitwerten doch problematisch. Aus diesem Grund wurde das
Konstanten-Array *DateTimeStep* definiert, welches alle gebräuchlichen Datums-
und Zeitintervalle implementiert.

```
TDateTimeStep = (dtOneSecond, dtFiveSeconds, dtTenSeconds,
  dtFifteenSeconds, dtThirtySeconds, dtOneMinute, dtFiveMinutes,
  dtTenMinutes, dtFifteenMinutes, dtThirtyMinutes, dtOneHour,
  dtTwoHours, dtSixHours, dtTwelveHours, dtOneDay, dtTwoDays,
  dtThreeDays, dtOneWeek, dtHalfMonth, dtOneMonth, dtTwoMonths,
  dtSixMonths, dtOneYear);

Chart1.BottomAxis.Increment := DateTimeStep[dtOneMonth};
```

▨ Ticks, TickLength, TickInnerLength, TicksInner (Eigenschaften, veröffentlicht)

```
property Ticks: TChartPen;
property TickLength: Integer default 4;
property TickInnerLength: Integer default 0;
property TicksInner: TChartPen;
```

Mit Hilfe der Eigenschaften *Ticks* und *TickLength* wird das Aussehen der Skalenstriche eingestellt. Die Skalenstriche, die innerhalb des Diagramms angezeigt werden (nicht zu verwechseln mit dem Gitter), werden mit den Eigenschaften *TickInnerLength* und *TicksInner* formatiert.

▨ MinorTickCount, MinorTicks, MinorTickLength (Eigenschaften, veröffentlicht)

```
property MinorTickCount: Integer default 3;
property MinorTicks: TChartPen;
property MinorTickLength: Ipasster default 2;
```

Zwischen den Skalenstrichen wird noch eine Feinteilung angezeigt, die nicht beschriftet wird. Die Anzahl der Feinteilungsstriche wird mit *MinorTickCount* eingestellt, *MinorTicks* und *MinotTickLength* bestimmen das Aussehen.

▨ Grid (Eigenschaft, veröffentlicht)

```
property Grid : TChartPen;
```

Zum leichteren Ablesen der Werte kann innerhalb des Diagramms ein Skalengitter angezeigt werden. Die dabei verwendeten Linien werden mit Hilfe der Eigenschaft *Grid* eingestellt.

▨ Labels und andere (Eigenschaften, veröffentlicht)

```
property Labels: Boolean default true;
property LabelsFont: TFont;
property LabelsAngle: Integer default 0;
property LabelsSeparation: Integer;
property LabelsSize: Integer default 0;
property LabelStyle: TAxisLabelStyle default talAuto;
```

Mit den aufgeführten Eigenschaften wird das Aussehen der Skalenbeschriftung bestimmt. Mit Hilfe der Eigenschaft *Labels* wird bestimmt, ob die Skalenbeschriftung überhaupt angezeigt wird, mit *LabelsFont* wird die dabei verwendete Schrift festgelegt. Um die Beschriftung in 90°-Schritten zu drehen, wird die Eigenschaft Labels *Angle* verwendet. Mit *LabelsSeparation* wird der Mindestabstand zwischend den Beschriftungen vorgegeben.

Der Abstand zwischen der unteren Komponentenkante und der Beschriftung wird automatisch berechnet, wenn *LabelsSize* gleich *null* ist – andernfalls wird er mit dieser Eigenschaft eingestellt. Was denn nun genau als Beschriftungstext angezeigt wird, kann mit der Eigenschaft *LabelStyle* passtiert werden. Wenn Sie die Skalenbeschriftung selbst erstellen möchten, dann können Sie dafür das *TChart*-Ereignis *OnGetAxisLabel* verwenden.

▦ Title (Eigenschaft, veröffentlicht)

```
property Title: string;
```

Für zusätzliche Informationen, beispielsweise, welche Dimension für die Achse verwendet wird, kann die Eigenschaft *Title* verwendet werden.

▦ Berechnungsmethoden

```
function CalcPosPoint(Value: Integer): Double;
function CalcXPosValue(const Value: Double): Longint;
function CalcXSizeValue(const Value: Double): Longint;
function CalcYPosValue(const Value: Double): Longint;
function CalcYSizeValue(const Value: Double): Longint;
```

Um Komponentenkoordinaten in Realwerte umzurechnen und umgekehrt, werden die aufgeführten Methoden verwendet.

Zoomen und Verschieben

Um bei komplexen Diagrammen alle Details genau betrachten zu können, unterstützt die Komponente *TChart* das Zoomen und das Verschieben. Um einen Ausschnitt zu vergrößern, ziehen Sie mit der linken Maustaste von links oben nach rechts unten ein Rechteck über diesen Ausschnitt auf. Dieser Ausschnitt wird dann auf Komponentengröße vergrößert. Um wieder den ursprünglichen Vergrößerungsfaktor einzustellen, ziehen Sie mit der linken Maustaste wieder ein Rechteck auf, diesmal jedoch nach oben oder von rechts oben nach links unten.

Um den Bildausschnitt zu verschieben, halten Sie die rechte Maustaste gedrückt und verschieben die Maus in die gewünschte Richtung.

■ AllowPanning (Eigenschaft, veröffentlicht)

```
property AllowPanning: (pmNone, pmHorizontal, pmVertical, pmBoth)
  default pmBoth;
```

Mit *AllowPanning* legt man fest, ob und in welche Richtungen der Diagrammausschnitt verschoben werden darf.

■ OnScroll (Ereignis)

```
property OnScroll(Sender: TObject);
```

Beim Verschieben des Diagrammausschnittes tritt das Ereignis *OnScroll* auf.

■ AllowZoom (Eigenschaft, veröffentlicht)

```
property AllowZoom: Boolean default true;
```

Diese Eigenschaft bestimmt, ob Zoomen möglich ist oder nicht.

■ AnimatedZoom, AnimatedZoomSteps (Eigenschaften, veröffentlicht)

```
property AnimatedZoom: Boolean default false;
property AnimatedZoomSteps: Integer default 8;
```

Wird *AnimatedZoom* auf *true* gesetzt, dann wird in mehreren Stufen auf den endgültigen Ausschnitt gezoomt. Die Anzahl der Zwischenschritte wird mit *AnimatedZoomSteps* eingestellt.

■ ZoomRect, ZoomPercent, UndoZoom (Methoden)

```
procedure ZoomRect(const Rect: TRect);
procedure ZoomPercent(const  PercentZoom: Double);
procedure UndoZoom ;
```

Um vom Quelltext aus den Bildausschnitt zu verändern, werden die hier aufgeführten Methoden verwendet. Während bei *ZoomRect* der Bildausschnitt in Pixeln angegeben wird, erwartet die Prozedur *ZoomPercent* die Angabe, um wieviel Prozent der Ausschnitt vergößert oder verkleinert werden soll. Mit *UndoZoom* wird der Standardbildausschnitt wiederhergestellt.

■ OnZoom, OnUndoZoom (Ereignisse)

```
property OnZoom(Sender: TObject);
property OnUndoZoom(Sender: TObject);
```

Beim Zoomen oder bei der Rückstellung auf den Standardbildausschnitt treten diese beiden Ereignisse auf und ermöglichen es beispielsweise, das Hintergrundbild (welches nicht vergrößert wird) zu entfernen.

Legende

▪ Legend (Eigenschaft, veröffentlicht)

```
property Legend: TChartLegend;
```

Per Voreinstellung an der rechten Seite des Diagramms wird eine Legende angezeigt, deren Aussehen mit der Eigenschaft *Legend* eingestellt wird. *TChartLegend* wird im folgenden Abschnitt behandelt.

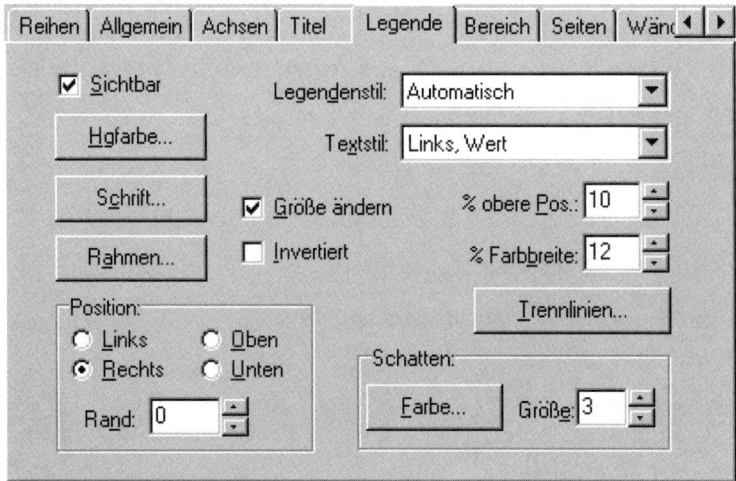

▪ OnGetLegendRect (Ereignis)

```
property OnGetLegendRect(Sender: TCustomChart; var Rect: TRect);
```

Das Ereignis *OnGetLegendRect* tritt auf, wenn die Legende als Ganzes plaziert wird. Um sie beispielsweise um 50 Pixel nach unten zu verschieben, würde man folgende Ereignisbehandlungsroutine implementieren:

```
procedure TForm1.DBChart3GetLegendRect(Sender: TCustomChart;
  var Rect: TRect);
begin
  Rect.Top := Rect.Top + 50;
  Rect.Bottom := Rect.Bottom + 50;
end;
```

▪ OnGetLegendPos (Ereignis)

```
property OnGetLegendPScrollbalkenustomChart; Index: Integer;
  var X, Y, XColor: Integer);
```

Das Ereignis *OnGetLegendPos* tritt vor dem Zeichnen jedes Legendeneintrags auf. Mit der folgenden Prozedur würde man den vierten Eintrag (die Zählung

beginnt bei *null*) um zehn Pixel nach rechts verschieben. (Schaffen Sie gegebenfalls mit *OnGetLegendRect* ausreichend Platz dafür.)

```
procedure TForm1.DBChart3GetLegendPos(Sender: TCustomChart;
  Index: Integer; var X, Y, XColor: Integer);
begin
  if Index = 3
    then X := x + 10;
end;
```

- OnGetLegendText (Ereignis)

```
property OnGetLegendText(Sender: TCustomAxisPanel;
  LegendStyle: TLegendStyle; Index: Integer;
  var LegendText: String);
```

Auch der Text, der in der Legende angezeigt wird, kann modifiziert werden.
Zu diesem Zweck wird die Ereignisbehandlungsroutine des Ereignisses
OnGetLegendText verwendet. Der neue Text wird dem Variablen-Parameter
LegendText zugewiesen. Hier ist es nicht erforderlich, das Legendenrechteck
zu verbreiterScrollbalkenn der Komponente automatisch erledigt wird.

```
procedure TForm1.DBChart3GetLegendText(Sender: TCustomAxisPanel;
  LegendStyle: TLegendStyle; Index: Integer;
  var LegendText: string);
begin
if Index = 3
  then LegendText := LegendText + ' (vorläufiger Ergebnis)';
end;
```

TChartLegend

- Visible (Eigenschaft, veröffentlicht)

```
property Visible: Boolean;
```

Legt fest, ob eine Legende angezeigt wird oder nicht.

- Alignment (Eigenschaft, veröffentlicht)

```
property Alignment: (laLeft, laRight, laTop, laBottom)
  default laLeft;
```

Mit Hilfe der Eigenschaft *Alignment* wird bestimmt, an welcher Position die
Legende angezeigt wird. Die Werte *laLeft* und *laRight* erzwingen eine einspal-
tige, die Werte *laTop* und *laBottom* eine einzeilige Legende.

■ LegendStyle (Eigenschaft, veröffentlicht)

```
property LegendStyle: TLegendStyle default lsAuto;
```

Mit Hilfe der Eigenschaft *LegendStyle* kann angegeben werden, welche Informationen in der Legende angezeigt werden sollen. Hierbei sind folgende Werte möglich:

- ■ *lsAuto:* Wie *lsValues* bei nur einer aktiven Reihenkomponente, ansonsten wie bei *lsSeries*.

- ■ *lsSeries:* Zeigt den oder die Reihentitel an.

- ■ *lsValues:* Zeigt die Werte der ersten aktiven Reihe an.

- ■ *lsLastValues:* Zeigt den oder (bei mehreren Reihenkomponenten) die jeweils letzten Werte an.

■ TextStyle (Eigenschaft, veröffentlicht)

```
property TextStyle: TLegendTextStyle;
```

Mit der Eigenschaft *TextStyle* wird bestimmt, wie die Legendeneinträge formatiert werden. Soll nur die Wertbeschriftung angezeigt werden, dann erhält *TextStyle* den Wert *ltsPlain*. Es ist auch möglich, die Beschriftung und den Wert gemeinsam anzuzeigen, wobei die Beschriftung links (*ltsRightValue*) oder rechts (*ltsLeftValue*) steht. Desweiteren ist es möglich, die Beschriftung und den von der Komponente berechneten Prozentwert anzuzeigen (*ltsLeftPercent* und *ltsRightPercent*).

■ FirstValue, Inverted (Eigenschaften, veröffentlicht), TotalLegendItems (Methode)

```
property FirstValue: LongInt;
property Inverted: Boolean;
function TotalLegendItems: Longint;
```

Mit Hilfe der Eigenschaft *Inverted* wird die Reihenfolge der Legendeneinträge invertiert. Die Eigenschaft *FirstValue* legt fest, ab welchem Platz in der Reihenfolge die Legendeneinträge angezeigt werden. Auf diese Weise ist es möglich, mit Hilfe entsprechender Anweisungen die Legende »durchzuscrollen«, wenn der zur Verfügung stehende Platz nicht für alle Legendeneinträge ausreicht. Zur Bestimmung der Gesamtzahl aller Legendeneinträge wird die Funktion *TotalLegendItems* verwendet.

■ ColorWidth (Eigenschaft, veröffentlicht)

```
property ColorWidth : Integer;
```

Vor dem Legendeneintrag wird ein kleines Rechteck in der Farbe des jeweiligen Diagrammsymbols angezeigt, dessen Breite sich mit *ColorWidth* verändern lässt. Dies ist besonders dann nützlich, wenn – beispielsweise bei Balken- oder Tortendiagrammen – die Symbole gemustert werden.

3D-Darstellung

▦ View3D (Eigenschaft, veröffentlicht)

```
property View3d: Boolean default true;
```

Mit *View3D* wird die (pseudo-)dreidimensionale Darstellung an- und abgeschaltet.

▦ Chart3dPercent (Eigenschaft, veröffentlicht)

```
property Chart3dPercent: Integer default 15;
```

Diese Eigenschaft regelt das Größenverhältnis zwischen Diagrammhöhe und -breite einerseits und Diagrammtiefe andererseits. Der Wert wird in Prozent angegeben und darf zwischen 1 und 100 liegen.

▦ View3dWalls, LeftWall, BottomWall (Eigenschaften, veröffentlicht)

```
property View3dWalls: Boolean default true;
property LeftWall: TChartWall;
property BottomWall: TChartWall;
```

Sollen bei 3D-Darstellung links und unten Wände gezeichnet werden, dann muss die Eigenschaft *View3dWalls* auf *true* gesetzt werden. Das Aussehen der Wände kann mit den Eigenschaften *LeftWall* und *BottomWall* bestimmt werden. Eine Beschreibung von *TChartWall* ist in der Online-Hilfe zu finden.

Hintergrund

▦ BaGrafik (Eigenschaft, veröffentlicht)

```
property BackColor: TColor default clScrollBar;
```

Mit *BackColor* wird dieGrafikgrundfarbe spezifiziert. Lassen Sie diese Eigenschaft auf *clScrollBar*, wenn Sie einen Farbverlauf oder ein Hintergrundbild verwenden.

▦ Gradient (Eigenschaft, veröffentlicht)

```
property Gradient: TChartGradient;
```

Um einen Farbverlauf als Hintergrund zu setzen, wird die Eigenschaft *Gradient* verwendet. Mit *Gradient.StartColor* und *Gradient.EndColor* werden die Farben vorgegeben, mit *Gradient.Direction* die Richtung des Verlaufs. Desweiteren muss die Eigenschaft *Visible* auf *true* gesetzt werden.

■ BackImage, BackImageMode, BackImageInside (Eigenschaften, veröffentlicht)

```
property BacgrafischPicture;
property BackImageMode: (pbmStretch, pbmTile, pbmCenter)
  default pbmStretch;
property BackImageIpasste: Boolean default false;
```

Um ein Hintergrundbild zu verwenden, weist man der Eigenschaft *BackImage* ein Bild zu.

In den meisten Fällen wird das Hintergrundbild nicht exakt in das Diagramm passen. Man kann es entweder zentrieren (*pbmCenter*), auf Diagrammabmessungen vergrößern oder verkleinern (*cbmStretch*) oder kacheln (*pbmTile*).

Normalerweise bildet das Bild den Hintergrund für die ganze Komponente. Soll es nur hinter dem eigentlichen Diagramm angezeigt werden, setzt man die Eigenschaft *BackImageInside* auf *true*.

Titel und Ränder

■ MarginBottom, MarginLeft, MarginRight, MarginTop
     (Eigenschaften, veröffentlicht)

```
property MarginLeft: Integer default 4;
property MarginTop: Integer default 3;
property MarginRight: Integer default 3;
property MarginBottom: Integer default 4;
```

Die obengenannten Eigenschaften bestimmen die Ausdehnung der Ränder, von denen das Diagramm umgeben wird.

■ Title, Foot (Eigenschaften, veröffentlicht)

```
property Title: TChartTitle;
property Foot: TChartTitle;
```

Am oberen und unteren Rand der Komponente lässt sich mit Hilfe dieser Eigenschaften ein Text ausgeben. *TChartTitle* implementiert unter anderem folgende Eigenschaften:

– *Text (TStrings):* der anzuzeigende Text

– *Visible (boolean):* Titel anzeigen oder nicht anzeigen

– *Font (TFont):* Schriftart des Textes

– *Alignment (TAlignment):* Ausrichtung links, Mitte oder rechts

– *Frame (TChartHiddenPen):* Rahmen um den Text

Seiten

Sollen in einem Diagramm sehr viele Punkte angezeigt werden, dann kann darunter die Übersichtlichkeit leiden. Um dem vorzubeugen, kann man das Diagramm auf mehrere Seiten verteilen.

▪ MaxPointsPerPage (Eigenschaft, veröffentlicht)

```
property MaxPointsPerPage: LongInt default 0;
```

Per Voreinstellung hat diese Eigenschaft der Wert *null*. Dies bewirkt, dass alle Punkte auf der ersten Seite dargestellt werden. Wird ein Wert größer *null* eingegeben, dann gibt dieser Wert vor, wie viele Punkte maximal auf einer Seite dargestellt werden. Sind mehr Punkte vorhanden, dann werden diese auf mehrere Seiten aufgeteilt.

▪ Page (Eigenschaft, veröffentlicht), NumPages (Methode)

```
property Page: Longint default 1;
function NumPages: Longint;
```

Mit Hilfe der Eigenschaft *Page* kann sowohl bestimmt werden, welche Seite gerade angezeigt wird, als auch die Seite gewechselt werden. Die Zählung der Seiten beginnt bei eins.

Die Funktion *NumPages* ermittelt die Zahl der zur Zeit vorhandenen Seiten.

▪ NextPage, PreviousPage (Methoden)

```
procedure NextPage;
procedure PreviousPage;
```

Mit diesen Methoden wird auf die nächste beziehungsweise auf die vorangehende Seite gewechselt.

▪ OnPageChange (Ereignis)

```
property OnPageChange(Sender: TObject);
```

Beim Wechseln von einer Seite zur anderen tritt das Ereignis *OnPageChange* auf. Mit Hilfe dieses Ereignisses kann beispielsweise die Anzeige, auf welcher Seite man sich gerade befindet, aktualisiert werden.

Exportieren und Drucken

TChart implementiert für das Exportieren und das Drucken der Diagramme wichtige Funktionen.

▪ SaveToBitmap, SaveToMetafile, SaveToMetafileEnh (Methoden)

```
procedure SaveToBitmap(const FileName: string );
```

```
procedure SaveToMetafile(const FileName: string);
procedure SaveToMetafileEnh(const FileName: string);
```

Mit Hilfe der genannten Methoden kann das Diagramm in einem Grafikformat abgespeichert werden. Den Metafiles wird ein so genannter Aldus-Header vorangestellt, der in vielen Fällen für das Einfügen der Grafiken erforderlich ist. *Enhanced Metafiles* sind ein 32-Bit-Format, das zusätzliche Funktionen unterstützt.

▦ CopyToClipboardBitmap, CopyToClipboardMetafile (Methoden)

```
procedure CopyToClipboardBitmap;
procedure CopyToClipboardMetafile;
```

Mit diesen Methoden lässt sich die Grafik in die Zwischenablage kopieren.

▦ Print, PrintRect (Methoden)

```
procedure Print ;
procedure PrintRect (const R: TRect);
```

Mit der Methode *Print* wird das Diagramm gedruckt. Dabei wird die aktuelle Seitenausrichtung verwendet.

Soll das Diagramm nicht die ganze Seite ausfüllen, dann kann mit *PrintRect* bestimmt werden, welche Position auf dem Papiers das Diagramm einnehmen soll.

▦ PrintLandscape, PrintOrientation, PrintPortrait (Methoden)

```
procedure PrintLandscape;
procedure PrintOrientation (AOrientation: TPrinterOrientation);
procedure PrintPortrait ;
```

Auch diese Methoden drucken das Diagramm aus, dabei kann jedoch die Seitenlage des Druckers explizit angegeben werden.

▦ PrintPartialCanvas (Methode)

```
procedure PrintPartialCanvas(PrintCanvas: TCanvas;
  const PrinterRect: TRect);
```

Soll ein Diagramm mit anderen Elementen ausgedruckt werden oder sollen mehrere Diagramme auf eine Seite gedruckt werden, dann wird dazu die Methode *PrintPartialCanvas* verwendet. Dabei wird der Druckauftrag weder gestartet noch beendet, die dafür benötigten Anweisungen müssen explizit aufgerufen werden. Diese Methode gibt nur das Diagramm zum Drucker, ähnlich wie *Printer.TextOut* eine Textzeile ausgibt.

3.5.3 TChartSeries

Die Komponente *TChartSeries* ist der abstrakte Vorfahre aller Reihenkomponenten. *TChartSeries* ist von *TComponent* abgeleitet.

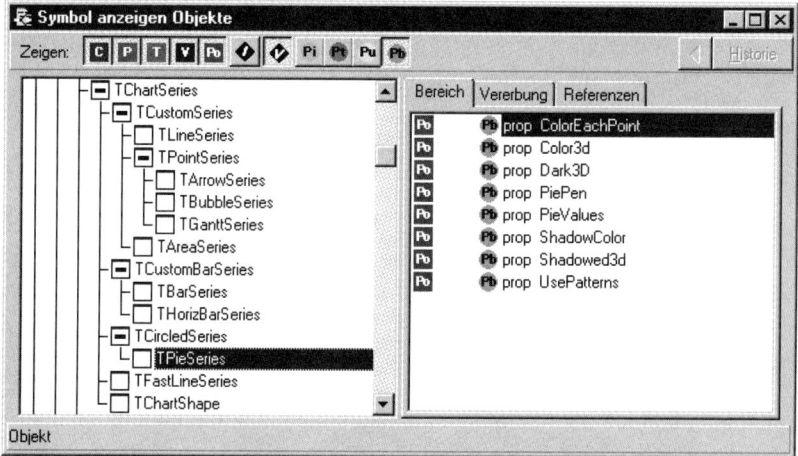

Die einzelnen Reihenkomponenten sind in Kapitel 3.5.4 beschrieben.

Allgemeine Eigenschaften

▪ Active (Eigenschaft, veröffentlicht)

property Active: Boolean **default** true;

Die Eigenschaft *Active* legt fest, ob eine Reihenkomponente angezeigt wird oder nicht. Das folgende Beispiel zeigt, wie man mit Hilfe einer *TCheckBox*-Komponente die Anzeige einer Reihenkomponente steuert.

Series1.Active := CheckBox1.Checked;

▪ ParentChart (Eigenschaft, veröffentlicht)

property ParentChart : TCustomChart

Verweist auf die übergeordnete Chart-Komponente.

▪ Title (Eigenschaft, veröffentlicht)

property Title : String;

Titel der Reihenkomponente, nicht zu verwechseln mit dem Komponenten-namen.

Grafische Darstellung

▣ ValueColor (Eigenschaft, öffentlich)

property ValueColor[Index:Longint]:TColor

Mit Hilfe der Eigenschaft *ValueColor* kann jedem einzelnen Wert im Diagramm eine eigene Farbe zugewiesen werden. Die Eigenschaft *ColorEachPoint* hat dabei manchmal Einfluß auf die Darstellung.

▣ ColorSource (Eigenschaft, veröffentlicht)

property ColorSource : **String**;

Informationen über die Farbdarstellung kann die Reihenkomponente auch aus der Datenmenge beziehen, welche die übrigen Daten liefert. Dazu wird die Eigenschaft *ColorSource* auf die entsprechende Spalte gesetzt. In der Datenmenge müssen die Farben dann als RGB-Werte vorliegen.

▣ SeriesColor (Eigenschaft, veröffentlicht)

property SeriesColor : TColor

Standardfarbe der Reihenkomponente.

▣ Cursor (Eigenschaft, veröffentlicht)

property Cursor : TCursor;

Die Eigenschaft *Clässtr* legt fest, welches Aussehen der Mauszeiger haben soll, wenn er sich lässtkt über der jeweiligen Reihenkomponente befindet.

▣ HorizAxis, VertAxis (Eigenschaften, veröffentlicht)

property HorizAxis: (aTopAxis,aBottomAxis);
property VertAxis: (aLeftAxis,aRightAxis);

Die Eigenschaft *HorizAxis* bestimmt, ob die obere oder die untere horizontale Achse verwendet wird.

Die Eigenschaft *VertAxis* bestimmt, ob die linke oder die rechte vertikale Achse verwendet wird.

▣ Marks (Eigenschaft, veröffentlicht), OnGetMarkText (Ereignis)

property Marks : TSeriesMarks;
property OnGetMarkText(Sender: TChartSeries; ValueIndex: Integer;
  var MarkText: **string**);

Mit Hilfe der Objekteigenschaft *Marks* lässt sich die Art und Weise der Wertebeschriftung einstellen. Der genaue Aufbau dieser Eigenschaft lässt sich mit dem Objektinspektor ergründen, wesentlich ist vor allem die Eigenschaft *Marks.Style*.

Vor der Ausgabe von Beschriftungen wird das Ereignis *OnGetMarkText* aufgerufen, dabei wird der String, der ausgegeben werden soll, als Parameter *MarkText* übergeben. Durch Änderung dieses Parameters lässt sich der auszugebende Text ändern.

PercentFormat (Eigenschaft, veröffentlicht)

```
property PercentFormat : String;
```

Stellt ein, wie Prozentangaben bei der Reihenbeschriftung formatiert werden. Im folgenden Beispiel werden diese Angaben mit einer Nachkommastelle formatiert:

```
Series7.PercentFormat := '##0.# %';
```

ValueFormat (Eigenschaft, veröffentlicht)

```
property ValueFormat : String;
```

Mit Hilfe der Eigenschaft *ValueFormat* legt man fest, wie die angezeigten Zahlen formatiert werden sollen. Nach meiner Erfahrung muss ein wenig experimentiert werden, bis die Reihenkomponente wirklich das tut, was man möchte.

ColorRange (Methode)

```
procedure ColorRange(AValueList: TChartValueList;
  const FromValue, ToValue: Double; AColor: TColor);
```

Bisweilen sollen Teile einer Grafik farblich anders gekennzeichnet werden – beispielsweise, wenn das Wahlergebnis unter 5% liegt. Mit Hilfe der Prozedur *ColorRange* kann einem Wertebereich eine andere Farbe zugewiesen werden.

```
Series5.ColorRange(Series5.YValues, 0, 5, clred);
```

VisibleCount (Methode)

```
function VisibleCount: Longint;
```

Wenn die Reihenkomponenten nicht automatisch skaliert werden, kann es vorkommen, dass nicht alle Punkte angezeigt werden. Die Funktion *Visible-Count* ermittelt die Anzahl der angezeigten Punkte.

XValueToText, YValueToText (Methoden)

```
function XValueToText(Const AValue: Double): string;
function XValueToText(Const AValue: Double): string;
```

Diese Funktionen wandeln einen Wert in einen String um und verwenden dabei dieselben Formatierungsregeln, wie sie bei der Reihenkomponente verwendet werden.

▪ OnAfterDrawValues, OnBeforeDrawValues (Ereignisse)

```
property OnAfterDrawValues(Sender: TObject);
property OnAfterDrawValues(Sender: TObject);
```

Diese beiden Ereignisse treten vor und nach dem Zeichnen der Reihenpunkte auf und können beispielsweise dafür genutzt werden, eigene Grafikausgaben auf *Chart.Canvas* vorzunehmen. Achten Sie darauf, dass Sie dabei keine Eigenschaften der Komponente ändern oder eine ihrer Prozeduren aufrufen, da dies ein erneutes Zeichnen der Werte auslösen könnte – eine Rekursion wäre die Folge.

Anzeigewerte

▪ XValues, YValues (Eigenschaften, veröffentlicht)

```
property XValues:TChartValueList
property YValues:TChartValueList
```

Die Objekteigenschaften *XValues* und *YValues* regeln, woher die Reiheneigenschaft ihre Daten bezieht sowie einige damit zusammenhängende Details. *TChartValueList* ist im folgenden Abschnitt beschrieben.

▪ xValue, yValue (Eigenschaften, öffentlich, nur Lesen)

```
property XValue[Index:Longint] : Double;
property XValue[Index:Longint] : Double;
```

Mit Hilfe der Lese-Eigenschaften *xValue* und *yValue* kann man zur Laufzeit auf die angezeigten Werte zugreifen.

▪ DataSource (Eigenschaft, veröffentlicht), CheckDataSource (Methode)

```
property DataSource : TComponent;
procedure CheckDataSource(Series: TChartSeries);
```

Die Eigenschaft *DataSource* wird benötigt, um Daten aus einer Datenmengenkomponente zu beziehen.

Werden die Reihenpunktwerte aus einer Datenmenge oder aus einer anderen Reihenkomponente bezogen, dann bewirkt *CheckDataSource*, dass diese Werte erneut eingelesen werden.

▪ FirstValueIndex, LastValueIndex (Eigenschaften, öffentlich, nur Lesen)

```
property FirstValueIndex : LongInt;
property LastValueIndex : LongInt;
```

Wenn die Achsen nicht automatisch skaliert werden, dann kann es – gewollt oder ungewollt – vorkommen, dass nicht die komplette Funktion dargestellt wird. *FirstValueIndex* ist dann der Index des ersten Wertes, der dargestellt wird, *LastValueIndex* der Index des letzten Wertes, der noch dargestellt wird. Werden die Achsen automatisch skaliert, dann nimmt die erste Eigenschaft stets den Wert *null*, die zweite den Wert der Anzahl der verfügbaren Werte -1 an.

▦ FunctionType (Eigenschaft, öffentlich)

```
property FunctionType : TTeeFunction
```

Reihenkomponenten können Ihre Daten auch aus Funktionen beziehen. Im Beispielprojekt haben die Komponenten *Series7* und *Series8* ihre Daten aus *Query1* bezogen. Genauso wäre es möglich, dass *Series8* ihre Daten von *Series7* kopiert:

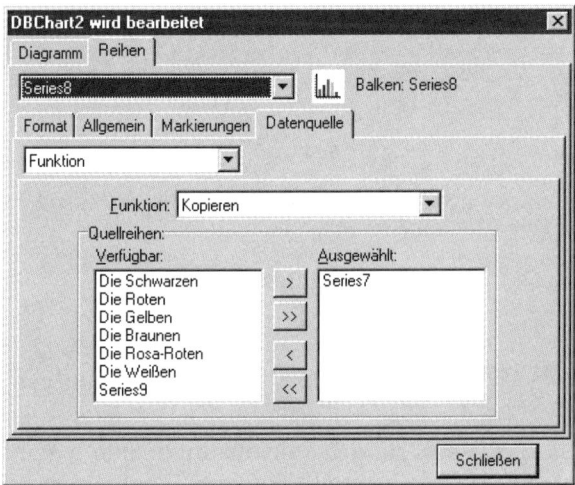

▦ AddXY, AddY (Methoden)

```
function AddXY(const AXValue, AYValue: Double;
  Const AXLabel: string; AColor: TColor) : Longint;
function AddY(const AYValue: Double;
  Const AXLabel: string; AColor: TColor): Longint;
```

Die Funktionen *AddXY* und *AddY* fügen der Werteliste neue Werte hinzu. Als Funktionsergebnis liefern sie den Index des neuen Wertes zurück. Die Beschriftung *AXLabel* und der Farbwert *AColor* sind optional. Bei der Funktion *AddY* wird der X-Wert – sofern er benötigt wird – von der Reihenkomponente berechnet.

- OnAfterAdd, OnBeforeAdd (Ereignisse)

```
property OnAfterAdd(Sender: TChartSeries; ValueIndex: Integer);
property OnBeforeAdd(Sender: TChartSeries): Boolean;
```

Die Ereignisse *OnAfterAdd* und *OnBeforeAdd* treten nach beziehungsweise vor dem Einfügen neuer Werte in die Werteliste auf.

Das Ereignis *OnBeforeAdd* ist kein Zeiger auf eine Prozedur, sondern ein Zeiger auf eine Funktion. Diese erlaubt es, Werte von der Aufnahme in die Werteliste auszuschließen. Um dies zu erreichen, ist das Funktionsergebnis auf *false* zu setzen. Das folgende Beispiel schließt pauschal alle Werte von der Aufnahme aus.

```
function TForm1.Series9BeforeAdd(Sender: TChartSeries): Boolean;
begin
  result := false;
end;
```

- AssignValues (Methode)

```
procedure AssignValues(Source : TChartSeries);
```

Mit der Funktion *AssignValues* wird die Werteliste einer anderen *TChartSeries*-Komponente kopiert.

- Clear, Delete (Methoden), OnClearValues (Ereignis)

```
procedure Clear;
procedure Delete(ValueIndex: LongInt);
property OnClearValues(Sender: TChartSeries);
```

Die Prozedur *Clear* löscht die Werteliste der Reihenkomponente. Wenn für eine neue Werteliste Werte mit *AddY* oder *AddXY* hinzugefügt werden, sollte vorher *Clear* aufgerufen werden.

Mit *Delete* wird der angegebene Reihenpunktwert gelöscht.

Das Ereignis *OnClearValues* teilt Ihnen das Löschen der Punktwerte mit – verhindern lässt es sich allerdings nicht.

- Count (Methode)

```
function Count : Longint;
```

Die Funktion *Count* ermittelt die Gesamtzahl aller Reihenpunktwerte.

- XLabel (Eigenschaft, öffentlich), XLabelSource (veröffentlicht)

```
property XLabel[Index:Longint] : String;
property XLabelsSource : String;
```

XLabel ist das Array der horizontalen Reihenbeschriftungen.

Sollen die horizontalen Achsenbeschriftungen aus einer Datenmenge übernommen werden, dann muss in der Eigenschaft *XLabelsSource* deren Spaltenname angegeben werden.

TChartValueList

Die Werte für die Darstellung in der Reihenkomponente werden in Wertelisten gehalten, die vom Typ *TChartValueList* sind. Dabei wurde eine etwas ungewöhnliche, aber geradezu geniale Konstruktion verwendet: Die Wertelisten sind veröffentlicht, enthalten aber eine öffentliche Default-Array-Eigenschaft. Im Quelltext sieht es dann so aus, als ob diese Wertelisten (öffentliche) Array-Eigenschaften sind, bestimmte Eigenschaften dieser Wertelisten lassen sich aber trotzdem mit dem Objektinspektor einstellen.

▫ Value (Eigenschaft, öffentlich)

```
property Value[Index: Longint]: Double;
```

Mit der Eigenschaft *Value* können Werte in die Werteliste geschrieben und von dort ausgelesen werden. *Value* ist die Default-Eigenschaft von *TChartValueList*, die beiden folgenden Zeilen bewirken somit dasselbe:

```
LineSeries1.YValues.Value[3] := 17;
LineSeries1.YValues[3] := 17;
```

▫ Count (Methode)

```
function Count: Longint;
```

Die Funktion *Count* ermittelt die Anzahl der Werte in der Werteliste.

▫ ModifyValue (Methode)

```
procedure ModifyValue(ValueIndex: Longint; const AValue:Double);
```

Wird ein Wert in der Werteliste geändert, so wird daraufhin die Darstellung aktualisiert. Soll diese Aktualisierung unterbleiben – beispielsweise, weil aus Geschwindigkeitsgründen für mehrere Änderungen nur eine Aktualisierung erfolgen soll –, dann kann dafür die Methode *ModifyValue* verwendet werden.

▫ DateTime (Eigenschaft, veröffentlicht)

```
property DateTime : Boolean;
```

Wenn die Eigenschaft *DateTime* auf *true* gesetzt wird, dann werden die Werte der Werteliste als *TDateTime*-Werte interpretiert und bei der Ausgabe als Text entsprechend formatiert.

■ Multiplier (Eigenschaft, veröffentlicht)

```
property Multiplier : Double;
```

Die Achsen werden von der *TChart*-Komponente und für alle Reihenkomponenten einheitlich gesetzt. Dies erzwingt es manchmal, die Werte der verschiedenen Reihenkomponenten aneinander anzugleichen. Die Eigenschaft *Multiplier* enthält einen Gleitkommawert, mit dem alle Werte der Werteliste verrechnet werden – auch die in der Legende angezeigten Werte werden entsprechend angepasst.

■ Order (Eigenschaft, veröffentlicht)

```
property Order: (loNone, loAscending, loDescending);
```

Die Einträge in der Werteliste können aufsteigend (*loAscending*), absteigend (*loDescending*) oder überhaupt nicht sortiert werden (*loNone*). Sorgen Sie dafür, dass die Einträge nicht sortiert werden, wenn Sie bei *TGanttSeries* die Balken miteinander verbinden wollen.

■ Name (Eigenschaft, veröffentlicht)

```
property Name : String;
```

Diese Eigenschaft beinhaltet den Namen der Werteliste als String, wird vor allem für *ValueSource*-Zuweisungen benötigt.

■ ValueSource (Eigenschaft, veröffentlicht)

```
property ValueSource : String;
```

Bezieht die Reihenkomponente ihre Werte aus einer anderen Reihenkomponente, dann wird hier der Name der Werteliste eingetragen, von welcher die Daten kopiert (oder was auch immer) werden.

```
Series2.DataSource := Series2;
Series2.YValues.ValueSource := 'Y':
Series2.XValues.ValueSource := 'X';
```

Die Komponente *TDBChart* kann ihre Daten auch aus einer Datenmenge beziehen:

```
Series1.DataSource := Query1;
Series2.YValues.ValueSource := 'Umsatz':
Series2.XValues.ValueSource := 'Datum';
```

Werteberechnungen

▦ CalcXPos, CalcYPos (Methoden)

```
function CalcXPos(ValueIndex: Longint): LongInt;
function CalcYPos(ValueIndex: Longint): LongInt;
```

Berechnet, an welcher horizontalen beziehungsweise vertikalen Position der *TChart*-Komponente der jeweilige Punkt der Werteliste angezeigt wird.

▦ CalcXPosValue, CalcYPosValue (Methoden)

```
function CalcXPosValue(const Value: Double): Longint;
function CalcYPosValue(const Value: Double): Longint;
```

Diese Funktionen rechnen einen Skalenwert der X-Achse beziehungsweise der Y-Achse in die entsprechende horizontale beziehungsweise vertikale Position der *TChart*-Komponente um.

▦ CalcXSizeValue, CalcYSizeValue (Methoden)

```
function CalcXSizeValue(const Value: Double): Longint ;
function CalcYSizeValue(const Value: Double): Longint;
```

Die Methoden *CalcXSizeValue* und *CalcYSizeValue* rechnen eine Real-Größe in die entsprechenden Bildschirmpixel um.

▦ OnClick, OnDblClick (Ereignisse)

```
property OnClick(Sender: TChartSeries; ValueIndex: Integer;
    Button: TMouseButton; Shift: TShiftState; X, Y: Integer);
property OnDblClick(Sender: TChartSeries; ValueIndex: Integer;
    Button: TMouseButton; Shift: TShiftState; X, Y: Integer);
```

Wird ein Mausklick auf einer *TChart*-Komponente ausgeführt, dann wird ermittelt, ob sich an dieser Stelle eine Reihenkomponente befindet. Ist dies der Fall, dann wird das Ereignis *OnClick* ausgelöst. Werden an der betreffenden Stelle mehrere Reihenkomponenten angezeigt, so tritt das Ereignis nur bei der zuoberst angezeigten Reihenkomponente ein.

Für das Ereignis *OnDblClick* gelten diese Ausführungen entsprechend.

▦ Clicked (Methode)

```
function Clicked(x, y: Integer): Longint;
```

Diese Funktion ermittelt, welcher Reihenpunktwert an der angegebenen Position liegt, und gibt dessen Index zurück. Liegt an der fraglichen Stelle kein Reihenpunktwert, dann gibt die Funktion *-1* zurück.

▦ GetCursorValueIndex (Methode)

```
function GetCursorValueIndex: LongInt;
```

Die Funktion *GetCursorValueIndex* ermittelt, welcher Reihenpunktwert an der aktuellen Cursor-Position liegt, und gibt dessen Index zurück. Liegt an der fraglichen Stelle kein Reihenpunktwert, gibt die Funktion *-1* zurück.

▦ GetCursorValues (Methode)

```
procedure GetCursorValues(var  x , y: Double);
```

Die Prozedur rechnet die aktuelle Cursor-Position in entsprechende Realwerte gemäß den Achsenskalierungen um.

▦ MaxXValue, MaxYValue, MinXValue, MinYValue (Methoden)

```
function MaxXValue : Double;
function MaxYValue : Double;
function MinXValue : Double;
function MinYValue : Double;
```

Die aufgezählten Funktionen ermitteln die Maxima und die Minima der beiden Wertelisten.

▦ RefreshSeries (Methode)

```
procedure RefreshSeries;
```

Die Methode *RefreshSeries* bewirkt, dass alle abhängigen Reihen – also alle Reihenkomponenten, die ihre Daten von dieser Reihenkomponente beziehen – ihre Punkte neu berechnen.

▦ SwapValueIndex (Methode)

```
procedure SwapValueIndex(a, b: Longint );
```

Um zwei Reihenpunktwerte gegeneinander zu vertauschen, wird die Prozedur *SwapValueIndex* verwendet. Als Parameter sind die Indizes der Reihenpunktwerte zu übergeben, die vertauscht werden sollen.

▦ ValuesListCount (Methode)

```
function ValuesListCount: Longint;
```

Die Funktion *ValuesListCount* ermittelt die Zahl der Reihenpunktlisten. Für gewöhnlich hat eine Reihenkomponente zwei Reihenpunktlisten (x und y), Reihenkomponenten des Typs *TBubbleSeries* (x, y, Radius) und *TGanttSeries* (x, Start, End) haben deren drei.

■ XScreenToValue, YScreenToValue (Methoden)

```
function XScreenToValue(ScreenPos:Longint):Double;
function YScreenToValue(ScreenPos:Longint):Double;
```

Diese Funktionen rechnen einen Punkt auf der Komponente in den entsprechenden Realwert um.

3.5.4 Die Reihenkomponenten

Die folgenden Reihenkomponenten können instantisiert werden. Sie sind alle
(direkt oder indirekt) von der in Kapitel 3.5.3 beschriebenen abstrakten Reihenkomponente *TChartSeries* abgeleitet.

TLineSeries

Die Komponente *TLineSeries* stellt die Punktwerte in einem Achsenkreuz dar und
verbindet die einzelnen Punkte mit Linien.

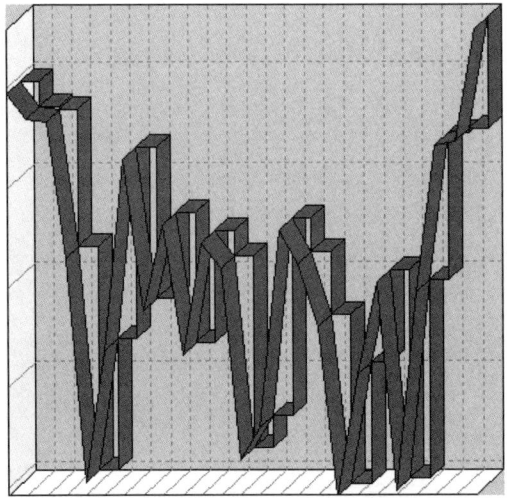

■ Stairs, InvertedStairs (Eigenschaften, veröffentlicht)

```
property Stairs: boolean;
property InvertedStairs: boolean;
```

Damit die Funktion treppenförmig dargestellt werden, muss die Eigenschaft
Stairs auf *true* gesetzt werden. Die Treppenstufe wird nach (*InvertedStairs =
false*) oder vor (*InvertedStairs = true*) dem jeweiligen Wert angezeigt.

■ LineBrush, LinePen (Eigenschaften, veröffentlicht)

```
property TLineBrush: TBrush;
property TLinePen: TPen;
```

Mit Hilfe dieser Eigenschaften kann das Aussehen der Linien beeinflußt werden. Die Eigenschaft *LineBrush* ist nur bei 3D-Darstellung wirksam.

TBarSeries und THorizBarSeries

Soll ein Balkendiagramm mit senkrechten Balken gezeichnet werden, muss man die Komponente *TBarSeries* verwenden – für waagrechte Balken verwendet man *THorizBarSeries*.

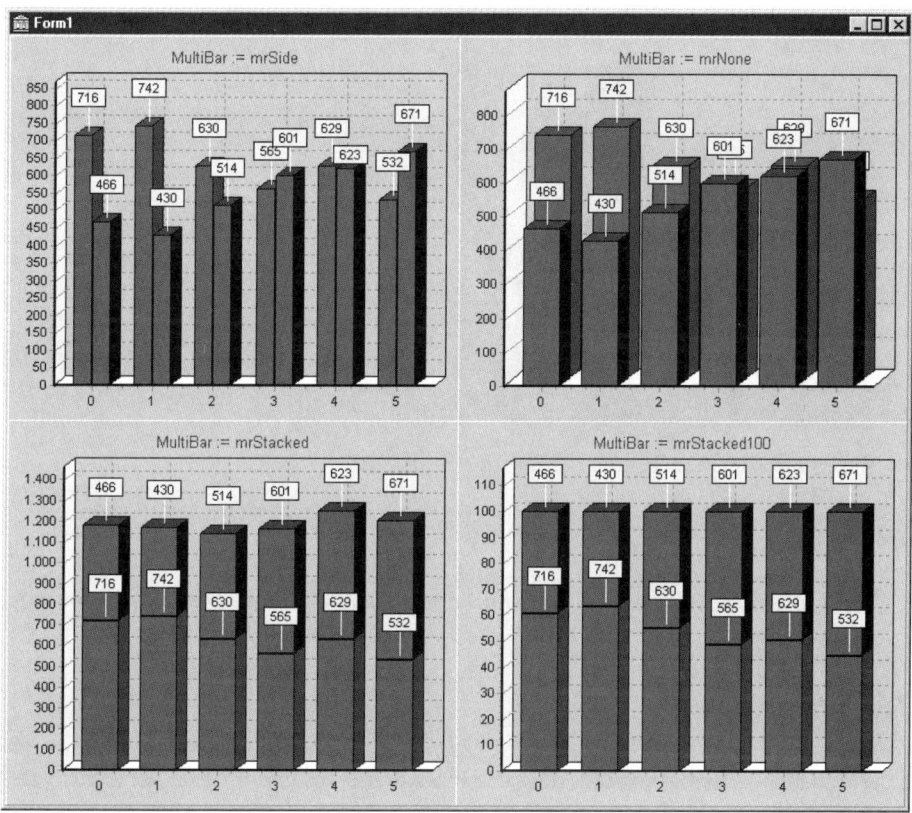

- MultiBar (Eigenschaft, veröffentlicht)

```
property MultiBar : (mbNone, mbSide, mbStacked, mbStacked100);
```

Werden mehrere *TBarSeries*-Reihenkomponenten in einer *TChart*-Komponente angezeigt, dann kann mit Hilfe der Eigenschaft *MultiBar* bestimmt werden, wie diese angeordnet werden sollen. Die vier möglichen Werte von *MultiBar* sind in obenstehender Abbildung mitsamt entsprechenden Beispielen zu sehen.

- BarStyle (Eigenschaft, veröffentlicht)

```
property BarStyle : TBarStyle;
```

Mit Hilfe der Eigenschaft *BarStyle* lässt sich das Aussehen des Balkens verändern. Einige zulässige Werte von *BarStyle* (*bsEllipse*, *bsInvPyramid*, *bsPyramid*) werden jedoch wie *bsRectangle* angezeigt.

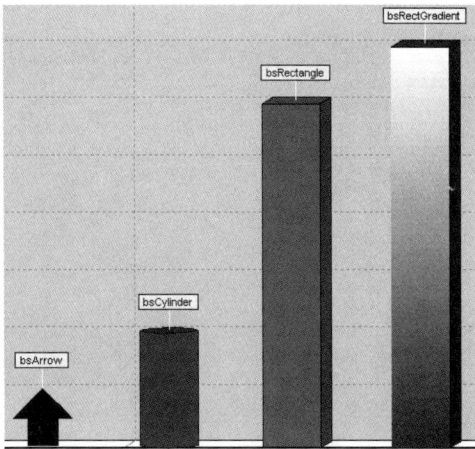

■ BarBrush, BarPen (Eigenschaft, veröffentlicht)

```
property BarBrush: TBrush;
property BarPen: TPen;
```

Mit Hilfe dieser Eigenschaften kann das Aussehen der Balken bestimmt werden.

TAreaSeries

Die Komponente *TAreaSeries* ähnelt *TLineSeries*, die beiden Komponenten unterscheiden sich jedoch dadurch, dass die Fläche unterhalb der Linie bei *TAreaSeries* gefüllt wird.

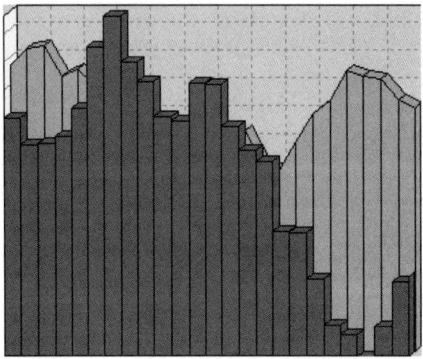

▒ Stairs, InvertedStairs (Eigenschaften, veröffentlicht)

property Stairs: boolean;
property InvertedStairs: boolean;

Damit die Funktion treppenförmig dargestellt werden, muss die Eigenschaft *Stairs* auf *true* gesetzt werden. Die Treppenstufe wird nach (*InvertedStairs = false*) oder vor (*InvertedStairs = true*) dem jeweiligen Wert angezeigt.

▒ MultiArea (Eigenschaft, veröffentlicht)

property MultiArea: (maNone, maStacked, maStacked100);

Auch bei *TAreaSeries* lassen sich die einzelnen Reihenkomponenten übereinandersetzen, *MultiArea* kann dabei die Werte *maNone*, *maStacked* und *maStacked100* annehmen.

▒ AreaLinesPen (Eigenschaft, veröffentlicht)

property AreaLinesPen : TChartPen;

Wie in Bild 7.16 zu sehen, werden die einzelnen Werte durch senkrechte Linien voneinander getrennt. Mit Hilfe der Eigenschaft *AreaLinesPen* lassen sich die Linien detailliert gestalten. Sollen diese Linien nicht angezeigt werden, muss die Eigenschaft *AreaLinesPen.Visible* auf *false* gesetzt werden.

TPointSeries

Die Komponente *TPointSeries* bewirkt die Darstellung als Einzelpunkte.

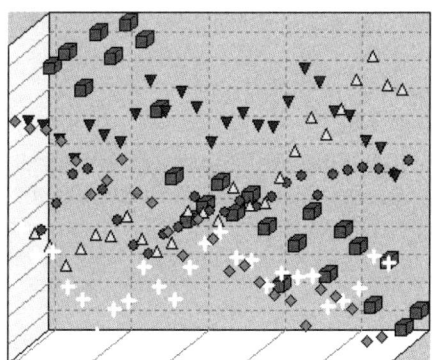

▒ Pointer (Eigenschaft, veröffentlicht)

property Pointer: TSeriesPointer;

Alle relevanten Eigenschaften sind in der Objekteigenschaft *Pointer* zusammengefasst – einige *TSeriesPointer*-Eigenschaften sollen hier nun aufgeführt werden:

■ Style, Draw3D (Eigenschaften, veröffentlicht)

```
property Style: (psRectangle, psCircle, psTriangle,
    psDownTriangle, psCross, psDiagCross, psStar, psDiamond,
    psSmallDot) default psRectangle;
```

Die Eigenschaft *Style* bestimmt das Aussehen der einzelnen Punkte. Bei manchen Style-Werten ist eine 3D-Darstellung möglich – andere, wie beispielsweise *psCross*, ignorieren diese Eigenschaft.

Vergessen Sie nicht, dass die Eigenschaft Style eine Untereigenschaft von *Point* ist.

```
Series1.Pointer.Style := psTriangle;
```

■ HorizSize, VertSize (Eigenschaften, veröffentlicht)

```
property HorizSize : Integer;
property VertSize : Integer;
```

Wie die Abbildung zeigt, haben die verschiedenen Punktformen zwar formal dieselbe Größe, scheinen aber unterschiedlich gewichtig. Mit Hilfe der Eigenschaften *HorizSize* und *VertSize* lässt sich deren Größe genau einstellen.

■ Brush, Pen (Eigenschaften, veröffentlicht)

```
property Brush: TBrush;
property BarPen: TPen;
```

Mit Hilfe dieser Eigenschaften kann man das Aussehen der Punkte beeinflussen.

TPieSeries

Zur Erstellung von TortenGrafiken wird die Komponente *TPieSeries* verwendet. Wie die Abbildung zeigt, gibt es dabei ein kleines Problem: Wenn die *TChart*-Komponente eher hoch ist, sieht die »Torte« etwas seltsam aus. Setzt man die Eigenschaft *Circled* auf *true*, dann wird zwar ein Kreis angezeigt, dieser gerät jedoch dann unter Umständen sehr klein.

Prinzipiell könnte man die Darstellung dadurch verbessern, dass man die Legende nicht rechts, sondern unten plaziert. Dann aber werden möglicherweise nicht alle Werte in der Legende aufgeführt, weil an dieser Stelle eine mehrzeilige Legende nicht möglich ist.

Deshalb sollte man dafür sorgen, dass die *TChart*-Komponente über ein sinnvolles Höhe-zu-Breite-Verhältnis verfügt. Bei Formularen, die sich in der Größe ändern lassen, sind entsprechende Vorkehrungen zu treffen, um Verzerrungen zu vermeiden.

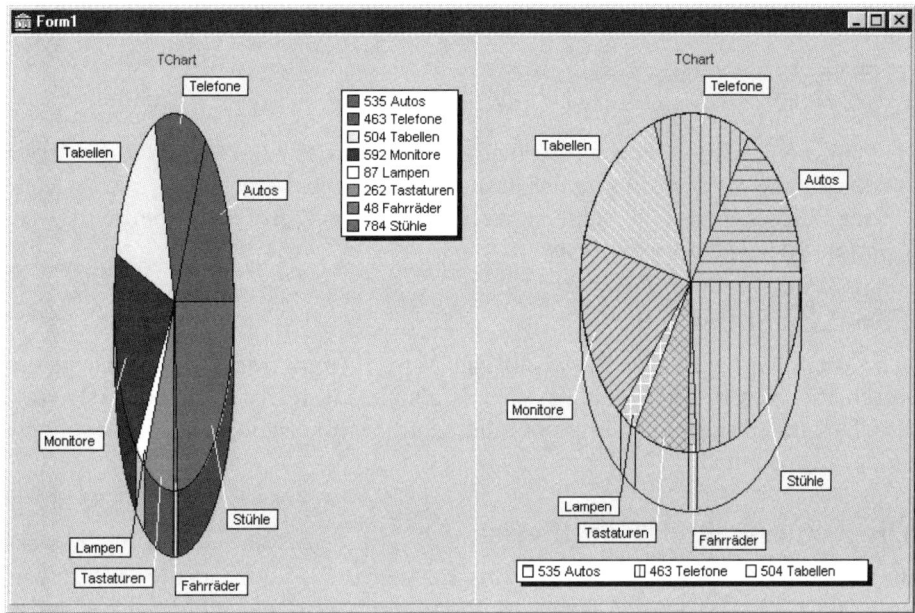

- UsePatterns (Eigenschaft, veröffentlicht)

```
property UsePatterns: Boolean
```

Für Ausdrucke steht nicht immer ein Farbdrucker zur Verfügung. Um die Tortensegmente zu mustern, wie dies in der Abbildung rechts gezeigt wird, muss die Eigenschaft *UsePatterns* auf *true* gesetzt werden.

- RotationAngle (Eigenschaften, veröffentlicht), Rotate (Methode)

```
property RotationAngle: Integer;
procedure Rotate(Angle: Integer);
```

Mit Hilfe der Eigenschaft *RotationAngle* lässt sich die Torte in die gewünschte Stellung drehen. Soll die Torte zur Laufzeit rotieren, dann wird die Methode *Rotate* vom *OnTimer*-Ereignis der Komponente *TTimer* aufgerufen. Ist eine Drehung im Uhrzeigersinn, also im mathematisch negativen Drehsinn erwünscht, dann muss als Parameter ein negativer Wert übergeben werden.

- Circled (Eigenschaft, veröffentlicht)

```
property Circled : Boolean;
```

Um eine Darstellung als Kreis zu erzwingen, wird die Eigenschaft *Circled* auf *true* gesetzt.

■ CustomXRadius, CustomYRadius (Eigenschaften, veröffentlicht)

```
property CustomXRadius : LongInt;
property CustomYRadius : LongInt;
```

Per Voreinstellung haben diese beiden Eigenschaften der Wert *null*, die Größe der Ellipse wird somit von der Reihenkomponente berechnet. Um die Größe der Ellipse explizit zu setzen, werden diesen beiden Eigenschaften die gewünschten Werte zugewiesen.

TFastLineSeries

Die Komponente *TFastLineSeries* gibt die Werte als Funktionskurven aus. Sie unterscheidet sich insofern von *TLineSeries*, als viele Features – wie beispielsweise die 3D-Darstellung – nicht implementiert sind. Dafür arbeitet diese Komponente jedoch sehr schnell.

Die Komponente TGanttSeries

Speziell für Projektverwaltungsprogramme wurde die Komponente *TGanttSeries* entwickelt. Hier lassen sich Termine anhand ihrer Start- und Enddaten darstellen und durch Linien verbinden.

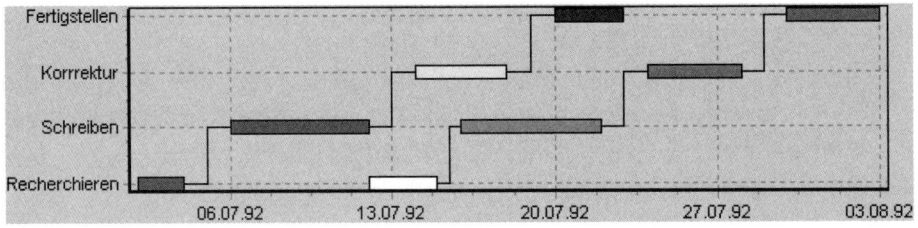

■ AddGantt (Methode)

```
function AddGantt(const AStart, AEnd, AY: double;
  const AXLabel: string): LongInt;
```

Mit Hilfe der Funktion *AddGantt* werden neue Balken eingefügt. Als Parameter werden der Start- und der Endtermin (oder andere Gleitkommazahlen), der Y-Wert und die Beschriftung übergeben. Als Funktionsergebnis erhält man den Index des neuen Balkens.

■ AddGanttColor (Methode)

```
function AddGanttColor(const AStart, AEnd, AY: Double;
  const AXLabel: string; AColor: TColor): LongInt;
```

In den meisten Fällen möchte man Balken, die zusammengehören, mit einer einheitlichen Farbe versehen. Man könnte dazu für jeden Balken der Eigen-

schaft *ValueColor* einen entsprechenden Wert zuweisen. Einfacher geht es jedoch, wenn statt *AddGantt* die Methode *AddGanttColor* verwendet wird, der
man gleich die gewünschte Farbe als Parameter übergeben kann.

▓ NextTask (Eigenschaft, veröffentlicht)

```
property NextTask : TChartValueList;
```

Mit Hilfe der Eigenschaft *NextTask* lassen sich die einzelnen Balken miteinander verbinden. Ignorieren Sie dabei die Deklaration und den Objektinspektor,
und gehen Sie folgendermaßen vor:

```
var
  t1, t2: integer;
begin
  t1 := Series1.AddGantt(StrToDate('2.7.92'), StrToDate('4.7.92'),
    0, 'Recherchieren');
  t2 := Series1.AddGantt(StrToDate('6.7.92'),
StrToDate('12.7.92'),
    1, 'Schreiben');
  Series1.NextTask[t1] := t2;
```

Auf diese Weise wird der zweite Balken mit dem ersten verbunden. Dazu
noch ein Hinweis: Wenn Sie mehrere Balken miteinander verbinden möchten,
dann kann es vorkommen, dass alle möglichen Balken miteinander verbunden sind, nur nicht die, welche Sie eigentlich verbinden wollten. Ursache dafür ist in der Regel, dass die X-Werte sortiert werden, so dass beim Einfügen
neuer Balken der Indexwert einiger Balken geändert wird. Um das Sortieren
zu vermeiden, setzen Sie die Eigenschaft *XValues.Order* auf *loNone*.

▓ ConnectingPen (Eigenschaft, veröffentlicht)

```
property ConnectingPen : TChartPen;
```

Zur Gestaltung der Verbindungslinien verwenden Sie die Objekteigenschaft
ConnectingPen.

▓ EndValues, StartValues (Eigenschaften, veröffentlicht)

```
property EndValues : TChartValueList;
property EndValues : TChartValueList;
```

In den Listen *StartValues* und *EndValues* werden die Start- und Endwerte der
Balken gespeichert.

▓ Pointer (Eigenschaft, veröffentlicht)

```
property Pointer : TSeriesPointer;
```

Zur Gestaltung der Balken wird die Objekteigenschaft *Pointer* verwendet, über deren Aufbau der Objektinspektor informiert. Interessant ist vor allem die Eigenschaft *VertSize*, mit der sich die Höhe der Balken einstellen lässt – die Eigenschaft *HorizSize* zeitigt dagegen keine Auswirkung.

TBubbleSeries

Hin und wieder steht man vor dem Problem, die Objekte mit mehreren Größen gleichzeitig darstellen zu müssen. So könnte man sich beispielsweise vorstellen, dass in einer Quartalsübersicht nicht nur die Umsätze der einzelnen Filialen, sondern auch deren Gewinnspannen angezeigt werden sollen. Prinzipiell könnte man die zusätzliche Größe über eine farbliche Information visualisieren, diese Information geht beim Ausdruck, spätestens jedoch beim Vervielfältigen verloren.

Eine Alternative wäre hier die Komponente *TBubbleSeries*: Hier könnte man den Umsatz beispielsweise über die Y-Koordinate, die Gewinnspanne über den Durchmesser der einzelnen Funktionswerte darstellen.

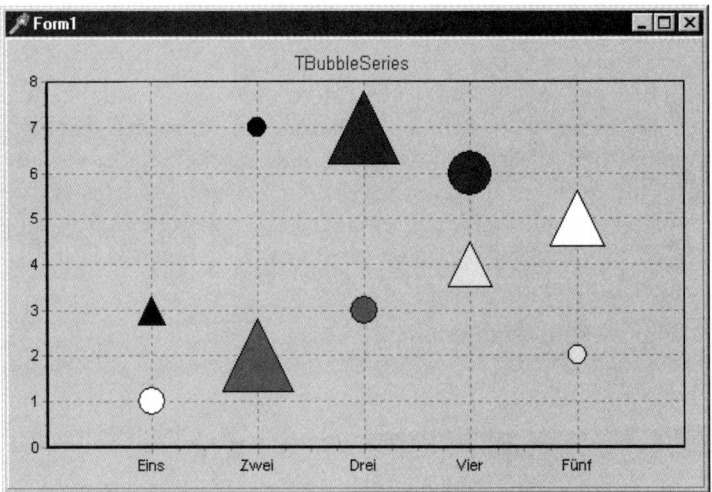

■ AddBubble (Methode)

```
function AddBubble(const AX, AY, ARadius: Double;
  const AXLabel: string; AColor: TColor): Longint;
```

Um die einzelnen Symbole hinzuzufügen, wird die Methode *AddBubble* verwendet. Als Parameter werden ihr die X- und Y-Koordinate sowie der Radius des Symbols übergeben, desweiteren die Beschriftung und die zu verwendende Farbe.

Beachten Sie bitte, dass bei automatischer Achsenskalierung die Symbole an den Rändern beschnitten werden. Hier ist es dann gegebenenfalls erforderlich, die Grenzen manuell zu setzen.

▨ RadiusValues (Eigenschaft, veröffentlicht)

```
property RadiusValues : TChartValueList;
```

In der Werteliste *RadiusValues* werden die Radien der einzelnen Symbole gespeichert.

▨ Squared (Eigenschaft, veröffentlicht)

```
property Squared : Boolean
```

Für gewöhnlich werden X- und Y-Achsen verschieden skaliert. Würde nun die Radius-Angabe exakt umgesetzt (*Squard := false*), dann würden keine Kreise, sondern Ellipsen angezeigt werden. Unter Umständen würden dabei inakzeptable Verzerrungen auftreten.

Wird die Eigenschaft *Squared* auf *true* gesetzt, dann wird anhand der Y-Achsen-Skalierung der Radius berechnet und dann für beide Koordinaten verwendet.

▨ Pointer (Eigenschaft, veröffentlicht)

```
property Pointer : TSeriesPointer;
```

Zur Gestaltung der Symbole dient die Objekteigenschaft *Pointer*. Mit Hilfe der Eigenschaft *Pointer.Style* kann das verwendete Symbol gewählt werden, die möglichen Werte sind bei *TPointSeries* aufgezählt.

TArrowSeries

Zur Darstellung von Tendenzen eignet sich die Komponente *TArrowSeries*. Die Abbildung zeigt die Wahlergebnisse einer (wie immer fiktiven) Partei in einigen Bundesländern. Prinzipiell könnte man ein ähnliches Ergebnis auch mit entsprechend vielen *TLineSeries*-Komponenten erreichen. Bei *TArrowSeries* ist jedoch diese Darstellung mit einer einzelnen Komponente möglich, die zudem nicht nur durch Linien, sondern auch durch Pfeile dargestellt werden kann.

▨ AddArrow (Methode)

```
function AddArrow(const X0, Y0, X1, Y1: Double;
  const ALabel: string; AColor: TColor): Longint;
```

Als Parameter werden die Start- und die Endkoordinaten übergeben, desweiteren die Beschriftung und die Farbe. Damit die Beschriftung vollständig angezeigt wird, müssen in der Regel die Achsen manuell skaliert werden.

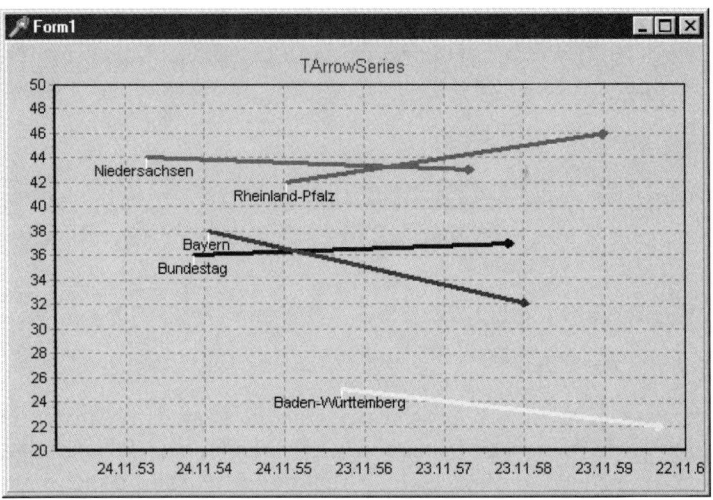

■ ArrowHeight, ArrowWidth (Eigenschaften, veröffentlicht)

```
property ArrowHeight : Integer;
property ArrowWidth : Integer;
```

Mit Hilfe der Eigenschaften *ArrowHeight* und *ArrowWidth* wird die Größe der Pfeilspitze in Pixeln eingestellt.

■ EndXValues, EndYValues, StartXValues, StartYValues
  (Eigenschaften, veröffentlicht)

```
property EndXValues : TChartValueList;
property EndYValues : TChartValueList;
property StartXValues : TChartValueList;
property StartYValues : TChartValueList;
```

Diese Eigenschaften sind die Wertelisten der Anfangs- und Endkoordinaten.

■ Pointer (veröffentlicht)

```
property Pointer : TSeriesPointer;
```

Zur Gestaltung der Pfeile wird die Objekteigenschaft *Pointer* verwendet. Mit Hilfe der Eigenschaft *Pointer.Pen.Width* kann die Dicke der Pfeillinie eingestellt werden.

TChartShape

Die Komponente *TChartShape* dient dazu, geometrische Formen auf der *TChart*-Komponente zu plazieren. Da *TChartShape* von *TChartSeries* abgeleitet ist, sind Methoden wie *AddXY* und Eigenschaften wie *XValues* vorhanden, sie haben jedoch keine Auswirkung auf das Erscheinungsbild der Formen.

▨ Style, RoundRectangle (Eigenschaften, veröffentlicht)

```
property Style: chasRectangle, chasCircle, chasVertLine,
  chasHorizLine, chasTriangle, chasInvertTriangle, chasLine,
  chasDiamond);
property RoundRectangle : Boolean;
```

Mit Hilfe der Eigenschaft *Style* wird das Aussehen der Komponente definiert.

Soll ein Rechteck mit abgerundeten Ecken angezeigt werden, dann muss die Eigenschaft *RoundRectangle* auf *true* gesetzt werden.

▨ X0, X1, Y0, Y1, XYStyle (Eigenschaften, veröffentlicht)

```
property X0 : Double;
property Y0 : Double;
property X1 : Double;
property Y1 : Double;
property XYStyle : TChartShapeXYStyle;
```

Die Eigenschaften *X0* und *Y0* sowie *X1* und *Y1* enthalten die Koordinaten von gegenüberliegenden Ecken der Komponente. Mit Hilfe der Eigenschaft *XYStyle* bestimmt man, ob die Koordinaten in Pixel (*xysPixels*) oder in Skalenwerten (*xysAxis*)angegeben werden.

▨ Text, Font, Alignment (Eigenschaften, veröffentlicht)

```
property Text : TStrings;
property Font : TFont;
property Alignment : TAlignment;
```

Innerhalb der Komponente kann mit der Eigenschaft *Text* mehrzeiliger Text ausgegeben werden. Auf diese Weise kann mit Hilfe von *TChartShape* das Diagramm beschriftet werden. Die dabei verwendete Schriftart wird mit der Eigenschaft *Font* eingestellt. Mit der Eigenschaft *Alignment* wird die Ausrichtung des Textes innerhalb der Komponente festgelegt.

3.5.5 TDBChart

Die Komponente *TDBChart* kann die Daten aus einer Datenbank beziehen, die Eigenschaft *DataSource* der enthaltenen Reihenkomponenten kann somit verwendet werden.

TDBChart erbt die eben beschriebenen Eigenschaften, Methoden und Ereignisse von *TChart*.

■ AutoRefresh (Eigenschaft, veröffentlicht)

```
property AutoRefresh: Booleann default true;
```

Hat *AutoSize* den Wert *true*, dann werden automatisch die Daten eingelesen, wenn eine Datenmenge geöffnet wird. Hat *AutoSize* den Wert *false*, dann sind dafür die Methoden *RefreshDataSet* und *RefreshData* zu verwenden.

■ RefreshDataSet, RefreshData (Methoden)

```
procedure RefreshDataSet(ADataSet: TDataSet;
  ASeries: TChartSeries);
procedure RefreshData;
```

Mit *RefreshDataSet* werden die Daten für die angegebene Reihenkomponente eingelesen. Mit *RefreshData* werden die Daten für alle Reihenkomponenten eingelesen. Diese beiden Methoden müssen nur dann verwendet werden, wenn *AutoRefresh* den Wert *false* hat.

Eine Ausnahme bilden hier Charts, die mit den Detail-Tabellen von Master-Detail-Verknüpfungen verbunden sind. Hier muss im *OnScroll*-Ereignis der Master-Datenquelle die aktualisierung manuell aufgerufen werden.

■ RefreshInterval (Eigenschaft, veröffentlicht), CheckDataSource (Methode)

```
property RefreshInterval: LongInt default 0;
procedure CheckDataSource(ASeries: TChartSeries);
```

Hat *RefreshInterval* einen Wert größer null, so wird der angegebene Wert einem Timer zugewiesen, der – sofern *AutoRefresh* den Wert *true* hat – die Daten neu einliest und die Anzeige aktualisiert. Damit kann man so etwas wie eine Echtzeitanzeige basteln.

Mit *CheckDataSource* können Sie das Einlesen der Daten und das Aktualisieren der Anzeige manuell auslösen.

3.5.6 TDecisionGraph

Die Komponente *TDecisionGraph* dient zur grafischen Darstellung der Daten, die von Datenanalyse-Komponenten bereitgestellt werden. Diese Komponenten sind in Kapitel 3.12 beschrieben.

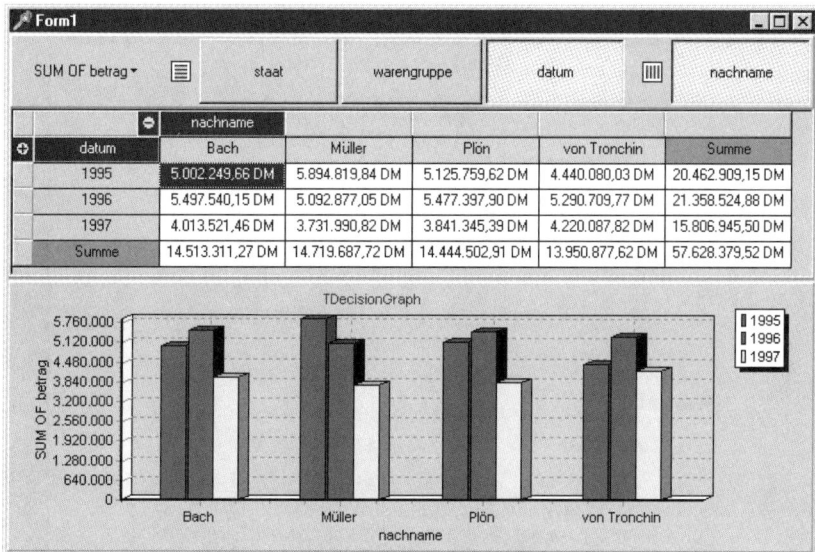

TDecisionGraph erbt die vorhin beschriebenen Eigenschaften, Methoden und Er-eignisse von *TChart*.

■ DecisionSource (Eigenschaft, veröffentlicht)

```
property DecisionSource: TDecisionSource;
```

Über die Eigenschaft *DecisionSource* wird die Komponente mit einer *TDecisionSource*-Instanz verbunden, von der sie die Daten bezieht.

3.5.7 TQRChart

Zum Darstellen von Diagrammen in einem QuickReport dient die Komponente
TQRChart.

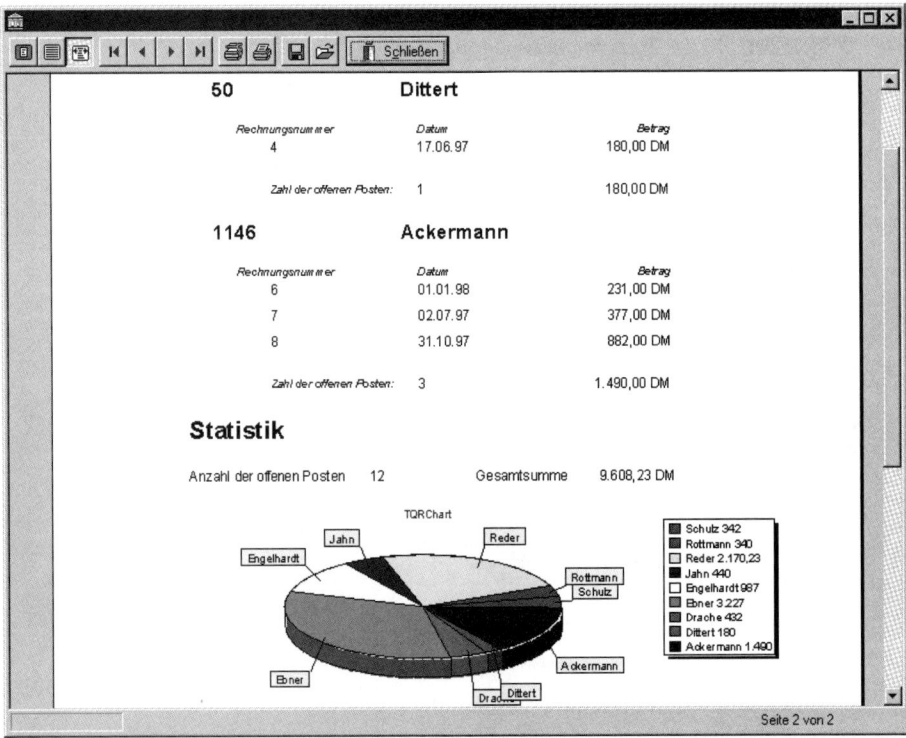

■ Chart (Eigenschaft, veröffentlicht)

property Chart: TQRDBChart;

Über die Eigenschaft *Chart* wird eine Diagrammkomponente integriert.
TQRDBChart erbt die vorhin beschriebenen Eigenschaften, Methoden und Ereignisse von *TChart*.

3.6 Win32

Auf der Palettenseite *Win32* finden sich die folgenden Komponenten:

3.6.1 TTabControl

Die Komponente *TTabControl* stellt einen Satz von Registerreitern zur Verfügung. Im Gegensatz zu *TPageControl* (Kapitel 3.6.2) und *TTabbedNotebook* (Kapitel 3.μ.μ) sind mit den Registerreitern jedoch keine Seiten verbunden. Auf die Auswahl der Registerreiter muss das Programm somit selbst reagieren.

TTabControl ist von *TWinControl* abgeleitet.

▨ Tabs (Eigenschaft, veröffentlicht)

```
property Tabs: TStrings;
```

Für jede Zeile in der String-Liste *Tabs* wird ein Registerreiter erstellt, der als Beschriftung den Inhalt dieser Zeile zugewiesen bekommt.

▨ TabIndex (Eigenschaft, veröffentlicht)

```
property TabIndex: Integer default 0;
```

Mit *TabIndex* kann bestimmt werden, welcher Registerreiter markiert ist, wobei die Indizierung bei null beginnt. Ist kein Reiter markiert, hat *TabIndex* den Wert -1.

▨ OnChanging, OnChange (Ereignisse)

```
property OnChanging(Sender: TObject; var AllowChange: Boolean);
property OnChange(Sender: TObject);
```

Das Ereignis *OnChanging* tritt vor dem Wechsel zu einem anderen Registerreiter auf. Um den Wechsel zu verhindern, wird der Variablen-Parameter *AllowChange* auf *false* gesetzt.

Nach dem Wechsel tritt das Ereignis *OnChange* auf.

Anzeige der Registerreiter

▨ MultiLine (Eigenschaft, veröffentlicht)

```
property MultiLine: boolean default false;
```

Sollen die Registerreiter bei Bedarf in mehreren Zeilen angezeigt werden, setzen Sie *MultiLine* auf *true*.

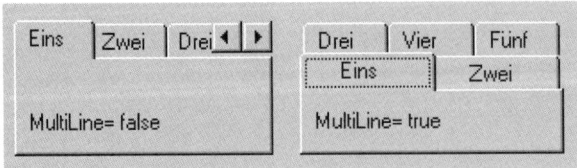

■ RaggedRight (Eigenschaft, veröffentlicht)

```
property RaggedRight: Boolean default false;
```

Mit *RaggedRight* wird bestimmt, wie die Registerreiter dargestellt werden, wenn sie in mehrere Reihen aufgeteilt werden.

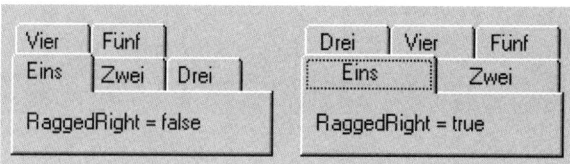

■ Style (Eigenschaft, veröffentlicht)

```
property Style: (tsTabs, tsButtons, tsFlatButtons);
  default tsTabs;
```

Mit Style wird eingestellt, in welcher Form die Registerreiter dargestellt werden.

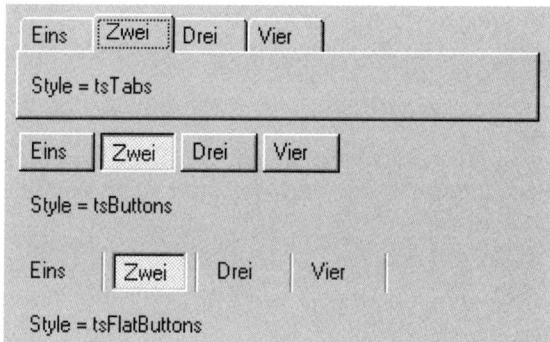

■ MultiSelect (Eigenschaft, veröffentlicht)

```
property MultiSelect: Boolean default false;
```

Wird *MultiSelect* auf *true* gesetzt, dann können mehrere Registerreiter gleichzeitig markiert werden, wenn *Style* den Wert *tsButtons* oder *tsFlatButtons* hat. Zum Wählen mehrerer Buttons muss die STRG-Taste gehalten werden. (Wie Sie herausbekommen, welche Buttons denn markiert sind, bleibt allerdings Ihr Problem.)

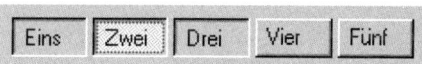

▨ ScrollOpposite (Eigenschaft, veröffentlicht)

```
property ScrollOpposite: Boolean default false;
```

Hat *ScrollOpposite* den Wert *true*, dann werden die Registerreiter auf die gegenüberliegende Seite umgeklappt.

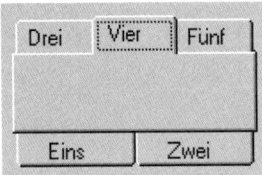

▨ TabPosition (Eigenschaft, veröffentlicht)

```
property TabPosition: (tpTop, tpBottom, tpLeft, tpRight);
  default tpTop;
```

Mit *TabPosition* wird bestimmt, an welcher Seite der Komponente die Registerreiter angezeigt werden.

▨ TabWidth, TabHeight (Eigenschaften, veröffentlicht)

```
property TabWidth: Smallint default 0;
property TabHeight: Smallint default 0;
```

Mit *TabWidth* und *TabHeight* können die Abmessungen der Registerreiter spezifiziert werden. Haben diese Eigenschaften den Wert null, dann werden die Abmessungen automatisch dem darin enthaltenen Text angepasst.

Icons auf den Registerreitern

▨ Images (Eigenschaft, veröffentlicht)

```
property Images: TCustomImageList;
```

Wenn die Registerreiter mit Icons dargestellt werden sollen, dann ist eine Image-Liste der Eigenschaft *Images* zuzuweisen.

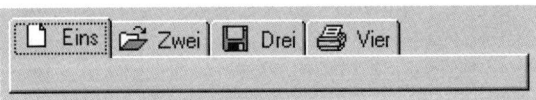

■ OnGetImageIndex (Ereignis)

```
property OnGetImageIndex(Sender: TObject; TabIndex: Integer;
  var ImageIndex: Integer);
```

Vor der Anzeige eines Registerreiter-Icons wird jeweils das Ereignis *OnGetImageIndex* aufgerufen. Mit Hilfe des Variablen-Parameters *ImageIndex* kann spezifiziert werden, welches Icon aus der Image-Liste verwendet wird.

Selbstgezeichnete Registerreiter

■ OwnerDraw (Eigenschaft, veröffentlicht)

```
property OwnerDraw: Boolean default false;
```

Wenn Sie die Registerreiter selbst zeichnen möchten, müssen Sie *OwnerDraw* auf *true* setzen.

■ OnDrawTab (Ereignis)

```
property OnDrawTab(Control: TCustomTabControl; TabIndex: Integer;
  const Rect: TRect; Active: Boolean);
```

Das Zeichnen der Registerreiter hat in der *OnDrawTab*-Ereignisbehandlungs- routine zu erfolgen. Die prinzipielle Vorgehensweise ist bei *TListBox* (Kapitel 3.3.10) erklärt.

■ Canvas (Eigenschaft, öffentlich, nur Lesen)

```
property Canvas: TCanvas;
```

Zum Erstellen selbstgezeichneter Registerreiter wird auf die Eigenschaft *Canvas* zugegriffen. *TCanvas* ist in Kapitel 4.2.1 beschrieben.

3.6.2 TPageControl

TPageControl ist eine seitenbasierende Container-Komponente. Mit jedem Registerreiter ist eine *TTabSheet*-Komponente verbunden, auf der andere Komponenten plaziert werden können. Um eine neue Registerseite einzufügen, wählen
Sie NEUE SEITE aus dem Kontext-Menü (rechte Maustaste).

TPageControl ist von *TWinControl* abgeleitet.

▪ ActivePage (Eigenschaft, veröffentlicht)

```
property ActivePage: TTabSheet;
```

Mit *ActivePage* kann die gerade gezeigte Registerseite ermittelt oder geändert
werden. *TTabSheet* wird in einem eigenen Abschnitt besprochen.

▪ PageCount, Pages (Eigenschaften, öffentlich, nur Lesen)

```
property PageCount: Integer;
property Pages[Index: Integer]: TTabSheet;
```

Mit *PageCount* kann die Zahl der vorhandenen Registerseiten ermittelt werden. Mit *Pages* kann auf die einzelnen Seiten zugegriffen werden.

▪ SelectNextPage (Methode)

```
procedure SelectNextPage(GoForward: Boolean);
```

Um die nächste (*GoForward* = *true*) oder die vorangehende (*GoForward* = *false*)
sichtbare Registerseite zu selektieren, verwenden Sie *SelectNextPage*.

▪ FindNextPage (Methode)

```
function FindNextPage(CurPage: TTabSheet; GoForward,
  CheckTabVisible: Boolean): TTabSheet;
```

Um die auf *CurPage* folgende (*GoForward* = *true*) oder die *CurPage* vorange-
hende (*GoForward* = *false*) Registerseite zu ermitteln, verwenden Sie *Find-
NextPage*. Sollen nur sichtbare Seiten berücksichtigt werden, dann setzen Sie
CheckTabVisible auf *true*.

Von TCustomTabControl abgeleitet

TPageControl ist wie *TTabControl* von *TCustomTabControl* abgeleitet. Die folgenden Eigenschaften und Ereignisse sind bereits bei *TTabControl* (Kapitel 3.6.1) beschrieben:

▪ Canvas

▪ Images, OnGetImageIndex

▓ MultiLine, Style

▓ OwnerDraw, OnDrawTab

▓ RaggedRight, ScrollOpposite

▓ TabHeight, TabPosition, TabWidth

▓ OnChange, OnChanging

TTabSheet

Für jeden Registerreiter einer *TPageControl*-Instanz wird automatisch eine *TTabSheet*-Komponente eingefügt, auf der Sie die gewünschten Komponenten plazieren können. Um einen neuen Registerreiter und somit eine neue *TTabSheet*-Instanz einzufügen, wählen Sie Neue Seite aus dem Kontextmenü.

TTabSheet ist von *TWinControl* abgeleitet.

▓ OnShow, OnHide (Ereignisse)

```
property OnShow(Sender: TObject);
property OnHide(Sender: TObject);
```

Das Ereignis *OnShow* tritt auf, wenn eine Seite (erneut) angezeigt wird. *OnHide* tritt auf, wenn eine andere Seite angezeigt wird.

▓ Visible, TabVisible (Eigenschaften)

```
property Visible: Boolean default true;
property TabVisible Boolean default true;
```

Hat *Visible* den Wert *false*, dann wird zwar der Registerreiter angezeigt, nicht aber die Komponenten auf der entsprechenden Registerseite. Um auch den Registerreiter unsichtbar zu machen, muss *TabVisible* auf *false* gesetzt werden.

▓ PageIndex (Eigenschaft, veröffentlicht), TabIndex (öffentlich, nur Lesen)

```
property PageIndex: Integer;
property TabIndex: Integer;
```

PageIndex enthält die Position der Seite innerhalb der *TPageControl*-Komponente, *TabIndex* die Position innerhalb der sichtbaren Seiten.

▓ PageControl (Eigenschaft, öffentlich)

```
property PageControl: TPageControl;
```

PageControl referenziert die *TPageControl*-Instanz, in welcher die *TTabSheet*-Komponente enthalten ist.

3.6.3 TImageList

TImageList stellt eine Liste von Bitmaps und/oder Icons zur Verfügung, welche alle dieselben Abmessungen haben. *TImageList* wird vor allem verwendet, um Icons für Menüs und ähnliches in ein Programm zu integrieren.

TImageList ist von *TComponent* abgeleitet.

Der Komponenten-Editor

Für *TImageList* ist ein Komponenten-Editor vorhanden, mit dem die Liste zur Entwurfszeit gefüllt werden kann. Leider werden dabei nur Aktionen mit Dateien, nicht aber solche mit der Zwischenablage unterstützt.

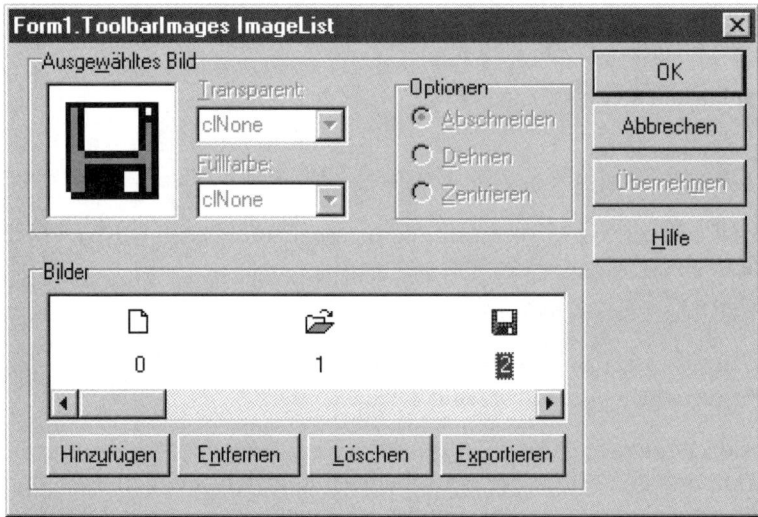

Um ein neues Bild in die Liste aufzunehmen, verwenden Sie den Button HINZUFÜGEN, mit ENTFERNEN löschen Sie einzelne Bilder, mit LÖSCHEN alle Bilder.

Wenn Sie Bilder in die Liste aufnehmen, deren Abmessungen nicht mit den Abmessungen der Liste übereinstimmen, müssen Sie wählen, wie das Bild in die Liste einzufügen ist:

■ Wählen Sie *Abschneiden*, dann wird ein Ausschnitt aus der linken oberen Ecke der eingefügten Bilder verwendet.

■ Wenn Sie *Zentrieren* wählen, wird ein Ausschnitt aus der Mitte des Bildes in die Liste aufgenommen. Diese Option eignet sich besondern für Bilder, die kleiner sind als die Liste.

■ Mit *Dehnen* wird das eingefügte Bild auf die benötigte Größe verkleinert oder vergrößert.

Die Eigenschaften und Methoden

▪ Width, Height (Eigenschaften, veröffentlicht)

```
property Width: Integer default 16;
property Height: Integer default 16;
```

Mit *Width* und *Height* wird festgelegt, wie groß die einzelnen Bitmaps und Icons sind.

▪ Count (Eigenschaft, öffentlich, nur Lesen)

```
property Count: Integer;
```

Mit *Count* kann die Anzahl der Bilder in der Liste abgefragt werden.

▪ GetBitmap, GetIcon (Methoden)

```
procedure GetBitmap(Index: Integer; Image: TBitmap);
procedure GetIcon(Index: Integer; Image: TIcon);
```

Die Methoden *GetBitmap* und *GetIcon* liefern ein Bitmap oder ein Icon aus der Liste.

▪ Add, AddIcon, AddImages (Methoden)

```
function Add(Image, Mask: TBitmap): Integer;
function AddIcon(Image: TIcon): Integer;
procedure AddImages(Value: TCustomImageList);
```

Um neue Bilder einer Bilderliste hinzuzufügen, werden die Methoden *Add*, *AddIcon* oder – wenn sämtliche Bilder aus einer anderen Bilderliste importiert werden sollen – *AddImages* verwendet. Wird keine Maske verwendet, kann der Parameter *Mask* von *Add* auf *nil* gesetzt werden.

▪ Delete, Clear (Methoden)

```
procedure Delete(Index: Integer);
procedure Clear;
```

Mit *Delete* wird ein Bild aus der Liste entfernt, mit *Clear* der gesamte Inhalt der Liste gelöscht.

▪ Draw (Methode)

```
procedure Draw(Canvas: TCanvas; X, Y, Index: Integer;
  Enabled: Boolean=True);
```

Mit *Draw* wird das mit *Index* spezifizierte Bild auf die mit *Canvas* übergebene Zeichenfläche gezeichnet.

3.6.4 TRichEdit

Mit *TRichEdit* kann Text im RTF-Format dargestellt werden. Das *RTF* (Rich Text Format) wurde von Microsoft entwickelt und ist ein weithin unterstützter Standard zum Austausch von formatiertem Text.

TRichEdit ist von *TWinControl* abgeleitet.

TRichEdit ist von *TCustomMemo* und *TCustomEdit* abgeleitet und implementiert Eigenschaften, Methoden und Ereignisse, die bereits bei *TEdit* (Kapitel 3.3.4) oder *TMemo* (Kapitel 3.3.5) beschrieben sind. Es handelt sich dabei um folgende Elemente:

- Lines (Eigenschaft, TMemo)
- SelLength, SelStart, SelText (Eigenschaften, TEdit)
- ScrollBars (Eigenschaft, TMemo)
- WantReturns, WantTabs (Eigenschaften, TMemo)
- WordWrap (Eigenschaft, TMemo)
- MaxLength (Eigenschaft, TEdit)
- ReadOnly (Eigenschaft, TEdit)
- Clear, ClearSelection (Methoden, TEdit)
- Undo, ClearUndo (Methoden, TEdit)
- CopyToClipboard, CutToClipboard, PasteFromClipboard (Methoden, TEdit)
- SelectAll (Methode, TEdit)
- OnChange (Ereignis, TEdit)

Neu implementiert *TRichEdit* unter anderem folgende Elemente:

- SelAttributes, Paragraph (Eigenschaften, öffentlich)

```
property SelAttributes: TTextAttributes;
property Paragraph: TParaAttributes;
```

Mit *SelAttributes* werden die Formatierungen des momentan markierten Textes, mit *Paragraph* die Formatierungen des aktuellen Abschnitts ermittelt oder geändert. Die Typen *TTextAttributes* sowie *TParaAttributes* werden in eigenen Abschnitten besprochen.

- PlainText (Eigenschaft, veröffentlicht)

```
property PlainText: Boolean default false;
```

Wird *PlainText* auf *true* gesetzt, dann wird der Text als ANSI-Text geöffnet und gespeichert. Beim Speichern gehen vorhandene Formatierungsinformationen verloren. Wird eine RTF-Datei mit *PlainText = true* geöffnet, dann werden die Formatierungsinformationen angezeigt und nicht interpretiert:

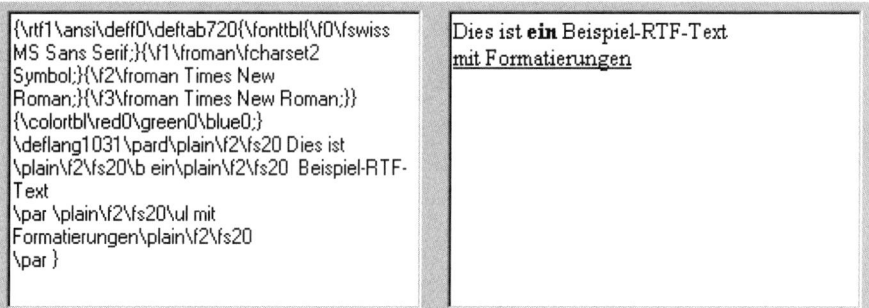

```
{\rtf1\ansi\deff0\deftab720{\fonttbl{\f0\fswiss
MS Sans Serif;}{\f1\froman\fcharset2
Symbol;}{\f2\froman Times New
Roman;}{\f3\froman Times New Roman;}}
{\colortbl\red0\green0\blue0;}
\deflang1031\pard\plain\f2\fs20 Dies ist
\plain\f2\fs20\b ein\plain\f2\fs20 Beispiel-RTF-
Text
\par \plain\f2\fs20\ul mit
Formatierungen\plain\f2\fs20
\par }
```

Dies ist **ein** Beispiel-RTF-Text
mit Formatierungen

■ Print (Methode)

procedure Print(**const** Caption: **string**);

Mit der Methode *Print* wird der gesamte Text der *TRichEdit*-Instanz ausgedruckt. Dabei werden die Randeinstellungen des Druckertreibers verwendet (die meist nur wenige Millimeter betragen). Der mit *Caption* übergebene Parameter wird im Druckmanager angezeigt.

In Kapitel 6.7.1 finden Sie die Komponente *TBRichEdit*, deren Methode *PrintRand* die Einstellung der Ränder beim Druck ermöglicht.

■ OnSelectionChange (Ereignis)

property OnSelectionChange(Sender: TObject);

Das Ereignis *OnSelectionChange* tritt auf, wenn ein anderer Text markiert wird, aber auch dann, wenn der Eingabe-Cursor verschoben wird. Verwenden Sie die *OnSelectionChange*-Ereignisbehandlungsroutine, um die aktuellen Formatierungsinformationen anzuzeigen.

■ FindText (Methode)

```
TSearchTypes = set of (stWholeWord, stMatchCase);

function FindText(const SearchStr: string;
  StartPos, Length: Integer; Options: TSearchTypes): Integer;
```

Wegen der Formatierungsanweisungen im Text würden normale Such-Routinen Positionen zurückgeben, die nicht mit den *SelStart-/SelLength*-Angaben übereinstimmen. Um brauchbare Ergebnisse zu erhalten, müssen Sie zum Suchen von Text die Funktion *FindText* verwenden.

Das folgende Listing zeigt, wie man mittels einer *TFindDialog*-Komponente Text in einer *TRichEdit*-Instanz findet.

```
procedure TForm1.FindDialog1Find(Sender: TObject);
var
  i: integer;
  SearchTypes: TSearchTypes;
begin
  SearchTypes := [];
  if frMatchCase in FindDialog1.Options
    then SearchTypes := SearchTypes + [stMatchCase];
  if frWholeWord in FindDialog1.Options
    then SearchTypes := SearchTypes + [stWholeWord];
  i := RichEdit1.FindText(FindDialog1.FindText,
    RichEdit1.SelStart + 1, Length(RichEdit1.Lines.Text),
    SearchTypes);
  if i > -1 then
  begin
    RichEdit1.SelStart := i;
    RichEdit1.SelLength := Length(FindDialog1.FindText);
  end
  else ShowMessage('Nichts gefunden');
end; {procedure TForm1.FindDialog1Find}
```

TTextAttributes

Mit *TTextAttributes* werden die zeichenbasierenden Formatierungsinformationen zusammengefasst.

▪ Name, Color (Eigenschaften, öffentlich)

```
property Name: string;
property Color: TColor;
```

Mit *Name* und *Color* werden der Zeichensatz und dessen Farbe eingestellt.

▪ Height, Size (Eigenschaften, öffentlich)

```
property Height: Integer;
property Size: Integer;
```

Mit *Height* wird die Höhe in Pixel, mit *Size* in Punkt angegeben. Das Setzen einer Eigenschaft überschreibt die jeweils andere.

■ Style (Eigenschaft, öffentlich)

```
property Style:
  set of (fsBold, fsItalic, fsUnderline, fsStrikeOut);
```

In der Mengeneigenschaft *Style* sind die Formatierungsattribute fett (*fsBold*), kursiv (*fsItalic*), unterstrichen (*fsUnderline*) und durchgestrichen (*fsStrikeOut*) zusammengefasst.

Wie diese Informationen auf einzelne Speed-Buttons aufgeteilt werden, zeigen die folgenden beiden Prozeduren:

```
procedure TForm1.RichEdit1SelectionChange(Sender: TObject);
begin
  with RichEdit1.SelAttributes do
  begin
    SpeedButton1.Down := (fsBold in Style);
    SpeedButton2.Down := (fsItalic in Style);
    SpeedButton3.Down := (fsUnderline in Style);
    SpeedButton4.Down := (fsStrikeOut in Style);
  end; {with RichEdit1.SelAttributes do}
end; {procedure TForm1.RichEdit1SelectionChange}


procedure TForm1.SpeedButton1Click(Sender: TObject);
begin
  with RichEdit1.SelAttributes do
  begin
    Style := [];
    if SpeedButton1.Down then Style := Style + [fsBold];
    if SpeedButton2.Down then Style := Style + [fsItalic];
    if SpeedButton3.Down then Style := Style + [fsUnderline];
    if SpeedButton4.Down then Style := Style + [fsStrikeOut];
  end; {with Form2.RichEdit1.SelAttributes do}
end; {procedure TForm1.SpeedButton1Click}
```

Die Prozedur *SpeedButton1Click* muss allen vier SpeedButtons als *OnClick*-Ereignisbehandlungsroutine zugewiesen werden. Etwas kürzer, dafür aber auch etwas unübersichtlicher, wäre folgende Anweisung:

```
RichEdit1.SelAttributes.Style := TFontStyles(Byte(
  (integer(SpeedButton1.Down) + 2*integer(SpeedButton2.Down) +
  4*integer(SpeedButton3.Down) + 8*integer(SpeedButton4.Down)))));
```

▦ ConsistentAttributes (Eigenschaft, öffentlich, nur Lesen)

```
property ConsistentAttributes: set of (caBold, caColor, caFace,
  caItalic, caSize, caStrikeout, caUnderline, caProtected);
```

Mit *ConsistentAttributes* kann ermittelt werden, welche Formatierungsattribute innerhalb des markierten Textes konsistent sind.

Nehmen wir an, Sie haben den Text *eins zwei*. Davon ist das Wort *zwei* unterstrichen, das Wort *eins* nicht. Nun markieren Sie den gesamten Text. Dann ist das Formatierungsattribut *unterstrichen* innerhalb des markierten Textes nicht konsistent, weil ein Teil des Textes unterstrichen ist, der andere nicht. Das Element *caUnderline* wäre somit nicht in der Menge *ConsistentAttributes*.

TParaAttributes

Mit *TParaAttributes* werden die absatzbasierenden Formatierungsinformationen zusammengefasst.

▦ Alignment (Eigenschaft, öffentlich)

```
property Alignment = (taLeftJustify, taRightJustify, taCenter);
```

Mit Alignment wird festgelegt, ob der Text im Absatz linksbündig, rechtsbündig oder zentriert ausgerichtet wird.

▦ FirstIndent, LeftIndent, RichtIndent (Eigenschaften, öffentlich)

```
property FirstIndent: Longint;
property LeftIndent: Longint;
property RightIndent: Longint;
```

Mit *RightIndent* wird der rechte Rand eingestellt. *FirstIndent* ist der linke Rand der ersten Zeile. *LeftIndent* ist der linke Rand aller weiteren Zeilen relativ zur ersten Zeile.

Die hier verwendete Funktionalität für *FirstIndent* und *RightIndent* ist eher ungebräuchlich. Öfters findet man, dass man den linken Rand direkt einstellt und zusätzlich einen positiven oder negativen Einzug der ersten Zeile relativ zum linken Rand festlegt. Die folgenden Listings zeigen, wie man eine entsprechende Umrechnung vornehmen würde:

```
procedure RichEdit1SelectionChange(Sender: TObject);
begin
  with RichEdit1.Paragraph do
  begin
    ComboBox6.Text := IntToStr(FirstIndent + LeftIndent);
    ComboBox7.Text := IntToStr(- LeftIndent);
```

```
      ComboBox8.Text := IntToStr(RightIndent);
   end;
end;  {procedure TForm1.RichEdit1SelectionChange}

procedure TForm1.ComboBox6Change(Sender: TObject);
var
   links, erster, rechts, f, f1, f2: integer;
begin
   val(ComboBox6.Text, links, f1);
   val(ComboBox7.Text, erster, f2);
   val(ComboBox8.Text, rechts, f);
   if (f1 = 0) and (f2 = 0) then
   begin
      RichEdit1.Paragraph.LeftIndent := - erster;
      RichEdit1.Paragraph.FirstIndent := links + erster;
   end;
   if f = 0
      then  RichEdit1.Paragraph.RightIndent := rechts;
end;  {procedure TForm1.ComboBox6Change}
```

Die Verwendung von *val* anstatt von *StrToInt* vermeidet das Anhalten bei Exceptions, wenn versehentlich ein falsches Zeichen oder (häufiger) ein leerer String eingegeben wird.

▪ Numbering (Eigenschaft, öffentlich)

```
property Numbering: (nsNone, nsBullet);
```

Um kleine Punkte am Anfang jeden Absatzes anzuzeigen, setzen Sie *Numbering* auf *nsBullet*.

```
•  Eins
•  Zwei
•  Drei
```

▪ Tab (Eigenschaft, öffentlich), TabCount (Eigenschaft, öffentlich, nur Lesen)

```
property Tab[Index: Byte]: Longint;
property TabCount: Integer;
```

Mit der Array-Eigenschaft *Tab* können Tabulatoren gesetzt werden, die Maßeinheit ist Pixel. Mit *TabCount* kann die Anzahl der Tabulatoren ermittelt werden.

Im Moment wirken die mit *Tab* eingefügten Tabulatoren zusätzlich zu denen, die bereits definiert sind, somit ist die Sache nicht so richtig verwendbar.

RichText auf Canvas zeichnen

Mit Hilfe der WinAPI-Funktion EM_FORMATRANGE kann man einen RichText auch auf einen anderen Canvas zeichnen, beispielsweise in eine Zelle einer *TDrawGrid*-Instanz.

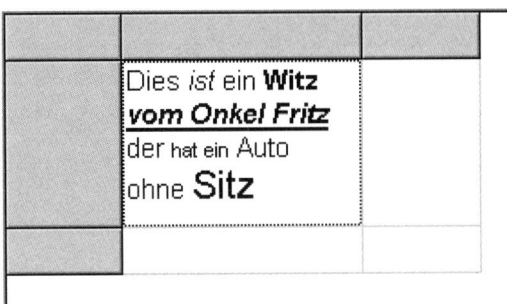

Zunächst muss ein *TFormatRange*-Record mit Handles und Rects gefüllt werden, anschließend wird mit Perform diese Windows-Botschaft an die *TRichEdit*-Instanz geschickt (deren Eigenschaft *Visible* man auf *false* setzen kann). Um die belegten Ressourcen freizugeben, wird die Botschaft mit Null-Parametern nochmals geschickt.

```
procedure TForm1.DrawGrid1DrawCell(Sender: TObject;
   ACol, ARow: Integer; Rect: TRect; State: TGridDrawState);
var
   fmt: TFormatRange;
begin
   if (ACol = 1) and (ARow = 1) then
   begin
     with fmt do
     begin
       hdc:= DrawGrid1.Canvas.Handle;
       hdcTarget := hdc;
       rc := Classes.Rect((Rect.Left + 2) * 1440 div pixelsperinch,
                (Rect.Top + 2) * 1440 div pixelsperinch,
                (Rect.Right - 2) * 1440 div pixelsperinch,
                (Rect.Bottom - 2) * 1440 div pixelsperinch);
       rcPage:= rc;
       chrg.cpMin := 0;
       chrg.cpMax := richedit1.GetTextLen;
     end;
     richedit1.perform(EM_FORMATRANGE, 1, integer( @fmt ));
     richedit1.perform(EM_FORMATRANGE, 0, 0 );
   end; {if (ACol = 1) and (ARow = 1) then}
end; {procedure TForm1.DrawGrid1DrawCell}
```

3.6.5 TTrackBar

TTrackBar dient der einfachen Eingabe ganzzahliger Werte. *TTrackBar* ist von *TWinControl* abgeleitet.

▨ Min, Max (Eigenschaften, veröffentlicht)

```
property Min: Integer default 0;
property Max: Integer default 10;
```

Mit *Min* und *Max* wird festgelegt, in welchem Bereich *Position* liegen kann. Die beiden Werte repräsentieren dadurch die Endpunkte des Balkens.

▨ Position (Eigenschaft, veröffentlicht)

```
property Position: Integer default 0;
```

Die Eigenschaft *Position* repräsentiert die Stellung des Schiebers.

▨ OnChange (Ereignis)

```
property OnChange(Sender: TObject);
```

Das Ereignis *OnChange* tritt auf, nachdem Position geändert wurde.

▨ LineSize, PageSize (Eigenschaft, veröffentlicht)

```
property LineSize: Integer default 1;
property PageSize: Integer default 2;
```

Mit *LineSize* wird festgelegt, um wieviel der Schieber bei Betätigung der Cursor-Tasten verschoben wird. Mit *PageSize* wird spezifiziert, um wieviel der Schieber bei Betätigung der Tasten BILD AUF und BILD AB verschoben wird.

Anzeige

▨ Orientation (Eigenschaft, veröffentlicht)

```
property Orientation: (trHorizontal, trVertical);
  default trHorizontal;
```

Mit *Orientation* wird bestimmt, ob der Balken liegend (*trHorizontal*) oder stehend (*trVertical*) angezeigt wird.

▨ ThumbLength (Eigenschaft, veröffentlicht)

```
property ThumbLength: Integer;
```

Mit *ThumbLength* wird die Breite des Balkens und des Schiebers festgelegt.

■ SelStart, SelEnd (Eigenschaft, veröffentlicht)

```
property SelStart: Integer default 0;
property SelEnd: Integer default 0;
```

Mit Hilfe von *SelStart* und *SelEnd* kann ein Bereich am Rand des Schiebers markiert werden.

Skalenstriche

■ TickStyle (Eigenschaft, veröffentlicht)

```
property TickStyle: (tsNone, tsAuto, tsManual) default tsAuto;
```

Mit *TickStyle* wird festgelegt, ob und wie Skalenstriche angezeigt werden.

■ Bei *tsNone* werden keine Skalenstriche gezeichnet.

■ *tsAuto* setzt entsprechend der Eigenschaft *Frequency* Skalenstriche.

■ Möchten Sie die Position der Skalenstriche selbst bestimmen, dann verwenden Sie *tsManual*. Hier wird automatisch an der Start- und an der Endposition je ein Skalenstrich eingefügt, weitere Skalenstriche können mit *SetTick* gezeichnet werden.

■ Frequency (Eigenschaft, veröffentlicht)

```
property Frequency: Integer default 1;
```

Ein Skalenstrich wird im Regelfall an all denjenigen Positionen angezeigt, die ohne Rest durch den Wert von *Frequency* teilbar sind.

■ SetTick (Methode)

```
procedure SetTick(Value: Integer);
```

Mit *SetTick* wird an der als Parameter übergebenen Position ein Skalenstrich eingefügt.

■ TickMarks (Eigenschaft, veröffentlicht)

```
property TickMarks: (tmBottomRight, tmTopLeft, tmBoth);
  default tmBottomRight;
```

Mit *TickMarks* wird bestimmt, an welcher Seite des Balkens die Skalenstriche angezeigt werden.

3.6.6 TProgressBar

TProgressBar implementiert eine grafische Fortschrittsanzeige. *TTrackBar* ist von *TWinControl* abgeleitet.

▨ Min, Max (Eigenschaften, veröffentlicht)

```
property Min: Integer default 0;
property Max: Integer default 10;
```

Mit *Min* und *Max* wird festgelegt, in welchem Bereich *Position* liegen kann. Die beiden Werte repräsentieren dadurch die Endpunkte des Balkens.

▨ Position (Eigenschaft, veröffentlicht)

```
property Position: Integer default 0;
```

Die Eigenschaft *Position* repräsentiert den angezeigten Fortschritt. Dieser wird auch ohne die Verwendung von *Application.ProcessMessages* sofort angezeigt.

▨ Step (Eigenschaft, veröffentlicht), StepIt, StepBy (Methoden)

```
property Step: Integer default 1;
procedure StepIt;
procedure StepBy(Delta: Integer);
```

Mit dem Aufruf von *StepIt* wird *Progress* um den Wert von *Step* verändert. Bei der Methode *StepBy* wird der Wert der Veränderung als Parameter übergeben.

Anzeige

▨ Orientation (Eigenschaft, veröffentlicht)

```
property Orientation: (trHorizontal, trVertical);
  default trHorizontal;
```

Mit *Orientation* wird bestimmt, ob der Balken liegend (*trHorizontal*) oder stehend (*trVertical*) angezeigt wird.

▨ Smooth (Eigenschaft, veröffentlicht)

```
property Smooth: boolean default false;
```

Per Voreinstellung wird die Fortschrittsanzeige in 16 Pixel breite Kästchen gerastert, was naturgemäß die Anzeigegenauigkeit nicht erhöht. Um dies zu vermeiden, setzen Sie *Smooth* auf *true*.

3.6.7 TUpDown

Die Komponente *TUpDown* stellt einen Satz von Pfeil-Buttons zur Verfügung, um numerische Werte einzugeben, die von einer anderen Komponente, für gewöhnlich einer *TEdit*-Komponente, angezeigt werden.

TUpDown ist von *TWinControl* abgeleitet.

▨ Associate (Eigenschaft, veröffentlicht)

```
property Associate: TWinControl;
```

Mit *Associate* wird festgelegt, von welcher Komponente der Wert von *Position* angezeigt wird. Die *TUpDown*-Instanz wird dann an dieser Komponente positioniert und auch von der Größe her an dieser angelehnt. Für gewöhnlich wird hierfür eine *TEdit*-Komponente verwendet, es funktioniert aber beispielsweise auch mit *TButton*.

▨ Min, Max (Eigenschaften, veröffentlicht)

```
property Min: SmallInt default 0;
property Max: SmallInt default 100;
```

Mit *Min* und *Max* wird der Minimal- beziehungsweise Maximalwert von *Position* angegeben.

▨ Position, Increment (Eigenschaften, veröffentlicht)

```
property Position: SmallInt default 0;
property Increment: Integer default 1;
```

Position repräsentiert den mit *TUpDown* eingestellten Wert. Mit *Increment* wird vorgegeben, um wieviel ein Mausklick auf einen der Buttons den Wert von *Position* ändert.

▨ ArrowKeys (Eigenschaft, veröffentlicht)

```
property ArrowKeys: Boolean default true;
```

Hat *ArrowKeys* den Wert *true*, dann kann, solange die verbundene Komponente den Focus hat, der Wert von *Position* mit den Cursor-Tasten geändert werden.

▦ Wrap (Eigenschaft, veröffentlicht)

```
property Wrap: Boolean default false;
```

Mit *Wrap* wird geregelt, wie die Komponente reagiert, wenn der Wert von *Min* oder *Max* erreicht wird. Hat *Wrap* den Wert *false*, dann wird Position nicht weiter verändert. Hat *Wrap* den Wert *true*, dann wird *Position* von *Min* auf *Max* beziehungsweise von *Max* auf *Min* geändert.

▦ OnChanging (Ereignis)

```
property OnChanging(Sender: TObject; var AllowChange: Boolean);
```

Das Ereignis *OnChanging* tritt vor dem Ändern des Wertes von *Position* auf. Um das Ändern zu verhindern, setzen Sie den Variablen-Parameter *AllowChange* auf *false*.

Anzeige

▦ AlignButton (Eigenschaft, veröffentlicht)

```
property AlignButton: (udLeft, udRight) default udRight;
```

Mit *AlignButton* wird festgelegt, wie die *TUpDown*-Komponente an der verbundenen Komponente ausgerichtet wird.

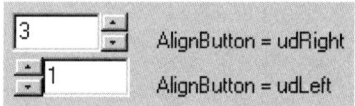

▦ Orientation (Eigenschaft, veröffentlicht)

```
property Orientation: (udHorizontal, udVertical);
  default udVertical;
```

Mit *Orientation* wird spezifiziert, ob die beiden Buttons über- oder nebeneinander liegen.

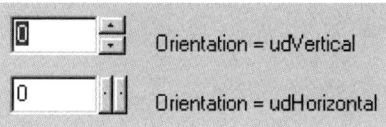

▦ Thousands (Eigenschaft, veröffentlicht)

```
property Thousands: Boolean default true;
```

Um in der verbundenen Komponente Tausender-Trennzeichen zu verwenden, setzen Sie *Thousands* auf *true*.

3.6.8 TAnimate

TAnimate dient zum Abspielen von AVI-Files und kleinen Animationen. *TAnimate* ist von *TWinControl* abgeleitet, implementiert aber weder die Tastaturereignisse noch *OnEnter* oder *OnExit*.

■ CommonAVI (Eigenschaft, veröffentlicht)

```
property CommonAVI: (aviNone, aviFindFolder, aviFindFile,
    aviFindComputer, aviCopyFiles,aviCopyFile, aviRecycleFile,
    aviEmptyRecycle, aviDeleteFile) default aviNone;
```

Mit *CommonAVI* können die in Windows vordefinierten Animationen gewählt werden. Die Größe der Komponente wird dabei automatisch angepasst.

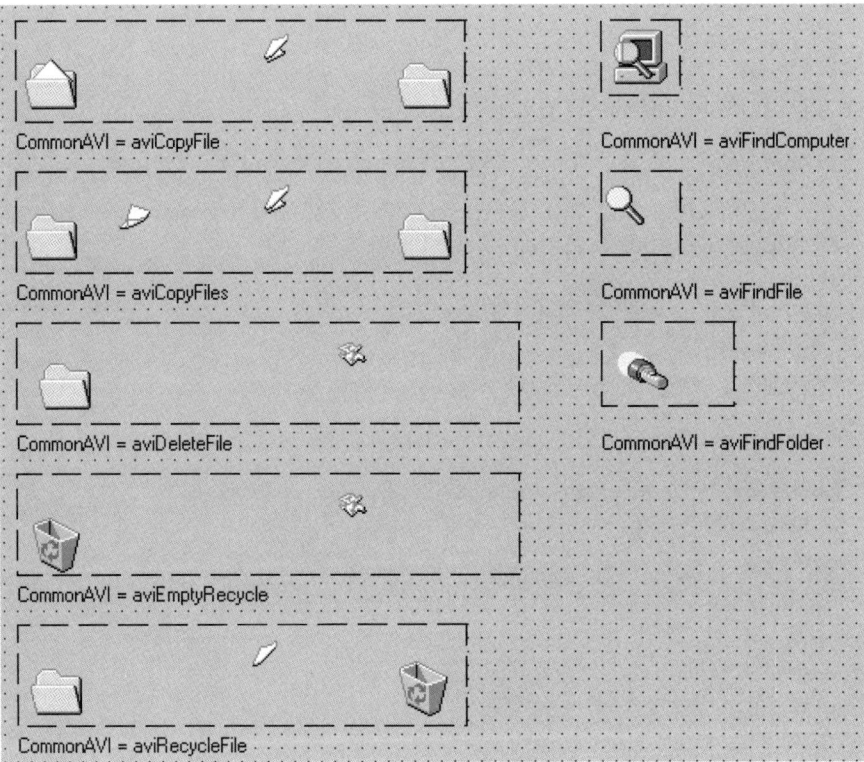

■ FileName (Eigenschaft, veröffentlicht)

```
property FileName: string;
```

Um eine AVI-Datei von der Festplatte laufen zu lassen, müssen Sie den Dateinamen der Eigenschaft *FileName* zuweisen.

▨ Active, StartFrame, StopFrame, Repetitions (Eigenschaften, veröffentlicht)

```
property Active: Boolean default false;
property StartFrame: SmallInt default 1;
property StopFrame: SmallInt default 0;
property Repetitions: Integer default 0;
```

Wird *Active* auf *true* gesetzt, dann wird die Animation oder das AVI-File abgespielt. Dabei wird mit dem durch *StartFrame* spezifizierten Bild begonnen und mit dem durch *StopFrame* angegebenen Bild geendet. Hat *StopFrame* den Wert null, dann wird bis zum Ende abgespielt.

Mit *Repetitions* wird angegeben, wie oft der Vorgang wiederholt wird. Hat *Repetitions* den Wert null, dann wird das Abspielen so lange wiederholt, bis *Active* auf *false* gesetzt oder die Methode *Stop* aufgerufen wird.

▨ Play, Stop (Methoden)

```
procedure Play(FromFrame, ToFrame: Word; Count: Integer);
procedure Stop;
```

Um das Abspielen zu starten, kann auch die Methode *Play* verwendet werden. Als Parameter wird hier übergeben, von welchem bis zu welchem Bild die Animation oder das Video gespielt wird. Der Parameter *Count* gibt an, wie oft der Vorgang wiederholt wird. Hat *Count* den Wert null, dann wird das Abspielen so lange wiederholt, bis *Active* auf *false* gesetzt oder die Methode *Stop* aufgerufen wird.

Mit der Methode *Stop* wird das Abspielen beendet.

▨ OnStart, OnStop, OnOpen, OnClose (Ereignisse)

```
property OnStart(Sender: TObject);
property OnStop(Sender: TObject);
property OnOpen(Sender: TObject);
property OnClose(Sender: TObject);
```

Die einzelnen Ereignisse treten bei Starten (OnStart), Stoppen (OnStop), Öffnen (OnOpen) beziehungsweise Schließen (OnClose) einer Animation oder eines AVI-Files auf.

▨ FrameCount, FrameHeight, FrameWidth (Eigenschaft, öffentlich, nur Lesen)

```
property FrameCount: Integer;
property FrameHeight: Integer;
property FrameWidth: Integer;
```

Die Anzahl der Bilder einer Animation oder eines Videos können Sie mit *FrameCount* ermitteln. *FrameHeight* und *FrameWidth* repräsentieren die Abmessungen.

3.6.9 TDateTimePicker

Die Komponente *TDateTimePicker* dient zur visuellen Eingabe eines Datums oder einer Uhrzeit. *TDateTimePicker* ist von *TWinControl* abgeleitet.

▨ Date, Time (Eigenschaften, veröffentlicht), DateTime (Eigenschaft, öffentlich)

```
property Date: TDate;
property DateTime: TDateTime;
property Time: TDateTime;
```

Hat die Eigenschaft *Kind* den Wert *dtkDate*, dann kann mit den Eigenschaften *Date* oder *DateTime* das Datum ermittelt oder gesetzt werden. Hat *Kind* den Wert *dtkTime*, kann mit *Time* auf die Uhrzeit zugegriffen werden.

▨ Kind, DateMode (Eigenschaften, veröffentlicht)

```
property Kind: (dtkDate, dtkTime) default dtkDate;
property DateMode: (dmComboBox, dmUpDown) default dmComboBox;
```

Mit *Kind* wird festgelegt, ob mit der Komponente ein Datum oder eine Uhrzeit eingegeben wird.

Hat *Kind* den Wert *dtkDate*, dann kann mit *DateMode* festgelegt werden, ob das Datum mittels einer Combo-Box oder mittels UpDown-Buttons eingegeben wird. Eine Uhrzeit wird immer über UpDown-Buttons eingegeben.

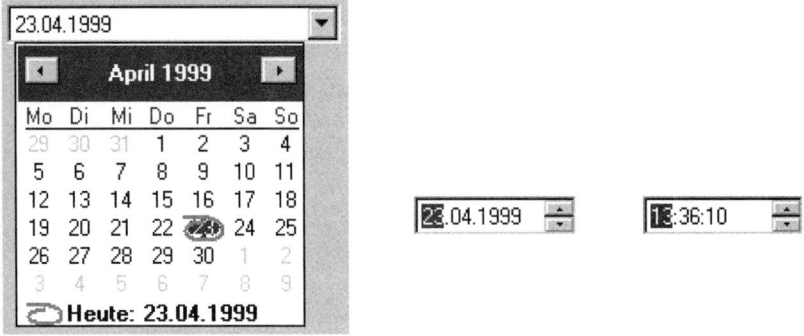

▨ MaxDate, MinDate (Eigenschaften, veröffentlicht)

```
property MaxDate: TDate;
property MinDate: TDate;
```

Mit *MaxDate* und *MinDate* kann der zulässige Bereich der Datumseingabe limitiert werden.

▦ OnChange, OnDropDown, OnCloseUp (Ereignisse)

```
property OnChange(Sender: TObject);
property OnDropDown(Sender: TObject);
property OnCloseUp(Sender: TObject);
```

Das Ereignis *OnChange* wird ausgelöst, wenn das Datum oder die Uhrzeit geändert wird.

Beim Herunterklappen der Combo-Box wird *OnDropDown* ausgelöst, beim Hochklappen *OnCloseUp*.

Darstellung

▦ DateFormat (Eigenschaft, veröffentlicht)

```
property DateFormat: (dfShort, dfLong) default dfShort;
```

Mit *DateFormat* wird bestimmt, ob das Datum in kurzer oder langer Form dargestellt wird. Auf die Darstellung der Zeit hat *DateFormat* keine Auswirkung.

▦ ShowCheckbox, Checked (Eigenschaften, veröffentlicht)

```
property ShowCheckbox: Boolean default False;
property Checked: Boolean default True;
```

Um eine Checkbox neben das Datum oder die Uhrzeit zu setzen, wird *ShowCheckBox* auf *true* gesetzt. Mit Hilfe von *Checked* kann der Zustand dieser Checkbox abgefragt und gesetzt werden.

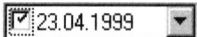

▦ CalColors (Eigenschaft, veröffentlicht)

```
property CalColors: TMonthCalColors;
```

Mit *CalColors* können die Farben der Komponente eingestellt werden. Das Objekt *TMonthCalColors* implementiert die Eigenschaften *BackColor* (*clWindow*), *TextColor* (*clWindowText*), *TitleBackColor* (*clActiveCaption*), *TitleTextColor* (*clWhite*), *MonthBackColor* (*clWhite*) und *TrailingTextColor* (*clInactiveCaptionText*).

3.6.10 TMonthCalendar

Die Komponente *TMonthCalendar* dient zur visuellen Eingabe eines Datums. *TMonthCalendar* ist von *TWinControl* abgeleitet.

TMonthCalendar ist wie *TDateTimePicker* von *TCommonMonthCalendar* abgeleitet und implementiert folgende Eigenschaften, die bereits bei TDateTimePicker beschrieben wurden:

- CalColors (Eigenschaft, veröffentlicht)

- Date, MinDate, MaxDate (Eigenschaften, veröffentlicht)

Darstellung

- OnGetMonthInfo (Ereignis), BoldDays (Methode)

```
property OnGetMonthInfo(Sender: TObject; Month: Cardinal;
  var MonthBoldInfo: Cardinal);
procedure BoldDays(Days: array of LongWord;
  var MonthBoldInfo: LongWord);
```

Um bestimmte Tage, beispielsweise Feiertage, fett darzustellen, verwenden Sie die Methode *BoldDays* in der *OnGetMonthInfo*-Ereignisbehandlungsroutine. Im offenen Array.Parameter *Days* der Methode *BoldDays* werden dabei die Tage übergeben, die fett angezeigt werden sollen. Im folgenden Listing werden der erste und der achte Tag fett dargestellt. Der Parameter *Month* der Ereignisses *OnGetMonthInfo* gibt einen Hinweis auf den Monat.

```
procedure TForm1.MonthCalendar1GetMonthInfo(Sender: TObject;
  Month: Cardinal; var MonthBoldInfo: Cardinal);
begin
  MonthCalendar1.BoldDays([1,8],MonthBoldInfo);
end;
```

▪ ShowToday, ShowTodayCircle (Eigenschaften, veröffentlicht)

```
property ShowToday: Boolean default true;
property ShowTodayCircle: Boolean default true;
```

Hat *ShowToday* den Wert *true*, dann wird am unteren Ende des Kalenders das aktuelle Datum angezeigt. Mit einem Mausklick darauf kann das aktuelle Datum ausgewählt werden.

Hat *ShowTodayCircle* den Wert *true*, wird das aktuelle Datum mit einem roten Kringel markiert.

▪ FirstDayOfWeek (Eigenschaft, veröffentlicht)

```
property FirstDayOfWeek: (dowMonday, dowTuesday, dowWednesday,
   dowThursday, dowFriday, dowSaturday, dowSunday,
   dowLocaleDefault) default dowLocaleDefault;
```

Mit *FirstDayOfWeek* kann spezifiziert werden, welcher Wochentag in der ersten Spalte des Kalenders steht.

Bereich markieren

▪ MultiSelect, EndDate (Eigenschaften, veröffentlicht)

```
property MultiSelect: Boolean default false;
property EndDate: TDate;
```

Wird *MultiSelect* auf *true* gesetzt, dann kann ein Datums-Bereich markiert werden. Auf das erste Datum dieses Bereichs kann mit der Eigenschaft *Date*, auf das letzte Datum mit der Eigenschaft *EndDate* zugegriffen werden.

3.6.11 TTreeView

TTreeView dient zur Darstellung von Daten in Baumstruktur. *TTreeView* ist von *TWinControl* abgeleitet.

Die Baumstruktur

▪ Items (Eigenschaft, veröffentlicht)

property Items: TTreeNodes;

Die Baumstruktur wird in der Objekt-Eigenschaft *Items* gespeichert. *TTreeNodes* wird in einem eigenen Abschnitt erläutert.

Für die Eigenschaft *Items* ist ein Eigenschaftseditor implementiert, mit dem man eine Baumstruktur zur Entwurfszeit aufbauen kann.

▪ LoadFromFile, LoadFromStream, SaveToFile, SaveToStream (Methoden)

procedure LoadFromFile(**const** FileName: **string**);

procedure LoadFromStream(Stream: TStream);

procedure SaveToFile(**const** FileName: **string**);

procedure SaveToStream(Stream: TStream);

Die Baumstruktur kann in einer Datei oder in einen Stream gespeichert und daraus auch wieder geladen werden.

▦ FullCollapse, FullExpand (Methoden)

```
procedure FullCollapse;
procedure FullExpand;
```

Mit *FullCollapse* wird eine Baumstruktur völlig »zusammengeschoben«, mit FullExpand wird sie vollständig »auseinandergenommen«.

▦ GetNodeAt (Methode)

```
function GetNodeAt(X, Y: Integer): TTreeNode;
```

Mit der Funktion *GetNodeAt* wird der Knoten an einer bestimmten Bildschirmposition ermittelt.

▦ OnExpanding, OnCollapsing (Ereignisse)

```
property OnExpanding(Sender: TObject; Node: TTreeNode;
  var AllowExpansion: Boolean);
property OnCollapsing(Sender: TObject; Node: TTreeNode;
  var AllowCollapse: Boolean);
```

Das Ereignis *OnExpanding* tritt auf, bevor der Zweig unter einem Knoten eingeblendet wird, das Ereignis *OnCollapsing* tritt auf, bevor der Zweig unter einem Knoten ausgeblendet wird. Mit dem Parameter *Node* kann auf den betreffenden Knoten zugegriffen werden.

Um das Ein- beziehungsweise Ausblenden zu verhindern, ist der Variablen-Parameter *AllowExpansion* beziehungsweise *AllowCollapse* auf *false* zu setzen.

▦ OnExpanded, OnCollapsed (Ereignisse)

```
property OnCollapsed(Sender: TObject; Node: TTreeNode);
property OnExpanded(Sender: TObject; Node: TTreeNode);
```

Das Ereignis *OnCollapsed* tritt auf, nachdem ein Zweig ausgeblendet wurde, das Ereignis *OnExpanded* tritt auf, nachdem ein Zweig eingeblendet wurde.

▦ TopItem (Eigenschaft, öffentlich)

```
property TopItem: TTreeNode;
```

Mit *TopItem* kann derjenige Eintrag ermittelt oder geändert werden, der momentan in der obersten Zeile der *TTreeView*-Instanz angezeigt wird.

Der selektierte Eintrag

▦ Selected (Eigenschaft, öffentlich)

```
property Selected: TTreeNode;
```

Mit *Selected* wird bestimmt, welcher Eintrag momentan ausgewählt ist.

▦ OnChanging, OnChange (Ereignisse)

```
property OnChanging(Sender: TObject; Node: TTreeNode;
  var AllowChange: Boolean);
property OnChange(Sender: TObject; Node: TTreeNode);
```

Das Ereignis *OnChanging* tritt auf, bevor ein neuer Eintrag ausgewählt wird. Der Parameter *Node* referenziert den neuen Eintrag, die Eigenschaft *Selected* dagegen noch den alten Eintrag. Um das Selektieren des neuen Eintrags zu verhindern, wird der Variablen-Parameter *AllowChange* auf *false* gesetzt.

Das Ereignis *OnChange* tritt auf, nachdem der neue Eintrag ausgewählt worden ist. Sowohl der Parameter *Node* als auch die Eigenschaft *Selected* referenzieren den neu gewählten Eintrag.

▦ ReadOnly (Eigenschaft)

```
property ReadOnly: Boolean default false;
```

Um zu verhindern, dass der Anwender die Beschriftung der Einträge ändert, wird *ReadOnly* auf *true* gesetzt.

▦ OnEditing, OnEdited (Ereignisse), IsEditing (Methode)

```
property OnEditing(Sender: TObject; Node: TTreeNode;
  var AllowEdit: Boolean);
property OnEdited(Sender: TObject; Node: TTreeNode;
  var S: String);
function IsEditing: Boolean;
```

Wenn der Anwender beginnt, den Text eines Eintrags zu ändern, tritt das Ereignis *OnEditing* auf. Um das Ändern des Textes zu verhindern, kann der Variablen-Parameter *AllowEdit* auf *false* gesetzt werden.

Nach dem Ändern des Textes tritt das Ereignis *OnEdited* auf. Der vom Anwender eingegebene Text kann mittels des Variablen-Parameters *S* geändert werden.

Mit der Funktion *IsEditing* kann geprüft werden, ob gerade der Text eines Eintrags editiert wird.

Darstellung der Einträge

▦ ShowButtons, ShowLines, ShowRoot (Eigenschaften, veröffentlicht)

```
property ShowButtons: Boolean default true;
property ShowLines: Boolean default true;
property ShowRoot: Boolean default true;
```

Um die Kästchen, die Linien oder Kästchen und Linien auf der obersten Ebene auszublenden, setzen Sie die entsprechende Eigenschaft auf *false*.

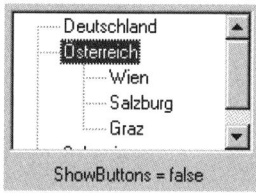 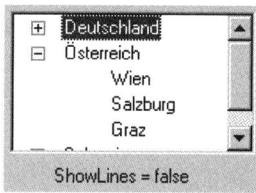 

▦ Indent (Eigenschaft, veröffentlicht)

```
property Indent: Integer default 19;
```

Mit *Indent* wird spezifiziert, um wieviel Pixel jede weitere Ebene nach rechts eingerückt wird.

▦ HotTrack (Eigenschaft, veröffentlicht)

```
property HotTrack: Boolean default false;
```

Hat *HotTrack* den Wert *true*, dann wird der Eintrag, über dem gerade die Maus steht, dunkelblau und unterstrichen angezeigt. In der folgenden Abbildung ist *Hamburg* dieser Eintrag.

▦ HideSelection (Eigenschaft, veröffentlicht)

```
property HideSelection: Boolean default true;
```

Hat *HideSelection* den Wert *true*, dann wird der selektierte Eintrag nicht mehr markiert angezeigt, wenn die Komponente den Fokus verliert.

Einträge selbst zeichnen

▓ OnCustomDraw (Ereignis)

```
property OnCustomDraw(Sender: TCustomTreeView; const ARect: TRect;
  var DefaultDraw: Boolean);
```

Das Ereignis *OnCustomDraw* tritt auf, bevor der Inhalt der Komponente neu dargestellt wird. Sie können den Inhalt der Komponente nun ganz oder teilweise selbst zeichnen. Wenn Sie den Variablen-Parameter *DefaultDraw* auf *false* setzen, dann werden die Einträge von der Komponente nicht gezeichnet, Sie müssen diese Arbeit dann in der *OnCustomDraw*-Ereignisbehandlungsroutine selbst vornehmen.

OnCustomDraw eignet sich vor allem dafür, den Hintergrund der Komponente zu zeichnen.

▓ OnCustomDrawItem (Ereignis)

```
property OnCustomDrawItem(Sender: TCustomTreeView;
  Node: TTreeNode; State: TCustomDrawState;
  var DefaultDraw: Boolean);
```

Das Ereignis *OnCustomDrawItem* tritt immer dann auf, wenn der einzelne Eintrag neu gezeichnet wird. Sie können *DefaultDraw* auf *false* setzen, wenn Sie vermeiden möchten, dass die Komponente den betreffenden Eintrag zeichnet.

Beachten Sie bitte, dass Sie die Eigenschaft *Canvas.Brush* nur ein einziges Mal setzen können. Es ist beispielsweise nicht möglich, mit selbstgezeichneten Einträgen Tabellenspalten aufzubauen und diese verschiedenfarbig zu unterlegen. Wenn Sie derartiges vorhaben, müssen Sie die Komponente *TOutline* verwenden.

Ein Beispiel für die Verwendung dieses Ereignisses finden Sie im Delphi-Verzeichnis \ *Demos* \ *CustomDraw*.

Icons verwenden

▓ Images (Eigenschaft, veröffentlicht), OnGetImageIndex (Ereignis)

```
property Images: TCustomImageList;
property OnGetImageIndex(Sender: TObject; Node: TTreeNode);
```

Zu jedem Eintrag kann ein Icon verwendet werden, das aus der mit *Images* spezifizierten Bilderliste bezogen werden muss.

Die Zuweisung, welches Icon verwendet werden soll, erfolgt in der *TTreeNode*-Eigenschaft *ImageIndex* beziehungsweise *SelectedIndex*. Alternativ dazu kann sie auch in der *OnGetImageIndex*-Ereignisbehandlungsroutine gesetzt werden.

```
procedure TForm1.TVGetImageIndex(Sender: TObject;
  Node: TTreeNode);
begin
  if Node.HasChildren then
  begin
    if Node.Expanded
      then Node.ImageIndex := 3
      else Node.ImageIndex := 0
  end {if Node.HasChildren then}
  else Node.ImageIndex := 1;
end; {procedure TForm1.TVGetImageIndex}
```

- StateImages (Eigenschaft, veröffentlicht)

```
property StateImages: TCustomImageList;
```

Zusätzlich zu *Images* kann eine zweite Bilderliste verwendet werden. Mit Hilfe der Eigenschaft *Note.StateIndex* wird daraus ein Bild gewählt.

Sortieren der Einträge

- SortType (Eigenschaft, veröffentlicht)

```
property SortType: (stNone, stData, stText, stBoth)
  default stNone;
```

Mit *SortType* wird spezifiziert, ob, und wenn ja, wie die Einträge sortiert werden sollen. Hat *SortType* den Wert *stNone*, dann findet keine automatische Sortierung statt. Beim Wert *stText* wird eine Sortierung immer dann vorgenommen, wenn der Text eines Eintrags geändert wird, beim Wert *stData* löst ein neuer Wert der *TTreeNode*-Eigenschaft *Data* eine Sortierung aus. Hat *SortType* den Wert *stBoth*, dann wird bei einer Änderung sowohl der Eigenschaft Text als auch der Eigenschaft *Data* eine Sortierung ausgelöst.

Eine Sortierung wird überdies beim Einfügen eines neuen Eintrags vorgenommen oder dann, wenn die Eigenschaft *SortType* auf *stData*, *stText* oder *stBoth* gesetzt wird.

Beachten Sie auch, dass die ursprüngliche Reihenfolge nicht dadurch wiederhergestellt werden kann, dass *SortType* auf *stNone* gesetzt wird.

▨ OnCompare (Ereignis)

```
property OnCompare(Sender: TObject; Node1, Node2: TListNode;
  Data: Integer; var Compare: Integer);
```

Solange *OnCompare* keine Ereignisbehandlungsroutine zugewiesen ist, werden die Einträge bei automatischer Sortierung in aufsteigender, alphabetischer Reihenfolge sortiert. Wünschen Sie eine andere Reihenfolge, dann ist eine *OnCompare*-Ereignisbehandlungsroutine zu erstellen, welche dem Variablen-Parameter *Compare* mitteilt, ob *Node1* oder *Node2* größer ist.

Ist *Node1* größer als *Node2*, dann muss *Compare* einen positiven Wert erhalten, andernfalls einen negativen. Bei identischen Einträgen ist *Compare* auf null zu setzen.

Die folgende Ereignisbehandlungsroutine sorgt für eine Sortierung in absteigender, alphabetischer Reihenfolge.

```
procedure TForm1.TreeView1Compare(Sender: TObject;
  Node1, Node2: TTreeNode; Data: Integer; var Compare: Integer);
begin
  Compare := -AnsiCompareStr(Node1.Text, Node2.Text);
end;
```

▨ AlphaSort, CustomSort (Methoden)

```
function AlphaSort: Boolean;
function CustomSort(SortProc: TTVCompare; Data: Longint): Boolean;
```

Mit *AlphaSort* und *CustomSort* kann eine einmalige Sortierung veranlaßt werden. Während *AlphaSort* aufsteigend alphabetisch sortiert, muss der Methode *CustomSort* eine Referenz auf eine Funktion übergeben werden, welche die Sortierreihenfolge definiert. Beide Methoden geben bei Erfolg den Wert *true* als Funktionsergebnis zurück.

Der Typ *TTVCompare* ist wie folgt definiert:

```
type TTVCompare = function(lParam1, lParam2, lParamSort: Longint):
  Integer; stdcall;
```

Das folgende Beispiel zeigt die Verwendung von *CustomSort* bei einer absteigend alphabetischen Sortierung.

```
function CustomSortProc(Node1, Node2: TTreeNode; Data: integer):
  integer; stdcall;
begin
  Result := -AnsiCompareStr(Node1.Text, Node2.Text);
end;


procedure TForm1.Button1Click(Sender: TObject);
begin
  TreeView1.CustomSort(@CustomSortProc, 0);
end;
```

Drag&Drop

■ DropTarget (Eigenschaft, öffentlich)

```
property DropTarget: TTreeNode;
```

Mit der Eigenschaft *DropTarget* kann ermittelt werden, welcher Knoten Ziel einer Drag&Drop-Aktion geworden ist.

Bisweilen kommt der Wunsch auf, die Einträge einer *TTreeView*-Instanz mittels Drag&Drop umstrukturieren zu können. Setzen Sie dazu die Eigenschaft DragMode auf *dmAutomatic*, und erstellen Sie die folgenden beiden Prozeduren:

```
procedure kopieren(Node, ParentNode: TTreeNode);
var
  DroppedNode: TTreeNode;
  i: integer;
begin
  with Form1.TreeView1 do
  begin
    DroppedNode := Items.AddChildObject(ParentNode, Node.Text,
      Node.Data);
    if Node.Count > 0 then
    begin
      for i := 0 to Node.Count - 1
        do kopieren(Node.Item[i], DroppedNode);
    end; {if Node.Count > 0 then}
  end; {with Form1.TreeView1 do}
end; {function kopieren}

procedure TForm1.TreeView1EndDrag(Sender, Target: TObject;
  X, Y: Integer);
begin
```

```
with TreeView1 do
begin
  if DropTarget.HasAsParent(Selected) = false then
  begin
    kopieren(Selected, DropTarget);
    Items.Delete(Selected);
  end {if DropTarget.HasAsParent(Selected) = true}
  else ShowMessage('Eintrag kann nicht an einen untergeordneten'
    + ' Eintrag verschoben werden!');
end; {with TreeView1 do}
end; {procedure TForm1.TreeView1EndDrag}
```

Die Prozedur *kopieren* kopiert den als Parameter *Node* übergebenen Eintrag inklusive aller untergeordneten Einträge unter den als Parameter *ParentNode* übergebenen Eintrag. Zum Kopieren der untergeordneten Einträge ruft sich *kopieren* rekursiv selbst auf.

In der Prozedur *TreeView1EndDrag* wird zunächst geprüft, ob der Ziel-Eintrag ein untergeordneter Eintrag des Quell-Eintrags ist, was natürlich keinen Sinn ergeben würde. Ist dies der Fall, wird eine Fehlermeldung ausgelöst. Andernfalls wird der Quell-Eintrag inklusive aller untergeordneten Einträge unter den Ziel-Eintrag kopiert und anschließend (an der alten Position) gelöscht.

TTreeNodes

Die Eigenschaft *Items* einer *TTreeView*-Instanz, in der alle Einträge gespeichert werden, ist vom Typ *TTreeNodes*. Mittels dieses Objektes werden neue Einträge hinzugefügt oder bestehende entfernt.

▦ Item, Count (Eigenschaften, öffentlich, nur Lesen)

```
property Item[Index: Integer]: TTreeNode;
property Count: Integer;
```

Mittels der Array-Eigenschaft *Item* kann auf die einzelnen Einträge zugegriffen werden. Der Typ *TTreeNode* (nicht zu verwechseln mit *TTreeNodes*) wird in einem eigenen Abschnitt behandelt.

Mit *Count* kann die Zahl aller Einträge ermittelt werden.

▦ Add, AddFirst, AddObject, AddObjectFirst (Methoden)

```
function Add(Node: TTreeNode; const S: string): TTreeNode;
function AddFirst(Node: TTreeNode; const S: string): TTreeNode;
function AddObject(Node: TTreeNode; const S: string;
  Ptr: Pointer): TTreeNode;
function AddObjectFirst(Node: TTreeNode; const S: string;
  Ptr: Pointer): TTreeNode;
```

Diese vier Methoden fügen einen neuen Eintrag auf derselben Ebene wie der als Parameter *Node* übergebene Eintrag ein. Die Beschriftung des neuen Eintrags wird als Parameter *S* übergeben. Als Funktionsergebnis wird ein Zeiger auf den neuen Eintrag zurückgegeben.

Mit den Methoden *AddObject* und *AddObjectFirst* kann gleich auch noch die Eigenschaft *Data* des neuen Eintrags gesetzt werden, der dafür vorgesehene Wert wird als Parameter *Ptr* übergeben.

Während *Add* und *AddObject* den neuen Eintrag an die letzte Position der jeweiligen Ebene setzen, fügen ihn *AddFirst* und *AddObjectFirst* an erster Stelle ein.

- Insert, InsertObject (Methoden)

```
function Insert(Node: TTreeNode; const S: string): TTreeNode;
function InsertObject(Node: TTreeNode; const S: string;
  Ptr: Pointer): TTreeNode;
```

Die *Methoden Insert* und *InsertObject* fügen wie *Add* und *AddObject* neue Einträge hinzu, diese werden aber direkt oberhalb des als Parameter *Node* übergebenen Eintrags eingeordnet.

- AddChild, AddChildFirst, AddChildObject, AddChildObjectFirst (Methoden)

```
function AddChild(Node: TTreeNode; const S: string): TTreeNode;
function AddChildFirst(Node: TTreeNode; const S: string)
  : TTreeNode;
function AddChildObject(Node: TTreeNode; const S: string;
  Ptr: Pointer): TTreeNode;
function AddChildObjectFirst(Node: TTreeNode; const S: string;
  Ptr: Pointer): TTreeNode;
```

Mit diesen vier Methoden werden Untereinträge zu dem als Parameter *Node* übergebenen Eintrag eingefügt. Alles weitere siehe bei der Methode *Add*.

- Delete, Clear (Methoden)

```
procedure Delete(Node: TTreeNode);
procedure Clear;
```

Mit *Delete* wird der angegebene Eintrag entfernt, mit *Clear* werden alle Einträge gelöscht.

- GetFirstNode (Methode)

```
function GetFirstNode: TTreeNode;
```

Mit *GetFirstNode* wird der erste Eintrag in der *TTreeView*-Instanz ermittelt.

▨ BeginUpdate, EndUpdate (Methoden)

```
procedure BeginUpdate;
procedure EndUpdate;
```

Wenn Sie umfangreichere Änderungen vornehmen, können Sie mit dem Aufruf von *BeginUpdate* die Aktualisierung der Anzeige unterbinden und mit
EndUpdate wieder herbeiführen.

TTreeNode

Jeder Eintrag einer *TTreeView*-Komponente wird durch ein *TTreeNode*-Objekt repräsentiert. *TTreeNode* implementiert 24 Eigenschaften und 27 Methoden, von
denen hier nur einige wenige besprochen werden sollen.

▨ Text, Data (Eigenschaften, öffentlich)

```
property Text: string;
property Data: Pointer;
```

Die Eigenschaft *Text* repräsentiert die Beschriftung des jeweiligen Eintrags.
Der Eigenschaft *Data* kann ein Zeiger auf ein beliebiges Objekt zugewiesen
werden.

▨ Item (Eigenschaft, öffentlich), Count (Eigenschaft, öffentlich, nur Lesen)

```
property Item[Index: Integer]: TTreeNode;
property Count: Integer;
```

Mittels *Item* kann auf die untergeordneten Einträge zugegriffen werden. Die
Zahl der untergeordneten Einträge kann mit der Eigenschaft *Count* ermittelt
werden.

▨ ImageIndex, SelectedIndex (Eigenschaft, veröffentlicht)

```
property ImageIndex: Integer default 0;
property SelectedIndex: Integer default 0;
```

Mit *ImageIndex* wird bestimmt, welches Icon aus dem ImageListe verwendet
wird, wenn der Eintrag nicht selektiert ist, mit *SelectedIndex* das Icon, wenn er
selektiert ist.

▨ Expand, Collapse (Methoden)

```
procedure Expand(Recurse: Boolean);
procedure Collapse(Recurse: Boolean);
```

Mit *Expand* werden die untergeordneten Einträge auseinandergezogen, mit
Collapse werden sie zusammengeschoben. Hat *Recurse* den Wert *false*, dann ist

nur die direkt untergeordnete Ebene davon betroffen. Hat *Recurse* den Wert
true, dann wird der Vorgang bei den untergeordneten Einträgen aller Ebenen
ausgeführt.

- AlphaSort, CustomSort (Methoden)

```
function AlphaSort: Boolean;
function CustomSort(SortProc: TTVCompare; Data: Longint): Boolean;
```

Mittels *AlphaSort* und *CustomSort* können alle untergeordneten Einträge eines
Eintrags sortiert werden. Beide Methoden sind im Abschnitt *Sortieren der Einträge* beschrieben.

- HasAsParent (Methode)

```
function HasAsParent(Value: TTreeNode): Boolean;
```

Mittels *HasAsParent* kann ermittelt werden, ob der als Parameter übergebene
Eintrag ein übergeordneter Eintrag des betreffenden Eintrags ist.

- DisplayRect (Methode)

```
function DisplayRect(TextOnly: Boolean): TRect;
```

Mittels *DisplayRect* kann ermittelt werden, in welchem Bereich auf der Komponente der Eintrag dargestellt wird. *DisplayRect* wird insbesondere für selbst-
gezeichnete Einträge benötigt.

Verzeichnis-Struktur anzeigen

Die Komponente *TTreeView* legt es einem nahe, damit Verzeichnisstrukturen darzustellen. Bevor Sie sich damit »verkünsteln«, sollten Sie prüfen, ob es nicht mit
der entsprechenden Shell-Funktion deutlich einfacher geht. (Ab Delphi 6 gibt es
dafür auch spezielle Komponenten, siehe Kapitel 3.15.2)

Die dafür erforderlichen Anweisungen sollen hier unkommentiert abgedruckt
werden.

```
function GetResultString(root: integer; Caption: string): string;
var
  BrowseInfo: TBrowseInfo;
  Buffer: PChar;
  Programs, Browse: PItemIDList;
begin
  if SUCCEEDED(SHGetSpecialFolderLocation(GetActiveWindow,
      root, Programs)) = false
    then exit;
  Buffer := StrAlloc(max_path);
```

```
with BrowseInfo do
begin
   hwndOwner := GetActiveWindow;
   pidlRoot := Programs;
   pszDisplayName := Buffer;
   lpszTitle := pChar(Caption);
   ulFlags := BIF_RETURNONLYFSDIRS;
   lpfn := nil;
   lParam := 0;
   Browse := SHBrowseForFolder(BrowseInfo);
   if Browse <> nil then
   begin
      if SHGetPathFromIDList(Browse, Buffer) = true
         then result := Buffer;
      StrDispose(Buffer);
   end; {if SHBrowseForFolder(BrowseInfo) <> nil then}
end; {with BrowseInfo do}
end; {function GetResultString}
```

Mittels des Parameters *root* können Sie bestimmen, welches Root-Verzeichnis Sie verwenden möchten. Die dafür verwendeten Konstanten können Sie in der Online-Hilfe unter *SHGetSpecialFolderLocation* nachschlagen.

Der als *Caption* übergebene String wird im Dialogfenster unterhalb der Titelleiste angezeigt. In nebenstehender Abbildung lautet er *Test*. Als Funktionsergebnis gibt *GetResultString* den im Dialog ausgewählten Pfad zurück.

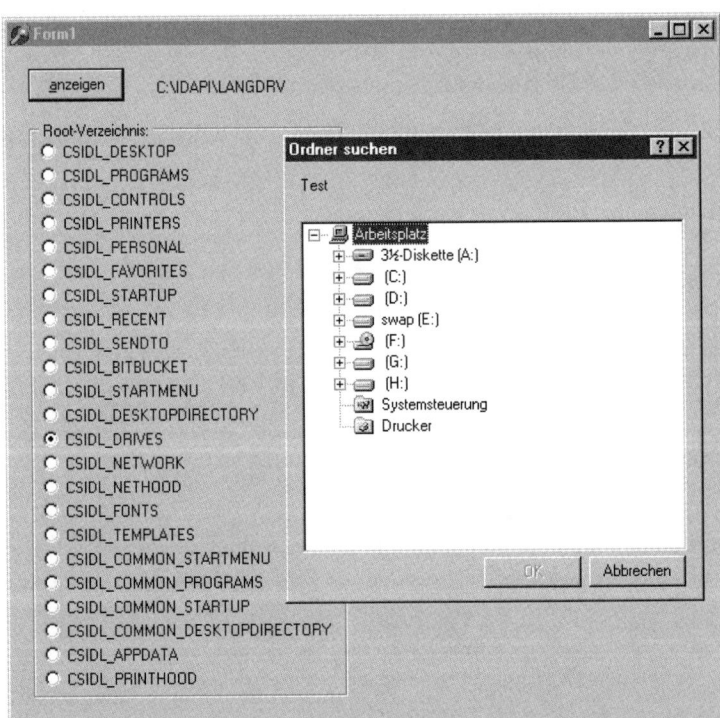

3.6.12 TListView

Die Komponente *TListView* dient zur Anzeige von Daten in Listenform. *TListView* ist von *TWinControl* abgeleitet.

Die Liste

▪ Items (Eigenschaft, veröffentlicht)

```
property Items: TListItems;
```

Die anzuzeigende Liste wird in der Objekt-Eigenschaft *Items* gespeichert. *TListItems* wird in einem eigenen Abschnitt erläutert.

Für die Eigenschaft *Items* ist ein Eigenschaftseditor implementiert, mit dem man eine Liste zur Entwurfszeit aufbauen kann.

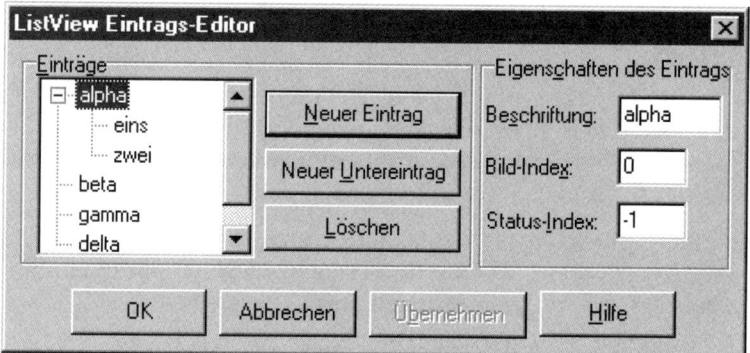

▪ GetItemAt, GetNearestItem (Methoden)

```
function GetItemAt(X, Y: Integer): TListItem;
function GetNearestItem(Point: TPoint;
  Direction: TSearchDirection): TListItem;
function GetNextItem(StartItem: TListItem;
  Direction: TSearchDirection; States: TItemStates): TListItem;
```

Die Funktion *GetItemAt* ermittelt den Eintrag an der angegebenen Position. Wird an dieser Position kein Eintrag angezeigt, wird *nil* zurückgegeben.

Die Funktion *GetNearestItem* sucht nach dem nächstgelegenen Listeneintrag. Sie beginnt bei der Suche an der Stelle *Point* und setzt die Suche in Richtung *Direction* (*sdLeft, sdRight, sdAbove, sdBelow, sdAll*) fort. Wird bei der Suche kein Eintrag gefunden, wird *nil* zurückgegeben.

Auch die Funktion *GetNextItem* sucht den nächsten Eintrag in der Richtung *Direction*. Als Ausgangswert wird dabei allerdings kein Punkt, sondern der Listeneintrag *StartItem* verwendet. Bei der Suche werden nur Einträge berücksichtigt, deren Status dem Wert von *States* (näheres siehe Online-Hilfe) entspricht.

▨ FindCaption, FindData (Methoden)

```
function FindCaption(StartIndex: Integer; Value: string;
  Partial, Inclusive, Wrap: Boolean): TListItem;
function FindData(StartIndex: Integer; Value: Pointer;
  Inclusive, Wrap: Boolean): TListItem;
```

Die Methode *FindCaption* sucht Einträge nach der Beschriftung, die Methode *FindData* sucht Einträge nach dem zugewiesenen Zeiger. Die Suche beginnt bei der Position *StartIndex*, wobei der Parameter *Inclusive* spezifiziert, ob *StartIndex* schon zur Suchmenge gehört (*Inclusive = true*) oder noch nicht (*Inclusive = false*).

Mittels *Wrap* wird festgelegt, was passiert, wenn die Suche auf den letzten Listeneintrag stößt. Hat *Wrap* den Wert *false*, wird die Suche dann beendet. Soll die Suche am Anfang der Liste fortgesetzt werden, ist *Wrap* auf *true* zu setzen.

Die beiden Funktionen suchen den ersten übereinstimmenden Eintrag und geben einen Zeiger darauf als Funktionsergebnis zurück. Wird kein Eintrag gefunden, wird *nil* als Funktionsergebnis zurückgegeben.

Hat bei der Methode *FindCaption* der Parameter *Partial* den Wert *true*, dann erkennt diese Funktion auch dann eine Übereinstimmung, wenn der gesuchte String nur den Anfang der Beschriftung des betreffenden Eintrages ausmacht.

▨ OnInsert (Ereignis)

```
property OnInsert(Sender: TObject; Item: TListItem);
```

Das Ereignis *OnInsert* tritt nach dem Einfügen eines neuen Eintrags auf. Dieser neue Eintrag wird vom Parameter *Item* referenziert.

Der selektierte Eintrag

▨ Selected (Eigenschaft, öffentlich)

```
property Selected: TListItem;
```

Der selektierte Eintrag kann mit der Eigenschaft *Selected* bestimmt werden.

■ OnChange, OnChanging (Ereignisse)

```
property OnChange(Sender: TObject; Item: TListItem;
  Change: TItemChange);
property OnChanging(Sender: TObject; Item: TListItem;
  Change: TItemChange; var AllowChange: Boolean);
```

Das Ereignis *OnChanging* tritt auf, bevor ein neuer Eintrag ausgewählt wird. Um das Selektieren des neuen Eintrags zu verhindern, wird der Variablen-Parameter *AllowChange* auf *false* gesetzt.

Der Parameter *Item* referenziert den ausgewählten Eintrag. Mit Hilfe des Parameters *Change* können Sie erfahren, ob die Beschriftung (*ctText*), das Icon (*ctImage*) oder der Status (*ctState*) des Eintrags geändert wurde.

Das Ereignis *OnChange* tritt auf, nachdem der neue Eintrag ausgewählt worden ist.

■ OnEditing, OnEdited (Ereignisse), IsEditing (Methode)

```
property OnEditing(Sender: TObject; Item: TListItem;
  var AllowEdit: Boolean);
property OnEdited(Sender: TObject; Item: TListItem;
  var S: String);
function IsEditing: Boolean;
```

Wenn der Anwender beginnt, den Text eines Eintrags zu ändern, tritt das Ereignis *OnEditing* auf. Um das Ändern des Textes zu verhindern, kann der Variablen-Parameter *AllowEdit* auf *false* gesetzt werden.

Nach dem Ändern des Textes tritt das Ereignis *OnEdited* auf. Der vom Anwender eingegebene Text kann mittels des Variablen-Parameters *S* geändert werden.

Mit der Funktion *IsEditing* kann geprüft werden, ob gerade der Text eines Eintrags editiert wird.

■ MultiSelect (Eigenschaft, veröffentlicht),
     SelCount (Eigenschaft, öffentlich, nur Lesen)

```
property MultiSelect: Boolean default false;
property SelCount: Integer;
```

Wenn Sie *MultiSelected* auf *true* setzen, dann können Sie mehrere Einträge gleichzeitig selektieren. Um zu bestimmen, welche Einträge selektiert sind, verwenden Sie dann die *TListItem*-Eigenschaft *Selected*.

Um die Anzahl der markierten Einträge zu ermitteln, verwenden Sie die Eigenschaft *SelCount*.

■ OnSelectItem (Ereignis)

```
property OnSelectItem(Sender: TObject; Item: TListItem;
  Selected: Boolean);
```

Das Ereignis *OnSelectItem* tritt auf, nachdem ein Eintrag selektiert wurde (*Selected = true*) oder nachdem eine Selektierung aufgehoben wurde (*Selected = false*).

■ ItemFocused (Eigenschaft, öffentlich)

```
property ItemFocused: TListItem;
```

Mit *ItemFocused* kann bestimmt werden, welcher Eintrag gerade den Eingabe-Fokus hat und somit bearbeitet werden kann. Hat kein Element den Fokus, hat *ItemFocused* den Wert *nil*.

Darstellung der Einträge

■ ViewStyle (Eigenschaft, veröffentlicht)

```
property ViewStyle: (vsIcon, vsSmallIcon, vsList, vsReport)
  default vsIcon;
```

Mittels der Eigenschaft *ViewStyle* wird bestimmt, wie die Liste anzuzeigen ist.

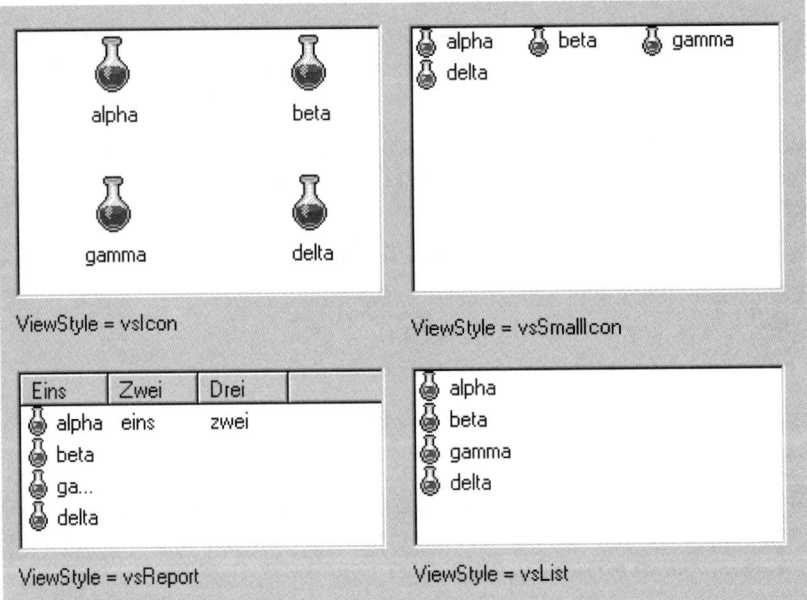

▪ Checkboxes (Eigenschaft, veröffentlicht)

```
property Checkboxes: Boolean default false;
```

Um neben jedem Eintrag eine Checkbox anzuzeigen, setzen Sie *Checkboxes* auf *true*. Der Zustand dieser Checkboxen kann mit der *TListItem*-Eigenschaft *Checked* bestimmt werden.

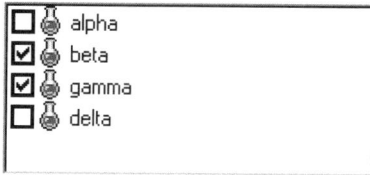

▪ HotTrack, HotTrackStyles (Eigenschaften, veröffentlicht)

```
property HotTrack: Boolean;
property HotTrackStyles: set of (htHandPoint, htUnderlineCold,
  htUnderlineHot) default [];
```

Für gewöhnlich wird ein Eintrag erst dann selektiert, wenn auf ihn ein Maus-klick ausgeführt wird. Soll der Eintrag schon dann selektiert werden, wenn der Mauszeiger sich über ihm befindet, dann ist die Eigenschaft *HotTrack* auf *true* zu setzen.

Mit *HotTrackStyles* kann bestimmt werden, wie die Einträge angezeigt wer-den, wenn der Mauszeiger sich über ihnen befindet. Zu den drei Optionen siehe die Online-Hilfe.

▪ IconOptions (Eigenschaft, veröffentlicht)

```
property IconOptions: TIconOptions;
```

Mit der Objekt-Eigenschaft *IconOptions* kann spezifiziert werden, wie die Ein-träge angeordnet werden, wenn *ViewStyle* den Wert *vsIcon* oder *vsSmallIcon* hat. Der Typ *TIconOptions* implementiert die folgenden Eigenschaften:

▪ Mit *Arrangement* wird festgelegt, ob der zur Verfügung stehende Platz zei-lenweise (*iaTop*) oder spaltenweise (*iaLeft*) genutzt wird.

▪ Wenn Sie *AutoArrange* auf *true* setzen, dann werden die Einträge automa-tisch neu plaziert, wenn ein Element hinzugefügt oder entfernt wird.

▪ Um einen Zeilenumbruch bei der Beschriftung zu ermöglichen, setzen Sie *WrapText* auf *true*.

■ Scroll (Methode)

```
prodedure Scroll(DX, DY: Integer);
```

Mit der Methode *Scroll* kann der dargestellte Bildausschnitt verschoben werden. Die Parameter werden in Pixeln angegeben. *Scroll* wird nur dann wirksam, wenn entsprechende Bildlaufleisten angezeigt werden.

■ OnInfoTip (Ereignis)

```
property InfoTip(Sender: TObject; Item: TListItem; var InfoTip: String);
```

Hat *ShowHint* den Wert *true*, dann wird das Ereignis *OnInfoTip* aufgerufen,
wenn der Mauszeiger über einem Eintrag verweilt. Über den Variablen-
parameter *InfoTip* kann für jeden Eintrag ein eigener Hinweistext vorgesehen
werden.

```
eins
zwei
drei    ┌─────────────────────────────────────────┐
vier    │ Der Mauszeiger befindet sich über Eintrag eins │
        └─────────────────────────────────────────┘
```

Spalten

Hat *ViewStyle* den Wert *vsReport*, dann können zusätzlich zu den Einträgen weitere Informationen in Tabellenform dargestellt werden.

■ Columns, ShowColumnHeaders (Eigenschaften, veröffentlicht)

```
property ShowColumnHeaders: Boolean default true;
property Columns: TListColumns;
```

Damit Spaltenüberschriften angezeigt werden, muss *ShowColumnHeaders* den
Wert *true* haben.

Mit der Eigenschaft *Columns* wird die Spaltendefinition vorgenommen. Der
Typ *TListColumns* implementiert unter anderem folgende Eigenschaften und
Methoden:

```
property Items[Index: Integer]: TListColumn; default;
property Count: Integer;
function Add: TListColumn;
function Insert(Index: Integer): TCollectionItem;
```

Der Typ *TListColumn* implementiert unter anderem folgende Eigenschaften:

■ Die Spaltenüberschrift wird mit *Caption* spezifiziert, deren Ausrichtung mit
Alignment.

■ *Width* ist die Breite der Spalte.

- Mit *MinWidth* und *MaxWidth* kann bestimmt werden, wie breit oder wie schmal der Anwender die Spalte einstellen kann.

- ColumnClick (Eigenschaft, veröffentlicht), OnColumnClick (Ereignis)

```
property ColumnClick: Boolean default true;
property OnColumnClick(Sender: TObject; Column: TListColumn);
```

Hat *ColumnClick* den Wert *true*, dann wird das Ereignis *OnColumnClick* ausgelöst, wenn der Anwender einen Mausklick auf die Titelleiste durchführt.

- GridLines (Eigenschaft, veröffentlicht)

```
property GridLines: Boolean default false;
```

Um Linien zwischen den Spalten und Reihen anzuzeigen, setzen Sie *GridLines* auf *true*.

Eins	Zwei	Drei	
alpha	eins	zwei	
beta			
gamma			
delta			

- RowSelect (Eigenschaft, veröffentlicht)

```
property RowSelect: Boolean default false;
```

Wenn Sie *RowSelect* auf *true* setzen, wird bei der *vsReport*-Darstellung jeweils die komplette Zeile markiert.

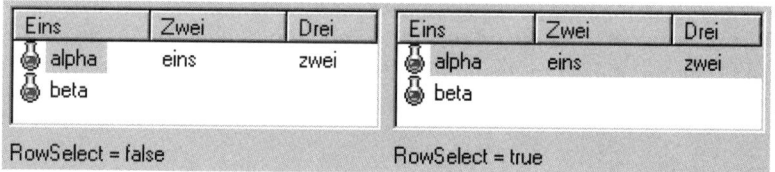

RowSelect = false   RowSelect = true

Selbstgezeichnete Listen

- OnCustomDraw (Ereignis)

```
property OnCustomDraw(Sender: TCustomListView; const ARect: TRect;
  var DefaultDraw: Boolean);
```

Das Ereignis *OnCustomDraw* tritt auf, bevor der Inhalt der Komponente neu dargestellt wird. Sie können den Inhalt der Komponente nun ganz oder teilweise selbst zeichnen. Wenn Sie den Variablen-Parameter *DefaultDraw* auf *false* setzen, dann werden die Einträge von der Komponente nicht gezeichnet, Sie müssen diese Arbeit dann in der *OnCustomDraw*-Ereignisbehandlungsroutine selbst vornehmen.

OnCustomDraw eignet sich vor allem dafür, den Hintergrund der Komponente zu zeichnen.

▪ OnCustomDrawItem (Ereignis)

```
property OnCustomDrawItem(Sender: TCustomListView;
  Item: TListItem; State: TCustomDrawState;
  var DefaultDraw: Boolean);
```

Das Ereignis *OnCustomDrawItem* tritt immer dann auf, wenn der einzelne Eintrag neu gezeichnet wird. Sie können *DefaultDraw* auf *false* setzen, wenn Sie vermeiden möchten, dass die Komponente den betreffenden Eintrag zeichnet.

▪ OnCustomDrawSub (Ereignis)

```
property OnCustomDrawSubItem(Sender: TCustomListView;
  Item: TListItem; SubItem: Integer;
  State: TCustomDrawState; var DefaultDraw: Boolean);
```

Hat *ViewStyle* den Wert *vsReport*, dann tritt für das Zeichnen jeder Detail-Spalte ein *OnCustomDrawSubItem*-Ereignis auf.

▪ OwnerDraw (Eigenschaft, veröffentlicht), OnDrawItem (Ereignis)

```
property OwnerDraw: Boolean default false;
property OnDrawItem(Sender: TCustomListView;
  Item: TListItem; Rect: TRect; State: TOwnerDrawState);
```

Hat *OwnerDraw* den Wert *true*, dann tritt nach dem *OnCustomDrawItem*-Ereignis das *OnDrawItem*-Ereignis auf, in dessen Ereignisbehandlungsroutine auch der jeweilige Listeneintrag selbst gezeichnet werden kann.

Verwendung von Icons

▪ LargeImages, SmallImages (Eigenschaften, veröffentlicht)

```
property LargeImages: TCustomImageList;
property SmallImages: TCustomImageList;
```

Hat *ViewStyle* den Wert *vsIcon*, dann werden die Icons aus der Bilderliste *LargeImages* verwendet. Bei allen anderen Werten von *ViewStyle* werden die Icons aus *SmallImages* verwendet.

▣ OnGetImageIndex (Ereignis)

```
property OnGetImageIndex(Sender: TObject; Item: TListItem);
```

Vor dem Zeichnen der Einträge wird das Ereignis *OnGetImageIndex* aufgerufen. In der dazugehörenden Ereignisbehandlungsroutine kann dann der *TListItem*-Eigenschaft *ImageIndex* der Index des zu verwendenden Icons zugewiesen werden.

Sortieren der Einträge

▣ SortType (Eigenschaft, veröffentlicht)

```
property SortType: (stNone, stData, stText, stBoth)
  default stNone;
```

Mit *SortType* wird spezifiziert, ob und, wenn ja, wie die Einträge sortiert werden sollen. Hat *SortType* den Wert *stNone*, dann findet keine automatische Sortierung statt. Beim Wert *stText* wird eine Sortierung immer dann vorgenommen, wenn der Text eines Eintrags geändert wird, beim Wert *stData* löst ein neuer Wert der *TTreeNode*-Eigenschaft *Data* eine Sortierung aus. Hat *SortType* den Wert *stBoth*, dann wird bei einer Änderung sowohl der Eigenschaft Text als auch der Eigenschaft *Data* eine Sortierung ausgelöst.

Eine Sortierung wird überdies beim Einfügen eines neuen Eintrags vorgenommen oder dann, wenn die Eigenschaft *SortType* auf *stData*, *stText* oder *stBoth* gesetzt wird.

Beachten Sie auch, dass die ursprüngliche Reihenfolge nicht dadurch wiederhergestellt werden kann, dass *SortType* auf *stNone* gesetzt wird.

▣ OnCompare (Ereignis)

```
property OnCompare(Sender: TObject; Item1, Item2: TListItem;
  Data: Integer; var Compare: Integer);
```

Solange *OnCompare* keine Ereignisbehandlungsroutine zugewiesen ist, werden die Einträge bei automatischer Sortierung in aufsteigender, alphabetischer Reihenfolge sortiert. Wünschen Sie eine andere Reihenfolge, dann ist eine *OnCompare*-Ereignisbehandlungsroutine zu erstellen, welche dem Variablen-Parameter *Compare* mitteilt, ob *Item1* oder *Item2* größer ist.

Ist *Item1* größer als *Item2*, dann muss *Compare* einen positiven Wert erhalten, andernfalls einen negativen. Bei identischen Einträgen ist *Compare* auf null zu setzen.

Die folgende Ereignisbehandlungsroutine sorgt für eine Sortierung in absteigender, alphabetischer Reihenfolge.

```
procedure TForm1.ListView4Compare(Sender: TObject;
  Item1, Item2: TListItem; Data: Integer; var Compare: Integer);
begin
  Compare := - AnsiCompareStr(Item1.Caption, Item2.Caption);
end;
```

Für eine numerische Sortierung gehen Sie wie folgt vor:

```
procedure TForm1.ListView4Compare(Sender: TObject;
  Item1, Item2: TListItem; Data: Integer; var Compare: Integer);
var
  i1, i2: integer;
begin
  i1 := StrToIntDef(Item1.Caption, 0);
  i2 := StrToIntDef(Item2.Caption, 0);
  Compare := i1 - i2;
end;
```

■ AlphaSort, CustomSort (Methoden)

```
function AlphaSort: Boolean;
function CustomSort(SortProc: TLVCompare; lParam: Longint): Boolean;
```

Mit *AlphaSort* und *CustomSort* kann eine einmalige Sortierung veranlaßt werden. Während *AlphaSort* aufsteigend alphabetisch sortiert, muss der Methode *CustomSort* eine Referenz auf eine Funktion übergeben werden, welche die Sortierreihenfolge definiert. Beide Methoden geben bei Erfolg den Wert *true* als Funktionsergebnis zurück.

Der Typ *TLVCompare* ist wie folgt definiert:

```
type TLVCompare = function(lParam1, lParam2, lParamSort: Longint):
  Integer stdcall;
```

Das folgende Beispiel zeigt die Verwendung von *CustomSort* bei einer absteigend alphabetischen Sortierung.

```
function CustomSortProc(Item1, Item2: TListItem; Data: integer):
  integer; stdcall;
begin
  result := - AnsiCompareStr(Item1.Caption, Item2.Caption);
end;


procedure TForm1.Button2Click(Sender: TObject);
begin
  ListView4.CustomSort(@CustomSortProc, 0);
end;
```

Selbstverwaltete Listenansicht

▨ OwnerData (Eigenschaft)

```
property OwnerData: Boolean default false;
```

Wenn Sie Listen verwalten möchten (oder müssen), die sehr viele Einträge aufweisen, dann kann die direkte Verwendung von *TListView* zu speicheraufwendig und/oder zu langsam sein.

Sie können dann eine selbstverwaltete Listenansicht verwenden, in dem Sie *OwnerData* auf *true* setzen und auf die Ereignisse *OnData*, *OnDataFind*, *OnDataHint* und *OnDataStateChange* reagieren.

Im Delphi-Verzeichnis *Demos\Virtual ListView* finden Sie ein Beispielprogramm, das mit einer selbstverwalteten Listenansicht Verzeichnisse und Dateien anzeigt.

TListItems

Die Eigenschaft *Items* einer *TListView*-Instanz, in der alle Einträge gespeichert sind, ist vom Typ *TListItems*. Mittels dieses Objektes werden neue Einträge hinzugefügt oder bestehende entfernt.

▨ Item, Count (Eigenschaften, öffentlich)

```
property Item[Index: Integer]: TListItem;
property Count: Integer;
```

Mit der Array-Eigenschaft *Item* kann auf die einzelnen Einträge der Liste zugegriffen werden. Der Typ *TListItem* (nicht zu verwechseln mit *TListItems*) wird in einem eigenen Abschnitt besprochen.

Mit der Eigenschaft *Count* kann die Zahl der Listeneinträge ermittelt werden. *Count* ist hier keine nur-Lesen-Eigenschaft, die Zuweisung eines Wertes macht aber nicht viel Sinn.

▨ Add, Insert (Methoden)

```
function Add: TListItem;
function Insert(Index: Integer): TListItem;
```

Mit *Add* und *Insert* können neue Einträge der Liste hinzugefügt werden. Während *Add* einen neuen Eintrag am Ende der Liste einfügt, kann bei *Insert* die Position, an welcher der neue Eintrag eingefügt werden soll, als Parameter *Index* übergeben werden. Beide Methoden geben eine Referenz auf den Listeneintrag als Funktionsergebnis zurück.

■ Delete, Clear (Methoden)

```
procedure Delete(Node: TTreeNode);
procedure Clear;
```

Mit *Delete* wird der angegebene Eintrag entfernt, mit *Clear* werden alle Einträge gelöscht.

■ IndexOf (Methode)

```
function IndexOf(Value: TListItem): Integer;
```

Mittels *IndexOf* kann die Position eines bestimmten Eintrags ermittelt werden.

■ BeginUpdate, EndUpdate (Methoden)

```
procedure BeginUpdate;
procedure EndUpdate;
```

Wenn Sie umfangreichere Änderungen vornehmen, können Sie mit dem Aufruf von *BeginUpdate* die Aktualisierung der Anzeige unterbinden und mit *EndUpdate* wieder herbeiführen.

TListItem

Jeder Eintrag einer *TListView*-Komponente wird durch ein *TListItem* repräsentiert.

■ Caption, Data (Eigenschaften, öffentlich)

```
property Caption: string;
property Data: Pointer;
```

Die Eigenschaft *Caption* beinhaltet die Beschriftung des Eintrags. Der Eigenschaft *Data* kann ein beliebiger Zeiger zugewiesen werden.

■ Selected (Eigenschaft, öffentlich)

```
property Selected: Boolean;
```

Mit der Eigenschaft *Selected* kann bestimmt werden, ob ein Eintrag selektiert ist. Diese Eigenschaft ist besonders dann wichtig, wenn die *TListView*-Eigenschaft *MultiSelect* den Wert *true* hat und somit mehrere Einträge selektiert werden können.

- SubItems (Eigenschaft, öffentlich)

```
property SubItems: TStrings;
```

Hat die *TListView*-Eigenschaft *ViewStyle* den Wert *vsReport*, dann können zusätzlich zum Text des Listeneintrags weitere Informationen in zusätzlichen Spalten dargestellt werden. Diese Strings sind der Eigenschaft *SubItems* zuzuweisen. Eine Beschreibung von *TStrings* finden Sie in Kapitel 4.1.1.

- Checked (Eigenschaft, öffentlich)

```
property Checked: Boolean;
```

Hat die *TListView*-Eigenschaft *Checkboxes* den Wert *true*, dann wird zu jedem Eintrag eine Checkbox angezeigt. Mittels der Eigenschaft *Checked* kann bestimmt werden, ob diese Checkbox markiert ist.

- ImageIndex (Eigenschaft, öffentlich)

```
property ImageIndex: Integer;
```

Mit *ImageIndex* wird spezifiziert, welches Icon aus der Bilderliste für den Eintrag verwendet wird.

- MakeVisible (Methode)

```
procedure MakeVisible(PartialOK: Boolean);
```

Mit *MakeVisible* wird der Listeneintrag in den sichtbaren Bereich gescrollt. Hat *PartialOK* den Wert *true*, dann wird kein Bildlauf durchgeführt, solange der Eintrag wenigstens teilweise sichtbar ist. Soll der Eintrag auf jeden Fall vollständig in den sichtbaren Bereich gescrollt werden, dann ist *PartialOK* auf *false* zu setzen.

- GetPosition, DisplayRect (Methoden)

```
function GetPosition: TPoint;
function DisplayRect(Code: TDisplayCode): TRect;
```

Mit *GetPosition* kann die linke, obere Ecke eines Eintrages ermittelt werden. Mit *DisplayRect* ermittelt man den Bereich, in dem der Eintrag gezeichnet wird. Mittels des Parameters *Code* wird angegeben, ob man den Bereich des Textes (*drLabel*), des Icons (*drIcon*) oder des gesamten Eintrages haben möchte (*drBounds*).

3.6.13 THeaderControl

Wenn Sie zur Anzeige von Daten Komponenten wie *TListView* oder *TStringGrid* verwenden, dann implementieren diese Komponenten bereits Vorrichtungen, um die Größe der einzelnen Spalten zur Laufzeit anzuzeigen.

Wenn Sie sich eine Spaltenanzeige jedoch mit Komponenten wie beispielsweise *TImage* oder *TMemo* »zusammenbasteln« und dennoch die Möglichkeit wünschen, die einzelnen Elemente in ihrer Größe zur Laufzeit einfach anpassen zu können, dann können Sie die Komponente *THeaderControl* verwenden.

THeaderControl ist von *TWinControl* abgeleitet.

■ Sections (Eigenschaft, veröffentlicht)

> **property** Sections: THeaderSections;

Die Definition der einzelnen Spalten wird in der Eigenschaft *Sections* vorgenommen. Für *Sections* existiert ein Eigenschaftseditor.

> **property** Items[Index: Integer]: THeaderSection; **default**;

Der von *TCollection* abgeleitete Typ *THeaderSections* implementiert vor allem eine Array-Eigenschaft *Items* vom Typ *THeaderSection*. *THeaderSection* implementiert wiederum die folgenden Eigenschaften:

■ Die Überschrift der Spalte wird mit der Eigenschaft *Text* spezifiziert und gemäß der Eigenschaft *Alignment* ausgerichtet.

■ Die Breite der Spalte wird mit *Width* angegeben und liegt zwischen *MinWidth* und *MaxWidth*. Um zu verhindern, dass sich eine Spalte in ihrer Größe ändern kann, setzt man *MinWidth = MaxWidth*.

■ Wenn Sie *AllowClick* auf *true* belassen, tritt bei einem Mausklick auf einen der Spaltentitel das *THeaderControl*-Ereignis *OnSectionClick* auf.

■ Wenn Sie Style auf *hsOwnerDraw* setzen, dann können Sie den Spaltentitel selbst zeichnen. Verwenden Sie dazu das *THeaderControl*-Ereignis *OnDrawSection*.

■ OnSectionResize (Ereignis)

> **property** OnSectionResize(HeaderControl: THeaderControl;
>   Section: THeaderSection);

Das Ereignis *OnSectionResize* tritt auf, wenn der Anwender die Breite einer Spalte verändert. Wenn dabei die Größe einer Komponente geändert werden soll, müssen die entsprechenden Anweisungen in die *OnSectionResize*-Ereignisbehandlungsroutine aufgenommen werden.

3.6.14 TStatusBar

Die Komponente *TStatusBar* implementiert eine Fußleiste zur Anzeige von Hinweisen und ähnlichem. *TStatusBar* ist von *TWinControl* abgeleitet.

▦ SimplePanel, SimpleText (Eigenschaften, veröffentlicht)

```
property SimplePanel: Boolean default false;
property SimpleText: string;
```

Hat *SimplePanel* den Wert *false*, dann werden die in der Eigenschaft *Panels* definierten Flächen angezeigt.

Soll nur eine einzige Fläche angezeigt werden, dann ist *SimplePanel* auf *true* zu setzen. Diese Fläche kann dann mit *SimpleText* beschriftet werden.

▦ Panels (Eigenschaft, veröffentlicht)

```
property Panels: TStatusPanels;
```

Die Definition der einzelnen Flächen erfolgt in der Eigenschaft *Panels*. Für *Panels* existiert ein Eigenschaftseditor.

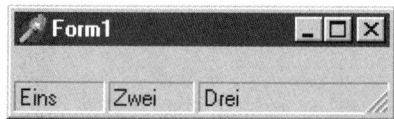

Der von *TCollection* abgeleitete Typ *TStatusPanels* implementiert unter anderem die Array-Eigenschaft *Items*.

```
property Items[Index: Integer]: TStatusPanel; default;
```

Der Typ *TStatusPanel* implementiert die folgenden Eigenschaften:

▦ Der Text der Fläche wird mit der Eigenschaft *Text* spezifiziert und gemäß der Eigenschaft *Alignment* ausgerichtet.

▦ Die Breite der Fläche wird mit *Width* angegeben.

▦ Mit *Bevel* (*pbNone*, *pbLowered*, *pbRaised*) können Sie die Darstellung der einzelnen Flächen bestimmen.

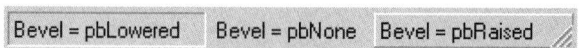

▦ Wenn Sie Style auf *psOwnerDraw* setzen, dann können Sie den Inhalt der Fläche selbst zeichnen. Verwenden Sie dazu das *TStatusPanel*-Ereignis *OnDrawPanel*.

▦ SizeGrip (Eigenschaft, veröffentlicht)

```
property SizeGrip: Boolean default true;
```

Wenn Sie *SizeGrip* auf *true* belassen, wird ein Dreieck rechts unten angezeigt, das wie die dazugehörige Formularecke wirkt und mit dessen Hilfe Sie das Formular einfacher vergrößern oder verkleinern können.

| SizeGrip = true //. | SizeGrip = false |

Wenn Sie einen anderen Wert für *Align* als *alBottom* verwenden, dann müssen Sie damit rechnen, dass Sie mit der Dreiecksfläche nur die Komponente selbst, nicht jedoch das Formular, vergrößern beziehungsweise verkleinern können.

▦ AutoHint (Eigenschaft, veröffentlicht), OnHint (Ereignis)

```
property AutoHint: Boolean default false;
property OnHint(Sender: TObject);
```

Wenn Sie *AutoHint* auf *true* setzen, dann werden die Hint-Texte der Komponenten in diesem Formular nicht dort, sondern auf der *TStatusBar*-Komponente angezeigt. Hat die *TStatusBar*-Instanz mehrere Flächen, dann wird der Hint-Text in der ersten angezeigt.

Beachten Sie bitte, dass – unabhängig vom Zustand von *SimplePanel* – der durch den Hint-Text verdrängte ursprüngliche Text nicht wiederhergestellt wird, wenn die Anzeige des Hint-Textes beendet wird.

Das Ereignis *OnHint* tritt auf, bevor ein Hint-Text in der Statusleiste angezeigt wird.

Fortschrittsanzeige

Während längerdauernden Aktionen sollte man eine Fortschrittsanzeige implementieren, beispielsweise mit *TProgressBar*. Eine solche Fortschrittsanzeige lässt sich auch relativ einfach in ein Status-Panel zeichnen. Zu diesem Zweck wird dessen Eigenschaft *Style* auf *psOwnerDraw* gesetzt. Die Breite ist beliebig, die nachfolgende Routine passt sich dieser automatisch an.

```
procedure TForm1.StatusBar1DrawPanel(StatusBar: TStatusBar;
   Panel: TStatusPanel; const Rect: TRect);
var
   x: integer;
   MyRect: TRect;
```

```
begin
  if Panel.Index = 0 then
  begin
    with StatusBar1.Canvas do
    begin
      x := Rect.Left + FProg * Panel.Width div 100;
      Brush.Color := clBlue;
      MyRect := Classes.Rect(Rect.Left, Rect.Top, x, Rect.Bottom);
      FillRect(MyRect);
    end; {with StatusBar1.Canvas do}
  end; {if Panel.Index = 0 then}
end; {procedure TForm1.StatusBar1DrawPanel}
```

Nun muss lediglich noch entsprechend dem Fortschritt *FProg* ein Wert zwischen 0 und 100 zugewiesen werden.

3.6.15 TToolBar

Zur einfachen Implementierung von Werkzeugleisten kann die Komponente
TToolBar verwendet werden. *TToolBar* ist von *TWinControl* abgeleitet.

▦ Buttons, ButtonCount (Eigenschaften, öffentlich, nur Lesen)

```
property Buttons[Index: Integer]: TToolButton;
property ButtonCount: Integer;
```

Die einzelnen Buttons werden von der Array-Eigenschaft *Buttons* verwaltet.
Um zur Entwurfszeit einen neuen Button einzufügen, verwenden Sie den Eintrag NEUER SCHALTER aus dem Kontextmenü. Die Komponente *TToolButton* wird
in einem eigenen Abschnitt beschrieben.

Die Anzahl der Buttons (zu denen auch die so genannten Trenner gehören)
kann mit *ButtonCount* ermittelt werden.

▦ ButtonHeight, ButtonWidth (Eigenschaft, veröffentlicht)

```
property ButtonHeight: Integer default 22;
property ButtonWidth: Integer default 23;
```

Alle »normalen« Buttons der ToolBar haben dieselbe Breite (*ButtonWidth*) und
dieselbe Höhe (*ButtonHeight*). Normalerweise richten sich die Abmessungen
nach den enthaltenen Icons, ist *ShowCaptions* auf true gesetzt, dann wird die
Textbreite des längsten Textes (ggf. zuzüglich Icon) verwendet.

▦ Images, HotImages, DisabledImages (Eigenschaften, veröffentlicht)

```
property Images: TCustomImageList;
property HotImages: TCustomImageList;
property DisabledImages: TCustomImageList;
```

Die auf den einzelnen Buttons angezeigten Icons werden von drei Bilderlisten
verwaltet. Das im »Normalfall« angezeigte Bild entstammt der Liste *Images*.
Befindet sich der Mauszeiger über dem Button, wird das Bild aus *HotImages*
verwendet. Wird die Eigenschaft *Enabled* auf *false* gesetzt, wird das Bild aus
DisabledImages verwendet.

▦ Wrapable (Eigenschaft, veröffentlicht),
   RowCount (Eigenschaft, öffentlich, nur Lesen)

```
property Wrapable: Boolean default true;
property RowCount: Integer;
```

Hat die Eigenschaft *Wrapable* den Wert *true*, dann können die Buttons in der
ToolBar in mehreren Zeilen angeordnet werden. Die Anzahl der Zeilen kann
mit *RowCount* ermittelt werden.

TToolButton

Die Komponente *TToolButton* kapselt einen Button in einer *TToolBar*-Instanz. *TToolButton* ist von *TControl* abgeleitet.

▪ Style (Eigenschaft, veröffentlicht)

```
property Style: (tbsButton, tbsCheck, tbsDropDown, tbsSeparator,
  tbsDivider) default tbsButton;
```

Mit Hilfe der Eigenschaft *Style* wird spezifiziert, welche Aufgaben der ToolButton wahrnimmt und wie er dargestellt wird.

In der oben stehenden Abbildung sind von links nach rechts angeordnet:

▪ *tbsButton*: ein gewöhnlicher Button

▪ *tbsSeperator*: eine Trennfläche, welche auch eine andere Breite haben kann als mit der *TToolBar*-Eigenschaft *ButtonWidth* spezifiziert

▪ zwei Buttons vom Typ *tbsCheck*, wobei der rechte markiert ist

▪ *tbsDivider*: Ein Trennbalken, welcher auch eine andere Breite haben kann als mit der *TToolBar*-Eigenschaft *ButtonWidth* spezifiziert

▪ *tbsDropDown*: eine DropDown-Liste.

▪ ImageIndex, Caption (Eigenschaften, veröffentlicht)

```
property ImageIndex: Integer;
property Caption: string;
```

Mit *ImageIndex* wird spezifiziert, welches Bild aus der jeweiligen Bilderliste verwendet werden soll.

Hat die *TToolBar*-Eigenschaft *ShowCaptions* den Wert *true*, dann werden Beschriftungen angezeigt, welche mit *Caption* zugewiesen werden können.

▪ DropDownMenu, MenuItem (Eigenschaft, veröffentlicht)

```
property DropdownMenu: TPopupMenu;
property MenuItem: TMenuItem;
```

Hat die Eigenschaft *Style* den Wert *tbsDropDown*, dann kann über die Eigenschaft *DropDownMenu* eine *TPopupMenu*-Instanz mit dem ToolButton verbunden werden. Wird auf den DropDown-Pfeil ein Mausklick ausgeführt, dann werden die Einträge des Popup-Menüs angezeigt. Ein Mausklick auf einen dieser Einträge löst das *OnClick*-Ereignis des entsprechenden Menüeintrags aus.

Man kann sich die *OnClick*-Ereignisbehandlungsroutine eines ToolButtons ersparen, wenn man *MenuItem* auf einen Menüpunkt setzt, der das gewünschte tut. Der ToolButton ruft dann sozusagen den Menüpunkt auf. Eine solche Vorgehensweise hat beu mir einmal aus nicht nachvollziehbaren Gründen nicht zuverlässig funktioniert – arbeiten Sie lieber mit *TActionList*.

▪ Down, Indeterminate (Eigenschaft, veröffentlicht)

```
property Down: Boolean default false;
property Indeterminate: Boolean default false;
```

Hat die Eigenschaft *Style* den Wert *tbsCheck*, dann kann der Button den Zustand »gedrückt« beibehalten. Mit Hilfe der Eigenschaft *Down* kann bestimmt werden, ob der Button gedrückt ist oder nicht. Wird ein »weder-noch«-Zustand benötigt, kann dieser dadurch hergestellt werden, dass *Indeterminate* auf true gesetzt wird.

▪ Grouped, AllowAllUp (Eigenschaften, veröffentlicht)

```
property Grouped: Boolean default false;
property AllowAllUp: Boolean default false;
```

Von Buttons, deren Eigenschaft *Style* den Wert *tbsCheck* hat, können Sie Gruppen bilden, von denen nur ein Button der Wert *Down = true* haben kann. Die zu einer Gruppe gehörenden Buttons müssen nebeneinander liegen und alle den Wert *Grouped = true* haben.

Um eine Gruppe zu beenden, muss ein Button folgen, dessen Eigenschaft *Style* nicht den Wert *tbsCheck* oder deren Eigenschaft *Grouped* nicht den Wert *true* hat.

Wenn es möglich sein soll, dass alle Buttons einer Gruppe den Wert *Down = false* haben, muss die Eigenschaft *AllowAllUp* auf *true* gesetzt werden.

▪ Marked (Eigenschaft, veröffentlicht)

```
property Marked: Boolean default false;
```

Um einen Button besonders zu markieren, kann die Eigenschaft *Marked* auf *true* gesetzt werden. Der Wert dieser Eigenschaft wird ignoriert, wenn Style den Wert *tbsSeparator* oder den Wert *tbsDivider* hat.

▪ Wrap (Eigenschaft, veröffentlicht)

```
property Wrap: Boolean default false;
```

Hat die *TToolBar*-Eigenschaft *Wrapable* den Wert *true*, dann können die Buttons in mehreren Zeilen angeordnet werden. Normalerweise werden die Buttons dann automatisch auf mehrere Zeilen verteilt. Wenn Sie jedoch mit einem Button eine neue Zeile beginnen wollen, dann setzen Sie dessen Eigenschaft *Wrap* auf *true*.

- Caption (Eigenschaft, veröffentlich)

```
property Caption: string
```

Sollen die Captions auch tatsächlich angezeigt werden, ist die Eigenschaft *ShowCaptions* der ToolBar auf *true* zu setzen.

TToolBar in MDI-Anwendungen

In MDI-Anwendungen mag der Wunsch bestehen, nicht nur die Menüs zu mischen, sondern auch die ToolBars. Dies ist im Prinzip nicht weiter schwierig, muss doch lediglich die Eigenschaft *Parent* entsprechend gesetzt werden, wenn ein Kindfenster den Fokus erhält oder verliert:

```
procedure TForm3.FormActivate(Sender: TObject);
var
   Button: TToolButton;
begin
   ToolButton1.Parent := Form1.ToolBar1;
   ToolButton1.Left := 500;
   ToolButton2.Parent := Form1.ToolBar1;
   ToolButton2.Left := 500;
end;


procedure TForm3.FormDeactivate(Sender: TObject);
begin
   ToolButton1.Parent := ToolBar1;
   ToolButton2.Parent := ToolBar1;
end;
```

Sollen die neuen ToolButton an der rechten Seite der ToolBar hinzugefügt werden, so ist deren Eigenschaft *Left* auf einen Wert zu setzen, der jenseits der vorhandenen ToolButton liegt – *TToolBar* sorgt dann schon dafür, dass sich die neuen ToolButton bündig an die vorhandenen anschließen.

3.6.16 TCoolBar

Mit der Komponente *TCoolBar* können Werkzeugleisten mit mehreren Abschnitten erzeugt werden. Diese Werkzeugleisten können anders angeordnet und in ihrer Größe verändert werden. *TCoolBar* ist von *TWinControl* abgeleitet.

Zur Komponente TCoolBar ist im Verzeichnis *Demos**Coolstuf* ein Beispielprogramm verfügbar.

■ Bands (Eigenschaft, veröffentlicht)

```
property Bands: TCoolBands;
```

Die Definition der einzelnen Bänder wird in der Eigenschaft *Bands* vorgenommen. Für *Bands* existiert ein Eigenschaftseditor.

```
property Items[Index: Integer]: TCoolBand; default;
```

Der von *TCollection* abgeleitete Typ *TCoolBands* implementiert vor allem eine Array-Eigenschaft *Items* vom Typ *TCoolBand*. *TCoolBand* wird in einem eigenen Abschnitt beschrieben.

■ FixedOrder, FixedSize (Eigenschaft, veröffentlicht)

```
property FixedOrder: Boolean default False;
property FixedSize: Boolean default False;
```

Um zu verhindern, dass der Anwender die Bänder umgruppiert, setzen Sie *FixedOrder* auf *true*. Um eine Größenveränderung der Bänder zu verhindern, setzen Sie *FixedSize* auf *true*.

■ Bitmap, Images (Eigenschaften, veröffentlicht)

```
property Bitmap: TBitmap;
property Images: TCustomImageList;
```

Soll ein Hintergrundbild für die *TCoolBar*-Komponente verwendet werden, dann ist dieses der Eigenschaft *Bitmap* zuzuweisen.

Sollen auf den *TCoolBand*-Instanzen Icons angezeigt werden, so sind diese in einer Bilderliste zusammenzufassen, welche der Eigenschaft *Images* zugewiesen wird.

■ ShowText (Eigenschaft, veröffentlicht)

```
property ShowText: Boolean default True;
```

Soll verhindert werden, dass auf den einzelnen Bändern der in der *TCoolBand*-Eigenschaft *Text* gespeicherte String angezeigt wird, dann ist *ShowText* auf *false* zu setzen.

TCoolBand

Die einzelnen Bändern einer *TCoolBar*-Instanz werden jeweils durch das Objekt *TCoolBand* repräsentiert. *TCoolBand* ist von *TObject* angeleitet.

- Control (Eigenschaft, veröffentlicht)

```
property Control: TWinControl;
```

Mittels der Eigenschaft *Control* wird spezifiziert, welcher *TWinControl*-Nachfolger auf der *TCoolBand*-Instanz angezeigt wird. In der Regel wird das eine *TToolBar*-Instanz sein, es können aber auch andere Komponenten – wie beispielsweise *TEdit* – verwendet werden.

Sollen mehrere Komponenten auf einem CoolBand angeordnet werden, so sind sie mittels einer geeigneten Containerkomponente – beispielsweise *TPanel* – zusammenzufassen.

- Break (Eigenschaft, veröffentlicht)

```
property Break: Boolean default false;
```

Soll mit einem Band eine neue Zeile begonnen werden, so ist dessen Eigenschaft *Break* auf *true* zu setzen.

- MinWidth, MinHeight, FixedSize (Eigenschaften, veröffentlicht)

```
property MinWidth: Integer default 0;
property MinHeight: Integer default 25;
property FixedSize: Boolean default false;
```

Mit den Eigenschaften *MinWidth* und *MinHeight* wird spezifiziert, welche Breite und welche Höhe das Band mindestens hat.

Soll eine Größenänderung des Bandes generell ausgeschlossen werden, so ist *FixedSize* auf *true* zu setzen.

- Bitmap, ParentBitmap (Eigenschaften, veröffentlicht)

```
property Bitmap: TBitmap;
property ParentBitmap: Boolean default true;
```

Hat *ParentBitmap* den Wert *true*, dann wird das Hintergrundbild der *TCoolBar*-Instanz verwendet. Soll für das Band ein eigenes Hintergrundbild verwendet werden, so ist dies der Eigenschaft *Bitmap* zuzuweisen, *ParentBitmap* wird dann automatisch auf *false* gesetzt.

3.6.17 TPageScroller

Die Komponente *TPageScroller* ist eine Alternative zu *TScrollBox*, wenn mehr oder größere Komponenten untergebracht werden müssen, als Platz dafür vorhanden ist. Im Gegensatz zu *TScrollBox* (Kapitel 3.4.9) arbeitet *TPageScroller* nicht mit Bildlaufleisten, sondern mit Pfeil-Buttons, außerdem arbeitet *TPageScroll* auch nur in einer Dimension.

TPageScroller ist von *TWinControl* abgeleitet.

■ Control (Eigenschaft, veröffentlicht)

```
property Control: TWinControl;
```

Mittels der Eigenschaft *Control* wird spezifiziert, welcher *TWinControl*-Nachfolger auf der *TPageScroller*-Instanz angezeigt wird. In der Regel wird das eine *TToolBar*-Instanz sein, es können aber auch andere Komponenten – wie beispielsweise *TEdit* – verwendet werden.

Sollen mehrere Komponenten auf einem PageScroller angeordnet werden, so sind sie mittels einer geeigneten Containerkomponente – beispielsweise *TPanel* – zusammenzufassen.

■ Orientation (Eigenschaft, veröffentlicht)

```
property Orientation: (soHorizontal, soVertical)
  default soHorizontal;
```

Mit *Orientation* wird spezifiziert, in welche Richtung gescrollt werden kann.

■ OnScroll (Ereignis)

```
property OnScroll(Sender: TObject; Shift: TShiftState;
  X, Y: Integer; Orientation: TPageScrollerOrientation;
  var Delta: Integer);
```

Das Ereignis *OnScroll* tritt auf, bevor der Bildausschnitt verschoben wird. Mittels des Variablen-Parameters *Delta* kann bestimmt werden, um wieviel Pixel der Bildausschnitt verschoben wird.

Mit Hilfe des Parameters *Shift* kann bestimmt werden, ob die Tasten *Umschalt*, *Alt* und/oder *Strg* während des Mausklicks betätigt sind.

- Margin, ButtonSize (Eigenschaft, veröffentlicht)

  property Margin: Integer **default** 0;
  property ButtonSize: Integer **default** 12;

  Der Abstand zwischen dem Rand von *TPageScroller* und der darin enthaltenen Komponente kann mit *Margin* angegeben werden. Die Größe der Pfeil-Buttons kann mit *ButtonSize* spezifiziert werden.

- Position (Eigenschaft, veröffentlicht)

  property Position: Integer **default** 0;

  Mit *Position* kann ermittelt werden, bei welchem Pixel der angezeigte Bereich beginnt.

3.6.18 TComboBoxEx

TComboBoxEx bietet im Vergleich zu *TComboBox* (Kapitel 3.3.11) die Möglichkeit, Icons vor die Einträge zu setzen und die Einträge einzurücken. *TComboBoxEx* ist seit Delphi 6 in der Komponentenpalette und von *TWinControl* abgeleitet.

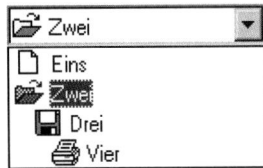

- ItemsEx (Eigenschaft, veröffentlich)

  property ItemsEx: TComboExItems;

  In der Kollektion *ItemsEx* werden Objekte zu den einzelnen ComboBox-Einträgen gehalten. *TComboBoxItem* enthält unter anderem die folgenden Eigenschaften:

  - Mit *Caption* wird der Text der einzelnen Einträge eingestellt.

  - *ItemIndex* ist der Index des zu verwendenden Icons in der dazugehörenden Image-Liste.

  - *Indent* gibt die zu verwendende Einrückung an. Wenn Sie Einrückungen verwenden, dann sorgen Sie dafür, dass bei allen Einträgen der Default-Wert von -1 abgeändert wird (auf 0 beispielsweise).

  TComboExItems bietet über die Eigenschaft *SortType* die Möglichkeit, die Einträge zu sortieren. Wenn Sie *SortType* auf *stData* setzen, dann müssen die auf der *TComboExItems*-Ereignis *OnCompare* reagieren.

- Images (Eigenschaft, veröffentlicht)

  property Images: TCustomImageList;

  Mit *Images* wird eine Image-Liste (siehe 3.6.3) referenziert, aus denen die einzelnen Einträge ihre Icons holen können.

- Style (Eigenschaft, veröffentlicht)

  property Style: (csExDropDown, csExSimple, csExDropDownList);

  Mit *Style* wird spezifiziert, ob in der Komponente nur ausgewählt werden kann (*csExDropDownList*), oder ob auch Benutzereingaben möglich sind (*csExDropDown*).

3.7 System

Auf der Palettenseite *System* finden sich die folgenden Komponenten:

3.7.1 TTimer

Die Komponente *TTimer* dient dazu, in regelmäßigen Abständen Aktionen auszuführen. *TTimer* ist von *TComponent* abgeleitet.

▦ Interval (Eigenschaft, veröffentlicht)

property Interval: Cardinal **default** 1000;

Mit der Eigenschaft *Interval* geben Sie vor, wie viele Millisekunden vergehen,
bis erneut das Ereignis *OnTimer* aufgerufen wird.

Bei langen Timer-Zeiten werden diese sehr exakt eingehalten. Bei kürzeren
Intervallen nimmt die Ungenauigkeit zu. Bei welchen Zeiten dies geschieht,
ist stark rechnerabhängig.

Auf der beiliegenden CD ist ein Programm, welches bei zehn aufeinanderfol-
genden *OnTimer*-Ereignissen die Zeit mißt und diese dann anzeigt. Damit lässt
sich bestimmen, ob auf einem bestimmten Rechner eine gewählte *Interval*-Zeit
noch zu genauen Ergebnissen führt.

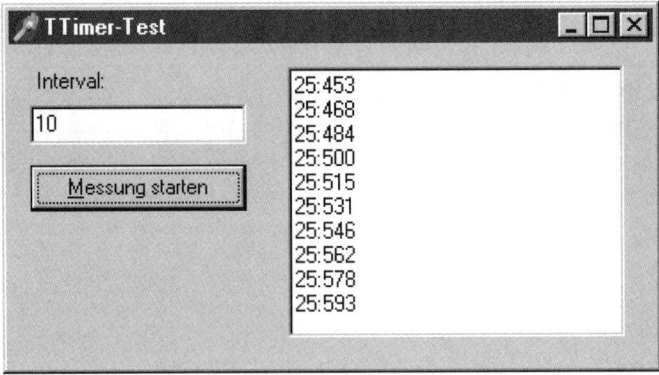

▦ Enabled (Eigenschaft, veröffentlicht)

property Enabled: Boolean **default** true;

Mit *Enabled* kann bestimmt werden, ob der Timer aktiviert ist oder nicht.

▦ OnTimer (Ereignis)

property OnTimer(Sender: TObject);

Jeweils nach Ablauf der mit *Interval* bestimmten Zeit wird das Ereignis *OnTimer*
ausgelöst. Führen Sie die Aktionen, welche durch den Timer ausgelöst werden sollen, in der *OnTimer*-Ereignisbehandlungsroutine aus.

Der Multimedia-Timer

Für manche Anwendungszwecke ist *TTimer* nicht zu gebrauchen: Wenn man auf die Titelleiste eines Fensters klickt (beispielsweise, um dieses zu verschieben), dann setzt er aus, und für Intervalle von wenigen Millisekunden ist er ohnehin zu langsam.

Eine Alternative bietet der Multimedia-Timer, der mit Hilfe von WinAPI-Routinen eingesetzt wird, die in der Unit *MMSystem* zu finden sind.

```
function timeSetEvent(uDelay, uResolution: longword;
    lpTimeProc: TFNTimeCallBack, dwUser, fuEvent: longword): longword;
function timeKillEvent(uTimerID: longword): longword;
```

Mit *timeSetEvent* wird der Timer gestartet, mit *timeKillEvent* gestoppt.

Mit dem Parameter *uDelay* wird die Intervallzeit in Millisekunden eingestellt, mit *uResolution* die Auflösung. Wenn Sie *uResolution* auf null setzen, arbeitet der Timer mit der höchstmöglichen Auflösung, verbraucht dabei aber auch die meisten Systemressourcen. Gerade bei längeren Intervallzeiten bietet es sich an, auch die Auflösung etwas hochzusetzen.

lpTimeProc ist ein Zeiger auf eine Prozedur nach dem folgenden Muster:

```
TFNTimeCallBack = procedure(uTimerID, uMessage: UINT;
    dwUser, dw1, dw2: DWORD) stdcall;
```

Beachten Sie bitte, dass diese Prozedur keine Methode sein darf. Der Parameter *dwUser* kann mit einem beliebigen Wert gefüllt werden, der dann an die aufgerufene Prozedur weitergegeben wird. Soll die Callback-Prozedur ein einzige Mal aufgerufen werden, ist *fuEvent* auf TIME_ONESHOT zu setzen, soll sie periodisch so lange aufgerufen werden, bis *timeKillEvent* aufgerufen wird, ist TIME_PERIODIC zu verwenden.

War der Aufruf des Timers erfolgreich, dann gibt *timeSetEvent* ein Handle zurück, das bei *timeKillEvent* anzugegeben ist. Wird *timeKillEvent* erst am Programmende aufgerufen, dann muss das Terminieren des Programms so lange verzögert werden, dass die CallBack-Funktion noch ein letztes Mal aufgerufen werden kann, ansonsten kann es zu einer Fehlermeldung kommen.

3.7.2 TPaintBox

Die Komponente *TPaintBox* dient wie *TImage* zur Darstellung von Grafik auf dem Bildschirm. Im Gegensatz zu *TImage* stellt *TPaintBox* keine Eigenschaft *Picture* zur Verfügung und kann somit auch keine Bilder speichern.

Es besteht jedoch die Möglichkeit, über die Eigenschaft *Canvas* Zeichenoperationen auszuführen. Da diese Zeichenoperationen jedoch nicht in der Komponente gespeichcrt werden, müssen sie erneut vorgenommen werden, wenn die Komponente, beispielsweise von einem anderen Formular, verdeckt worden ist.

Im Vergleich zu *TImage* ist die Handhabung von *TPaintBox* unbequemer, dafür aber – je nach Operation und Hardware – etwa zwei- bis fünfmal schneller.

TPaintBox ist von *TControl* abgeleitet.

▪ Canvas (Eigenschaft, öffentlich, nur Lesen)

```
property Canvas: TCanvas;
```

Mit der Eigenschaft *Canvas* wird die Zeichenfläche der PaintBox referenziert. Der Typ *TCanvas* ist in Kapitel 4.2 ausführlich beschrieben.

▪ OnPaint (Ereignis)

```
property OnPaint(Sender: TObject);
```

Das Ereignis *OnPaint* tritt immer dann auf, wenn die Zeichnung in der PaintBox ganz oder teilweise überschrieben wurde und deshalb neu gezeichnet werden muss.

3.7.3 TMediaPlayer

Die Komponente *TMediaPlayer* dient zur einfachen Steuerung von Multi-Media-Ausgabe. TMediaPlayer ist von *TWinControl* abgeleitet.

▣ DeviceType (Eigenschaft, veröffentlicht)

```
property DeviceType: (dtAutoSelect, dtAVIVideo, dtCDAudio, dtDAT,
  dtDigitalVideo, dtMMMovie, dtOther, dtOverlay, dtScanner,
  dtSequencer, dtVCR, dtVideodisc, dtWaveAudio)
default dtAutoSelect;
```

Mit der Eigenschaft *DeviceType* wird spezifiziert, welche Art von Medium abgespielt werden soll. Hat *DeviceType* den Wert *dtAutoSelect*, dann wird die Art des Mediums aus der Dateiendung ermittelt.

▣ FileName (Eigenschaft, veröffentlicht)

```
property FileName: string;
```

Mittels der Eigenschaft *FileName* wird angegeben, welches Medium abgespielt werden soll.

▣ Sharable (Eigenschaft, veröffentlicht)

```
property Shareable: Boolean default false;
```

Soll ein von *TMediaPlayer* verwendetes Ausgabegerät von mehreren Anwendungen verwendet werden dürfen, dann ist *Sharable* auf *true* zu setzen.

Die Buttons

Auf dem Bildschirm erscheint die Komponente *TMediaPlayer* als eine Leiste von Buttons, mit denen die Ausgabe gesteuert werden kann.

Mit den folgenden Eigenschaften kann das Aussehen dieser Buttons spezifiziert werden.

▣ VisibleButtons (Eigenschaft, veröffentlicht)

```
property VisibleButtons: set of (btPlay, btPause, btStop, btNext,
  btPrev, btStep, btBack, btRecord, btEject);
```

Alle Buttons, die sichtbar sein sollen, müssen in die Menge *VisibleButtons* aufgenommen werden.

▦ EnabledButtons, AutoEnable (Eigenschaften, veröffentlicht)

```
property EnabledButtons: set of (btPlay, btPause, btStop, btNext,
  btPrev, btStep, btBack, btRecord, btEject);
property AutoEnable: Boolean default true;
```

Mittels *EnabledButtons* wird bestimmt, ob ein Button als »verfügbar« angezeigt wird oder nicht.

Hat *AutoEnable* den Wert *true*, dann wird die Eigenschaft *EnabledButtons* vom jeweiligen Status des Ausgabegerätes gesetzt.

▦ ColoredButtons (Eigenschaft, veröffentlicht)

```
property ColoredButtons: set of (btPlay, btPause, btStop, btNext,
  btPrev, btStep, btBack, btRecord, btEject);
```

Die Buttons, die in der Menge *ColoredButtons* aufgenommen sind, werden farbig angezeigt.

Ablaufsteuerung

▦ AutoOpen (Eigenschaft, veröffentlicht), Open, Close (Methoden)

```
property AutoOpen: Boolean default false;
procedure Open;
procedure Close;
```

Mit *Open* wird das Ausgabegerät geöffnet, mit *Close* wird es geschlossen. Hat *AutoOpen* den Wert *true*, dann wird das Ausgabegerät geöffnet, sobald das Formular erstellt wird, das die *TMediaPlayer*-Instanz enthält.

▦ StartPos (Eigenschaft, öffentlich), Play, Stop, StartRecording (Mehoden)

```
property StartPos: Longint;
procedure Play;
procedure StartRecording;
procedure Stop;
```

Die Methode *Play* startet den Abspielvorgang an der mit *StartPos* spezifizierten Stelle. *StartRecording* startet einen Aufnahmevorgang an der Stelle *StartPos*.

Mit *Stop* wird der Abspiel- oder der Aufnahmevorgang beendet.

Bitte beachten Sie, dass sie mit diesen Methoden den Mediaplayer zwar gestartet oder gestoppt wird, dass jedoch der Enabled-Status der Buttons dabei nicht aktualisiert wird. Wenn Sie daran interessiert sind, dann können Sie hier mit *Perform* Mausnachrichten an die Komponente schicken.

```
procedure DrueckTaste(Taste: string);
var
  pos: integer;
begin
  if Taste = 'PLAY'
    then pos := 1;
  if Taste = 'PAUSE'
    then pos := 31;
  if Taste = 'STOP'
    then pos := 61;
  MediaPlayer1.Perform(WM_LBUTTONDOWN, 1, pos);
  MediaPlayer1.Perform(WM_LBUTTONUP, 1, pos);
  if Taste = 'STOP'
    then MediaPlayer1.Position := 0;
end; {procedure Taste}
```

Pause, PauseOnly, Resume (Methoden)

```
procedure Pause;
procedure PauseOnly;
procedure Resume;
```

Mit *Pause* schaltet man zwischen dem Abspiel- respektive Aufnahme- und dem Pause-Modus hin und her. Mit *PauseOnly* setzt oder belässt man das betreffende Gerät im Pause-Modus. Um einen durch eine *Pause* oder *PauseOnly* unterbrochenen Vorgang wieder aufzunehmen, verwenden Sie *Resume*.

Mode (Eigenschaft, öffentlich, nur lesen)

```
property Mode: (mpNotReady, mpStopped, mpPlaying, mpRecording,
  mpSeeking, mpPaused, mpOpen);
```

Mit *Mode* stellt man fest, in welchem Modus sich das Abspielgerät gerade befindet.

Frames (Eigenschaft, öffentlich), Back, Step (Methoden)

```
property Frames: Longint;
procedure Back;
procedure Step;
```

Die Eigenschaft *Frames* gibt an, um wieviel Frames mit *Step* vor- oder mit *Back* zurückgespult wird.

▨ Next, Previous (Methoden)

```
procedure Next;
procedure Previous;
```

Mit *Next* wird zum nächsten Stück (beispielsweise auf einer CD), mit *Previous* zum vorangehenden Stück gesprungen.

▨ Save (Methode)

```
procedure Save;
```

Wurde mit dem Media-Player etwas aufgenommen – beispielsweise eine Audio-Sequenz –, dann kann diese mit der Methode *Save* abgespeichert werden. Es wird dabei der in der Eigenschaft *FileName* angegebene Dateiname verwendet.

▨ Eject (Methode)

```
procedure Eject;
```

Mit *Eject* wird das in einem Hardware-Gerät eingelegte Medium ausgeworfen.

Zeiten und Resultate

▨ TimeFormat (Eigenschaft, öffentlich)

```
property TimeFormat: (tfMilliseconds, tfHMS, tfMSF, tfFrames,
  tfSMPTE24, tfSMPTE25, tfSMPTE30, tfSMPTE30Drop, tfBytes,
  tfSamples, tfTMSF);
```

Mit *TimeFormat* wird bestimmt, in welcher Einheit die Werte von *Position*, *StartPos, Length, Start* und *EndPos* angegeben werden. Die Erklärung der einzelnen Werte ist in der Online-Hilfe zu finden.

▨ Position, StartPos, EndPos (Eigenschaften, öffentlich)

```
property Position: Longint;
property StartPos: Longint;
property EndPos: Longint;
```

Mit *Position* kann die aktuelle Position beim Wiedergeben oder der Aufnahme bestimmt werden.

Mit *StartPos* und *EndPos* kann bestimmt werden, an welcher Position eine Aufnahme oder Wiedergabe starten beziehungsweise enden soll.

▦ Length (Eigenschaft, öffentlich, nur Lesen)

```
property Length: Longint;
property Start: Longint;
```

Mit *Length* kann die Gesamtlänge einer Datei, mit *Start* die aktuell gültige Startposition ermittelt werden.

▦ Tracks, TrackLength, TrackPosition (Eigenschaften, öffentlich, nur Lesen)

```
property Tracks: Longint;
property TrackLength[TrackNum: Integer]: Longint;
property TrackPosition[TrackNum: Integer]: Longint;
```

Mittels der Eigenschaft *Tracks* kann man ermitteln, in wieviel Spuren eine Datei aufgeteilt ist. Die Länge der einzelnen Spuren ermittelt man mit *TrackLength*, deren Startposition mit *TrackPosition*.

▦ NotifyValue (Eigenschaft, öffentlich, nur Lesen)

```
property NotifyValue: (nvSuccessful, nvSuperseded, nvAborted,
  nvFailure);
```

Mit *NotifyValue* kann ermittelt werden, ob der letzte aufgerufene Befehl erfolgreich abgearbeitet wurde (*nvSuccessful*), ob ein Fehler auftrat (*nvFailure*), ob die Ausführung abgebrochen wurde (*nvAborted*) oder ob noch auf die Ausführung des Befehls gewartet wird (*nvSuperseded*).

Ausgabe von Videos

▦ Display (Eigenschaft, veröffentlicht), DisplayRect (Eigenschaft, öffentlich)

```
property Display: TWinControl;
property DisplayRect: TRect;
```

Werden Videos ausgegeben, so wird für diese normalerweise ein eigenes Fenster geöffnet, in denen sie angezeigt werden. Sie können jedoch auch die Eigenschaft *Display* auf einen *TWinControl*-Nachfolger setzen, so dass das Video dann auf diesem angezeigt wird.

Normalerweise wird das Video im Original-Format angezeigt. Sie können aber auch mit *DisplayRect* ein Rechteck definieren, auf welches das Video vergrößert oder verkleinert wird. Beachten Sie, dass eine Beibehaltung der Größenverhältnisse dabei nicht gewährleistet ist.

Fehlermeldungen

▓ Error, ErrorMessage (Eigenschaften, öffentlich, nur Lesen)

```
property Error: Longint;
property ErrorMessage: string;
```

Mittels der Eigenschaft *Error* kann die Fehlernummer der zuletzt aufgerufenen Methode ermittelt werden. Hat *Error* den Wert null, so ist kein Fehler aufgetreten.

Eine Fehlermeldung im Klartext kann der Eigenschaft *ErrorMessage* entnommen werden.

3.7.4 TOleContainer

Die Komponente *TOleContainer* zeigt den Inhalt eines OLE-Dokuments an. *TOleContainer* ist von *TWinControl* abgeleitet.

Was ist OLE ?

OLE steht für *object linking and embedding*, zu Deutsch etwa »Objekte verknüpfen oder einfügen«. Dabei handelt es sich um ein Verfahren zum Dateiaustausch zwischen Programmen.

Lassen Sie mich zur Erklärung etwas weiter ausholen: Nehmen wir an, Sie möchten mit einem DTP-Programm – Pagemaker beispielsweise – eine Grafik, die in einer Datei gespeichert ist, in eine Satzdatei einfügen. Dabei haben Sie prinzipiell zwei Möglichkeiten:

■ Sie können eine Verknüpfung auf diese Datei herstellen. Wird die Grafik später geändert, so wird auch in der Satzdatei jeweils die aktuelle Version verwendet.

■ Sie können die Datei auch in die Satzdatei einfügen. Dann ist die Grafik in der Satzdatei von einer späteren Änderung der Quelldatei nicht betroffen. Dies hat den Nachteil, dass in der Satzdatei nicht unbedingt die aktuellste Version vorhanden ist, aber auch den Vorteil, dass Sie die Quelldatei nach Belieben ändern können, ohne befürchten zu müssen, dass Auswirkungen auf Ihre Satzdatei bestehen. Nachteilhaft ist zudem, dass die Datei nun zweimal auf der Festplatte liegt.

Beide Verfahren haben allerdings gemeinsam, dass das DTP-Programm das betreffende Grafik-Format kennen muss. Dieser Nachteil entfällt bei OLE-Objekten. Solche Objekte kapseln unter anderem auch die Fähigkeit, ihren Inhalt auf dem Bildschirm oder dem Drucker zu zeichnen. Ein Programm, das OLE-Objekte verwenden kann, kann ausnahmslos alle OLE-Objekte verwenden.

Analog zum herkömmlichen Verfahren besteht jedoch auch hier die Möglichkeit, das Objekt entweder einzufügen oder eine Verknüpfung herzustellen.

Neue Objekte

Wenn ein neues Objekt eingefügt wird, wird das vorherige freigegeben.

■ CreateLinkToFile, CreateObjectFromFile (Methoden)

```
procedure CreateLinkToFile(const FileName: string;
  Iconic: Boolean);
procedure CreateObjectFromFile(const FileName: string;
  Iconic: Boolean);
```

Diese beiden Methoden generieren ein neues Objekt aus der bestehenden Datei eines OLE-Servers. Um das neue Objekt einzufügen (*embedding*), verwenden Sie *CreateObjectFromFile*, um es zu verknüpfen (*linking*), verwenden Sie *CreateLinkToFile*. Der Dateiname der betreffenden Datei wird als Parameter übergeben. Soll das Objekt nur als Symbol dargestellt werden, ist *Iconic* auf *true* zu setzen.

■ InsertObjectDialog (Methode), NewInserted (Eigenschaft, öffentlich, nur Lesen)

```
function InsertObjectDialog: Boolean;
```

Mit der Methode *InsertObjectDialog* wird ein Dialog zum Einfügen eines Objektes geöffnet.

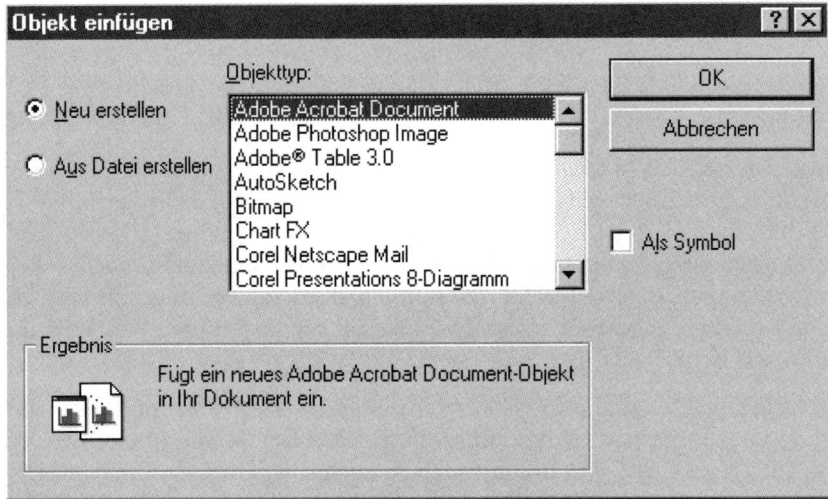

Wird das eingefügte Objekt neu erzeugt, dann hat die Eigenschaft *NewInserted* den Wert *true*, wird es aus einer Datei geladen, dann hat *NewInserted* den Wert *false*.

Das folgende Listing zeigt, wie nach dem Einfügen eines neu erzeugten Objektes gleich der OLE-Server aufgerufen wird, damit das Objekt dort bearbeitet werden kann.

```
with OleContainer1 do
begin
  if InsertObjectDialog = true then
  begin
    if NewInserted = true
      then DoVerb(ovOpen);
  end; {if InsertObjectDialog = true then}
end; {with OleContainer1 do}
```

▨ CreateObject, CreateObjectFromInfo (Methode)

```
procedure CreateObject(const OleClassName: string;
  Iconic: Boolean);
procedure CreateObjectFromInfo(const CreateInfo: TCreateInfo);
```

Mit *CreateObject* wird ein neues Objekt erzeugt. Als Parameter muss der Klassenname des Objektes angegeben werden. Soll das Objekt nur als Symbol dargestellt werden, ist *Iconic* auf *true* zu setzen.

Alternativ kann auch die Methode *CreateObjectFromInfo* verwendet werden, deren Optionen im Parameter *CreateInfo* zusammengefasst werden. Näheres siehe in der Online-Hilfe.

Die folgenden Anweisungen erzeugen ein *WordPad*-Dokument und öffnen es zur Bearbeitung:

```
with OleContainer1 do
begin
  CreateObject('WordPad.Document.1', false);
  DoVerb(ovOpen);
end;
```

Das angezeigte Objekt

▨ OleClassName, OleObject, Linked (Eigenschaften, öffentlich, nur Lesen)

```
property OleClassName: string;
property OleObject: Variant;
property Linked: Boolean;
```

Mit *OleClassName* kann der Klassenname des Objektes ermittelt werden. Dies ist besonders dann hilfreich, wenn mit *CreateObject* ein neues Objekt erzeugt werden soll und der von einem bestimmten Programm verwendete Klassenname nicht bekannt ist.

Mit *OleObject* kann das angezeigte Objekt referenziert werden. Mittels *Linked* kann festgestellt werden, ob das Objekt eingefügt (*false*) oder verknüpft (*true*) ist.

▨ OleObjectInterface, StorageInterface (Eigenschaften, öffentlich, nur Lesen)

```
property OleObjectInterface: IOleObject;
property StorageInterface: IStorage;
```

Diese beiden Interfaces benötigen Sie für Low-Level-OLE-Zugriffe.

- SizeMode (Eigenschaft, veröffentlicht)

```
property SizeMode: (smClip, smCenter, smScale, smStretch,
  smAutoSize) default smClip;
```

Mit *SizeMode* wird spezifiziert, wie das Objekt im Container angezeigt wird. Die Bedeutung der einzelnen Werte kann in der Online-Hilfe nachgeschlagen werden.

Das Objekt bearbeiten

- AutoActivate (Eigenschaft, veröffentlicht)

```
property AutoActivate: (aaManual, aaGetFocus, aaDoubleClick)
  default aaDoubleClick;
```

Hat *AutoActivate* den Wert *aaDoubleClick*, dann wird mit einem Doppelklick auf den Container das Objekt zur Bearbeitung im OLE-Server geöffnet. Bei *aaManual* muss die Bearbeitung manuell ausgelöst werden (*DoVerb(ovOpen)*). Hat *AutoActivate* den Wert *aaGetFocus*, dann wird die Bearbeitung gestartet, sobald der Container den Focus erhält.

- State (Eigenschaft, öffentlich, nur Lesen)

```
property State: (osEmpty, osLoaded, osRunning, osOpen,
  osInPlaceActive, osUIActive);
```

Um den Status des aktuellen Objektes zu ermitteln, verwenden Sie *State*.

Die Befehle

- ObjectVerbs (Eigenschaft, öffentlich, nur Lesen)

```
property ObjectVerbs: TStrings;
```

In der Liste *ObjectVerbs* sind die Befehle aufgeführt, welche der OLE-Server vom Container entgegennimmt.

- DoVerb (Methode)

```
procedure DoVerb(Verb: Integer);
```

Mit *DoVerb* kann der mit dem Parameter *Verb* angegebene Befehl aus der Liste *ObjectVerbs* ausgeführt werden.

- AutoVerbMenu (Eigenschaft, veröffentlicht)

```
property AutoVerbMenu: Boolean default true;
```

Hat *AutoVerbMenu* den Wert *true*, dann werden die in der Eigenschaft *ObjectVerbs* aufgeführten Befehle als Kontextmenü des OLE-Containers angezeigt.

- UpdateVerbs (Methode)

```
procedure UpdateVerbs;
```

Es besteht die Möglichkeit, dass OLE-Server zur Laufzeit die Befehle ändern, die sie entgegennehmen. Mit *UpdateVerbs* wird die Befehlsliste in der Client-Anwendung aktualisiert.

- Close (Methode)

```
procedure Close
```

Mit *Close* wird eine aktuelle Bearbeitung des Objektes auf dem OLE-Server beendet.

Speichern und Laden

- SaveToFile, SaveToStream (Methoden)

```
procedure SaveToFile(const FileName: string);
procedure SaveToStream(Stream: TStream);
```

Mittels dieser beiden Methoden kann der Inhalt des Ole-Containers in einer Datei oder einem Stream gespeichert werden.

- LoadFromFile, LoadFromStream (Methoden)

```
procedure LoadFromFile(const FileName: string);
procedure LoadFromStream(Stream: TStream);
```

Mit diesen Methoden wird der Inhalt des Ole-Containers durch das ersetzt, was aus der Datei respektive aus dem Stream geladen wird.

- OldStreamFormat (Eigenschaft, veröffentlicht)

```
property OldStreamFormat: Boolean default false;
```

Soll beim Laden oder Speichern eines Ole-Container-Inhalts das Delphi 1-Format verwendet werden, dann ist *OldStreamFormat* auf *true* zu setzen.

Als Symbol anzeigen

- Iconic (Eigenschaft, veröffentlicht)

```
property Iconic: Boolean default false;
```

Soll – zum Beispiel aus Gründen der Ressourcen-Schonung – der Inhalt des Ole-Containers nicht angezeigt, sondern nur als Symbol dargestellt werden, dann ist *Iconic* auf *true* zu setzen.

■ ChangeIconDialog (Methode)

function ChangeIconDialog: Boolean;

Mit *ChangeIconDialog* wird ein Dialog aufgerufen, mit dem das Icon geändert
werden kann, das bei *Iconic = true* angezeigt wird.

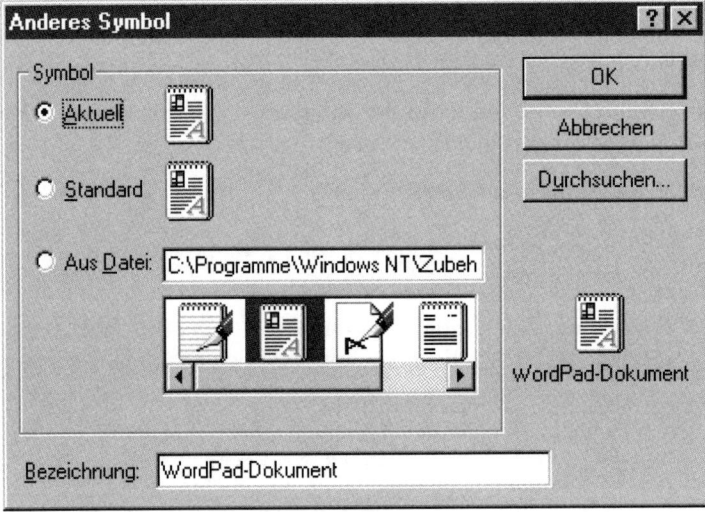

■ ObjectPropertiesDialog (Methode)

function ObjectPropertiesDialog: Boolean;

Mit *ObjectPropertiesDialog* wird ein Dialogfenster aufgerufen, in welchem der
Anwender einige Informationen über das angezeigte Objekt erhält. In diesem
Dialogfenster kann auch eingestellt werden, ob das Objekt im Container an-
gezeigt oder durch ein Icon repräsentiert wird.

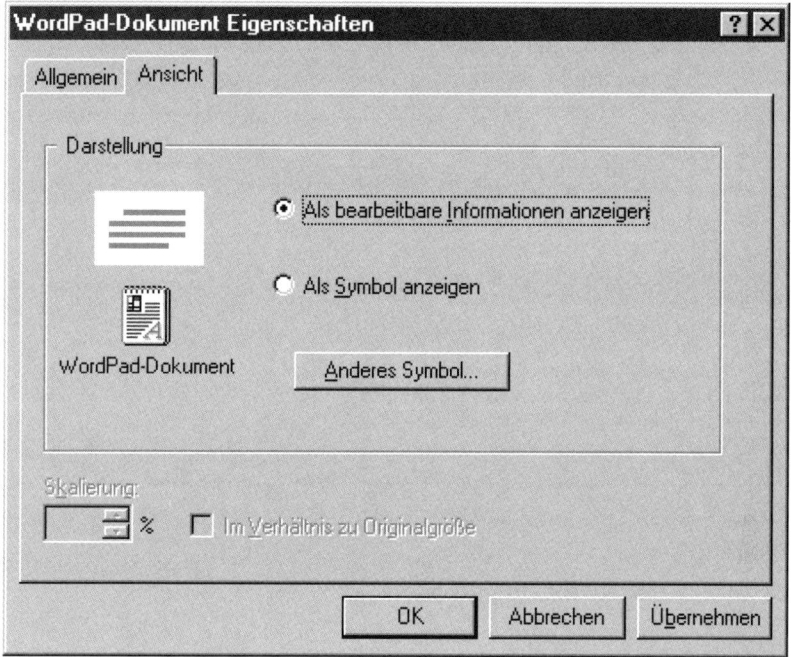

Zwischenablage

■ Copy, Paste (Methoden)

```
procedure Copy;
procedure Paste;
```

Mit *Copy* wird das im Ole-Container angezeigte Objekt in die Zwischenablage kopiert. Bei *Paste* wird dieses Objekt durch den Inhalt der Zwischenablage ersetzt.

■ CanPaste (Eigenschaft, öffentlich, nur Lesen)

```
property CanPaste: Boolean;
```

Mit *CanPaste* kann festgestellt werden, ob die Zwischenablage ein OLE-Objekt enthält, das mittels der Prozedur *Paste* in den Container eingefügt werden kann.

■ PasteSpecialDialog (Methode)

```
function PasteSpecialDialog: Boolean;
```

Mit der Methode *PasteSpecialDialog* wird ein Dialog aufgerufen, mit dessen Hilfe entschieden werden kann, ob ein einzufügendes Objekt verknüpft oder eingefügt werden soll.

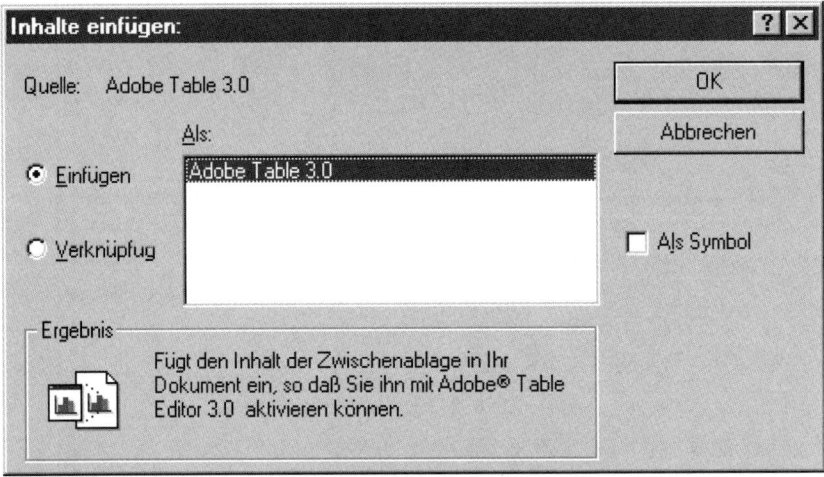

Ereignisse

■ OnActivate, OnDeactivate (Ereignisse)

```
property OnActivate(Sender: TObject);
property OnDeactivate(Sender: TObject);
```

Die Ereignisse sollen bei Aktivieren beziehungsweise Deaktivieren eines OLE-Objektes auftreten. Zumindest bei mir auf dem Rechner tun sie das jedoch nicht.

■ OnResize, OnObjectMove (Ereignisse)

```
property OnResize: (Sender: TObject);
property OnObjectMove(OleContainer: TOleContainer;
  const Bounds: TRect);
```

Das Ereignis *OnResize* tritt auf, wenn die *TOleContainer*-Instanz ihre Abmessungen ändert.

Das Ereignis *OnObjectMove* soll bei der Verschiebung des Objektes auftreten, was ich allerdings auch nicht verifizieren konnte.

3.7.5 TDdeClientConv

DDE (*Dynamic Data Exchange*) ist ein Verfahren zum Datenaustausch zwischen Programmen. DDE ist inzwischen weitgehend von OLE ersetzt worden.

Die Komponente *TDdeClientConv* kapselt die Verbindung (*Conversation*) eines Clients zu einem Server. *TDdeClientConv* ist von *TComponent* abgeleitet.

Verbindung zum Server

■ ConnectMode (Eigenschaft, veröffentlicht)

```
property ConnectMode: (ddeAutomatic, ddeManual)
  default ddeAutomatic;
```

Mit *ConnectMode* wird bestimmt, ob eine DDE-Verbindung automatisch aufgebaut wird oder ob sie mit *OpenLink* beziehungsweise *PasteLink* explizit hergestellt werden muss.

Hat *ConnectMode* gemäß Voreinstellung den Wert *ddeAutomatic*, dann wird die Verbindung schon dann aufgebaut, wenn das betreffende Projekt in Delphi geöffnet wird. Lässt sich dann die DDE-Verbindung nicht herstellen, ist das Öffnen des Projektes nicht unproblematisch. Solche Probleme lassen sich vermeiden, indem *ConnectMode* auf *ddeManual* gesetzt wird und die Verbindung nur zur Laufzeit aufgebaut wird.

```
procedure TForm1.FormCreate(Sender: TObject);
begin
  with DDEClientConv1 do
  begin
    SetLink('WPWin8_Macros', 'Commands');
    OpenLink;
  end;
end;
```

■ DDEService, DDETopic (Eigenschaften, veröffentlicht), SetLink (Methode)

```
property DDEService: string;
property DDETopic: string;
function SetLink(Service: string; Topic: string): Boolean;
```

Mittels *DDEService* und *DDETopic* wird die Verbindung zu einem DDE-Server hergestellt. Beide Eigenschaften verwenden denselben Eigenschaftseditor, welcher die betreffenden Daten auch aus der Zwischenablage lesen kann.

Eine Verbindung zu einem Server kann auch mit *SetLink* aufgebaut werden. Ist der Verbindungsaufbau erfolgreich, wird als Funktionsergebnis *true* zurückgegeben. Hat *ConnectMode* den Wert *ddeAutomatic*, dann wird die Verbindung automatisch aufgebaut, ansonsten muss anschließend die Methode *OpenLink* aufgerufen werden.

- ServiceApplication (Eigenschaft, veröffentlicht)

```
property ServiceApplication: string;
```

Der Eigenschaft *ServiceApplication* kann der Dateiname des DDE-Servers zugewiesen werden. Wird dann versucht, eine Verbindung aufzubauen, obwohl der Server nicht gestartet ist, dann wird der Server automatisch gestartet. Geben Sie den Dateinamen der Servers mit vollem Pfad, aber ohne die Extension *.exe* ein.

- OnOpen, OnClose (Ereignisse)

```
property OnOpen(Sender: TObject);
property OnClose(Sender: TObject);
```

Die Ereignisse *OnOpen* und *OnClose* treten nach dem Öffnen beziehungsweise Schließen der DDE-Verbindung auf. Das Ereignis *OnClose* tritt auch dann auf, wenn bei einer geöffneten Verbindung die Server-Anwendung geschlossen wird.

Mit den folgenden Anweisungen wird angezeigt, ob gerade eine aktive Verbindung besteht, diese Information wird außerdem in die Variable *FCon* geschrieben.

```
procedure TForm1.DdeClientConv1Open(Sender: TObject);
begin
  FCon := true;
  Caption := 'Verbunden';
end;

procedure TForm1.DdeClientConv1Close(Sender: TObject);
begin
  FCon := false;
  Caption := 'Getrennt';
end;
```

- OpenLink, CloseLink (Methoden)

```
function OpenLink: Boolean;
procedure CloseLink;
```

Für die Fälle, in denen *ConnectionMode* den Wert *ddeManual* hat, kann mit *OpenLink* die Verbindung geöffnet und mit *CloseLink* geschlossen werden. Ist der Versuch, die Verbindung zu öffnen, erfolgreich, dann gibt *OpenLink* den Wert *true* als Funktionsergebnis zurück.

▪ PasteLink (Methode)

```
function PasteLink: boolean;
```

Manche DDE-Server können ihre Verbindungsdaten in die Zwischenablage schreiben. Mit *PasteLink* können diese Daten aus der Zwischenablage gelesen und den Eigenschaft *DDEService* und *DDETopic* zugewiesen werden.

Datenaustausch

▪ ExecuteMacro, ExecuteMacroLines (Methoden)

```
function ExecuteMacro(Cmd: PChar; WaitFlg: Boolean): Boolean;
function ExecuteMacroLines(Cmd: TStrings;
  WaitFlg: Boolean): Boolean;
```

Mit der Methode *ExecuteMacro* wird ein Makro auf dem DDE-Server aufgerufen. Die Makrobezeichnung (und eventuell erforderliche Parameter) werden dabei als nullterminierter String übergeben. Mit *ExecuteMacroLines* können – sofern der Server dies unterstützt – mehrere Makros gleichzeitig zum Server geschickt werden.

Bei erfolgreicher Ausführung geben diese Methoden *true* als Funktionsergebnis zurück. Soll mit der Ausführung weiterer Anweisungen gewartet werden, bis das Makro oder die Makros bearbeitet sind, muss *WaitFlg* auf *true* gesetzt werden.

Das folgende Beispiel zeigt die Verwendung von *ExecuteMakro* mit *Corel WordPerfect* als DDE-Server. Bei einigen Office-Programmen kann man die Befehle der programminternen Makro-Sprache als DDE-Makro aufrufen. Wenn Sie mit einer anderen Textverarbeitung arbeiten, dann sollten Sie es mit den Anweisungen derer Makrosprache versuchen.

Zunächst wird sichergestellt, dass der DDE-Server läuft. Zu diesem Zweck wird bis zu zweimal die *OnFormCreate*-Ereignisbehandlungsroutine aufgerufen, in welcher mit *SetLink* und *OpenLink* die Verbindung aufgebaut wird. (Bei mir auf dem Rechner würde ein einmaliger Aufruf von *FormCreate(Sender)* zwar das Programm starten, die folgenden Makro-Anweisungen würden dann aber nicht ausgeführt.)

Dann wird ein Briefkopf als Vorlage geöffnet, der Cursor an die korrekte Position gesetzt und anschließend eine Adresse eingegeben.

In der Praxis könnte man solche Anweisungen dazu verwenden, direkt aus einem anderen Programm – beispielsweise einer Adress-Datenbank – einen Brief zu beginnen.

```
procedure TForm1.Button1Click(Sender: TObject);
var
  s: string;
begin
  with DDEClientConv1 do
  begin
    if FCon = false
      then FormCreate(Sender);
    if FCon = false
      then FormCreate(Sender);
    s := 'TemplateSelect(Filename: "H:\Corel\Suite8\Template\'
      + 'Custom WP Templates\briefkopf.wpt")';
    ExecuteMacro(PChar(s), false);
    ExecuteMacro('PosLineDown ()', false);
    ExecuteMacro('PosLineDown ()', false);
    ExecuteMacro('Type (Text: "TABU Datentechnik")', false);
    ExecuteMacro('HardReturn ()', false);
    ExecuteMacro('Type (Text: "Hasenheide 9 Q II")', false);
    ExecuteMacro('HardReturn ()', false);
    ExecuteMacro('Type (Text: "10 967 Berlin")', false);
  end; {with DDEClientConv1 do}
end; {procedure TForm1.Button1Click}
```

▪ PokeData, PokeDataLines (Methoden)

```
function PokeData(Item: string; Data: PChar): Boolean;
function PokeDataLines(Item: string; Data: TStrings): Boolean;
```

Mit *PokeDate* und *PokeDataLines* können Daten an den DDE-Server geschickt werden. Der Server muss dazu das Entgegennehmen von Daten vorsehen und ein oder mehrere Items implementieren, unter welchen er Daten entgegennimmt. Die Daten selbst werden als nullterminierter String oder als String-Liste übergeben. Bei Erfolgt geben diese Funktionen der Wert *true* zurück.

▪ RequestData (Methode)

```
function RequestData(const Item: string): PChar;
```

Um die Daten eines bestimmten Items auf dem Server abzufragen, verwenden Sie die Methode *RequestData*.

■ FormatChars (Eigenschaft, veröffentlicht)

```
property FormatChars: Boolean default false;
```

Hat *FormatChars* den Wert false, dann werden aus den Daten, welche von der *TDdeClientConv*-Instanz empfangen werden, alle Formatierungsanweisungen – beispielsweise Zeilenumbrüche – entfernt. Sollen solche Formatierungsanweisungen mit übertragen werden, dann ist *FormatChars* auf *true* zu setzen.

Einträge in das Start-Menü

Mittels DDE lassen sich auch recht einfach Einträge in das Startmenü (oder den Programm-Manager) setzen. Eine vollständige Übersicht über die dort verwendeten Makros finden Sie in der Win32-Referenz unter dem Stichwort *Command-String Interface*.

Im folgenden Beispiel soll lediglich eine neue Programmgruppe erzeugt und in diese ein Programmsymbol gesetzt werden. Dazu benötigt das Projekt eine *TClientConv*-Komponente, deren Eigenschaft *DdeService* auf *ProgMan* gesetzt wird.

Das Einrichten der Programmgruppe und des Programmsymbols erfolgt dann wieder über ein Makro. Der Übersichtlichkeit halber wurde auf alle Fehlerprüfungen verzichtet.

```
procedure TForm1.Button1Click(Sender: TObject);
var
  s: string;
begin
  with DDEClientConv1 do
  begin
    ExecuteMacro('[CreateGroup(Test)]', false);
    ExecuteMacro('[ShowGroup(Test, 1)]', false);
    s := '[AddItem(c:\delphi\project1.exe, "leeres Projekt")]';
    ExecuteMacro(PChar(s), false);
  end; {with DDEClientConv1 do}
end; {procedure TForm1.Button1Click}
```

3.7.6 TDdeClientItem

Wie in Kapitel 3.7.5 beschrieben, können Sie mit den Anweisungen *PokeData*, *PokeDataLines* und *RequestData* Daten mit einem DDE-Server austauschen. Etwas einfacher und komfortabler erfolgt dies über die Komponente *TDdeClientItem*. *TDdeClientItem* ist von *TComponent* abgeleitet.

▨ DdeConv, DdeItem (Eigenschaften, veröffentlicht)

```
property DdeConv: TDDEClientConv;
property DdeItem: string;
```

Mittels der Eigenschaft *DdeConv* wird der *TDdeClientItem*-Instanz eine *TDdeClientConv*-Instanz »angehängt«, welche Server und Topic bestimmt. Mit *DdeItem* wird spezifiziert, welches Item die *TDdeClientItem*-Instanz repräsentiert.

Sie können mehrere *TDdeClientItem*-Komponenten mit einer *TDdeClientConv*-Komponente verbinden.

▨ Lines, Text (Eigenschaften, veröffentlicht)

```
property Lines: TStrings;
property Text: string;
```

Wenn sich die Daten des Items auf dem Server ändern, dann können diese über *Lines* oder *Text* abgefragt werden. Sie können aber auch selbst *Lines* oder *Text* ändern, um so Daten an den Server zu schicken.

▨ OnChange (Ereignis)

```
property OnChange(Sender: TObject);
```

Wenn sich die Daten des Items auf dem Server ändern, wird zunächst der Inhalt von *Lines* und *Text* geändert und anschließend das Ereignis *OnChange* ausgelöst.

3.7.7 TDdeServerConv

Die Komponente *TDdeServerConv* erleichtert die Programmierung eines DDE-Servers, ist aber nur dann wirklich erforderlich, wenn auf Makros reagiert werden soll. *TDdeServerConv* ist von *TComponent* abgeleitet.

■ Name (Eigenschaft, veröffentlicht)

```
property Name: string;
```

Die schon von *TComponent* implementierte Eigenschaft *Name* wird auch zum Namen des DDE-Themas (*topic*). Der Name des DDE-Services ist der Name der EXE-Datei (ohne die Extension *.exe*).

Wird eine *TDdeServerItem*-Instanz ohne *TDdeServerConv* verwendet, dann wird die Eigenschaft *Caption* des Formulars, welche die *TDdeServerItem*-Instanz enthält, zum DDE-Thema.

■ OnOpen, OnClose (Ereignisse)

```
property OnOpen(Sender: TObject);
property OnClose(Sender: TObject);
```

Das Ereignis *OnOpen* tritt auf, wenn ein Client eine Verbindung über die *TDdeServerConv*-Instanz herstellt, *OnClose* tritt auf, wenn eine solche Verbindung getrennt wird.

Ein DDE-Server kann mehrere Clients bedienen. Mittels dieser beiden Ereignisse kann ein Zähler implementiert werden, der die Anzahl der gerade geöffneten Verbindungen ermittelt.

■ OnExecuteMacro (Ereignis)

```
property OnExecuteMacro(Sender: TObject; Msg: TStrings);
```

Das Ereignis *OnExecuteMacro* tritt auf, wenn ein Client ein Makro zum Server schickt. Der Makro-Text ist dabei im Parameter *Msg* enthalten.

3.7.8 TDdeServerItem

Die Komponente *TDdeServerItem* repräsentiert ein Item einer DDE-Verbindung. *TDdeServerItem* ist von *TComponent* abgeleitet.

▪ ServerConv (Eigenschaft, veröffentlicht)

```
property ServerConv: TDdeServerConv;
```

Mit *ServerConv* kann die Komponente mit einer *TDdeServerConv*-Instanz verbunden werden, deren Eigenschaft *Name* dann das DDE-Thema (*topic*) bezeichnet. Ist die *TDdeServerItem*-Instanz mit keiner *TDdeServerConv*-Instanz verbunden, dann wird die Eigenschaft *Caption* des Formulars, welche die *TDdeServerItem*-Instanz enthält, zum DDE-Thema.

▪ Lines, Text (Eigenschaften, veröffentlicht)

```
property Lines: TStrings;
property Text: string;
```

Um Texte zum Client zu schicken, weisen Sie diese der Eigenschaft *Lines* oder *Text* zu. Schickt der Client Texte zu diesem Item, dann können diese der Eigenschaft *Lines* oder *Text* entnommen werden.

▪ OnChange, OnPokeData (Ereignis)

```
property OnChange(Sender: TObject);
property OnPokeData(Sender: TObject);
```

Das Ereignis *OnChange* tritt auf, nachdem die Eigenschaft *Text* oder *Lines* geändert wurde. Dabei ist es unerheblich, ob die Änderung vom Client oder vom Server stammt.

Wurde eine Änderung vom Client vorgenommen, tritt nach *OnChange* auch noch das Ereignis *OnPokeData* auf.

▪ CopyToClipboard (Methode)

```
procedure CopyToClipboard;
```

Mit *CopyToClipboard* können die Verbindungsdaten eines DDE-Servers in die Zwischenablage kopiert werden.

3.8 Dialoge

Auf der Palettenseite *Dialoge* finden sich die folgenden Komponenten:

3.8.1 TOpenDialog und TSaveDialog

Die Komponenten *TOpenDialog* und *TSaveDialog* unterscheiden sich lediglich in der Beschriftung des oberen Buttons und im voreingestellten Fenster-Titel und sollen deshalb gemeinsam besprochen werden.

Die Komponenten *TOpenDialog* und *TSaveDialog* sind von *TComponent* abgeleitet.

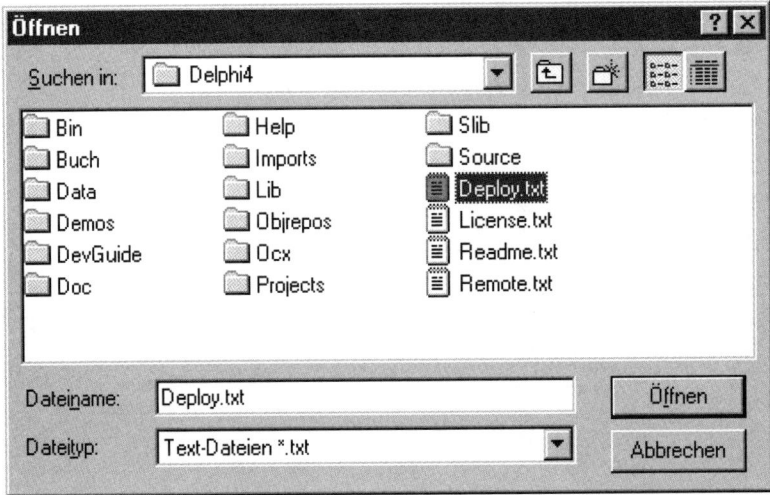

▪ Execute (Methode)

```
function Execute: Boolean;
```

Mit der Methode *Execute* wird der Dialog modal geöffnet. Wird der Dialog mit ÖFFNEN beziehungsweise SPEICHERN geschlossen, so ist der Rückgabewert *true*. Beim Beenden des Dialogs mit ABBRECHEN oder der ESC-Taste ist das Funktionsergebnis *false*.

In der folgenden Prozedur wird zunächst geprüft, ob *SaveDialog1* mit SPEICHERN geschlossen wurde. Ist dies der Fall, dann wird geprüft, ob es unter dem eingegebenen Dateinamen bereits eine Datei gibt, erforderlichenfalls wird eine Warnung ausgegeben. Falls dann immer noch gespeichert werden soll, wird die selbst zu definierende Prozedur *Speichern* aufgerufen.

```
procedure TChild.Speichernunter1Click(Sender: TObject);
begin
  if SaveDialog1.Execute = true then
  begin
    if FileExists(SaveDialog1.FileName) then
    begin
      if MessageDlg('Datei existiert schon. Möchten Sie ' +
        SaveDialog1.Filename + ' überschreiben?',
        mtWarning, [mbYes, mbNo], 0) = mrYes
      then Speichern(SaveDialog1.FileName);
    end {if FileExists(SaveDialog1.FileName) then}
    else Speichern(SaveDialog1.FileName);
  end; {if SaveDialog1.Execute = true}
end; {procedure TChild.Speichernunter1Click}
```

FileName (Eigenschaft, veröffentlicht)

property FileName: **string**;

Der eingegebene oder ausgewählte Dateiname kann der Eigenschaft *FileName* entnommen werden. *FileName* kann auch mit einem Wert vorbelegt werden.

In der Eigenschaft *FileName* wird der Dateiname zusammen mit dem kompletten Pfad gespeichert. Wenn Sie den Dateinamen ohne Pfad benötigen, dann verwenden Sie die Funktion *ExtractFileName*.

InitialDir (Eigenschaft, veröffentlicht)

property InitialDir: **string**;

Mit *InitialDir* kann das Verzeichnis angegeben werden, das der Dialog nach dem Starten der Anwendung anzeigt. Wird weder *InitialDir* noch *FileName* gesetzt, dann beginnt der Dialog im Verzeichnis der Anwendung.

DefaultExt (Eigenschaft, veröffentlicht)

property DefaultExt: **String**;

Wird der Dialog geschlossen, ohne dass der eingegebene Dateiname eine Extension enthält, dann wird der Inhalt von *DefaultExt* dem Dateinamen angehängt. Hat beispielsweise *DefaultExt* den Wert *txt*, dann wird aus *c:\test* der Dateiname *c:\test.txt*. Geben Sie *DefaultExt* ohne Punkt ein.

Filter

Wenn in einem Verzeichnis sehr viele Dateien vorhanden sind, dann leidet darunter die Übersichtlichkeit. Hier ist es zu empfehlen, die Dateien nach der Extension zu filtern. Bei einem Filter *.txt beispielsweise würden nur Dateien mit der Extension txt angezeigt.

Die möglichen Filter sind jedoch nicht auf die Extensions beschränkt. Um beispielsweise alle automatisch benannten Delphi-Projektdateien anzuzeigen, könnte man den Filter project*.dpr verwenden.

Einer Filter-Liste sollten Sie immer den Filter Alle Dateien *.* hinzufügen, auch dann, wenn das Programm nur einige wenige Formate lesen und schreiben kann. Einerseits ist es nie ausgeschlossen, dass eine Datei versehentlich umbenannt wird, andererseits kann der Anwender auf diese Weise sicher prüfen, ob ein Verzeichnis wirklich leer ist – beispielsweise bei der Entscheidung, ein neues Verzeichnis anzulegen.

▓ Filter (Eigenschaft, veröffentlicht)

```
property Filter: string;
```

In der Eigenschaft Filter werden die einzelnen Filter definiert. Dabei werden nacheinander jeweils Beschriftung und Filter aufgeführt, welche durch senkrechte Striche getrennt sind.

```
OpenDialog1.Filter := 'Text-Dateien *.txt|*.txt'
  + '|Alle Dateien *.*|*.*';
```

Die Programmierung eines Eigenschaftseditors für die Eigenschaft Filter ist in Kapitel 6.6 beschrieben.

▓ FilterIndex (Eigenschaft, veröffentlicht)

```
property FilterIndex: Integer default 1;
```

Mit Hilfe von FilterIndex wird bestimmt, welcher Filter beim Starten des Programms voreingestellt werden soll. Die Zählung beginnt hier bei eins.

▓ OnSelectionChange (Ereignis)

```
property OnSelectionChange(Sender: TObject);
```

Das Ereignis OnSelectionChange wird ausgelöst, wenn ein neuer Filter ausgewählt wird.

Sonstiges

▨ Title (Eigenschaft, veröffentlicht)

property Title: **string**;

Der Eigenschaft *Title* kann der zu verwendende Dialog-Titel zugewiesen werden. Bleibt die Eigenschaft leer, dann werden die Standard-Titel *Öffnen* beziehungsweise *Datei speichern unter* verwendet.

▨ Files (Eigenschaft, öffentlich)

property Files: TStrings;

Wenn die Option *ofAllowMultiSelect* gesetzt ist, dann können mehrere Dateinamen gewählt werden. Diese werden dann als Einträge der String-Liste *Files* zurückgegeben.

▨ Options (Eigenschaft, öffentlich)

property Options: **set of** TOpenOption
  default [ofHideReadOnly,ofEnableSizing];

Die Eigenschaft *Options* bündelt 20 einzelne Optionen, die leider nicht alphabetisch sortiert sind. In Klammern ist deshalb angegeben, an welcher Position die Option zu finden ist.

▨ ofHideReadOnly (3)

Entfernt die Check-Box *Schreibgeschützt* aus dem Dialogfeld.

▨ ofReadOnly (1)

Markiert die Check-Box *Schreibgeschützt*, wenn das Dialogfeld geöffnet wird.

▨ ofEnableSizing (20)

Sollte es dem Benutzer ermöglichen, die Größe des Dialogfeldes zu verändern. Funktioniert derzeit noch nicht.

▨ ofAllowMultiSelect (7)

Ermöglicht die Auswahl mehrerer Dateien.

▨ ofFileMustExist (10)

Wird ein Dateiname eingegeben, der nicht existiert, dann wird eine Fehlermeldung ausgegeben und zum Dialog zurückgekehrt. Sollte nur bei *TOpenDialog* gesetzt werden.

▨ ofPathMustExist (9)

Wenn der Benutzer einen Dateinamen mit einem nicht existierenden Pfad angibt, wird eine Fehlermeldung ausgegeben.

- ofNoChangeDir (4)

  Wenn der Benutzer den Dialog schließt, wird das aktuelle Verzeichnis auf den Wert zurückgesetzt, den es vor dem Öffnen hatte.

- ofShowHelp (5)

  Im Dialogfeld wird die Schaltfläche Hilfe angezeigt. Setzen Sie dann auch die Eigenschaft *HelpContext*.

- OnShow (Ereignis)

  property OnShow(Sender: TObject);

  Das Ereignis *OnShow* tritt vor dem Öffnen des Dialogs auf.

- OnClose (Ereignis)

  property OnClose(Sender: TObject);

  Das Ereignis *OnClose* tritt nach dem Schließen des Dialogs auf. *OnClose* tritt auch dann auf, wenn der Dialog mit dem Button ABBRECHEN oder der ESC-Taste geschlossen wird.

- OnCanClose (Ereignis)

  property OnCanClose(Sender: TObject; **var** CanClose: Boolean);

  Das Ereignis *OnCanClose* tritt vor dem Schließen des Dialogs auf. In der *OnCanClose*-Ereignisbehandlungsroutine kann geprüft werden, ob die Benutzereingaben akzeptiert werden können. Wenn nicht, kann das Schließen des Dialogs dadurch verhindert werden, dass *CanClose* auf *false* gesetzt wird.

  Das Ereignis *OnCanClose* tritt nicht auf, wenn der Dialog mit dem Button ABBRECHEN oder der ESC-Taste geschlossen wird.

3.8.2 TOpenPictureDialog und TSavePictureDialog

Die Komponenten *TOpenPictureDialog* und *TSavePictureDialog* sind von *TOpenDialog* abgeleitet und weisen identische Eigenschaften, Methoden und Ereignisse auf.

Die beiden Dialogs sind jedoch ergänzt um ein Vorschau-Fenster, in welchem das Bild der gerade gewählten Datei angezeigt wird. Mit dem Button ganz rechts oben kann ein Vorschau-Fenster geöffnet werden, welches das Bild in tatsächlicher Größe anzeigt. Außerdem werden die Abmessungen des Bildes in Pixel angegeben.

Die Eigenschaft *Filter* ist bereits mit den von Delphi unterstützten Grafikformaten vorbelegt.

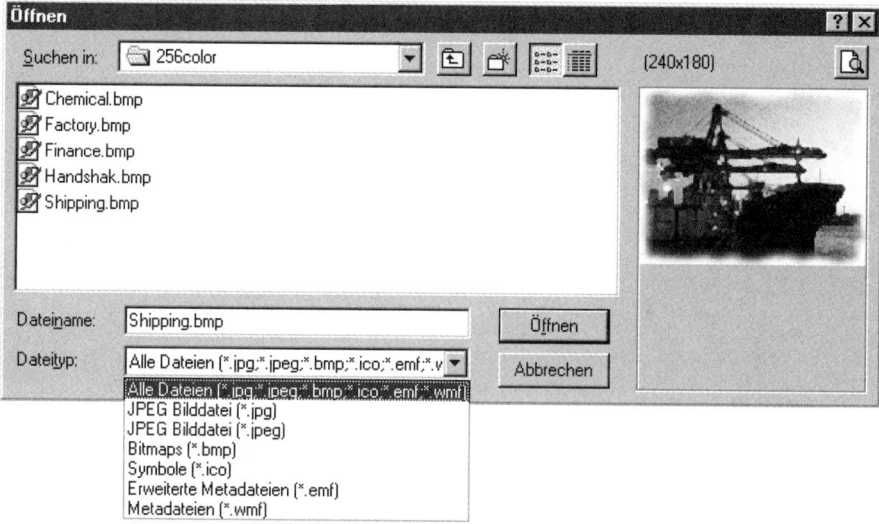

3.8.3 TFontDialog

Die Komponente *TFontDialog* dient zur Einstellung von Schrift-Name, -Größe und -Stil. *TFontDialog* ist von *TComponent* abgeleitet.

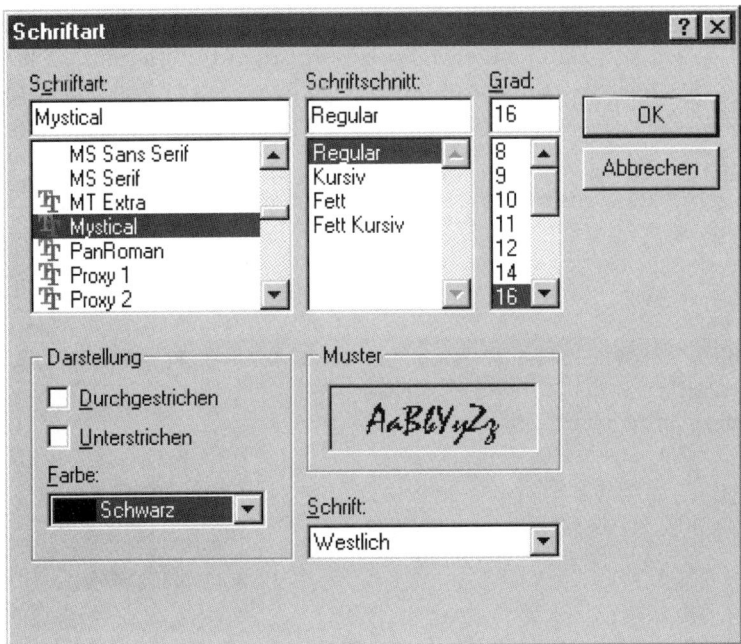

■ Execute (Methode)

function Execute: Boolean;

Mit der Methode *Execute* wird der Dialog modal geöffnet. Wird der Dialog mit OK geschlossen, so ist der Rückgabewert *true*. Beim Beenden des Dialogs mit ABBRECHEN oder der ESC-Taste ist das Funktionsergebnis *false*.

■ Font (Eigenschaft, veröffentlicht)

property Font: TFont;

Der Eigenschaft *Font* kann der ausgewählte Font entnommen werden. *Font* kann auch vorbelegt werden. Der Typ *TFont* ist in Kapitel 4.2.1 beschrieben.

■ Device (Eigenschaft, veröffentlicht)

property Device: (fdScreen, fdPrinter, fdBoth) **default** fdScreen;

Mit *Screen* wird festgelegt, ob die im Dialog angezeigten Schriftarten Bildschirm-Schriften und/oder Drucker-Schriften sind.

■ MaxFontSize, MinFontSize (Eigenschaften, veröffentlicht)

```
property MaxFontSize: Integer default 0;
property MinFontSize: Integer default 0;
```

Wenn die Option *fdLimitSize* gesetzt ist, kann über die Eigenschaften *MaxFontSize* und *MinFontSize* der Bereich definiert werden, in dem die Schriftgrößte liegen muss.

■ Options (Eigenschaft, veröffentlicht)

```
property Options: set of TFontDialogOption
  default [fdEffects];
```

Die Eigenschaft *Options* bündelt 16 einzelne Optionen, die leider nicht alphabetisch sortiert sind. In Klammern ist deshalb angegeben, an welcher Position die Option zu finden ist.

■ fdEffects (3)

Im Dialogfenster werden die Check-Boxen für *Durchstreichen* und *Unterstreichen* sowie die Combo-Box zur Farbauswahl angezeigt.

■ fdLimitSize (14)

Die Eigenschaften *MaxFontSize* und *MinFontSize* setzen Grenzen für die einstellbare Schriftgröße.

■ fdAnsiOnly (1)

Symbolschriften werden von der Anzeige ausgeschlossen.

■ fdApplyButton (16)

Im Dialogfeld wird der Button *Übernehmen* angezeigt. Wird dieser Button betätigt, dann wird das Ereignis *OnApply* ausgelöst. Das kann dazu verwendet werden, bei geöffnetem Dialogfenster die gewählte Schrift bereits zuzuweisen, um das Ergebnis zu begutachten.

■ fdTrueTypeOnly (2)

Es werden nur True-Type-Schriften angezeigt.

■ fdWysiwyg (13)

Es werden nur Schriften angezeigt, die für Bildschirm und Drucker verwendbar sind.

■ fdShowHelp (12)

Im Dialogfeld wird die Schaltfläche *Hilfe* angezeigt. Setzen Sie dann auch die Eigenschaft *HelpContext*.

3.8.4 TColorDialog

Die Komponente *TColorDialog* dient zur Einstellung von Farben. *TColorDialog* ist
von *TComponent* abgeleitet.

Beim Betätigen des Buttons FARBE DEFINIEREN >> wird das Dialogfenster vergrößert, so dass die Farbe aus der Menge der so genannten Echtfarben ausgewählt
werden kann.

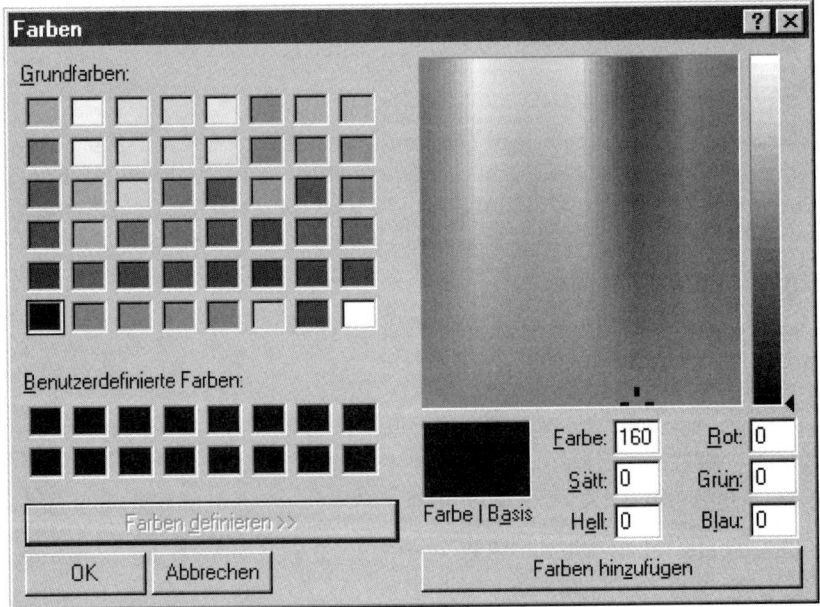

■ Execute (Methode)

```
function Execute: Boolean;
```

Mit der Methode *Execute* wird der Dialog modal geöffnet. Wird der Dialog mit OK geschlossen, so ist der Rückgabewert *true*. Beim Beenden des Dialogs mit ABBRECHEN oder der ESC-Taste ist das Funktionsergebnis *false*.

■ Color (Eigenschaft, veröffentlicht)

```
property Color: TColor default clBlack;
```

Die Eigenschaft *Color* enthält die gewählte Farbe. Die Eigenschaft kann auch vorbelegt werden.

■ CustomColors (Eigenschaft, veröffentlicht)

```
property CustomColors: TStrings;
```

Mit Hilfe der Eigenschaft *CustomColors* können die Felder für *benutzerdefinierte Farben* belegt werden. Die Einträge haben dabei die Form *FarbeA=xxxxxx* bis *FarbeP=xxxxxx*.

CustomColors kann beispielsweise dazu verwendet werden, die letzten 16 der bislang verwendeten Farben in diesen Feldern anzuzeigen.

```
if ColorDialog1.Execute then
begin
  Form1.Color := ColorDialog1.Color;
  for i := 15 downto 1
    do ColorDialog1.CustomColors.Values['Farbe' + Chr(65 + i)]
      := ColorDialog1.CustomColors.Values['Farbe' + Chr(64 + i)];
  ColorDialog1.CustomColors.Values['Farbe' + Chr(65)]
      := IntToHex(ColorDialog1.Color, 6);
  end; {if ColorDialog1.Execute then}
```

Die Eigenschaft *CustomColors* muss dazu entsprechend vorbelegt werden:

```
for i := 0 to 15 do ColorDialog1.CustomColors.
  Add('Farbe' + Chr(65 + i) + '=' + IntToHex(0, 6));
```

■ Options (Eigenschaft, veröffentlicht)

```
property Options: [cdFullOpen, cdPreventFullOpen, cdShowHelp,
  cdSolidColor, cdAnyColor] default [];
```

Die Eigenschaft *Options* bündelt fünf einzelne Optionen – Näheres in der Online-Hilfe.

3.8.5 TPrintDialog

Die Komponente TPrintDialog sollte vor dem Ausdruck von Dokumenten geöffnet werden. In diesem Dialog lassen sich Einstellungen wie die zu druckenden Seiten, die Zahl der Kopien oder der zu verwendende Drucker einstellen. *TPrintDialog* ist von *TComponent* abgeleitet.

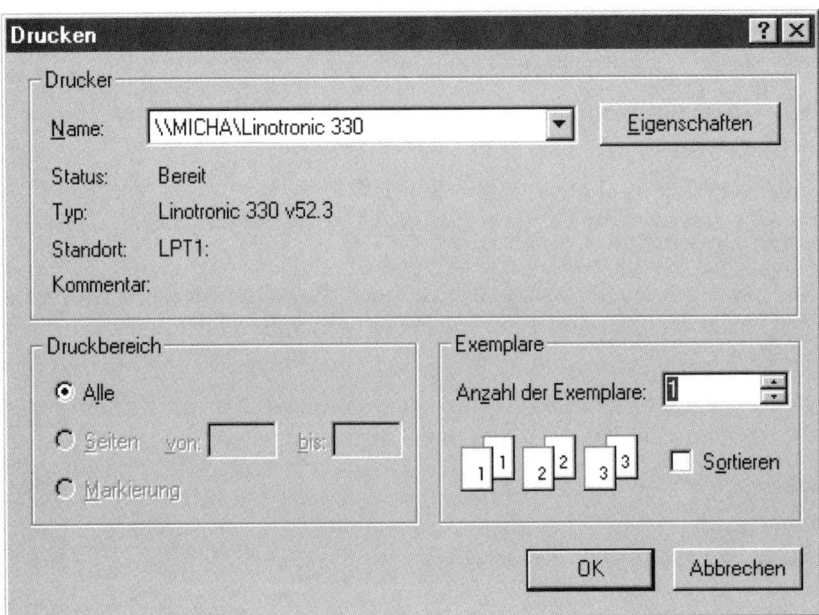

- Execute (Methode)

```
function Execute: Boolean;
```

Mit der Methode *Execute* wird der Dialog modal geöffnet. Wird der Dialog mit OK geschlossen, so ist der Rückgabewert *true*. Beim Beenden des Dialogs mit ABBRECHEN oder der ESC-Taste ist das Funktionsergebnis *false*.

- Copies (Eigenschaft, veröffentlicht)

```
property Copies: Integer default 0;
```

Mit Hilfe der Eigenschaft *Copies* kann die Zahl der zu druckenden Kopien vorbelegt werden. Windows sorgt automatisch dafür, dass die entsprechende Anzahl von Kopien gedruckt wird.

- Collate (Eigenschaft, veröffentlicht)

```
property Collate: Boolean default False;
```

Mit *Collate* kann man die Check-Box *Sortieren* vorbelegen, mit deren Hilfe der Anwender den Ausdruck bei mehreren Kopien sortieren kann.

▪ PrintRange (Eigenschaft, veröffentlicht)

```
property PrintRange: (prAllPages, prSelection, prPageNums)
  default prAllPages;
```

Mit der Radiogroup *Druckbereich* kann gewählt werden, ob alle Seiten, die vom Anwender getätigte Markierung oder der angegebene Bereich von Seiten gedruckt werden soll. Mit *PrintRange* kann diese Radiogroup vorbelegt und deren Zustand abgefragt werden.

Für die entsprechende Gestaltung der Druck-Routine hat der Programmierer zu sorgen. Beachten Sie auch die Eigenschaft *Options*.

▪ FromPage, ToPage (Eigenschaft, veröffentlicht)

```
property FromPage: Integer default 0;
property ToPage: Integer default 0;
```

Hat *PrintRange* den Wert *prPageNums*, dann kann im Dialog eingegeben werden, von welcher bis zu welcher Seite gedruckt werden soll. Mit Hilfe der Eigenschaften *FromPage* und *ToPage* können die entsprechenden Edit-Felder vorbelegt und abgefragt werden. Für die entsprechende Gestaltung der Druck-Routine hat der Programmierer zu sorgen.

▪ MaxPage, MinPage (Eigenschaft, veröffentlicht)

```
property MaxPage: Integer default 0;
property MinPage: Integer default 0;
```

Mit *MaxPage* und *MinPage* kann verhindert werden, dass die vom Anwender eingegebenen Werte für die auszudruckenden Seiten außerhalb der Bereichs der vorhandenen Seiten liegen.

▪ Options (Eigenschaft, veröffentlicht)

```
property Options: set of TPrintDialogOption default [];
```

Die Eigenschaft Options bündelt sechs Optionen.

▫ poPageNums

Der Radio-Button *Seiten* ist aktiviert. Dadurch kann ein Seitenbereich festgelegt werden.

▫ poSelection

Das Radio-Button *Markierung* ist aktiviert, der Anwender kann angeben, dass er den markierten Teil des Dokumentes drucken möchte.

3.8.6 TPrinterSetupDialog

Die Komponente *TPrinterSetupDialog* kann verwendet werden, um Details wie die Seitenausrichtung des Druckers einzustellen. Solche Einstellungen sind jedoch auch von *TPrintDialog* aus möglich, dazu muss der Button EIGENSCHAFTEN betätigt werden.

Die Einstellungen werden automatisch von Windows korrekt gesetzt. *TPrinter-SetupDialog* ist von *TComponent* abgeleitet.

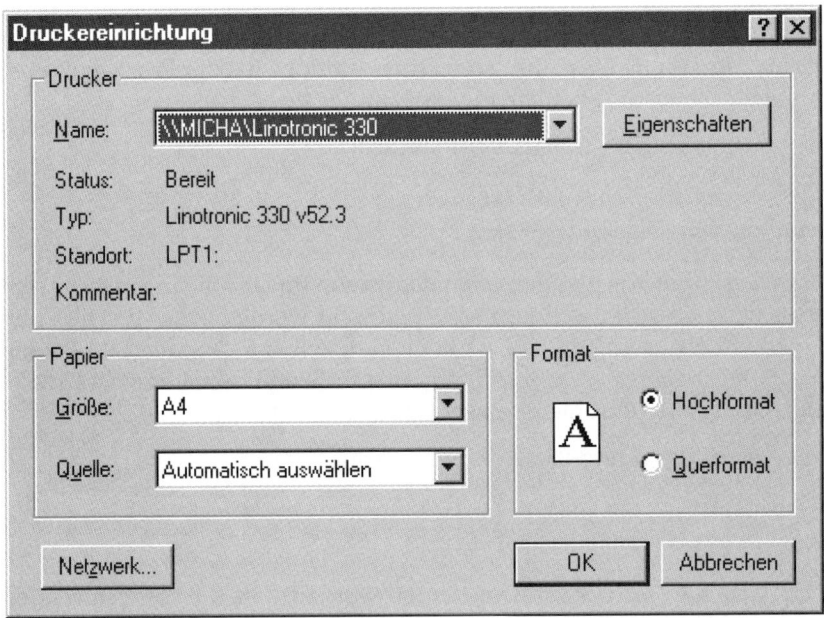

- Execute (Methode)

```
function Execute: Boolean;
```

Mit der Methode *Execute* wird der Dialog modal geöffnet. Wird der Dialog mit OK geschlossen, so ist der Rückgabewert *true*. Beim Beenden des Dialogs mit ABBRECHEN oder der ESC-Taste ist das Funktionsergebnis *false*.

3.8.7 TFindDialog

Die Komponente *TFindDialog* wird dazu verwendet, um Suchbegriffe für die Suche in Texten oder Datenbanken einzugeben. *TFindDialog* ist von *TComponent* abgeleitet.

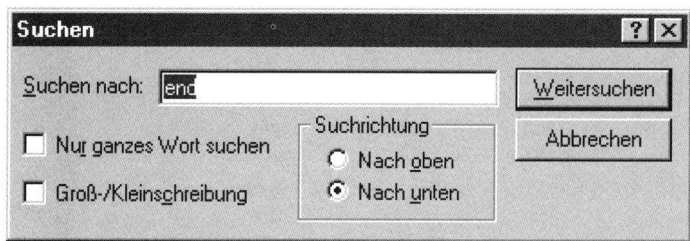

■ Execute (Methode)

function Execute: Boolean;

Mit *Execute* wird der Dialog aufgerufen. Da *TFindDialog* keinen OK-Button hat, ist das Funktionsergebnis uninteressant.

■ FindText (Eigenschaft, veröffentlicht)

property FindText: **string**;

Die Eigenschaft *FindText* enthält den eingegebenen Such-String. *FindText* kann auch vorbelegt werden.

■ Position, Left, Top (Eigenschaften, öffentlich)

property Position: TPoint;
property Left: Integer;
property Top: Integer;

Mit den Eigenschaften *Position*, *Left* und *Top* kann die Position der linken, oberen Ecke des Dialogfensters ermittelt oder gesetzt werden. Da das Dialogfenster nicht modal geöffnet wird, kann es wichtig sein, dass darunterliegende Fenster nicht oder nur an geeigneten Stellen verdeckt werden.

■ Options (Eigenschaft, veröffentlicht)

property Options: **set of** TFindOption default [frDown];

Die Eigenschaft *Options* bündelt 13 verschiedene Optionen.

■ frDown

Ist gesetzt, wenn die Suchrichtung *Nach unten* aktiviert ist.

- frHideMatchCase, frDisableMatchCase

  Entfernt beziehungsweise deaktiviert die Check-Box *Groß-/Kleinschreibung*.

- frHideWholeWord, frDisableWholeWord

  Entfernt beziehungsweise deaktiviert die Check-Box *Nur ganzes Wort suchen*.

- frHideUpDown, frDisableUpDown

  Entfernt beziehungsweise deaktiviert die Radiogroup *Suchrichtung*.

- frMatchCase

  Ist gesetzt, wenn die Check-Box *Groß-/Kleinschreibung* markiert ist.

- frWholeWord

  Ist gesetzt, wenn die Check-Box *Nur ganzes Wort suchen* markiert ist.

- CloseDialog (Methode)

```
procedure CloseDialog;
```

Das Dialogfenster wird nicht modal geöffnet und kann mit *CloseDialog* programmgesteuert geschlossen werden.

- OnFind (Ereignis)

```
property OnFind(Sender: TObject);
```

Das Ereignis *OnFind* wird immer dann aufgerufen, wenn der Button *Weitersuchen* betätigt wird. Das folgende Beispiel für eine *OnFind*-Ereignisbehandlungsroutine zeigt die Suche in einem Memo-Text.

```
procedure TForm1.FindDialog1Find(Sender: TObject);
var
  s: string;
  i: integer;
  a, b: Char;
  fertig: boolean;
begin
  i := Memo1.SelStart;
  if ((i = 1) and (not (frDown in FindDialog1.Options)))
    or ((i = Length(Memo1.Lines.Text))
      and (frDown in FindDialog1.Options))
  then ShowMessage('Nichts gefunden');
  else
```

Zunächst wird geprüft, ob sich der Cursor – in Suchrichtung gesehen – bereits am Ende des Textes befindet.Wenn dies nicht der Fall ist, kann die Suche beginnen.

```
begin
   if frDown in FindDialog1.Options
      then i := i + 1;
   repeat {until fertig = true}
      fertig := false;
      if frDown in FindDialog1.Options
         then i := i + 1
         else i := i - 1;
      if AnsiUpperCase(Memo1.Lines.Text[i])
         = AnsiUpperCase(FindDialog1.FindText[1]) then
```

Vom Beginn der Suche in Richtung deren Ende wird ein Zeichen nach dem anderen daraufhin untersucht, ob es mit dem Beginn des Such-Strings übereinstimmt. Ist dies der Fall, dann werden weitere Prüfungen vorgenommen.

Bei der hier vorgenommenen Prüfung spielt es noch keine Rolle, ob Groß- und Kleinschreibung unterschieden wird. Die Funktion *AnsiUpperCase* wandelt alle Buchstaben in Großbuchstaben um – im Gegensatz zu *UpperCase* auch die deutschen Umlaute.

```
begin
   s := Copy(Memo1.Lines.Text, i,
      Length(FindDialog1.FindText));
   if (frMatchCase in FindDialog1.Options) then
   begin
      if s = FindDialog1.FindText
         then fertig := true;
   end {if (frMatchCase in FindDialog1.Options) then}
   else
   begin
      if AnsiUpperCase(s)
         = AnsiUpperCase(FindDialog1.FindText)
         then fertig := true;
   end; {else (frMatchCase in FindDialog1.Options) then}
```

Als nächstes wird geprüft, ob sich die Übereinstimmung auf mehr als nur den ersten Buchstaben erstreckt. Hier wird dann auch – wenn die Option *frMatchCase* gesetzt ist – zwischen Groß- und Kleinschreibung unterschieden.

```
if fertig = true then
begin
   Memo1.SelStart := i - 1;
   Memo1.SelLength := Length(FindDialog1.FindText);
   if frWholeWord in FindDialog1.Options then
   begin
      a := Memo1.Lines.Text[Memo1.SelStart];
      b := Memo1.Lines.Text[Memo1.SelStart
         + Memo1.SelLength + 1];
      if (a in [#48..#57, #65..#90, #97..#122])
          or (b in [#48..#57, #65..#90, #97..#122])
      then fertig := false;
   end; {if frWholeWord in FindDialog1.Options then}
end; {if fertig = true then}
end; {if Memo1.Lines.Text[i] = FindDialog1.FindText[1] then}
```

Hat die Variable *fertig* den Wert *true*, dann wird die Fundstelle markiert.

Ist die Option *frWholeWord* gewählt, dann wird das Zeichen vor und hinter der Fundstelle daraufhin geprüft, ob es ein Buchstabe oder eine Zahl ist. Ist dies der Fall, dann handelt es sich nicht um ein ganzes Wort, *fertig* wird somit auf *false* gesetzt, damit die Suche weitergeführt wird.

```
      if (i = 1) or (i = Length(Memo1.Lines.Text)) then
      begin
         fertig := true;
         ShowMessage('Nichts gefunden');
      end {if (i = 1) or (i = Length(Memo1.Lines.Text)}
   until fertig = true;
   FocusControl(Memo1);
  end; {else ((i = 1) and ...}
end; {procedure TForm1.FindDialog1Find}
```

Erreicht die Suche den Ende des Textes, ohne dass eine Übereinstimmung festgestellt wurde, dann wird die Schleife abgebrochen und eine entsprechende Meldung ausgegeben.

Vor dem Ende der Prozedur wird der Eingabe-Fokus an *Memo1* übergeben.

3.8.8 TReplaceDialog

Die Komponente *TReplaceDialog* kapselt einen Dialog zum Suchen und Ersetzen von Strings in einem Text. *TReplaceDialog* ist von *TFindDialog* abgeleitet, die meisten Eigenschaften, Methoden und Ereignisse sind bereits dort implementiert und sollen hier nicht erneut vorgestellt werden.

TReplaceDialog ist von *TComponent* abgeleitet.

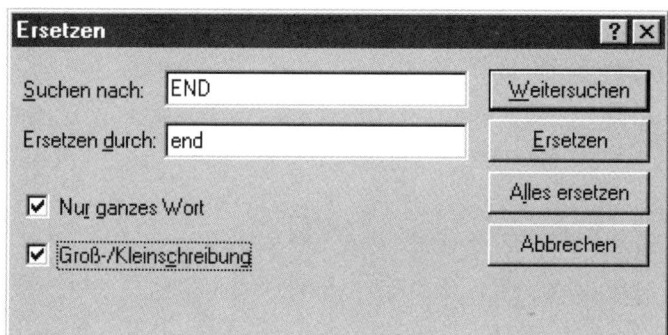

▪ ReplaceText (Eigenschaft, veröffentlicht)

```
property ReplaceText: string;
```

Die Eigenschaft *ReplaceText* beinhaltet den Text, der den gefundenen Text ersetzen soll.

```
Memo1.SelText := ReplaceDialog1.ReplaceText;
```

▪ OnReplace (Ereignis)

```
property OnReplace(Sender: TObject);
```

Das Ereignis *OnReplace* tritt dann ein, wenn der Anwender auf *Ersetzen* oder *Alles ersetzen* klickt.

Hat der Anwender den Button *Ersetzen* betätigt, dann ist die Option *frReplace* gesetzt und die Option *frReplaceAll* nicht gesetzt. Hat der Anwender den Button *Alles Ersetzen* betätigt, dann ist es umgekehrt.

3.8.9 Dialog-Routinen

MessageDlg ist keine Komponente, sondern eine Funktion, welche in der Unit *Dialogs* definiert ist. Genaugenommen gibt es sechs Funktionen, welche mit einer unterschiedlichen Anzahl von Parametern ausgestattet sind.

Die meisten Parameter weist *MessageDlgPosHelp* auf.

```
function MessageDlgPosHelp(const Msg: string; DlgType: TMsgDlgType;
   Buttons: TMsgDlgButtons; HelpCtx: Longint; X, Y: Integer;
   const HelpFileName: string): Integer;
```

Die auszugebende Nachricht wird dem Parameter *Msg* zugewiesen. *DlgType* bestimmt den Fenster-Titel und das Icon, *Buttons* die anzuzeigenden Buttons.

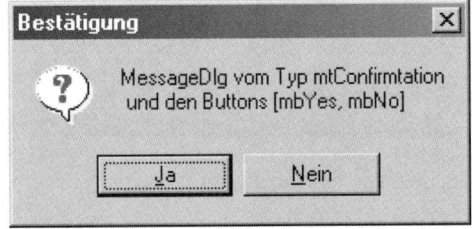

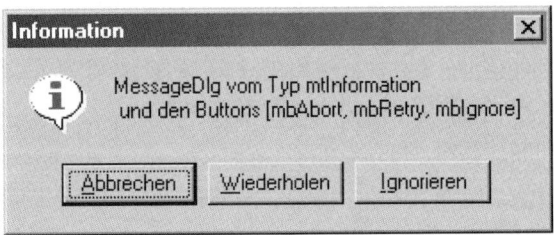

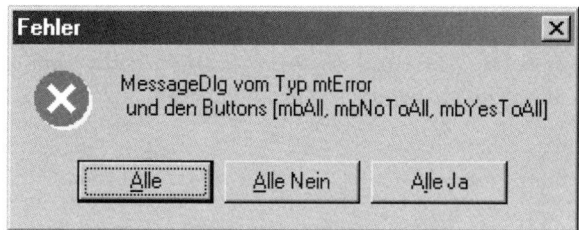

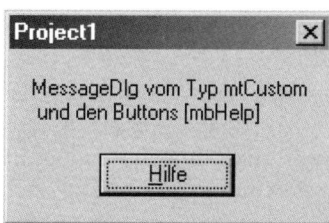

Mit *HelpCtx* kann die Kontext-ID einer Hilfe-Seite angegeben werden, die dann aufgerufen wird, wenn auf den Button *Hilfe* geklickt oder die Funktionstaste *F1* betätigt wird. Mit *HelpFileName* kann die aufzurufenden Hilfe-Datei angegeben werden, bleibt der String leer, dann wird die Hilfe-Datei der Anwendung verwendet.

Mit *x* und *y* wird die Position des Dialogs angegeben. Um den Dialog zu zentrieren, sind diese Parameter auf -1 zu setzen.

```
function MessageDlgPos(const Msg: string; DlgType: TMsgDlgType;
   Buttons: TMsgDlgButtons; HelpCtx: Longint; X, Y: Integer): Integer;

function MessageDlg(const Msg: string; DlgType: TMsgDlgType;
   Buttons: TMsgDlgButtons; HelpCtx: Longint): Integer;
```

Die Funktion *MessageDlgPos* ruft *MessageDlgPosHelp* auf, übergibt aber als *HelpFileName* einen leeren String, so dass die Hilfe-Datei der Anwendung verwendet wird. *MessageDlg* ermöglicht darüber hinaus keine Positionsangabe, so dass der Dialog stets zentriert wird.

```
procedure ShowMessage(const Msg: string);

procedure ShowMessageFmt(const Msg: string; Params: array of const);

procedure ShowMessagePos(const Msg: string; X, Y: Integer);
```

ShowMessagePos ruft einen MessageDlg vom Typ *mtCustom* auf und stellt einen einzelnen OK-Button ein. *ShowMessage* sorgt für eine zentrierte Ausgabe und *ShowMessageFmt* ruft für die Beschriftung die Routine *Format* auf (siehe Kapitel 2.3.2)

Eingabe-Dialoge

Mit den Routinen *InputQuery* und *InputBox* können recht einfach Benutzereingaben abgefragt werden. *ACaption* ist der Fenstertitel, *APrompt* die Beschriftung
im Fenster.

```
function InputQuery(const ACaption, APrompt: string;
  var Value: string): Boolean;


function InputBox(const ACaption, APrompt,
  ADefault: string): string;
```

Das Problem bei *InputBox* ist, dass auch dann, wenn der Benutzer auf den Button
Abbrechen klickt, eine Zuweisung des Strings erfolgt, in diesem Fall dann halt von
ADefault. Bei *InputQuery* kann man dagegen anhand des Funktionsergebnisses
den Button ermitteln und gegebenenfalls auf eine Aktion verzichten.

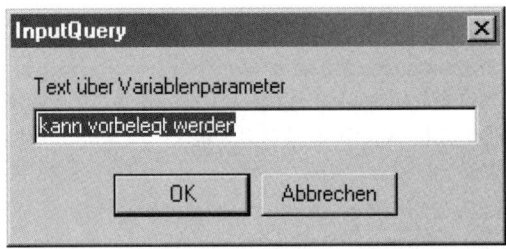

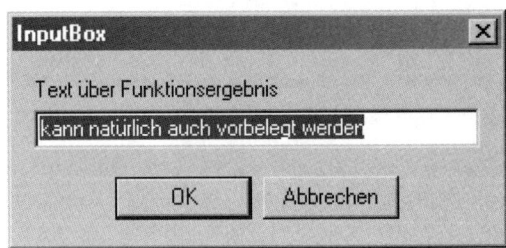

3.9 Datenzugriff

Auf der Palettenseite *Datenzugriff* befinden sich einige Komponenten zum Arbeiten mit Datenbanken. In den Delphi-Versionen bis einschließlich fünf fand man hier vor allem Komponenten, die mit der BDE gearbeitet haben. In Delphi 6 wurden diese Komponenten nun auf die Palettenseite *BDE* verschoben und sind in Kapitel 3.14 beschrieben.

Bevor wir die Komponenten besprechen, die auf der Palettenseite zu finden sind, sollten erst die Komponenten *TDataSet* – der Urahne aller Datenmengen – und *TField* – der Vorfahre der Feldkomponenten – Betrachtung finden.

3.9.1 TDataSet

Die Komponente *TDataSet* ist der gemeinsame Ahne aller Datenmengen-komponenten. *TDataSet* ist von *TComponent* abgeleitet.

Da *TDataSet* einige Methoden abstrakt implementiert, können Sie dieses Objekt nicht instantiieren.

Navigieren in der Datenmenge

▪ First, Prior, Next, Last (Methoden)

```
procedure First;
procedure Prior;
procedure Next;
procedure Last;
```

Mit Hilfe dieser Methoden kann der Datenzeiger zum ersten (*First*), vorherge-henden (*Prior*), nächsten (*Next*) oder letzten (*Last*) Datensatz verschoben wer-den.

▪ BOF, EOF (Eigenschaft, öffentlich, nur Lesen)

```
property BOF: Boolean;
property EOF: Boolean;
```

Die Eigenschaft *BOF* (*EOF*) ist dann gleich *true*, wenn

– die Methode *First* (*Last*) aufgerufen wird,

– das Verschieben des Datenzeigers fehlschlägt, weil er schon auf dem er-sten (letzten) Datensatz steht.

Diese beiden Eigenschaften werden vor allem für die Abbruchbedingungen von Schleifen benötigt.

```
while not Table1.EOF {BOF} do
begin
   ...
   Table1.Next {Prior};
end;
```

Vergessen Sie nicht, die Methode *Next* oder *Prior* aufzurufen (oder eine andere Methode, welche den Datenzeiger verschiebt), andernfalls hätten Sie eine Endlosschleife. Das Gleiche würde passieren, wenn die Methode den Daten-zeiger zum entgegengesetzten Ende der Datenmenge verschiebt.

▦ MoveBy (Methode)

```
function MoveBy(Distance: Integer): Integer;
```

Mit der Methode *MoveBy* kann man um die im Parameter angegebene Zahl von Datensätzen nach hinten navigieren.

Soll zum Dateianfang hin navigiert werden, dann muss ein negativer Parameter übergeben werden. Trifft diese Funktion auf Dateiende oder Dateianfang, dann wird an dieser Stelle gestoppt und die Eigenschaft *EOF* beziehungsweise *BOF* auf *true* gesetzt. Die Zahl der Datensätze, um die der Datenzeiger wirklich bewegt worden ist, wird als Funktionsergebnis zurückgegeben.

▦ FindFirst, FindPrior, FindNext, FindLast (Methoden)

```
function FindFirst: Boolean;
function FindPrior: Boolean;
function FindNext: Boolean;
function FindLast: Boolean;
```

Mit Hilfe dieser Methoden wird in gefilterten Datenmengen navigiert.

▦ Locate (Methode)

```
function Locate(const KeyFields: string;
  const KeyValues: Variant; Options: TLocateOptions): Boolean;
```

Die Methode *Locate* wird verwendet, um einen Datensatz anhand seiner Feldwerte zu finden. Das folgende Beispiel setzt den Datenzeiger auf den ersten Datensatz, dessen Feld *Vorname* den Wert *Bert* und dessen *Nachname* den Wert *Heller* hat. Mit Hilfe des Parameters *Options* kann dafür gesorgt werden, dass die Groß- und Kleinschreibung bei der Suche nicht beachtet wird.

```
Table1.Locate('Vorname; Nachname', VarArrayOf(['Bert', 'Heller']), []);
```

▦ GetBookmark, GotoBookmark, FreeBookmark, CompareBookmark (Methoden)

```
TBookmark = Pointer;
function GetBookmark: TBookmark;
procedure GotoBookmark(Bookmark: TBookmark);
procedure FreeBookmark(Bookmark: TBookmark);
function CompareBookmarks(Bookmark1, Bookmark2: TBookmark): Integer;
```

Mit Hilfe der erwähnten Methoden lassen sich in der Datenmenge Lesezeichen setzen, die später wieder aufgerufen werden können. Um ein Lesezeichen zu setzen, verwenden Sie *GetBookmark*, um zur Lesezeichen-Position zu springen, *GotoBookmark*. *FreeBookmark* löscht ein Lesezeichen, mit *CompareBookmark* kann festgestellt werden, ob zwei Lesezeichen auf denselben Datensatz zeigen.

- AfterScroll, BeforeScroll (Ereignisse)

```
property AfterScroll(DataSet: TDataSet);
property BeforeScroll(DataSet: TDataSet);
```

Diese Ereignisse treten vor beziehungsweise nach dem Verschieben des Datenzeigers auf. Beachten Sie in diesem Zusammenhang, dass bei einigen *TDataSet*-
Ereignissen die Präfix *On* entfällt.

Ändern der Daten

- Append, AppendRecord (Methoden)

```
procedure Append;
procedure AppendRecord(const Values: array of const);
```

Mit *Append* wird hinter den letzten Eintrag der Tabelle gesprungen und diese
in den Eingabe-Modus versetzt; die Eingabe muss mit *Post* (oder Methoden,
welche *Post* aufrufen) bestätigt oder mit *Cancel* abgebrochen werden. Wird für
die Tabelle ein Index verwendet, dann wird der Datensatz nach dem Aufruf
von *Post* an der richtigen Position eingefügt.

Um neue Werte einzugeben, werden der Eigenschaft *Fields* die entsprechenden Werte zugewiesen; werden keine Werte zugewiesen, dann behalten diese
den Wert NULL.

```
with Table1 do
begin
  Append;
  Fields[0].AsString := 'Karo';
  Fields[1].AsString := 'Ass';
  Post;
end;
```

Der Methode *AppendRecord* werden die einzugebenden Werte als Parameter
übergeben, die Bestätigung mittels *Post* kann unterbleiben. Der neue Datensatz wird an die Tabelle angehängt.

```
Table1.AppendRecord('Karo', 'Ass');
```

- Insert, InsertRecord (Methoden)

```
procedure Insert;
procedure InsertRecord(const Values: array of const);
```

Die Methode *Insert* ähnelt *Append*, springt aber im Gegensatz dazu nicht an
das Ende der Tabelle, sondern fügt den neuen Datensatz an der aktuellen
Datenzeigerposition ein.

Wird für die Tabelle ein Index verwendet, dann wird der neue Datensatz an der richtigen Position eingefügt. Mit *InsertRecord* werden die übergebenen Parameter als neuer Datensatz an aktueller Datenzeigerposition eingefügt.

▧ Delete (Methode)

```
procedure Delete;
```

Die Methode *Delete* löscht den aktuellen Datensatz. Dies muss nicht mit *Post* bestätigt werden.

▧ Edit (Methode)

```
procedure Edit;
```

Die Methode *Edit* versetzt die Datenmenge in den Status *dsEdit*. Anschließend können die Daten des aktuellen Datensatzes geändert werden, abschließend muss die Änderung mit *Post* bestätigt oder mit *Cancel* verworfen werden.

```
with Table1 do
begin
  Edit;
  FieldByName('Feld1').AsString := 'Wert 1';
  FieldByName('Feld2').AsString := 'Wert 2';
  Post;
end;
```

▧ Post, Cancel (Methoden)

```
procedure Post;
procedure Cancel;
```

Mit der Methode *Post* werden die vorgenommenen Änderungen bestätigt, mit *Cancel* werden sie verworfen. Die Datenmenge hat danach den Status *dsBrowse*.

Beachten Sie bitte, dass bei Desktop-Datenbanken beim Aufruf der Methode *Post* die Änderungen nicht auf die Festplatte, sondern nur in den Speicher geschrieben werden. Möchten Sie sicherstellen, dass die Änderungen auch nach einem Absturz der Rechners nicht verloren sind, müssen Sie jeweils die *TBDEDataSet*-Methode *FlushBuffers* aufrufen, was beispielsweise in der *AfterPost*-Ereignisbehandlungsroutine erfolgen kann.

```
procedure TForm1.Table1AfterPost(DataSet: TDataSet);
begin
  Table1.FlushBuffers;
end;
```

▨ ClearFields (Methode)

```
procedure ClearFields;
```

Mit *ClearFields* werden alle Einträge des aktuellen Datensatzes auf NULL gesetzt, ohne jedoch den Datensatz selbst zu löschen.

▨ Diverse Ereignisse (Ereignisse)

```
property AfterCancel(DataSet: TDataSet)
property AfterDelete(DataSet: TDataSet)
property AfterEdit(DataSet: TDataSet)
property AfterInsert(DataSet: TDataSet)
property AfterPost(DataSet: TDataSet)
property BeforeCancel(DataSet: TDataSet)
property BeforeDelete(DataSet: TDataSet)
property BeforeEdit(DataSet: TDataSet)
property BeforeInsert(DataSet: TDataSet)
property BeforePost(DataSet: TDataSet)
property OnNewRecord(DataSet: TDataSet)
```

Die erwähnten Ereignisse treten vor beziehungsweise nach den entsprechenden Methoden auf. Beachten Sie in diesem Zusammenhang, dass bei einigen *TDataSet*-Ereignissen die Präfix *On* entfällt.

In den entsprechenden Ereignisbehandlungsmethoden kann man nun beispielsweise verhindern, dass die Datenmenge in den Zustand *dsEdit* versetzt wird, indem man eine Exception auslöst.

```
procedure TForm1.Table1BeforeEdit(DataSet: TDataset);
begin
  Raise EDatabaseError.Create
    ('Datenmenge darf nicht geändert werden');
end;
```

Ein für den Anwender ähnliches Verhalten erreicht man, indem man dem Ereignis *OnAfterEdit* folgende Anweisungen zuweist:

```
procedure TForm1.Table1AfterEdit(DataSet: TDataset);
begin
  ShowMessage('Datenmenge kann nicht editiert werden');
  Table1.Cancel;
end;
```

Das Ereignis *OnNewRecord* tritt sowohl bei *Append*- als auch bei *Insert*-Aktionen auf, und zwar nach *BeforeInsert* und vor *AfterInsert*.

▓ OnDeleteError, OnEditError, OnPostError (Ereignisse)

```
property OnDeleteError(DataSet: TDataSet; E: EDatabaseError;
  var Action: TDataAction);
property OnEditError(DataSet: TDataSet; E: EDatabaseError;
  var Action: TDataAction);
property OnPostError(DataSet: TDataSet; E: EDatabaseError;
  var Action: TDataAction);
```

Tritt bei den dazugehörenden Aktionen ein Fehler auf, dann werden die erwähnten Ereignisse aufgerufen. Mittels des Variablen-Parameters *Action* kann
bestimmt werden, wie auf den Fehler reagiert werden soll.

– *daFail:* Die Aktion wird abgebrochen, eine Fehlermeldung wird angezeigt.

– *daAbort:* Die Aktion wird ohne Fehlermeldung abgebrochen.

– *daRetry:* Die Aktion wird wiederholt – vorher sollte jedoch versucht werden, den Fehler zu beheben.

Status der Datenmenge

▓ Active (Ereignis, veröffentlicht)

```
property Active: boolean;
```

Mit der Eigenschaft *Active* kann die Datenmenge geöffnet und geschlossen
werden.

▓ Open, Close (Methoden, TDataSet)

```
procedure Open;
procedure Close;
```

Mit *Open* wird die Datenmenge geöffnet, mit *Close* wird sie geschlossen.

▓ AfterClose, AfterOpen, BeforeClose, BeforeOpen (Ereignisse)

```
property AfterClose(DataSet: TDataSet)
property AfterOpen(DataSet: TDataSet)
property BeforeClose(DataSet: TDataSet)
property BeforeOpen(DataSet: TDataSet)
```

Diese Ereignisse treten vor beziehungsweise nach dem Schließen beziehungsweise Öffnen der Datenmenge auf.

▓ State (Eigenschaft, öffentlich, nur Lesen)

property State: TDataSetState;

Die Eigenschaft *State* zeigt den Status der Datenmenge an und kann folgende
Werte annehmen:

- *dsInactive*: Die Datenmenge ist nicht aktiv, auf ihre Daten kann nicht zugegriffen werden.

- *dsBrowse*: Die Daten können angezeigt, jedoch nicht geändert werden. Solange keine anderen Operationen durchgeführt werden, hat eine Datenmenge diesen Status.

- *dsEdit*: Der aktuelle Datensatz kann geändert werden. Diesen Status erhält
  man mit dem direkten oder indirekten Aufruf von *Edit*.

- *dsInsert*: Nach dem direkten oder indirekten Aufruf von *Insert* oder *Append*
  kann ein neuer Datensatz ein- oder angefügt werden.

- *dsSetKey*: Nur bei *TTable*. Die Datensatzsuche ist aktiviert oder eine *SetRange*-
  Operation wird durchgeführt. Es können keine Datensätze geändert oder
  eingefügt werden.

- *dsCalcFields*: Ein *OnCalcFields*-Ereignis wurde ausgelöst, es gibt somit Felder, deren Inhalt nicht verändert werden kann.

- *dsFilter*: Es wird eine gefilterte Datenmenge angezeigt. Im Gegensatz zu
  den Angaben in der Online-Hilfe können Änderungen vorgenommen und
  neue Datensätze eingefügt werden, es kann jedoch sein, dass diese nach
  der *Post*-Anweisung nicht mehr angezeigt werden.

Im Zusammenhang mit CachedUpdates sind folgende Stati möglich:

- *dsNewValue*: Temporäre, interne Statuszuweisung, die anzeigt, dass gerade ein Zugriff auf die Eigenschaft *TField.NewValue* erfolgt.

- *dsOldValue*: Temporäre, interne Statuszuweisung, die anzeigt, dass gerade
  ein Zugriff auf die Eigenschaft *TField.OldValue* erfolgt.

- *dsCurValue*: Temporäre, interne Statuszuweisung, die anzeigt, dass gerade
  ein Zugriff auf die Eigenschaft *TField.CurValue* erfolgt.

▓ DisableControls, EnableControls, ControlsDisabled (Methoden)

procedure DisableControls;
procedure EnableControls;
function ControlsDisabled: Boolean;

Werden die Daten einer Datenmenge geändert, so wird im Regelfall laufend
die Anzeige aktualisiert. Werden viele Daten in einer Schleife eingefügt, ver-

langsamt dies den Vorgang deutlich. Mit *DisableControls* kann deshalb diese Aktualisierung abgeschaltet und mit *EnableControls* anschließend wieder angeschaltet werden.

Mit *ControlsDisabled* kann ermittelt werden, ob die Aktualisierung abgeschaltet ist.

Zugriff auf die Daten

- Fields (Eigenschaft, öffentlich)

```
property Fields[Index: Integer]: TField ;
```

Mit der Array-Eigenschaft *Fields* kann auf jedes Feld der Datenmenge zugegriffen werden.

Bei einem Verändern der Tabellenstruktur kann sich jedoch die Reihenfolge der Felder verändern. Verwenden Sie deshalb besser *FieldByName*.

Das Objekt *TField* wird in Kapitel 3.9.2 besprochen.

- FieldByName, FindField (Methoden)

```
function FieldByName(const FieldName: string): TField;
function FindField(const FieldName: string): TField;
```

Die Methode *FieldByName* greift über den Feldnamen auf das Feld zu – solange das betreffende Feld noch vorhanden ist, kommt es bei einer Änderung der Tabellenstruktur zu keinen Schwierigkeiten. Ist der als Parameter übergebene Spaltenname nicht vorhanden, dann löst *FieldByName* eine Exception aus, während *FindField* den Wert *nil* zurückgibt.

```
Table1.FieldByName('Vorname').AsString := 'Patty';
```

Das Objekt *TField* wird in Kapitel 3.9.2 besprochen.

- FieldValues (Eigenschaft, öffentlich)

```
property FieldValues[const FieldName: string]: Variant;
```

Mit besonders wenig Schreibaufwand kann mittels der Array-Eigenschaft *FieldValues* auf die Feldinhalte zugegriffen werden: Zum Einen hat diese Eigenschaft den Datentyp *Variant*, so dass ohne weitere Konvertierung die Werte zugewiesen werden können. Zum Anderen ist diese Eigenschaft die Default-Eigenschaft von *TDataSet*, sie muss also gar nicht erwähnt werden. Um dem Feld *Vorname* einen Wert zuzuweisen, formuliert man einfach:

```
Table1['Vorname'] := 'Anja';
```

▥ FieldDefs (öffentlich)

```
property FieldDefs: TFieldDefs;
```

Mit Hilfe von *FieldDefs* können die Metadaten einer Tabelle ermittelt und verändert werden. Diese Eigenschaft wird vor allem dazu benötigt, um zur Laufzeit Tabellen zu erstellen. *TFieldDefs* wird in einem eigenen Abschnitt besprochen.

▥ CanModify, Modified (Eigenschaften, öffentlich, nur Lesen)

```
property CanModify: Boolean;
property Modified: Boolean;
```

Mit Hilfe der Eigenschaft *CanModify* kann festgestellt werden, ob die Datenmenge geändert werden kann. Sie wird beispielsweise auch dann den Wert
false haben, wenn bei SQL-JOINs die *TQuery*-Eigenschaft *RequestLive* auf *true*
gesetzt wird. Vorsicht: Diese Eigenschaft ermittelt nicht, ob Sie die Schreib-
berechtigung auf dem betreffenden Datenbank-Server haben.

Die Eigenschaft *Modified* ist gleich *true*, wenn der aktuelle Datensatz geändert,
aber *Post* oder *Cancel* noch nicht aufgerufen wurden.

▥ FieldCount, RecordCount, RecNo (Eigenschaften, öffentlich, nur Lesen)

```
property FieldCount: Integer;
property RecordCount: Integer;
property RecNo: Integer;
```

Mit Hilfe dieser Eigenschaften können die Zahl der Spalten (*FieldCount*), die
Zahl der Datensätze (*RecordCount*) und die Nummer des aktuellen Datensatzes (*RecNo*) ermittelt werden.

```
Label1.Caption := 'Datensatz ' + IntToStr(Table1.RecNo)
  + ' von ' + IntToStr(Table1.RecordCount);
```

▥ GetFieldNames (Methode, TDataSet)

```
procedure GetFieldNames(List: TStrings);
```

Die Methode *GetFieldNames* ermittelt die Spaltennamen einer Tabelle und
schreibt sie in die vorgegebene Stringliste.

```
Table1.GetFieldNames(ListBox1.Items);
```

▥ AutoCalcFields (Eigenschaft, veröffentlicht), OnCalcFields (Ereignis)

```
property AutoCalcFields: Boolean;
property OnCalcFields(DataSet: TDataSet)
```

Um einem berechneten Feld einen Wert zuzuweisen, wird das Ereignis *OnCalcFields* verwendet. Mit *AutoCalcFields* kann die Aufrufhäufigkeit des Ereignisses verändert werden, siehe Online-Hilfe.

Filtern der Datenmenge

Filter, Filtered, FilterOptions (veröffentlich)

```
property Filter: string;
property Filtered: Boolean;
property FilterOptions:
  set of (foCaseInsensitive, foNoPartialCompare);;
```

Eine Datenmenge kann mit der Eigenschaft *Filter* und/oder mit dem Ereignis *OnFilterRecord* gefiltert werden. Damit diese Filter aktiv sind, muss die Eigenschaft *Filtered* auf *true* gesetzt werden.

Um mit der Eigenschaft *Filter* eine Datenmenge zu filtern, muss dieser Eigenschaft eine Filteranweisung zugewiesen werden, welche an die SQL-Syntax angelehnt ist. So sind dabei auch logische Verknüpfungen und/oder Jokerzeichen möglich:

```
(name='v*') OR (name='d*')
```

Mit dieser Anweisung würde man die angezeigten Datensätze auf solche beschränken, deren Werte im Feld *name* mit *d* oder *v* beginnen. Leider müssen Stringkonstanten hier mit einfachen Anführungszeichen eingegeben werden, so dass eine Zuweisung zur Laufzeit mitunter ein wenig problematisch ist:

```
Table1.Filter := '(name=' + #39 + 'v*' + #39 + ') OR (Name='
  + #39 + 'd*' + #39 + ')';
```

Mit Hilfe von FilterOptions kann spezifiziert werden, ob Groß- und Kleinschreibung bei Strings unterbleiben soll (*foCaseInsensitive*), und/oder ob *-Zeichen als literale Zeichen statt als Jokerzeichen verwendet werden sollen (*foNoPartialCompare*).

Im Regelfall wird die Datenmenge lokal von der betreffenden Datenmengenkomponente gefiltert. Eine Ausnahme macht *TTable* im Zusammenhang mit SQL-Datenbankservern: Weil es in der Regel sehr viel Zeit benötigen würde, den gesamten Datenbestand auf den Client herunterzuladen, wird hier die Filter-Anweisung in eine SQL-Anweisung übersetzt und vom Server ausgeführt.

Im Gegensatz dazu wird bei *TQuery* der durch die SQL-Anweisung spezifizierte Datenbestand auf den Client heruntergeladen, damit die *TQuery*-Komponente die *Filter*-Anweisung dann lokal ausführen kann. Aus Performancegründen sollte der Einsatz der Eigenschaft *Filter* im Zusammenhang mit SQL-Datenbankservern und *TQuery* besser unterbleiben.

■ OnFilterRecord (Ereignis)

```
property OnFilterRecord(DataSet: TDataSet; var Accept: Boolean);
```

Das Ereignis *OnFilterRecord* wird für jeden Datensatz aufgerufen. Wird der Variablenparameter *Accept* auf *true* gesetzt, dann wird der Datensatz aufgenommen, wird er auf *false* gesetzt, unterbleibt dies.

```
procedure TForm1.Table1FilterRecord(DataSet: TDataSet;
  var Accept:Boolean);
begin
  if DataSet.FieldByName('Nachnamen').AsString = 'Rasemann'
    then Accept := true
    else Accept := false;
end;
```

TFieldDefs

Das Objekt *TFieldDefs* stellt eine Liste von *TFieldDef*-Objekten zur Verfügung, welche die Felder einer Datenmenge repräsentieren. *TFieldDefs* wird vor allem benötigt, um zur Laufzeit Tabellen zu erstellen. Das folgende Beispiel zeigt die prinzipielle Vorgehensweise:

```
procedure TForm1.N1Tabelleerstellen1Click(Sender: TObject);
begin
  with Table1 do
  begin
    Active := false;
    DataBaseName := 'test';
    TableName := 'test_1.db';
    TableType := ttParadox;
    with FieldDefs do
    begin
      Clear;
      Add('nummer', ftInteger, 0, false);
      Add('name', ftString, 20, false);
    end;
    CreateTable;
    Open;
  end; {with table1 do}
end; {procedure TForm1.N1Tabelleerstellen1Click}
```

TFieldDefs ist von *TObject* abgeleitet.

▦ Items (Eigenschaft, öffentlich)

```
property Items[Index: Integer]: TFieldDef; default;
```

Mit der Array-Eigenschaft *Items* kann auf die einzelnen *TFieldDef*-Einträge zugegriffen werden. Das Objekt *TFieldDef* ist im nächsten Abschnitt beschrieben.

▦ Count (Eigenschaft, öffentlich, nur Lesen)

```
property Count: Integer;
```

Mit *Count* kann die Anzahl der Einträge ermittelt werden.

▦ Add, AddFieldDef (Methoden)

```
procedure Add(const Name: string; DataType: TFieldType;
  Size: Word; Required: Boolean);
function AddFieldDef: TFieldDef;
```

Mit diesen beiden Methoden fügen Sie jeweils einen neuen Eintrag in die Liste ein. Während bei *Add* die *TFieldDef*-Eigenschaften als Parameter übergeben werden, liefert *AddFieldDef* einen Zeiger auf das neu erstellte *TFieldDef*-Objekt zurück, mit dessen Hilfe dann die einzelnen Eigenschaften gesetzt werden können.

```
Table1.FieldDefs.Add('name', ftString, 20, false);
```

```
var
  aFieldDef: TFieldDef;
begin
  aFieldDef := Table1.FieldDefs.AddFieldDef;
  aFieldDef.Name := 'name';
  aFieldDef.DataType := ftString;
  aFieldDef.Size := 20;
```

▦ Clear (Methode)

```
procedure Clear;
```

Mit *Clear* werden alle Einträge aus der Liste gelöscht.

▦ Find, IndexOf (Methoden)

```
function Find(const Name: string): TFieldDef;
function IndexOf(const AName: string): Integer;
```

Mittels dieser Methoden kann anhand des Feldnamens ein Zeiger auf den *TFieldDef*-Eintrag oder dessen Index ermittelt werden.

TFieldDef

Das Objekt *TFieldDef* repräsentiert die Definition eines Feldes einer Datenmenge. *TFieldDef* ist von *TObject* abgeleitet.

▪ Name (Eigenschaft, öffentlich)

```
property Name: string;
```

Die Eigenschaft *Name* repräsentiert den Feldnamen.

▪ DataType, Size, Precision (Eigenschaften, öffentlich)

```
property DataType: (ftUnknown, ftString, ftSmallint, ftInteger,
    ftWord, ftBoolean, ftFloat, ftCurrency, ftBCD, ftDate, ftTime,
    ftDateTime, ftBytes, ftVarBytes, ftAutoInc, ftBlob, ftMemo,
    ftGraphic, ftFmtMemo, ftParadoxOle, ftDBaseOle, ftTypedBinary,
    ftCursor, ftFixedChar, ftWideString, ftLargeint, ftADT, ftArray,
    ftReference, ftDataSet);
property Size: Integer;
property Precision: Integer;
```

Mit *DataType* wird der Feldtyp festgelegt, mit *Size* – so benötigt – die Größe des Feldes. Beachten Sie bitte beim Erstellen neuer Tabellen, dass nicht alle Datenbanksysteme alle Feldtypen unterstützen.

Beim Typ *ftBCD* werden mit *Precision* die Zahl der Stellen und mit *Size* die Nachkommastellen festgelegt.

▪ Required, Attributes, InternalCalcField (Eigenschaften, öffentlich)

```
property Required: Boolean;
property Attributes:
    set of (faHiddenCol, faReadonly, faRequired, faLink, faUnNamed);
property InternalCalcField: Boolean;
```

Bei einem NOT NULL-Feld hat *Required* den Wert *true*, und die Mengeneigenschaft *Attributes* enthält das Element *faRequired*. Das Element *faReadOnly* zeigt an, dass der betreffende Feldwert nicht geändert werden kann – beispielsweise bei berechneten Feldern.

Bei berechneten Feldern hat *InternalCalcField* den Wert *true*.

3.2.2 TField

Die Komponente *TField* repräsentiert die Spalte einer Tabelle, einer VIEW oder einer STORED PROCEDURE. *TField* ist von *TComponent* abgeleitet.

◪ Standardmäßig wird für jede Spalte einer Datenmenge (*TClientDataSet*, *TTable*, *TQuery*...) automatisch eine *TField*-Instanz erzeugt.

◪ Mit Hilfe des Feldeditors lassen sich statische *TField*-Instanzen erstellen. Diese sind insbesondere für berechnete Felder erforderlich. Sind für eine Datenmenge statische *TField*-Instanzen erstellt worden, dann werden keine weiteren *TField*-Instanzen automatisch erzeugt. Daher ist es dann erforderlich, dass für jede Spalte, die in der Datenmenge enthalten sein soll, eine statische *TField*-Instanz erzeugt wird.

Mit Hilfe statischer *TField*-Instanzen lassen sich einzelne Spalten gezielt aus einer Datenmenge ausschließen. Soll jedoch lediglich die Anzeige von Spalten in einer *TDBGrid*-Komponente verhindert werden, dann lässt sich dies einfacher mit dem Spalteneditor von *TDBGrid* erreichen.

Erzeugen statischer TField-Instanzen

Um statische Feldkomponenten zu erzeugen, wird ein Doppelklick auf die Datenmengenkomponente ausgeführt. Delphi öffnet dann den Feldeditor (siehe Abbildung, rechts). Mit dem Kontextmenü kann man hier *TField*-Instanzen hinzufügen:

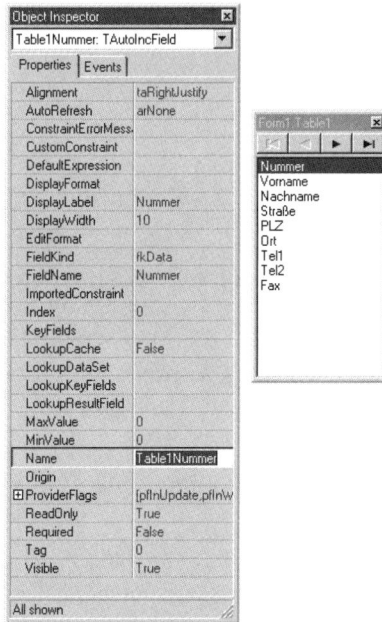

Berechnete Felder

Um Redundanzen oder gar widersprüchliche Informationen innerhalb eines Datensatzes zu vermeiden, werden Spalten, deren Inhalte sich durch andere Spalten berechnen lassen würden, nicht in die Tabelle aufgenommen, sondern bei der Abfrage berechnet. Dazu wird eine neue *TField*-Instanz eingefügt, die ein berechnetes Feld erstellt. Informationen darüber, auf welche Weise denn das Feld berechnet werden soll, können nicht eingegeben werden – eine entsprechende Anweisung obliegt einzig und allein der Ereignisbehandlungsroutine des *TDataSet*-Ereignisses *OnCalcFields*.

```
procedure TForm1.Table1CalcFields(Sender: TObject)
begin
   Table1.FieldByName('Test').AsString
      := Table1.FieldByName('Vorname').AsString + ' '
      + Table1.FieldByName('Nachname').AsString;
end;
```

Hier im Beispiel wird dem Inhalt des berechneten Feldes eine Zusammenfügung aus Vor- und Nachname zugewiesen. Dies ist beispielsweise dann sinnvoll, wenn Adressetiketten gedruckt werden sollen. Bei der Verwendung der Komponente *TQuery* kann man – solange die Standard-SQL-Operatoren dafür ausreichen – auch per SQL-Anweisung eine berechnete Spalte erstellen:

```
SELECT vorname, nachname,
    vorname || " " || nachname AS test
    ...
  FROM ...
```

Lookup-Felder

Eine Abwandlung der berechneten Felder sind die Lookup-Felder. Hier wird der Spaltenwert nicht über eine *OnCalcFields*-Ereignisbehandlungsroutine zugewiesen, sondern aus einer anderen Tabelle bezogen (»Nachschlagetabelle«).

Wie bei der Definition eines berechneten Feldes müssen auch hier Spaltenname und Spaltentyp eingegeben werden, desweiteren wird der Radiobutton *Lookup* gewählt. Die Definition der Lookup-Beziehung erfolgt über das *Schlüsselfeld* und den *Lookup-Schlüssel* der zusätzlichen Datenmengenkomponente (*Datensatz*). Das Feld, welches in die Datenmenge aufgenommen werden soll, wird in der Combobox *Ergebnisfeld* ausgewählt.

Auch eine solche Lookup-Beziehung könnte man mit Hilfe einer SQL-Anweisung – genauer gesagt, mit Hilfe eines JOINs – definieren.

TField

In Delphi wird jedes Feld einer Datenbank durch ein Objekt repräsentiert, das von *TField* abgeleitet worden ist (*TStringField*, *TCurrencyField* usw). Die folgende Abbildung zeigt die Hierarchie der verschiedenen *TField*-Nachkommen.

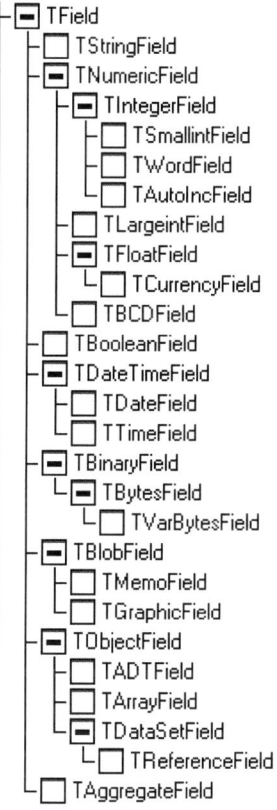

Zur Erhöhung der Übersichtlichkeit sind alle *TField*-Nachkommen in Kapitel 3.9.3 beschrieben.

Beachten Sie bitte, dass nicht alle Eigenschaften in *TField* auch implementiert sind. So ist beispielsweise die Eigenschaft *AsBoolean* bereits in *TField* definiert, aber erst in *TBooleanField* implementiert.

Zugriff auf die Daten

Mittels der folgenden, im einzelnen nicht beschriebenen Eigenschaften kann auf den (Daten-)Inhalt von *TField* zugegriffen werden.

```
Table1.FieldByName('Name').AsString := 'Maier';
i := Table1.FieldByName('Nummer').AsInteger;
```

- AsBoolean (Eigenschaft, öffentlich)

  property AsBoolean: boolean;

- AsCurrency (Eigenschaft, öffentlich)

  property AsCurrency: Currency;

- AsDateTime (Eigenschaft, öffentlich)

  property AsDateTime: TDateTime;

- AsFloat (Eigenschaft, öffentlich)

  property AsFloat: double;

- AsInteger (Eigenschaft, öffentlich)

  property AsInteger: longint;

- AsString (Eigenschaft, öffentlich)

  property AsString: **string**;

- AsVariant (Eigenschaft, öffentlich)

  property AsVariant: Variant;

- Assign (*TField*)

  procedure Assign(Source: TPersistent);

  Mit Hilfe von *Assign* kann einem Feld der Inhalt eines anderen Feldes oder eines anderen *TPersistent*-Nachfahren zugewiesen werden. Bei den Nachfahren von *TBlobField* ist dies in der Regel der einzige Weg, um auf den Feldinhalt zugreifen zu können.

  ```
  Table1.FieldByName('Grafik').Assign(Image1.Picture);
  ```

- Clear (Methode), IsNull (Eigenschaft, öffentlich, nur Lesen)

  procedure Clear;
  property IsNull: boolean;

  Die Methode *Clear* löscht den Feldinhalt und weist somit dem Feld den Wert NULL zu. Bei einem leeren Datenfeld ist die Eigenschaft *IsNull* gleich *true*.

- OnChangeField (*TField*)

  property OnChange(Sender: TField);

  Das Ereignis *OnChange* tritt nach dem Speichern der Felddaten auf.

■ NewValue (Eigenschaft, öffentlich)

```
property NewValue: Variant;
```

Die Werte von *NewValue* und *Value* sind identisch, nur während des Eintragens von zwischengespeicherten Aktualisierungen können sie sich unterscheiden. Wird *NewValue* in einer Ereignisbehandlungsroutine für *OnUpdateError* oder für *OnUpdateRecord* gesetzt, unterscheiden sich die Werte *NewValue* und *Value*, bis die zwischengespeicherten Aktualisierungen vollständig in der zugrunde-liegenden Datenbanktabelle eingetragen sind.

■ OldValue (Eigenschaft, öffentlich, nur Lesen)

```
property OldValue: Variant;
```

Durch *OldValue* kann der ursprüngliche Wert des Feldes ermittelt werden, den es vor dem Eintrag zwischengespeicherter Aktualisierungen hatte.

■ Text (Eigenschaft, öffentlich), OnGetText, OnSetText (Ereignis)

```
property Text: string;
property OnGetText(Sender: TField; var Text: String;
  DisplayText: Boolean);
property OnSetText(Sender: TField; const Text: String);
```

Für gewöhnlich entspricht der Inhalt der Eigenschaft *Text* dem der Eigenschaft *AsString*. Abweichungen können mit Hilfe der *OnGetText*-Ereignis-behandlungsroutine implementiert werden.

Das Ereignis *OnGetText* wird ausgelöst, wenn die Eigenschaften *DisplayText* oder *Text* gelesen werden. Der Parameter *Text* nimmt den formatierten Text auf, der von den Eigenschaften *DisplayText* oder *Text* verwendet wird. Der Parameter *DisplayText* zeigt an, ob der Text nur zur Anzeige oder auch bei der Bearbeitung verwendet werden soll.

Das Ereignis *OnSetText* wird ausgelöst, wenn der Eigenschaft *Text* ein Wert zugewiesen wird.

■ DisplayText (Eigenschaft, öffentlich, nur Lesen)

```
property DisplayText: string;
```

Der Inhalt von *DisplayText* entspricht normalerweise dem von *AsString*. Mit Hilfe der *OnGetText*-Ereignisbehandlungsroutine kann davon Abweichendes programmiert werden.

▨ GetData, SetData (Methoden)

```
function GetData(Buffer: Pointer): Boolean;
procedure SetData(Buffer: Pointer);
```

Enthält das Feld Daten, dann werden diese unformatiert in den übergebenen Puffer geschrieben, andernfalls wird *false* zurückgegeben.

Die Methode *SetData* weist dem Feld die unformatierten Daten im Puffer zu.

▨ Value (Eigenschaft, öffentlich)

```
property Value: Variant;
```

Die Eigenschaft *Value* enthält den Inhalt des Feldes. Die Nachfahren von *TField* implementieren diese Eigenschaft mit verschiedenen Datentypen.

▨ AssignValue (Methode)

```
procedure AssignValue(const Value: TVarRec);
```

Die Methode *AssignValue* weist dem Feld mit Hilfe der Eigenschaft *AsString*, *AsInteger*, *AsBoolean* oder *AsFloat* den Wert *Value* zu. In der Regel ist es sinnvoller, den Wert der entsprechenden Eigenschaft direkt zuzuweisen.

▨ OnValidate (Ereignis)

```
property OnValidate(Sender: TField);
```

Vor dem Speichern der Daten wird das Ereignis *OnValidate* ausgelöst. Dadurch ist eine Überprüfung der Eingabe möglich.

Anzeige

▨ Alignment (Eigenschaft, veröffentlicht)

```
property Alignment: (taLeftJustify, taRightJustify, taCenter);
```

Alignment spezifiziert die Ausrichtung des Strings (oder wessen auch immer) im jeweiligen Dialogelement. Die Voreinstellung bei String-Feldern ist linksbündig, bei Zahlenfeldern rechtsbündig.

▨ DisplayLabel (Eigenschaft, veröffentlicht)

```
property DisplayLabel: string;
```

Normalerweise wird als Titel einer *DBGrid*-Spalte der Name des Feldes angezeigt. Soll ihr ein anderer Titel gegeben werden, kann dies mit der Eigenschaft *DisplayLabel* geschehen. Eine Änderung ist darüber hinaus im Spalteneditor des Datengitters möglich.

- DisplayName (Eigenschaft, öffentlich, nur Lesen)

```
property DisplayName: string;
```

Die Eigenschaft *DisplayName* liefert den aktuellen Feldnamen zu Anzeigezwecken. Ist *DisplayLabel* definiert, dann ist *DisplayName* gleich *DisplayLabel*, andernfalls ist *DisplayName* gleich *FieldName*.

- DisplayWidth (Eigenschaft, veröffentlicht)

```
property DisplayWidth: integer;
```

Die Breite einer *DBGrid*-Spalte richtet sich nach der Länge des dazugehörenden Feldes; diese kann mit der Eigenschaft *DisplayWidth* vermindert oder erweitert werden. Die Breite einer *TDBGrid*-Spalte kann jedoch auch mit dem Spalteneditor von *TDBGrid* geändert werden.

- FocusControl (Methode)

```
function FocusControl;
```

Die Methode *FocusControl* setzt den Eingabefokus auf ein mit dieser Komponente verbundenes Steuerelement. Diese Methode sollte beispielsweise dann aufgerufen werden, wenn bei der Validierung ein Fehler festgestellt worden ist, so dass der Anwender diesen unverzüglich beheben kann.

- IsValidChar (Methode)

```
function IsValidChar(InputChar: Char): Boolean;
```

Gibt den Wert *true* zurück, wenn die Eingabe des Zeichens *InputChar* in das betreffende Feld erlaubt ist.

Verbindung zur Datenbank

- FieldName (Eigenschaft, veröffentlicht)

```
property FieldName: string;
```

Die Eigenschaft *FieldName* enthält den Spaltennamen. Dieser wird in der Regel von der Tabelle oder der Abfrage übernommen, kann aber auch geändert werden.

- Index (Eigenschaft, veröffentlicht)

```
property Index: integer;
```

Die Eigenschaft *Index* beinhaltet die Indexnummer in der *Fields*-Eigenschaft der jeweiligen Datenmenge.

■ DataSet (Eigenschaft, öffentlich)

property DataSet: TDataSet;

Die Komponenteneigenschaft *DataSet* verweist auf die Datenmengenkomponente, aus der das Feld stammt.

■ FieldNo (Eigenschaft, öffentlich, nur Lesen)

property FieldNo: integer;

Feldnummer der eigentlichen Datenbanktabelle. Wird nur für Funktionen der BDE-API benötigt.

Sonstiges

■ ReadOnly (Eigenschaft, veröffentlicht)

property ReadOnly: boolean;

Wird *ReadOnly* auf *true* gesetzt, dann lässt sich dieses Feld nicht mehr verändern.

■ CanModify (Eigenschaft, öffentlich, nur Lesen)

property CanModify: boolean;

Die Eigenschaft *CanModify* ist gleich *true*, wenn sich das betreffende Feld ändern lässt. Nicht ändern lassen sich beispielsweise berechnete Felder oder Felder in »nicht lebenden« Abfragen.

■ Required (Eigenschaft, veröffentlicht)

property Required: boolean;

Wird *Required* auf *true* gesetzt, dann muss für das Feld ein Wert eingegeben werden, andernfalls wird eine Exception ausgelöst.

■ Visible (Eigenschaft, veröffentlicht)

property Visible: boolean;

Wird *Visible* auf *false* gesetzt, dann wird das betreffende Feld im Datengitter nicht angezeigt. Dasselbe kann auch über den Spalteneditor der *TDBGrid*-Komponente erreicht werden.

■ Calculated (Eigenschaft, veröffentlicht)

property Calculated: boolean;

Mit der Eigenschaft *Calculated* wird entschieden, ob es sich um ein berechnetes Feld handelt. Sie können auch bei Feldern, die in der Datenmenge vorhanden sind, die Eigenschaft *Calculated* auf *true* setzen und dann beispielsweise irgendwelche Berechnungen mit dem Feldinhalt durchführen. Bei Lookup-Feldern ist die Eigenschaft *Calculated = false*.

- BDECalcField (Eigenschaft, öffentlich, nur Lesen)

```
property BDECalcField: boolean;
```

Die Eigenschaft *BDECalcField* ist gleich *true*, wenn ein Feld im Rahmen einer SQL-Abfrage von der BDE berechnet wurde. Im folgenden Beispiel wäre *gesamtpreis* ein solches berechnetes Feld:

```
SELECT anzahl, artikelnummer, einzelpreis,
  anzahl * einzelpreis AS gesamtpreis
  FROM ...
```

- AttributeSet (Eigenschaft, öffentlich)

```
property AttributeSet: string;
```

Die Eigenschaft *AttributeSet* ist der Name der Attributmenge im Daten-Dictionary, die auf diese Feldkomponente angewendet wird.

- DataSize (Eigenschaft, öffentlich, nur Lesen)

```
property DataSize: Word;
```

Größe des Speichers in Byte, der für das betreffende Feld benötigt wird. Liefert für BLOB-Felder und Nachfahren den Wert null zurück – Näheres siehe Online-Hilfe.

- DataType (Eigenschaft, öffentlich, nur Lesen)

```
property DataType: TFieldType;
```

Die Eigenschaft *DataType* gibt den Datentyp des Feldes an. String-Felder haben beispielsweise den Typ *ftString*.

- FieldKind (Eigenschaft, öffentlich)

```
property FieldKind: (fkData, fkCalculated, fkLookup,
  fkInternalCalc, fkAggregate);
```

Die Eigenschaft *FieldKind* kann folgende Werte annehmen:

- *fkData*: Feld aus einer Datenbank
- *fkCalculated*: in einer *OnCalcField* -Ereignisbehandlungsroutine berechnetes Feld
- *fkLookup*: Lookup-Feld
- *fkInternalCalc*: von der BDE berechnetes Feld
- *fkAggregate*: Aggregat-Feld einer Client-Datenmenge

▓ IsIndexField (Eigenschaft, öffentlich, nur Lesen)

property IsIndexField: boolean;

Die Eigenschaft *IsIndexField* ist gleich *true*, wenn das betreffende Feld indiziert ist.

▓ Size (Eigenschaft, öffentlich)

property Size: word;

Definiert die Größe des Feldes in Zeichen (*TStringField*, *TMemoField*) oder Bytes (*TBlobField* und Nachkommen).

Lookup-Felder

▓ KeyFields (Eigenschaft, veröffentlicht)

property KeyFields: **string**;

Die Eigenschaft *KeyFields* braucht nur bei Lookup-Feldern gesetzt zu werden (Felder, bei denen *FieldKind* den Wert *fkLookup* und *Lookup* den Wert *true* hat). *KeyFields* legt das Feld oder die Felder fest, für die bei Auftreten eines Lookups eine Übereinstimmung erreicht werden muss. Sollen mehrere Felder berücksichtigt werden, trennen Sie die Feldnamen durch Semikola.

▓ Lookup (Eigenschaft, veröffentlicht)

property Lookup: boolean;

Die Eigenschaft *Lookup* ist *true*, wenn es sich um ein Lookup-Feld handelt.

▓ LookupDataSet (Eigenschaft, veröffentlicht)

property LookupDataSet: TDataSet;

Die Eigenschaft *LookupDataSet* bestimmt die Datenmenge, in der die Feldwerte gesucht werden.

▓ LookupKeyFields (Eigenschaft, veröffentlicht)

property LookupKeyFields: **string**;

In der Eigenschaft *LookupKeyFields* werden ein oder mehrere Felder angegeben, über welche die Verknüpfung hergestellt wird. Die betreffenden Felder müssen indiziert sein und mit den Feldern der Eigenschaft *KeyFields* übereinstimmen.

▓ LookupResultField (Eigenschaft, veröffentlicht)

property LookupResultField: **string**;

In der Eigenschaft *LookupResultField* wird das Datenfeld der Lookup-Datenquelle angegeben, welches dann angezeigt wird.

3.9.3 Die TField-Nachkommen

Die folgenden Elemente sind nur bei einer Teilmenge der *TField*-Nachkommen implementiert.

- BlobType (Eigenschaft, veröffentlicht, *TBlobField*)

  property BlobType: TBlobType;

  Die Eigenschaft *BlobType* kann folgende Werte annehmen:

  - *ftBlob*: BLOB-Feld
  - *ftMemo*: Memo-Feld
  - *ftGraphic*: Bitmap-Feld
  - *ftFmtMemo*: formatiertes Memo-Feld
  - *ftParadoxOle*: Paradox-OLE-Feld
  - *ftDBaseOle*: dBase-OLE-Feld
  - *ftTypedBinary*: typisiertes binäres Feld

- Currency (Eigenschaft, veröffentlicht, *TFloatField*, *TBCDField*)

  property Currency: boolean;

  Ist die Eigenschaft *Currency* = *true*, dann wird die Zahl als Geldbetrag formatiert.

- DisplayFormat (Eigenschaft, veröffentlicht, *TNumericField*, *TDateTimeField*)

  property DisplayFormat: **string**;

  Mit Hilfe der Eigenschaft *DisplayFormat* kann die Anzeige in den Anzeige- und Dialogelementen formatiert werden. Damit beispielsweise Felder, die nicht vom Typ *TCurrencyField* sind, Zahlen als Geldbeträge darstellen, kann man der Eigenschaft *DisplayFormat* den Wert *0.00 DM* zuweisen. Näheres dazu in der Online-Hilfe.

- DisplayValues (Eigenschaft, veröffentlicht, *TBooleanField*)

  property DisplayValues: **string**;

  Soll die Anzeige von booleschen Feldern in Datengittern und anderen textbasierten Komponenten von *Wahr* und *Falsch* auf beispielsweise *Ja* und *Nein* umgestellt werden, so ist die Eigenschaft *DisplayValues* dafür auf *Ja;Nein* zu setzen.

▪ EditFormat (Eigenschaft, veröffentlicht, *TNumericField*)

```
property EditFormat: string;
```

Mit Hilfe der Eigenschaft *EditFormat* kann die Formatierung eines Feldes gesteuert werden, wenn in einem datensensitiven Dialogelement der Wert bearbeitet wird.

▪ EditMask (Eigenschaft, veröffentlicht, *TStringField*)

```
property EditMask: string;
```

Bisweilen kann es sinnvoll sein, eine Eingabe in ein bestimmtes Schema zu
zwingen (beispielsweise eine Postleitzahl in die Form *12 345*), oft geschieht
dies zur Überprüfung der Eingabe. Diesem Zweck dient die Eigenschaft
EditMask. Die Syntax der Eingabemaske gleicht der von *TMaskEdit* (Kapitel
3.4.3)

▪ MaxValue, MinValue (Eigenschaften, veröffentlicht, *TIntegerField, TFloatField,
TBCDField*)

```
property MaxValue: longint;
property MinValue: longint;
```

Die Eigenschaft *MaxValue* bestimmt den maximalen Wert eines Zahlen-Fel-
des, die Eigenschaft *MinValue* den minimalen Wert.

▪ Precision (Eigenschaft, veröffentlicht, *TFloatField*)

```
property Precision: integer;
```

Legt die Genauigkeit fest, mit der Gleitkommazahlen angezeigt werden.

▪ BlobSize (Eigenschaft, veröffentlicht, *TStringField, TBlobField*)

```
property BlobSize: integer;
```

Die Eigenschaft *Size* gibt die Größe des Datenfeldes in Bytes an.

▪ Transliterate (Eigenschaft, veröffentlicht, *TStringField, TMemoField*)

```
property Transliterate: boolean;
```

Setzen Sie die Eigenschaft *Transliterate* auf *true*, wenn die durch die Datenmenge bezeichnete physikalische Datenbanktabelle keinen ANSI-Sprachtreiber
verwendet und die Daten ASCII-Sonderzeichen (deutsche Umlaute beispielsweise) enthalten.

■ SetFieldType (Methode *TField*)

```
procedure SetFieldType(Value: TFieldType);
```

Die Methode *SetFieldType* ist lediglich eine abstrakte Methode – damit sie verwendet werden darf, muss sie erst entsprechend implementiert werden. Für *TBlobField* und Nachfahren ist diese Methode implementiert und erlaubt folgende Parameterwerte:

– *ftBlob:* BLOB-Feld

– *ftMemo:* Memo-Feld

– *ftGraphic:* Bitmap-Feld

– *ftFmtMemo:* formatiertes Memo-Feld

– *ftParadoxOle:* Paradox-OLE-Feld

– *ftDBaseOle:* dBase-OLE-Feld

– *ftTypedBinary:* typisiertes binäres Feld

Speichern in Dateien und Streams

■ LoadFromFile (Methode, *TBlobField*)

```
procedure LoadFromFile(const FileName: string);
```

Die Methode *LoadFromFile* lädt den Wert aus einer Datei in das Feld.

■ LoadFromStream (Methode, *TBlobField*)

```
procedure LoadFromStream(Stream: TStream);
```

Die Methode *LoadFromStream* lädt den Wert aus einem Stream in das Feld.

■ SaveToFile (Methode, *TBlobField*)

```
procedure SaveToFile(const FileName: string);
```

Die Methode *SaveToFile* speichert den Feldinhalt in eine Datei.

■ SaveToStream (Methode, *TBlobField*)

```
procedure SaveToStream(Stream: TStream);
```

Die Methode *SaveToStream* speichert den Feldinhalt in einen Stream.

3.9.4 TDataSource

Die Komponente *TDataSource* verbindet *TDataSet*-Komponenten (*TClientDataSet*, *TTable*, *TQuery*, *TStoredProcedure* ...) mit den entsprechenden datensensitiven Dialogelementen. *TDataSource* ist von *TComponent* abgeleitet.

■ DataSet (Eigenschaft, veröffentlicht)

```
property DataSet: TDataSet;
```

Die wohl wichtigste Eigenschaft von *TDataSource* ist die Eigenschaft *DataSet*. Hier wird festgelegt, mit welcher *TDataSet*-Komponente die Datenquelle verbunden ist. Diese Eigenschaft kann auch zur Laufzeit verändert werden.

■ AutoEdit (Eigenschaft, veröffentlicht)

```
property AutoEdit: Boolean default true;
```

Ist die Eigenschaft *AutoEdit* gleich *true*, wechselt die Datenquelle und die damit verbundene Datenmenge immer dann automatisch in den Modus *dsEdit*, wenn der Anwender versucht, in einem datensensitiven Dialogelement eine Änderung durchzuführen. Ist die Eigenschaft *AutoEdit* gleich *false*, dann muss vor einer Änderung die Methode *Edit* aufgerufen werden.

■ Enabled (Eigenschaft, veröffentlicht)

```
property Enabled: Boolean default true;
```

Die Eigenschaft *Enabled* legt fest, ob der jeweilige Datensatz in den Dialogelementen angezeigt wird. Für gewöhnlich ist *Enabled* gleich *true*, bei der inkrementalen Suche kann es den Suchvorgang aber sehr beschleunigen, wenn man vorübergehend die Dialogelemente abkoppelt.

■ State (Eigenschaft, öffentlich, nur Lesen)

```
property State: (dsInactive, dsBrowse, dsEdit, dsInsert,
    dsSetKey, dsCalcFields, dsFilter, dsNewValue, dsOldValue,
    dsCurValue, dsBlockRead, dsInternalCalc);
```

Die Eigenschaft *State* gleicht der gleichnamigen Eigenschaft der verbundenen Datenmenge, es sei denn, die Eigenschaft *Enabled* ist gleich *false* – dann ist *State* gleich *dsInactive*.

■ OnDataChange (Ereignis)

```
property OnDataChange(Sender: TObject; Field: TField);
```

Das Ereignis *OnDataChange* wird immer dann ausgelöst, wenn sich die anzuzeigenden Daten (im weitesten Sinne) ändern; in der Regel wird dies der Fall sein, wenn ein anderer Datensatz aufgerufen wird, also auch, wenn sich die Eigenschaft *State* von *dsInactive* auf *dsBrowse* ändert.

Das Ereignis wurde früher, als es das Ereignis *AfterScroll* noch nicht gab, dazu verwendet, zwei *DataSet*-Komponenten zu synchronisieren. Hier im Beispiel ist *DataSource2* mit *TQuery1* und einem *DBGrid* verbunden. Immer wenn in diesem *DBGrid* zu einem anderen Datensatz gewechselt wird, soll dieser in der aus *TEdit*-Komponenten zusammengesetzten Eingabemaske angezeigt werden:

```
procedure TForm4.DataSource2DataChange(Sender: TObject;
  Field: TField);
begin
  Table1.FindKey([Query1.FieldByName('Nummer').AsInteger]);
end;
```

Da es sich hier um eine *TQuery-* und nicht um eine *TTable*-Komponente handelt, kann die *TTable*-Methode *GotoCurrent* nicht verwendet werden.

- OnStateChange (Ereignis)

```
property OnStateChange(Sender: TObject);
```

Das Ereignis *OnStateChange* tritt auf, wenn sich die Eigenschaft *State* ändert. Dieses Ereignis wird beispielsweise dann gebraucht, wenn eine Datenmenge nicht mit dem *DBNavigator*, sondern über Menüpunkte, einen Bit- oder Speed-Button gesteuert wird. Soll sich ein Programm ausschließlich mit Hilfe der Tastatur bedienen lassen, werden Sie bei der Realisierung dieses Vorhabens mit dem *DBNavigator* schnell in Schwierigkeiten geraten – hier müssen Sie dann die entsprechenden *TDataSet*-Methoden über Buttons oder Menüpunkte aufrufen.

Sollen – analog zum *DBNavigator* – nur die Menü-Punkte oder Bit-Buttons die Eigenschaft *enabled = true* erhalten, deren Verwendung auch Sinn macht (im Zustand *dsBrowse* benötigen Sie beispielsweise weder *Post* noch *Cancel*), dann können Sie mit dem Ereignis *OnStateChange* eine Prozedur auslösen, welche die Eigenschaft *State* abfragt und die *Enabled*-Eigenschaft dementsprechend setzt.

- OnUpdateData (Ereignis)

```
property OnUpdateData(Sender: TObject);
```

Das Ereignis *OnUpdateDate* wird ausgelöst, wenn bei der verbundenen *TDataSet*-Komponente die Methode *Post* (direkt oder indirekt) oder die Methode *UpdateData* aufgerufen wird.

3.9.5 Die Komponente TClientDataSet

Die Datenmengenkomponenten *TTable*, *TQuery* und *TStoredProcedure* benötigen zwingend die BDE. Sollen Datenbankanwendungen ohne BDE erstellt werden, dann kann dafür die Komponente *TClientDataSet* verwendet werden. Dabei sind drei Anwendungsfälle vorgesehen:

▦ Einfache, einschichtige Datenbankanwendungen ersparen sich auf diese Weise die Installation der BDE. Eine umfangreichere Datenbankanwendung inklusive Online-Hilfe passt in der Regel auf eine Diskette – mit BDE werden es drei Disketten mehr.

▦ Bei mehrschichtigen Anwendungen (Multi-Tier-Anwendungen) versucht man in der Regel, *Thin Clients* zu erstellen, also Clients, die sehr wenig Funktionen implementieren und somit auch mit wenig Ressourcen auskommen. Auch hier erscheint ein Verzicht auf die BDE wünschenswert.

▦ Bei mehrschichtigen Anwendungen ist es auch denkbar, dass der Rechner nicht immer mit dem Server verbunden ist. Hier ist es dann nötig, die Daten lokal zwischenzuspeichern (»Aktenkoffermodell«)

Bis einschließlich Delphi 5 war es erforderlich, für die Verwendung von *TClientDataSet* die Datei *MIDAS.dll* auf den betroffenen Rechnern (Client und Server) zu installieren. Dies ist ab Delphi 6 bei den Clients nicht mehr erforderlich, wenn die Unit *MidasLib* in die uses-Klausel aufgenommen wird. (Leider liegt diese Unit nur im dcu-Format vor.)

Der Vollständigkeit halber: *TClientDataSet* ist von *TDataSet* abgeleitet.

Warum TClientDataSet?

In vielen Delphi-Datenbank-Anwendungen wurde bislang die BDE mit dBase oder Paradox als Einplatz-Datenbanksystem eingesetzt. Dies bringt leider einige Nachteile mit sich.

Zum einen muss sichergestellt werden, dass die BDE auf jedem Rechner installiert ist. Dies vergrößert zunächst einmal die Installation eines Programms auf mindestens 4 Disketten. Sie mögen einwenden, dass heutzutage kein Programm mehr auf Disketten ausgeliefert wird – aber wenn es auf eine Diskette passt, warum nicht? Außerdem spielt spätestens dann, wenn ein Programm oder dessen Demo-Version über das Internet vertrieben wird, die Dateigröße wieder eine Rolle.

Zudem gab es bei dieser Installation immer wieder einige Probleme – insbesondere dann, wenn die erste BDE-Installation auf einem Rechner mittels der Corel WordPerfect Suite passierte und anschließend eine mit InstallShield Express erzeugte Installation versucht wurde.

Bei vielen Programmen, insbesondere bei Demo-Programmen, wäre es wünschenswert, dass diese überhaupt keine Installation benötigen, sondern aus einer einzigen exe-Datei bestehen.

Außerdem sind dBase und Paradox dateiorientierte Datenbanksysteme – *TClientDataSet* dagegen hält alle Daten grundsätzlich im Speicher, was sich entsprechend positiv auf die Performance auswirkt.

Der einzige Wehrmutstropfen: Sie können noch keine SQL-Anweisungen verwenden. Zwar kennt die Eigenschaft *Filter* inzwischen sogar einen LIKE-Operator, und auch sonst ist die Syntax verdammt nahe an SQL, aber mit einer einzigen Anweisung Spalten auswählen, filtern und sortieren bleibt zumindest in dieser Delphi-Version noch ein Wunschtraum.

Zur Entwurfszeit Tabellen erstellen

Bei einschichtigen Datenbankanwendungen muss zunächst eine Tabelle erstellt werden, bevor sie verwendet werden kann. Dazu brauchen Sie kein Tool wie die Datenbankoberfläche, das geht recht bequem aus Delphi heraus. Rufen Sie zunächst den Kollektioneneditor der Eigenschaft *FieldDefs* auf und fügen Sie Felder hinzu, deren Eigenschaften (insbesondere *Name* und *DataType*) entsprechend gesetzt werden müssen.

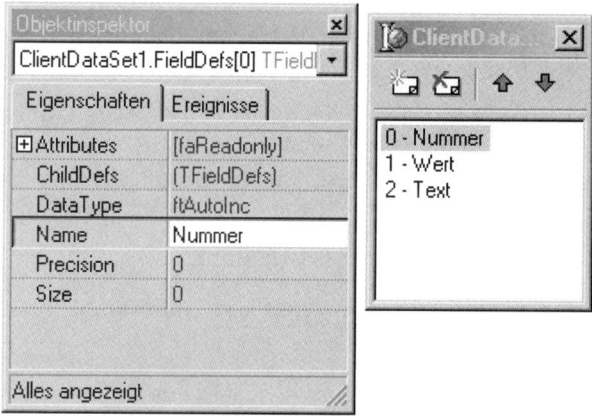

Nun wird das Kontextmenü von *TClientDataSet* aufgerufen und der Menüpunkt DATASET ERSTELLEN gewählt.

Dieses Kontextmenü bietet auch die Möglichkeit, Daten aus einer Datei zu laden oder dann, wenn *TClientDataSet* Daten enthält, diese in eine Datei zu speichern. Dabei kann entweder das binäre- oder das XML-Format verwendet werden.

Verbindung zur Datenbank oder zur Datenbasis

- ProviderName (Eigenschaft, veröffentlicht)

```
property ProviderName: string;
```

Eine *TClientDataSet*-Instanz kann Daten von einem Provider beziehen, der sie wiederum aus einer anderen Datenmenge bezieht. So kann beispielsweise eine Tabelle oder eine Abfrage von einem Datenbankserver auf den Client heruntergeladen werden.

- FileName (Eigenschaft, veröffentlicht)

```
property FileName: string;
```

Wird *FileName* ein Wert zugewiesen, dann lädt *TClientDataSet* die Daten bei Programmstart aus dieser Datei und speichert sie beim Beenden des Programms dort ab – die bisherige Datei wird dabei ohne Rückfrage überschrieben.

- SaveToFile, SaveToStream (Methoden)

```
procedure SaveToFile(const FileName: string);
procedure SaveToStream(Stream: TStream);
```

Die Daten können in eine Datei oder in einen Stream geschrieben werden. Letzteres wäre besonders dann nützlich, wenn man bei vielen *TClientDataSet*-Instanzen nicht ebensoviele Dateien anlegen möchte.

Der Konjunktiv hat an dieser Stelle durchaus seine Berechtigung: *TClientDataSet* speichert die Daten ohne Längenangabe in den Stream, so dass beim Auslesen bis zum Streamende gelesen wird. Dieses Verhalten vermeidet die Komponente *TBClientDataSet*, welche in Kapitel 6.7.3 beschrieben wird.

- LoadFromFile, LoadFromStream (Methoden)

```
procedure LoadFromFile(const FileName: string);
procedure LoadFromStream(Stream: TStream);
```

Mit Hilfe dieser Methoden werden die Daten aus Dateien oder Streams geladen.

- CreateDataSet (Methode)

```
procedure CreateDataSet;
```

Mit *CreateDataSet* wird eine neue Datenmenge erzeugt. Vorher muss mit *FieldDefs* die Felddefinition erstellt werden.

```
with ClientDataSet1 do
begin
  Active := false;
  with FieldDefs do
  begin
    Clear;
    Add('Nummer', ftAutoInc, 0, false);
    Add('Vornamen', ftString, 30, true);
    Add('Nachnamen', ftString, 30, true);
  end;
  with IndexDefs do
  begin
    Clear;
    Add('Primary', 'Nummer', [ixPrimary, ixUnique]);
  end;
  CreateDataSet;
  Open;
end; {with ClientDataSet1 do}
```

RemoteServer, ConnectionBroker (Eigenschaften, veröffentlich)

```
property RemoteServer: TCustomRemoteServer;
property ConnectionBroker: TConnectionBroker;
```

Befindet sich der Provider in einem anderen Programm, dann muss die Verbindung mit einem *RemoteServer* hergestellt werden. Alternativ dazu kann mit einem *ConnectionBroker* die Verbindung von mehreren *TClientDataSet*-Instanzen zentral verwaltet werden.

ReadOnly (Eigenschaft, veröffentlicht)

```
property ReadOnly: Boolean;
```

Wird *ReadOnly* auf *true* gesetzt, dann kann die *TClientDataSet*-Instanz keine Änderungen am Datenbestand vornehmen.

CloneCursor (Methode) CloneSource (Eigenschaft, öffentlich, nur Lesen)

```
procedure CloneCursor(Source :TCustomClientDataSet;
  Reset: Boolean; KeepSettings: Boolean = False);
property CloneSource: TCustomClientDataSet;
```

CloneCursor wird verwendet, um auf den Datenbestand eines anderen *ClientDataSets* zuzugreifen. Einen Zeiger auf diese Datenmenge kann man mit *CloneSource* erhalten.

Aktualisieren der Server-Daten oder der Datenbasis

▪ ApplyUpdates, CancelUpdates (Methoden)

```
function ApplyUpdates(MaxErrors: Integer); Integer;
procedure CancelUpdates;
```

Ist die Komponente *TClientDataSet* mit einem Server verbunden, dann aktualisiert sie dort nicht automatisch die Datenmenge. Damit dies geschieht, muss *ApplyUpdates* aufgerufen werden. Dieses Verhalten ist beispielsweise mit *TTable* vergleichbar, wenn dort die Eigenschaft *CachedUpdates* auf *true* gesetzt wird. Dementsprechend werden mit *CancelUpdates* alle Änderungen verworfen.

▪ RevertRecord, UndoLastChange (Methoden)

```
procedure RevertRecord;
function UndoLastChange(FollowChange: Boolean): Boolean;
```

Mit *UndoLastChange* wird die letzte Änderung widerrufen. Wird dabei der Parameter *FollowChange* auf *true* gesetzt, dann wird der Datenzeiger auf den betreffenden Datensatz gesetzt. Um alle Änderungen am aktuellen Datensatz rückgängig zu machen, wird *RevertRecord* aufgerufen.

▪ OnReconcileError (Ereignis)

```
property OnReconcileError(DataSet: TClientDataSet;
  E: EReconcileError; UpdateKind: TUpdateKind;
  var Action: TReconcileAction);
```

Tritt beim Aktualisieren der Daten auf dem Server ein Fehler auf, dann wird das Ereignis *OnReconcileError* aufgerufen. Mit Hilfe des Variablenparameters *Action* kann die Reaktion auf den Fehler bestimmt werden. Dieses Ereignis ähnelt dem Ereignis *OnUpdateError*.

▪ LogChanges (Eigenschaft, öffentlich), MergeChangeLog (Methode)

```
property LogChanges: Boolean default true;
procedure MergeChangeLog;
```

Hat *LogChanges* den Wert *true*, dann werden die Änderungen nicht in die Datenbasis geschrieben, sondern in ein Änderungsprotokoll (»Delta«). Aus diesem Delta und der ursprünglichen Datenbasis berechnet dann *TClientDataSet* die anzuzeigende Datenmenge. Dieses Delta erlaubt es dann auch, Daten auf dem Server zu aktualisieren.

Wird *TClientDataSet* ohne Verbindung mit einem Server betrieben, dann kostet dieses Delta nur Platz im Arbeitsspeicher und auf der Festplatte. Um diese Änderungen in die Datenbasis einzutragen, kann man *MergeChangeLog* aufrufen, oder man setzt gleich *LogChanges* auf *false*.

■ CommandText (Eigenschaft, veröffentlicht), Execute (Methode)

```
property CommandText: string;
procedure Execute;
```

Ist *TClientDataSet* über einen Provider mit einer Komponente verbunden, die SQL-Anweisungen interpretieren kann (*TQuery, TStoredProc...*), dann kann mit *CommandText* eine solche SQL-Anweisung zugewiesen werden.

Mit *Execute* kann man Anweisungen ausführen, die keine Ergebnismenge zurückliefern (CREATE TABLE beispielsweise).

■ FetchOnDemand, PacketRecords (Eigenschaften, veröffentlicht), GetNextPacket (Methode)

```
property FetchOnDemand: Boolean default true;
function GetNextPacket: Integer;
property PacketRecords: Integer;
```

Ist *TClientDataSet* mit einem Provider verbunden und hat *FetchOnDemand* den Wert *true*, dann holt sich die Komponente automatisch diejenigen Datensätze, die sie benötigt.

Andernfalls müssen weitere Daten bei Bedarf manuell mit *GetNextPacket* angefordert werden. Wie viele Datensätze in einem »Packet« enthalten sind, wird mit *PacketRecords* spezifiziert.

Zugriff auf die Daten

■ RecordCount (Eigenschaft, öffentlich, nur Lesen)

```
property RecordCount: Longint;
```

Mit Hilfe dieser Eigenschaft kann die Zahl der vorhandenen Datensätze ermittelt werden.

■ RecNo (Eigenschaft, öffentlich)

```
property RecNo: Integer;
```

Die Nummer des aktuellen Datensatzes kann man mit *RecNo* ermitteln (wobei die Zählung mit eins beginnt). Um den Datenzeiger auf einen bestimmten Datensatz zu setzen, kann man *RecNo* auch einen Wert zuweisen.

■ EmptyDataSet (Methode)

```
procedure EmptyDataSet;
```

Löscht alle Datensätze.

■ RevertRecord, UndoLastChange (Methode)

```
procedure RevertRecord;
function UndoLastChange(FollowChange: Boolean): Boolean;
```

Vorausgesetzt, die Änderungen befinden sich noch im Aktualisierungsspeicher können mit *RevertRecord* alle Änderungen rückgängig gemacht werden.

Mit *UndoLastChange* wird die letzte Änderung rückgängig gemacht. Wird das Löschen eines Datensatzes rückgängig gemacht, dann wird der Datenzeiger auf diesen Datensatz positioniert, wenn *FollowChange* den Wert *true* hat.

Suchen und Filtern

■ SetRangeStart, SetRangeEnd (Methoden)

```
procedure SetRangeStart;
procedure SetRangeEnd;
```

Mit den Methoden *SetRangeStart* und *SetRangeEnd* werden die oberen und unteren Grenzen eines Bereichs gesetzt. Die Werte für die Grenzen werden über die Eigenschaft *Fields* oder die Methode *FieldByName* gesetzt. Beachten Sie bitte, dass für das Setzen eines Bereichs ein Index mit allen im Bereich beteiligten Spalten benötigt wird.

```
with ClientDataSet1 do
begin
  IndexFieldNames := 'Nummer';
  SetRangeStart;
  FieldByName('nummer').AsInteger := 100;
  SetRangeEnd;
  FieldByName('nummer').AsInteger := 200;
  ApplyRange;
end;
```

■ ApplyRange, CancelRange (Methoden)

```
procedure ApplyRange;
procedure CancelRange;
```

Diese Prozeduren dienen zum Anwenden und Aufheben eines Bereiches.

■ KeyExclusive (Eigenschaft, öffentlich)

```
property KeyExclusive: Boolean;
```

Mit Hilfe dieser Eigenschaft wird festgelegt, ob die Bereichsgrenzen mit zum Bereich gehören oder nicht.

▨ SetRange (Methode)

```
procedure SetRange(const StartValues, EndValues: array of const);
```

Mit Hilfe von *SetRange* kann der Bereich mit Hilfe einer einzigen Anweisung gesetzt werden. Das bei *SetRangeStart* aufgeführte Beispiel könnte man also auch wie folgt realisieren:

```
with ClientDataSet1 do
begin
  IndexFieldNames := 'Nummer';
  SetRange([100], [200]);
end;
```

▨ EditRangeStart, EditRangeEnd (Methoden)

```
procedure EditRangeStart;
procedure EditRangeEnd;
```

Mit diesen Methoden können die Grenzen bestehender Bereiche verändert werden.

▨ SetKey, EditKey (Methoden)

```
procedure SetKey;
procedure EditKey;
```

Mit *SetKey* wird das Setzen, mit *EditKey* wird das Ändern des Suchschlüssels eingeleitet. Beachten Sie bitte, dass für die beteiligten Felder zwingend ein Index gesetzt werden muss.

```
with ClientDataSet1 do
begin
  IndexFieldNames := 'Nummer';
  SetKey;
  FieldByName('Nummer').AsInteger := 2;
  if not GotoKey
    then ShowMessage('Wert nicht gefunden');
end;
```

▨ GotoKey, GotoNearest (Methoden)

```
function GotoKey: Boolean;
procedure GotoNearest;
```

Die Funktion *GotoKey* versucht, einen Datensatz anhand des gesetzten Schlüssels zu finden. Gelingt ihr das, wird der Datenzeiger auf diesen Datensatz gesetzt und *true* als Funktionsergebnis zurückgegeben.

Die Prozedur *GotoNearest* positioniert den Datenzeiger auf den Datensatz, dessen Feldwerte dem Suchschlüssel am meisten gleichen.

Im Gegensatz zum Setzen von Bereichen wird bei *GotoKey* und *GotoNearest* der angezeigt Datenbestand nicht eingeschränkt, es wird lediglich der Datenzeiger auf den entsprechenden Wert gesetzt.

- FindKey, FindNearest (Methoden)

```
function FindKey(const KeyValues: array of const): Boolean;
procedure FindNearest(const KeyValues: array of const);
```

Diese Methoden fassen die Suche nach einem Datensatz zu einer einzigen Anweisung zusammen, die Schlüsselwerte werden als Parameter übergeben. Ein Beispiel dazu finden Sie bei der Referenz von *TTable*.

```
with ClientDataSet1 do
begin
   IndexFieldNames := 'Nummer';
   if not FindKey([2])
      then ShowMessage('Wert nicht gefunden');
end;
```

- GotoCurrent (Methode)

```
procedure GotoCurrent(Table: TClientDataSet);
```

Die Methode *GotoCurrent* setzt den Datenzeiger auf denselben Datensatz wie den Datenzeiger der als Parameter übergebenen Datenmenge. Auf diese Weise lassen sich sehr einfach zwei *TClientDataSet*-Instanzen synchronisieren.

Indizes

Viele Operationen bei *TClientDataSet* (Bereiche, Suche nach Schlüsseln) sind nur dann möglich, wenn die verwendeten Felder indiziert sind. Durch die Auswahl eines Indexes wird die Datenmenge entsprechend sortiert.

Prinzipiell gibt es beim Erstellen von Indizes zwei Möglichkeiten:

- Mit *IndexDefs* oder *AddIndex* wird ein permanenter Index erstellt
- Mit *IndexFieldNames* wird ein temporärer Index erstellt.

Auch dann, wenn ein permanenter Index erstellt wurde, wird dieser nicht in der Datei gespeichert, sondern für die erste Verwendung erstellt. Das dauert beim ersten Mal ein wenig länger, dann ist aber der Index nahezu verzögerungslos einsetzbar. Bei *IndexFieldNames* dagegen wird der Index jedesmal neu erstellt, der Aufbau des Indexes nimmt also jedesmal Zeit in Anspruch.

Wir sollten jedoch nicht vergessen, dass wir hier von Zeiten im Millisekunden-Bereich sprechen – die Indizierung einer Tabelle von 10 000 Datensätze hat bei mir auf dem Notebook (500 MHz) 20 bis 40 ms gedauert.

▪ IndexFieldNames, IndexFields (Eigenschaften veröffentlicht/öffentlich)

```
property IndexFieldNames: string;
property IndexFields[Index: Integer]: TField;
```

Um einen temporären Index zu erstellen, werden einfach die beteiligten Spalten durch Semikola getrennt aufgeführt.

```
ClientDataSet1.IndexFieldNames := 'Nummer;Wert';
```

Die an einem Index beteiligten Spalten können mit *IndexFields* ermittelt werden.

▪ IndexName (Eigenschaft, veröffentlicht)

```
property IndexName: string;
```

Die Eigenschaft *IndexName* gibt den Namen des Indexes an, der verwendet werden soll. Dieser Index muss davor mit *AddIndex* oder *IndexDefs* erstellt worden sein.

▪ AddIndex, DeleteIndex (Methoden)

```
procedure AddIndex(const Name, Fields: string;
  Options: TIndexOptions; const DescFields: string = '';
  const CaseInsFields: string = '';
  const GroupingLevel: Integer = 0 );

procedure DeleteIndex(const Name: string);

TIndexOption = (ixPrimary, ixUnique, ixDescending,
  ixCaseInsensitive, ixExpression, ixNonMaintained);
```

Um zur Laufzeit neue Indizes zu erstellen, wird die Methode *AddIndex* verwendet. *Name* ist dabei der Name des Indexes, in *Fields* zählen Sie die beteiligten Felder durch Semikola getrennt auf.

Von den *Options* interessiert im Prinzip nur *ixUnique* – damit machen Sie aus dem Index einen Schlüssel: ein Wert (oder bei zusammengesetzten Schlüssels eine Wertekombination) kann damit nur ein einziges Mal vorkommen.

Mit *DescFields* wird angegeben, welche der Spalten abwärts sortiert werden sollen, mit *CaseInsFields*, bei welchen Spalten nicht auf Groß- und Kleinschreibung geachtet werden soll. *GroupingLevel* ist allenfalls bei gewarteten Aggregaten interessant.

Mit *DeleteIndex* können Sie Indizes löschen.

▦ GetIndexNames (Methode)

```
procedure GetIndexNames(List: TStrings);
```

Mit *GetIndexNames* können die Namen aller vorhandenen Indizes abgefragt und in eine Liste geschrieben werden.

▦ IndexDefs (Eigenschaft, veröffentlicht)

```
property IndexDefs: TIndexDefs;
```

Um Informationen über die Indizes zu erhalten, wird die Eigenschaft *IndexDefs* verwendet. Sie wird vor allem verwendet, um Indizes zur Entwurfszeit zu erstellen oder bevor mit *CreateDataSet* eine neue Datenmenge erzeugt wird.

```
with ClientDataSet1.IndexDefs do
begin
  Clear;
  Add('Primary', 'Nummer', [ixPrimary, ixUnique]);
end;
```

Master-Detail-Verknüpfungen

Eine Master-Detail-Verknüpfung erlaubt es, dass zu einem Hauptdatensatz mehrere Detaildatensätze zugeordnet werden. So sind einem Datensatz in der Tabelle *t_kunde* mehrere Datensätze in der Tabelle *t_bestellung* zugeordnet.

▦ MasterSource (Eigenschaft, veröffentlicht)

```
property MasterSource: TDataSource;
```

Mit der Eigenschaft *MasterSource* wird angegeben, welche Datenquelle diese Datenmenge als Master-Tabelle steuert.

▦ MasterFields (Eigenschaft, veröffentlicht)

```
property MasterFields: string;
```

Der Eigenschaft *MasterFields* werden diejenigen Feldnamen zugewiesen, über die bei der Master-Tabelle die Verknüpfung gesteuert wird. Mehrere Feldnamen werden dabei mit Semikola getrennt. In Anzahl und Feldart müssen diese Felder dem momentan verwendeten Schlüssel der Detailtabelle entsprechen.

Zur Entwurfszeit steht Ihnen zum Setzen dieser Eigenschaft der Feldverbindungs-Designer zur Verfügung.

Gewartete Aggregate

Mit Hilfe von Aggregatfunktionen können Sie statistische Funktionen wie Summe oder Durchschnitt einer Spalte berechnen. Gehen Sie zum Erstellen gewarteter Aggregate wie folgt vor:

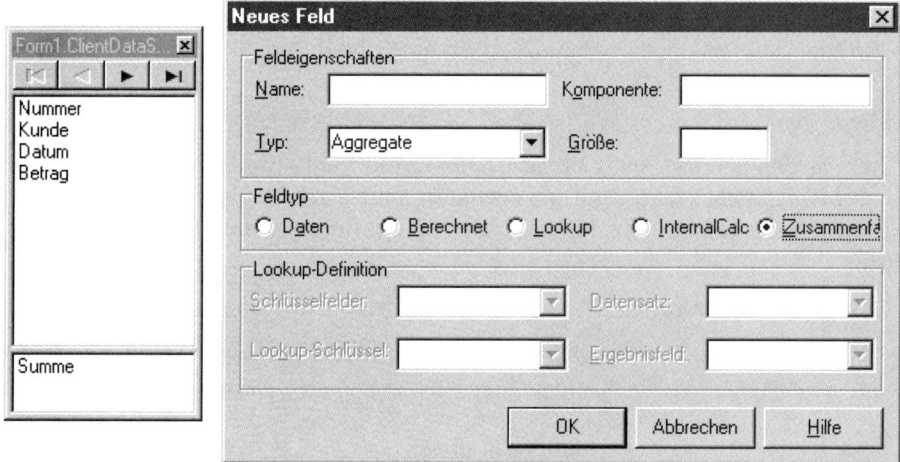

Erstellen Sie dann persistente *TField*-Komponenten für alle Datenbankfelder und rufen dann *Neues Feld* aus dem Kontextmenü auf. Es erscheint ein Dialogfenster entsprechend obenstehender Abbildung. Hier wählen Sie in der Rubrik *Feldtyp* den Eintrag *Zusammenf.* aus. Als Typ der Feldeigenschaft wird nun automatisch *Aggregate* eingestellt. Geben Sie jetzt einen Namen ein, und beenden Sie den Dialog mit OK.

Für diese Art von persistenten *TField*-Instanzen wird eine eigene Rubrik eingerichtet; diese Felder werden auch nicht in Datengittern angezeigt.

Mit dem Objektinspektor setzen Sie nun die Eigenschaft *Expression* auf einen geeigneten Wert. Um beispielsweise die Summe der Spalte *Betrag* zu bilden, wäre die Eigenschaft *Expression* auf *SUM(betrag)* zu setzen. Die Syntax lehnt sich auch hier dem SQL-Standard an. Diese Summe kann man dann beispielsweise mit einer *TDBText*-Komponente anzeigen. Schließen Sie gegebenenfalls *TClientDataSet* einmal und öffnen Sie es wieder, damit das neue Feld auch zur Verfügung steht.

Nun zu den entsprechenden Eigenschaften von *TClientDataSet*:

■ Aggregates (Eigenschaft, veröffentlicht)

```
property Aggregates: TAggregates;
```

Mit dieser Eigenschaft kann auf sämtliche gewartete Aggregate einer Client-Datenmenge zugegriffen werden. Dies ist beispielsweise dazu erforderlich, um diese Aggregate einzeln zu aktivieren beziehungsweise zu deaktivieren.

▪ AggregatesActive (Eigenschaft, veröffentlicht)

```
property AggregatesActive: Boolean;
```

Mit dieser Eigenschaft können sämtliche gewarteten Aggregate einer Datenmenge deaktiviert beziehungsweise reaktiviert werden. Das Deaktivieren der
gewarteten Aggregate vermindert die erforderliche Rechenleistung und sollte
immer dann erfolgen, wenn die Aggregate ohnehin nicht angezeigt werden.

Filter

Filter werden bereits von *TDataSet* implementiert, ihr Funktionsumfang wird jedoch bei *TClientDataSet* deutlich erweitert und erreicht die Funktionalität der
WHERE-Klausel bei einfachen SQL-Systemen. Im einzelnen stehen zur Verfügung:

▪ Vergleichsoperatoren:

=	gleich
>	größer
>=	größer oder gleich
<	kleiner
>=	kleiner oder gleich
<>	ungleich
IS NULL	kein Wert
IS NOT NULL	irgendein Wert

Das Schlüsselwort BLANK, das in der Online-Hilfe vorgestellt, führt zumindest bei mir auf dem System zu einer Fehlermeldung. Die folgende Anweisung würde auf diejenigen Datensätze filtern, die in der Spalte Text einen Wert
haben:

```
Text IS NOT NULL
```

- Logische Operatoren

  AND   Und-Verknüpfung

  OR   Oder-Verknüpfung

  NOT   Negierung

  Mehrere Bedingungen dürfen mittels logischer Operatoren verknüpft werden. Der Einsatz von Klammern ist dabei seltener erforderlich als in Delphi, im folgenden Beispiel sind sie überflüssig.

  ```
  (Nummer > 10) OR (Wert > 50)
  ```

- Arithmetische Operatoren

  +   Addition

  -                      Subtraktion

  *   Multiplikation

  /   Division

- Groß- und Kleinschreibung

  UPPER   Umwandlung in Großbuchstaben

  LOWER   Umwandlung in Kleinbuchstaben

- Substring gibt einen Teil eines Strings zurück. Diese Funktion wird mit zwei oder drei Parametern aufgerufen

  SUBSTRING (text, beginn) gibt alle Zeichen ab *beginn* zurück

  SUBSTRING (text, beginn, anzahl) gibt *anzahl* Zeichen ab Beginn zurück.

- Trim enfernt Zeichen am Anfang und/oder am Ende des Strings. Werden diese Funktionen ohne zweites Argument verwendet, dann werden Leerzeichen entfernt.

  TRIM(text, zeichen)   entfernt an beiden Seiten des Strings

  TRIMLEFT(text, zeichen)   entfernt am Anfang des Strings

  TRIMRIGHT(text, zeichen)   entfernt am Ende des Strings

▣ Datums- und Zeitfunktionen

DATE	Datumsanteil
YEAR	Jahr
MONTH	Monat
DAY	Tag
TIME	Zeitanteil
HOUR	Stunde
MINUTE	Minute
SECOND	Sekunde
GETDATE	Jetzt (aktuelles Datum und aktuelle Uhrzeit)

Das folgende Beispiel ermittelt alle Datensätze, die in den letzten 14 Tagen geändert wurden (Das Feld *Changed* muss natürlich in der Datenmenge und entsprechend gefüllt sein):

```
GETDATE - Changed > 14
```

▣ Weitere Operatoren

LIKE   arbeitet wie der entsprechende SQL-Operator. Das Jokerzeichen _ steht für ein einzelnes Zeichen, % für beliebig viele Zeichen. Die folgende Filteranweisung ermittelt alle Zeilen, deren Feld *Text* als zweites Zeichen ein kleingeschriebenes *e* enthält.

```
Text LIKE '_e%'
```

Um Groß- und Kleinschreibung zu ignorieren, wird der Spalteninhalt in Groß- oder Kleinbuchstaben umgewandelt und der Vergleichsstring entsprechend angepasst (siehe auch *FilterOption*)

```
UPPER(text) LIKE 'DELTA'
```

IN   Wert in der Datenmenge, erspart umfangreiche OR-Verknüpfungen

```
Nummer IN (1, 2, 5, 7)
```

*   Jokerzeichen in Kombination mit dem Gleichkeitszeichen, die folgende Anweisung würde als Text-Werte ermitteln, die mit einem großen *W* beginnen.

```
Text = 'W*'
```

3.9.6 TDataSetProvider

Die Komponente *TDataSetProvider* ist das Bindesglied zwischen einer Datenmenge (*TTable* oder *TQuery* beispielsweise) und einer *TClientDataSet*- oder *TXMLBroker*-Instanz. *TDataSetProvider* holt die Daten aus den Datenmenge und überträgt sie zum Empfänger (*TClientDataSet* oder *TXMLBroker*), trägt aber auch Änderungen, die vom Empfänger vorgenommen werden, in die Datenmenge ein.

Dabei ist es nicht nötig, dass sich *TDataSetProvider* und der Empfänger in derselben Anwendung befinden, die Komponente lässt sich auch im Rahmen mehrschichtiger Datenbankanwendungen verwenden.

TDataSetProvider ist von *TComponent* abgeleitet.

- DataSet (Eigenschaft, veröffentlicht)

```
property DataSet: TDataSet;
```

Mit *DataSet* wird gewählt, von welchem *TDataSet*-Nachfolger die Komponente ihre Daten bezieht beziehungsweise wo sie Änderungen einträgt.

- ResolveToDataSet (Eigenschaft, veröffentlicht)

```
property ResolveToDataSet: Boolean default false;
```

Per Voreinstellung werden Änderungen nicht in die verbundene Datenmenge eingetragen, sondern direkt in die Datenbank geschrieben. Somit steht einer Aktualisierung auch dann nichts entgegen, wenn bei einer *TQuery*-Instanz *RequestLive* auf *false* belassen wurde.

In manchen Fällen ist es jedoch sinnvoll, über die Datenmenge zu gehen – beispielsweise, wenn deren Ereignisse (z.B. *AfterPost*) genutzt werden soll. In diesem Fall ist *ResolveToDataSet* auf *true* zu setzen.

- UpdateMode (Eigenschaft, veröffentlicht)

```
property UpdateMode: (upWhereAll, upWhereChanged, upWhereKeyOnly)
  default upWhereAll;
```

Mit *UpdateMode* wird spezifiziert, wie die Komponente einen Datensatz wiederfindet, wenn er geändert werden soll. Per Voreinstellung wird hier *upWhereAll* verwendet, der Datensatz wird anhand aller Feldwerte gesucht. Für den Fall, dass inzwischen ein anderer Benutzer den Datensatz geändert hat, wird der Datensatz nicht mehr gefunden und eine entsprechende Fehlermeldung ausgegeben.

Bei *upWhereChanged* werden die Felder verglichen, in denen Änderungen vorgenommen wurden, in *upWhereKeyOnly* wird lediglich nach dem Schlüssel gesucht.

■ OnBeforeUpdateRecord, OnAfterUpdateRecord (Ereignisse)

```
property OnBeforeUpdateRecord(Sender: TObject; SourceDS: TDataSet;
  DeltaDS: TCustomClientDataSet; UpdateKind: TUpdateKind;
  var Applied: Boolean);
property OnAfterUpdateRecord(Sender: TObject; SourceDS: TDataSet;
  DeltaDS: TCustomClientDataSet; UpdateKind: TUpdateKind);
TUpdateKind = (ukModify, ukInsert, ukDelete);
```

Das Ereignis *OnBeforeUpdateRecord* tritt vor dem Eintragen eines geänderten Datensatzes in die Datenmenge auf. Hier können noch Änderungen am Datensatz vorgenommen, auch kann der Variablen-Parameter *Applied* auf *true* gesetzt und somit verhindert werden, dass die Komponente selbst Änderungen vornimmt. (Diese können dann entweder selbst programmiert oder ganz unterlassen werden.)

Das Ereignis *OnAfterUpdateRecord* tritt nach dem Eintragen eines geänderten Datensatzes auf. Dieses Ereignis kann beispielsweise dazu verwendet werden, die Anzeige zu aktualisieren.

■ OnUpdateError (Ereignis)

```
property OnUpdateError(Sender: TObject; DataSet:
  TCustomClientDataSet; E: EUpdateError; UpdateKind: TUpdateKind;
  var Response: TResolverResponse);
```

Das Ereignis *OnUpdateError* tritt auf, wenn beim Versuch, eine Änderung in die Datenmenge einzutragen, ein Fehler auftritt.

3.9.7 TDataModule

Wenn nichtvisuelle Komponenten, gerade auch die Datenzugriffskomponenten, auf ein Formular gesetzt werden, dann werden sie zur Entwurfszeit durch ein kleines Icon repräsentiert. Gibt es in einem Formular sehr viele solcher nicht-visuellen Komponenten, wird die Sache sehr schnell unübersichtlich.

Deshalb besteht die Möglichkeit, diese in ein oder mehrere Datenmodule auszu-lagern. Ein solches Datenmodul ist im Prinzip ein Formular, das jedoch nur zur Entwurfszeit angezeigt wird und auch nur nichtvisuelle Komponenten aufnimmt.

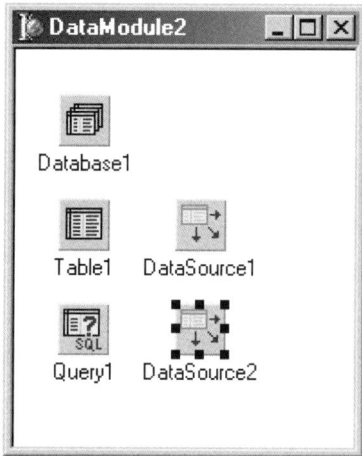

- OnCreate, OnDestroy (Ereignisse)

```
property OnCreate(Sender: TObject);
property OnDestroy(Sender: TObject);
```

Das Ereignis *OnCreate* tritt auf, nachdem das Datenmodul erstellt wurde, das Ereignis *OnDestroy*, bevor es entfernt wird.

3.10 Datensteuerung

Nach meinem Dafürhalten ist die Bezeichnung *Datensteuerung* etwas unglücklich gewählt, denn es werden keine Daten gesteuert, sondern allenfalls – über *TDBNavigator* – Datenmengenkomponenten. Alle anderen Komponenten dieser Palettenseite dienen dem Anzeigen und Ändern von Daten.

3.10.1 TDBGrid

Die Komponente *TDBGrid* dient zur Anzeige von Daten in Tabellenform. *TDBGrid*
ist von *TWinControl* abgeleitet.

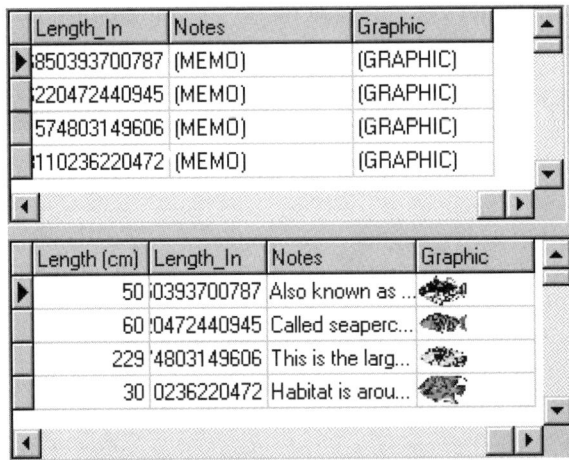

Mittels ein paar Zeilen Quelltext kann man in *TDBGrid* auch den Anfang von
Memos und Miniaturen von Abbildungen anzeigen.

■ DataSource (Eigenschaft, veröffentlicht)

property DataSource: TDataSource;

Mit der Eigenschaft *DataSource* wird spezifiziert, von welcher Datenquellen-
Komponente die Daten bezogen werden.

■ OnEditButtonClick (Ereignis)

property OnEditButtonClick(Sender: TObject);

Wenn Sie die *TColumn*-Eigenschaft *ButtonStyle* auf den Wert *cbsEllipsis* setzen,
dann wird, sobald die Zelle ausgewählt wird, ein Button mit drei Punkten
angezeigt. Das Ereignis *OnEditButtonClick* wird angezeigt, wenn dieser Button angeklickt wird.

■ OnCellClick, OnTitleClick (Ereignisse)

property OnCellClick(Column: TColumn);
property OnTitleClick(Column: TColumn);

Das Ereignis *OnCellClick* wird nach dem Anklicken einer Zelle im Datenbereich
ausgelöst, das Ereignis *OnTitleClick* nach dem Anklicken einer Titelzeile.

■ SelectedField, SelectedIndex (Eigenschaften, öffentlicht)

```
property SelectedField: TField;
property SelectedIndex: Integer;
```

Mit diesen beiden Eigenschaften kann die selektierte Zelle bestimmt werden. *SelectedField* verwendet dabei die Feldinstanz, *SelectedIndex* den Index der Spalte.

■ OnColEnter, OnColExit (Ereignisse),

```
property OnColEnter(Sender: TObject);
property OnColExit(Sender: TObject);
```

Das Ereignis *OnColEnter* tritt auf, wenn die Zelle einer anderen Spalte den Fokus erhält, *OnColExit*, wenn sie ihn verliert. Das bloße Wechseln der Reihe löst diese Ereignisse nicht aus.

Bei *OnColExit* referenzieren *SelectedField* und *SelectedIndex* noch die alte Zelle, bei *OnColEnter* die neue.

■ OnColumnMoved (Ereignis)

```
property OnColumnMoved(Sender: TObject;
  FromIndex, ToIndex: Integer);
```

Wenn die Option *dgColumnResize* gesetzt ist, können die Spalten zur Laufzeit verschoben werden. In diesem Fall wird das Ereignis *OnColumnMoved* ausgelöst.

■ SelectedRows (Eigenschaft, öffentlich, nur Lesen)

```
property SelectedRows: TBookmarkList;
```

Ist die Option *dgMultiSelect* gesetzt, dann können mehrere Reihen markiert werden. Welche das sind, erfahren Sie über *SelectedRows*. Mehr dazu in der Online-Hilfe.

■ Options (Eigenschaft, veröffentlicht)

```
property Options: set of (dgEditing, dgAlwaysShowEditor, dgTitles,
  dgIndicator, dgColumnResize, dgColLines, dgRowLines, dgTabs,
  dgRowSelect,dgAlwaysShowSelection, dgConfirmDelete,
  dgCancelOnExit, dgMultiSelect) default [dgEditing, dgTitles,
  dgIndicator, dgColumnResize, dgColLines, dgRowLines, dgTabs,
  dgConfirmDelete, dgCancelOnExit];
```

Mit der Eigenschaft *Options* können Sie einige Optionen setzen. Mehr dazu in der Online-Hilfe. Zur Option *dgMultiSelect* siehe auch den Abschnitt *Selektierte Einträge*.

Darstellung

■ Columns (Eigenschaft, veröffentlicht)

```
property Columns: TDBGridColumns;
```

Mit der Eigenschaft *Columns* können Einstellungen für die einzelnen Spalten vorgenommen werden. Der *TCollection*-Nachfolger *TDBGridColumns* implementiert eine *Items*-Eigenschaft vom Typ *TColumn*, welche in einem eigenen Abschnitt beschrieben ist.

■ Font, TitleFont (Eigenschaften, veröffentlicht)

```
property Font: TFont;
property TitleFont: TFont;
```

Mit *Font* spezifiziert man die Schrift, mit der die Daten angezeigt werden, mit *TitleFont* die Schrift, mit der die Spaltentitel geschrieben werden.

■ DefaultDrawing (Eigenschaft, veröffentlicht), OnDrawDataCell (Ereignis)

```
property DefaultDrawing: Boolean default true;
property OnDrawDataCell(Sender: TObject; const Rect: TRect;
   Field: TField; State: TGridDrawState);
TGridDrawState = set of (gdSelected, gdFocused, gdFixed);
```

Wenn Sie alle Zelleninhalte selbst darstellen möchten, dann setzen Sie *DefaultDrawing* auf *false* und schreiben eine entsprechende Ereignisbehandlungsroutine für *OnDrawDataCell*.

Wenn Sie nur einen Teil der Zellen selbst zeichnen möchten, dann lassen Sie *DefaultDrawing* auf *true*, die *OnDrawDataCell*-Ereignisbehandlungsroutine überschreibt dann die Ausgaben, welche das Datengitter selbst vorgenommen hat.

Ein Beispiel für die Verwendung von *OnDrawDataCell* finden Sie im Abschnitt *Anzeige von Bildern und Memos*.

■ OnDrawColumnsCell (Ereignis)

```
property OnDrawColumnCell(Sender: TObject; const Rect: TRect;
   DataCol: Integer; Column: TColumn; State: TGridDrawState);
```

Auch das Ereignis *OnDrawColumnsCell* kann zum Selbstzeichnen von Zelleninhalten verwendet werden. Statt der Feldinstanz referenziert *OnDrawColumnCell* die Spalteninstanz. Sie sollten die beiden Ereignisse nicht gleichzeitig verwenden.

Selektierte Einträge

Wenn die Option *dgMultiSelect* gesetzt ist, dann können unter Zuhilfenahme der Strg-Taste mehrere Zeilen markiert werden. Diese werden dann auf der linken Leiste mit Punkten gekennzeichnet.

	Species No	Category	Common_Name	▲
•	90020	Triggerfish	Clown Triggerfish	
•	90030	Snapper	Red Emperor	
	90050	Wrasse	Giant Maori Wrasse	
▷	90070	Angelfish	Blue Angelfish	▼

▪ SelectedRows (Eigenschaft, öffentlich)

```
property SelectedRows: TBookmarkList;
```

Mit *SelectedRows* kann bestimmt werden, welche Zeilen markiert sind. *TBookmarkList* ist von *TObejct* und nicht von *TList* abgeleitet und implementiert (unter anderem) die folgenden Eigenschaften und Methoden:

▪ Mit der booleschen Eigenschaft *CurrentRowSelected* kann man die aktuelle Reihe in die Liste aufnehmen oder daraus entfernen. (Dies ist auch der einzige Weg, um neue Elemente in die Liste zu bekommen.)

▪ Die Anzahl der Listenelemente ermittelt man mit *Count*, ein Zugriff auf diese erfolgt mit *Items*. (*Items* ist vom Typ String, beginnt aber in der Regel mit einer terminierenden Null, so dass eine Anzeige nicht möglich ist. Für die Vewendung mit *GotoBookmark* muss dieses String in einen Zeiger gecastet werden, siehe das folgende Beispiel.)

▪ Mit *Clear* löscht man die Liste. Mit *Delete* (aufpassen!) löscht man alle markierten Werte aus den Datenmenge.

▪ Mit *Find* und *IndexOf* kann man ermitteln, ob ein bestimmtes Lesezeichen in der Liste ist und wenn ja, an welcher Position man es dort findet.

Das nachfolgende Beispiel schreibt den Feldinhalt der Spalte *Category* von allen markierten Zeilen in ein Memo. Da mit *Bookmark* oder *GotoBookmark* der Datenzeiger verschoben wird, wird auf diesen vor der Schleife ein Lesezeichen gesetzt, welches dann anschließend aufgerufen wird.

Bookmark und *GotoBookmark* führen die gleiche Funktion aus, die Eigenschaft *Bookmark* ist jedoch vom Typ *String*, während *GotoBookmark* einen Zeiger (*TBookmark*) als Parameter erwartet.

```
var
  i: integer;
  Mark: TBookmark;
begin
  with DBGrid1, DBGrid1.DataSource.DataSet do
  begin
    Mark := GetBookmark;
    for i := 0 to SelectedRows.Count - 1 do
    begin
      Bookmark := SelectedRows.Items[i];
      // GotoBookmark(pointer(SelectedRows.Items[i]));
      Memo1.Lines.Add(FieldByName('Category').AsString);
    end;
    GotoBookmark(Mark);
  end; {with DBGrid1 do}
```

Anzeige von Bildern und Memos

Wie die Abbildung am Anfang des Kapitels zeigt, werden in Bilder- und Memo-Spalten für gewöhnlich die Texte *(GRAPHIC)* und *(MEMO)* ausgegeben. Soll der Anfang eines Memo-Textes oder eine Abbildung als Miniatur angezeigt werden, dann ist eine entsprechende *OnDrawDataCell*-Ereignisbehandlungsroutine zu erstellen.

```
procedure TForm1.DBGrid2DrawDataCell(Sender: TObject;
  const Rect: TRect;  Field: TField; State: TGridDrawState);
var
  i, weite: integer;
  s, t: string;
  nRect: TRect;
begin
  // Den Beginn von Memos anzeigen
  if Field is TMemoField then
  begin
    with DBGrid2.Canvas do
    begin
      weite := Rect.Right - Rect.Left - TextWidth('...');
      s := Field.AsString;
      i := 0;
```

```
repeat
    inc(i);
    t := Copy(s, 1, i);
    until TextWidth(t) > weite;
    t := Copy(s, 1, i - 1);
    FillRect(Rect);
    TextRect(Rect, Rect.Left + 1, Rect.Top + 2, t + '...');
  end; {with DBGrid2.Canvas do}
 end; {if Field is TMemoField then}
 // Bilder als Miniaturen anzeigen
 if Field is TGraphicField then
 begin
    with DBGrid2.Canvas do
    begin
    Pic.Assign(Field as TGraphicField);
    weite := round((Rect.Bottom - Rect.Top)
      * (Pic.Width / (Pic.Height + 0.001)));
    nRect := Classes.Rect(Rect.Left, Rect.Top,
      Rect.Left + weite, Rect.Bottom);
    FillRect(Rect);
    StretchDraw(nRect, Pic.Bitmap);
  end; {with DBGrid2.Canvas do}
 end; {if Field is TGraphicField then}
end; {procedure TForm1.DBGrid2DrawDataCell}
```

Mit dem Parameter *Field* wird geprüft, ob der zugrunde liegende Feldtyp ein Memo-Feld oder ein Grafik-Feld ist. Bei einem Memo-Feld wird geprüft, wieviel Text in den zur Verfügung stehenden Platz paßt. Dieser wird dann zusammen mit drei Punkten (als Zeichen dafür, dass der Text noch nicht zu Ende ist) von der *TCanvas*-Eigenschaft *TextRect* ausgegeben.

Zur Ausgabe einer Grafik wird zunächst eine *TRect*-Struktur berechnet, die in die Zelle paßt und die dem Höhen-Breiten-Verhältnis der ursprünglichen Grafik entspricht. In dieses Rechteck wird das Bild dann mit der *TCanvas*-Methode *StretchDraw* kopiert, wobei es in der Regel verkleinert wird.

TColumn

Der Typ *TColumn* repräsentiert die Einstellungen einer einzelnen Spalte eines Datengitters. Alle *TColumn*-Instanzen werden von der *TDBGrid*-Eigenschaft *Columns* zusammengefasst. *TColumn* ist von *TComponent* abgeleitet.

▓ FieldName (Eigenschaft, veröffentlicht), Field (Eigenschaft, öffentlich)

```
property FieldName: string;
property Field: TField;
```

Mit *FieldName* wird spezifiziert, von welcher *TField*-Instanz die Daten bezogen werden. Eine Referenz auf das *TField*-Objekt erhält man mit *Field*.

▓ ReadOnly (Eigenschaft, veröffentlicht)

```
property ReadOnly: Boolean default false;
```

Wenn Sie verhindern möchten, dass in einem Datengitter die Werte der betreffenden Spalte geändert werden können, dann setzen Sie *ReadOnly* auf *true*.

▓ Visible (Eigenschaft, veröffentlicht)

```
property Visible: Boolean default true;
```

Wenn Sie (vorübergehend) verhindern möchten, dass die betreffende Spalte angezeigt wird, dann setzen Sie *Visible* auf *false*.

▓ PopupMenu (Eigenschaft, veröffentlicht)

```
property PopupMenu: TPopupMenu;
```

Mit *PopupMenu* können Sie der Spalte ein spezielles Kontextmenü zuweisen.

Darstellung

▓ Width (Eigenschaft, veröffentlicht)

```
property Width: Integer;
```

Mit *Width* wird die Spaltenbreite eingestellt.

▓ Title (Eigenschaft, veröffentlicht)

```
property Title: TColumnTitle;
```

Mit *Title* wird spezifiziert, wie die Spaltenüberschrift dargestellt werden soll. *TColumnTitle* implementiert unter anderem die folgenden Eigenschaften:

▫ Alignment (Ausrichtung)

▫ Caption (Text)

▫ Color (Zellenfarbe)

▫ Font (Schriftart)

- Alignment (Eigenschaft, veröffentlicht)

```
property Alignment: (taLeftJustify, taRightJustify, taCenter);
```

Mit *Alignment* wird die Ausrichtung des Textes in der Spalte eingestellt. Der Vorgabewert richtet sich danach, ob es sich um eine Text- (linksbündig) oder eine Zahlenspalte (rechtsbündig) handelt.

- Color, Font (Eigenschaften, veröffentlicht)

```
property Color: TColor;
property Font: TFont;
```

Mit *Color* wird die Hintergrundfarbe, mit *Font* die Schriftart eingestellt.

- RestoreDefaults (Methode)

```
procedure RestoreDefaults;
```

Mit *RestoreDefaults* werden die Vorgabewerte wiederhergestellt.

Nachschlageliste

- ButtonStyle, PickListe (Eigenschaften, veröffentlicht)

```
property ButtonStyle: (cbsAuto, cbsEllipsis, cbsNone)
  default cbsAuto;
property PickList: TStrings;
```

Mit der Eigenschaft *PickList* können Sie für die betreffende Spalte eine Nachschlageliste definieren. Näheres in der Online-Hilfe.

3.10.2 TDBNavigator

Die Komponente *TDBNavigator* dient zum Steuern einer Datenmenge. *TDBNavigator* ist von *TWinControl* abgeleitet.

■ DataSource (Eigenschaft, veröffentlicht)

```
property DataSource: TDataSource;
```

Mit der Eigenschaft *DataSource* wird spezifiziert, welche Datenmenge gesteuert werden soll.

■ VisibleButtons (Eigenschaft, veröffentlicht)

```
property VisibleButtons: set of (nbFirst, nbPrior, nbNext, nbLast,
    nbInsert, nbDelete, nbEdit, nbPost, nbCancel, nbRefresh);
```

Mit *VisibleButtons* können einzelne Buttons von der Anzeige ausgeschlossen werden. Per Voreinstellung werden alle Buttons angezeigt.

■ ConfirmDelete (Eigenschaft, veröffentlicht)

```
property ConfirmDelete: Boolean default true;
```

Hat *ConfirmDelete* den Wert *true*, dann wird beim Löschen jedes Datensatzes über die Steuerelemente ein Dialogfenster zur Bestätigung aufgerufen. Beim Löschen über die *TDataSet*-Methode *Delete* entfällt diese Bestätigung.

■ Hints (Eigenschaft, veröffentlicht)

```
property Hints: TStrings;
```

Um die Hinweistexte zu ändern, beispielsweise in eine andere Sprache zu übersetzen, ändern Sie die entsprechenden Einträge der Eigenschaft *Hints*.

■ BeforeAction, OnClick (Eigenschaften)

```
property BeforeAction(Sender: TObject; Button: TNavigateBtn);
property OnClick(Sender: TObject; Button: TNavigateBtn);
```

Wird ein Button angeklickt, dann wird erst das Ereignis *BeforeAction* ausgelöst, dann die betreffende Aktion durchgeführt und danach *OnClick* aufgerufen.

3.10.3 TDBText

Die Komponente *TDBText* dient zur Anzeige von Werten, die nicht verändert werden sollen – beispielsweise automatisch vergebene Nummern oder berechnete Werte. *TDBText* ähnelt in der Darstellung *TLabel*. *TDBText* ist von *TControl* abgeleitet.

- DataSource, DataField (Eigenschaft, veröffentlicht)

    property DataSource: TDataSource;
    property DataField: **string**;

    Mit der Eigenschaft *DataSource* wird spezifiziert, von welcher Datenquellen-Komponente die Daten bezogen werden, *DataField* spezifiziert das entsprechende Feld.

- AutoSize (Eigenschaft, veröffentlicht)

    property AutoSize: boolean **default** true;

    Wird die Eigenschaft *AutoSize* auf *true* gesetzt, dann paßt sich die *TDBText*-Komponente dem darzustellenden Text an. Andernfalls kann es passieren, dass der Text nicht vollständig angezeigt werden kann:

    Text z

- WordWrap (Eigenschaft, veröffentlicht)

    property WordWrap: boolean **default** false;

    Um Text mehrzeilig anzuzeigen, muss die Eigenschaft *WordWrap* auf *true* gesetzt werden. Den Umbruch nimmt die Komponente selbst vor:

    Wenn WordWrap auf true gestellt wird, kann Text mehrzeilig angezeigt werden.

- Transparent (Eigenschaft, veröffentlicht)

    property Transparent: boolean **default** false;

    Im Regelfall wird der Hintergrund einer *TDBText*-Komponente mit der Farbe ausgefüllt, welche in der Eigenschaft *Color* angegeben ist. Soll jedoch als Hintergrund die hinter der *TDBText-Instanz* liegende Komponente angezeigt werden (beispielsweise eine *TImage*), dann muss die Eigenschaft *Transparent* auf *true* gesetzt werden.

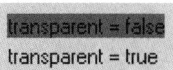
transparent = false
transparent = true

3.10.4 TDBEdit

Die Komponente *TDBEdit* dient zur Anzeige und zur Eingabe von Daten. Sie ähnelt der Komponente *TEdit*. *TDBEdit* ist von *TWinControl* abgeleitet.

■ DataSource, DataField (Eigenschaften, veröffentlicht)

```
property DataSource: TDataSource;
property DataField: string;
```

Mit der Eigenschaft *DataSource* wird spezifiziert, von welcher Datenquellen-Komponente die Daten bezogen werden, *DataField* spezifiziert das entsprechende Feld.

TDBEdit ist wie *TEdit* von *TCustomEdit* abgeleitet und implementiert einige Eigenschaften und Ereignisse, die bereits bei *TEdit* (Kapitel 3.3.4) beschrieben wurden.

3.10.5 TDBMemo

Die Komponente *TDBMemo* dient zur Eingabe und Anzeige mehrzeiliger Texte, sie ähnelt der Komponente *TMemo*. *TDBMemo* ist von *TWinControl* abgeleitet.

Für die Darstellung von formatiertem Text verwenden Sie die Komponente *TDBRichEdit*.

■ DataSource, DataField (Eigenschaften, veröffentlicht)

```
property DataSource: TDataSource;
property DataField: string;
```

Mit der Eigenschaft *DataSource* wird spezifiziert, von welcher Datenquellen-Komponente die Daten bezogen werden, *DataField* spezifiziert das entsprechende Feld. Dabei muss der Feldtyp nicht zwingend *TMemoField* sein, er kann beispielsweise auch *TStringField* oder *TIntegerField* sein.

■ AutoDisplay (Eigenschaft, veröffentlicht), LoadMemo (Methode)

```
property AutoDisplay: Boolean default true;
procedure LoadMemo;
```

Per Voreinstellung werden die Inhalte von Memo-Feldern in der Komponente automatisch angezeigt, dies verhindert aber ein schnellstmögliches Scrollen durch die Datenmenge. Wenn es auf Geschwindigkeit ankommt, dann setzen Sie *AutoDisplay* auf *false* und laden die Memos, die angezeigt werden sollen, mit *LoadMemo* manuell.

TDBMemo ist wie *TMemo* von *TCustomMemo* abgeleitet und implementiert einige Eigenschaften und Ereignisse, die bereits bei *TMemo* (Kapitel 3.3.5) beschrieben wurden.

3.10.6 TDBImage

Die Komponente *TDBImage* dient zur Eingabe und Anzeige mehrzeiliger Texte, sie ähnelt der Komponente *TImage*. *TDBImage* ist von *TControl* abgeleitet.

▓ DataSource, DataField (Eigenschaften, veröffentlicht)

```
property DataSource: TDataSource;
property DataField: string;
```

Mit der Eigenschaft *DataSource* wird spezifiziert, von welcher Datenquellen-Komponente die Daten bezogen werden, *DataField* spezifiziert das entsprechende Feld.

▓ AutoDisplay (Eigenschaft, veröffentlicht), LoadPicture (Methode)

```
property AutoDisplay: Boolean default true;
procedure LoadPicture;
```

Per Voreinstellung werden die Inhalte von Grafik-Feldern in der Komponente automatisch angezeigt, dies verhindert aber ein schnellstmögliches Scrollen durch die Datenmenge. Wenn es auf Geschwindigkeit ankommt, dann setzen Sie *AutoDisplay* auf *false* und laden die anzuzeigenden Bilder mit *LoadPicture* manuell.

▓ Center, Stretch (Eigenschaften, veröffentlicht)

```
property Center: Boolean default true;
property Stretch: Boolean default false;
```

Hat *Center* den Wert *true*, dann wird das Bild in der Komponentenmitte zentriert, andernfalls wird es in die linke obere Komponentenecke geschoben.

Wird *Stretch* auf *true* gesetzt, dann wird das Bild auf die Komponentenmaße vergrößert oder verkleinert. Dabei verändert sich meist das Höhen-Breiten-Verhältnis.

▓ Picture (Eigenschaft, öffentlich)

```
property Picture: TPicture;
```

Das von der Komponente angezeigte Bild kann mit *Picture* referenziert werden. Verwenden Sie die *TPicture*-Eigenschaft *Canvas*, um das Bild zu ändern.

```
with DBImage1.Picture.Canvas do
begin
  ...
end;
```

3.10.7 TDBListBox

Die Komponente *TDBListBox* ist eine datensensitive Listbox, sie ähnelt der in
Kapitel 3.3.9 beschriebenen Komponente *TListBox. TDBListBox* ist von *TWinControl*
abgeleitet.

▨ DataSource, DataField (Eigenschaften, veröffentlicht)

```
property DataSource: TDataSource;
property DataField: string;
```

Mit der Eigenschaft *DataSource* wird spezifiziert, von welcher Datenquellen-
Komponente die Daten bezogen werden, *DataField* spezifiziert das entsprechende Feld.

▨ Items (Eigenschaft, veröffentlicht)

```
property Items: TStrings;
```

Die Listeneinträge der Komponente werden der Eigenschaft *Items* zugewiesen. Sollen die Listeneinträge aus einer Datenmengenkomponente bezogen
werden, so ist die Komponente *TDBLookupListBox* zu verwenden.

Gleicht beim Browsen durch die Datenmenge der betreffende Feldinhalt einem der Listeneinträge, so wird dieser Eintrag markiert dargestellt. Ist der
Feldwert in der Liste nicht vorhanden, so wird kein Eintrag markiert.

TDBListBox ist wie *TListBox* von *TCustomListBox* abgeleitet und implementiert
einige Eigenschaften und Ereignisse, die bereits bei *TListBox* (Kapitel 3.3.9) beschrieben wurden:

▨ IntegralHeight (Eigenschaft, veröffentlicht)

▨ ItemHeight (Eigenschaft, veröffentlicht)

▨ ItemIndex (Eigenschaft, öffentlich)

▨ Selected (Eigenschaft, veröffentlicht)

▨ Style (Eigenschaft, veröffentlicht)

▨ TopIndex (Eigenschaft, veröffentlicht)

▨ OnDrawItem (Ereignis)

▨ OnMeasureItem (Ereignis)

3.10.8 TDBComboBox

Die Komponente *TDBComboBox* ist eine datensensitive Listbox, sie ähnelt der in Kapitel 3.3.10 beschriebenen Komponente *TComboBox*. *TDBComboBox* ist von *TWinControl* abgeleitet.

▦ DataSource, DataField (Eigenschaften, veröffentlicht)

```
property DataSource: TDataSource;
property DataField: string;
```

Mit der Eigenschaft *DataSource* wird spezifiziert, von welcher Datenquellen-Komponente die Daten bezogen werden, *DataField* spezifiziert das entsprechende Feld.

▦ Items (Eigenschaft, veröffentlicht)

```
property Items: TStrings;
```

Die Listeneinträge der Komponente werden der Eigenschaft *Items* zugewiesen. Sollen die Listeneinträge aus einer Datenmengenkomponente bezogen werden, so ist die Komponente *TDBLookupComboBox* zu verwenden.

Gleicht beim Browsen durch die Datenmenge der betreffende Feldinhalt einem der Listeneinträge, so wird dieser Eintrag dargestellt. Ist der Feldwert in der Liste nicht vorhanden, so wird entweder der Feldwert (*Style = csDropDown*) oder ein leeres Feld (*Style = csDropDownList*) angezeigt.

TDBComboBox ist wie *TComboBox* von *TCustomComboBox* abgeleitet und implementiert einige Eigenschaften und Ereignisse, die bereits bei *TComboBox* (Kapitel 3.3.10) beschrieben wurden:

▦ Style (Eigenschaft, veröffentlicht)

▦ DropDownCount (Eigenschaft, veröffentlicht)

▦ ItemIndex (Eigenschaft, öffentlich)

▦ SelLength, SelStart, SelText (Eigenschaft, veröffentlicht)

▦ OnChange, OnDropDown (Ereignisse)

▦ OnDrawItem, OnMeasureItem (Ereignisse)

3.10.9 TDBCheckBox

Die Komponente *TDBCheckBox* implementiert eine datensensitive CheckBox.
TDBCheckBox ist von *TWinControl* abgeleitet.

▥ DataSource, DataField (Eigenschaften, veröffentlicht)

```
property DataSource: TDataSource;
property DataField: string;
```

Mit der Eigenschaft *DataSource* wird spezifiziert, von welcher Datenquellen-
Komponente die Daten bezogen werden, *DataField* spezifiziert das entsprechende Feld.

▥ ValueChecked, ValueUnchecked (Eigenschaften, veröffentlicht)

```
property ValueChecked: string default 'Wahr';
property ValueUnchecked: string default 'Falsch';
```

Für den Fall, dass eine *TDBCheckBox*-Instanz nicht mit einer *TBooleanField*-
Instanz verbunden ist, kann hier eingegeben werden, bei welchen Werten die
Checkbox markiert und bei welchen Werten sie nicht markiert dargestellt
werden soll. Bei allen anderen Werte wird sie »grau« dargestellt.

Sollen diesen Eigenschaften mehrere Werte zugewiesen werden, so sind diese
mit Semikola zu trennen:

```
DBCheckBox1.ValueChecked := 'Wahr;Ja;Ein';
```

▥ AllowGrayed (Eigenschaft, veröffentlicht)

```
property AllowGrayed: Boolean default False;
```

Wird *AllowGrayed* auf true gesetzt, dann kann mit der Maus oder der Tastatur
(Leertaste) die Eigenschaft *State* auf *cbGrayed* gesetzt werden. Hat *AllowGrayed*
den Wert *false*, kann dies nur per Zugriff auf die Eigenschaft *State* oder bei
Feldwerten ungleich *ValueChecked* und *ValueUnchecked* erfolgen.

▥ Checked, State (Eigenschaften, öffentlich)

```
property Checked: Boolean;
property State: (cbUnchecked, cbChecked, cbGrayed);
```

Die Eigenschaft *Checked* hat den Wert *true*, wenn *State* den Wert *cbChecked* hat.
Wird *Checked* auf *false* gesetzt, hat *State* anschließend auch dann den Wert
cbUnchecked, wenn *State* davor den Wert *cbGrayed* gehabt hat.

3.10.10 TDBRadioGroup

Die Komponente *TDBRadioGroup* ähnelt *TDBListBox*, stellt die Einträge aber als RadioButton statt als Liste dar. *TDBRadioGroup* ist von *TWinControl* abgeleitet.

▦ DataSource, DataField (Eigenschaften, veröffentlicht)

```
property DataSource: TDataSource;
property DataField: string;
```

Mit der Eigenschaft *DataSource* wird spezifiziert, von welcher Datenquellen-Komponente die Daten bezogen werden, *DataField* spezifiziert das entsprechende Feld.

▦ Items, Values (Eigenschaften, veröffentlicht)

```
property Items: TStrings;
property Values: TStrings;
```

Für gewöhnlich werden die Einträge der Eigenschaft *Items* als Wert für die Anzeige und als Wert für die Datenbank verwendet.

Möchte man andere Werte anzeigen, als in der Datenbank gespeichert werden, dann weist man die Werte, die in der Datenbank gespeichert werden sollen, der Eigenschaft *Values* zu. Angezeigt wird dann jeweils der Wert von *Items*, der denselben Index hat wie der *Values*-Wert, dessen Wert der Datenbank-Feldwert hat.

▦ Columns (Eigenschaft, veröffentlicht)

```
property Columns: Integer default 1;
```

Die Einträge der Radiobutton-Gruppe können in mehreren Spalten angezeigt werden. Die Anzahl der Spalten wird mit *Columns* spezifiziert.

▦ ItemIndex (Eigenschaft, öffentlich)

```
property ItemIndex: Integer;
```

Mit der Eigenschaft *ItemIndex* kann ermittelt werden, welcher der Einträge momentan selektiert ist. Es ist auch möglich, den gewählten Eintrag mit Hilfe von *ItemIndex* zu ändern.

3.10.11 TDBLookupListBox

Die Komponente *TDBLookupListBox* dient zur Auswahl von Werten aus einer Liste. Im Gegensatz zu *TDBListBox* wird diese Liste nicht einer Eigenschaft *Items* zugewiesen, sondern von einer Datenquellenkomponente bezogen. *TDBLookupListBox* ist von *TWinControl* abgeleitet.

▓ DataSource, DataField (Eigenschaften, veröffentlicht)

```
property DataSource: TDataSource;
property DataField: string;
```

Mit der Eigenschaft *DataSource* wird spezifiziert, von welcher Datenquellen-Komponente die Daten bezogen werden, *DataField* spezifiziert das entsprechende Feld.

▬ ListSource, KeyField, ListField (Eigenschaften, veröffentlicht)

```
property ListSource: TDataSource;
property KeyField: string;
property ListField: string;
```

Mit *ListSource* wird angegeben, von welcher Datenquellenkomponente die Listeneinträge übernommen werden. Mit *KeyFields* wird spezifiziert, welche Felder der Lookup-Datenmenge in die über *DataSource* verbundene Datenmenge eingefügt werden, wenn ein Listeneintrag ausgewählt wird.

Nehmen wir an, mit der *TDBLookupListBox*-Instanz sollen Kunden für eine andere Tabelle ausgewählt werden. In diesem Fall würde man in der anderen Tabelle nur die Kundennummer speichern, als *KeyField* würde man dann diese Kundennummer verwenden.

Soll auch nur die Kundennummer angezeigt werden, dann würde man die Eigenschaft *ListField* leer lassen. Man kann aber dort auch den Spaltenbezeichner der Kundennamen eingeben. Es werden dann die Kundennamen angezeigt, aber die Kundennummern in die Tabelle eingefügt.

Es ist auch möglich, der Eigenschaft *ListField* mehrere Spaltenbezeichner zuzuweisen – es werden dann auch mehrere Spalten angezeigt. Die Spaltenbezeichner sind durch Semikola zu trennen.

```
DBLookupListBox1.ListField := 'Nachname;Vorname';
```

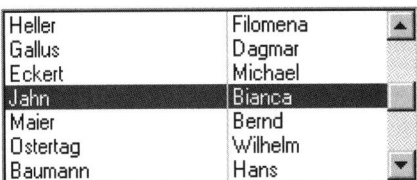

3.10.12 TDBLookupComboBox

Die Komponente *TDBLookupComboBox* tut dasselbe wie *TDBLookupListBox* (Kapitel 3.10.11), mit dem Unterschied, dass anstelle einer Listbox eine Kombobox zur Anzeige verwendet wird. *TDBLookupComboBox* ist von *TWinControl* abgeleitet.

Die folgenden Eigenschaften wurden bereits bei *TDBLookupListBox* (Kapitel 3.10.11) beschrieben:

- DataSource, DataField (Eigenschaften, veröffentlicht)
- ListSource, KeyField, ListField (Eigenschaften, veröffentlicht)
- DropDownWidth (Eigenschaft, veröffentlicht)

property DropDownWidth: Integer **default** 0;

Hat *DropDownWidth* einen Wert ungleich null, dann wird damit die Breite der herunterklappbaren Liste eingestellt. Dies ist insbesondere dann hilfreich, wenn mehrere Spalten angezeigt werden sollen.

- DropDownRows (Eigenschaft, veröffentlicht)

property DropDownRows: Integer **default** 7;

Mit *DropDownRows* wird spezifiziert, wie viele Zeilen die heruntergeklappte Liste anzeigt.

- DropDownAlign (Eigenschaft, veröffentlicht)

property DropDownAlign: (daLeft, daRight, daCenter)
  default daLeft;

Mit *DropDownAlign* wird eingestellt, ob die heruntergeklappte Liste links-, rechtsbündig oder zentriert zur eigentlichen Komponente dargestellt wird. Diese Eigenschaft ist nur dann relevant, wenn *DropDownWidth* einen Wert null hat.

3.10.13 TDBRichEdit

Die Komponente *TDBRichEdit* dient zur Anzeige von formatiertem Text. Sie ähnelt der in Kapitel 3.6.4 beschriebenen Komponente *TRichEdit*. *TDBRichEdit* ist von *TWinControl* abgeleitet.

- DataSource, DataField (Eigenschaften, veröffentlicht)

```
property DataSource: TDataSource;
property DataField: string;
```

Mit der Eigenschaft *DataSource* wird spezifiziert, von welcher Datenquellen-Komponente die Daten bezogen werden, *DataField* spezifiziert das entsprechende Feld.

- AutoDisplay (Eigenschaft, veröffentlicht), LoadMemo (Methode)

```
property AutoDisplay: Boolean default true;
procedure LoadMemo;
```

Per Voreinstellung werden die Inhalte von Memo-Feldern in der Komponente automatisch angezeigt, dies verhindert aber ein schnellstmögliches Scrollen durch die Datenmenge. Wenn es auf Geschwindigkeit ankommt, dann setzen Sie *AutoDisplay* auf *false* und laden die Memos, die angezeigt werden sollen, mit *LoadMemo* manuell.

TDBRichEdit implementiert einige Eigenschaften, Methoden und Ereignisse, die bereits bei *TRichEdit* (Kapitel 3.6.4), bei *TEdit* (Kapitel 3.3.4) oder *TMemo* (Kapitel 3.3.5) beschrieben wurden:

- Lines (Eigenschaft, TMemo)

- SelLength, SelStart, SelText (Eigenschaften, TEdit)

- ScrollBars (Eigenschaft, TMemo)

- WantReturns, WantTabs (Eigenschaften, TMemo)

- WordWrap (Eigenschaft, TMemo)

- MaxLength, ReadOnly (Eigenschaften, TEdit)

- SelectAll, Clear, ClearSelection (Methoden, TEdit)

- Undo, ClearUndo (Methoden, TEdit)

- CopyToClipboard, CutToClipboard, PasteFromClipboard (Methoden, TEdit)

- OnChange (Ereignis, TEdit), OnSelectionChange (Ereignis, TRichEdit)

- PlainText, SelAttributes, Paragraph (Eigenschaften, TRichEdit)

- Print, FindText (Methoden, TRichEdit)

3.10.14 TDBCtrlGrid

Wird eine Datenmenge mit Komponenten wie *TDBEdit* oder *TDBImage* darge-stellt, so ist jeweils immer nur ein einziger Datensatz sichtbar. Um mehrere Daten-sätze gleichzeitig zu betrachten, kann die Komponente *TDBGrid* eingesetzt wer-den. Allerdings ist der zur Verfügung stehende Platz zur Anzeige eines Datensat-zes recht limitiert – das macht sich insbesondere bei der Anzeige von Bildern und Memos bemerkbar.

Einen Kompromiß bietet die Komponente *TDBCtrlGrid*. Hier werden auf ver-schiedenen Panels die Daten jeweils eines Datensatzes angezeigt. *TDBCtrlGrid* ist von *TWinControl* abgeleitet.

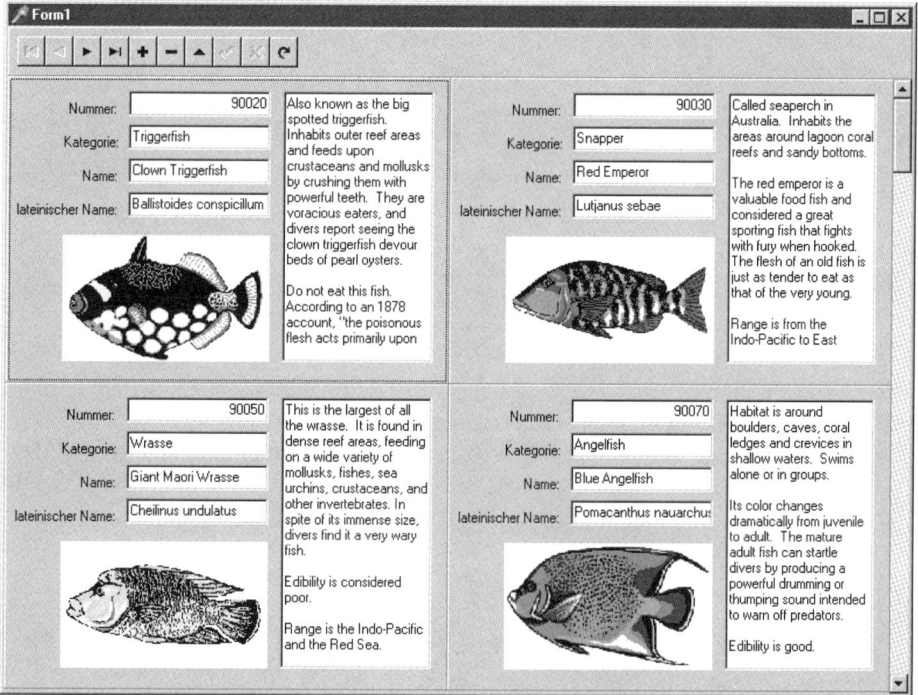

Zur Entwurfszeit werden datensensitive Dialogkomponenten auf das Design-Panel (links oben) gelegt. Beachten Sie dabei, dass Sie die Eigenschaft *DataSource* dieser Komponenten nicht ändern dürfen. Vielmehr muss die Eigenschaft *DataSource* der *TDBCtrlGrid*-Instanz gesetzt werden, dieser Wert wird dann allen eingefügten Datensensitiven Dialogkomponenten zugewiesen.

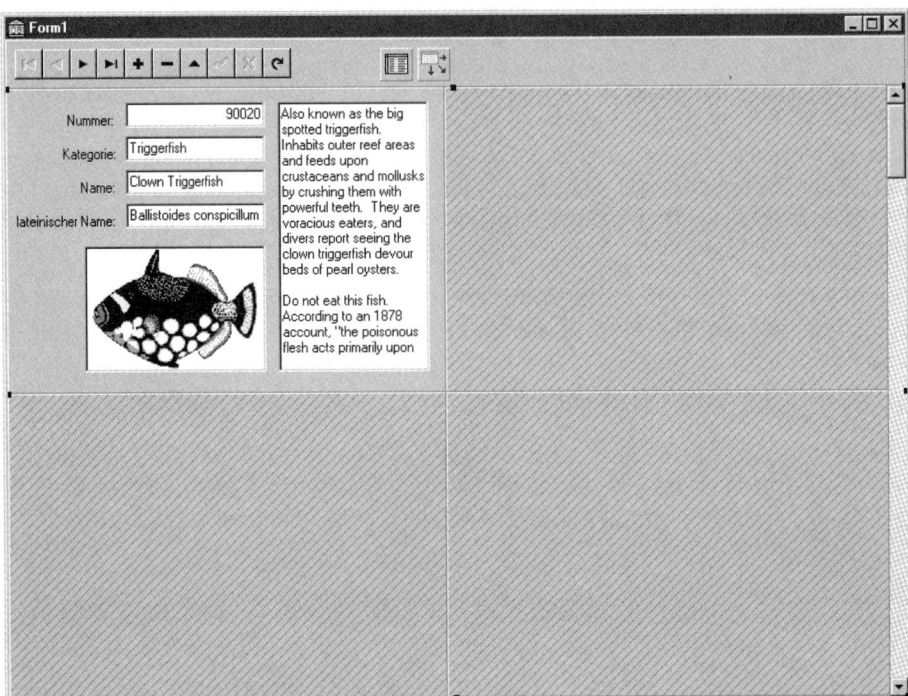

■ DataSource (Eigenschaft, veröffentlicht)

property DataSource: TDataSource;

Mit der Eigenschaft *DataSource* wird spezifiziert, von welcher Datenquellen-Komponente die Daten bezogen werden. Die Eigenschaft *DataSource* der eingefügten datensensitiven Dialogkomponenten wird automatisch auf diesen Wert gesetzt.

■ ColCount, RowCount

property ColCount: Integer **default** 1;
property RowCount: Integer **default** 3;

Die Anzahl der Spalten wird mit *ColCount*, die der Reihen mit *RowCount* spezifiziert. Beachten Sie bitte, dass weder automatisch Scrollbalken angezeigt werden, wenn der zur Verfügung stehende Platz für die Darstellung aller Komponenten nicht ausreicht, noch die Verwendung einer Scroll-Box erlaubt ist.

▣ AllowDelete, AllowInsert (Eigenschaften, veröffentlicht)

```
property AllowDelete: Boolean default true;
property AllowInsert: Boolean default true;
```

Hat *AllowDelete* den Wert *true*, dann kann mit CTRL+ENTF der aktuelle Datensatz gelöscht werden. Ebenso kann mit CTRL+EINFG ein neuer Datensatz eingefügt werden, wenn *AllowInsert* den Wert *true* hat.

▣ DoKey (Methode)

```
procedure DoKey(Key: TDBCtrlGridKey);
```

Soll programmgesteuert ein anderes Panel fokusiert werden, dann kann dazu die Methode *DoKey* verwendet werden. Die möglichen Werte für *TDBCtrlGridKey* sind in der Online-Hilfe erläutert.

▣ ShowFocus, SelectedColor (Eigenschaften, veröffentlicht)

```
property ShowFocus: Boolean default true;
property SelectedColor: TColor default clBtnFace;
```

Hat *ShowFocus* den Wert *true*, dann wird das Panel des aktuellen Datensatzes mit einer punktierten Linie umgeben. Mit *SelectedColor* wird die Farbe des Panels vorgegeben, das den aktuellen Datensatz anzeigt.

▣ Orientation (Eigenschaft, veröffentlicht)

```
property Orientation: (goVertical, goHorizontal)
  default goVertical;
```

Mit Orientation wird spezifiziert, ob die Panels reihenweise (*goVertical*) oder spaltenweise (*goHorizontal*) angeordnet werden.

▣ OnPaintPanel (Ereignis)

```
property OnPaintPanel(DBCtrlGrid: TDBCtrlGrid; Index: Integer);
```

Das Ereignis *OnPaintPanel* wird aufgerufen, wenn eins der Panels neu gezeichnet werden muss.

In Delphi 2 war es noch nicht möglich, die Komponente *TDBImage* auf ein Control-Grid zu legen. Hier konnte man sich dann mit einer normalen *TImage*-Komponente behelfen, der ein Bild in einer *OnPaintPanel*-Ereignisbehandlungsroutine zugewiesen wurde.

```
procedure TForm1.DBCtrlGrid1PaintPanel(DBCtrlGrid: TDBCtrlGrid;
  Index: Integer);
begin
  Image1.Picture.Assign(Table1.FieldByName('Graphic'));
end;
```

3.10.15 TDBChart

Die Komponente *TDBChart* kann die Daten aus einer Datenbank beziehen, die Eigenschaft *DataSource* der enthaltenen Reihenkomponenten kann somit verwendet werden.

TDBChart erbt die in Kapitel 3.5 beschriebenen Eigenschaften, Methoden und Ereignisse von *TChart*.

- AutoRefresh (Eigenschaft, veröffentlicht)

```
property AutoRefresh: Booleann default true;
```

Hat *AutoSize* den Wert *true*, dann werden automatisch die Daten eingelesen, wenn eine Datenmenge geöffnet wird. Hat *AutoSize* den Wert *false*, dann sind dafür die Methoden *RefreshDataSet* und *RefreshData* zu verwenden.

- RefreshDataSet, RefreshData (Methoden)

```
procedure RefreshDataSet(ADataSet: TDataSet;
  ASeries: TChartSeries);
procedure RefreshData;
```

Mit *RefreshDataSet* werden die Daten für die angegebene Reihenkomponente eingelesen. Mit *RefreshData* werden die Daten für alle Reihenkomponenten eingelesen. Diese beiden Methoden müssen nur dann verwendet werden, wenn *AutoRefresh* den Wert *false* hat.

- RefreshInterval (Eigenschaft, veröffentlicht), CheckDataSource (Methode)

```
property RefreshInterval: LongInt default 0;
procedure CheckDataSource;
```

Hat *RefreshInterval* einen Wert größer null, so wird der angegebene Wert einem Timer zugewiesen, der – sofern *AutoRefresh* den Wert *true* hat – die Daten neu einliest und die Anzeige aktualisiert. Damit kann man so etwas wie eine Echtzeitanzeige basteln.

Mit *CheckDataSource* können Sie das Einlesen der Daten und das Aktualisieren der Anzeige manuell auslösen.

3.11 Die Socket-Komponenten

In der Komponentengruppe *Internet* finden Sie Komponenten, die auf den TCP/IP-Socket des Betriebssystems aufsetzen.

Die Komponente *TClientSocket* kann in Kontakt mit einem Server treten. Eine *TServerSocket*-Komponente kann von mehreren Clients angesprochen werden. Daten können jedoch sowohl vom Server zum Client als auch vom Client zum Server übertragen werden.

Die Verbindungen, die Sie mit Hilfe dieser Komponenten aufbauen, müssen nicht zwangsläufig über das Internet gehen. Viel häufiger dürfte es vorkommen, dass Sie Daten über ein lokales Netzwerk schicken. Sie können diese Komponenten auch dafür verwenden, um Daten zwischen zwei Prozessen auf demselben Rechner auszutauschen. Dies ist jedoch nur dann sinnvoll, wenn zu erwarten ist, dass diese Prozesse (Programme) irgendwann einmal auf verschiedenen Rechnern ablaufen werden und sich dann die Umstellung sehr einfach gestaltet.

Im Delphi-Verzeichnis *Demos\Internet\Chat* sowie in Kapitel 3.11.4 finden Sie Beispielprogramme für diese Komponenten.

3.11.1 TClientSocket

Die Komponente *TClientSocket* kann über eine TCP/IP-Verbindung Kontakt mit einem Server aufnehmen und mit diesem Daten austauschen. *TClientSocket* ist von *TComponent* abgeleitet.

▪ Adress, Host (Eigenschaften, veröffentlicht)

```
property Address: string;
property Host: string;
```

Mit diesen beiden Eigenschaften kann der Server spezifiziert werden, mit dem Kontakt aufgenommen werden soll. Während *Address* nur IP-Adressen (192.168.1.3) entgegennimmt, verarbeitet *Host* sowohl IP-Adressen als auch Host-Namen (*http://www.tabu-datentechnik.de*).

Mit der IP-Adresse 127.0.0.1, dem so genannten LocalHost, erreichen Sie den eigenen Rechner. Sie können stattdessen auch die IP-Adresse des eigenen Rechners verwenden.

▪ Port, Service (Eigenschaften, veröffentlicht)

```
property Port: Integer;
property Service: string;
```

Auf einem Rechner können mehrere Server ihre Dienste anbieten. Damit für die einzelnen Server zu erkennen ist, auf welche der Client-Anfragen sie zu reagieren haben, gibt es die Port-Nummer.

Um sich nicht alle Port-Nummern merken zu müssen, gibt es die so genannten Services, die hier Synonyme für Port-Nummern sind. Welche Services auf einem Rechner vorhanden sind, kann man der Datei *Services* (im Windows-Verzeichnis oder in einem Unterverzeichnis davon) nachsehen. Wenn Sie Port-Nummern für eigene Vorhaben vergeben, können Sie hier nachschauen, welche Port-Nummern noch frei sind.

Statt einer Port-Nummer kann auch der Name eines Services (beispielweise *ftp*) in der Eigenschaft *Service* eingegeben werden.

▪ Active (Eigenschaft, veröffentlicht), Open, Close (Methoden)

```
property Active: Boolean;
procedure Open;
procedure Close;
```

Um eine Verbindung zum Server aufzubauen, wird *Active* auf *true* gesetzt oder *Open* aufgerufen. Um eine Verbindung abzubauen, wird *Active* auf *false* gesetzt oder *Close* aufgerufen.

- Socket (Eigenschaft, öffentlich, nur Lesen)

```
property Socket: TClientWinSocket;
```

Ist eine Verbindung zum Server vorhanden, liefert *Socket* einen Zeiger auf die Verbindungsinstanz. *TClientWinSocket* ist in Kapitel 3.11.3 beschrieben.

- OnLookup, OnConnect, OnConnecting, OnDisconnect (Ereignisse)

```
property OnConnect(Sender: TObject; Socket: TCustomWinSocket);
property OnConnecting(Sender: TObject; Socket: TCustomWinSocket);
property OnDisconnect(Sender: TObject; Socket: TCustomWinSocket);
property OnLookup(Sender: TObject; Socket: TCustomWinSocket);
```

Das Ereignis *OnConnect* tritt auf, nachdem der Client mit dem Server verbunden wurde. Das Ereignis *OnConnecting* tritt auf, nachdem der Server lokalisiert wurde, aber noch bevor der Client mit ihm verbunden wurde.

Das Ereignis *OnDisconnect* tritt unmittelbar vor dem Trennen der Verbindung zum Server auf. Das Ereignis *OnLookup* tritt auf, bevor der Client nach der Server sucht.

- OnRead, OnWrite (Ereignisse)

```
property OnRead(Sender: TObject; Socket: TCustomWinSocket);
property OnWrite(Sender: TObject; Socket: TCustomWinSocket);
```

Das Ereignis *OnRead* tritt auf, wenn der Client Daten lesen soll, das Ereignis *OnWrite*, wenn der Client Daten schreiben soll.

- OnError (Ereignis)

```
property OnError(Sender: TObject; Socket: TCustomWinSocket;
  ErrorEvent: TErrorEvent; var ErrorCode: Integer)
```

Das Ereignis *OnError* wird beim Auftreten eines Fehlers ausgelöst. Über die verschiedenen Werte von *TErrorEvent* gibt die Online-Hilfe Auskunft. Wenn Sie in der *OnError*-Ereignisbehandlungsroutine den Fehler beheben konnten, dann setzen Sie *ErrorCode* auf *null*, um das Auftreten einer Exception zu vermeiden.

- ClientType (Eigenschaft, veröffentlicht)

```
property ClientType: (ctNonBlocking, ctBlocking)
  default ctNonBlocking;
```

Wird *ClientType* auf *ctBlocking* gesetzt, dann wird der betreffende Thread so lange blockiert, bis die jeweiligen Lese- und Schreibvorgänge abgeschlossen sind. Setzen Sie *ClientType* nur dann auf *ctBlocking*, wenn Sie dafür auch einen eigenen Thread abspalten.

3.11.2 TServerSocket

Die Komponente *TServerSocket* kann über eine TCP/IP-Verbindung Anfragen von Clients entgegennehmen und mit diesem Daten austauschen. *TClientSocket* ist von *TComponent* abgeleitet.

▨ Port, Service (Eigenschaften, veröffentlicht)

```
property Port: Integer;
property Service: string;
```

Mit *Port* wird die Port-Nummer eingestellt. Der Server reagiert nur auf Client-Anfragen mit der gleichen Port-Nummer.

Statt einer Port-Nummer kann auch der Name eines Services (beispielsweise *ftp*) in der Eigenschaft *Service* eingegeben werden.

▨ Active (Eigenschaft, veröffentlicht), Open, Close (Methoden)

```
property Active: Boolean;
procedure Open;
procedure Close;
```

Um einen Server zu aktivieren, wird *Active* auf *true* gesetzt oder *Open* aufgerufen. Der Server wartet dann auf Anfragen von Clients. Um den Server zu deaktivieren, wird *Active* auf *false* gesetzt oder *Close* aufgerufen.

▨ Socket (Eigenschaft, öffentlich, nur Lesen)

```
property Socket: TServerWinSocket;
```

Mit *Socket* kann man einen Zeiger auf die *TServerWinSocket*-Instanz des Servers erhalten. *TServerWinSocket* ist in Kapitel 3.11.3 beschrieben.

▨ OnGetSocket, OnAccept, OnClientConnect, OnClientDisconnect (Ereignisse)

```
property OnGetSocket(Sender: TObject; Socket: Integer;
  var ClientSocket: TServerClientWinSocket);
property OnAccept(Sender: TObject; Socket: TCustomWinSocket);
property OnClientConnect(Sender: TObject; Socket: TCustomWinSocket);
property OnClientDisconnect(Sender: TObject;
  Socket: TCustomWinSocket);
```

Trifft eine Client-Anfrage bei einem (empfangenden) Server ein, dann geschieht der Reihenfolge nach folgendes:

▨ Es muß eine entsprechende *Socket*-Instanz erzeugt werden. Bei dieser Gelegenheit tritt das Ereignis *OnGetSocket* auf.

In der *OnGetSocket*-Ereignisbehandlungsroutine können Sie eine *TServerClientWinSocket*-Instanz erstellen und einen Zeiger darauf dem Variablen-Parameter *ClientSocket* übergeben.

Erzeugen Sie selbst keine solche Instanz, wird das automatisch getan.

- Es tritt das Ereignis *OnAccept* auf, mit dem erstmals eine Referenz auf die neue *TServerClientWinSocket*-Instanz zur Verfügung gestellt wird.

- Wird für die Verbindung ein eigener Thread abgespaltet, dann treten die Ereignisse *OnGetThread* und gegebenfalls *OnThreadStart* auf.

- Zuletzt wird das Ereignis *OnClientConnect* aufgerufen.

Direkt vor dem Abbau der Verbindung tritt das Ereignis *OnClientDisconnect* auf.

- OnClientRead, OnClientWrite (Ereignisse)

```
property OnClientRead(Sender: TObject; Socket: TCustomWinSocket);
property OnClientWrite(Sender: TObject; Socket: TCustomWinSocket);
```

Das Ereignis *OnClientRead* tritt auf, wenn der Server Daten von einem Client lesen soll. Das Ereignis *OnClientWrite* tritt auf, wenn der Server Daten zu einem Client schicken soll.

- OnListen (Ereignis)

```
property OnListen(Sender: TObject; Socket: TCustomWinSocket);
```

Das Ereignis *OnListen* tritt auf, bevor der Server auf Empfang geht.

- OnClientError (Ereignis)

```
property OnError(Sender: TObject; Socket: TCustomWinSocket;
  ErrorEvent: TErrorEvent; var ErrorCode: Integer)
```

Das Ereignis *OnClientError* wird beim Auftreten eines Fehlers ausgelöst. Über die verschiedenen Werte von *TErrorEvent* gibt die Online-Hilfe Auskunft. Wenn Sie in der *OnClientError*-Ereignisbehandlungsroutine den Fehler beheben konnten, dann setzen Sie *ErrorCode* auf *null*, um das Auftreten einer Exception zu vermeiden.

Verbindung in eigenen Threads

Sie können für jede Verbindung zu einem Client einen eigenen Thread abspalten, um beispielsweise eine Multi-Prozessor-Maschine voll ausnutzen zu können. Informieren Sie sich dann in der Online-Hilfe über die Eigenschaften *ServerType* und *ThreadCacheSize* sowie über die Ereignisse *OnGetThread*, *OnThreadEnd* und *OnThreadStart*.

3.11.3 TCustomWinSocket und Nachfahren

TClientWinSocket repräsentiert den Socket einer *TClientSocket*-Komponente, *TServerWinSocket* ist dementsprechend für die *TServerSocket*-Komponente zuständig. Beide Komponenten sind von *TCustomWinSocket* abgeleitet. *TClientWinSocket* implementiert darüber hinaus keine besprechenswerte Eigenschaft oder Methode.

Daten übertragen

▩ SendText, ReceiveText (Methoden)

```
function SendText(const S: string): Integer;
function ReceiveText: string;
```

SendText schickt den übergebenen String zum Verbindungspartner und gibt im Erfolgsfall den Wert null zurück. *ReceiveText* liest ankommende Daten als String.

Beachten Sie bitte, dass längere Texte in mehreren Paketen eintreffen.

▩ SendBuf, ReceiveBuf, ReceiveLength (Methoden)

```
function SendBuf(var Buf; Count: Integer): Integer;
function ReceiveBuf(var Buf; Count: Integer): Integer;
function ReceiveLength: Integer;
```

Die Methode *SendBuf* überträgt *Count* Bytes aus dem Buffer *Buf* zum Verbindungspartner. Die Methode *ReceiveBuf* versucht, *Count* Bytes zu lesen und in den Buffer zu schreiben. Die tatsächliche Anzahl der gelesenen Bytes wird als Funktionsergebnis zurückgegeben. Mit *ReceiveLength* kann die Länge eines ankommenden Datenpakets ermittelt werden.

Verbindungspartner

▩ LocalAdress, LocalHost, LocalPort (Eigenschaften, nur Lesen)

```
property LocalAddress: string;
property LocalHost: string;
property LocalPort: Integer;
```

Mit diesen Eigenschaften können die IP-Adresse, der Host-Name und die Port-Nummer der »eigenen« Seite ermittelt werden.

▪ RemoteAdress, RemoteHost, RemotePort (Eigenschaften, nur Lesen)

```
property RemoteAddress: string;
property RemoteHost: string;
property RemotePort: Integer;
```

Mit diesen Eigenschaften können die IP-Adresse, der Host-Name und die Port-Nummer des Verbindungspartners ermittelt werden.

Sonstiges

▪ Handle, SocketHandle, Addr (Eigenschaften, nur Lesen)

```
property Handle: HWnd;
property SocketHandle: TSocket;
property Addr: TSockAddrIn;
```

Die Eigenschaften *Handle*, *SocketHandle* und *Addr* werden zum Aufruf von API-Routinen benötigt.

▪ Connected (Eigenschaft, nur Lesen)

```
property Connected: Boolean;
```

Mit *Connected* kann ermittelt werden, ob die Socket-Verbindung geöffnet ist.

Ereignisse

▪ OnSocketEvent, OnErrorEvent (Ereignisse)

```
property OnSocketEvent(Sender: TObject; Socket: TCustomWinSocket;
  SocketEvent: TSocketEvent);
property OnErrorEvent(Sender: TObject; Socket: TCustomWinSocket;
  ErrorEvent: TErrorEvent; var ErrorCode: Integer);
```

Bei gewöhnlichen Socket-Vorkommnissen – Lese- oder Schreibanforderungen beispielsweise – tritt das Ereignis *OnSocketEvent* auf. Bei Fehlern tritt *OnErrorEvent* auf. In der Regel können Sie auf diese Ereignisse verzichten und auf die Ereignisse der Socket-Komponenten reagieren.

TServerWinSocket

▪ ActiveConnections, Connections (Eigenschaften, nur Lesen)

```
property ActiveConnections: Integer;
property Connections[Index: Integer]: TCustomWinSocket;
```

Mit *ActiveConnections* wird die Zahl der Clients ermittelt, die mit dem Server verbunden sind. Die einzelnen Verbindungen können mit der Array-Eigenschaft *Connections* referenziert werden.

3.11.4 Screen-Shots übers Netzwerk

Was tut man als EDV-Referent, wenn einem im Schulungsraum der Video-Beamer ausfällt? Man bastelt sich ein kleines Programm, das per Button-Druck einen Screen-Shot des Referenten an alle Teilnehmer sendet.

Der Server

Der Server zieht auf Button-Druck einen Screen-Shot und schickt diesen an alle angemeldeten Clients.

Beim Programmstart wird ein Bitmap erstellt, das die ganze Laufzeit des Programms über verwendet wird. Um Übertragungszeit zu sparen, ist der Bildausschnitt auf 800 * 600 Pixel beschränkt, außerdem wird keine Echtfarben-Darstellung verwendet. In der *OnDestroy*-Ereignisbehandlungsroutine wird *FBitmap* dann freigegeben.

```
procedure TForm1.FormCreate(Sender: TObject);
begin
    FBitmap := TBitmap.Create;
    FBitmap.Width := 800;
    FBitmap.Height := 600;
    FBitmap.PixelFormat := pf8bit;
end;
```

In der Titelzeile des Formulars soll die Anzahl der verbundenen Clients angezeigt werden. Da das Ereignis *OnClientDisconnect* direkt vor (!) dem Abmelden eines Clients ausgelöst wird, wird der betreffende Client bei der Eigenschaft *ActiveConnections* noch mitgezählt. Um zur wahren Anzahl der Clients zu kommen, ist davon eins abzuziehen.

```
procedure TForm1.ServerSocket1ClientConnect(Sender: TObject;
  Socket: TCustomWinSocket);
begin
  Caption := 'Server '
    + IntToStr(ServerSocket1.Socket.ActiveConnections);
end;


procedure TForm1.ServerSocket1ClientDisconnect(Sender: TObject;
  Socket: TCustomWinSocket);
begin
  Caption := 'Server '
    + IntToStr(ServerSocket1.Socket.ActiveConnections - 1);
end;
```

Das Ziehen des Screen-Shots und das Übertragen zu den Clients führt *Button2Click* aus.

```
procedure TForm1.Button2Click(Sender: TObject);
var
  dc: hdc;
  dx, dy: integer;
  i: integer;
  FStream: TMemoryStream;
  Buf: Pointer;
begin
  dc := CreateDC('DISPLAY', Nil, Nil, Nil);
  try
    dx := screen.Width;
    dy := screen.Height;
    BitBlt(FBitmap.Canvas.Handle, 0, 0, dx, dy, DC, 0, 0, SRCCopy);
  finally
    deletedc(dc);
  end;
  Image1.Picture.Assign(FBitmap);
```

Um einen ScreenShot zu ziehen, muß mit *CreateDC* ein GDI-Gerätekontext auf das Display erzeugt werden. Mittels *BitBlt* wird der Bildschirminhalt nach *FBitmap* kopiert. Zu Überwachungszwecken wird *FBitmap* in *Image1* angezeigt. (Die Variablen *dx* und *dy* werden auf die Auflösung des Bildschirms gesetzt. Unabhängig davon hat natürlich *FBitmap* die Größe 800 * 600.)

```
   FStream := TMemoryStream.Create;
   try
      FBitmap.SaveToStream(FStream);
      Buf := FStream.Memory;
      with ServerSocket1.Socket do
      begin
         for i := 0 to ActiveConnections - 1 do
         begin
            Connections[i].SendText('Daten'
               + IntToStr(FStream.Size));
            Sleep(50);
            Connections[i].SendBuf(Buf^, FStream.Size);
         end; {for i := 0 to ActiveConnections do}
      end; {with ServerSocket1.Socket do}
   finally
      FStream.Free;
   end;
end; {procedure TForm1.Button2Click}
```

Das Bild wird dann in einem Stream geschrieben. Anschließend durchläuft eine Schleife alle Verbindungen des Servers. Dabei wird zunächst mit *SendText* ein Header geschrieben, anschließend wird mit *SendBuf* das Bild übertragen. Die Anweisung *Sleep* verhindert, dass der Text und der Anfang der Daten zu einem Paket zusammengefasst werden – dann hätte der Client nämlich Probleme, sie wieder auseinander zu bekommen.

Der Client

Der Client muß nun die Daten entgegennehmen und daraus wieder ein Bild herstellen.

Der Client verwendet eine *TMemoryStream*-Instanz namens *FStream*, welche in der Prozedur *FormCreate* erzeugt und in der Prozedur *FormDestroy* freigegeben wird.

Mittels des Menüpunktes *Connect* wird der Host-Name der Servers abgefragt und die Verbindung aufgebaut. Der Menüpunkt *Disconnect* schließt die Verbindung. Eine kleine Meldung soll ausgegeben werden, wenn der Verbindungsaufbau erfolgreich war.

```
procedure TForm1.Connect1Click(Sender: TObject);
var
   s: string;
```

```
begin
  if InputQuery('Server', 'Host-Name', s) = true then
  begin
    ClientSocket1.Host := s;
    ClientSocket1.Open;
  end;
end;
```

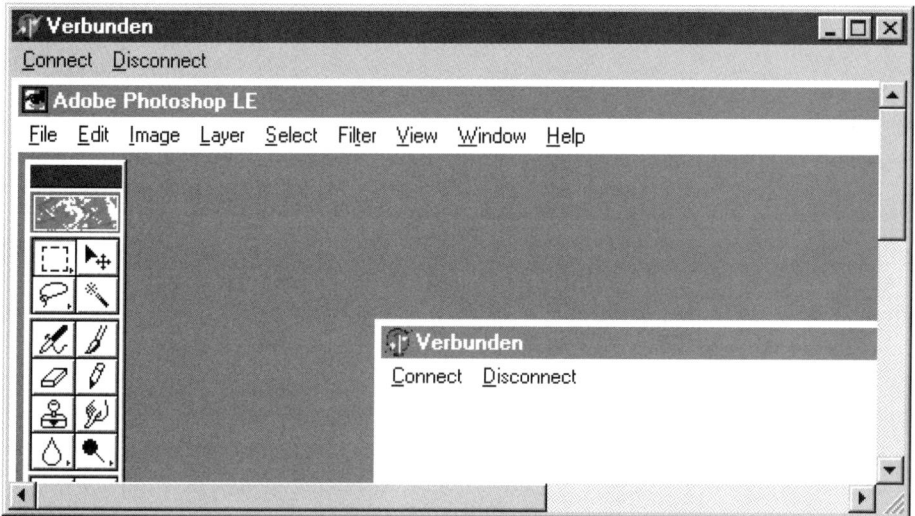

```
procedure TForm1.Disconnect1Click(Sender: TObject);
begin
  ClientSocket1.Close;
end;


procedure TForm1.ClientSocket1Connect(Sender: TObject;
  Socket: TCustomWinSocket);
begin
  Caption := 'Verbunden';
end;


procedure TForm1.ClientSocket1Disconnect(Sender: TObject;
  Socket: TCustomWinSocket);
begin
  Caption := 'getrennt';
end;
```

Obwohl eine große Datenmenge »in einem Rutsch« geschrieben werden kann, kommt sie in kleinen Paketen an – und diese Pakete sind auch nicht einheitlich groß. Dies bedingt einige »Verrenkungen« auf der Seite der Clients.

```
type
  TForm1 = class(TForm)
    ...
  private
    FStream: TMemoryStream;
    FPos: integer;
    FSize: integer;
    FDaten: boolean;
  end;

procedure TForm1.ClientSocket1Read(Sender: TObject;
  Socket: TCustomWinSocket);
var
  a: array[0..4096] of Byte;
  i: integer;
  s: string;
begin
  if FDaten = false then
  begin
    s := Socket.ReceiveText;
    if Copy(s, 1, 5) = 'Daten' then
    begin
      Delete(s, 1, 5);
      try
        FSize := StrToInt(s);
        FDaten := true;
        Image1.Picture.Bitmap := nil;
        FStream.Clear;
      except

      end;
    end; {if Copy(s, 1, 5) = 'Daten' then}
  end {if FDaten = false then}
```

Die ersten Daten, die vom Server erwartet werden, sind der String mit der Konstanten *Daten* und der Größe des folgenden Datenpakets. Beginnt ein eintreffender String mit dem Wort *Daten*, dann wird versucht, den folgenden Teil in eine Zahl zu wandeln. Geht dies, dann wird auf Datenempfang umgeschaltet, also *FDaten* auf *true* gesetzt.

```
  else
  begin
    i := Socket.ReceiveBuf(a, 4096);
    FStream.Write(a, i);
    FPos := FPos + i;
    if FPos >= FSize then
    begin
      FDaten := false;
      FStream.Position := 0;
      FPos := 0;
      Image1.Picture.Bitmap.LoadFromStream(FStream);
    end;
  end; {else FDaten = false then}
end; {procedure TForm1.ClientSocket1Read}
```

Alle eintreffenden Daten werden nach *FStream* geschrieben. Sobal *FPos* gleich *FSize* ist, sind alle Daten eingetroffen. *FDaten* wird wieder auf *false* gesetzt und das Bitmap aus dem Stream nach *Image1* geladen.

3.12 Datenanalyse

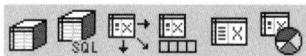

Die Komponenten zur Datenanalyse dienen zur Darstellung von Daten in Tabellenform oder als Diagramm. Während bei herkömmlicher Darstellung die Daten jedoch nur von ein oder zwei Dimensionen dargestellt werden konnten, ermöglichen die Komponenten zur Datenanalyse die Darstellung von mehreren Dimensionen. So ist es beispielsweise möglich, Umsätze nach dem Zeitraum, dem Verkäufer, dem Kunden und/oder dem Produkt darzustellen.

Die Komponenten zur Datenanalyse sind nur in der Enterprise-Version (bei Delphi 3 und Delphi 4 nur in der Client/Server-Suite) vorhanden.

3.12.1 Ein Beispielprojekt

Da die Komponenten zur Datenanalyse fast immer im Verbund eingesetzt werden, soll hier mit einem Beispielprojekt begonnen werden, welches das Zusammenwirken der einzelnen Komponenten illustriert:

Warum die Komponenten zur Datenanalyse?

Reale Vorgänge umfassen in der Regel viele Dimensionen. Nehmen wir als Beispiel die Umsatzübersicht einer Firma: Zunächst einmal interessiert es, wieviel Umsatz pro Jahr, pro Verkäufer, pro Warengruppe oder pro Land gemacht wurde. Diese Daten kann man mit Hilfe einfacher SQL-Abfragen ermitteln.

Sollen nun mehrere Dimensionen gleichzeitig dargestellt werden, dann benötigt man eine oder mehrere Master-Detail-Verknüpfungen. Auch dafür hat es in diesem Buch bereits Beispiele gegeben. Werden jedoch solche Verknüpfungen mit den herkömmlichen Komponenten erstellt, dann sind diese Gebilde reichlich unflexibel: Zur Entwurfszeit bereits wird festgelegt, welche Dimension die Hauptdimension ist und welche Dimensionen die Detail- oder Subdetaildimensionen sind. Zudem ist die gleichzeitige Anzeige mehrerer Dimensionen mit viel Programmieraufwand oder dem Einsatz der QuickReport-Komponenten verbunden.

Wesentlich einfacher gestaltet sich ein solches Unterfangen mit den Komponenten zur Datenanalyse: Mit Hilfe von *TDecisionPivot* wird bestimmt, welche Dimensionen an welcher Stelle angezeigt werden. Um die Anzeige umzukonfigurieren, reichen zur Laufzeit wenige Mausklicks oder ein Verschieben mit Drag&Drop – die Anzeige wird dann nahezu verzögerungsfrei umgestellt.

Wo Licht ist, ist bekanntlich auch Schatten: Damit die Anzeige schnell umgestellt werden kann, müssen viele Daten im Speicher gehalten werden. Daraus resultiert ein nicht unerheblicher Speichermehrbedarf – bei unserem Beispielprojekt etwa fünf MByte, wenn das Projekt direkt gestartet wird, und etwa zwölf MByte, wenn es unter Delphi läuft. Außerdem muss dieser Datenbestand beim Öffnen der Datenmenge erst einmal berechnet werden, also auch beim Programmstart.

Das Beispielprojekt

Für das Beispielprojekt wurde eine Tabelle mit den Umsatzzahlen einer fiktiven Firma generiert. Damit wenigstens halbwegs realistische Bedingungen gegeben sind, wurden dafür 5000 Verkaufsdatensätze generiert.

Für das Beispielprojekt fügen Sie alle Komponenten aus der Palettenseite *Datenanalyse* je einmal in das Formular ein. Die Eigenschaft *DecisionSource* von *DecisionPivot1*, *DecisionGrid1* und *DecisionGraph1* wird auf *DecisionSource1* gesetzt, deren Eigenschaft *DecisionCube* den Wert *DecisionCube1* erhält.

Die Eigenschaft *DataSet* von *DecisionCube1* erhält den Wert *DecisionQuery1*. Dieser wiederum wird folgende SQL-Anweisung zugewiesen:

```
SELECT
    n.nachname,
    s.staat,
    w.warengruppe,
    v.datum,
    SUM(betrag),
    COUNT(betrag)
FROM f_name n, f_staat s, f_verkauf v, f_waren w
WHERE (n.nummer = v.verkäufer)
    AND (s.nummer = v.land)
    AND (w.nummer = v.warengruppe)
GROUP BY
    n.nachname,
    s.staat,
    w.warengruppe,
    v.datum
```

Die Komponente *TDecisionQuery* verfügt über einen Komponenteneditor zur Generierung der SQL-Anweisung, dieser ist jedoch nicht gerade auf die Erstellung von JOINs hin optimiert. Wenn Sie die Eigenschaft *Active* von *TDecisionQuery* auf *true* gesetzt haben, werden zunächst die Daten in den Speicher gelesen, was einige Zeit in Anspruch nehmen kann. Danach können Sie schon zur Entwurfszeit mit fast voller Funktionalität arbeiten.

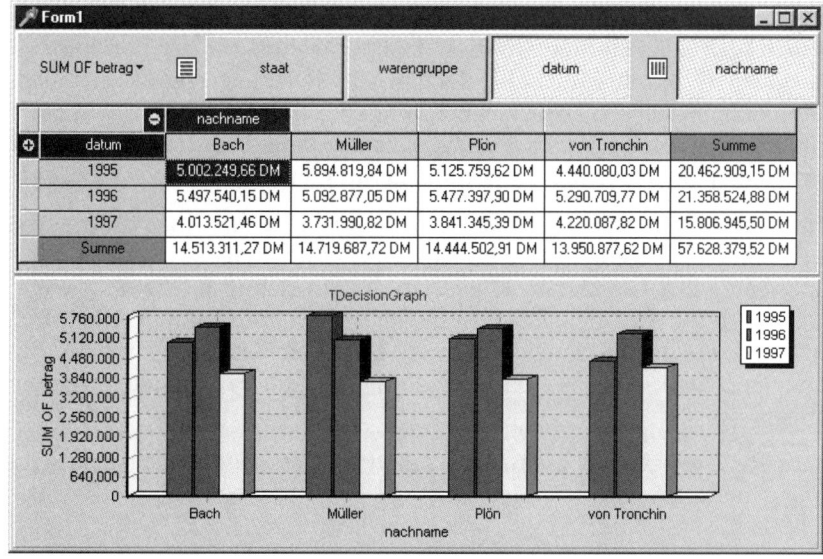

3.12.2 TDecisionQuery

Die Komponente *TDecisionQuery* ist direkt von *TQuery* (Kapitel 3.9.4) abgeleitet und implementiert keine weiteren Eigenschaften, Methoden oder Ereignisse. Lediglich ein Komponenteneditor zur Erzeugung der SQL-Anweisung ist hinzugekommen:

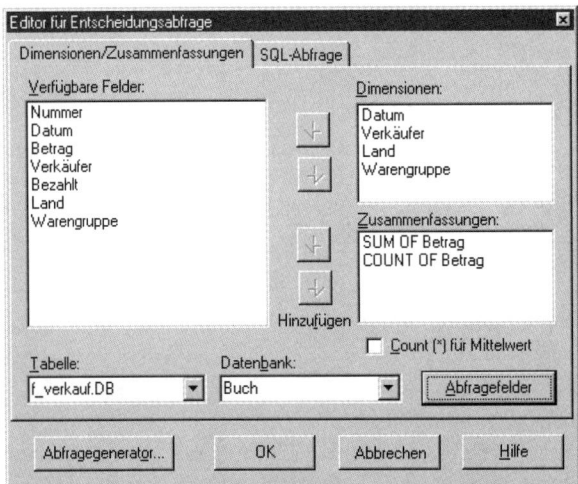

Mit einem Doppelklick auf *TDecisionQuery* wird der Komponenteneditor gestartet. Wählen Sie Datenbank und die Tabelle, und Ihnen werden daraufhin alle vorhandenen Spalten angezeigt. Mit Hilfe der Pfeil-Buttons werden einzelne Spalten als Dimensionen oder als Zusammenfassungen deklariert.

Als Zusammenfassungsfelder eignen sich insbesondere Umsatzzahlen und ähnliche Geldbeträge. Beim Einfügen in diese Listbox wählen Sie per Popupmenü aus, ob Sie davon die Summe, die Zahl oder den Mittelwert anzeigen lassen möchten. Sie können hier mehrere Zusammenfassungen gleichzeitig bilden. Mit Hilfe der Schaltfläche ganz links im *DecisionPivot* kann man zur Entwurfs- und zur Laufzeit zwischen den einzelnen Zusammenfassungen umschalten.

Zu Dimensionen erklären Sie alle Spalten, nach denen Sie die Daten gruppieren möchten. Sie sollten dabei einerseits möglichst viel Dimensionen verwenden, denn die Komponenten zur Datenanalyse werden erst so richtig interessant, wenn zwischen drei oder vier Dimensionen umgeschaltet werden kann. Andererseits steigt mit der Zahl der Dimensionen auch der Speicherbedarf und die Bearbeitungsdauer. Eine gewisse Aussagekraft sollten die verwendeten Spalten schon haben.

Wenn Sie die Registerseite wechseln, dann sehen Sie, dass automatisch eine SQL-Anweisung generiert wurde.

3.12.3 TDecisionCube

Die Komponente *TDecisionCube* speichert die von der Datenmenge erhaltenen Daten und gibt sie an *TDecisionSource* weiter. *TDecisionCube* ist von *TComponent* abgeleitet.

▨ DataSet (Eigenschaft, veröffentlicht)

```
property DataSet: TDataSet;
```

Mit Hilfe von *DataSet* geben Sie die Datenmengenkomponente an, von welcher die Daten bezogen werden sollen. In der Regel wird die eine *TDecisionQuery*-Instanz sein.

▨ DimensionMap (Eigenschaft, veröffentlicht), OnRefresh (Ereignis)

```
property DimensionMap: TCubeDims;
property OnRefresh(DataCube: TCustomDataStore; DimMap: TCubeDims);
```

Mit Hilfe der Eigenschaft *DimensionMap* kann bestimmt werden, wie die einzelnen Dimensionen angezeigt werden. Die folgende Abbildung zeigt den dafür vorhandenen Eigenschaftseditor:

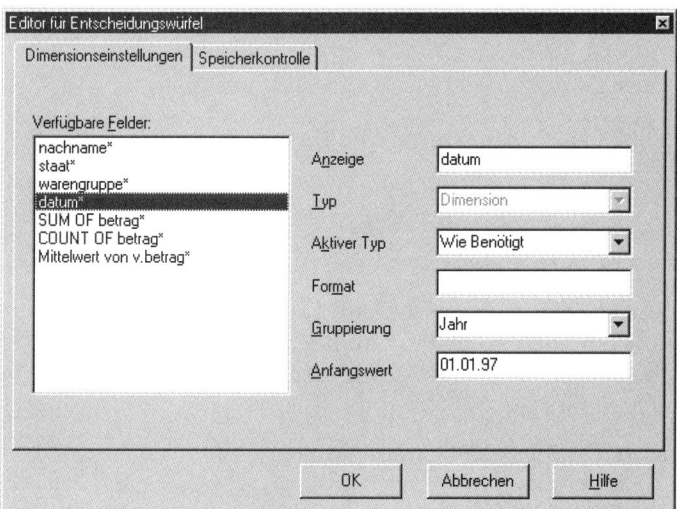

Wenn eine Ihrer Dimensionen ein Datum ist, dann möchten Sie dieses vielleicht nach dem Monat, dem Quartal oder dem Jahr gruppieren. Wählen Sie die entsprechende Einheit aus der ComboBox *Gruppierung*. Mit *Anzeige* können Sie die Bezeichnung der Dimension umbenennen, Spaltenbezeichnungen wie *SUM OF betrag* erfreut meist nur SQL-Kundige.

Bevor die neuen Einstellungen zugewiesen werden, wird das Ereignis *OnRefresh* ausgelöst.

▦ ShowProgressDialog (Eigenschaft, veröffentlicht)

```
property ShowProgressDialog: Boolean default true;
```

Das Einlesen der Daten benötigt meist einige Zeit, während der gemäß Voreinstellung eine Fortschrittsanzeige den Anwender darüber informiert, dass die Anwendung noch nicht abgestürzt ist. Soll das Einlesen der Daten im Hintergrund erfolgen, dann stört diese Fortschrittsanzeige, *ShowProgressDialog* ist auf *false* zu setzen.

▦ OnAfterClose, OnAfterOpen, OnBeforeClose, OnBeforeOpen (Ereignisse)

```
property OnAfterClose(DataCube: TCustomDataStore);
property OnAfterOpen(DataCube: TCustomDataStore);
property OnBeforeClose(DataCube: TCustomDataStore);
property OnBeforeOpen(DataCube: TCustomDataStore);
```

Mit diesen vier Ereignissen kann auf das Öffnen und Schließen des Kreuztabellenspeichers reagiert werden.

Speichernutzung

Die Daten, welche eine *TDecisionCube*-Instanz verwaltet, werden alle im Arbeitsspeicher gehalten. Der Bedarf an Speicher steigt mit der Potenz der verwendeten Dimensionen, von daher sollte man sich um eine effektive Speichernutzung Gedanken machen.

▦ MaxCells, MaxDimensions, MaxSummaries (Eigenschaften, veröffentlicht)

```
property MaxCells: Integer default 0;
property MaxDimensions: Integer default 5;
property MaxSummaries: Integer default 10;
```

Mit diesen drei Eigenschaften kann man die Zahl der Zellen, der Dimensionen und der Zusammenfassungen beschränken, die gleichzeitig im Speicher gehalten werden. Sofern die betreffende Eigenschaft den Wert null hat, findet keine Beschränkung statt.

▦ Capacity (Eigenschaft, öffentlich), OnLowCapacity (Ereignis)

```
property Capacity: Integer;
property OnLowCapacity(var EAction: TErrorAction);
```

Mit *Capacity* wird vorgegeben, wieviel Byte eine *TDecisionCube*-Instanz maximal an Speicher belegt. Beim Versuch, diese Grenze zu überschreiten, wird das Ereignis *OnLowCapacity* ausgelöst.

3.12.4 TDecisionSource

Die Komponente *TDecisionSource* leitet die Daten an *TDecisionGrid* und *TDecision-Graph* und die Steuerungsbefehle von *TDecisionPivot* weiter. *TDecisionSource* ist von *TComponent* abgeleitet.

Im Regelfall wird *TDecisionSource* lediglich eine Mittlerfunktion wahrnehmen, so dass ausschließlich die Eigenschaft *DecisionCube* gesetzt werden muss. Wenn Sie jedoch vom Programm aus auf die Daten zugreifen möchten, dann helfen die vielfältigen Methoden von *TDecisionSource* weiter, von denen nur ein geringer Teil hier besprochen wird.

▦ DecisionCube (Eigenschaft, veröffentlicht)

```
property DecisionCube: TDecisionCube;
```

Mit der Eigenschaft *DecisionCube* wird bestimmt, von welchem Kreuztabellen-speicher die Daten bezogen werden.

▦ nDims, nColDims, nRowDims, nOpenColDims, nOpenRowDims
(Eigenschaften, öffentlich, nur Lesen)

```
property nDims: Integer;
property nColDims: Integer;
property nRowDims: Integer;
property nOpenColDims: Integer;
property nOpenRowDims: Integer;
```

Mit *nDims* kann die Zahl der aktiven Dimensionen bestimmt werden. Wenn es von Interesse sein sollte, wie viele davon als Spalten beziehungsweise Reihen angezeigt werden, sind die Eigenschaften *nColDims* beziehungsweise *nRowDims* zu verwenden.

Mit *nOpenColDims* kann die Anzahl der momentan »aufgeschlüsselten« Spalten-Dimensionen festgestellt werden, mit *nOpenRowDims* die Anzahl offener Reihen-Dimensionen.

▦ nDataCols, nDataRows (Eigenschaften, öffentlich, nur Lesen)

```
property nDataCols: Integer;
property nDataRows: Integer;
```

Mit *nDataCols* kann die Zahl der Spalten im Datenbereich ermittelt werden, mit *nDataRows* die Zahl der Reihen im Datenbereich. Eventuell angezeigte Summenspalten werden dabei mitgezählt.

■ nSums, CurrentSum (Eigenschaften, öffentlich, nur Lesen)

```
property nSums: Integer;
property CurrentSum: Integer;
```

Mit *nSums* kann ermittelt werden, wie viele Aggregatfunktionen zur Anzeige zur Verfügung stehen.

Der Index der momentan angezeigten Aggregatfunktion kann mit *CurrentSum* ermittelt werden, die Zählung beginnt dabei bei null.

■ GetDataAsString, GetDataAsVariant (Methoden)

```
function GetDataAsString(ARow, ACol:Integer;
  var SubLevel: Integer): string;
function GetDataAsVariant(ARow, ACol: Integer;
  var SubLevel: Integer): Variant;
```

Die Daten eines jeden Datenfeldes lassen sich mit diesen beiden Funktionen als String oder als Variante ermitteln.

Mittels des Variablen-Parameters *SubLevel* kann dabei auch ermittelt werden, ob es sich beim Inhalt des Feldes um Daten (null) oder um Summen von Daten (eins) oder um Summen von Summen (zwei oder höher) handelt.

■ GetDimensionName, GetMemberAsString, GetMemberAsVariant (Methoden)

```
function GetDimensionName(iDim: Integer): String;
function GetMemberAsString(iDim: Integer;
  ValueIndex: Integer): string;
function GetMemberAsVariant(iDim: Integer;
  ValueIndex: Integer): Variant;
```

Mit *GetDimensionName* kann die Bezeichnung einer Dimension (beispielsweise *Warengruppe*) ermittelt werden. Der Parameter *iDim* erwartet – wie auch bei den anderen beiden Funktionen – einen absoluten Index.

Mit *GetMemberAsString* und *GetMemberAsVariant* können die Spalten- oder Reihenüberschriften innerhalb einer Dimension (beispielsweise *Festplatten*) ermittelt werden. Der Index der gesuchten Spalte beziehungsweise Reihe wird als Parameter *ValueIndex* übergeben, die Zählung beginnt auch hier bei null.

■ GetActiveDim, GetGroup, GetIndex (Methoden)

```
function GetActiveDim(dimGroup: TDimGroup; Index: Integer;
  bOpen: Boolean): Integer;
function GetGroup(iDim: Integer): TDimGroup;
function GetIndex(iDim: Integer; bOpen: Boolean): Integer;
```

TDecisionSource arbeitet mit zwei Index-Systemen, welche sich mit diesen
Methoden konvertieren lassen. Das eine System ist das absolute Index-System, bei dem die einzelnen Dimensionen so durchgezählt werden, wie sie
von *TDecisionCube* zur Verfügung gestellt werden. Das relative Index-System
zählt die angezeigten Spalten und Reihen durch, wobei man noch unterscheiden kann, ob nur »aufgeschlüsselte« Dimensionen mitgezählt werden.

Mit *GetActiveDim* lässt sich der absolute Index auf einem relativen Index berechnen. Der Parameter dimGroup gibt dabei an, ob der Parameter *Index* sich
auf eine Reihe (*dgRow*) oder eine Spalte (*dgCol*) bezieht. Hat *bOpen* den Wert
true, dann werden bei der Ermittlung von *Index* nur »aufgeschlüsselte« Dimensionen mitgezählt.

Zur Berechnung eines relativen Index werden die Funktionen *GetGroup* und
GetIndex verwendet. Mit *GetGroup* kann ermittelt werden, ob der als Parameter *iDim* übergebene absolute Index als Reihe (*dgRow*) oder als Spalte (*dgCol*)
angezeigt wird. Zur Berechnung der Position in der Reihe oder Spalte wird
dann *GetIndex* verwendet, wobei auch hier mittels *bOpen* spezifiziert werden
kann, ob nur »aufgeschlüsselte« Dimensionen mitgezählt werden.

Ereignisse

■ OnAfterPivot, OnBeforePivot, OnLayoutChange (Ereignisse)

```
property OnAfterPivot(Sender: TObject);
property OnBeforePivot(Sender: TObject);
property OnLayoutChange(Sender: TObject);
```

Vor dem Aufschlüsseln oder Zusammenfassen einer Dimension tritt
OnBeforePivot auf, danach *OnAfterPivot*.

Das Ereignis *OnLayoutChange* tritt auf, nachdem die Darstellung geändert
wurde, beispielsweise auch dann, wenn Dimensionen aufgeschlüsselt oder
zusammengefasst wurden. *OnLayoutChange* tritt dabei vor *OnAfterPivot* auf.

■ OnSummaryChange (Ereignis)

```
property OnSummaryChange(Sender: TObject);
```

Wird eine andere Aggregatfunktion zur Anzeige ausgewählt, dann tritt
OnSummaryChange auf.

3.12.5 TDecisionPivot

Mit der Komponente *TDecisionPivot* wird ausgewählt, welche Dimensionen und
welche Zusammenfassungen angezeigt werden. *TDecisionPivot* ist von
TWinControl abgeleitet.

Die Elemente einer *TDecisionPivot*-Instanz gliedern sich in drei Gruppen. Mit der
ComboBox links können Sie wählen, welche Aggregatfunktion angezeigt wird –
hier in der Abbildung die Summe.

Es folgt die Gruppe der Dimensionen, die untereinander angezeigt werden, ganz
rechts die Gruppe der Dimensionen, die nebeneinander angezeigt werden. Die
einzelnen Dimensionen werden aufgeschlüsselt, wenn der betreffende Button »gedrückt« dargestellt wird.

Mit Drag&Drop können die einzelnen Dimensionen von der Darstellung untereinander zur Darstellung nebeneinander sowie umgekehrt verschoben werden.

- DecisionSource (Eigenschaft, veröffentlicht)

  property DecisionSource: TDecisionSource;

  Verwenden Sie diese Eigenschaft, um die Verbindung zu der *TDecisionSource*-
  Instanz herzustellen, welche die Komponente steuern soll.

- Groups (Eigenschaft, veröffentlicht)

  property Groups: **set of** (xtRows, xtColumns, xtSummaries)
    default [xtRows, xtColumns, xtSummaries];

  Mit der Eigenschaft *Groups* kann spezifiziert werden, welche Buttons auf der
  TDecisionPivot-Instanz angezeigt werden soll. Wenn Sie bestimmte Gruppen
  von Buttons ausschließen, dann müssen diese meist von anderen
  TDecisionPivot-Instanzen angezeigt werden.

- ButtonAutoSize, ButtonHeight, ButtonWidth (Eigenschaften, veröffentlicht)

  property ButtonAutoSize: Boolean **default** true;
  property ButtonHeight: Integer **default** 24;
  property ButtonWidth: Integer **default** 64;

  Hat *ButtonAutoSize* den Wert *true*, dann wird die Größe der Buttons automatisch an die Größe der Komponente angepasst, andernfalls wird sie mit
  ButtonHeight und *ButtonWidth* eingestellt.

Hat *GroupLayout* den Wert *xtLeftTop*, so wird die Einstellung von *ButtonAutoSize* ignoriert.

GroupLayout (Eigenschaft, veröffentlicht)

```
property GroupLayout: (xtHorizontal, xtVertical, xtLeftTop)
   default xtHorizontal;
```

Mit *GroupLayout* können Sie festlegen, ob die einzelnen Elemente nebeneinander (*xtHorizontal*), übereinander (*xtVertical*) oder – wie in der folgenden Abbildung – über Eck angeordnet werden.

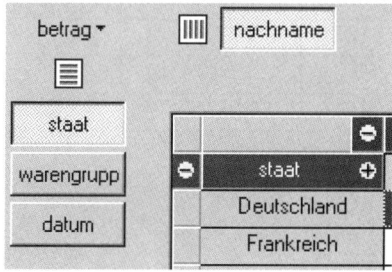

ButtonSpacing, GroupSpacing (Eigenschaften, veröffentlicht)

```
property ButtonSpacing: Integer default 0;
property GroupSpacing: Integer default 10;
```

Mit *ButtonSpacing* wird der Abstand zwischen den einzelnen Buttons eingestellt, mit GroupSpacing der zwischen den drei Gruppen.

3.12.6 TDecisionGrid

Mit der Komponente *TDecisionGrid* werden die Daten in einem Datengitter angezeigt. *TDecisionGrid* ist von *TWinControl* abgeleitet.

⊖	warengruppe ⊖	nachname ⊕	staat		
			Deutschland	Frankreich	N
	CD-Brenner	Bach	460.226,26 DM	336.297,10 DM	232
		Müller	424.402,37 DM	310.492,22 DM	409
		Plön	433.068,84 DM	357.958,64 DM	258
		von Tronchin	375.150,31 DM	227.822,60 DM	258
		Summe	1.692.847,78 DM	1.232.570,57 DM	1.15
	CD-Laufwerke	Bach	220.559,63 DM	397.073,57 DM	416

■ DecisionSource (Eigenschaft, veröffentlicht)

```
property DecisionSource: TDecisionSource;
```

Über die Eigenschaft *DecisionSource* wird die Komponente mit einer
TDecisionSource-Instanz verbunden, von der sie die Daten bezieht.

■ ColCount, RowCount, FixedCols, FixedRows
    (Eigenschaften, öffentlich, nur Lesen)

```
property ColCount: Integer;
property RowCount: Integer;
property FixedCols: Integer;
property FixedRows: Integer;
```

Mit *ColCount* und *RowCount* ermittelt man die Anzahl der Spalten und der
Reihen des Gitters. Die Anzahl Überschrift-Spalten und -Reihen werden mit
FixedCols und *FixedRows* ermittelt.

■ Cells (Eigenschaft, öffentlich, nur Lesen), MouseCoord (Methode)

```
property Cells[ACol, ARow: Integer]: string;
function MouseCoord(X, Y: Integer): TGridCoord;
```

Mit der Eigenschaft *Cells* können die einzelnen Zelleninhalte ermittelt werden. Die Indizierung dieser Array-Eigenschaft beginnt jedoch nicht in der linken oberen Zelle des Gitters, sondern in der linken oberen Zelle des Daten-
bereichs, was in der folgenden Beispielprozedur eine Umrechnung erforderlich macht.

Mit *MouseCoord* lassen sich die Reihen- und Spaltenindizes einer bestimmten
Bildschirmposition ermitteln. Die folgende Beispielprozedur zeigt den Inhalt
der gerade angeklickten Zelle in der Titelzeile des Formulars an.

```
procedure TForm1.DecisionGrid1MouseDown(Sender: TObject;
  Button: TMouseButton; Shift: TShiftState; X, Y: Integer);
var
  Coord: TGridCoord;
begin
  with DecisionGrid1 do
  begin
    Coord := MouseCoord(x, y);
    Form1.Caption := Cells[Coord.x - FixedCols,
      Coord.y - FixedRows];
  end;
end; {procedure TForm1.DecisionGrid1MouseDown}
```

- Totals (Eigenschaft, öffentlich)

```
property Totals: Boolean;
```

Mittels der Eigenschaft *Totals* wird festgelegt, ob für die einzelnen Spalten und
Reihen zusätzlich die Summe der Werte angezeigt wird (*true*) oder nicht (*false*).

Soll die Anzeige von Summen für einzelne Dimensionen unterschiedlich festgelegt werden, so ist die *TDisplayDim*-Eigenschaft *Subtotals* zu verwenden.

- Dimensions (Eigenschaft, veröffentlicht)

```
property Dimensions: TDisplayDims;
```

Mit Hilfe der Eigenschaft *Dimensions* kann man Vorgaben für die Darstellung
der einzelnen Dimensionen machen.

Der Typ *TDisplayDims* ist ein Nachfahre von *TCollection*, dessen Eigenschaft
Item vom Typ *TDisplayDim* ist. *TDisplayDim* implementiert die folgenden Eigenschaften:

- Mit *Alignment* wird festgelegt, ob die Daten und die Beschriftung linksbündig, rechtsbündig oder zentriert ausgegeben werden.

- *Color* legt die Hintergrundfarbe des Dimensionsbeschriftung fest.

- Mit *FieldName* kann festgestellt werden, auf welcher Spalte oder Aggregatfunktion die Dimension beruht. Dies wird auch als Bezeichnung der Dimension verwendet, solange es nicht mit einem Wert in der Eigenschaft
  DisplayName geändert wird.

- Sollen die Daten nach bestimmten Kriterien formatiert werden, dann kann der Eigenschaft *Format* ein entsprechender Formatierungsstring zugewiesen werden. Dessen Syntax ist an die RTL-Funktionen *FormatFloat* und *FormatDateTime* angelehnt.

- Mit der booleschen Eigenschaft *Subtotals* kann bestimmt werden, ob zu einer Dimension Summen angezeigt werden oder nicht.

Darstellung

- Diverse veröffentlichte Eigenschaften

```
property CaptionColor: TColor default clActiveCaption;
property CaptionFont: TFont;
property DataColor: TColor default clInfoBk;
property DataFont: TFont;
property DataSumColor: TColor default clNone;
property LabelColor: TColor default clBtnFace;
property LabelFont: TFont;
property LabelSumColor: TColor default clInactiveCaption;
```

Mit diesen Eigenschaften lassen sich die Hintergrundfarbe (*Color*) und die Schrift (*Font*) der einzelnen Zellenarten vorgeben. Die Typen *TColor* und *TFont* sind in Kapitel 4.2.1 beschrieben.

Im einzelnen handelt es sich dabei um folgende Zellenarten:

- Die *Caption*-Zellen zeigen die Dimensionsbezeichnungen an (*Warengruppe, Nachname, Staat*).

- Die *Data*-Zellen geben die gruppierten Werte an, während die *DataSum*-Felder die Summen der einzelnen Reihen und Spalten anzeigen.

- Die Beschriftung der Spalten und Reihen (*Bach, Müller ...*) erfolgt durch die *Label*-Zellen, die Beschriftung der Summen-Spalten und -Reihen (*Summe*) durch die *LabelSum*-Zellen.

- Options, GridLineColor, GridLineWidth (Eigenschaft, veröffentlicht)

```
property Options: set of (cgGridLines, cgOutliner, cgPivotable)
   default [cgGridLines, cgOutliner, cgPivotable];
property GridLineColor: TColor default clWindowText;
property GridLineWidth: Integer default 1;
```

Sollen Linien zwischen den einzelnen Zellen des Gitters angezeigt werden, dann ist die Option *cgGridLines* zu setzen. Die Farbe der Linien kann mit *GridLineColor*, deren Breite mit *GridLineWidth* spezifiziert werden.

Sollen die Symbole + und - angezeigt werden, mit deren Hilfe sich die einzelnen Dimensionen aufschlüsseln oder zusammenfassen lassen, dann muss die Option *cgOutliner* gesetzt werden.

Sollen sich die Dimensionen mit Drag&Drop von der Anzeige als Spalte zur Anzeige als Reihe und umgekehrt verschieben lassen, dann ist die Option *cgPivotable* zu setzen.

▨ DefaultColWidth, DefaultRowHeight (Eigenschaft, veröffentlicht)

```
property DefaultColWidth: Integer default 100;
property DefaultRowHeight: Integer default 20;
```

Die Ausgangswerte für die Spaltenbreiten und Reihenhöhen werden mit diesen beiden Eigenschaften eingestellt.

▨ OnDecisionDrawCell (Ereignis)

```
property OnDecisionDrawCell(Sender: TObject; Col, Row: Integer;
  var Value: String; var aFont: TFont; var aColor: TColor;
  AState: TGridDrawState; aDrawState: DecisionDrawState);
```

Vor jedem Zeichnen einer Zelle wird das Ereignis *OnDecisionDrawCell* aufgerufen. Hier besteht dann die Möglichkeit, den anzuzeigenden String, die Schrift oder die Hintergrundfarbe zu ändern. Nähere Informationen zu den Parametern *AState* und *aDrawState* finden Sie in der Online-Hilfe.

Das folgende Beispiel stellt alle Zahlen größer 300000 mit roter Schrift dar:

```
procedure TForm1.DecisionGrid1DecisionDrawCell(Sender: TObject;
  Col, Row: Integer; var Value: String; var aFont: TFont;
  var aColor: TColor; AState: TGridDrawState;
  aDrawState: TDecisionDrawState);
var
  f: double;
  i: integer;
begin
  val(Value, f, i);
  if (f > 300000)
    then aFont.Color := clRed;
end;
```

3.12.7 TDecisionGraph

Die Komponente *TDecisionGraph* dient zur grafischen Darstellung der Daten. *TDecisionGraph* ist von *TChart* abgeleitet, welche in Kapitel 3.5 beschrieben ist.

Beachten Sie dabei, dass immer nur die Reihenkomponenten der gerade aktuellen Dimension zur Verfügung stehen. Für andere Dimensionen können Sie jedoch die *Vorlage* ändern. Diese wird – wie der Name ja bereits andeutet – als Vorlage zur Erzeugung der neuen Reihenkomponente verwendet. Dabei wird für jede Dimension eine eigene Vorlagen-Reihenkomponente erstellt:

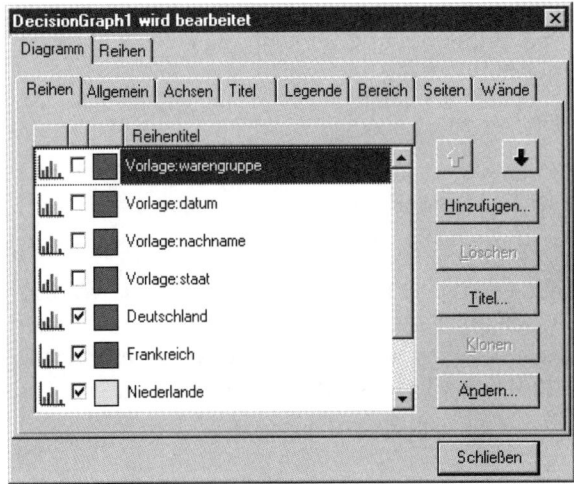

■ DecisionSource (Eigenschaft, veröffentlicht)

```
property DecisionSource: TDecisionSource;
```

Über die Eigenschaft *DecisionSource* wird die Komponente mit einer *TDecisionSource*-Instanz verbunden, von der sie die Daten bezieht.

3.12.8 Datenanalyse im Thread

So wie wir das Beispiel in Kapitel 3.12.1 programmiert haben, wird das Öffnen der Abfrage und das Füllen des Datenwürfels beim Programmstart durchgeführt. Dies würde bedeuten, dass zwischen dem Doppelklick auf das Programm-Icon und der Anzeige des Formulars der Anwender erst einmal warten muss und sich in der Zwischenzeit überlegen kann, ob nicht vielleicht das Programm abgestürzt ist (21 Sekunden auf einem 100 MHz Pentium bei ausreichend Speicher).

Man könnten nun die Datenmenge beim Programmstart geschlossen lassen und dann beispielsweise beim Aufruf des entsprechenden Menüpunktes öffnen. Dann wartet der Anwender zwar immer noch, aber nur, wenn er wirklich Datenanalyse betreiben will. Will er ganz andere Programmfunktionen nützen, dann bleibt ihm die Warterei erspart.

Nun sollte ein gutes Programm den Anwender möglichst überhaupt nicht warten lassen. Dies könnte man beispielsweise dadurch erreichen, dass man zunächst das Programm startet und dann die Abfrage für die Datenanalyse im Hintergrund, also in einem zweiten Thread startet. Der Anwender kann dann zwar die erste halbe Minute keine Datenanalyse durchführen, diese Zeit aber anderweitig (mehr oder weniger) sinnvoll nutzen.

Die Besonderheiten der Thread-Programmierung werden in Kapitel 5.1 ausführlich beschrieben, das hier Erforderliche deshalb nur im »Telegrammstil«:

Das nun erstellte Beispielprogramm umfaßt zwei Formulare: Auf *Form1* wird in einem *DBGrid* eine Abfrage über die Tabelle *f_verkauf* angezeigt (als JOIN mit den dazugehörenden Klartexttabellen). Während der Anwender hier die Zahlen betrachten kann, wird in einem zweiten Thread die Abfrage für die Datenanalyse in *Form2* geöffnet. Der Aufbau von *Form2* gleicht unserem Beispielprogramm von vorhin, auf die wenigen Unterschiede kommen wir gleich.

```
procedure TForm1.FormActivate(Sender: TObject);
begin
  Button1.Enabled := false;
  StatusBar1.SimpleText
    := 'Abfrage wird durchgeführt. Bitte warten';
  Application.ProcessMessages;
  Query1.Active := true;
  StatusBar1.SimpleText
    := 'Datenanalyse wird vorbereitet. Bitte warten';
  Application.ProcessMessages;
  with TAbfrage.Create(false)
    do FreeOnTerminate := true;
end;
```

Damit die Anwendung so schnell wie möglich startet, wird auch die Abfrage für
Form1 erst dann geöffnet, wenn das Formular erstellt ist. Damit der Anwender
darüber informiert ist, was nun gerade passiert, wird ein entsprechender Hinweis in der Statuszeile ausgegeben. Nun wird *Query1* geöffnet. Da die Abfrage
die Datensätze nach Datum absteigend sortiert, werden gleich die aktuellsten
Datensätze angezeigt – diese dürften den Anwender auch am meisten interessieren. Anschließend wird das Thread-Objekt erzeugt.

Die Typendeklaration des Thread-Objektes muss vom Programmierer selbst eingefügt werden, hier im Beispiel reicht schon ein Minimal-Objekt:

```
TAbfrage = class(TThread)
protected
  procedure Execute; override;
end;
```

In die Methode *Execute* werden die Befehle geschrieben, die der Thread ausführen soll. Beachten Sie bitte, dass diese Prozedur in *TThread* abstrakt definiert ist
und deshalb zwingend überschrieben werden muss.

```
procedure TAbfrage.Execute;
begin
  Form1.Button1.Caption := '1...';
  Form2.DecisionQuery1.Active := true;
  Form1.Button1.Caption := '2...';
  Form2.DecisionCube1.DataSet := Form2.DecisionQuery1;
  Form1.Button1.Caption := 'Datenanalyse';
  Form1.Button1.Enabled := true;
  StatusBar1.SimpleText := '';
  MessageBeep(MB_OK);
end;
```

Wenn die Vorbereitung für die Datenanalyse im Hintergrund ablaufen soll, dann
kann die Fortschrittsanzeige von *TDecisionCube* nicht verwendet werden – die
Eigenschaft *ShowProgressDialog* ist somit auf *false* zu setzen. Wir wollen uns jedoch einen bescheidenen Ersatz dafür basteln. Zunächst wird der Button, mit
dem später *Form2* aufgerufen wird, mit *1* beschriftet, anschließend wird die Abfrage für die Datenanalyse geöffnet.

Im nächsten Schritt wird die Beschriftung auf *2* geändert, anschließend wird der
Datenwürfel gefüllt, indem ihm die Datenmenge zugewiesen wird – auch dies
darf dann zur Entwurfszeit nicht geschehen. Jetzt wird der Button mit *Datenanalyse* beschriftet und seine Betätigung ermöglicht. Um den Anwender davon zu
informieren, dass er nun mit der Datenanalyse beginnen kann, wird ein *Message-
Beep* ausgegeben.

Bevor die Anwendung nun gestartet werden kann, muss für den Thread noch eine zweite Session eingefügt werden. Die erste Session generiert Delphi automatisch – sobald eine zweite benötigt wird, muss explizit eine *TSession*-Komponente eingefügt werden. Deren Eigenschaft *SessionName* wird ein beliebiger Name zugewiesen (beispielsweise *Abfrage*), anschließend wird die Eigenschaft *Active* auf *true* gesetzt. Nun muss nur noch die Eigenschaft *SessionName* von *DecisionQuery1* entsprechend gesetzt werden.

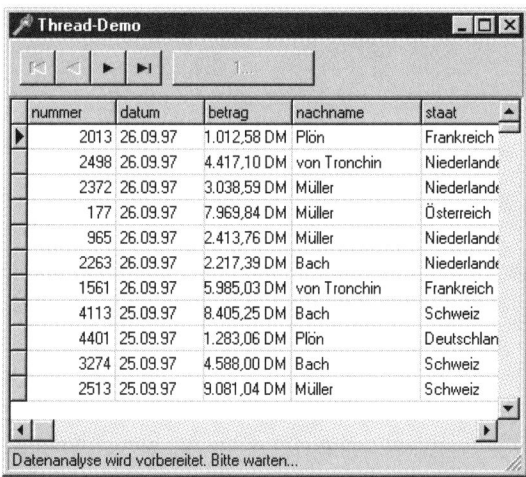

Wie eingangs erwähnt, dauerte bei mir das Starten der Datenanalyse ohne Thread 21 Sekunden. Mit Thread liegt die Zeit zwischen 24 und 27 Sekunden, je nachdem, ob man währenddessen in der Abfrage von *Form1* navigiert oder nicht. Wie Sie sehen, beschleunigt der Thread der Vorgang nicht (wie sollte er auch), aber er nutzt die Zeit aus, in der das System ohnehin unbeschäftigt ist.

3.13 ADO

Seit Delphi 5 gibt es die Möglichkeit, mit ADO (*ActiveX Database Objects*) ohne die BDE auf Datenbanken zuzugreifen. Dieser Weg eignet sich besonders zum Zugriff auf die Microsoft-Produkte Access und SQLServer.

3.13.1 TADOConnection

Die Komponente *TADOConnection* stellt die Verbindung zu einem Provider her. Die einzelnen ADO-Datenmengenkomponenten können diese Verbindungen dann nutzen. Es besteht jedoch auch die Möglichkeit, eine ADO-Datenmengen-komponente direkt mit einem Provider zu verbinden. (*TADOConnection* ist das Gegenstück zu *TDatabase*.)

▨ ConnectionString, (Eigenschaft, veröffentlicht)

```
property ConnectionString: WideString;
```

Mit der Eigenschaft *ConnectionString* kann eine Verbindung zu einem Provider hergestellt werden. Für diese Eigenschaft existiert ein Eigenschaftseditor.

▨ Provider, DefaultDatabase, ConnectionTimeout (Eigenschaften, veröffentlicht)

```
property Provider: WideString;
property DefaultDatabase: WideString;
property ConnectionTimeout: Integer;
```

Diesen drei Eigenschaften ist gemeinsam, dass ihr Wert aus dem *Connection-String* übernommen wird, so lange ihnen nicht explizit ein Wert zugewiesen wird. Mit *Provider* wird der ADO-Provider eingestellt, von dem die Daten bezogen werden, mit *DefaultDatabase* die dabei verwendete Datenbank.

Die Eigenschaft *ConnectionTimeout* gibt (in Sekunden) an, wie lange das Öffnen einer Verbindung dauern kann. Ist nach dieser Zeit noch keine Verbindung zustande gekommen (oder *Cancel* aufgerufen worden), wird eine Exception ausgelöst.

▨ Connected (Eigenschaft, veröffentlicht), Open, Close, Cancel (Methoden)

```
property Connected: Boolean;
procedure Open; overload;
procedure Open(const UserID: WideString;
  const Password: WideString); overload;
procedure Close;
procedure Cancel;
```

Sie können die Verbindung zu einem ADO-Provider herstellen, indem Sie *Connected* auf *true* setzen oder *Open* aufrufen. Von *Open* existiert auch eine überladene Version, der Sie Benutzernamen und Passwort als Parameter übergeben können – alternativ dazu können diese Angaben auch im *ConnectionString* erfolgen.

Um die Verbindung zu trennen, setzen Sie *Connected* auf *false* oder rufen *Close* auf. Den Versuch eines Verbindungsaufbaus können Sie mit *Cancel* abbrechen.

▣ BeginTrans, CommitTrans, RollbackTrans (Methoden),
   InTransaction (Eigenschaft, öffentlich, nur Lesen)

```
function BeginTrans: Integer;
procedure CommitTrans;
procedure RollbackTrans;
property InTransaction: Boolean
```

Mit *BeginTrans* wird eine neue Transaktion begonnen, mit *CommitTrans* diese
bestätigt, mit *RollbackTrans* verworfen. Mit der Eigenschaft *InTransaction* kann
ermittelt werden, ob momentan eine Transaktion aktiv ist.

Desweiteren implementiert *TADOConnection* eine Reihe von Ereignissen, die
vor beziehungsweise nach einer Aktion ausgelöst werden. Außerdem stehen
die Array-Eigenschaften *Commands* und *DataSets* zur Verfügung, die Referenzen auf die verbundenen Befehls- und Datenmengen-Komponenten liefern.
Mit Hilfe von Eigenschaften wie *IsolationLevel*, *Mode*, *Attributes* oder
CursorLocation lässt sich das genaue Verhalten der Verbindung spezifizieren.

Einrichten einer ADO-Verbindung

Um eine ADO-Verbindung aufzubauen, rufen Sie mit einem Doppelklick auf diese Komponente den Komponenten-Editor auf. Zunächst werden Sie gefragt, ob
Sie einen Verbindungsstring eingeben oder eine Datenverknüpfungsdatei verwenden möchten. Wir nehmen den Verbindungsstring und betätigen dann den
Button ERSTELLEN.

Nun öffnet sich ein mehrseitiger Register-Dialog, zunächst mit der Registerseite
Provider. Hier haben wir prinzipiell zwei Möglichkeiten, wenn wir auf Access-
Datenbanken zugreifen möchten: *Microsoft Jet 4.0 OLE DB Provider* oder *Microsoft
OLE DB Provider for ODBC Drivers*. Es sollen beide Wege kurz besprochen wer-
den.

▣ ADO über die Jet-Engine

   Wenn Sie *Microsoft Jet 4.0 OLE DB Provider* wählen, dann können Sie auf der
   Registerseite *Verbindung* den Datenbanknamen auswählen. Anschließend sollten Sie den Button VERBINDUNG TESTEN betätigen.

▣ ADO über ODBC

   Wenn Sie *Microsoft OLE DB Provider for ODBC Drivers* wählen, dann können
   Sie auf der Registerseite *Verbindung* den Datenquellennamen wählen.

Anschließend sollten Sie auch hier die Verbindung testen. Ist alles in Ord-
nung, dann schließen Sie in beiden Fällen den Dialog *Datenlinkeigenschaften*
und auch den Komponenteneditor von *ADOConnection1* mit OK. Desweiteren
wird die Eigenschaft *LoginPrompt* auf *false* und anschließend *Connected* auf
true gesetzt.

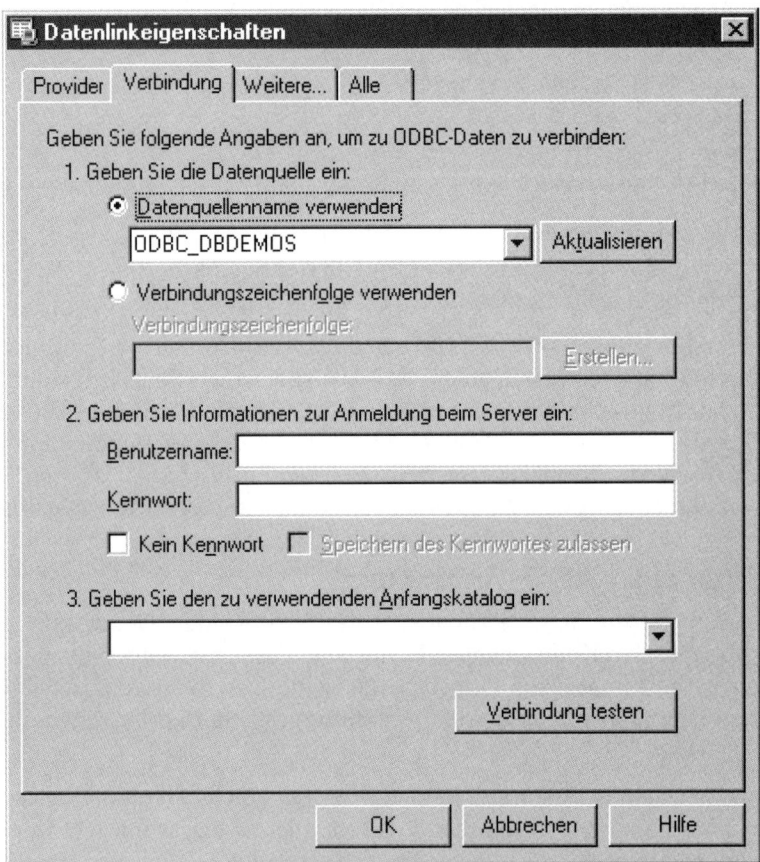

3.13.2 TADOCommand

Mit *TADOCommand* können DML- oder DDL-Anweisungen an den Provider geschickt werden. *TADOCommand* implementiert keine Ereignisse, Sie können jedoch die Ereignisse *OnWillExecute* und *OnExecuteComplete* von *TADOConnection* verwenden.

▥ Connection, ConnectionString (Eigenschaften, veröffentlicht)

```
property Connection: TADOConnection;
property ConnectionString: WideString;
```

Die Komponente *TADOCommand* wird über die mit *Connection* spezifizierte Komponente mit einem Provider verbunden. Alternativ dazu kann auch ein eigener *ConnectionString* verfasst werden.

▥ CommandText (Eigenschaften, veröffentlicht)

```
property CommandText: WideString;
```

Mittels der Eigenschaft *CommandText* wird die auszuführende Anweisung zugewiesen.

```
ADOCommand1.CommandText := 'DROP TABLE t_test';
```

▥ Execute, Cancel (Methoden), Parameters (Eigenschaft, veröffentlicht)

```
function Execute: _RecordSet; overload;
function Execute(const Parameters: OleVariant): _Recordset;
  overload;
function Execute(var RecordsAffected: Integer;
  var Parameters: OleVariant;
  ExecuteOptions: TExecuteOptions = []): _RecordSet; overload;
procedure Cancel;
property Parameters: TParameters;
```

Mit *Execute* wird die Anweisung ausgeführt. Es existieren überladene Versionen, welche die Übergabe von Parametern und Optionen erlauben. Man kann auch mit einem Variablen-Parameter die Anzahl der betroffenen Datensätze ermitteln.

Als Funktionsergebnis wird ein Zeiger auf eine Ergebnismenge zurückgegeben – für Anweisungen, die Ergebnismengen zurückliefern, nehmen Sie jedoch besser andere Komponenten.

Um die Ausführung einer Anweisung abzubrechen, verwenden Sie *Cancel*.

Zur Übergabe von Parametern verwenden Sie die Eigenschaft *Parameters*.

3.13.3 TCustomADODataSet

Von der Vorfahren-Komponente *TCustomADODataSet* sind die Komponenten *TADODataSet*, *TADOTable*, *TADOQuery* und *TADOStoredProc* abgeleitet. Um unnötige Wiederholungen zu vermeiden, soll hier *TCustomADODataSet* und somit die gemeinsamen Eigenschaften, Methoden und Ereignisse dieser vier ADO-Datenmengenkomponenten besprochen werden.

TCustomADODataSet ist wiederum von der in Kapitel 3.9 besprochenen Komponente *TDataSet* abgeleitet.

Verbindung zur Datenbank

▪ Connection, ConnectionString (Eigenschaften, veröffentlicht)

```
property Connection: TADOConnection;
property ConnectionString: WideString;
```

Die ADO-Datenmengen-Komponente wird über die mit *Connection* spezifizierte Komponente mit einem Provider verbunden. Alternativ dazu kann auch ein eigener *ConnectionString* verfasst werden.

▪ SaveToFile, LoadFromFile (Methoden)

```
procedure SaveToFile(const FileName: String = '';
  Format: TPersistFormat = pfADTG);
procedure LoadFromFile(const FileName: WideString);
```

Mit diesen beiden Methoden kann eine Datenmenge in einer Datei gespeichert oder daraus geladen werden.

Navigieren in der Datenmenge

▪ RecordCount (Eigenschaft, öffentlich, nur Lesen),

```
property RecordCount: Integer;
```

Mit *RecordCount* kann die Zahl der Datensätze ermittelt werden.

▪ RecordNo (Eigenschaft, öffentlich), IsSequenced (Methode)

```
property RecNo: Integer;
function IsSequenced: Boolean;
```

Mit *RecordNo* können Sie ermitteln, auf welchem Datensatz der Datenzeiger steht. Sie können aber auch den Datenzeiger bewegen, indem Sie *RecordNo* einen Wert zuweisen. Das funktioniert allerdings nur dann, wenn die Datenmenge die Datensatznummern verwendet und *IsSequenced* somit den Wert *true* hat.

- MaxRecords (Eigenschaft, veröffentlicht)

```
property MaxRecords: Integer
```

Mit *MaxRecords* kann eingestellt werden, wie viele Datensätze maximal in die Ergebnismenge aufgenommen werden sollen. Auf diese Weise kann verhindert werden, dass bei unzureichend gesetzten Filtern Unmengen von Datensätzen vom Server zum Client übertragen werden.

Ändern der Daten

- Supports (Methode)

```
function Supports(CursorOptions: TCursorOptions): Boolean;
TCursorOptions = set of (coHoldRecords, coMovePrevious, coAddNew,
  coDelete, coUpdate, coBookmark, coApproxPosition, coUpdateBatch,
  coResync, coNotify, coFind , coSeek, coIndex);
```

Mit *Supports* kann ermittelt werden, ob die Datenmenge eine bestimmte Operation – beispielsweise das Löschen eines Datensatzes – überhaupt unterstützt.

- DeleteRecords (Methode)

```
procedure DeleteRecords(AffectRecords: (arCurrent, arFiltered,
  arAll, arAllChapters) = arAll);
```

Mit *DeleteRecords* können mehrere Datensätze gleichzeitg gelöscht werden – beispielsweise alle im aktuellen Filter (*arFiltered*) oder alle in der aktuellen Tabelle (*arAll*).

- LockType (Eigenschaft, veröffentlicht)

```
property LockType: (ltUnspecified, ltReadOnly, ltPessimistic,
  ltOptimistic, ltBatchOptimistic);
```

Mit *LockType* kann spezifiziert werden, wie der konkurrierende Zugriff auf Daten geregelt wird. Hat *LockType* den Wert *ltReadOnly*, dann können die Daten nur gelesen werden.

Bei einer pessimistischen Datensatzsperre wird ein Datensatz gesperrt, wenn seine Felder bearbeitet werden – diese können dann auch nicht mehr gelesen werden. Bei einer optimistischen Sperre werden die Datensätze auch dann nicht gesperrt, wenn sie geändert werden. Wenn aber zwei (oder mehr) Clients am gleichen Datensatz Änderungen eintragen wollen, dann führt nur die erste Änderung zum Erfolg, alle anderen Änderungen lösen eine Exception aus.

▓ CanModify (Eigenschaft, öffentlich, nur Lesen)

```
property CanModify: Boolean;
```

Mit *CanModify* kann ermittelt werden, ob die Daten der Datenmenge geändert werden können.

▓ Clone (Methode)

```
procedure Clone(Source: TCustomADODataSet;
  LockType: TLockType = ltUnspecified);
```

Mit *Clone* kann die Ergebnismenge aus einer anderen ADO-Datenmenge kopiert werden.

Suchen und Filtern, Lesezeichen

▓ Seek (Methode)

```
function Seek(const KeyValues: Variant;
  SeekOption: TSeekOption = soFirstEQ): Boolean;
```

Mit *Seek* wird ein Datensatz gesucht, wobei der aktuelle Index verwendet wird. Mit *SeekOptions* wird spezifiziert, wo denn der Datenzeiger positioniert werden soll – beispielsweise auf dem ersten (*soFirstEQ*) oder dem letzten (*soLastEQ*) gefundenen Vorkommen.

▓ FilterGroup (Eigenschaft, öffentlich)

```
property FilterGroup: (fgUnassigned, fgNone, fgPendingRecords,
  fgAffectedRecords, fgFetchedRecords, fgPredicate,
  fgConflictingRecords);
```

Mit *FilterGroup* können bestimmte Gruppen von Datensätzen angezeigt werden. So werden beispielsweise mit *fgPredicate* die gelöschten Datensätze angezeigt.

▓ BookmarkValid (Methode)

```
function BookmarkValid(Bookmark: TBookmark): Boolean;
```

Mit *BookmarkValid* kann geprüft werden, ob ein Lesezeichen auf einen gültigen Datensatz zeigt.

▓ CompareBookmark (Methode)

```
function CompareBookmarks
  (Bookmark1, Bookmark2: TBookmark): Integer;
```

Mit *CompareBookmark* können zwei Lesezeichen miteinander verglichen werden.

▣ FilterOnBookmarks (Methode)

```
procedure FilterOnBookmarks(Bookmarks: array of const);
```

Mit *FilterOnBookmarks* kann eine Datenmenge auf die übergebenen Lesezeichen gefiltert werden.

Indizes

▣ IndexFields (Eigenschaft, öffentlich)

```
property IndexFields[Index: Integer]: TField;
```

Mit *IndexFields* kann man Referenzen auf die *TField*-Instanzen der im aktuellen Index enthaltenen Felder bekommen.

▣ IndexFieldCount (Eigenschaft, öffentlich, nur Lesen)

```
property IndexFieldCount: Integer;
```

Mit *IndexFieldCount* kann die Anzahl der im aktuellen Index enthaltenen Felder ermittelt werden.

▣ Sort (Eigenschaft, veröffentlicht)

```
property Sort: WideString;
```

Mit *Sort* wird die Sortierung der Datenmenge spezifiziert. Es ist nicht erforderlich, dass die betreffenden Spalten bereits über einen Index verfügen – gegebenenfalls wird ein solcher temporär erstellt. Wenn Sie einer Spalte das Schlüsselwort *DESC* anhängen, dann wird diese absteigend sortiert.

```
ADOQuery1.Sort := 'Nachname, Datum DESC'
```

3.13.4 TADODataSet

Mittels *TADODataSet* können Sie die Verbindung zu einer Datenmenge zur Verfügung stellen. An *TADODataSet*-Instanzen können Sie Datenquellen-Komponenten hängen, um so datensensitive Dialogkomponenten damit zu verknüpfen.

■ CommandText, CommandType (Eigenschaften, veröffentlich)

```
property CommandText: WideString;
property CommandType: TCommandType;
```

Mit *CommandText* wird die Komponente angewiesen, wo sie sich die Daten holen soll. Dabei wird mit *CommandType* spezifiziert, wie der in *CommandText* enthaltene Text zu interpretieren ist:

– *cmdText*: als SQL-Anweisung

– *cmdTable*: als Name der zu verwendenden Tabelle

– *cmdStoredProc*: als Name der zu verwendenden Prozedur

– *cmdFile*: als Dateiname einer gespeicherten Ergebnismenge

```
with ADODataSet1 do
begin
  CommandType := cmdText;
  CommandText := 'SELECT * FROM t_test';
  Open;
end;
```

Wenn Sie *CommandType* auf *cmdTable* setzen, kann im Objekt-Inspektor mit einer Combo-Box der Eigenschaft *CommandText* aus der Liste der vorhandenen Tabellen ausgewählt werden.

■ GetIndexNames (Methode)

```
procedure GetIndexNames(List: TStrings);
```

Mit *GetIndexNames* können die Namen der verfügbaren Indizes ermittelt und in eine Stringliste geschrieben werden.

■ Parameters (Eigenschaft, veröffentlicht)

```
property Parameters: TParameters;
```

Mit der *TCollection*-Eigenschaft *Parameters* können Werte für Parameter, SQL-Anweisungen und Prozeduren zugewiesen werden.

3.13.5 TADOTable

TADOTable dient dem Zugriff auf eine einzelne Tabelle und ähnelt der Komponente *TTable*.

- TableName (Eigenschaft, veröffentlicht)

```
property TableName: WideString;
```

Mit *TableName* wird der Name der zu verwendenden Tabelle angegeben.

- MasterSource, MasterFields (Eigenschaften, veröffentlicht)

```
property MasterSource: TDataSource;
property MasterFields: String;
```

Um eine Master-Detail-Verknüpfung zu erstellen, wird mit *MasterSource* die Datenquellenkomponente der Master-Datenmenge spezifiziert.

Um anzugeben, über welche Spalten die Verknüpfung erstellt werden soll, wird die Eigenschaft *MasterFields* verwendet. Für die Eigenschaft *MasterFields* existiert ein Eigenschafts-Editor, nämlich der in Kapitel 2.2 bereits beschriebene Feldverbindungs-Designer.

Die für die Master-Detail-Verknüpfung verwendeten Spalten brauchen nicht indiziert zu sein, der Feldverbindungs-Designer sieht auch gar nicht vor, einen Index zu wählen.

- ReadOnly (Eigenschaft, veröffentlicht)

```
property ReadOnly: Boolean
```

Soll die Tabelle nur zum Lesen geöffnet werden, dann ist *ReadOnly* auf *true* zu setzen.

- IndexFieldNames (Eigenschaft, veröffentlicht)

```
property IndexFieldNames: String;
```

Mit *IndexFieldNames* kann die Datenmenge sortiert werden. Geben Sie die Spalten ein, nach welchen sortiert werden soll, und trennen Sie die einzelnen Spaltennamen mit Semikola. Es ist nicht erforderlich, dass die beteiligten Spalten indiziert sind.

- GetIndexNames (Methode)

```
procedure GetIndexNames(List: TStrings);
```

Mit *GetIndexNames* können die Namen der verfügbaren Indizes ermittelt und in eine Stringliste geschrieben werden.

3.13.6 TADOQuery

Um die Ergebnismenge zu spezifizieren, verwendet *TADOQuery* eine SQL-Anweisung. Diese Komponente ähnelt *TQuery*.

▦ SQL (Eigenschaft, veröffentlicht)

```
property SQL: TStrings;
```

Mit SQL geben Sie die Anweisung ein, mit der die Ergebnismenge erzeugt
wird. Verwenden Sie dabei nur die SQL-Anweisungen, die vom jeweiligen
Provider auch verstanden werden.

▦ Parameters (Eigenschaft, veröffentlicht)

```
property Parameters: TParameters;
```

Mit der *TCollection*-Eigenschaft *Parameters* können Werte für Parameter der
SQL-Anweisungen zugewiesen werden. Beachten Sie dabei, dass es – im Gegensatz zu TQuery – eine Methode *ParamByName* nicht gibt. Seien Sie von
daher besonders beim Umformulieren der SQL-Anweisung sehr vorsichtig.

▦ DataSource (Eigenschaft, veröffentlicht)

```
property DataSource: TDataSource;
```

Mit *DataSource* können Sie eine Datenquellen-Komponente benennen, aus der
die Werte für die Parameter bezogen werden. Das wird in der Regel dazu
verwendet, um Master-Detail-Verknüpfungen zu erstellen.

Beachten Sie bitte, dass zur Entwurfszeit – im Gegensatz zu *TQuery* – der Typ
und ein Wert für jeden Parameter anzugeben ist, auch wenn er aus der Datenquellen-Komponente bezogen wird.

▦ ExecSQL (Methode), RowsAffected (Eigenschaft, öffentlich, nur Lesen)

```
function ExecSQL: Integer;
property RowsAffected: Integer;
```

Es gibt SQL-Anweisungen, die keine Ergebnismenge zurückliefern (INSERT,
UPDATE, DELETE, CREATE TABLE...). Solche Anweisungen dürfen nicht mit
Open gestartet werden, es muss dazu *ExecSQL* verwendet werden.

Mit *RowsAffected* kann ermittelt werden, wie viele Datensätze bei der letzten
ExecSQL-Anweisung bearbeitet wurden.

3.13.7 TADOStoredProc

Mit *TADOStoredProc* kann man auf gespeicherte Prozeduren zugreifen. Die Komponente ähnelt *TStoredProc*. Beachten Sie bitte, dass Prozeduren nicht von allen Datenbanksystemen unterstützt werden.

▨ ProcedureName (Eigenschaft, veröffentlicht)

```
property ProcedureName: WideString;
```

Mit *ProcedureName* wird der Name der zu verwendenden Prozedur spezifiziert.

▨ Parameters (Eigenschaft, veröffentlicht)

```
property Parameters: TParameters;
```

Mit der *TCollection*-Eigenschaft *Parameters* können Werte für Parameter der Prozedur zugewiesen werden. Beachten Sie dabei, dass es – im Gegensatz zu *TQuery* – eine Methode *ParamByName* nicht gibt. Informieren Sie sich genau über die Reihenfolge der Parameter.

3.14 BDE

Bis einschließlich Delphi 5 fand man diese Komponenten auf der Palettenseite *Datenzugriff*. Nachdem sich Borland langsam von der BDE verabschiedet und neue Wege beim Datenbankzugriff geht, hat man diese Komponenten, die uns aus Gründen der Abwärtskompatibilität sicher noch eine Weile erhalten bleiben, in eine eigene Palettenseite gepackt.

3.14.1 TDBDataSet

Die Komponente *TDBDataSet* ist eine Datenmengenkomponente, die mit einer *TDataBase*-Instanz verbunden werden kann und somit über die BDE Daten aus einer Tabelle oder Abfrage beziehen kann.

TDBDataSet ist von der Komponente *TDataSet* abgeleitet, die in Kapitel 3.9.1 beschrieben ist.

Verbindung zur Datenbank

▦ DatabaseName (Eigenschaft, veröffentlicht)

```
property DatabaseName: string;
```

Mit der Eigenschaft *DatabaseName* wird vorgegeben, wo die Tabelle zu suchen ist. Dabei werden folgende Werte akzeptiert:

▦ ein definierter BDE-Alias

▦ ein Verzeichnis für Desktop-Datenbankdateien

▦ ein Dateiname (inklusive Verzeichnispfad) auf einem SQL-Server

▦ ein anwendungsspezifischer Alias, der über eine Komponente *TDatabase* definiert wurde

▦ SessionName (Eigenschaft, veröffentlicht)

```
property SessionName: string;
```

Diese Eigenschaft können Sie in der Regel leer lassen, die Datenmenge wird dann mit der Default-Session verbunden. Bei Multi-Thread-Anwendungen muss für jeden zusätzlichen Thread, der eine Datenbankverbindung nutzt, eine weitere *TSession*-Komponente eingefügt werden. Die in diesem Thread verwendeten Datenmengenkomponenten müssen mit dieser *TSession*-Komponente verbunden werden, dazu muss aus der Drop-Down-Liste der Eigenschaft *SessionName* die entsprechende Session gewählt werden.

▦ Database, DBSession (Eigenschaft, öffentlich, nur Lesen)

```
property Database: TDatabase;
property DBSession: TSession
```

Mit Hilfe dieser Eigenschaften lässt sich ermitteln, mit welcher *TDatabase*- und welcher *TSession*-Komponente die jeweilige Datenmengenkomponente verbunden ist.

▓ FetchAll (Methode)

```
procedure FetchAll;
```

Normalerweise würde die Datenmengenkomponente nur diejenigen Daten aus der Datenbank anfordern, die momentan zur Anzeige benötigt werden. Scrollt der Anwender beispielsweise durch eine Datenmenge, dann würden laufend neue Datensätze angefordert, was die Netzwerkauslastung nicht gerade minimiert.

Mit der Methode *FetchAll* kann dafür gesorgt werden, dass alle Datensätze von der Cursor-Position ausgehend bis zum Dateiende von der Datenbank gelesen und lokal zwischengespeichert werden.

▓ FlushBuffers (Methode)

```
procedure FlushBuffers;
```

Bei Desktop-Datenbanken werden Änderungen beim Aufruf der Methode *Post* nicht auf die Festplatte, sondern nur in den Speicher geschrieben. Möchten Sie sicherstellen, dass die Änderungen auch nach einem Absturz des Rechners nicht verloren sind, müssen Sie jeweils die Methode *FlushBuffers* aufrufen, was beispielsweise in der *AfterPost*-Ereignisbehandlungsroutine erfolgen kann.

FlushBuffers ist auch zwingend erforderlich, wenn eine dBase-Datei dann von einer anderen Anwendung (und nicht über die BDE) geöffnet werden soll.

Der Aufruf von *FlushBuffers* ist bei SQL-Servern nicht erforderlich, er würde auch zu einer Fehlermeldung führen.

```
procedure TForm1.Table1AfterPost(DataSet: TDataSet);
begin
  Table1.FlushBuffers;
end;
```

Cached Updates

Normalerweise werden Änderungen in der Datenmenge sofort in die betreffende Datenbank geschrieben. Dieses Verhalten kann dann problematisch sein, wenn der Datenbankbestand auf einem Datenbank-Server gespeichert ist. Hier müsste entweder bei jedem neuen Datensatz eine neue Transaktion gestartet und verwaltet werden, oder der Datenbank-Server wäre mit dem *Versioning* (InterBase) beschäftigt – andere Datenbank-Server haben andere Methoden, um eine konstante Datensicht zu erhalten. Außerdem müsste für jeden Datensatz der ganze Overhead über das Netzwerk geschickt werden. Solange nur wenige Clients vorhanden sind, ist das ja alles noch kein Problem. Was ist jedoch, wenn einige hundert Clients auf den Server zugreifen? Hier kann es helfen, die Änderungen zunächst zwischenzuspeichern und dann mehrere Änderungen gemeinsam zum Server zu schicken.

Nehmen wir beispielsweise die Auftragseingabe eines Versandhauses. Egal, ob die Bestellungen nun telefonisch oder schriftlich eintreffen, würde das System – konservativ programmiert – folgendermaßen arbeiten: Bei jeder Bestellung würde man eine Transaktion starten. Zunächst würde die Kundennummer oder die Adresse erfasst, hier müsste geklärt werden, ob man diesen Kunden überhaupt noch beliefern möchte. Anschließend werden die bestellten Artikel eingegeben, wobei festgestellt werden muss, ob der Artikel noch lieferbar ist. Ist die Bestellung komplett erfasst, kann die Transaktion beendet werden, in der Versandabteilung werden dann Lieferschein und Rechnung gedruckt.

Grob geschätzt, kann eine Adresse in einer Minute eingegeben werden, Anzahl und Bestellnummer eines Artikels jeweils in zehn Sekunden. Sie können sich sicher vorstellen, wie das Netzwerk belastet ist, wenn hier an vielen Rechnern Bestellungen eingegeben werden.

Mit *CachedUpdates* würde man dann nach jeder abgeschlossenen Bestellung eine Transaktion starten und die Datensätze auf einmal zum Server schicken. Statt alle zehn Sekunden würde dann beispielsweise nur alle zwei Minuten eine Transaktion gestartet, und diese würde dann auch nicht zwei Minuten, sondern weniger als eine Sekunde dauern.

Tritt bei der Aktualisierung ein Fehler auf, ist beispielsweise ein Artikel nicht mehr lieferbar, dann wird die ganze Bestellung mit ROLLBACK zurückgenommen. Der Sachbearbeiter oder die Sachbearbeiterin können dann die Bestellung entsprechend modifizieren – beispielsweise kann auf die Lieferung des dazugehörenden Netzteiles verzichtet werden, wenn das Gerät nicht mehr lieferbar ist.

In diesem Beispiel fallen die Nachteile von *CachedUpdates* so gut wie überhaupt nicht ins Gewicht: Zum einen erhält man bei Abfragen nicht ganz die aktuelle Sicht der Dinge. Aber ob der Einkauf zwei Minuten früher oder später davon erfährt, dass ein Artikel nachbestellt werden muss, dürfte nun wirklich unerheblich sein. Außerdem erfährt der Anwender nicht sofort, dass eine Datensatzänderung nicht möglich ist, beispielsweise weil der betreffende Artikel ausverkauft ist.

- CachedUpdates (Eigenschaft, veröffentlich)

  property CachedUpdates: Boolean **default** false;

  Mit der Eigenschaft *CachedUpdates* legt man fest, ob zwischengespeicherte Aktualisierungen verwendet werden sollen oder nicht.

- ApplyUpdates, CancelUpdates, CommitUpdates (Methoden)

  procedure ApplyUpdates;
  procedure CommitUpdates;

  Mit *ApplyUpdates* werden die Änderungen in die Datenbank geschrieben, anschließend kann der Zwischenspeicher mit *CommitUpdates* gelöscht werden.

```
procedure Button1Click(Sender: TObject);
begin
  Database1.StartTransaction;
  try
    Table1.ApplyUpdates;
    Database1.Commit;
    Table1.CommitUpdates;
  except
    Database1.Rollback;
    ShowMessage('Änderungen konnten nicht geschrieben werden');
  end;
end;
```

Vor dem Schreiben der Datensätze wird zunächst eine Transaktion gestartet, anschließend eine *try..except..end*-Konstruktion. Nun werden mit *ApplyUpdates* die zwischengespeicherten Änderungen in die Datenbank geschrieben, anschließend wird die Transaktion mit *Commit* abgeschlossen, und die Änderungen werden mit *CommitUpdates* aus dem Zwischenspeicher entfernt.

Tritt beim Schreiben der Änderungen ein Fehler auf, dann wird eine Exception ausgelöst, welche die Ausführungen der folgenden Anweisungen verhindert. Stattdessen wird mit *Rollback* die Transaktion zurückgenommen und eine Fehlermeldung ausgegeben.

- UpdatesPending (Eigenschaft, öffentlich, nur Lesen)

```
property UpdatesPending: Boolean;
```

Die Eigenschaft *UpdatesPending* ist gleich *true*, wenn im Zwischenspeicher Änderungen enthalten sind, die noch nicht ausgeführt wurden.

- UpdateRecordTypes (Eigenschaft, öffentlich)

```
property UpdateRecordTypes:
  set of (rtModified, rtInserted, rtDeleted, rtUnmodified);
```

Um zu steuern, welche Datensätze in der Datenmenge angezeigt werden sollen, wird die Eigenschaft *UpdateRecordTypes* verwendet.

- CancelUpdates, RevertRecord (Methoden)

```
procedure CancelUpdates;
procedure RevertRecord;
```

Mit *CancelUpdates* werden alle zwischengespeicherten Änderungen aus dem Speicher gelöscht und die vorherige Sicht der Datenbank wiederhergestellt. Mit *RevertRecord* geschieht dies nur mit dem aktuellen Datensatz.

```
procedure Button2Click(Sender: TObject);
begin
  Table1.UpdateRecordTypes := [rtDeleted];
  try
    Table1.First;
    while not Table1.EOF do
    begin
      Table1.RevertRecord;
      Table1.Next;
    end;
  finally
    Table1.UpdateRecordTypes
      := [rtModified, rtInserted, rtUnmodified];
  end;
end;
```

Mit dieser Methode werden alle gelöschten Datensätze wiederhergestellt. Zunächst wird dafür gesorgt, dass nur die gelöschten Datensätze angezeigt werden. Mit der Schleife werden alle diese Datensätze durchlaufen, mit *RevertRecord* wird das Löschen rückgängig gemacht. Abschließend wird die ursprüngliche Sicht der Datenmenge wiederhergestellt – diese sorgt dafür, dass die Datenmenge so aussieht, wie sie nach *ApplyUpdates* (voraussichtlich) in der Datenmenge steht.

■ UpdateObject (veröffentlicht)

property UpdateObject: TDataSetUpdateObject;

Mit Hilfe dieser Eigenschaft kann die Datenmenge mit einer *TUpdateObject*-Komponente verbunden werden. Mit dieser Komponente können beispielsweise SQL-JOINs bearbeitet werden. Mehr dazu in Kapitel 3.9.10.

■ OnUpdateRecord, OnUpdateError (Ereignisse)

property OnUpdateRecord(DataSet: TDataSet;
  UpdateKind: TUpdateKind; **var** UpdateAction: TUpdateAction);
property OnUpdateError(DataSet: TDataSet; E: EDatabaseError;
    UpdateKind: TUpdateKind; **var** UpdateAction: TUpdateAction);

Das erstgenannte Ereignis wird bei der Aktualisierung eines Datensatzes ausgelöst, das zweite immer dann, wenn es bei der Aktualisierung zu einem Fehler gekommen ist. Der Parameter *UpdateKind* informiert darüber, ob das Ereignis beim Ändern (*ukModify*), Einfügen (*ukInsert*) oder Löschen (*ukDelete*) aufgetreten ist.

Mit Hilfe des Variablen-Parameters *UpdateAction* kann bestimmt werden, welche Aktion ausgeführt werden soll – beispielsweise, auf welche Art und Weise der Fehler behandelt werden soll. Der Parameter *UpdateAction* kann folgende Werte annehmen:

- *uaApplied:* Die Änderung wird eingetragen und aus dem Zwischenspeicher gelöscht.

- *uaAbort:* Die Aktualisierung wird ohne Fehlermeldung abgebrochen.

- *uaFail:* Die Aktualisierung wird mit Fehlermeldung abgebrochen.

- *uaRetry:* Es wird erneut versucht, die Änderung einzutragen. Zuvor sollte der Fehler möglichst behoben werden. (Tritt nur bei *OnUpdateError* auf.)

- *uaSkip:* Die Aktualisierung wird übergangen, die entsprechenden Daten bleiben im Zwischenspeicher.

3.14.2 TTable

Die Komponente *TTable* kapselt den Zugriff auf eine Datenbanktabelle oder (nur bei SQL-Servern) eine VIEW. *TTable* ist von *TDBDataSet* (Kapitel 3.9.2) abgeleitet.

Verbindung zur Tabelle

▓ TableName, TableType (Eigenschaften, veröffentlicht)

```
property TableName: TFileName;
property TableType: TTableType
```

Mit der Eigenschaft *TableName* wird der Name derjenigen Tabelle oder VIEW angegeben, die *TTable* öffnen soll. Für gewöhnlich entscheidet *TTable* anhand der Dateiendung, welcher Datenbanktyp der verwendeten Tabelle zugrunde liegt (*TableType = ttDefault*). Sollen davon abweichende Dateiendungen verwendet werden, dann ist mit *TableType* der Datenbanktyp (*ttParadox, ttDBase, ttASCII, ttFoxPro*) anzugeben.

▓ RenameTable (Methode)

```
procedure RenameTable(const NewTableName: string);
```

Mit dieser Methode können *Paradox*- und *dBase*-Tabellen umbenannt werden.

▓ CreateTable, DeleteTable (Methoden)

```
procedure CreateTable;
procedure DeleteTable;
```

Mit diesen Methoden können zur Laufzeit Tabellen erstellt und gelöscht werden. Ein Beispiel zum Erstellen von Tabellen finden Sie in Kapitel 3.9.1 bei der Beschreibung von *TFieldDefs*.

▓ ReadOnly (Eigenschaft, veröffentlicht)

```
property ReadOnly: Boolean default false;
```

Wird *ReadOnly* auf *true* gesetzt, dann kann die *TTable*-Instanz keine Änderungen am Datenbestand vornehmen.

▓ Exclusive (Eigenschaft, veröffentlicht)

```
property Exclusive: Boolean default false;
```

Wird eine Tabelle *Exclusive* geöffnet, dann kann sie von keiner weiteren Tabelle geöffnet werden. Ist die Tabelle bereits von einer anderen Tabelle geöffnet, dann wird eine Exception ausgelöst. Diese Funktion wird nur von *Paradox*- und *dBase*-Tabellen unterstützt. Soll diese Eigenschaft auf *true* gesetzt werden, dann muss währenddessen die Datenmenge geschlossen sein.

Vorsicht: Wenn Sie *Exclusive* und *Active* einer Tabelle schon zur Entwurfszeit auf *true* setzen, können Sie die Anwendung nicht mehr starten, weil sich dann die betreffende Tabelle nicht noch einmal öffnen lässt.

▪ Lock, Unlock (Methoden)

```
procedure LockTable(LockType: TLockType);
procedure UnlockTable(LockType: TLockType);
```

Mit der Prozedur *LockTable* kann eine Lesesperre (*ltReadLock*) oder eine Schreibsperre (*ltWriteLock*) für *dBase*- und *Paradox*-Tabellen erstellt werden. Soll sowohl der Lese- als auch der Schreibzugriff durch andere Tabellen verhindert werden, dann ist *LockTable* zweimal aufzurufen. Mit *UnlockTable* kann eine Lese- oder Schreibsperre aufgehoben werden.

Lese- und Schreibsperren sind besonders dann hilfreich, wenn beim Einsatz von Desktop-Datenbanksystemen im Netzwerk verhindert werden muss, dass durch den gleichzeitigen Zugriff mehrerer Benutzer der Datenbestand inkonsistent wird.

Ändern der Daten

▪ EmptyTable (Methode)

```
procedure EmptyTable;
```

Mit dieser Methode werden alle Datensätze aus der Tabelle gelöscht, die Tabellenstruktur wird jedoch beibehalten.

▪ BatchMove (Methode)

```
function BatchMove(ASource: TBDEDataSet;
  AMode: TBatchMode): Longint;
```

Mit der Methode *BatchMove* können Stapeloperationen durchgeführt werden. Über den Parameter *ASource* muss die Datenmenge angegeben werden, aus der die zu bearbeitenden Datensätze stammen, *AMode* gibt die Art der Stapeloperation an:

– *batCopy* legt eine exakte Kopie der im Parameter angegebenen Tabelle an.

– *batDelete* löscht alle Datensätze, die in der Quelltabelle vorhanden sind, aus der Zieltabelle; dazu muss der verwendete Index übereinstimmen.

– *batAppend* hängt alle Datensätze der Quelltabelle an die Zieltabelle an.

– *batUpdate* ändert alle in der Quelltabelle vorkommenden Datensätze auch in der Zieltabelle; die Auswahl erfolgt über den Index. (Beispielsweise können so in der Filiale durchgeführte Adressenänderungen auf den Hauptrechner gespielt werden.)

– *batAppendUpdate* kombiniert *batUpdate* und *batAppend*. Datensätze, die (über den Index gesucht) schon in der Zieltabelle vorhanden sind, werden geändert, alle anderen angehängt.

```
procedure TForm1.Button1Click(Sender: TObject);
var
  Table2: TTable;
begin
  Screen.Cursor := crHourGlass;
  Table2 := TTable.Create(Form1);
  with Table2 do
  begin
    DatabaseName := 'Test';
    TableName := 'testadr3.txt';
    TableType := ttAscii;
    BatchMove(Table1, batCopy);
  end;
  Table2.Free;
  Screen.Cursor := crDefault
end;
```

Dieses Beispiel erzeugt zur Laufzeit eine *TTable*-Komponente und legt in ihr eine exakte Kopie der *Table1*-Daten im ASCII-Format an.

Stapeloperationen können Sie auch mit der Komponente *TBatchMove* durchführen, die in Kapitel 3.14.7 beschrieben ist.

Bereiche

▦ SetRangeStart, SetRangeEnd (Methoden)

```
procedure SetRangeStart;
procedure SetRangeEnd;
```

Mit den Methoden *SetRangeStart* und *SetRangeEnd* werden die oberen und unteren Grenzen eines Bereichs gesetzt. Die Werte für die Grenzen werden über die Eigenschaft *Fields* oder die Methode *FieldByName* gesetzt.

```
with Table1 do
begin
  SetRangeStart;
  FieldByName('nummer').AsInteger := 100;
  SetRangeEnd;
  FieldByName('nummer').AsInteger := 200;
  ApplyRange;
end;
```

▪ ApplyRange, CancelRange (Methoden)

```
procedure ApplyRange;
procedure CancelRange;
```

Diese Prozeduren wenden einen gesetzten Bereich an (*ApplyRange*) oder heben ihn auf (*CancelRange*).

▪ KeyExclusive (öffentlich, TTable)

```
property KeyExclusive: Boolean;
```

Mit Hilfe dieser Eigenschaft wird festgelegt, ob die Bereichsgrenzen zum Bereich gehören (*false*) oder nicht (*true*).

▪ SetRange (Methode)

```
procedure SetRange(const StartValues, EndValues: array of const);
```

Werden Bereichsgrenzen mit *SetRangeStart* und *SetRangeEnd* gesetzt, dann ist dies ein wenig aufwendig. Mit Hilfe von *SetRange* kann der Bereich durch eine einzige Anweisung gesetzt werden.

```
Table1.SetRange([200], [300]);
```

▪ EditRangeStart, EditRangeEnd (Methoden)

```
procedure EditRangeStart;
procedure EditRangeEnd;
```

Mit diesen Methoden können die Grenzen bestehender Bereiche verändert werden.

Schlüssel

Mit den folgenden Anweisungen kann man über die Schlüsselfelder einer Tabelle einen Datensatz finden.

▪ SetKey, EditKey (Methoden)

```
procedure SetKey;
procedure EditKey;
```

Mit *SetKey* wird das Setzen, mit *EditKey* das Ändern des Suchschlüssels eingeleitet.

■ GotoKey, GotoNearest (Methoden)

```
function GotoKey: Boolean;
procedure GotoNearest;
```

Die Funktion *GotoKey* versucht, einen Datensatz anhand des gesetzten Schlüssels zu finden. Gelingt ihr das, wird der Datenzeiger auf diesen Datensatz gesetzt und als Funktionsergebnis *true* zurückgegeben.

Die Prozedur *GotoNearest* positioniert den Datenzeiger auf den Datensatz, dessen Feldwerte dem Suchschlüssel am meisten gleichen.

```
procedure Button1Click(Sender: TObject);
begin
  with Table 1 do
  begin
    SetKey;
    FieldByName('Nummer').AsInteger := 2345;
    if GotoKey = false
      then ShowMessage('Datensatz nicht gefunden');
  end;
end;
```

■ FindKey, FindNearest (Methoden)

```
function FindKey(const KeyValues: array of const): Boolean;
procedure FindNearest(const KeyValues: array of const);
```

Diese Methoden fassen das Suchen nach einem Datensatz zu einer einzigen Anweisung zusammen, die Schlüsselwerte werden als Parameter übergeben. Das gerade gegebene Beispiel würde man mit *FindKey* folgendermaßen formulieren:

```
procedure Button1Click(Sender: TObject);
begin
  if Table1.FindKey([2345]) = false
    then ShowMessage('Datensatz nicht gefunden');
end;
```

■ GotoCurrent (Methode)

```
procedure GotoCurrent(Table: TTable);
```

Die Methode *GotoCurrent* setzt den Datenzeiger auf denselben Datensatz wie den Datenzeiger der als Parameter übergebenen Tabelle. Auf diese Weise lassen sich sehr einfach zwei *TTable*-Instanzen synchronisieren.

Indizes

Viele Operationen bei *TTable* (Bereiche, Suche nach Schlüsseln) sind nur dann möglich, wenn die verwendeten Felder indiziert sind.

■ IndexName (Eigenschaft, veröffentlicht)

```
property IndexName: string;
```

Die Eigenschaft *IndexName* gibt den Namen des Sekundärindexes an, nach dem die Datenmenge sortiert wird. Bleibt die Eigenschaft leer, dann wird nach dem Primärindex sortiert.

■ IndexFieldNames (Eigenschaft, veröffentlicht),
    IndexFields (Eigenschaft, öffentlich)

```
property IndexFieldNames: string;
property IndexFields: [Index: Integer]: TField;
```

Alternativ zu *IndexName* können mit *IndexFieldNames* die einzelnen Spalten angegeben werden, aus denen ein Index gebildet werden soll. Bei Desktop-Datenbanken ist es dabei erforderlich, dass die einzelnen Spalten bereits selbst indiziert sind.

Die an einem Index beteiligten Spalten können mit *IndexFields* ermittelt werden.

■ AddIndex, DeleteIndex (Methoden)

```
procedure AddIndex(const Name, Fields: string;
  Options: TIndexOptions);
procedure DeleteIndex(const Name: string);
```

Um zur Laufzeit neue Indizes zu erstellen, wird die Methode *AddIndex* verwendet. Näheres dazu in der Online-Hilfe. Mit *DeleteIndex* können Sie Indizes löschen.

■ GetIndexNames (Methoden)

```
procedure GetIndexNames(List: TStrings);
```

Mit *GetIndexNames* können die Namen aller vorhandenen Indizes abgefragt und in eine Liste geschrieben werden.

■ IndexDefs (Eigenschaft, veröffentlicht)

```
property IndexDefs: TIndexDefs;
```

Um Informationen über die Indizes zu erhalten, wird die Eigenschaft *IndexDefs* verwendet. Im folgenden Beispiel wird die Eigenschaft *IndexDefs* beim Erstellen einer Tabelle zur Laufzeit verwendet.

```
procedure TForm1.N1Tabelleerstellen1Click(Sender: TObject);
begin
  with Table1 do
  begin
    Active := false;
    DataBaseName := 'test';
    TableName := 'test_1.db';
    TableType := ttParadox;
    with FieldDefs do
    begin
      Clear;
      Add('nummer', ftInteger, 0, false);
      Add('name', ftString, 20, false);
    end;
    with IndexDefs do
    begin
      Clear;
      Add('Primary', 'nummer', [ixPrimary, ixUnique]);
    end;
    CreateTable;
    Open;
  end; {with table1 do}
end; {procedure TForm1.N1Tabelleerstellen1Click}
```

Master-Detail-Verknüpfungen

Bei Datenbanken werden oft 1:n-Verbindungen erstellt. Das bedeutet, dass es zu einem Haupt-Datensatz mehrere Detail-Datensätze gibt. In der Auftragsverwaltung einer Firma gibt es zu einem Kunden meist mehrere Aufträge. (Jeder Auftrag gehört aber immer nur zu einem Kunden.)

Nun möchte man beispielsweise in einem Formular einen Kundendatensatz und die dazugehörenden Auftragsdatensätze darstellen. Dazu erstellt man für die Auftragstabelle eine Master-Detail-Verknüpfung zur Kundentabelle.

▪ MasterSource (Eigenschaft, veröffentlicht)

```
property MasterSource: TDataSource;
```

Mit der Eigenschaft *MasterSource* wird angegeben, welche Datenquelle diese Datenmenge als Master-Tabelle steuert.

■ MasterFields (Eigenschaft, veröffentlicht)

```
property MasterFields: string;
```

Der Eigenschaft *MasterFields* werden diejenigen Feldnamen zugewiesen, über die bei der Master-Tabelle die Verknüpfung gesteuert wird. Mehrere Feldnamen werden dabei mit Semikola getrennt. In Anzahl und Feldart müssen diese Felder dem momentan verwendeten Schlüssel der Detail-Tabelle entsprechen.

Zur Entwurfszeit steht Ihnen zum Setzen dieser Eigenschaft der Feldverbindungs-Designer zur Verfügung.

Beachten Sie, dass bei einer Paradox-Datenbank zur Erstellung einer Master-Detail-Verknüpfung die Detail-Tabelle einen Index auf die Master-Tabelle benötigt. Dieser Index wird automatisch eingerichtet, wenn Sie eine referentielle Integrität definieren. Sie können jedoch dann nur noch über diesen Index die Methode *FindKey* anwenden, was bei einer Master-Detail-Verknüpfung in der Regel witzlos ist.

Abhilfe schafft hier ein zusammengesetzter Primärschlüssel, der unter anderem über das Feld gebildet wird, das zur Fremdschlüsselverknüpfung dient. Bei Aufruf der Methode *FindKey* müssen dann Werte für alle am Index beteiligten Felder aufgeführt werden:

```
Table2.FindKey([Table1.FieldByName('nummer').AsInteger, 27]);
```

3.14.3 TQuery

Die Komponente *TQuery* dient zum Zugriff auf Datenbanken mittels SQL-Anweisung. Im Gegensatz zu *TTable* kann man mit *TQuery* auch auf verschiedene Tabellen und VIEWS zugreifen. Es ist sogar möglich, Daten aus verschiedenen Datenbanken zusammenzufügen (heterogene Joins).

TQuery ist von *TDBDataSet* (Kapitel 3.9.2) abgeleitet.

Die SQL-Anweisung

▦ SQL (Eigenschaft, veröffentlicht)

property SQL: TStrings;

Die Eigenschaft *SQL* erhält die SQL-Anweisung für die Abfrage oder die Datenmanipulation. Eine Abfrage wird mit *Open* geöffnet, eine Datenmanipulation mit *ExecSQL* ausgeführt. Die Datenbanksprache *SQL* wird in Kapitel 7.1 beschrieben.

▦ ExecSQL (Methode)

procedure ExecSQL;

Wird der Eigenschaft *SQL* eine Anweisung zur Datenmanipulation zugewiesen (Erstellen von Tabellen, Ändern von Daten), dann kann *TQuery* keine Datenmenge öffnen, und deshalb darf weder die Methode *Open* verwendet noch die Eigenschaft *Active* auf *true* gesetzt werden. Um eine solche SQL-Anweisung auszuführen, muss die Methode *ExecSQL* eingesetzt werden.

▦ RequestLive (Eigenschaft, veröffentlicht)

property RequestLive: Boolean **default** false;

Wird die Eigenschaft *RequestLive* auf *true* gestellt, dann wird versucht, eine Datenmenge zu öffnen, die sich bearbeiten lässt, bei der also wie bei *TTable* auch Datenmanipulationen – Datensätze einfügen, ändern und löschen – vorgenommen werden können. Ist *RequestLive* gleich *false*, dann können die Datensätze nur gelesen werden, was bei Abfragen in der Regel völlig ausreicht.

Bei vielen Abfragen, beispielsweise bei Aggregat-Funktionen, Gruppierungen und JOINs kann keine Datenmenge geöffnet werden, die sich manipulieren lässt. Hier hilft gegebenenfalls die Verwendung der Komponente *TUpdateObject*. Ist es möglich, die Datenmenge zu bearbeiten, dann ist die Eigenschaft *CanModify* gleich *true*.

▣ Text (Eigenschaft, öffentlich, nur Lesen)

property Text: PChar;

Die Eigenschaft *Text* gibt an, welche SQL-Anweisung zuletzt an die BDE oder
an den Server geschickt wurde. Die entsprechenden Werte für die Parameter
sind dabei schon eingefügt, so dass diese Eigenschaft eine Hilfe bei der Fehlersuche darstellt, wenn bei der Verwendung von Parametern nicht alles wie geplant läuft.

▣ Refresh (Methode)

procedure Refresh;

Die Methode *Refresh* können Sie bei *TQuery* vergessen – schließen Sie die Abfrage mit *Close*, und führen Sie mit *Open* die Abfrage erneut durch.

▣ Constrained (Eigenschaft, veröffentlicht)

property Constrained: Boolean **default** false;

Das Setzen der Eigenschaft *Constrained* auf *true* verhindert, dass Abfragedaten-
sätze durch eine UPDATE-Anweisung so geändert werden, dass sie nicht mehr
der Abfragebedingung entsprechen. Lautet beispielsweise die Abfrage

```
SELECT * FROM testadr
  WHERE nummer < 100,
```

dann kann die Datensatznummer nicht auf einen Wert größer/gleich hundert
gesetzt werden (wenn *Constrained* gleich *true* ist).

▣ UpdateMode (Eigenschaft, veröffentlicht)

property UpdateMode:
  (upWhereAll, upWhereChanged, upWhereKeyOnly) **default** upWhereAll;

Bei Mehrbenutzerdatenbanken kann es vorkommen, dass ein Datensatz, der
vom Benutzer A editiert wird, zwischenzeitlich vom Benutzer B verändert
worden ist.

Nehmen wir an, der Datensatz *12345 (Index) | Karl | Müller | Am Ufer 3 | 10
319 Berlin* wird vom Benutzer *A* abgeändert in *12345 | Karl | Müller-Maier |
Am Ufer 3 | 10 319 Berlin*, dann wird folgende SQL-Anweisung von *TQuery*
erstellt:

```
UPDATE tabelle SET nummer = 12345, vorname = "Karl",
    nachname = "Müller-Maier", straße = "Am Ufer 3",
    ort = "10 319 Berlin"
  WHERE (nummer  = 12345) AND (vorname  = "Karl") AND
    (nachname = "Müller") AND (straße = "Am Ufer 3") AND
    (ort = "10 319 Berlin")
```

Zwischen der Abfrage der Daten und dem Update-Befehl hat nun Benutzer B die Umzugsmeldung von Herrn Müller(-Maier) bearbeitet und diesen in die *Parkaue 23, 10 387 Berlin* versetzt. Folge der ganzen Geschichte: Das RDMS gibt eine Fehlermeldung zurück, weil es den Datensatz nicht findet. Diese Verhaltensweise wäre diejenige, wenn die Eigenschaft *UpdateMode* auf *Where All* steht (dies ist die Voreinstellung).

Ändert der Programmierer die Eigenschaft auf *WhereKeyOnly*, dann wird lediglich nach dem Schlüssel gesucht:

```
UPDATE tabelle SET nummer = 12345, vorname = "Karl",
      nachname = "Müller-Maier", straße = "Am Ufer 3",
      ort = "10 319 Berlin"
    WHERE (nummer  = 12345)
```

Dies hat zur Folge, dass die Änderungen von Anwender B überschrieben werden. Eine dritte Variante ist der Wert *WhereChanged*. Dabei werden die Indexspalte und die geänderte Spalte für die Suche verwendet:

```
  UPDATE tabelle SET nummer = 12345, vorname = "Karl",
      nachname = "Müller-Maier", straße = "Am Ufer 3",
      ort = "10 319 Berlin"
    WHERE (nummer  = 12345) AND (nachname = "Müller")
```

Parameter

Die Verwendung von Parametern erlaubt einfach das Zuweisen von Benutzereingaben an SQL-Anweisungen. In der folgenden Abfrage werden die Parameter *edit1* und *edit2* verwendet. Sie erkennen Parameter in der SQL-Anweisung an einem vorangestellten Doppelpunkt:

```
SELECT * FROM testadr
  WHERE (vorname = :edit1)
  AND (nachname = :edit2)
```

Delphi erwartet nun, dass Sie den Feldtyp dieser Parameter angeben. Verwenden Sie zur Entwurfszeit dazu den Eigenschaftseditor der Eigenschaft *Params*:

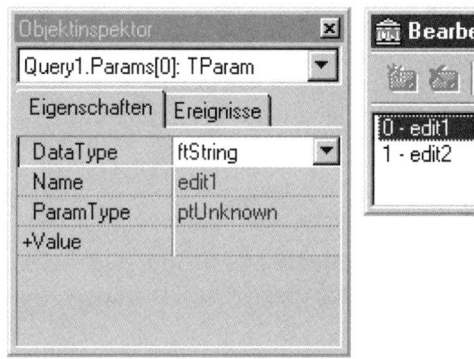

Den Parametern können Sie nun zur Laufzeit andere Werte zuweisen:

```
procedure TForm1.Button1Click(Sender: TObject);
begin
  Query1.Close;
  Query1.ParamByName('Edit1').AsString := Edit1.Text;
  Query1.ParamByName('Edit2').AsString := Edit2.Text;
  Query1.Open;
end;
```

Mit Hilfe von Parametern können Sie auch Master-Detail-Verknüpfungen erstellen. Mehr dazu im nächsten Abschnitt.

▒ Params (Eigenschaft, veröffentlicht)

```
property Params[Index: Word]: TParams;
```

Mit der Eigenschaft *Params* kann auf die Parameter einer Abfrage zugegriffen werden. Um Verwechslungen zu vermeiden, sollten Sie dafür jedoch die Methode *ParamByName* bevorzugen.

▒ ParamByName (Eigenschaft, Methode)

```
function ParamByName(const Value: string): TParam;
```

Statt über den Index – wie bei der Eigenschaft Params – können Parameter auch über den Parameternamen gesetzt werden. Dazu dient die Methode *ParamByName*.

▒ DataSource (Eigenschaft, veröffentlicht)

```
property DataSource: TDataSource;
```

Die Eigenschaft *DataSource* wird benötigt, um Master-Detail-Beziehungen mit Hilfe von *TQuery*-Komponenten herzustellen. Näheres siehe nächster Abschnitt.

■ ParamCount (Eigenschaft, öffentlich, nur Lesen)

```
property ParamCount: Word;
```

Mit *ParamsCount* kann die Anzahl der vorhandenen Parameter abgefragt werden.

Master-Detail-Verknüpfung

Bei Datenbanken werden oft 1:n-Verbindungen erstellt. Das bedeutet, dass es zu einem Haupt-Datensatz mehrere Detail-Datensätze gibt. In der Auftragsverwaltung einer Firma gibt es zu einem Kunden meist mehrere Aufträge. (Jeder Auftrag gehört aber immer nur zu einem Kunden.)

Nun möchte man beispielsweise in einem Formular einen Kundendatensatz und die dazugehörenden Auftragsdatensätze darstellen. Dazu erstellt man für die Auftragstabelle eine Master-Detail-Verknüpfung zur Kundentabelle.

Um mit *TQuery* eine Master-Detail-Verknüpfung zu erstellen, formulieren Sie zunächst für die Detail-Abfrage eine entsprechende SQL-Anweisung:

```
SELECT * FROM offenpo
  WHERE kunde = :nummer
```

In diesem Beispiel würde die Master-Detail-Verknüpfung über die Spalte *kunde* (bei der Detail-Tabelle) und der Spalte *nummer* (bei der Master-Tabelle) erstellt. Das Feld (oder die Felder) der Master-Tabelle sind als Parameter in die SQL-Anweisung einzufügen.

Schließlich muss noch die Eigenschaft *DataSource* der Detail-*TQuery*-Instanz auf die *TDataSource*-Instanz gesetzt werden, die mit der Master-Tabelle (oder Master-Abfrage) verbunden ist.

TQuery benötigt für die Erstellung von Master-Detail-Verknüpfungen keine Schlüssel in den beteiligten Spalten.

Groß- und Kleinschreibung ignorieren

Bisweilen möchte man beim Filtern der Datenmenge mittels SQL-Anweisung die Groß- und Kleinschreibung ignorieren. Dies kann man dadurch erreichen, dass man sowohl den Spalten- als auch den Parameterwert mittels der SQL-Funktion UPPER in Großbuchstaben wandelt.

```
SELECT * FROM testadr
  WHERE UPPER(vorname) = UPPER(:vor)
    AND UPPER(nachname) = UPPER(:nach)
```

Die Eigenschaft Filter bei SQL-Servern

Wenn Sie die Eigenschaft *Filter* verwenden, dann wird der komplette Datenbestand von der *TQuery*-Instanz gefiltert. Bei SQL-Servern muss dazu der komplette Datenbestand auf den Client geladen werden – das kann dauern.

Vermeiden Sie deshalb nach Möglichlichkeit die Eigenschaft *Filter* in Zusammenhang mit *TQuery* und SQL-Servern.

Heterogene Joins

Bei einem normalen Join werden die Daten mehrerer Tabellen aus einer Datenbank zusammengefügt.

Wenn Sie die Daten aus mehreren Datenbanken zusammenfügen möchten, dann müssen Sie einen heterogenen Join erstellen. Dazu stellen Sie dem Tabellenbezeichner den Bezeichner des BDE-Alias der entsprechenden Tabelle voran.

```
SELECT
  e.lastname, p.proj_id
  FROM ":dbdemos:employee" e,
    INNER JOIN ":iblocal:employee_project" p
      ON e.empno = p.emp_no
```

3.14.4 TStoredProc

Die Komponente *TStoredProc* dient zum Zugriff auf STORED PROCEDURES mancher SQL-Server. *TStoredProc* ist von *TDBDataSet* abgeleitet.

Wenn Sie mit *InterBase* arbeiten, dann können Sie auf alle Arten von STORED PROCEDURES mit *TQuery* zugreifen.

Da *TStoredProc* selten benötigt wird, sollen hier nur die wesentlichsten Elemente besprochen werden. Mehr finden Sie in der Online-Hilfe.

- StoredProcName (Eigenschaft, veröffentlicht)

  ```
  property StoredProcName: string;
  ```

  Mittels *StoredProcName* wird angegeben, welche STORED PROCEDURE verwendet werden soll.

- Params (Eigenschaft, veröffentlicht),
    ParamCount (Eigenschaft, öffentlich, nur Lesen)

  ```
  property Params: TParams;
  property ParamCount: Word;
  ```

  Die *TCollection*-Eigenschaft *Params* kapselt die Ein- und Ausgabeparameter der STORED PROCEDURE. Mit *ParamCount* kann die Anzahl der Parameter ermittelt werden.

- ExecProc (Methode)

  ```
  procedure ExecProc;
  ```

  Zum Ausführen einer STORED PROCEDURE verwenden Sie die Methode *ExecProc*.

3.14.5 TDatabase

Die Komponente *TDatabase* steuert die Verbindung zu einer Datenbank. Für alle Datenbankverbindungen, die nicht über eine explizit eingefügte *TDatabase*-Instanz laufen, werden von Delphi automatisch *TDatabase*-Instanzen erstellt.

TDatabase ist von *TComponent* abgeleitet.

Verbindung zur Datenbank

■ AliasName, DatabaseName (Eigenschaften, veröffentlicht)

```
property AliasName: string;
property DatabaseName: string;
```

Setzen Sie die Eigenschaft *AliasName* auf den Namen des BDE-Aliases, mit dem die *TDatabase*-Komponente verbunden werden soll.

Als *DatabaseName* geben Sie den »internen Alias« an. Auf diesen Wert ist die Eigenschaft *DatabaseName* der verbundenen Datenmengenkomponenten zu setzen.

Ändern Sie diese Eigenschaften nur, wenn *Connected* den Wert *false* hat.

■ Connected (Eigenschaft, veröffentlicht), Open, Close (Methoden)

```
property Connected: Boolean default false;
procedure Open;
procedure Close;
```

Um eine Verbindung zur Datenbank aufzubauen, wird die Eigenschaft Connected auf *true* gesetzt.

Sie können auch die Methode *Open* verwenden, um die Verbindung aufzubauen, und *Close*, um sie zu schließen.

■ OnAfterConnect, OnAfterDisconnect, OnBeforeConnect, OnBeforeDisconnect

```
property OnAfterConnect(Sender: TObject);
property OnAfterDisconnect(Sender: TObject);
property OnBeforeConnect(Sender: TObject);
property OnBeforeDisconnect(Sender: TObject);
```

Diese Ereignisse treten vor beziehungsweise nach dem Erstellen oder Trennen der Datenbankverbindung auf.

■ OnLogin (Ereignis)

```
property OnLogin(Database: TDatabase; LoginParams: TStrings);
```

Das Ereignis *OnLogin* tritt beim Verbinden mit einer Datenbank auf.

■ LoginPrompt, Params (Eigenschaften, veröffentlicht)

```
property LoginPrompt: Boolean default true;
property Params: TStrings;
```

Mit *LoginPrompt* können Sie einstellen, ob ein Anmeldedialog angezeigt werden soll. Möchten Sie einen solchen Dialog vermeiden, obwohl der Datenbankserver ein Passwort verlangt, müssen Sie das Passwort mit Hilfe der Eigenschaft *Params* eingeben.

Mit Hilfe der Eigenschaft *Params* können Sie Parameter eingeben, welche die Verbindung zu einem SQL-Server steuern und die entsprechenden BDE-Einstellungen ersetzen. Meist wird *Params* dazu verwendet, ein Passwort anzugeben, wenn *LoginPrompt* auf *false* gesetzt ist.

Die folgende Abbildung zeigt die Eingabe solcher Parameter beim Aufbau einer *InterBase*-Datenbankverbindung. Beachten Sie bitte, dass keine Leerzeichen vor oder hinter den Gleichheitszeichen einzugeben sind.

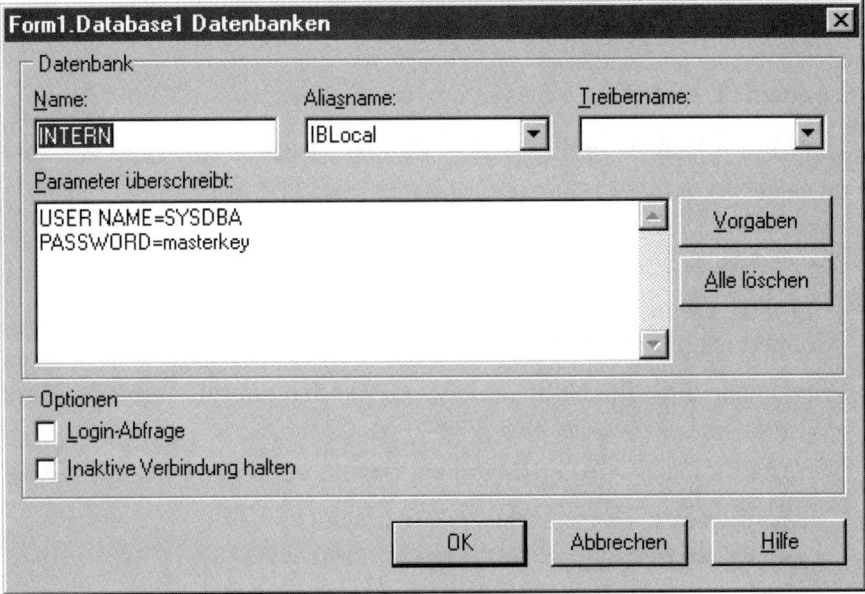

■ KeepConnection (Eigenschaft, veröffentlicht)

```
property KeepConnection: Boolean default true;
```

Hat *KeepConnection* den Wert *true*, bleibt eine Datenbankverbindung auch dann geöffnet, wenn alle beteiligten Datenmengenkomponenten geschlossen werden. Dies stellt sicher, dass bei einem Öffnen einer dieser Datenmengenkomponenten nicht erst eine Datenbankverbindung geöffnet werden muss.

■ SessionName (Eigenschaft, veröffentlicht),
    Session (Eigenschaft, öffentlich, nur Lesen)

```
property SessionName: string;
property Session: TSession;
```

Verwenden die mit der *TDatabase*-Instanz verbundenen Datenmengenkomponenten eine andere Session als die Standard-Session, so muss *SessionName* auf den Namen dieser Session gesetzt werden.

Beachten Sie, dass alle mit einer bestimmten *TDatabase*-Komponente verbundenen Datenmengenkomponenten dieselbe Session haben müssen wie diese *TDatabase*-Instanz. Gegebenenfalls müssen Sie zusätzliche *TDatabase*-Komponenten einfügen.

Mit der Eigenschaft *Session* erhalten Sie einen Zeiger auf die *TSession*-Instanz, mit der die *TDatabase*-Instanz verbunden ist.

Verbindung zu den Datenmengenkomponenten

■ DataSets, DataSetCount (Eigenschaften, öffentlich, nur Lesen)

```
property DataSets[Index: Integer]: TDBDataSet;
property DataSetCount: Integer;
```

Mit der Array-Eigenschaft *DataSets* erhält man Zeiger auf alle verbundenen Datenmengenkomponenten. Deren Anzahl kann mit *DataSetCount* ermittelt werden.

Die folgenden Anweisungen aktualisieren alle Datenmengenkomponenten nach einem Rollback. (Die Transaktionssteuerung-Anweisungen lösen leider keine entsprechenden Ereignisse aus.)

```
procedure TForm1.Button1Click(Sender: TObject);
var
  i: integer;
begin
  with Database1 do
  begin
    Rollback;
    for i := 0 to DataSetCount - 1 do
    begin
      if DataSets[i] is TTable
        then TTable(DataSets[i]).Refresh;
```

```
    if DataSets[i] is TQuery then
    begin
        TQuery(DataSets[i]).Close;
        TQuery(DataSets[i]).Open;
    end;
  end; {for i := 0 to DataSetCount - 1 do}
 end; {with Database1 do}
end; {procedure TForm1.Button1Click}
```

▨ CloseDatasets (Methode)

procedure CloseDatasets;

Mit *CloseDatasets* werden alle Datenmengenkomponenten geschlossen, die mit der *TDatabase*-Instanz verbunden sind.

Transaktionen

Alle Datenbankaktionen auf SQL-Servern werden im Kontext von so genannten Transaktionen ausgeführt. Alle Anweisungen einer Transaktion werden entweder gemeinsam ausgeführt oder gemeinsam verworfen. Auf diese Weise kann die Konsistenz der Daten sichergestellt werden.

Wird nicht explizit eine Transaktion gestartet, dann erstellt Delphi für jede einzelnen Datenbankaktion eine Transaktion. Der damit verbundene Verwaltungsaufwand kann vermindert werden, wenn explizit Transaktionen gestartet werden.

▨ StartTransaction, Commit, Rollback (Methoden)

procedure StartTransaction;
procedure Commit;
procedure Rollback;

Mit *StartTransaction* wird eine Transaktion begonnen, mit *Commit* wird sie bestätigt – es werden dann alle Aktionen ausgeführt. Sollen alle Aktionen verworfen werden, ist die Transaktion mit *Rollback* zu beenden.

▨ TransIsolation (Eigenschaft, veröffentlicht)

property TransIsolation: (tiDirtyRead, tiReadCommitted,
  tiRepeatableRead) **default** tiReadCommitted;

Mit *TransIsolation* kann bestimmt werden, inwieweit die Datenänderungen von verschiedenen Transaktionen voneinander isoliert werden. Bei *tiDirtyRead* können auch die Änderungen von anderen, noch nicht abgeschlossenen Transaktionen gelesen werden.

Hat *TransIsolation* den Wert *tiReadCommited*, dann können die Änderungen, die andere Transaktionen vorgenommen haben, nur dann gelesen werden, wenn diese Transaktionen mit COMMIT bestätigt wurden.

Am meisten sind die Transaktionen bei *tiRepeatableRead* voneinander isoliert. Bei dieser Einstellung können Änderungen anderer Transaktionen nicht gelesen werden, auch wenn diese mit COMMIT bestätigt wurden. Die Sicht des Datenbestandes bleibt exakt so, wie er zu Beginn der Transaktion gewesen ist.

- InTransaction (Eigenschaft, öffentlich, nur Lesen)

```
property InTransaction: Boolean;
```

Die Eigenschaft *InTransaction* hat den Wert *true*, wenn gerade eine explizite Transaktion gestartet und noch nicht beendet ist.

3.14.6 TSession

Sobald das Formular um eine Datenzugriffskomponente ergänzt wird, wird automatisch die Komponente *TSession* eingefügt. Die dabei von *TSession* abgeleitete Instanz heißt *Session*. Wenn Sie eine Multi-Thread-Anwendung entwickeln, bei der mehrere Threads gleichzeitig auf Datenbanken zugreifen, dann müssen Sie weitere Instanzen von *TSession* einfügen. Wenn Sie keine Multi-Thread-Anwendung programmieren, dann sollten Sie auch keine *TSession*-Komponente in ein Formular oder ein Datenmodul einfügen.

TSession ist von *TComponent* abgeleitet.

Passwort

▪ AddPassword, RemovePassword, RemoveAllPasswords (Methoden)

```
procedure AddPassword(const Password: string);
procedure RemovePassword(const Password: string);
procedure RemoveAllPasswords;
```

Damit die Passwortabfrage beim Öffnen passwortgeschützter Paradox-Tabellen unterbleibt, muss mit *AddPassword* das Passwort bekanntgegeben werden. Erst dann darf die Tabelle geöffnet werden.

Mit *RemovePassword* kann ein Passwort wieder aus der Liste entfernt werden, mit *RemoveAllPasswords* werden alle Einträge der Passwortliste gelöscht.

Wie Sie im folgenden Beispiel sehen, kann über die globale Variable *Session* auf die Standard-Session zugegriffen werden.

```
procedure TForm1.FormCreate(Sender: TObject);
begin
  Session.AddPassword('chriss');
  Table1.Open;
end;
```

▪ OnPassword, OnStartup (Ereignisse)

```
property OnPassword(Sender: TObject; var Continue: Boolean);
property OnStartup(Sender: TObject);
```

Wird versucht, eine passwortgeschützte Paradox-Tabelle zu öffnen, ohne dass dafür das Passwort vorliegt, dann wird ein Standard-Passwort-Dialog angezeigt. Dies kann vermieden werden, indem dem Ereignis *OnPassword* eine Ereignisbehandlungsroutine zugewiesen wird, in welcher mit *AddPassword* das Passwort angegeben wird.

Das Ereignis *OnStartup* wird ausgelöst, wenn die Datenbanksitzung aktiviert wird, beispielsweise auch dadurch, dass eine ihrer Datenmengenkomponenten geöffnet wird.

Alias- und Tabellennamen

Die Komponente *TSession* enthält einige Methoden, mit deren Hilfe man Informationen über die Datenbank erhalten kann.

▪ GetAliasNames und andere (Methoden)

```
procedure GetAliasNames(List: TStrings);
procedure AddAlias(const Name, Driver: string; List: TStrings);
procedure DeleteAlias(const Name: string);
function GetAliasDriverName(const AliasName: string): string;
procedure GetAliasParams(const AliasName: string; List: TStrings);
procedure ModifyAlias(Name: string; List: TStrings);
```

Mit *GetAliasNames* erhält man eine Liste aller verfügbaren BDE-Aliase. Dies ist beispielsweise dann erforderlich, wenn die Datenbankverbindung zur Laufzeit erstellt werden soll.

Mit Hilfe von *AddAlias* kann ein Alias zur Laufzeit eingerichtet werden (mit *ModifyAlias* könnte er geändert werden).

```
procedure TForm1.Button1Click(Sender: TObject)
var
  Para: TStringList;
begin
  Para := TStringList.Create;
  Para.Add('SERVER NAME=IB_SERVER:/PATH/DATABASE.GDB');
  Para.Add('USER NAME=Anwender');
  Session1.AddAlias('TestIBAlias', 'INTRBASE', Para);
  Para.Free;
end;
```

Interessieren die Parameter eines Aliases, dann kann man mit *GetAliasParams* diese abfragen.

▪ GetTableNames, GetStoredProcNames (Methoden, TSession)

```
procedure GetTableNames(const DatabaseName, Pattern: string;
  Extensions, SystemTables: Boolean; List: TStrings);
procedure GetStoredProcNames(const DatabaseName: string;
  List: TStrings);
```

Mit *GetTableNames* erhält man eine Liste der Tabellen- und View-Namen der Datenbank, deren Namen man als ersten der Parameter angeben muss. Mit *Pattern* kann man einen Suchstring vorgeben, so dass man beispielsweise nur die Datenbanknamen bekommt, die mit *A* anfangen.

Sollen bei dBase- und Paradox-Tabellen die Extensions mit angezeigt werden, dann ist der entsprechende Parameter auf true zu setzen. Ebenso ist es möglich, sich bei SQL-Servern die Systemtabellen anzeigen zu lassen.

Mit *GetStoredProcNames* erhält man die Namen der STORED PROCEDURES, die in der jeweiligen Datenbank vorhanden sind.

Kleiner Tabellenbetrachter

Mit den eben vorgestellten Routinen können wir uns einen kleinen Tabellenbetrachter bauen.

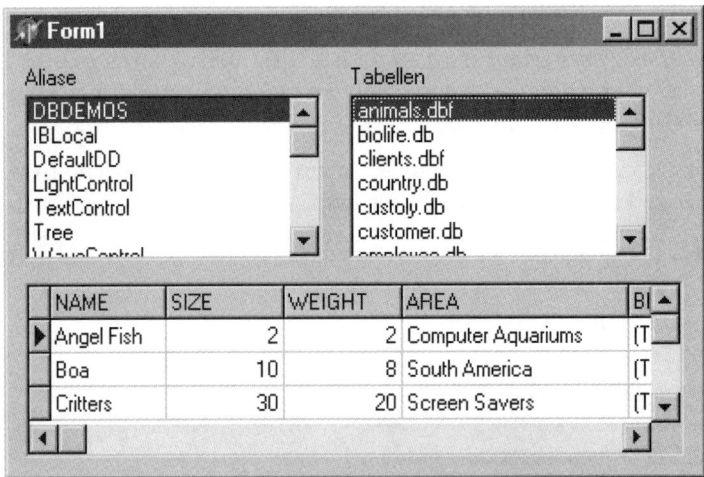

Beim Starten der Anwendung werden alle Aliase ermittelt und in die erste Listbox geschrieben.

```
procedure TForm1.FormCreate(Sender: TObject);
begin
   Session.GetAliasNames(ListBox1.Items);
end;
```

Wird dann ein Alias gewählt, werden dazu alle Tabellen angezeigt.

```
procedure TForm1.ListBox1Click(Sender: TObject);
begin
  Session.GetTableNames(ListBox1.Items[ListBox1.ItemIndex],
    '', true, false, ListBox2.Items);
end;
```

Wird nun eine der Tabellen angeklickt, dann wird diese im *DBGrid* dargestellt.

```
procedure TForm1.ListBox2Click(Sender: TObject);
begin
  with Table1 do
  begin
    Close;
    DatabaseName := ListBox1.Items[ListBox1.ItemIndex];
    TableName := ListBox2.Items[ListBox2.ItemIndex];
    Open;
  end;
end;
```

3.14.7 TBatchMove

TBatchMove vereinfacht die Ausführung von Stapeloperationen, beispielsweise das Kopieren einer Tabelle in eine andere. *TBatchMove* ist von *TComponent* abgeleitet.

▦ Execute (Methode)

procedure Execute;

Mit *Execute* wird die Stapeloperation gestartet.

▦ Source (Eigenschaft, veröffentlicht)

property Source: TBDEDataSet;

Die Eigenschaft *Source* spezifiziert die *DataSet*-Komponente (*TTable*, *TQuery* ...), von der aus die Daten übernommen werden.

▦ Destination (Eigenschaft, veröffentlicht)

property Destination: TTable;

In *Destination* wird die *TTable*-Komponente angegeben, in deren Tabelle die Daten eingefügt, geändert oder gelöscht werden. Hier kann keine *TQuery*-Komponente verwendet werden. Die Zieltabelle muss (bei *Mode* = *batCopy* kann) dabei schon existieren.

▦ Mode (Eigenschaft, veröffentlicht)

property Mode: TBatchMode;

Welche Stapeloperation ausgeführt wird, hängt von der Eigenschaft *Mode* ab. Hier sind folgende Einträge möglich:

▪ *batAppend* hängt die Datensätze an die Zieltabelle an.

▪ *batUpdate* ändert die Datensätze in der Zieltabelle gemäß den Einträgen in der Quelltabelle. Die Zieltabelle muss dabei über einen Index verfügen, damit die Datensätze zugeordnet werden können.

▪ Bei *batAppendUpdate* werden die Datensätze, deren Indexwert in der Zieltabelle schon vorhanden sind, geändert, alle anderen Datensätze werden angehängt.

▪ *batCopy* erstellt eine exakte Kopie der Quelltabelle. Existiert die Zieltabelle schon, dann wird sie vollständig überschrieben.

▪ Bei *batDelete* werden alle Datensätze aus der Zieltabelle gelöscht, die mit Datensätzen der Quelltabelle übereinstimmen. Die Zieltabelle muss dabei über einen Index verfügen.

▣ Mappings (Eigenschaft, veröffentlicht)

```
property Mappings: TStrings;
```

Für gewöhnlich müssen Quell- und Zieltabelle in der Struktur übereinstimmen – der Wert von Feld 1 der Quelltabelle wird in Feld 1 der Zieltabelle eingefügt, der Wert von Feld 2 in Feld 2 usw. Hin und wieder wird es allerdings vorkommen, dass man eine Stapeloperation mit zwei Tabellen durchführen muss, deren Strukturen nicht identisch sind. In solchen Fällen kann dann eine Zuordnungsliste erstellt werden, die der Eigenschaft *Mappings* zugewiesen wird.

```
procedure Zuordnungsliste_erstellen;
var
  Maps: TStringList;
begin
  Maps := TStringList.Create;
  with Maps do
  begin
    Clear;
    Add('Nummer=Ku_Nr');
    Add('Namen=Namen_1');
    ...
  end;
  BatchMove1.Mappings := Maps;
end;
```

Stimmen die Feldtypen nicht überein, dann versucht *TBatchMove*, so weit wie möglich zu konvertieren. Felder, die nicht in die Zuordnungsliste aufgenommen werden, setzt *TBatchMove* auf NULL.

▣ Fehlerbehandlung (Eigenschaft, veröffentlicht)

```
property AbortOnKeyViol: Boolean default true;
property AbortOnProblem: Boolean default true;
property KeyViolTableName: TTable;
property ProblemTableName: TTable;
```

Bei einer Stapeloperation können alle möglichen Fehler auftreten. Mit den Eigenschaften *AbortOnKeyViol* und *AbortOnProblem* – beide vom Typ *boolean* – legen Sie fest, ob bei Schlüsselverletzungen oder anderen Problemen die Stapeloperation abgebrochen oder fortgeführt werden soll. Für den Fall, dass sie fortgeführt werden soll, können Sie den Eigenschaften *KeyViolTableName* und *ProblemTableName* jeweils eine *TTable*-Komponente zuweisen; dort werden dann alle aufgetretenen Problemfälle gespeichert, damit sie später manuell nachgearbeitet werden können.

3.14.8 TUpdateSQL

Die Komponente *TUpdateSQL* dient dazu, Änderungen in Datenmengen durchzuführen, die *TQuery* mittels eines JOINs erhält. *TUpdateSQL* ist von *TComponent*
abgeleitet.

Warum TUpdateSQL

Bei normalisierten Datenbanken muss man in der Regel auf JOINs zurückgrei-
fen, um aussagekräftige Daten zurückzuerhalten. Als Beispiel sollen hier die beiden Tabellen *Angestellter* und *Chef* aus der folgenden Abbildung dienen.

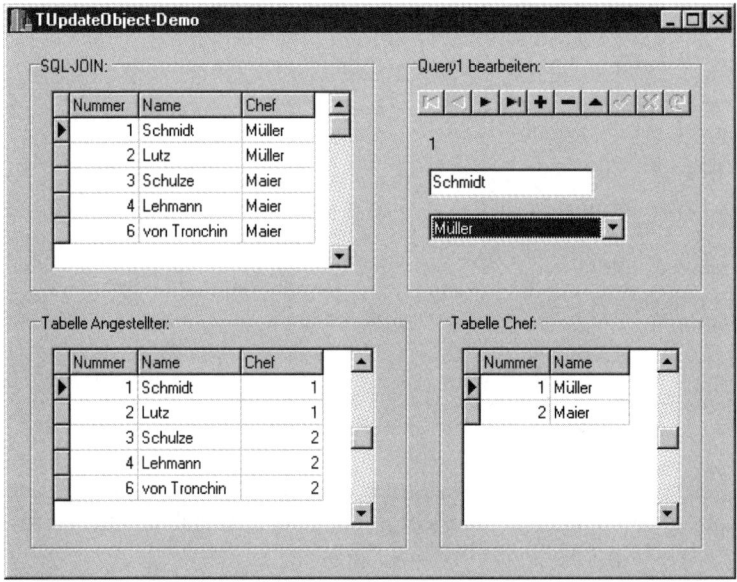

Um hier im *DBGrid* links oben aussagekräftige Daten zu erhalten, wurde die folgende SQL-Anweisung formuliert.

```
SELECT a.nummer, a.namen, c.chef, c.nummer
  FROM uo_ang a, uo_chef c
  WHERE a.chef = c.nummer
```

Nun wird allerdings eine solche Abfrage keine so genannten Live-Daten zur Verfügung stellen, es ist also nicht direkt möglich, hier Daten einzufügen, zu ändern
oder zu löschen. Mittels der Komponente *TUpdateSQL* kann man jedoch trotzdem dieses Ziel erreichen. Dazu muss man eine Instanz von *TUpdateSQL* in das
Projekt einfügen und zwei Eigenschaften der dazugehörenden *TQuery*-Kom-
ponente ändern: *ChachedUpdates* wird auf *true* und die *UpdateObject* auf *Update-
SQL1* (oder wie die Instanz auch immer genannt werden mag) gesetzt.

Mit einem Doppelklick auf das Symbol von *TUpdateSQL* startet man ein Formular zur Definition der drei Eigenschaften *InsertSQL*, *ModifySQL* und *DeleteSQL*. Dabei handelt es sich um die SQL-Anweisungen, die im Falle des Einfügens, Änderns oder Löschens eines Datensatzes ausgeführt werden.

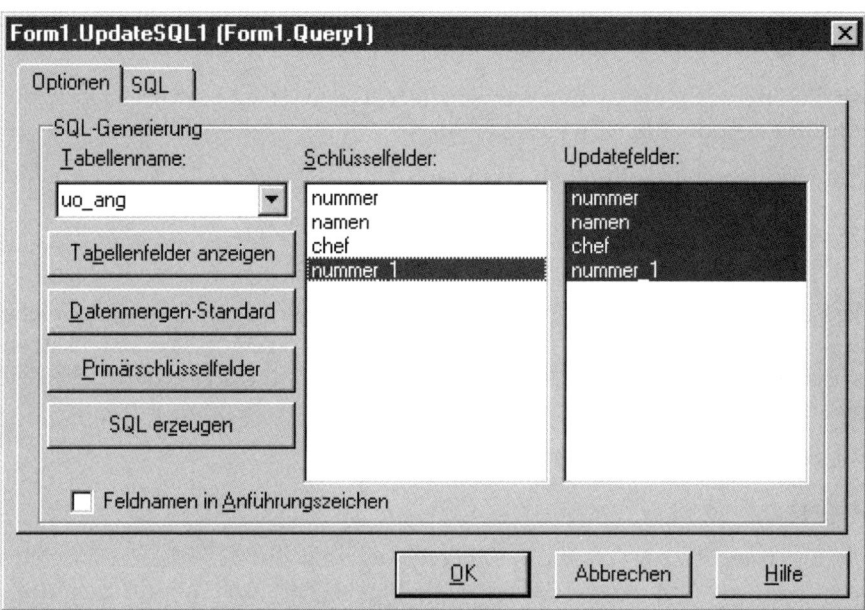

Mit dem Button *SQL generieren* kann man sich die dafür erforderlichen SQL-Anweisungen generieren lassen, allerdings wird man in den meisten Fällen nicht umhin können, diese automatisch generierten Anweisungen abzuändern.

Alles, was für dieses Programm an Quelltext benötigt wird, ist die Prozedur *Query1AfterPost*. Da bei der Verwendung von *TUpdateSQL* zwingend die Eigenschaft *CachedUpdates* auf *true* gesetzt werden muss, muss die Methode *ApplyUpdates* aufgerufen werden, damit die Änderungen auch übernommen werden:

```
procedure TForm1.Query1AfterPost(DataSet: TDataSet);
begin
  with Query1 do
  begin
    ApplyUpdates;
    Close;
    Open;
  end;
end;
```

Diese *AfterPost*-Ereignisbehandlungsroutine muss auch dem Ereignis *AfterDelete* zugewiesen werden.

Die Eigenschaften von TUpdateSQL

▪ DeleteSQL, InsertSQL, ModifySQL (Eigenschaft, veröffentlicht)

```
property DeleteSQL: TStrings;
property InsertSQL: TStrings;
property ModifySQL: TStrings;
```

Mit diesen drei Eigenschaften werden die SQL-Anweisungen vorgegeben, die von der Komponente verwendet werden.

▪ Query (Eigenschaft, öffentlich, nur Lesen)

```
property Query[UpdateKind: TUpdateKind]: TQuery;
TUpdateKind = (ukModify, ukInsert, ukDelete);
```

Die Komponente *TUpdateObject* verwaltet drei *TQuery*-Komponenten, welche die Aufgaben des Löschens, des Einfügens und des Änderns von Datensätzen zwischen sich aufteilen. Mittels der Array-Eigenschaft *Query* erhalten Sie Zeiger auf diese drei *TQuery*-Instanzen.

▪ DataSet (Eigenschaft, öffentlich)

```
property DataSet: TDataSet;
```

Die Eigenschaft *DataSet* gibt die Datenmenge an, mit der die Komponente verbunden ist. Normalerweise wird die Eigenschaft zur Entwurfszeit automatisch gesetzt, wenn die Eigenschaft *UpdateObject* dieser Datenmengenkomponente gesetzt wird.

▪ SetParams, ExecSQL, Apply (Methoden, TUpdateObject)

```
procedure SetParams(UpdateKind: TUpdateKind);
procedure ExecSQL(UpdateKind: TUpdateKind);
procedure Apply(UpdateKind: TUpdateKind);
```

Für gewöhnlich löst die über *DataSet* verbundene Datenmengenkomponente automatisch die Aktualisierung aus. Muss dies – aus was für Gründen auch immer – manuell geschehen, dann werden mit *SetParams* die Parameter gesetzt, mit *ExecSQL* wird dann die Aktualisierung vorgenommen. Mit *Apply* werden diese beiden Methoden hintereinander abgearbeitet.

3.15 Win 3.1 und Beispiele

Auf den Palettenseiten *Win 3.1* und *Beispiele* findet man einige Komponenten zur Dateiauswahl. Diese Komponenten auf der Palettenseite *Win 3.1* sind seit Delphi 1 vorhanden, die in *Beispiele* erst seit Delphi 6.

Die Komponenten sind in der mir vorliegenden Delphi-Version noch nicht ganz ausgereift, der Quelltext ist auch noch nicht in *Source* zu finden, sondern in *Demos*.

Die anderen Komponenten auf der Palettenseite *Win 3.1* sind nur noch aus Gründen der Abwärtskompatibilität vorhanden.

3.15.1 TFileListBox und Konsorten

Die Komponenten

- TFileListBox

- TDirectoryListBox

- TDriveComboBox und

- TFilterComboBox

bilden zusammen mit einem Label und einem Edit ein Ensemble von Komponenten, mit denen sich schnell, einfach, aber wirkungsvoll ein Dateiauswahldialog erstellen lässt. Ein voll funktionsfähiger Dialog wie in nachfolgender Abbildung ist in etwa einer Minute rein visuell zusammengefügt.

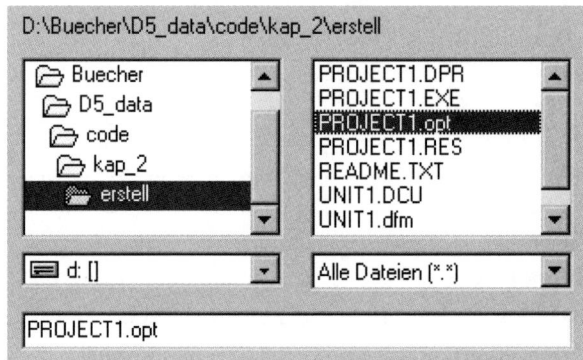

TFileListBox

Die Komponente *TFileListBox* – in obenstehender Abbildung oben rechts – listet die Dateien im entsprechenden Verzeichnis auf. *TFileListBox* ist wie die in Kapitel 3.3.10 vorgestellte Komponente *TListBox* von *TCustomListBox* abgeleitet und veröffentlicht viele Eigenschaften, die bereits bei *TListBox* vorgestellt wurden.

- Drive, Directory (Eigenschaften, öffentlich)

  ```
  property Drive: Char;
  property Directory: string;
  ```

  Mit *Drive* und *Directory* werden der Laufwerksbuchstabe und das Verzeichnis angegeben, deren Dateien von der Listbox angezeigt werden sollen. Diese Eigenschaften werden nur dann benötigt, wenn diese Komponente nicht mit einer *TDirectoryListBox* verbunden ist, diese würde jene Eigenschaften nämlich automatisch setzen.

■ FileName (Eigenschaft, öffentlich), FileEdit (Eigenschaft, veröffentlicht)

```
property FileName: string;
property FileEdit: TEdit;
```

Mit *FileName* kann der ausgewählte Dateiname bestimmt werden. Mit *FileEdit* kann eine *TEdit*-Instanz referenziert werden, die den ausgewählten Dateinamen anzeigt.

■ FileType, Mask (Eigenschaften, veröffentlicht)

```
property FileType: set of (ftReadOnly, ftHidden, ftSystem,
   ftVolumeID, ftDirectory, ftArchive, ftNormal) default [ftNormal];
property Mask: string default '*.*';
```

Mit *FileType* kann man spezifizieren, welche Datei-Typen angezeigt werden sollen – sollen neben Dateien auch noch Verzeichnisse angezeigt werden, dann ist das Element *ftDirectory* hinzuzufügen.

Mit Mask können die Dateien nach Dateinamen und Extension gefiltert werden (beispielsweise **.pas*), in der Regel wird diese Eigenschaft über eine verbundene *TFilterComboBox* gesetzt.

TDirectoryListBox

Im Gegensatz zu *TFileListBox* zeigt *TDirectoryListBox* Verzeichnisse an und stellt deren Hierarchie über entsprechende Einrückung der Icons dar.

■ FileList (Eigenschaft, veröffentlicht)

```
property FileList: TFileListBox;
```

Mit *FileList* kann eine FileListBox referenziert werden, welche die Dateien im gewählten Verzeichnis anzeigt.

■ Directory (Eigenschaft, öffentlich), DirLabel (Eigenschaft, veröffentlicht)

```
property Directory: string;
property DirLabel: TLabel;
```

Mit *Directory* wird das derzeit gewählte Verzeichnis bestimmt. Mit *DirLabel* kann eine *TLabel*-Instanz referenziert werden, die das gewählte Verzeichnis anzeigt.

▪ Drive (Eigenschaften, öffentlich)

```
property Drive: Char;
```

Mit *Drive* wird der Laufwerksbuchstabe angegeben, dessen Verzeichnisse von der Listbox angezeigt werden sollen. Diese Eigenschaft wird nur dann benötigt, wenn diese Komponente nicht mit einer *TDriveComboBox* verbunden ist, diese würde jene Eigenschaft nämlich automatisch setzen.

TDriveComboBox

Mit *TDriveComboBox* kann der Laufwerksbuchstabe gewählt werden.

▪ DirList (Eigenschaft, veröffentlicht)

```
property DirList: TDirectoryListBox;
```

Mit *DirList* kann eine *DirectoryListBox* referenziert werden, welche die Verzeichnisse im gewählten Laufwerk anzeigt.

▪ Drive (Eigenschaft, öffentlich)

```
property Drive: Char;
```

Mit *Drive* kann der Laufwerksbuchstabe bestimmt werden.

TFilterComboBox

Mit *TFilterComboBox* können Filter definiert werden, um anzuzeigende Dateien nach Namen und/oder Extension zu filtern.

▪ FileList (Eigenschaft, veröffentlicht)

```
property FileList: TFileListBox;
```

Mit *FileList* wird die *FileListBox* referenziert, deren Eigenschaft *Mask* von der Komponente gesetzt werden soll.

▪ Filter (Eigenschaft, veröffentlicht), Mask (Eigenschaft, öffentlich, nur Lesen)

```
property Filter: string;
property Mask: string;
```

Mit der Eigenschaft *Filter* werden die Beschreibungen und die Filteranweisungen angegeben, jeweils durch eine Pipe (senkrechter Strich) getrennt:

```
Alle Dateien (*.*)|*.*|Pascal-Dateien (*.pas)|*.pas
```

Mit *Mask* kann die aktuell gewählte Filter-Anweisung ermittelt werden.

3.15.2 TShellTreeView

Die Komponente *TShellTreeView* stellt die Verzeichnisstruktur des Rechners als Baumansicht dar.

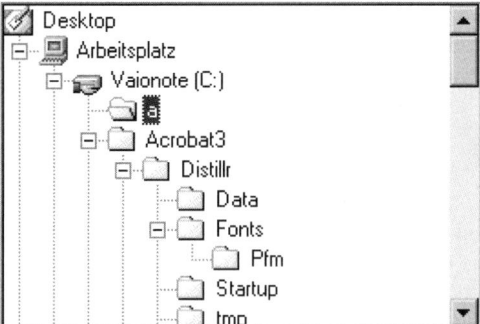

TShellTreeView ist wie die in Kapitel 3.6.11 vorgestellte Komponente *TTreeView* von TCustomTreeView abgeleitet und veröffentlicht viele Eigenschaften, Methoden und Ereignisse, die dort beschrieben sind.

■ AutoContextMenus (Eigenschaft, veröffentlicht)

```
property AutoContextMenus: Boolean default true;
```

Ist die Eigenschaft *AutoContextMenus* auf *true*, dann kann mit der rechten Maustaste zu jedem Eintrag ein passendes Kontextmenü aufgerufen werden. Dabei werden nicht nur die von Windows implementierten Einträge angezeigt, sondern auch die von Drittherstellern, beispielsweise von *WinZip*.

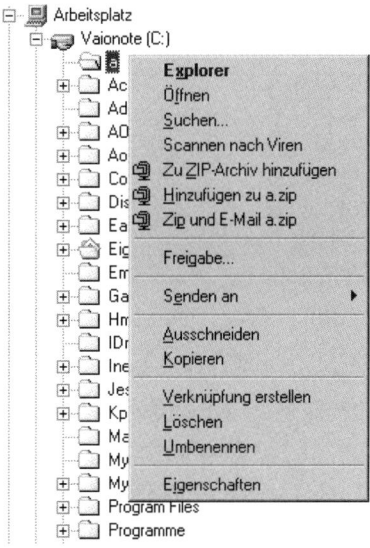

■ ObjectTypes (Eigenschaft, veröffentlicht)

```
property ObjectTypes: set of (otFolders, otNonFolders, otHidden)
  default [otFolders];
```

Per Voreinstellung werden nur Ordner angezeigt. Sollen auch Dateien angezeigt werden, dann ist das Element *otNonFolders* hinzuzufügen, mit *otNonFolders* können auch versteckte Elemente angezeigt werden.

■ Root (Eigenschaft, veröffentlicht)

```
property Root: string default 'rfDesktop';
```

Mit der Eigenschaft *Root* kann eingestellt werden, was in der Baumansicht angezeigt werden soll. Neben *rfDesktop* sind die folgenden Werte verfügbar (beachten Sie bitte, dass *Root* jedoch kein Aufzählungstyp ist):

```
TRootFolder = (rfDesktop, rfMyComputer, rfNetwork, rfRecycleBin,
  rfAppData, rfCommonDesktopDirectory, rfCommonPrograms,
  rfCommonStartMenu, rfCommonStartup, rfControlPanel,
  rfDesktopDirectory, rfFavorites, rfFonts, rfInternet,
  rfPersonal, rfPrinters, rfPrintHood, rfPrograms, rfRecent,
  rfSendTo, rfStartMenu, rfStartup, rfTemplates);
```

Die folgende Abbildung zeigt einen Ausschnitt aus dem Font-Ordner:

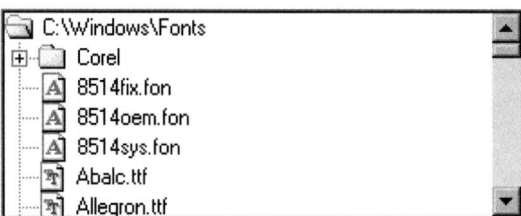

■ SelectedFolder (Methode), Folders (Default-Eigenschaft, veröffentlicht)

```
function SelectedFolder: TShellFolder;
property Folders[Index: Integer]: TShellFolder;
```

Mit der Array-Eigenschaft *Folders* kann man auf die einzelnen Einträge zugreifen, *SelectedFolder* liefert den momentan gewählten Ordner. Die Klasse *TShellFolder* wird in einem eigenen Abschnitt beschrieben.

▨ OnAddFolder (Ereignis)

```
property OnAddFolder(Sender: TObject; AFolder: TShellFolder;
  var CanAdd: Boolean);
```

Für jeden Ordner, der in die Baumansicht aufgenommen werden soll, wird das Ereignis *OnAddFolder* aufgerufen. Soll der betreffende Ordner nicht angezeigt werden, dann ist der Variablen-Parameter *CanAdd* auf *false* zu setzen.

▨ UseShellImages (Eigenschaft, veröffentlicht)

```
property UseShellImages: Boolean default true;
```

Sollen keine Standard-Icons für die einzelnen Einträge angezeigt werden, dann ist *UseShellImages* auf *false* zu setzen.

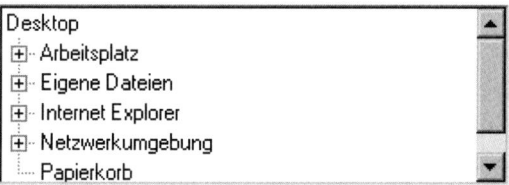

▨ ShellComboBox, ShellListView (Eigenschaften, veröffentlicht)

```
property ShellComboBox: TCustomShellComboBox;
property ShellListView: TCustomShellListView;
```

Mit diesen beiden Eigenschaften können die gleichnamigen Komponenten referenziert werden, so dass diese das Verzeichnis anzeigen, dass von *TShellTreeView* gewählt wird und umgekehrt.

TShellFolder

Die Klasse *TShellFolder* repräsentiert ein Verzeichnis, ist von *TObject* abgeleitet und implementiert unter anderem folgende Eigenschaften:

▨ DisplayName, PathName (Eigenschaften, öffentlich)

```
function DisplayName: string;
function PathName: string;
```

Mit *DisplayName* kann der Name des Verzeichnisses ermittelt werden, so, wie er im Explorer angezeigt wird. *PathName* liefert den ganzen Pfad.

▩ Rename, ExecuteDefault (Methoden)

```
function Rename(const NewName: WideString): boolean;
function ExecuteDefault: Integer;
```

Mit *Rename* kann ein Eintrag umbenannt werden.

Um einen Eintrag mit dessen Standard-Anwendung zu öffnen, wird die Funktion *ExecuteDefault* verwendet.

▩ Capabilities, Properties (Methoden)

```
function Capabilities: set of (fcCanCopy, fcCanDelete, fcCanLink,
   fcCanMove, fcCanRename, fcDropTarget, fcHasPropSheet);
function Properties: set of (fpCut, fpIsLink, fpReadOnly,
   fpShared, fpFileSystem, fpFileSystemAncestor, fpRemovable,
   fpValidate);
```

Mit *Capabilities* kann ermittelt werden, welche Operationen mit dem betreffenden Verzeichnis ausgeführt werden können.

▩ *fcCanCopy*. Eintrag kann kopiert werden

▩ *fcCanDelete*. Eintrag kann gelöscht werden

▩ *fcCanLink*. Es kann eine Verknüpfung erstellt werden

▩ *fcCanMove*. Eintrag kann verschoben werden

▩ *fcCanRename*. Das Umbenennen des Eintrags ist möglich

▩ *fcDropTarget*. Der Eintrag kann das Ziel einer Drag&Drop-Operation sein

▩ *fcHasPropSheet*. Für den Eintrag kann ein Eigenschaftsdialog aufgerufen werden.

Properties ermittelt weitere Eigenschaften.

▩ SubFolders (Methode), Parent (Eigenschaft, öffentlich, nur Lesen)

```
function SubFolders: Boolean;
property Parent: TShellFolder;
```

Mit *SubFolders* wird ermittelt, ob ein Verzeichnis untergeordnete Verzeichnisse hat, mit *Parent* das übergeordnete Verzeichnis referenziert.

3.15.3 TShellComboBox

Die Komponente *TShellComboBox* zeigt die aktuelle Pfad-Hierarchie sowie die anderen Top-Level-Pfade an. Auf dieser Weise ist ein Wechsel in einen ganz anderen Pfad besonders schnell möglich.

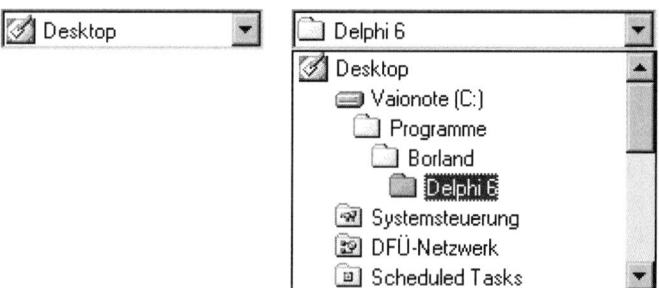

TShellComboBox ist wie die in Kapitel 3.3.11 beschriebene Komponente *TComboBox* von *TCustomComboBox* abgeleitet. *TShellComboBox* implementiert folgende Eigenschaften, die bereist bei *TShellTreeView* beschrieben wurden.

- Path
- Folders
- Root
- ObjectTypes,
- ShellTreeView, ShellListView
- UseShellImages

3.15.4 TShellListView

Die Komponente *TShellListView* stellt eine Listenansicht der Verzeichnisse und Dateien in einem bestimmten Ordner dar.

Dateiname	Größe	Typ	Geändert am	▲
2512prog.pdf	23 KB	Adobe Ac...	12.12.2000 15:06	
Addhw.jpg	2 KB	Datei JPG	12.12.2000 17:02	
Addhw1.jpg	29 KB	Datei JPG	12.12.2000 17:06	
Addhw2.jpg	38 KB	Datei JPG	12.12.2000 17:08	
Addhw3.jpg	31 KB	Datei JPG	12.12.2000 17:09	
Addhw4.jpg	30 KB	Datei JPG	12.12.2000 17:10	
Addhw5.jpg	25 KB	Datei JPG	12.12.2000 17:12	
Addhw6.jpg	29 KB	Datei JPG	12.12.2000 17:14	
Addhw7.jpg	25 KB	Datei JPG	12.12.2000 17:15	
Addhw8.jpg	23 KB	Datei JPG	12.12.2000 17:16	
Dmxcard.inf	1 KB	Setup-Info...	25.03.2000 00:29	
dmxcard.pdf	1.199 KB	Adobe Ac...	26.10.2000 11:45	▼

TShellListView ist wie die in Kapitel 3.6.13 beschriebene Komponente *TListView* von *TCustomListView* abgeleitet. Für die in oben stehender Abbildung zu sehende Detailansicht muss die Eigenschaft *ViewStyle* auf *vsReport* gesetzt werden.

▪ AutoRefresh (Eigenschaft, veröffentlicht), Refresh (Methode)

```
property AutoRefresh: Boolean default false;
procedure Refresh;
```

Ist *AutoRefresh* auf *true* gesetzt, wird die Ansicht immer dann aktualisiert, wenn sich der Inhalt des Ordners ändert. Hat *AutoRefresh* den Wert *false*, dann kann die Aktualisierung manuell mit *Refresh* durchgeführt werden.

▪ Back (Methode)

```
procedure Back;
```

Kehrt zum davor verwendeten Ordner zurück.

TShellListView implementiert darüber hinaus folgende bei *TShellTreeView* beschriebenen Eigenschaften und Ereignisse.

▪ Folders, SelectedFolder

▪ AutoContectMenus

▪ ObjectTypes, Root

▪ ShellTreeView, ShellComboBox

▪ OnAddFolder

3.15.5 TShellChangeNotifier

TShellChangeNotifier löst das Ereignis *OnChange* aus, wenn sich in einem Ordner beispielsweise der Name einer Datei ändert und die Ansicht somit aktualisiert werden muss. In der mir vorliegenden Delphi-Version verweigerte diese Komponente zwar konsequent ihre Arbeit und entzog sich auch hartnäckig der Analyse durch den Debugger, man kann jedoch hoffen, dass der oder die Fehler im nächsten Patch behoben sind.

TShellChangeNotifier ist von *TComponent* abgeleitet.

▒ OnChange (Ereignis)

```
property OnChange();
```

Mit dem Ereignis *OnChange* wird eine Änderung gemeldet. Beachten Sie bitte, dass hier kein Parameter *Sender* übergeben wird.

▒ NotifyFilters (Eigenschaft, veröffentlicht)

```
property NotifyFilters: set of (nfFileNameChange, nfDirNameChange,
  nfAttributeChange, nfSizeChange, nfWriteChange,
  nfSecurityChange) default [nfFilenameChange, nfDirNameChange];
```

Mit *NotifyFilters* wird spezifiziert, welche Änderungen gemeldet werden:

▫ nfFileNameChange: Änderung eines Dateinamens

▫ nfDirNameChange: Änderung eines Verzeichnisnamens

▫ nfAttributeChange: Änderung eines Attributes (beispielsweise *schreibgeschützt*)

▫ nfSizeChange: Änderung der Dateigröße

▫ nfWriteChange: Änderung des Zeitstempels (letzte Änderung)

▫ nfSecurityChange: Änderung der Zugriffsberechtigung

▒ Root, WatchSubTree (Eigenschaften, veröffentlicht)

```
property Root: string default 'c:\';
property WatchSubTree: Boolean default true;
```

Mit *Root* wird angegeben, welches Verzeichnis überwacht wird. Hat *WatchSubTree* den Wert *true*, dann wird auch die Änderung in einem Unterverzeichnis gemeldet.

4 Klassen

4.1 Listen und Kollektionen

Die Objekte *TStrings* und *TStringList* werden zum Verwalten von mehrzeiligem Text verwendet. Während bei den Delphi-Komponenten vor allem *TStrings* verwendet wird, sollten Sie, wenn Sie selbst solche Objekte erzeugen, das von *TStrings* abgeleitete und um einige Eigenschaften, Methoden und Ereignisse erweiterte *TStringList* verwenden. Während *TStrings* lediglich eine Art Interface zum Zugriff auf mehrzeiligen Text zur Verfügung stellt, kann ein solcher Text von *TStringList* auch gespeichert werden.

TStrings und *TStringList* sind von *TPersistent* abgeleitet.

In *TStrings* und *TStringList* können neben den Strings auch Objektreferenzen gespeichert werden. Sollen lediglich solche Zeiger auf Objekte gespeichert werden, dann sollte man das Objekt *TList* verwenden.

TCollection verwaltet eine Liste von *TCollectionItem*-Nachfahren.

4.1.1 TStrings

TStrings stellt eine Art Interface zum Zugriff auf mehrzeiligen Text zur Verfügung, kann jedoch einen solchen Text nicht selbst speichern. Deshalb sollten Sie nach Möglichkeit keine eigenen Instanzen von *TStrings* erstellen – verwenden Sie lieber das in Kapitel 4.1.2 besprochene *TStringList*.

▪ Strings (Eigenschaft)

```
property Strings[Index: Integer]: string;
```

Mit der Array-Eigenschaft *Strings* wird auf die Einträge der Liste zugegriffen. *Strings* ist die Default-Eigenschaft von *TStrings*, so dass die folgenden beiden Anweisungen synonym sind:

```
Memo1.Lines.Strings[3] := 'Test';
Memo1.Lines[3] := 'Test';
```

Beachten Sie, dass die Indizierung der Zeilen mit null beginnt, so dass hier ein Zugriff auf die vierte Zeile erfolgt wäre. Außerdem kann ein Schreibzugriff nur erfolgen, wenn die Liste bereits die entsprechende Zahl von Einträgen aufweist.

▪ Count (Eigenschaft, nur Lesen)

```
property Count: Integer;
```

Mit der Eigenschaft *Count* lässt sich die Zahl der Einträge bestimmen. *Count* wird vor allem für Schleifen verwendet, welche alle Einträge der Liste durchlaufen.

```
for i := 1 to Memo1.Lines.Count
  do Memo1.Lines[i - 1] := IntToStr(i)
```

▪ Add, Append (Methoden)

```
function Add(const S: string): Integer;
procedure Append(const S: string);
```

Zum Einfügen von Einträgen am Ende der Liste verwenden Sie die Methoden *Add* oder *Append*. Im Gegensatz zu *Append* gibt *Add* den Index, an welcher Stelle der String eingefügt wurde, als Funktionsergebnis zurück.

▪ Insert (Methode)

```
procedure Insert(Index: Integer; const S: string);
```

Insert fügt einen neuen String an der durch *Index* spezifizierten Stelle ein. Alle folgenden Einträge werden entsprechend verschoben. *Insert* wird nicht ausgeführt, wenn der *Index* über der Zahl der Einträge liegt.

▩ Delete (Methode)

```
procedure Delete(Index: Integer);
```

Delete löscht den Eintrag an der durch *Index* spezifizierten Stelle. Alle folgenden Einträge werden entsprechend verschoben. *Delete* wird nicht ausgeführt, wenn der *Index + 1* über der Zahl der Einträge liegt.

▩ Clear (Methode)

```
procedure Clear;
```

Mit *Clear* werden alle Einträge der Liste gelöscht.

▩ AddStrings (Methode)

```
procedure AddStrings(Strings: TStrings);
```

Mit *AddStrings* wird eine String-Liste inklusive eventuell vorhandener Objektreferenzen einer anderen hinzugefügt.

▩ Assign (Methode)

```
procedure Assign(Source: TPersistent);
```

Mit *Assign* wird ein *TPersistent*-Nachfahre, in der Regel ebenfalls eine String-Liste (inklusive eventuell vorhandener Objektreferenzen) der String-Liste zugewiesen. Alle bisherigen Einträge gehen dabei verloren.

▩ IndexOf (Methode)

```
function IndexOf(const S: string): Integer;
```

Die Funktion *IndexOf* liefert den Index des ersten Eintrags der Liste, der mit *S* übereinstimmt. Stimmt kein Eintrag überein, so gibt *IndexOf* den Wert -1 zurück. Beachten Sie, dass die Liste beginnend mit null indiziert wird.

Mit den folgenden Anweisungen werden alle Einträge mit dem Inhalt *Murks* gelöscht:

```
with Memo1.Lines do
begin
  while IndexOf('Murks') <> -1
    do Delete(IndexOf('Murks'));
end; {with Memo1.Lines do}
```

▩ Exchange (Methode)

```
procedure Exchange(Index1, Index2: Integer);
```

Die Methode *Exchange* vertauscht die Position der beiden Einträge, die über *Index1* beziehungsweise *Index2* spezifiziert sind.

▤ Move (Methode)

```
procedure Move(CurIndex, NewIndex: Integer);
```

Die Prozedur *Move* verschiebt den Eintrag von der Stelle *CurIndex* an die Stelle *NewIndex*. Alle dazwischenliegenden Einträge werden entsprechend verschoben.

▤ Equals (Methode)

```
function Equals(Strings: TStrings): Boolean;
```

Die Funktion *Equals* gibt *true* zurück, wenn die ausführende und die mit *Strings* spezifizierte Liste den gleichen Inhalt haben.

Zugriff auf den ganzen Text

Mit Hilfe der folgenden Eigenschaft und Methoden kann auf den Text einer String-Liste als Ganzes zugegriffen werden. Die einzelnen Zeilen sind dann durch Wagenrücklauf- und Zeilenvorschubzeichen getrennt.

▤ Text (Eigenschaft)

```
property Text: string;
```

Mit der Eigenschaft *Text* erhalten Sie den Inhalt einer String-Liste als einzelnen String.

▤ GetText (Methode)

```
function GetText: PChar;
```

Die Funktion *GetText* reserviert Speicher für einen nullterminierten String, weist ihm den Inhalt der String-Liste zu und gibt dann als Funktionsergebnis einen Zeiger auf diesen String zurück. Der Speicher für den nullterminierten String muss nach Verwendung explizit freigegeben werden.

```
procedure TForm1.Button1Click(Sender: TObject);
var
  p: PChar;
begin
  p := Memo1.Lines.GetText;
  Memo2.Lines.SetText(p);
  StrDispose(p);
end;
```

■ SetText (Methode)

```
procedure SetText(Text: PChar);
```

Mit *SetText* wird die String-Liste mit dem Inhalt eines nullterminierten Strings gefüllt.

Speichern und Laden

■ SaveToFile (Methode)

```
procedure SaveToFile(const FileName: string);
```

Die Methode *SaveToFile* speichert die String-Liste in der angegebenen Datei.

■ LoadFromFile (Methode)

```
procedure LoadFromFile(const FileName: string);
```

Die Methode *LoadFromFile* lädt die angegebene Datei in die String-Liste.

■ SaveToStream (Methode)

```
procedure SaveToStream(Stream: TStream);
```

Mit *SaveToStream* wird der Inhalt der String-Liste in einen Stream geschrieben. Dies wird beispielsweise benötigt, wenn man Bilder und Text in derselben Datei speichern möchte.

```
procedure TForm1.Speichern1Click(Sender: TObject);
var
  Stream: TFileStream;
begin
  Stream := TFileStream.Create('C:\Test.str', fmCreate);
  Image1.Picture.Bitmap.SaveToStream(Stream);
  Memo1.Lines.SaveToStream(Stream);
  Stream.Free;
end;
```

■ LoadFromStream (Methode)

```
procedure LoadFromStream(Stream: TStream);
```

Mit *LoadFromStream* wird die String-Liste aus einem Stream gefüllt. Beachten Sie dabei bitte, dass *LoadFromStream* alle Daten von der aktuellen Stream-Position bis zum Ende des Streams in die String-Liste schreibt. Es kann somit immer nur eine String-Liste und diese auch immer nur am Ende des Streams untergebracht werden.

```
procedure TStrings.LoadFromStream(Stream: TStream);
var
  Size: Integer;
  S: string;
begin
  BeginUpdate;
  try
    Size := Stream.Size - Stream.Position;
    SetString(S, nil, Size);
    Stream.Read(Pointer(S)^, Size);
    SetTextStr(S);
  finally
    EndUpdate;
  end;
end;
```

Es ist also nicht möglich, mit Hilfe von Stream mehrere String-Listen in eine Datei zu schreiben. Sollte dies erforderlich sein, dann ist auf *TWriter/TReader* zurückzugreifen.

```
procedure TForm2.Speichern1Click(Sender: TObject);
var
  Stream: TFileStream;
  Writer: TWriter;
begin
  Stream := TFileStream.Create('C:\Test.str', fmCreate);
  try
    Writer := TWriter.Create(Stream, 32000);
    try
      Writer.WriteListBegin;
      Writer.WriteString(Memo1.Lines.Text);
      Writer.WriteString(Memo2.Lines.Text);
      Writer.WriteString(Memo3.Lines.Text);
      Writer.WriteListEnd;
    finally
      Writer.Free;
    end;
  finally
    Stream.Free;
  end; {try TFileStream.Create}
end; {procedure TForm2.Speichern1Click}
```

```
procedure TForm2.ffnen1Click(Sender: TObject);
var
  Stream: TFileStream;
  Reader: TReader;
begin
  Stream := TFileStream.Create('C:\Test.str', fmOpenRead);
  try
    Reader := TReader.Create(Stream, 32000);
    try
      Reader.ReadListBegin;
      Memo1.Lines.Text := Reader.ReadString;
      Memo2.Lines.Text := Reader.ReadString;
      Memo3.Lines.Text := Reader.ReadString;
      Reader.ReadListEnd;
    finally
      Reader.Free;
    end;
  finally
    Stream.Free;
  end; {try TFileStream.Create}
end; {procedure TForm2.ffnen1Click}
```

Objekte in der Liste

Neben den einzelnen Strings können in der String-Liste auch noch Zeiger auf Objekte gespeichert werden. Dies kann dazu verwendet werden, die Einträge mit beliebigen Objekten, beispielsweise Bitmaps, zu verknüpfen. Beachten Sie bitte, dass diese Objekte beim Speichern in Dateien oder Streams nicht mitgespeichert werden. Sie müssen gegebenenfalls selbst dafür sorgen, dass diese Objekte gespeichert werden und beim Laden wieder eine Referenz darauf erstellt wird.

■ Objects (Eigenschaft)

```
property Objects[Index: Integer]: TObject;
```

Mit Hilfe der Array-Eigenschaft *Objects* kann auf die einzelnen Zeiger zugegriffen werden.

■ AddObject, InsertObject (Methoden)

```
function AddObject(const S: string; AObject: TObject): Integer;
procedure InsertObject(Index: Integer; const S: string;
  AObject: TObject);
```

Mit den Methoden *AddObject* und *InsertObject* kann ein neuer Eintrag gemeinsam mit der dazugehörenden Referenz in die String-Liste aufgenommen werden. Während *AddObject* den neuen Eintrag am Ende der Liste hinzufügt, kann bei *InsertObject* die Stelle spezifiziert werden.

▪ IndexOfObject (Methode)

```
function IndexOfObject(AObject: TObject): Integer;
```

Mit *IndexOfObject* lässt sich der Index des ersten Auftretens der angegebenen Referenz ermitteln. Ist die angegebene Referenz nicht in der Liste enthalten, beträgt der Funktionswert -1.

Werteliste

Eine Werteliste ist eine String-Liste, die den Aufbau *Namen=Wert* aufweist.

```
Wert1=3
Wert2=45783
Wert3=Test
```

Für die Trennung der Einträge in Namen und Werte implementiert *TStrings* schon die erforderlichen Eigenschaften.

▪ Names (Eigenschaft, nur Lesen)

```
property Names[Index: Integer]: string;
```

Mit der Eigenschaft *Names* kann der Name in der angegebenen Zeile bestimmt werden. Beachten Sie bitte, dass Sie *Names* keine Werte zuweisen können. Zum Aufnehmen neuer Werte verwenden Sie die vorhin erwähnten Methoden.

```
ListBox1.Items.Add(Edit1.Text + '=' + Edit2.Text);
```

▪ Values (Eigenschaft)

```
property Values[const Name: string]: string;
```

Mit Hilfe der Array-Eigenschaft *Values* kann auf die einzelnen Werte zugegriffen werden. Übrigens: Wie Sie sehen, müssen Array-Eigenschaften nicht zwingend mit ordinalen Werten indiziert werden.

▪ IndexOfName (Methode)

```
function IndexOfName(const Name: string): Integer;
```

Mit Hilfe der Methode *IndexOfName* wird das erste Auftreten des angegebenen Namens ermittelt. Ist der Name nicht vorhanden, gibt *IndexOfName* -1 zurück.

Achtung: Die Werteliste kann eine ziemliche Performance-Falle sein. Nehmen wir einmal an, wir wollen eine Werteliste zerlegen und in ein Grid schreiben. Geradeaus programmiert könnte das so aussehen:

```
for i := 0 to sl.Count - 1 do
begin
   StringGrid1.Cells[0, i+1] := sl.Names[i];
   StringGrid1.Cells[1, i+1] := sl.Values[sl.Names[i]];
end;
```

Das Problem erkennt man, wenn man in den Quelltext schaut. *GetValue* arbeitet mit *IndexOfName*, und in dieser Routine wird die gesamte Liste von vorne an durchsucht, was bei längeren Listen halt etwas dauert.

```
function TStrings.GetValue(const Name: string): string;
var
   I: Integer;
begin
   I := IndexOfName(Name);
   if I >= 0 then
      Result := Copy(Get(I), Length(Name) + 2, MaxInt) else
      Result := '';
end;


function TStrings.IndexOfName(const Name: string): Integer;
var
   P: Integer;
   S: string;
begin
   for Result := 0 to GetCount - 1 do
   begin
      S := Get(Result);
      P := AnsiPos('=', S);
      if (P <> 0) and (AnsiCompareText(Copy(S, 1, P - 1), Name) = 0)
then Exit;
   end;
   Result := -1;
end;
```

Die Geschichte würde man also besser wie folgt programmieren:

```
for i := 0 to sl.Count - 1 do
begin
  p := pos('=', sl[i]);
  if p = 0 then Continue;
  StringGrid1.Cells[0, i+1] := copy(sl[i], 1, p - 1);
  StringGrid1.Cells[1, i+1] := copy(sl[i], p + 1, MaxInt);
end;
```

Zwischenablage

Mit *Clipboard.Assign* kann man eine *TStrings*-Instanz nicht in die Zwischenablage stellen. Verwenden Sie stattdessen die folgende Zeile:

```
Clipboard.AsText := sl.Text;
```

4.1.2 TStringList

Das Objekt *TStringList* ist von *TStrings* abgeleitet. Fast alle Eigenschaften und Methoden, die in der Praxis verwendet werden, sind bereits in *TStrings* implementiert.

Sortieren der Liste

▦ Sorted (Eigenschaft)

```
property Sorted: Boolean; default false;
```

Wird *Sorted* auf *true* gesetzt, dann wird die String-Liste automatisch alphabetisch sortiert. Erfreulicherweise werden die deutschen Umlaute korrekt einsortiert, *Ärger* kommt somit vor *Zaun*.

Wenn Sie *Sorted* auf *true* gesetzt haben, dürfen Sie nicht mehr die Methode *Insert* verwenden, sonst tritt eine Exception auf. Verwenden Sie stattdessen die Methode *Add*.

▦ Sort (Methode)

```
procedure Sort;
```

Die Methode *Sort* sortiert die Liste alphabetisch, anschließend eingefügte Einträge werden jedoch nicht entsprechend einsortiert (es sei denn, auch *Sorted* ist gleich *true*).

▦ Duplicates (Eigenschaft)

```
property Duplicates: (dupIgnore, dupAccept, dupError);
  default dupIgnore;
```

Mit Hilfe der Eigenschaft *Duplicates* wird festgelegt, wie beim Versuch, in sortierte Listen doppelte Einträge einzufügen, zu verfahren ist. Bei *dupIgnore* wird der Versuch ignoriert, bei *dupAccept* akzeptiert, bei *dupError* tritt eine Fehlermeldung auf. Die Eigenschaft *Duplicates* hat keine Auswirkung auf bereits in der Liste enthaltene Einträge.

Ereignisse

▦ OnChanging, OnChange (Ereignisse)

```
property OnChanging(Sender: TObject);
property OnChange(Sender: TObject);
```

Das Ereignis *OnChanging* tritt vor, das Ereignis *OnChange* nach einer Änderung der String-Liste auf.

4.1.3 TList

Das Objekt *TList* wird verwendet, um Listen mit Objektreferenzen, also Zeiger auf beispielsweise Bitmaps oder Komponenten, anzulegen. *TList* ist von *TObject* abgeleitet.

▪ Items (Eigenschaft)

```
property Items[Index: Integer]: Pointer;
```

Mit der Eigenschaft *Items* wird auf die einzelnen Zeiger zugegriffen. *Items* ist die Default-Eigenschaft von *TList*, so dass die folgenden beiden Anweisungen synonym sind.

```
Liste := TList.Create;
Test  := Liste.Items[3];
Test  := Liste[3];
```

▪ Count (Eigenschaft)

```
property Count: Integer;
```

Mit *Count* kann die Zahl der Einträge in der Liste ermittelt werden. Wird *Count* vergrößert, so wird die entsprechende Zahl von *nil*-Zeigern am Ende der Liste hinzugefügt. Beim Verkleinern von *Count* werden entsprechend viele Einträge am Ende der Liste gelöscht.

▪ List (Eigenschaft, nur Lesen)

```
property List: ^array[0..MaxListSize-1] of Pointer;
```

Die Eigenschaft *List* liefert einen Zeiger auf den ersten Eintrag des Zeiger-Arrays.

▪ Add, Insert (Methoden)

```
function Add(Item: Pointer): Integer;
procedure Insert(Index: Integer; Item: Pointer);
```

Mit *Add* und *Insert* werden neue Einträge in die Liste aufgenommen. Während bei *Add* der Eintrag am Ende der Liste hinzugefügt wird, kann bei *Insert* die Stelle spezifiziert werden, an dem der Eintrag eingefügt wird – nachfolgende Einträge werden entsprechend verschoben.

- Delete, Remove (Methode)

```
procedure Delete(Index: Integer);
function Remove(Item: Pointer): Integer;
```

Mit *Delete* wird der angegebene Eintrag aus der Liste gelöscht, nachfolgende Einträge werden entsprechend verschoben. Die Funktion *Remove* löscht das erste Auftreten des mit *Item* spezifizierten Zeigers.

- Clear (Methode)

```
procedure Clear;
```

Die Methode *Clear* löscht alle Einträge aus der Liste.

- Exchange, Move (Methoden)

```
procedure Exchange(Index1, Index2: Integer);
procedure Move(CurIndex, NewIndex: Integer);
```

Die Methode *Exchange* vertauscht die betreffenden Einträge. Die Methode *Move* verschiebt einen Eintrag an die durch *Move* bezeichnete Stelle – die dazwischenliegenden Einträge werden entsprechend verschoben.

- IndexOf (Methode)

```
function IndexOf(Item: Pointer): Integer;
```

Die Methode *IndexOf* ermittelt das erste Auftreten des angegebenen Eintrags. Ist der mit *Item* spezifizierte Zeiger nicht in der Liste vorhanden, so wird ein Funktionsergebnis von -1 zurückgegeben.

- Pack (Methode)

```
procedure Pack;
```

Der Aufruf der Methode *Pack* löscht alle *nil*-Zeiger aus dem Array.

- Sort (Methode)

```
type TListSortCompare = function (Item1, Item2: Pointer): Integer;
procedure Sort(Compare: TListSortCompare);
```

Mit Aufruf der Methode *Sort* wird die Liste sortiert. Da bei einer Liste von Zeigern nicht von vornherein feststeht, nach welchen Kriterien die Sortierung erfolgt, muss der Methode als Parameter eine selbstdefinierte Funktion übergeben werden, die diese Entscheidung übernimmt.

Leeren einer Liste

Es kommt immer mal wieder vor, dass man sämtliche Elemente einer Liste entfernen muss. Dazu gibt es prinzipiell drei Vorgehensweisen: eine günstige, eine mit etwas zu viel Schreibaufwand und eine mit viel Schreibaufwand und zusätzlich noch schlechter Performance.

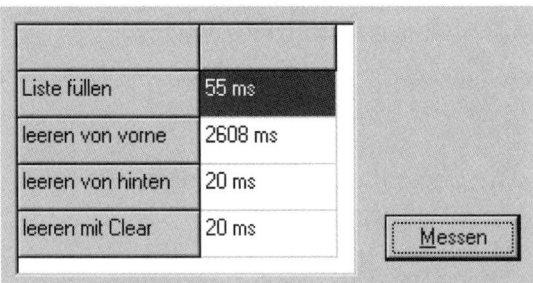

Und da wir mal wieder neugierig sind, wollen wir genau nachmessen:

```
procedure TForm1.Button1Click(Sender: TObject);
begin
  with StringGrid1 do
  begin
    Cells[1, 1] := Messen(fuellen);
    Cells[1, 2] := Messen(vorne);
    fuellen;
    Cells[1, 3] := Messen(hinten);
    fuellen;
    Cells[1, 4] := Messen(ByClear);
  end;
end;


function TForm1.Messen(Aktion: TAktion): string;
var
  t1, t2, c: int64;
begin
  QueryPerformanceFrequency(c);
  QueryPerformanceCounter(t1);
  Aktion;
  QueryPerformanceCounter(t2);
  result := IntToStr(1000 * (t2 - t1) div c) + ' ms';
end; {function TForm1.Messen}
```

Für das Messen erstellen wir die gleichnamige Funktion, der die aufzurufende Routine als Parameter übergeben wird und die das Ergebnis als String zurückliefert. Dieses kann dann gleich in die StringGrid-Zelle geschrieben werden.

```
type
   TAktion = procedure of object;
```

TAktion ist eine Methode ohne Parameter.

```
procedure TForm1.fuellen;
var
   i: integer;
   ob: TObject;
begin
   for i := 1 to 30000 do
   begin
      ob := TObject.Create;
      FList.Add(ob);
   end;
end;


procedure TForm1.ByClear;
var
   i: integer;
begin
   for i := 0 to FList.Count - 1
      do TObject(FList[i]).Free;
   FList.Clear;
end;


procedure TForm1.hinten;
var
   i: integer;
begin
   while FList.Count > 0 do
   begin
      TObject(FList[FList.Count - 1]).Free;
      FList.Delete(FList.Count - 1);
   end;
end;
```

```
procedure TForm1.vorne;
var
  i: integer;
begin
  while FList.Count > 0 do
  begin
    TObject(FList[0]).Free;
    FList.Delete(0);
  end;
end;
```

Um auf relevante Ausführungszeiten zu kommen, werden 30000 Objekte in die Liste gesteckt. Um diese wieder zu entfernen, durchläuft man am einfachsten die Liste und gibt alle Instanzen frei, anschließend wird die Liste mit *Clear* geleert.

Prinzipiell wäre es auch möglich, die Liste von hinten nach vorne zu leeren. Das dauert in etwa gleich lang, aber es ist ein längerer Quelltext.

Was man auf jeden Fall vermeiden sollte, ist das Leeren einer Liste von vorne nach hinten, weil hier nach dem Entfernen eines jeden Eintrags die Liste reorganisiert werden muss und der Vorgang deswegen über hundertmal länger dauert.

Noch einfacher geht es übrigens bei der Verwendung von *TObjectList* (siehe 4.1.4).

4.1.4 TObjectList

TObjectList ist eine Liste, in welche nur Zeiger auf Instanzen gespeichert werden. Im Gegensatz zu *TList*, das mit Pointern arbeitet, haben bei *TObjectList* die Parameter, Funktionsergebnisse und die Eigenschaft *Items* den Typ *TObject*. Dies hat den großen Vorteil, dass eine Typenprüfung mit *as* durchgeführt werden kann.

TObjectList ist von *TList* abgeleitet und in der Unit *Contnrs* definiert.

▪ Items (Eigenschaft), Add, Remove, IndexOf, Insert (Methoden)

```
property Items[Index: Integer]: TObject; default;
function Add(AObject: TObject): Integer;
function Remove(AObject: TObject): Integer;
function IndexOf(AObject: TObject): Integer;
procedure Insert(Index: Integer; AObject: TObject);
```

Die Methoden gleichen denen von *TList*, der Zeigertyp ist jedoch *TObject*.

▪ OwnsObjects (Eigenschaft)

```
property OwnsObjects: Boolean;
```

Wird *OwnsObjects* auf *true* gesetzt, dann wird die dazugehörende Instanz freigegeben, wenn ein Listenelement mit *Delete* oder *Clear* entfernt wird.

▪ FindInstanceOf (Methode)

```
function FindInstanceOf(AClass: TClass; AExact: Boolean = True;
  AStartAt: Integer = 0): Integer;
```

FindInstanceOf ermittelt das erste Vorkommen eines Objektes der angegebenen Klasse in der Liste. Möchte man die Liste nicht von vorne her durchsuchen, dann muss *AStartAt* entsprechend gesetzt werden.

Wird *AExact* auf *true* gesetzt, dann wird das erste Vorkommen exakt der angegebenen Klasse gesucht, andernfalls werden auch Instanzen von Nachfahren der angegebenen Klasse akzeptiert.

Neben *TObjectList* gibt es auch noch *TComponentList*, die Komponenten speichert, und *TClassList*, die für Klassenreferenzen ausgelegt ist.

4.1.5 TThreadList

Wird von mehreren Threads aus auf eine Liste zugegriffen, dann sind diese Zugriffe mittels einer kritischen Sektion zu serialisieren. Alternativ dazu kann *TThreadList* verwendet werden, die das Setzen und Aufheben von Sperren automatisch durchführt.

TThreadList ist nicht von *TList*, sondern von *TObject* abgeleitet, verwendet aber intern eine *TList*-Instanz.

■ Add, Remove, Clear (Methoden)

```
procedure Add(Item: Pointer);
procedure Remove(Item: Pointer);
procedure Clear;
```

Mit *Add* wird ein neues Element der Liste hinzugefügt, mit *Remove* kann ein Element entfernt werden und mit *Clear* kann die gesamte Liste gelöscht werden. Bei allen drei Methoden wird intern zunächst mit *LockList* die Liste gesperrt und nach Erledigung der Routine mit *UnlockList* wieder entsperrt.

■ LockList, UnlockList (Methoden)

```
function  LockList: TList;
procedure UnlockList;
```

Sollen Methoden von *TList* verwendet werden, die *TThreadList* nicht zur Verfügung stellt, kann mit *LockList* die Liste manuell gesperrt werden. Als Funktionsergebnis erhält man dann eine Referenz auf die interne Liste.

Stellen Sie mit einer *try..finally..end*-Konstruktion sicher, dass nach der Bearbeitung mit *UnlockList* die Liste wieder entsperrt wird.

■ Duplicates (Eigenschaft)

```
property Duplicates: (dupIgnore, dupAccept, dupError);
```

Mit der Eigenschaft *Duplicates* kann eingestellt werden, wie zu reagieren ist, wenn mit Add ein Zeiger hinzugefügt wird, der bereits in der Liste vorhanden ist. Soll in diesem Fall eine Exception ausgelöst werden, ist *Duplicates* auf *dupError* zu setzen. Bei *dupIgnore* wird der Zeiger nicht hinzugefügt, bei *dupAccept* wird er.

4.1.6 TStack und TQueue

Mit *TStack* kann man einen Stapel realisieren, also ein Konstrukt, bei dem der zuletzt eingefügte Zeiger auch zuerst wieder »entnommen« werden muss (»Last In First Out«). Dagegen muss bei *TQueue* der zuerst eingefügte Zeiger zuerst ennommen werden (»First In First Out«).

Von den beiden Klassen gibt es auch Nachfolger, die mit Objekten statt mit Zeigern arbeiten (*TObjectStack* und *TObjectQueue*).

Beide Klassen sind von *TOrderedList* (und diese wiederum von *TObject*) abgeleitet.

■ Push, Pop, Peek (Methoden)

```
procedure Push(AItem: Pointer);
function Pop: Pointer;
function Peek: Pointer;
```

Mit *Push* wird ein neues Element auf den Stapel gelegt (oder in die Schlange gestellt). Mit *Peek* wird das nächste Element referenziert ohne es zu entfernen. Mit *Pop* wird das nächste Element referenziert und entfernt.

■ Count, AtLeast (Methoden)

```
function Count: Integer;
function AtLeast(ACount: Integer): Boolean;
```

Die Anzahl der enthaltenen Elemente ermittelt man mit *Count*. *AtLeast* stellt fest, ob das angegebene Minimum an Elementen noch in der Liste ist. In der Regel wird *AtLeast* verwendet, um vor dem Entnehmen eines Elementes sicherzustellen, dass die Liste nicht leer ist.

4.1.7 TCollection

TCollection implementiert eine Liste von *TCollectionItem*-Nachfahren. *TCollection* dient vor allem dazu, komplexere Array-Eigenschaften zu verwalten, beispielsweise Tabellenspalten.

TCollection ist von *TObject* abgeleitet.

- ItemClass (Eigenschaft, nur Lesen)

```
property ItemClass: class of TCollectionItem;
```

Mit *ItemClass* wird spezifiziert, von welcher Klasse Instanzen gebildet werden, wenn die Methoden *Add* oder *Insert* aufgerufen werden.

- Items (Eigenschaft), Count (Eigenschaft, nur Lesen)

```
property Items[Index: Integer]: TCollectionItem;
property Count: Integer;
```

Mittels der Array-Eigenschaft *Items* kann auf die einzelnen Elemente der Liste zugegriffen werden. *TCollectionItem* ist in einem eigenen Abschnitt beschrieben.

Mittels *Count* kann die Anzahl der Elemente in der Liste bestimmt werden.

- Add, Insert (Methoden)

```
function Add: TCollectionItem;
function Insert(Index: Integer): TCollectionItem;
```

Mittels der Methoden *Add* und *Insert* werden neue Elemente in die Liste aufgenommen. Während bei *Add* ein neues Element am Ende hinzugefügt wird, kann bei *Insert* dessen Position spezifiziert werden. Beide Methoden geben einen Zeiger auf den neuen Eintrag als Funktionsergebnis zurück.

- Clear (Methode)

```
procedure Clear;
```

Mit *Clear* werden alle Elemente aus der Liste gelöscht.

- FindItemID (Methode)

```
function FindItemID(ID: Integer): TCollectionItem;
```

Jeder neue Eintrag erhält einen Wert für *Index* und *ID*, die anfangs identisch sind. Soll die Reihenfolge der Einträge geändert werden, so wird deren Wert *Index* entsprechend angepasst, während *ID* immer den ursprünglichen Wert behält.

Die Methode *FindItemID* liefert einen Zeiger auf den durch *ID* spezifizierten Eintrag.

TCollectionItem

Das Objekt *TCollectionItem* repräsentiert einen Eintrag einer *TCollection*-Liste. *TCollectionItem* ist von *TObject* abgeleitet.

- Index (Eigenschaft), ID (Eigenschaft, nur Lesen)

```
property Index: Integer;
property ID: Integer;
```

Jeder neue Eintrag erhält einen Wert für *Index* und *ID*, die anfangs identisch sind. Soll die Reihenfolge der Einträge geändert werden, so wird deren Wert *Index* entsprechend angepasst, während *ID* immer den ursprünglichen Wert behält.

- DisplayName (Eigenschaft)

```
property DisplayName: string;
```

Die Eigenschaft *DisplayName* repräsentiert die Bezeichnung des Eintrags, der im *TCollection*-Editor angezeigt wird.

- Collection (Eigenschaft)

```
property Collection: TCollection;
```

Die Eigenschaft *Collection* referenziert die Liste, in welcher der Eintrag enthalten ist.

Beispiel

Wir wollen hier eine Collection erstellen, die Eigenschaft einer Komponente wird. Das CollectionItem soll eine Integer- und eine String-Eigenschaft beinhalten.

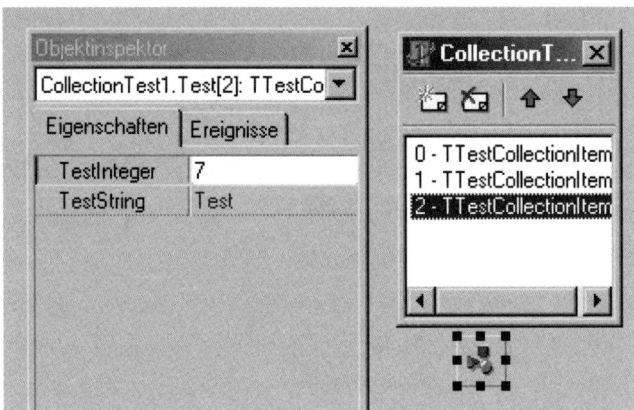

Die Komponente *TCollectionTest* enthält eine Eigenschaft *Test* vom Typ *TTestCollection*. Eine Instanz dieser Klasse muss im Konstruktor erstellt und im Destruktor wieder freigegeben werden.

```
type
  TCollectionTest = class(TComponent)
  private
    FTest: TTestCollection;
    procedure SetTest(const Value: TTestCollection);
  protected
  public
    constructor Create(AOwner: TComponent); override;
    destructor Destroy; override;
  published
    property Test: TTestCollection read FTest write SetTest;
  end;


implementation


constructor TCollectionTest.Create(AOwner: TComponent);
begin
  inherited;
  FTest := TTestCollection.Create(Self);
end;


destructor TCollectionTest.Destroy;
begin
  inherited;

end;
```

```
procedure TCollectionTest.SetTest(const Value: TTestCollection);
begin
  FTest := Value;
end;
```

In der Collection *TTestCollection* werden einige Dinge überschrieben. Zunächst wird *Items* mit neuen Lese- und Schreibmethoden versehen, damit die Collection mit *TTestCollectionItem* statt mit *TCollectionItem* arbeitet. Das Gleiche passiert mit der Methode *Add*.

Der Konstruktor erhält einen Parameter *AOwner*, der in das Feld *FCollectionTest* gespeichert wird, der geerbte Konstruktor wird mit der *TCollectionItem*-Klasse aufgerufen.

Das Überschreiben der Methode *GetOwner* ist zwingend erforderlich, wenn der Objektinspektor mit der Collection klarkommen soll – andernfalls würde man mit oben abgebildeter Fehlermeldung konfrontiert.

```
TTestCollection = class(TCollection)
private
  FCollectionTest: TCollectionTest;
  function GetItem(Index: Integer): TTestCollectionItem;
  procedure SetItem(Index: Integer; const Value: TTestCollectionItem);
public
  constructor Create(AOwner: TCollectionTest);
  function Add: TTestCollectionItem;
  function GetOwner: TPersistent; override;
  property Items[Index: Integer]: TTestCollectionItem
    read GetItem write SetItem; default;
end;
```

```
function TTestCollection.Add: TTestCollectionItem;
begin
  result := TTestCollectionItem(inherited Add);
end;
```

```
constructor TTestCollection.Create(AOwner: TCollectionTest);
begin
  inherited Create(TTestCollectionItem);
  FCollectiontest := AOwner;
end;


function TTestCollection.GetItem(Index: Integer):
TTestCollectionItem;
begin
  result := TTestCollectionItem(inherited GetItem(Index));
end;


function TTestCollection.GetOwner: TPersistent;
begin
  result := FCollectionTest;
end;


procedure TTestCollection.SetItem(Index: Integer;
  const Value: TTestCollectionItem);
begin
  inherited SetItem(Index, Value);
end;
```

Das CollectionItem besteht hier lediglich aus den Eigenschaften, ihren Feldern sowie deren Schreibmethoden.

```
TTestCollectionItem = class(TCollectionItem)
private
  FTestInteger: integer;
  FTestString: string;
  procedure SetTestInteger(const Value: integer);
  procedure SetTestString(const Value: string);
published
  property TestInteger: integer
    read FTestInteger write SetTestInteger;
  property TestString: string
    read FTestString write SetTestString;
end;
```

4.2 TCanvas

TCanvas kapselt Eigenschaften, Methoden und Ereignisse, um Text und Grafik auf dem Bildschirm, über den Drucker oder in einer Bilddatei darstellen zu können. *TCanvas* ist von *TObject* abgeleitet.

In diesem Kapitel werden zunächst die Eigenschaften, Methoden und Ereignisse von *TCanvas* beschrieben. Anschließend folgen einige Beispielprogramme.

4.2.1 Eigenschaften von TCanvas

▓ Pixels (Eigenschaft)

property Pixels[X, Y: Integer]: TColor;

Mit der Eigenschaft *Pixels* kann ein Lese- und Schreibzugriff auf jedes einzelne Pixel der Zeichenfläche erfolgen. Der Typ *TColor* wird in einem eigenen Abschnitt behandelt.

Prinzipiell könnte man alle Zeichenoperationen mit Hilfe der Eigenschaft *Pixels* durchführen, dies dauert allerdings deutlich länger, als wenn man die dafür vorgesehenen Methoden verwendet.

Die folgende Tabelle zeigt die Ausführungszeiten für das Zeichnen eines Rechteckes pixelweise, linienweise und mit der Methode *Rectangle*. Wie Sie sehen, dauert das pixelweise Zeichnen eines Rechteckes um einige Größenordnungen länger, als wenn die Methode *Rectangle* verwendet würde.

Zeiten in ms	Image	PaintBox	Image / PaintBox
Füllen mit Punkten	4445	1039,56	4,27584
Füllen mit Linien	28,4299	10,3203	2,75475
Füllen mit Rechteck	0,434133	0,292495	1,48424
Text ausgeben	183,438	61,1499	2,99981

Die absoluten Zeiten hängen selbstverständlich von der Größe des Rechtecks und der verwendeten Hardware ab. Interessant sind die Verhältnisse der Ausführungszeiten zueinander.

Deswweiteren ist zu erkennen, dass eine Ausgabe auf einer PaintBox schneller erfolgt als auf einem Image.

▓ Brush, Pen, Font (Eigenschaften)

property Brush: TBrush;
property Pen: TPen;
property Font: TFont;

Werden geschlossene geometrische Formen gezeichnet, dann werden diese entsprechend der Eigenschaft *Brush* gefüllt. Die Gestaltung von (Umriß-)Linien wird mit der Eigenschaft *Pen* spezifiziert. Wird Text ausgegeben, wird dieser gemäß den Einstellungen der Eigenschaft *Font* gestaltet.

Die Objekte *TPen*, *TBrush* und *TFont* werden in jeweils einem eigenen Abschnitt behandelt.

▨ PenPos (Eigenschaft)

```
property PenPos: TPoint;
```

Mit der Eigenschaft *PenPos* können Sie die aktuelle Stift-Position ermitteln oder verändern. Sie können die Stift-Position auch mit der Methode *MoveTo* verändern.

▨ CopyMode, TextFlags (Eigenschaft)

```
property CopyMode: Longint default cmSrcCopy;
property TextFlags: LongInt;
```

Hat *CopyMode* gemäß Voreinstellung den Wert *cmSrcCopy*, dann werden Bilder bei der Verwendung von Methoden wie *CopyRect* kopiert. Sollen andere Aktionen vorgenommen werden, beispielsweise ein Bild invertiert oder Ziel- und Quell-Bild gemischt werden, dann ist der Eigenschaft *CopyMode* ein anderer Wert zuzuweisen. Näheres siehe in der Online-Hilfe.

Mit *TextFlags* können Sie spezifizieren, wie auszugebender Text im einzelnen darzustellen ist. Näheres siehe in der Online-Hilfe.

▨ Handle (Eigenschaft)

```
property Handle: HDC;
```

Wenn Sie GDI-Funktionen direkt aufrufen, dann benötigen Sie ein so genanntes Handle, das Sie mit der gleichnamigen Eigenschaft erhalten.

▨ LockCount (Eigenschaft, nur Lesen)

```
property LockCount: Integer;
```

Wenn Sie mit mehreren Threads auf eine Zeichenfläche zugreifen, dann sollten Sie dafür sorgen, dass sich diese Threads nicht gegenseitig »in's Handwerk pfuschen«. Zu diesem Zweck implementiert *TCanvas* einen Sperr-Zähler, dem Sie mit *Lock* inkrementieren und mit *Unlock* dekrementieren können. Den Zustand des Zählers können Sie mit *LockCount* ermitteln.

TBrush

Das Objekt *TBrush* implementiert einen so genannten Pinsel. Rufen Sie Methoden auf, die geschlossene Formen zeichnen, dann werden diese gemäß den Einstellungen von *TBrush* gefüllt.

▨ Color (Eigenschaft, veröffentlicht)

```
property Color: TColor;
```

Mit *Color* wird spezifiziert, welche Farbe die Füllung haben soll.

■ Style (Eigenschaft, veröffentlicht)

```
property Style: (bsSolid, bsClear, bsHorizontal, bsVertical,
  bsFDiagonal, bsBDiagonal, bsCross, bsDiagCross) default bsSolid;
```

Soll die Form mit einem Muster gefüllt werden, so ist *Style* auf den entsprechenden Wert zu setzen. Soll die Form nicht gefüllt werden, so ist *Style* auf *bsClear* zu setzen.

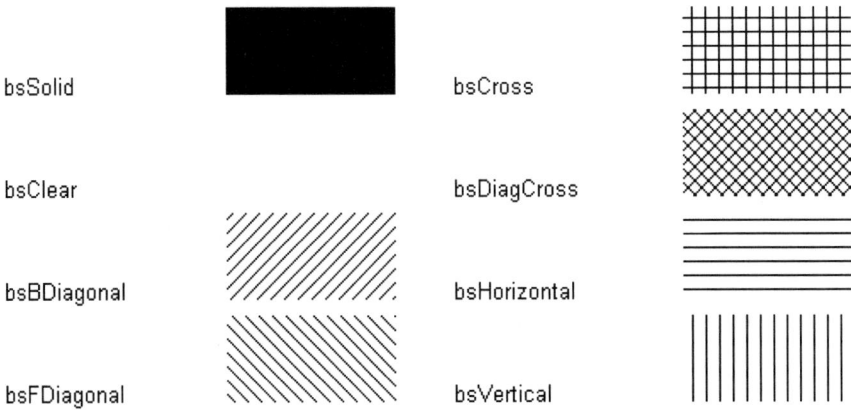

■ Bitmap (Eigenschaft)

```
property Bitmap: TBitmap;
```

Möchten Sie Füllmuster verwenden, die nicht mit der Eigenschaft *Style* eingestellt werden können, dann können Sie ein entsprechendes Bitmap der Eigenschaft *Bitmap* zuweisen. Geben Sie das Bitmap frei, wenn es vom Pinsel nicht mehr benötigt wird.

■ Handle (Eigenschaft)

```
property Handle: HBrush;
```

Mittels der Eigenschaft *Handle* kann das Handle des Pinsels ermittelt werden.

TPen

Das Objekt *TPen* implementiert einen so genannten Stift. Damit werden die (Umriß-)Linien der Formen gestaltet, die Sie mit den *TCanvas*-Methoden zeichnen.

■ Color (Eigenschaft, veröffentlicht)

```
property Color: TColor;
```

Mit *Color* wird spezifiziert, welche Farbe der Stift haben soll.

- Width (Eigenschaft, veröffentlicht)

```
property Width: Integer;
```

Die Breite des Stiftes wird mit *Width* eingestellt.

- Style (Eigenschaft, veröffentlicht)

property Style: (psSolid, psDash, psDot, psDashDot, psDashDotDot,
  psClear, psInsideFrame) **default** psSolid;

Mit *Style* wird spezifiziert, ob die Linie durchgezogen ist oder welches andere
Aussehen sie hat.

———————————	psSolid
— — — — -	psDash
··················	psDot
— · — — · — · ·	psDashDot
— · · — · — — · · ·	psDashDotDot
	psClear

- Mode (Eigenschaft, veröffentlicht)

property Mode: (pmBlack, pmWhite, pmNop, pmNot, pmCopy, pmNotCopy,
  pmMergePenNot, pmMaskPenNot, pmMergeNotPen, pmMaskNotPen,
  pmMerge, pmNotMerge, pmMask, pmNotMask, pmXor, pmNotXor)
  default pmCopy;

Hat Mode den voreingestellten Wert *pmCopy*, dann wird die Linie mit der von
Color spezifizierten Farbe gezeichnet. Soll die Linie auf andere Weise gezeich-
net werden, beispielsweise als Mischung mit der Untergrundfarbe, dann ist
Mode auf den entsprechenden Wert zu setzen. Näheres siehe in der Online-
Hilfe.

- Handle (Eigenschaft)

property Handle: HBrush;

Mittels der Eigenschaft *Handle* kann das Handle des Pinsels ermittelt werden.

TFont

TFont implementiert eine Schriftart.

- Name (Eigenschaft, veröffentlicht)

property Name: **string**;

Mit *Name* wird der zu verwendende Font eingestellt.

■ Height, Size (Eigenschaften, veröffentlicht),

```
property Height: Integer;
property Size: Integer;
```

Die Schriftgröße wird mittels *Height* oder mittels *Size* spezifiziert. *Height* verwendet als Maßeinheit die Höhe der Schrift in Pixeln, *Size* die Höhe der Schrift in typografischen Punkt. Wie die Umrechung erfolgt, ist in der Online-Hilfe beschrieben.

■ Style (Eigenschaft, veröffentlicht)

```
property Style: set of (fsBold, fsItalic, fsUnderline,
  fsStrikeOut);
```

Mittels der Mengeneigenschaft *Style* werden die Formatierungsattribute fett (*fsBold*), kursiv (*fsItalic*), unterstrichen (*fsUnderline*) und durchgestrichen (*fsStrikeOut*) vorgegeben.

Die erste der beiden folgenden Anweisungen setzt die Attribute fett und kursiv, die zweite löscht alle Attribute. Die dritte Anweisung fügt unter Beibehaltung der übrigen Attribute das Attribut unterstrichen hinzu:

```
Font.Style := [fsBold, fsItalic];
Font.Style := [];
Font.Style := Font.Style + fsUnderline;
```

■ Color (Eigenschaft, veröffentlicht)

```
property Color: TColor;
```

Mit *Color* wird spezifiziert, welche Farbe der Stift haben soll.

■ Charset (Eigenschaft, veröffentlicht)

```
property Charset: 0..255 default DEFAULT_CHARSET;
```

Mit *Charset* wird spezifiziert, welcher Zeichensatz verwendet werden soll. Die Konstante DEFAULT_CHARSET sorgt dafür, dass der in der Systemsteuerung voreingestellte Zeichensatz verwendet wird. Im deutschsprachigen Raum ist das in der Regel ANSI_CHARSET.

■ Handle (Eigenschaft)

```
property Handle: HBrush;
```

Mittels der Eigenschaft *Handle* kann das Handle des Pinsels ermittelt werden.

TColor

Mittels des Typs *TColor* wird eine Farbe eingestellt. TColor ist wie folgt definiert:

```
TColor = -(COLOR_ENDCOLORS + 1)..$02FFFFFF;
```

Einfacher formuliert, handelt es sich dabei um einen 32-Bit-Integerwert, dessen niedrigste 8 Bit den Rot-Anteil, dessen zweiniedrigste 8 Bit den Grünanteil und dessen zweithöchste 8 Bit den Blauanteil repräsentieren.

Um aus den drei Farbbestandteilen einen *TColor*-Wert zu synthetisieren, verwenden Sie die folgende Anweisung:

```
var
  rot, gruen, blau: byte;
begin
  rot := 123;
  gruen := 22;
  blau := 245;
  Color := (blau shl 16) + (gruen shl 8) + rot;
```

Wenn Sie noch mit Delphi 1 arbeiten, dann verwenden Sie für die drei Farbbestandteile nicht den Typ *byte*, sondern den Typ *longint*, weil sonst ein Integerüberlauf auftreten könnte.

Um eine Farbe in die einzelnen Farbbestandteile zu zerlegen, verwenden Sie die folgende Anweisung:

```
rot := Byte(Color);
gruen := Byte(Color shr 8);
blau := Byte(Color shr 16);
```

In der Unit *Graphics* sind einige Farbkonstanten definiert. Es handelt sich dabei um folgende Werte:

```
clBlack  = TColor($000000);    {Schwarz}
clMaroon = TColor($000080);    {Rotbraun}
clGreen  = TColor($008000);    {Grün}
clOlive  = TColor($008080);    {Olivgrün}
clNavy   = TColor($800000);    {Marineblau}
clPurple = TColor($800080);    {Violett}
clTeal   = TColor($808000);    {Petrol}
clGray   = TColor($808080);    {Grau}
clSilver = TColor($C0C0C0);    {Silber}
clRed    = TColor($0000FF);    {Rot}
clLime   = TColor($00FF00);    {Limonengrün}
clYellow = TColor($00FFFF);    {Gelb}
```

```
clBlue      = TColor($FF0000);        {Blau}
clFuchsia   = TColor($FF00FF);        {Pink}
clAqua      = TColor($FFFF00);        {Karibikblau}
clLtGray    = TColor($C0C0C0);        {Hellgrau}
clDkGray    = TColor($808080);        {Dunkelgrau}
clWhite     = TColor($FFFFFF);        {Weiß}
clNone      = TColor($1FFFFFFF);
clDefault   = TColor($20000000);
```

Deswweiteren sind einige Systemfarben definiert. Darunter sind Farben zu verstehen, mit welchen Windows bestimmte Elemente anzeigt und die in der Systemsteuerung festgelegt werden können:

clBackground	Windows-Hintergrundfarbe
clActiveCaption	Farbe der Titelleiste des aktiven Fensters
clInactiveCaption	Farbe der Titelleiste des inaktiven Fensters
clMenu	Hintergrundfarbe der Menüs
clWindow	Hintergrundfarbe der Fenster
clWindowFrame	Farbe der Fensterrahmen
clMenuText	Farbe von Menütext
clWindowText	Farbe von Fenstertext
clCaptionText	Textfarbe der Titelleiste des aktiven Fensters
clActiveBorder	Rahmenfarbe des aktiven Fensters
clInactiveBorder	Rahmenfarbe der inaktiven Fenster
clAppWorkSpace	Farbe des Arbeitsbereichs der Anwendung
clHighlight	Hintergrundfarbe von ausgewähltem Text
clHightlightText	Farbe von ausgewähltem Text
clBtnFace	Farbe einer Schalterfläche
clBtnShadow	Schattenfarbe eines Schalters
clGrayText	Farbe von grau dargestelltem Text
clBtnText	Farbe von Text auf einem Schalter
clInactiveCaptionText	Textfarbe in der Titelleiste eines inaktiven Fensters
clBtnHighlight	Farbe der Markierung eines Schalters

4.2.2 Die Methoden von TCanvas

Linien und Linienfolgen

▦ MoveTo, LineTo (Methoden)

```
procedure MoveTo(X, Y: Integer);
procedure LineTo(X, Y: Integer);
```

Um eine Linie zu zeichnen, bewegen Sie den Stift mit *MoveTo* zum Startpunkt und zeichnen mit *LineTo* zum Endpunkt. Wenn sie mehrere zusammenhängende Linien hintereinander zeichnen, gehen Sie mit *MoveTo* zum Startpunkt und zeichnen mit jeweils *LineTo* bis zum nächsten Punkt.

▦ Polyline, Polygon (Methoden)

```
procedure Polyline(Points: array of TPoint);
procedure Polygon(Points: array of TPoint);
```

Mit *Polyline* wird ein offener Linienzug, mit *Polygon* ein geschlossenes und gemäß *Brush* gefülltes Vieleck gezeichnet.

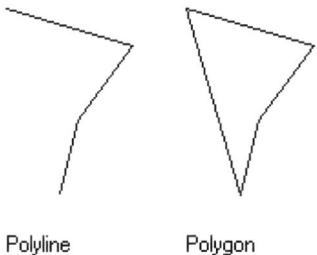

Polyline   Polygon

Die folgende Prozedur, mit der obenstehende Abbildung erzeugt wurde, zeigt zwei Methoden zum Füllen eines *TPoint*-Arrays.

```
procedure TForm1.Button1Click(Sender: TObject);
var
  a: array[1..4] of TPoint;
begin
  a[1].x := 50;
  a[1].y := 50;
  a[2].x := 120;
  a[2].y := 70;
  a[3].x := 90;
```

```
a[3].y := 110;
a[4].x := 80;
a[4].y := 150;
with Image1.Canvas do
begin
  Brush.Color := clRed;
  Polyline(a);
  Polygon([Point(150, 50), Point(220, 70),
    Point(190, 110), Point(180, 150)]);
  TextOut(50, 170, 'Polyline');
  TextOut(150, 170, 'Polygon');
end; {with Image1.Canvas do}
end; {procedure TForm1.Button1Click}
```

▪ PolyBezier, PolyBezierTo (Methoden)

```
procedure PolyBezier(const Points: array of TPoint);
procedure PolyBezierTo(const Points: array of TPoint);
```

Mit den Methoden *PolyBezier* und *PolyBezierTo* können frei geformte Kurven-züge gezeichnet werden. Während die Methode *PolyBezier* als ersten Array-Punkt den Startpunkt erwartet, zeichnet *PolyBezierTo* von der aktuellen Stift-position aus.

Die oben stehende Abbildung wurde mit folgenden Anweisungen erstellt:

```
with Image1.Canvas do
begin
  PolyBezier([Point(100, 100), Point(50, 50), Point(150, 50),
    Point(200, 100), Point(250, 100), Point(150, 50),
    Point(150, 150)]);
  MoveTo(300, 100);
  PolyBezierTo([Point(250, 50), Point(350, 50), Point(400, 100)]);
  PolyBezierTo([Point(450, 100), Point(350, 50),
    Point(350, 150)]);
end; {with Image1.Canvas do}
```

Ein Bezier-Kurvenstück wird bestimmt durch einen Startpunkt, den dazugehörenden Steuerpunkt, den Endpunkt sowie den zum Endpunkt gehörenden Steuerpunkt. Die Kurve verläuft immer vom Start- zum Endpunkt, jedoch in den seltensten Fällen durch einen Steuerpunkt. Vielmehr wird die Kurve vom Steuerpunkt »angezogen«, und zwar um so mehr, je weiter der Steuerpunkt entfernt ist.

Die Methode *PolyBezierTo* erwartet ein Punktarray mit folgender, sich wiederholender Abfolge:

- zunächst ein Steuerpunkt zum voranliegenden Linienpunkt

- dann der Steuerpunkt zum nächsten Linienpunkt

- und schließlich der nächste Linienpunkt.

Die Parameterabfolge von *PolyBezier* ist dem ähnlich, es muss jedoch der Startpunkt des Kurvenzugs vorangestellt werden.

Geometrische Formen

Die folgenden Methoden zeichnen eine geometrische Form in das Rechteck, das mittels der Eckpunkte x1/y1 und x2/y2 gesetzt wird. Bei Strichstärken (*Pen.Width*) größer eins liegt ein Teil der Umrißlinie außerhalb des Rechtecks.

Die geometrischen Formen, die mit den Methoden *Arc*, *Chord* und *Pie* erstellt werden, basieren auf einem Ellipsen-Ausschnitt. Dieser Ausschnitt beginnt beim Schnittpunkt der durch das Rechteck spezifizierten Ellipse und der Linie zwischen dem Mittelpunkt des Rechtecks und dem Punkt x3/y3. Der Ellipsenausschnitt geht dann im mathematisch positivem Drehsinn (entgegen dem Uhrzeigersinn) bis zum Schnittpunkt der Ellipse mit der Linie zwischen dem Mittelpunkt des Rechtecks und dem Punkt x4/y4.

▨ Rectangle (Methode)

procedure Rectangle(X1, Y1, X2, Y2: Integer);

Rectangle(50, 50, 150, 150);   Rectangle(250, 50, 450, 150);

▨ Ellipse (Methode)

procedure Ellipse(X1, Y1, X2, Y2: Integer);

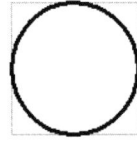 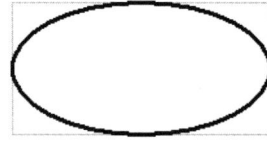

Ellipse(50, 50, 150, 150);   Ellipse(250, 50, 450, 150);

▨ RoundRect (Methode)

procedure RoundRect(X1, Y1, X2, Y2, X3, Y3: Integer);

Die Abrundung der Ecken wird spezifiziert durch eine Ellipse mit der Breite X3 und der Höhe Y3.

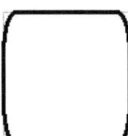 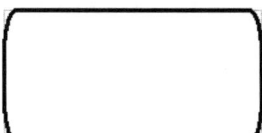

RoundRect(50, 50, 150, 150, 20, 60);   RoundRect(250, 50, 450, 150, 20, 60);

▨ Arc (Methode)

procedure Arc(X1, Y1, X2, Y2, X3, Y3, X4, Y4: Integer);

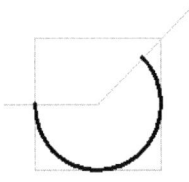 

Arc(50, 50, 150, 150, 25, 100, 175, 25);   Arc(250, 50, 450, 150, 225, 100, 375, 25);

■ Chord (Methode)

```
procedure Chord(X1, Y1, X2, Y2, X3, Y3, X4, Y4: Integer);
```

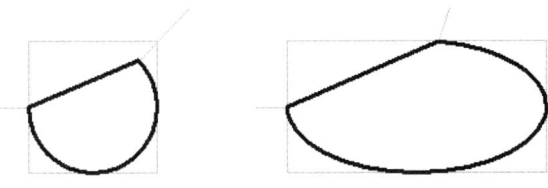

Chord(50, 50, 150, 150, 25, 100, 175, 25);   Chord(250, 50, 450, 150, 225, 100, 375, 25);

■ Pie (Methode)

```
procedure Pie(X1, Y1, X2, Y2, X3, Y3, X4, Y4: Longint);
```

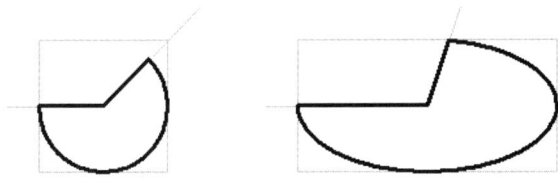

Pie(50, 50, 150, 150, 25, 100, 175, 25);   Pie(50, 50, 150, 150, 25, 100, 175, 25);

Ausgabe von Text

■ TextOut, TextRect (Methoden)

```
procedure TextOut(X, Y: Integer; const Text: string);
procedure TextRect(Rect: TRect; X, Y: Integer;
  const Text: string);
```

Mit diesen beiden Methoden wird der durch den Konstanten-Parameter *Text* spezifizierte String ausgegeben, wobei die linke obere Ecke mit den Koordinaten X und Y angegeben werden muss. Bei der Verwendung von *TextRect* wird der außerhalb des Rechtecks *Rect* gelegene Text nicht angezeigt.

■ TextHeight, TextWidth (Methoden)

```
function TextHeight(const Text: string): Integer;
function TextWidth(const Text: string): Integer;
function TextExtent(const Text: string): TSize;
```

Diese drei Funktionen dienen dazu, die Abmessungen eines Textes unter Berücksichtigung des aktuellen Fonts zu ermitteln. Während *TextHeight* und *TextWidth* nur jeweils eine Dimension ermitteln, können mit *TextExtent* beide Dimensionen gleichzeitig ermittelt werden.

Zeichnen von Bildern

■ Draw (Methode)

```
procedure Draw(X, Y: Integer; Graphic: TGraphic);
```

Mit der Methode *Draw* wird eine Grafik an die durch *X* und *Y* spezifizierte
Position (linke obere Ecke) gezeichnet. Die Grafik kann ein Bitmap, ein Icon
oder ein Metafile enthalten.

■ StretchDraw (Methode)

```
procedure StretchDraw(const Rect: TRect; Graphic: TGraphic );
```

Die Methode *StretchDraw* passt die Grafik in das mit *Rect* spezifizierte Rechteck ein. Dabei wird die Grafik gegebenenfalls vergrößert oder verkleinert
unter unter Umständen auch in ihrem Größenverhältnis geändert.

  ■ Liegt der erste Punkt von *Rect* links oben und der zweite rechts unten,
    dann wird die Grafik seitenrichtig dargestellt.

  ■ Liegt der erste Punkt von *Rect* rechts oben und der zweite links unten,
    dann wird die Grafik an der vertikalen Achse gespiegelt.

  ■ Liegt der erste Punkt von *Rect* links unten und der zweite rechts oben,
    dann wird die Grafik an der horizontalen Achse gespiegelt.

  ■ Liegt der erste Punkt von *Rect* rechts unten und der zweite links oben,
    dann wird die Grafik am der Rechteckmitte punktgespiegelt.

■ CopyRect (Methode)

```
procedure CopyRect(Dest: TRect; Canvas: TCanvas; Source: TRect);
```

Die Methode *CopyRect* kopiert eine Abbildung aus der mit *Canvas* spezifizierten Zeichenfläche. Dabei wird mit dem TRect-Parameter *Source* angegeben,
von welchem Ausschnitt der QuellGrafik kopiert werden soll, während mit
Dest angegeben wird, in welchen Bereich auf der (Ziel-)Zeichenfläche die
Abbildung kopiert werden soll.

Durch die Wahl entsprechender Werte für *Dest* und *Source* kann die Abbildung nicht nur vergrößert oder verkleinert, sondern auch gespiegelt werden.

■ ZoomDraw (selbstgeschriebene Prozedur)

Es wird häufig vorkommen, dass Sie eine Grafik zwar vergrößern oder verkleinern, nicht aber das ihr eigene Höhen-Breiten-Verhältnis verändern möchten. In diesem Fall sollten Sie auf identische Breiten-Höhen-Verhältnisse achten. Sind diese nicht gegeben, dann können Sie die folgende Prozedur verwenden. Beachten Sie, dass diese Prozedur keine Methode von *TCanvas* sein

kann. Die Zeichenfläche, auf der die Grafik dargestellt werden soll, muss somit explizit angegeben werden.

```
procedure TForm1.ZoomDraw(Dest: TCanvas; Rect: TRect;
  Source: TGraphic);
var
  SourceRect, LocRect: TRect;
  sbhv, dbhv: double;
begin
  sbhv := Source.Width / Source.Height;
  dbhv := (Rect.Right - Rect.Left) / (Rect.Bottom - Rect.Top);
  if sbhv > dbhv then
  begin
    LocRect.Left  := Rect.Left;
    LocRect.Right := Rect.Right;
    LocRect.Top := Round(((Rect.Bottom + Rect.Top) div 2)
      - (0.5 * dbhv * (Rect.Bottom - Rect.Top) / sbhv));
    LocRect.Bottom := Round(((Rect.Bottom + Rect.Top) div 2)
      + (0.5 * dbhv * (Rect.Bottom - Rect.Top) / sbhv));
  end
  else
  begin
    LocRect.Left := Round(((Rect.Right + Rect.Left) div 2)
      - (0.5 * sbhv * (Rect.Right - Rect.Left) / dbhv));
    LocRect.Right := Round(((Rect.Right + Rect.Left) div 2)
      + (0.5 * sbhv * (Rect.Right - Rect.Left) / dbhv));
    LocRect.Top := Rect.Top;
    LocRect.Bottom := Rect.Bottom;
  end; {else sbhv > dbhv then}
  Dest.StretchDraw(LocRect, Source);
end;
```

Zunächst werden die Breiten-Höhen-Verhältnisse von Quelle und Ziel bestimmt. Ist das Breiten-Höhen-Verhältnis der Quelle größer als das des Ziels, dann muss man die Höhe des Ziels anpassen, andernfalls muss die Breite des Ziels geändert werden. Die Anweisungen, welche die neuen Werte für *LocRect* zuweisen, ermitteln zunächst die Mitte der jeweiligen Dimension (*(Anfang + Ende) div 2*). Anschließend wird die neue Höhe beziehungsweise die neue Breite berechnet (*alte Breite * v1 / v2*) und durch zwei geteilt (** 0.5*). Um diesen Betrag müssen die Außenpunkte jeweils von der Mitte abweichen. Abschließend wird die Zeichnung mit *StretchDraw* gezeichnet.

Sonstige Methoden

▦ DrawFocusRect (Methode)

procedure DrawFocusRect(const Rect: TRect);

Die Methode *DrawFocusRect* zeichnet einen transparenten Rahmen mit gepunkteter Linie. Sie wird normalerweise dazu verwendet, einen Rahmen um gerade markierte Objekte zu zeichnen.

▦ FillRect (Methode)

procedure FillRect(const Rect: TRect);

Die Methode *FillRect* füllt den angegebenen Bereich mit dem aktuellen Pinsel, ohne jedoch – wie *Rectangle* – einen Rahmen mit dem Stift zu ziehen. Wird vor allem dazu verwendet, einen Bereich einer Zeichnung vor dem Neuzeichnen zu löschen.

▦ FloodFill (Methode)

procedure FloodFill(X, Y: Integer; Color: TColor;
  FillStyle: TFillStyle);

Die Methode *FloodFill* dient dazu, unregelmäßige, gefüllte Formen zu erstellen. Dazu bilden Sie zunächst mit Linien, Bogenstücke und Bezier-Kurven eine geschlossene Form. Dann rufen Sie die Methode *FloodFill* auf und übergeben Ihr für die Koordinaten *X* und *Y* einen Punkt, der innerhalb dieser Form liegt.

Hat der Parameter *FillStyle* den Wert *fsSurface*, dann werden jeweils alle umliegenden Pixel unter Verwendung des aktuellen Pinsels gezeichnet, die ursprünglich die im Parameter *Color* angegebene Farbe haben. Pixel, die eine andere Farbe haben, werden als Begrenzung der zu füllenden Fläche angesehen. Hat der Parameter *FillStyle* den Wert *fsBorder*, dann werden Pixel, welche die Farbe *Color* haben, als Bereichsbegrenzung gesehen.

▦ Lock, TryLock, Unlock (Methoden)

procedure Lock;
function TryLock: Boolean;
procedure Unlock;

Diese drei Methoden dienen dazu, den Zugriff anderer Threads auf die Zeichenfläche zu sperren beziehungsweise eine solche Sperre aufzuheben. Näheres siehe in der Online-Hilfe.

4.2.3 Die Ereignisse von TCanvas

OnChanging, OnChange (Ereignis)

```
property OnChanging(Sender: TObject);
property OnChange(Sender: TObject);
```

Das Ereignis *OnChanging* tritt auf, bevor eine Änderung am Bild vorgenommen wird, das Ereignis *OnChange* nach der Änderung.

Änderungen der Einstellungen von *Pen*, *Brush* und *Font* lösen diese Ereignisse nicht auf. Die Typen *TPen*, *TBrush* und *TFont* implementieren jedoch ihrerseits ein Ereignis *OnChange*.

4.2.4 Beispiele zum Einsatz von TCanvas

In diesem Kapitel soll anhand einiger Beispiele erläutert werden, wie *TCanvas* eingesetzt wird.

Farbverlauf

Zunächst einmal soll ein bildschirmfüllender Farbverlauf erstellt werden.

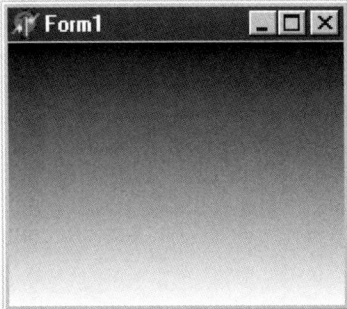

Hier im Beispiel ist es ein Farbverlauf zwischen scharz und weiß, den Konstanten *Farbe1* und *Farbe2* können jedoch beliebige Werte zugewiesen werden.

```
procedure TForm1.FormPaint(Sender: TObject);

  function Mittel(wert1, wert2, fort, ende: integer): integer;
  begin
    result := Byte(wert1)
      + ((Byte(wert2) - Byte(wert1)) * fort div ende);
  end;

const
  Farbe1 = clBlack;
  Farbe2 = clWhite;
var
  i: integer;
  r, g, b: integer;
  Farbe: TColor;
begin
  for i := 0 to ClientHeight do
  begin
    r := mittel(Farbe1, Farbe2, i, ClientHeight);
    g := mittel(Farbe1 shr 8, Farbe2 shr 8, i, ClientHeight);
    b := mittel(Farbe1 shr 16, Farbe2 shr 16, i, ClientHeight);
    Farbe := b shl 16 + g shl 8 + r;
```

```
   with Canvas do
   begin
     Pen.Color := Farbe;
     MoveTo(0, i);
     LineTo(ClientWidth, i);
   end; {with Canvas do}
 end; {for i := 0 to ClientHeight do}
end; {procedure TForm1.FormPaint}
```

Da direkt auf das Formular gezeichnet wird, muss auf das Ereignis *OnPaint* reagiert werden, damit der Farbverlauf bei Bedarf neu ausgegeben wird. Die Funktion *Mittel* ist eine lokale Funktion, es gibt sie nur innerhalb von *FormPaint*. Sie blendet, in Abhängigkeit des Parameters *fort*, von *Wert1* zu *Wert2* über.

In einer Schleife werden alle Zeilen des Formulars durchlaufen. Es werden sowohl von *Farbe1* als auch von *Farbe2* jeweils die Rot-, Grün und Blau-Komponente ermittelt und von diesen jeweils eine Art Mittel gebildet, je nach Position im Farbverlauf.

Die Farbbestandteile werden anschließend wieder zusammengefügt und der Variablen Farbe zugewiesen. Diese Farbe wird nun als Stiftfarbe verwendet, um in der jeweiligen Zeile eine Linie zu ziehen.

Aufmerksamen Lesern wird es nicht entgangen sein, dass die Analyse von *Farbe1* und *Farbe2* in jeder Zeile durchgeführt wird und somit jeweils sechs Prozessor-Schritte extra kostet. Im Vergleich zu den Zeilen, welche die Bildschirmausgabe benötigt, sind diese Zeiten jedoch vollkommen vernachlässigbar.

Fadenkreuz

Im nächsten Beispiel soll auf ein Bild an die aktuelle Mausposition ein Fadenkreuz gezeichnet werden.

Die Schwierigkeit ist nicht das Zeichnen von zwei Linien, sondern das Entfernen. Meist verbietet es sich aus Performance-Gründen, jeweils das ganze Bild neu aufzubauen, wenn die Maus verschoben wird.

Aus diesem Grund wird die Eigenschaft *Pen.Mode* auf *pmNot* gesetzt, was dafür sorgt, dass die Linie jeweils in der Komplementärfarbe des Hintergrundes gezeichnet wird. Das garantiert auch, dass die Linie unabhängig von der Hintergrundfarbe zu sehen ist. Beim Zeichnen eines jeden Linienpaares werden die Koordinaten zwischengespeichert. Wird die Maus verschoben, dann wird zunächst an der alten Position ein Linienpaar gezeichnet und somit die Ausgangssituation wiederhergestellt.

```
procedure TForm1.Image1MouseMove(Sender: TObject;
   Shift: TShiftState; X,  Y: Integer);
begin
  with Image1.Canvas do
  begin
    Pen.Mode := pmNot;
    {alte Linie löschen}
    MoveTo(FAlt_x, 0);
    LineTo(FAlt_x, Image1.Height);
    MoveTo(0, FAlt_y);
    LineTo(Image1.Width, FAlt_y);
    {neue Linie zeichnen}
    MoveTo(x, 0);
    LineTo(x, Image1.Height);
    MoveTo(0, y);
    LineTo(Image1.Width, y);
    {Koordinaten speichern}
    FAlt_x := x;
    FAlt_y := y;
  end; {with Image1.Canvas do}
end; {procedure TForm1.Image1MouseMove}
```

Die Koordinaten werden als Felder des Formulars gespeichert.

```
    ...
private
   FAlt_x: integer;
   FAlt_y: integer;
    ...
```

4.3 Bilddateien und Drucker

Die Typen *TBitmap*, *TMetafile* und *TIcon* dienen zum Arbeiten mit entsprechenden Bilddateien. *TPicture* kapselt ganz allgemein ein Bild, und *TGraphic* ist der gemeinsame Vorfahre der drei Grafik-Formate.

Die Klasse *TPrinter* kapselt die Ausgabe auf einem Drucker.

4.3.1 TPicture

Komponenten wie *TImage*, *TDBImage* oder *TQRImage* implementieren eine Eigenschaft *Picture*, welche das anzuzeigende Bild kapseln. *TPicture* ist von *TObject* abgeleitet.

▨ Bitmap, Icon, Metafile (Eigenschaften, öffentlich)

```
property Bitmap: TBitmap;
property Icon: TIcon;
property Metafile: TMetafile;
```

Das in der *TPicture*-Instanz enthaltene Bild ist – je nach verwendetem Grafikformat – in der Eigenschaft *Bitmap*, *Icon* oder *Metafile* enthalten. Die einzelnen Typen sind jeweils in einem eigenen Kapitel beschrieben.

▨ Height, Width (Eigenschaften, nur Lesen)

```
property Height: Integer;
property Width: Integer;
```

Mit den Eigenschaften *Height* und *Width* können die Abmessungen des Bildes ermittelt werden.

▨ Graphic (Eigenschaft)

```
property Graphic: TGraphic;
```

Der Typ *TGraphic* ist ein gemeinsamer Vorfahre der Typen *TBitmap*, *TIcon* und *TMetafile*. Mittels der Eigenschaft *Graphic* kann ein Zugriff auf die durch *TGraphic* implementierten Eigenschaften, Methoden und Ereignisse erfolgen, ohne dass festgestellt werden muss, ob nun ein Bitmap, ein Icon oder ein Metafile vorliegt.

Das Objekt *TGraphic* ist im folgenden Kapitel beschrieben.

▨ LoadFromFile, SaveToFile (Methoden)

```
procedure LoadFromFile(const FileName: string);
procedure SaveToFile(const FileName: string);
```

Mit diesen Methoden kann ein Bild aus einer Datei geladen beziehungsweise in eine Datei gespeichert werden.

Die Methode *LoadFromFile* erkennt anhand der Dateiendung automatisch, in welchem Grafikformat die Datei vorliegt. Wenn Sie Unit *jpeg* in die betreffende *uses*-Anweisung aufnehmen, dann kann die Methode *LoadFromFile* auch JPEG-Dateien (Dateiendung *jpg*) lesen.

▪ LoadFromClipboardFormat, SaveToClipboardFormat (Methoden)

```
procedure LoadFromClipboardFormat(AFormat: Word; AData: THandle;
  APalette: HPALETTE);
procedure SaveToClipboardFormat(var AFormat: Word;
  var AData: THandle; var APalette: HPALETTE);
```

Diese beiden Methoden implementieren den komplizierten Weg, Bilder aus der Zwischenablage zu holen oder dort abzulegen. Näheres siehe in der Online-Hilfe.

Der einfache Weg zum Arbeiten mit der Zwischenablage geht folgendermaßen:

```
Clipboard.Assign(Image1.Picture); // ablegen in der Zwischenablage

Image1.Picture.Assign(Clipboard); // holen aus der Zwischenablage
```

▪ OnChange (Ereignis)

```
property OnChange(Sender: TObject);
```

Das Ereignis *OnChange* tritt auf, wenn die in der *TPicture*-Instanz enthaltene Grafik geändert wird.

▪ OnProgress (Ereignis)

```
property OnProgress(Sender: TObject; Stage: TProgressStage;
  PercentDone: Byte; RedrawNow: Boolean; const R: TRect;
  const Msg: string);
```

Bei langdauernden Operationen werden von einigen Grafikformaten *OnProgress*-Ereignisse erzeugt, welche dem Programmierer eine recht einfache Implementierung einer Fortschrittsanzeige ermöglichen. *OnProgress* ist in der Online-Hilfe recht gut beschrieben.

4.3.2 TGraphic

Das Objekt *TGraphic* ist der Vorgänger von den Grafik-Typen wie *TBitmap*, *TIcon*, *TMetafile* oder *TJpegImage*. *TGraphic* ist eine abstrakte Klasse und kann als solche nicht direkt instantisiert werden. *TGraphic* ist von *TObejct* abgeleitet.

Einige Eigenschaften, Methoden und Ereignisse von *TGraphic* sind bereits bei *TPicture* beschrieben.

- Height, Width (Eigenschaften)

- LoadFromFile, SaveToFile (Methoden)

- LoadFromClipboardFormat, SaveToClipboardFormat (Methoden)

- OnChange, OnProgress (Ereignis)

- LoadFromStream, SaveToStream (Methoden)

```
procedure LoadFromStream(Stream: TStream);
procedure SaveToStream(Stream: TStream);
```

Mittels dieser Methode kann ein Bild aus einem Stream geladen beziehungsweise in einen Stream gespeichert werden.

- Empty (Eigenschaft, nur Lesen)

```
property Empty: Boolean;
```

Empty hat den Wert *true*, wenn gerade kein Bild in dem betreffenden Objekt gespeichert ist.

- Transparent (Eigenschaft)

```
property Transparent: Boolean;
```

Mit *Transparent* kann bestimmt werden, ob die Grafik den Hintergrund ausfüllt oder nicht. Manche Grafiken – wie beispielsweise *TIcon* oder *TMetafile* – werden stets transparent angezeigt.

- Modified (Eigenschaft)

```
property Modified: Boolean;
```

Bei manchen Grafikformaten wird die Eigenschaft *Modified* auf *true* gesetzt, wenn diese geändert werden. Anhand dieser Eigenschaft kann dann festgestellt werden, ob die Grafik gegebenenfalls gespeichert werden muss.

- Palette, PaletteModified (Eigenschaften)

```
property Palette: HPALETTE;
property PaletteModified: Boolean;
```

Mit *Palette* kann die Farbenpalette einer Grafik ermittelt oder geändert werden. *PaletteModified* zeigt an, ob sich die Palette geändert hat.

4.3.3 TBitmap

Das Objekt *TBitmap* kapselt ein Bitmap, also eine Standard-Windows-PixelGrafik.

TBitmap ist von *TObject* und *TGraphic* abgeleitet und implementiert folgende, bei *TGraphic* und *TPicture* beschriebenen Eigenschaften:

▪ Canvas (Eigenschaft, nur Lesen)

```
property Canvas: TCanvas;
```

Mittels der Eigenschaft *Canvas* kann in das Bitmap gezeichnet werden. Der Typ *TCanvas* ist in Kapitel 4.2 beschrieben.

```
with MyBitmap.Canvas do
begin
  Pen.Color := clRed;
  MoveTo(20, 50);
  LineTo(70, 30);
end;
```

▪ Handle, HandleType (Eigenschaften)

```
property Handle: HBitmap;
property HandleType: (bmDIB, bmDDB);
```

Mit der Eigenschaft *Handle* kann das Handle des Bitmaps ermittelt werden. Dies wird benötigt, wenn GDI-Funktionen (»graphical device interface«) direkt aufgerufen werden sollen. Mittels der Eigenschaft *HandleType* kann bestimmt werden, ob es sich um ein geräteabhängiges (*bmDDB*) oder um ein geräteunabhängiges (*bmDIB*) Bitmap handelt.

▪ PixelFormat, Monochrome (Eigenschaft)

```
property PixelFormat: (pfDevice, pf1bit, pf4bit, pf8bit, pf15bit,
  pf16bit, pf24bit, pf32bit, pfCustom);
property Monochrome: Boolean;
```

Mit *PixelFormat* kann bestimmt werden, mit welchem Format das Bitmap arbeitet. Im Regelfall haben neu erzeugte Bitmaps das Format, das auch von der Grafikkarte verwendet wird. Arbeiten Sie beispielsweise dort mit 256 Farben, dann entspricht *PixelFormat* den Wert *pf8bit*.

Nun benötigt man in manchen Fällen beispielsweise Bitmaps, welche Echtfarben speichern, auch wenn sie (im Moment) nicht angezeigt werden. In diesem Fall ist *PixelFormat* auf den entsprechenden Wert, im Beispiel also *pf24Bit*, zu setzen.

Soll das Bild einfarbig dargestellt werden, ist *Monochrome* auf *true* zu setzen.

▦ TransparentMode, TransparentColor (Eigenschaften)

```
property TransparentMode: (tmAuto, tmFixed);
property TransparentColor: TColor;
```

Wenn Sie die *TGraphic*-Eigenschaft *Transparent* auf *true* setzen, dann wird das Bitmap transparent dargestellt. Hat *TransparentMode* den Wert *tmFixed*, dann werden all diejenigen Pixel, welche die Farbe *TransparentColor* haben, nicht angezeigt. An deren Stelle ist der Hintergrund zu sehen.

Hat *TransparentMode* den Wert *tmAuto*, dann erhält *TransparentColor* die Farbe des Pixels links unten.

▦ LoadFromStream, SaveToStream (Methoden)

```
procedure LoadFromStream(Stream: TStream);
procedure SaveToStream(Stream: TStream);
```

Mittels dieser Methoden kann ein Bitmap aus einem Stream geladen oder dorthin gespeichert werden.

▦ LoadFromResourceID, LoadFormResourceName (Methoden)

```
procedure LoadFromResourceID(Instance: THandle; ResID: Integer);
procedure LoadFromResourceName(Instance: THandle;
  const ResName: string);
```

Mit diesen Methoden kann ein Bitmap aus den Resourcen der Anwendung geladen werden. Als *Instance* ist das Handle der Anwendung (oder der DLL) zu übergeben – Sie erhalten es mit der globalen Variable *HInstance*. Vergessen Sie nicht, die entsprechende Resourcendatei über eine Kompileranweisung einzubinden.

```
{$R test.res}
```

```
procedure TForm1.FormCreate(Sender: TObject);
begin
  Image1.Picture.Bitmap.
    LoadFromResourceName(HInstance, 'MeinBitmap');
end;
```

4.3.4 TMetafile

Während in *TBitmap*-Instanzen PixelGrafiken gespeichert werden, speichern *TMetafile*-Instanzen VektorGrafiken. *TMetafile* ist von *TGraphic* abgeleitet.

Um in ein Metafile zeichnen zu können, müssen Sie *TMetafileCanvas* verwenden. *TMetafileCanvas* ist in einem eigenen Abschnitt beschrieben.

▪ Enhanced (Eigenschaft)

```
property Enhanced: Boolean;
```

TMetafile unterstützt zwei Metafile-Formate: Das alte WMF-Format von Windows 3.1 mit Aldus-Header (*Enhanced = false*) und das neue EMF-Format (*Enhanced = true*).

▪ MMHeight, MMWidth (Eigenschaften)

```
property MMHeight: Integer;
property MMWidth: Integer;
```

Während die Eigenschaften *Height* und *Width* die Größe der Grafik in Pixeln angeben, kann mit *MMHeight* und *MMWidth* die Größe in hundertstel Millimeter bestimmt werden.

▪ LoadFromStream, SaveToStream (Methoden)

```
procedure LoadFromStream(Stream: TStream);
procedure SaveToStream(Stream: TStream);
```

Mittels dieser Methoden kann ein Bitmap aus einem Stream geladen oder dorthin gespeichert werden.

▪ CreatedBy, Description (Eigenschaften, nur Lesen)

```
property CreatedBy: string;
property Description: string;
```

Beim Erzeugen eines Metafiles können zwei Strings übergeben werden, welche für den Autorennamen und eine Beschreibung vorgesehen sind. Mit *CreatedBy* und *Description* können Sie diese Strings auslesen.

▪ Handle (Eigenschaft)

```
property Handle: HMetafile;
```

Zum Aufruf von GDI-Funktionen brauchen Sie ein Handle, das Sie mit dieser Eigenschaft ermitteln können.

TMetafileCanvas

Um in ein Metafile zeichnen zu können, muss eine Instanz von *TMetafileCanvas* verwendet werden. *TMetafileCanvas* ist von *TCanvas* (Kapitel 4.2) abgeleitet.

Das folgende Beispiel zeigt, wie zunächst eine *TMetafile*-Instanz und dann eine Instanz von *MetafileCanvas* erzeugt wird. Anschließend werden ein Rechteck und eine Ellipse gezeichnet. Mit der Freigabe von *MyCanvas* wird die Grafik in das Metafile gespeichert.

```pascal
var
  Metafile1: TMetafile;
  MyCanvas: TMetafileCanvas;
begin
  Metafile1 := TMetafile.Create;
  Metafile1.Width := 50;
  Metafile1.Height := 50;
  MyCanvas := TMetafileCanvas.Create(Metafile1, 0);
  with MyCanvas do
  begin
    Brush.Color := clWhite;
    Rectangle(0, 0, 50, 50);
    Pen.Color := clBlue;
    Rectangle(20, 20, 45, 45);
    Pen.Color := clRed;
    Ellipse(5, 5, 45, 25);
    Free;
  end;
  Image1.Picture.Assign(Metafile1);
end;
```

Vorsicht: In manchen Fällen muss das *TMetafileCanvas.Create* übergebene Handle oft auf *Printer.Handle* gesetzt werden, weil sonst die Buchstabenabstände nicht stimmen. (Es kann aber auch genau umgekehrt sein....)

■ Create, CreateWithComment (Methoden)

```pascal
constructor Create(AMetafile: TMetafile; ReferenceDevice: HDC);
constructor CreateWithComment(AMetafile: TMetafile;
  ReferenceDevice: HDC; const CreatedBy, Description: String);
```

Mit *Create* und *CreateWithComment* wird eine Instanz von *TMetafileCanvas* erzeugt. Als erster Parameter wird dabei eine Referenz auf das Metafile übergeben, in das gezeichnet werden soll. Mittels des Parameters *ReferenceDevice* kann ein Handle auf das Ausgabegerät übergeben werden.

Beim Konstruktor *CreateWithComment* können zwei Strings übergeben werden, welche für den Autorennamen und eine Beschreibung vorgesehen sind. Diese beiden Strings können später mit den *TMetafile*-Eigenschaften *CreatedBy* und *Description* ausgelesen werden.

4.3.5 TIcon

TIcon kapselt ein Windows-Symbol. *TIcon* ist von *TGraphic* abgeleitet.

- Handle, HandleType (Eigenschaften)

```
property Handle: HBitmap;
```

Mit der Eigenschaft *Handle* kann das Handle des Bitmaps ermittelt werden. Dies wird benötigt, wenn GDI-Funktionen (»graphical device interface«) direkt aufgerufen werden sollen.

- LoadFromStream, SaveToStream (Methoden)

```
procedure LoadFromStream(Stream: TStream);
procedure SaveToStream(Stream: TStream);
```

Mittels dieser Methoden kann ein Bitmap aus einem Stream geladen oder dorthin gespeichert werden.

4.3.6 TPrinter

Die Klasse *TPrinter* kapselt die Ausgabe auf einem Drucker. Beim Programmstart wird automatisch eine Instanz namens *Printer* von *TPrinter* erzeugt, so dass Sie dies nicht selbst tun müssen.

TPrinter ist von *TObject* abgeleitet.

- Canvas (Eigenschaft, nur Lesen)

```
property Canvas: TCanvas;
```

Die Eigenschaft *Canvas* kapselt die Zeichenfläche des Druckers. Der Typ *TCanvas* ist in Kapitel 4.3 beschrieben.

- BeginDoc, EndDoc, Abort (Methoden)

```
procedure BeginDoc;
procedure EndDoc;
procedure Abort;
```

Mit *BeginDoc* wird ein Druckauftrag eingeleitet, mit *EndDoc* wird er abgeschlossen und zum Drucker geschickt. Mit *Abort* wird ein Druckauftrag abgebrochen, alle Daten gehen dabei verloren.

- Orientation (Eigenschaft)

```
property Orientation: (poPortrait, poLandscape);
```

Mit Orientation wird bestimmt, ob der Druckauftrag im Hochformat (*poPortrait*) oder im Querformat (*poLandscape*) gedruckt wird.

- PageNumber (Eigenschaft, nur Lesen), NewPage (Methode)

```
property PageNumber: Integer;
procedure NewPage;
```

Mit *PageNumber* kann die aktuelle Seite ermittelt werden.

Mit *NewPage* wird eine neue Seite begonnen. Dabei wird *PageNumber* inkrementiert und die *TCanvas*-Eigenschaft *PenPos* auf (0,0) gesetzt.

- Handle (Eigenschaft, nur Lesen)

```
property Handle: HDC;
```

Für den Aufruf von GDI-Funktionen benötigen Sie das Handle des Druckers.

▨ Printers, Fonts (Eigenschaften, nur Lesen), PrinterIndex (Eigenschaft)

```
property Printers: TStrings;
property Fonts: TStrings;
property PrinterIndex: Integer;
```

Mit *Printers* erhalten Sie eine Liste aller verfügbaren Drucker, mit *Fonts* eine Liste der auf dem aktuellen Drucker verfügbaren Schriften.

Mit *PrinterIndex* können Sie die aktuellen Drucker bestimmen. Um den Standard-Drucker auszuwählen, setzen Sie *PrinterIndex* auf -1.

Drucken in metrischen Einheiten

Die Auflösung von Druckern schwankt in einem sehr weiten Bereich. Brauchbare Ergebnisse bekommt man eigentlich nur dann, wenn man als Einheit nicht Pixel, sondern eine Längeneinheit wählt, beispielsweise zehntel Millimeter.

Im folgenden Beispiel wollen wir Millimeterpapier drucken.

```
procedure TForm1.Button1Click(Sender: TObject);
var
   i: integer;
begin
   if PrintDialog1.Execute then
   begin
      Printer.BeginDoc;
      Printer.Canvas.MoveTo(1, 1);
      SetMapMode(Printer.Canvas.Handle, MM_lometric);
```

Wenn *PrintDialog1* mit OK geschlossen wird, dann wird mit *Printer.BeginDoc* ein Druckauftrag eingeleitet. Anschließend wird irgendeine *TCanvas*-Methode ausgeführt, damit ein Handle vorliegt, mit dem dann die GDI-Funktion *SetMapMode* aufgerufen werden kann, um die Maßeinheit auf zehntel Millimeter (*MM_lometric*) zu setzen.

```
      with Printer.Canvas do
      begin
         for i := 10 to 280 do
         begin
            if i mod 10 = 0
               then Pen.Width := 2
               else Pen.Width := 0;
```

```
      MoveTo(100, -i * 10);
      LineTo(2000, -i * 10);
    end;
    for i := 10 to 200 do
    begin
      if i mod 10 = 0
        then Pen.Width := 2
        else Pen.Width := 0;
      MoveTo(i * 10, -100);
      LineTo(i * 10, -2800);
    end;
  end; {with Printer.Canvas do}
  Printer.EndDoc;
  end; {if PrintDialog1.Execute then}
end; {procedure TForm1.Button1Click}
```

Alle zehn Millimeter wird eine stärkere Linie gezeichnet, ansonsten wird *Pen.Width* auf null gesetzt, was dazu führt, dass die dünnste mögliche Linie gezeichnet wird. Mit zwei Schleifen werden zunächst alle waagerechten und danach alle senkrechten Linien gezeichnet. Mit *Printer.EndDoc* wird der Auftrag zum Drucker geschickt.

4.4 Streams

Streams dienen dazu, Daten auf der Festplatte, im Speicher oder wo auch immer zu speichern. Von der abstrakten Klasse *TStream* sind die Klassen *TFileStream*, *TMemoryStream*, *TStringStream*, *TBlobStream*, *TWinSocketStream* und *TOleStream* abgeleitet.

Neben den Beispielprogrammen in diesem Kapitel finden Sie Beispiele für die Verwendung von *TMemoryStream* auch in den Kapiteln 3.11.4 und 5.2.1.

4.4.1 Beispielanwendung

Sollen Daten verschiedener Formate gemeinsam in einer Datei gespeichert werden, dann wird das mit typisierten Dateien ein wenig »umständlich«. Hier bietet sich die Verwendung von *TFileStream* an.

Im Beispiel werden so unterschiedliche Daten wie Bitmaps, Strings, Integer-Zahlen und boolesche Werte gemeinsam gespeichert.

```
procedure TForm1.Speichern1Click(Sender: TObject);
var
   Stream: TFileStream;
   Writer: TWriter;
begin
   SaveDialog1.InitialDir
      := ExtractFilePath(Application.ExeName);
   if SaveDialog1.Execute then
   begin
      Stream := TFileStream.Create (SaveDialog1.FileName, fmCreate);
      try
         Image1.Picture.Bitmap.SaveToStream(Stream);
         Image2.Picture.Bitmap.SaveToStream(Stream);
```

```
      Writer := TWriter.Create(Stream, 2048);
      try
         Writer.WriteListBegin;
         Writer.WriteString(Edit1.Text);
         Writer.WriteString(Memo1.Lines.Text);
         Writer.WriteString(Memo2.Lines.Text);
         Writer.WriteInteger(UpDown1.Position);
         Writer.WriteBoolean(CheckBox1.Checked);
         Writer.WriteListEnd;
      finally
         Writer.Free;
      end; {try TWriter.Create}
    finally
      Stream.Free;
    end; {try TFileStream.Create}
  end; {if SaveDialog1.Execute then}
end; {procedure TForm1.Speichern1Click}
```

Nachdem *SaveDialog1* mit Oĸ geschlossen wurde, wird ein File-Stream zum Schreiben geöffnet. Die beiden Bitmaps können mit *SaveToStream* direkt in den Stream gespeichert werden.

Auch Instanzen von *TStrings* implementieren eine Methode *SaveToStream*. Allerdings geht die dazugehörige Methode *LoadFromStream* davon aus, dass alles bis zum Ende des Streams in die *TStrings*-Instanz geschrieben werden muss, was spätestens bei der Verwendung zweier solcher Instanzen Probleme macht. Deshalb wird auch hier der Writer verwendet.

Im nächsten Schritt wird eine *TWriter*-Instanz erzeugt, mit deren Methoden einfache Datentypen in den Stream geschrieben werden können. Dabei werden auch die Inhalte von *Memo1* und *Memo2* geschrieben.

Try..finally..end-Konstruktionen sorgen dafür, dass der Writer und der Stream am Ende wieder freigegeben werden.

```
procedure TForm1.ffnen1Click(Sender: TObject);
var
  Stream: TFileStream;
  Reader: TReader;
begin
  OpenDialog1.InitialDir
    := ExtractFilePath(Application.ExeName);
  if OpenDialog1.Execute then
  begin
```

```
   Stream := TFileStream.Create (OpenDialog1.FileName, fmOpenRead);
try
   Image1.Picture.Bitmap.LoadFromStream(Stream);
   Image2.Picture.Bitmap.LoadFromStream(Stream);
   Reader := TReader.Create(Stream, 2048);
   try
      Reader.ReadListBegin;
      Edit1.Text := Reader.ReadString;
      Memo1.Lines.Text := Reader.ReadString;
      Memo2.Lines.Text := Reader.ReadString;
      UpDown1.Position := Reader.ReadInteger;
      CheckBox1.Checked := Reader.ReadBoolean;
      Reader.ReadListEnd;
   finally
      Reader.Free;
   end; {try TReader.Create}
finally
   Stream.Free;
end; {try TFileStream.Create}
end; {if OpenDialog1.Execute then}
end; {procedure TForm1.ffnen1Click}
```

Analog aufgebaut ist die Prozedur zum Einlesen der Daten: Beim Erzeugen des Strings wird *fmOpenRead* anstatt *fmCreate* verwendet, zum Laden der Bilder kommt die Methode *LoadFromFile* zum Einsatz, und statt eines Writers wird ein Reader verwendet. Die Lese-Methoden des Readers sind Funktionen, deren Funktionsergebnis der gelesene Wert ist.

Zugriff mit Read und Write

Mit *TReader* und *TWriter* können nur einige einfache Datentypen geschrieben werden. Sollen die Inhalte von Arrays oder Records gespeichert werden, dann muss direkt mit den *TStream*-Methoden *read* und *write* gearbeitet werden. Diese wollen jedoch auf das Byte exakt genau wissen, wie groß die zu bearbeitenden Strukturen sind.

Im folgenden Beispiel soll die Variable *Daten* vom Typ *TDaten* gespeichert werden. Beachten Sie bitte, dass hier keine Ansi-Strings verwendet werden können, weil statt ihres Inhaltes nur die Adresse ihres Inhaltes gespeichert würde.

```
type
  TDaten = record
    Text: string[30];
    Zahl: integer;
    Logik: boolean;
  end;
```

Die eigentlich interessante Zeile in der folgenden Routine ist *Stream.Write(Daten, SizeOf(Daten))*. Hier werden aus der Variablen *Daten* exakt so viele Bytes geschrieben, wie diese Variable groß ist – der Record wird also vollständig in den Stream geschrieben.

Hätten hier weitere Daten geschrieben werden sollen, dann hätte man diese einfach mit weiteren *Write*-Anweisungen dem Stream hinzugefügt.

```
procedure TForm1.Speichernunter1Click(Sender: TObject);
var
  Daten: TDaten;
  Stream: TFileStream;
begin
  if SaveDialog2.Execute then
  begin
    Daten.Text := Edit1.Text;
    Daten.Zahl := UpDown1.Position;
    Daten.Logik := CheckBox1.Checked;
    Stream := TFileStream.Create(SaveDialog2.FileName, fmCreate);
    try
      Stream.Write(Daten, SizeOf(Daten));
    finally
      Stream.Free;
    end;
  end; {if SaveDialog2.Execute then}
end; {procedure TForm1.Speichernunter1Click}
```

Zum Lesen der Daten wird die Methode *Read* verwendet. Beachten Sie bitte, dass es den Stream »kein bisschen interessiert«, in welcher Reihenfolge Sie die Daten wieder auslesen und wie groß die einzelnen Blöcke sind. Die Verantwortung, dass Sie die einzelnen Daten in exakt der gleichen Reihenfolge und mit exakt der gleichen Größe wieder auslesen, liegt bei Ihnen.

```
procedure TForm1.ffnen2Click(Sender: TObject);
var
  Daten: TDaten;
  Stream: TFileStream;
begin
  if OpenDialog2.Execute then
  begin
    Stream := TFileStream.Create(OpenDialog2.FileName, fmOpenRead);
    try
      Stream.Read(Daten, SizeOf(Daten));
    finally
      Stream.Free;
    end;
    Edit1.Text := Daten.Text;
    UpDown1.Position := Daten.Zahl;
    CheckBox1.Checked := Daten.Logik;
  end; {if OpenDialog2.Execute then}
end; {procedure TForm1.ffnen2Click}
```

4.4.2 TStream

TStream ist der abstrakte Vorfahre von Klassen wie *TFileStream* oder *TMemoryStream*. Erzeugen Sie keine Instanzen direkt von *TStream*. *TStream* ist von *TObject* abgeleitet.

▣ Size, Position (Eigenschaften)

```
property Size: Longint;
property Position: Longint;
```

Mit *Size* kann die Größe (in Byte) eines Streams bestimmt werden, mit *Position* die Stellung des Datenzeigers. Um den Datenzeiger ganz an den Anfang zu stellen, setzen Sie *Position* auf null.

▣ Read, Write (Methoden, abstrakt)

```
function Read(var Buffer; Count: Longint): Longint;
  virtual; abstract;
function Write(var Buffer; Count: Longint): Longint;
  virtual; abstract;
```

Mit der Methode *Read* wird in das jeweilige Medium geschrieben, mit *Write* daraus gelesen. Diese beiden Methoden werden in *TStream* nur abstrakt definiert und bilden (direkt oder indirekt) die Grundlage aller Lese- und Schreib-Operationen. Sie werden in von *TStream* abgeleiteten Klassen überschrieben.

Buffer ist ein untypisierter Zeiger auf das, was in den Stream eingelesen beziehungsweise mit Daten versorgt werden soll. *Count* ist die Größe (in Byte) des betreffenden Datenblocks. Als Funktionsergebnis wird zurückgegeben, wie viele Bytes tatsächlich geschrieben oder gelesen wurden.

Ein Beispiel für diese Methoden finden Sie in Kapitel 5.2.1.

▣ CopyFrom (Methode)

```
function CopyFrom(Source: TStream; Count: Longint): Longint;
```

Die Methode *CopyFrom* kopiert *Count* Bytes aus dem Stream *Source* in den »eigenen« Stream. Als Funktionsergebnis wird die tatsächliche Anzahl der kopierten Bytes zurückgegeben.

Wenn Count null ist, setzt *CopyFrom* vor dem Lesen die Eigenschaft *Position* von Source auf null und kopiert dann den gesamten Inhalt von Source in den Stream. Wenn Count größer oder kleiner als null ist, liest *CopyFrom* ab der aktuellen Position in Source.

4.4.3 TFileStream

TFileStream wird verwendet, um Daten auf ein Laufwerk zu schreiben oder von dort zu lesen. *TFileStream* ist von *TStream* abgeleitet.

■ Create (Methode)

```
constructor Create(const FileName: string; Mode: Word);
```

Beim Erzeugen des Streams muss erstens angegeben werden, mit welcher Datei er verbunden wird, und zweitens, in welchem Modus er geöffnet wird. Folgende Werte sind für die Art des Dateizugriffs möglich:

■ *fmCreate* Es wird eine neue Datei angelegt. Ist eine Datei mit diesem Namen bereits vorhanden, wird die Datei zum Schreiben geöffnet.

■ *fmOpenRead* öffnet die Datei zum Lesen.

■ *fmOpenWrite* öffnet die Datei zum Schreiben, dabei wird der Inhalt vollständig ersetzt.

■ *fmOpenReadWrite* öffnet die Datei zum Lesen und Schreiben, beim Schreiben kann der Inhalt auch verändert werden.

Die Werte für die Art des Dateizugriffs können mit einer *or*-Verknüpfung mit einem der folgenden Werte kombiniert werden, die den gemeinsamen Zugriff regeln:

■ *fmShareExclusive* bewirkt, dass andere Anwendungen die Datei nicht mehr öffnen können, bis sie wieder geschlossen wurde.

■ *fmShareDenyWrite* verhindert, dass andere Anwendungen die Datei zum Schreiben öffnen.

■ *fmShareDenyRead* verhindert, dass andere Anwendungen die Datei zum Lesen öffnen.

4.4.4 TMemoryStream

TMemoryStream wird verwendet, um Daten in den Arbeitsspeicher zu schreiben. *TMemoryStream* ist von *TStream* abgeleitet.

▨ Memory (Eigenschaft, nur Lesen)

```
property Memory: Pointer;
```

Memory ist ein Zeiger auf die Stelle des Speichers, an welcher der Stream liegt. Ein Beispiel für die Verwendung dieser Eigenschaft finden Sie in Kapitel 3.11.4.

▨ Clear, SetSize (Methoden)

```
procedure Clear;
procedure SetSize(NewSize: Longint);
```

Mit *Clear* wird der Inhalt des Streams gelöscht. *Memory* wird auf *nil*, *Position* und *Size* werden auf null gesetzt.

Mit *SetSize* wird der Inhalt des Streams gelöscht und Speicher für einen neuen Inhalt in der angegebenen Größe reserviert.

▨ SaveToFile, SaveToStream, LoadFromFile, LoadFromStream (Methoden)

```
procedure SaveToFile(const FileName: string);
procedure SaveToStream(Stream: TStream);
procedure LoadFromFile(const FileName: string);
procedure LoadFromStream(Stream: TStream);
```

Diese Methoden werden verwendet, um einen FileStream in eine Datei oder in einen anderen Stream zu speichern oder daraus zu laden.

4.4.5 TWriter

TWriter wird verwendet, um einfache Datentypen in einen Stream zu speichern.
TWriter ist von *TObject* abgeleitet. Ein Beispiel für die Verwendung von *TWriter*
finden Sie in Kapitel 4.4.1.

▨ Create (Methode)

```
constructor Create(Stream: TStream; BufSize: Integer);
```

Mit *Create* wird eine neue Instanz eines Writers erstellt. Als Parameter muss
der Stream angegeben werden, mit dem der Writer verbunden wird, sowie
die Größe des verwendeten Buffers.

▨ WriteListBegin, WriteListEnd (Methoden)

```
procedure WriteListBegin;
procedure WriteListEnd;
```

Mit *WriteListBegin* und *WriteListEnd* können Markierungen in den Stream geschrieben werden. Setzen Sie diese beiden Methoden immer paarweise ein
(siehe Beispiel Kapitel 4.4.1).

▨ Write-Methoden

```
procedure Write(const Buf; Count: Longint);
procedure WriteBoolean(Value: Boolean);
procedure WriteChar(Value: Char);
procedure WriteString(const Value: string);
procedure WriteDate(const Value: TDateTime);
// Zahlen
procedure WriteInteger(Value: Longint); overload;
procedure WriteInteger(Value: Int64); overload;
procedure WriteCurrency(const Value: Currency);
procedure WriteFloat(const Value: Extended);
procedure WriteSingle(const Value: Single);
```

Mit *WriteBuf* werden *Count* Bytes aus einem Buffer in den Stream geschrieben,
mit den anderen Methoden schreibt man einfache Datentypen in den Stream.
Weitere Write-Methoden finden Sie in der Online-Hilfe.

4.4.6 TReader

TReader wird verwendet, um einfache Datentypen aus einem Stream zu lesen. *TReader* ist von *TObject* abgeleitet. Ein Beispiel für die Verwendung von *TReader* finden Sie in Kapitel 4.4.1.

▣ Create (Methode)

```
constructor Create(Stream: TStream; BufSize: Integer);
```

Mit *Create* wird eine neue Instanz eines Readers erstellt. Als Parameter muss der Stream angegeben werden, mit dem der Reader verbunden wird, sowie die Größe des verwendeten Buffers.

▣ ReadListBegin, ReadListEnd (Methoden)

```
procedure ReadListBegin;
procedure ReadListEnd;
```

Mit *ReadListBegin* und *ReadListEnd* können Markierungen im Stream gelesen werden. Setzen Sie diese beiden Methoden immer paarweise ein.

▣ Read-Methoden

```
procedure Read(var Buf; Count: Longint);
function ReadBoolean: Boolean;
function ReadChar: Char;
function ReadString: string;
function ReadDate: TDateTime;
// Zahlen
function ReadInt64: Int64;
function ReadInteger: Longint;
function ReadCurrency: Currency;
function ReadFloat: Extended;
function ReadSingle: Single;
```

Mit *Read* können *Count* Bytes aus dem Stream ausgelesen werden. Die anderen Funktionen dienen zum Auslesen einfacher Datentypen.

▣ NextValue (Methode)

```
function NextValue: TValueType;
type TValueType = (vaNull, vaList, vaInt8, vaInt16, vaInt32,
  vaExtended, vaString, vaIdent, vaFalse, vaTrue, vaBinary, vaSet,
  vaLString, vaNil, vaCollection, vaSingle, vaCurrency, vaDate,
  vaWString, vaInt64);
```

Mit *CheckValue* kann geprüft werden, welchen Typ das nächste zu lesende Element hat.

4.5 Registry und Ini-Files

Um Programmeinstellungen zu speichern, gab es unter Windows 3.1 die Dateien *Win.ini* und *System.ini*, oft legten die Programme auch noch eigene Ini-Files im Windows-Verzeichnis an. Diese Ini-Dateien werden unter Windows 95/98/NT ersetzt von der Registry, in der dann alle Informationen gespeichert werden sollen.

In vielen Fällen bietet es sich jedoch an, nicht die Registry zu verwenden, sondern Ini-Files, und diese im gleichen Verzeichnis wie die Anwendung zu speichern. Dann nämlich bleiben keine Rückstände auf dem Rechner, wenn das Programm wieder entfernt werden soll und somit das gesamte Verzeichnis gelöscht wird.

In denjenigen Fällen, in denen zu einzelnen Anwendern unterschiedliche Informationen gespeichert werden sollen, ist jedoch die Verwendung der Registry einfacher.

4.5.1 IniFiles

Von der Klasse *TCustomIniFile* werden zwei Klassen abgeleitet: *TIniFile* kapselt die WinAPI-Funktionen *WritePrivateProfileString* und *GetPrivateProfileString*, die beim Lesen oder Schreiben eines jeden Wertes aufgerufen werden. *TMemIniFile* bildet diese Funktion mit einer Stringliste nach.

Beim Erstellen einer Ini-Datei ist *TMemIniFile* um etwa den Faktor 50 schneller, sobald die Ini-Datei existiert, geht ein erstmaliger Aufruf bei beiden Klassen in etwa gleich schnell. Sind jedoch die Daten einmal im Speicher, dann hat *TIniFile* »die Nase vorn« und ist etwa doppelt so schnell.

Alle drei Klassen sind in der Unit *IniFiles* definiert, die von Hand eingebunden werden muss.

Der Aufbau von IniFiles

IniFiles sind Wertelisten, also Textdateien, die zeilenweise nach dem Muster *Schlüssel=Wert* aufgebaut sind. Zusätzlich sind diese Wertepaare noch in Sektionen aufgeteilt, die in eckigen Klammer stehen (im nachfolgenden Beispiel *[Test]*).

In ein und derselben Sektion ist ein Schlüssel eindeutig, kommt also nur ein einziges Mal vor. Verschiedene Sektionen können allerdings Schlüssel mit identischen Bezeichnern haben.

```
[Test]
Eins=1
Zwei=2
Drei=3
Vier=4
```

TCustomIniFile

Die abstrakte Klasse *TCustomIniFile* ist der gemeinsame Vorfahre von *TIniFile* und *TMemIniFile*.

■ Die Lese-Funktionen

```
function ReadString(const Section, Ident,
  Default: string): string;
function ReadInteger(const Section, Ident: string;
  Default: Longint): Longint;
function ReadFloat(const Section, Name: string;
  Default: Double): Double;
function ReadBool(const Section, Ident: string;
  Default: Boolean): Boolean;
```

```
function ReadDate(const Section, Name: string;
  Default: TDateTime): TDateTime;
function ReadDateTime(const Section, Name: string;
  Default: TDateTime): TDateTime;
function ReadTime(const Section, Name: string;
  Default: TDateTime): TDateTime;
```

Die Lesefunktionen erwarten als Parameter den Namen der Sektion und des Schlüssels (*name*) und geben dann den dazugehörenden Wert zurück. Gibt es Ini-Datei, Sektion oder Schlüssel nicht, dann wird der Wert zurückgegeben, der mit *Default* vorgegeben wurde.

Intern lesen alle diese Funktionen mittels der abstrakten Funktion *ReadString* aus der Ini-Datei und führen dann eine Umwandlung in den entsprechenden Typ durch.

■ Die Schreibroutinen

```
procedure WriteString(const Section, Ident, Value: String);
procedure WriteInteger(const Section, Ident: string;
  Value: Longint);
procedure WriteBool(const Section, Ident: string; Value: Boolean);
procedure WriteDate(const Section, Name: string; Value: TDateTime);
procedure WriteDateTime(const Section, Name: string;
  Value: TDateTime);
procedure WriteFloat(const Section, Name: string; Value: Double);
procedure WriteTime(const Section, Name: string; Value: TDateTime);
```

Die Schreibroutinen schreiben unter Angabe von Sektion und Schlüsselnamen den Wert (*Value*) in die Ini-Datei. Vorher noch nicht vorhandene Sektionen und Schlüssel werden dabei angelegt.

■ Die Sektionen

```
function SectionExists(const Section: string): Boolean;
procedure EraseSection(const Section: string);
procedure ReadSections(Strings: TStrings);
procedure ReadSection(const Section: string; Strings: TStrings);
procedure ReadSectionValues(const Section: string;
  Strings: TStrings);
```

Mit *SectionExists* kann man die Existenz einer Sektion verifizieren, mit *EraseSektion* diese (mit allen darin enthaltenen Schlüsseln) löschen. Es tritt keine Exception auf, wenn Sie versuchen, eine nicht existierende Sektion zu löschen.

Die Namen aller Sektionen kann man mit *ReadSections* in eine Stringliste schreiben, mit *ReadSection* werden alle Schlüssel einer Sektion nach *Strings* geschrieben. *ReadSectionValues* legt Einträge in der Form *Schlüssel=Wert* von der angegebenen Sektion an.

▦ Die Schlüssel

```
function ValueExists(const Section, Ident: string): Boolean;
procedure DeleteKey(const Section, Ident: String);
```

Mit *ValueExists* kann man prüfen, ob in *Section* der angegebene Schlüssel existiert, mit *DeleteKey* diesen löschen. Es tritt keine Exception auf, wenn Sie mit *DeleteKey* einen nicht existierenden Schlüssel zu löschen versuchen.

▦ UpdateFile (Methode)

```
procedure UpdateFile;
```

Mit *UpdateFile* schreiben Sie die Ini-Datei auf die Festplatte. Während bei *TIniFile* dies ohnehin früher oder später passieren würde, ist dieser Aufruf bei *TMemIniFile* zwingend.

TIniFile

TIniFile verwendet für den Zugriff auf eine Ini-Datei die WinAPI-Funktionen.

▦ Create (Konstruktor)

```
constructor Create(const FileName: string);
```

Eigentlich ist der Konstruktor ja schon in *TCustomIniFile* implementiert. Der Parameter *FileName* gibt an, wo die Ini-Datei gespeichert werden soll. Ist hier keine Pfad-Angabe vorhanden, dann wird die Ini-Datei im Windows-Verzeichnis gespeichert.

TMemIniFile

TMemIniFile greift auf die Ini-Datei mittels einer Stringliste zu. Vergessen Sie nicht den Aufruf von *UpdateFile*, wenn die Daten tatsächlich auf der Festplatte landen sollen.

▦ Create (Konstruktor)

```
constructor Create(const FileName: string);
```

Der Parameter *FileName* gibt an, wo die Ini-Datei gespeichert werden soll. Ist hier keine Pfad-Angabe vorhanden, dann wird die Ini-Datei im aktuellen Verzeichnis gespeichert.

■ Zugriff auf die Stringliste

```
procedure GetStrings(List: TStrings);
procedure SetStrings(List: TStrings);
```

Wenn es denn mal nötig sein sollte, kann man mit *GetStrings* und *SetStrings* auf die interne Stringliste zugreifen.

■ Rename (Methode)

```
procedure Rename(const FileName: string; Reload: Boolean);
```

Mit *Rename* kann der Dateiname »im laufenden Betrieb« ausgewechselt werden. Sollen dabei die Werte aus der (neuen) Datei geladen werden, ist *Reload* auf *true* zu setzen.

Beispiel

Im folgenden Beispiel wird die Position von *Form1* beim Verlassen des Programms in eine Ini-Datei geschrieben und beim erneuten Starten daraus gelesen. Die *OnDestroy*-Ereignisbehandlungsroutine des Formulars schreibt dessen Position und Abmessungen einfach in eine Ini-Datei.

Beim Erstellen des Formulars wird ein wenig aufwendiger vorgegangen: Zum einen kann es vorkommen, dass eine Ini-Datei fehlerhaft wird und dort völlig unsinnige Angaben stehen. Würde beispielsweise ein Wert von 30000 der Eigenschaft *Left* zugewiesen, dann wäre das Formular nicht mehr auf dem Bildschirm zu sehen. Deswegen wird mit der lokalen Routine *SetLimit* sichergestellt, dass der zugewiesene Wert im Bereich der angegebenen Grenzen liegt.

Für die Grenzen könnte man prinzipiell *Screen.Width* und *Screen.Height* verwenden. Wird das Programm jedoch auf dem zweiten Monitor eines Dual-Monitor-Systems beendet, wäre es dann nicht mehr sichtbar, wenn beim erneuten Start nur noch ein Monitor angeschlossen ist. Deswegen werden die Abmessungen des ersten Monitors als Grenzen verwendet.

```
procedure TForm1.FormCreate(Sender: TObject);

  function SetLimit(Value, Min, Max: integer): integer;
  begin
    result := Value;
    if result < Min
      then result := Min;
    if result > Max
      then result := Max;
  end; {function SetLimit}
```

```
var
  Ini: TMemIniFile;
  wi, hi: integer;
begin
  Ini := TMemIniFile.Create(ExtractFilePath(Application.ExeName)
    + 'test.ini');
  try
    wi := Screen.Monitors[0].Width;
    hi := Screen.Monitors[0].Height;
    Left := SetLimit(Ini.ReadInteger(name, 'Left', 0), 0, wi);
    Top := SetLimit(Ini.ReadInteger(name, 'Top', 0), 0, hi);
    Width := SetLimit(Ini.ReadInteger(name, 'Width', 400), 200, hi);
    Height := SetLimit(Ini.ReadInteger(name, 'Height', 300), 150, hi);
  finally
    Ini.Free;
  end;
end; {procedure TForm1.FormCreate}


procedure TForm1.FormDestroy(Sender: TObject);
var
  Ini: TMemIniFile;
begin
  Ini := TMemIniFile.Create(ExtractFilePath(Application.ExeName)
    + 'test.ini');
  try
    Ini.WriteInteger(name, 'Left', Left);
    Ini.WriteInteger(name, 'Top', Top);
    Ini.WriteInteger(name, 'Width', Width);
    Ini.WriteInteger(name, 'Height', Height);
  finally
    Ini.UpdateFile;
    Ini.Free;
  end;
end; {procedure TForm1.FormDestroy}
```

4.5.2 TRegistry

Die Registry soll als zentrale Registrierungs-Datenbank die noch aus der 16-Bit-Zeit stammenden Ini-Dateien ersetzen. Der Autor ist jedoch kein Freund der Registry: Durch ihre Größe ist sie sehr unübersichtlich, und Programme lassen sich allenfalls dadurch rückstandslos entfernen, indem man die Deinstallations-routine ausführt. In dieser Hinsicht sind Ini-Dateien besser, die im selben Ver-zeichnis wie die Anwendung gespeichert werden. Löscht man das Verzeichnis, dann ist man nicht nur die Anwendung, sondern auch die dazugehörende Ini los.

Die Registry ist in einer Baumstruktur aufgebaut:

Im Schlüssel HKEY_CLASSES_ROOT sind vor allem die Dateierweiterungen re-gistriert und die Anwendungen, die damit arbeiten. Daten, die allen Benutzern (und somit dem Rechner selbst) zugeordnet sind, werden in HKEY_LOKAL_MACHINE gespeichert, während HKEY_CURRENT_USER für jeden angemeldeten Benutzer einmal angelegt ist – persönliche Einstellungen ei-nes jeden Benutzers sind dort zu speichern.

■ Die Lesefunktionen

```
function ReadString(const Name: string): string;
function ReadInteger(const Name: string): Integer;
function ReadFloat(const Name: string): Double;
function ReadCurrency(const Name: string): Currency;
function ReadBool(const Name: string): Boolean;
function ReadDate(const Name: string): TDateTime;
function ReadDateTime(const Name: string): TDateTime;
function ReadTime(const Name: string): TDateTime;
function ReadBinaryData(const Name: string; var Buffer;
  BufSize: Integer): Integer;
```

Mit den Lesefunktionen können Daten aus der Registry ausgelesen werden. Beachten Sie bitte, dass es hier keinen Default-Parameter gibt. Wird der Name nicht gefunden, dann wird eine Exception ausgelöst.

▨ Die Schreibroutinen

```
procedure WriteString(const Name, Value: string);
procedure WriteExpandString(const Name, Value: string);
procedure WriteInteger(const Name: string; Value: Integer);
procedure WriteFloat(const Name: string; Value: Double);
procedure WriteCurrency(const Name: string; Value: Currency);
procedure WriteBool(const Name: string; Value: Boolean);
procedure WriteDate(const Name: string; Value: TDateTime);
procedure WriteDateTime(const Name: string; Value: TDateTime);
procedure WriteTime(const Name: string; Value: TDateTime);
procedure WriteBinaryData(const Name: string; var Buffer;
  BufSize: Integer);
```

Mit den Schreibroutinen werden Daten in die Registry geschrieben. Mit *WriteExpandString* speichern Sie einen String, der verkürzte Referenzen auf Umgebungsvariablen wie z.B. *%PATH%* enthält.

▨ RootKey (Eigenschaft, öffentlich)

```
property RootKey: LongWord;
```

```
HKEY_CLASSES_ROOT = DWORD($80000000);
HKEY_CURRENT_USER = DWORD($80000001);
HKEY_LOCAL_MACHINE = DWORD($80000002);
HKEY_USERS = DWORD($80000003);
HKEY_PERFORMANCE_DATA = DWORD($80000004);
HKEY_CURRENT_CONFIG = DWORD($80000005);
HKEY_DYN_DATA = DWORD($80000006);
```

Mit *RootKey* wird der Zweig der Registry gewählt. Für die vorgesehenen Werte dieser Eigenschaft sind Konstanten definiert.

▨ Schlüssel

```
function OpenKey(const Key: string; CanCreate: Boolean): Boolean;
function OpenKeyReadOnly(const Key: String): Boolean;
procedure CloseKey;
function CreateKey(const Key: string): Boolean;
function DeleteKey(const Key: string): Boolean;
property CurrentPath: string;
```

Mit *OpenKey* wird ein Schlüssel (Pfad) geöffnet. Falls dieser noch nicht existiert, wird er erzeugt, vorausgesetzt, der Parameter *CanCreate* hat den Wert *true*. Im Erfolgsfall gibt diese Funktion *true* zurück.

Beginnt die Angabe des Schlüssels mit einem Backslash, dann ist die Pfadangabe absolut zum jeweiligen *RootKey*. Pfadangaben, die nicht mit einem Backslash beginnen, sind relativ zum jeweils aktuellen Pfad. Den aktuellen Pfad kann man mit der ReadOnly-Eigenschaft *CurrentPath* ermitteln.

Mit *OpenKeyReadOnly* wird ebenfalls ein Schlüssel geöffnet, allerdings nur zum Lesen und nicht zum Schreiben. Mit *CloseKey* wird der Schlüssel wieder geschlossen und gegebenenfalls vorgenommene Änderungen werden in die Registry geschrieben.

Zum Erstellen eines neuen Schlüssels wird *CreateKey* verwendet, zum Löschen eines Schlüssels *DeleteKey*.

■ Informationen über die Schlüssel

```
TRegKeyInfo = record
  NumSubKeys: Integer;
  MaxSubKeyLen: Integer;
  NumValues: Integer;
  MaxValueLen: Integer;
  MaxDataLen: Integer;
  FileTime: TFileTime;
end;

function GetKeyInfo(var Value: TRegKeyInfo): Boolean;
function HasSubKeys: Boolean;
function KeyExists(const Key: string): Boolean;
procedure GetKeyNames(Strings: TStrings);
```

Mit *GetKeyInfo* erhält man detailliertere Informationen über einen Schlüssel:

■ Die Anzahl von Unterschlüsseln und die Länge des längsten Namens dieser Unterschlüssel.

■ Die Anzahl der Werte und die Länge des längsten Namens dieser Werte.

■ Die Länge des längsten Wertes sowie

■ Datum und Zeit des letzten Zugriffs.

Möchte man lediglich feststellen, ob der Schlüssel Unterschlüssel hat, verwendet man *HasSubKeys*. Die Existenz eines Schlüssels verifiziert man mit KeyExists. Die Names der (Unter-) Schlüssel kann man mit *GetKeyNames* in eine Stringliste schreiben.

■ Speichern in und Laden aus Dateien

Mit *SaveKey* kann ein Zweig der Registry in eine Datei gespeichert werden, mit *LoadKey*, *ReplaceKey* oder *RestoreKey* daraus geladen werden. Näheres dazu in der Online-Hilfe.

■ Werte

```
function ValueExists(const Name: string): Boolean;
function DeleteValue(const Name: string): Boolean;
procedure RenameValue(const OldName, NewName: string);
procedure GetValueNames(Strings: TStrings);
```

Auf die einzelnen Werte wird im Regelfall mit den Lese- und Schreibmethoden zugegriffen. Da die Lesemethoden eine Exception auslösen, wenn der betreffende Name nicht existiert, kann man vorher mit *ValueExists* dessen Existenz verifizieren.

Möchte man einen Wert entfernen, ist *DeleteValue* zu verwenden, mit *RenameValue* kann man den Namen ändern.

Mit *GetValueNames* können die Namen aller Werte des aktuellen Schlüssels in eine Stringliste geschrieben werden.

■ Informationen über die Werte

```
function GetDataInfo(const ValueName: string;
  var Value: TRegDataInfo): Boolean;
function GetDataSize(const ValueName: string): Integer;
function GetDataType(const ValueName: string): TRegDataType;

TRegDataType = (rdUnknown, rdString, rdExpandString,
  rdInteger, rdBinary);

TRegDataInfo = record
  RegData: TRegDataType;
  DataSize: Integer;
end;
```

Mit *GetDataSize* kann die Größe der gespeicherten Daten ermittelt werden (bei Strings zuzüglich terminierender Null), mit *GetDataType* der Typ. *GetDataInfo* ermittelt beide Informationen gemeinsam.

■ Sonstiges

```
constructor Create; overload;
constructor Create(AAccess: LongWord); overload;
property Access: LongWord;
function RegistryConnect(const UNCName: string): Boolean;
```

Mit *Create* wird eine neue Instanz erstellt und HKEY_CURRENT_USER als *RootKey* eingestellt. Von *Create* existiert eine überladene Version, bei der die Zugriffsrechte eingestellt werden können. Alternativ dazu können die Zugriffsrechte auch mit der Eigenschaft *Access* spezifiziert werden.

Mit *RegistryConnect* kann auf die Registry eines anderen Rechners zugegriffen werden. Näheres dazu in der Online-Hilfe.

Beispiel

Dieselbe Aufgabenstellung, die wir bereits als Beispiel für *TMemIniFile* herangezogen haben, soll nun mit *TRegistry* gelöst werden.

Im Gegensatz zur vorherigen Lösung wird hier nicht ein Dateiname dem Konstruktor übergeben, sondern es wird nach dem Konstruktor mit *RootKey* und *OpenKey* der gewünschte Schlüssel geöffnet.

Beim erstmaligen Start (oder wenn die Registry entsprechend geändert wurde) würden die Lesezugriffe auf (noch) nicht vorhandene Schlüssel zu einer Exception führen. Aus diesem Grund wurde die lokale Routine *ReadRegInteger* verwendet, welche die Existenz der Schlüssel überprüft.

```pascal
procedure TForm1.FormCreate(Sender: TObject);
var
  Reg: TRegistry;
  wi, hi: integer;

  function SetLimit(Value, Min, Max: integer): integer;
  begin
    result := Value;
    if result < Min
      then result := Min;
    if result > Max
      then result := Max;
  end; {function SetLimit}

  function ReadRegInteger(Name: string; Default: integer): integer;
  begin
    if Reg.ValueExists(Name) then
    begin
      try
        if Reg.GetDataType(Name) = rdInteger
          then Result := Reg.ReadInteger(Name)
          else Result := StrToIntDef(Reg.ReadString(Name), Default);
      except
        Result := Default;
      end;
    end
    else Result := Default;
  end; {function ReadRegInteger}
```

```
begin
  Reg := TRegistry.Create;
  Reg.RootKey := HKEY_CURRENT_USER;
  Reg.OpenKey('\Software\TABU Datentechnik\Buecher\'
    + 'Delphi 6 nachschlagen und verstehen\Test2', True);
  try
    wi := Screen.Monitors[0].Width;
    hi := Screen.Monitors[0].Height;
    Left := SetLimit(ReadRegInteger('Left', 0), 0, wi);
    Top := SetLimit(ReadRegInteger('Top', 0), 0, hi);
    Width := SetLimit(ReadRegInteger('Width', 400), 200, hi);
    Height := SetLimit(ReadRegInteger('Height', 300), 150, hi);
  finally
    Reg.Free;
  end;
end; {procedure TForm1.FormCreate}


procedure TForm1.FormDestroy(Sender: TObject);
var
  Reg: TRegistry;
begin
  Reg := TRegistry.Create;
  Reg.RootKey := HKEY_CURRENT_USER;
  Reg.OpenKey('\Software\TABU Datentechnik\Buecher\'
    + 'Delphi 6 nachschlagen und verstehen\Test2', True);
  try
    Reg.WriteInteger('Left', Left);
    Reg.WriteInteger('Top', Top);
    Reg.WriteInteger('Width', Width);
    Reg.WriteInteger('Height', Height);
  finally
    Reg.Free;
  end;
end; {procedure TForm1.FormDestroy}
```

4.5.3 TRegIniFile und TRegistryIniFile

Wie wir im vorangehenden Kapitel gesehen haben, hat *TRegistry* den Nachteil fehlender Default-Werte gegenüber den Ini-Files. Deswegen gibt es die Klasse *TRegistryIniFile*, die von *TCustomIniFile* abgeleitet ist und dieselben Methoden-aufrufe bietet, die Daten aber aus der Registry holt beziehungsweise dorthin schreibt.

Intern verwendet *TRegistryIniFile* die Klasse *TRegIniFile*, die man auch einzeln instantisieren kann.

Denjenigen Lesern, die gleichzeitig für 16 und 32 Bit entwickeln müssen, bietet *TRegistryIniFile* die Möglichkeit, mittels bedingter Kompilierung wahlweise eine Ini-Datei oder die Registry zu verwenden:

```
var
  Ini: TCustomIniFile;
begin
  {$IFDEF WIN32}
    Ini := TRegistryIniFile.Create('\Software\TABU Datentechnik\'
      + 'Buecher\Delphi 6 nachschlagen und verstehen\Test2');
  {$ELSE}
    Ini := TMemIniFile.Create(ExtractFilePath(Application.ExeName)
      + 'test.ini');
  {$ENDIF}
```

Auch in der uses-Klausel lässt sich bedingte Kompilierung verwenden:

```
uses IniFiles {$IFDEF WIN32}, Registry{$ENDIF};
```

4.6 TClipboard

Die Komponente *TClipboard* kapselt die Funktionalität der Zwischenablage. Einige Komponenten bedienen die Zwischenablage schon »von Haus aus«, reagieren also auf die entsprechenden Tastenkürzel wie beispielsweise STRG+C. Um einen solchen Vorgang manuell auszulösen, gibt es dann entsprechende Methoden wie *CopyToClipboard*.

Bei Daten anderer Herkunft kann die Klasse *TClipboard* verwendet werden, von der automatisch eine Instanz namens *Clipboard* angelegt wird. Dazu muss die Unit *clipbrd* eingebunden werden. *TClipboard* ist von *TPersistent* abgeleitet.

▧ Assign (Methode)

```
procedure Assign(Source: TPersistent);
```

Die Methode *Assign* wird verwendet, um Daten – insbesondere Bilder – der Zwischenablage hinzuzufügen.

```
Clipboard.Assign(Image1.Picture);
```

▧ AsText (Eigenschaft)

```
property AsText: string;
```

Mit der Eigenschaft *AsText* kann Text in die Zwischenablage geschrieben werden oder auch daraus gelesen werden.

▧ Formats, FormatCount (Eigenschaften), Open, Close, HasFormat (Methoden)

```
property Formats[Index: Integer]: Word;
property FormatCount: Integer;
procedure Close;
procedure Open;
function HasFormat(Format: Word): Boolean;
```

Die Zwischenablage kann die Daten in mehreren Formaten gleichzeitig speichern. So kann eine Anwendung beispielsweise einen Text einmal als formatierten Text und einmal als ASCI-Text in die Zwischenablage stellen. Das Programm, in das dann die Daten eingefügt werden, kann untersuchen, ob – und wenn ja, welche – der angebotenen Formate gelesen werden können.

Über die Array-Eigenschaft *Formats* kann man ermitteln, welche Formate momentan in der Zwischenablage sind, wobei für die einzelnen Formate Konstanten definiert sind. Die Anzahl der Formate, die momentan in der Zwischenablage sind, kann mit *FormatCount* ermittelt werden.

Um Daten in mehreren Formaten in die Zwischenablage zu speichern, muss vor dem Speichern *Open* und danach *Close* aufgerufen werden. Mehr dazu im Beispiel.

Mit *HasFormat* kann ermittelt werden, ob Daten des angegebenen Formats in der Zwischenablage vorhanden sind.

▪ Lesen und Schreiben in die Zwischenablage

```
procedure Clear;
function GetComponent(Owner, Parent: TComponent): TComponent;
function GetAsHandle(Format: Word): THandle;
function GetTextBuf(Buffer: PChar; BufSize: Integer): Integer;
procedure SetComponent(Component: TComponent);
procedure SetAsHandle(Format: Word; Value: THandle);
procedure SetTextBuf(Buffer: PChar);
```

Mit der Methode *Clear* wird der Inhalt der Zwischenablage gelöscht. Um Komponenten in die Zwischenablage zu speichern, wird *SetComponent* verwendet, um sie aus der Zwischenablage einzufügen, *GetComponent*, wobei hier der *Owner* und der *Parent* übergeben werden müssen. Eher zwei Methoden für die Delphi-IDE.

Mit *SetAsHandle* und *GetAsHandle* können beliebige Daten in die Zwischenablage gepackt werden, mehr dazu im Beispiel.

Mit *SetTextBuf* und *GetTextBuf* kann Text in die Zwischenablage gespeichert oder daraus geladen werden. Allerdings wird dabei fest das Format CF_TEXT verwendet. Mit der Eigenschaft *AsText* geht das meist einfacher.

Beispiel

Im folgenden Beispiel sollen Binär-Daten in die Zwischenablage gespeichert und daraus geladen werden. Dafür soll ein eigenes Zwischenablage-Format definiert werden. Für dieses Zwischenablage-Format wird eine globale Variable angelegt:

```
type
   TDaten = array[0..59] of Byte;
var
   Form1: TForm1;
   CF_SZENE: word;
   Daten: TDaten;
```

Mit der WinAPI-Funktion *RegisterClipboardFormat* wird ein neues Format beim Betriebssystem registriert. Wählen Sie dafür einen String, den vermutlich kein anderes Programm so verwendet, es sei denn, dass es dasselbe Format unterstützen möchte.

```
procedure TForm1.FormCreate(Sender: TObject);
begin
   CF_SZENE := RegisterClipboardFormat('LightControl Szene');
end;
```

Wir wollen hier die Daten nicht nur in unserem »eigenen« Format in die Zwischenablage speichern, sondern auch noch als Text. Deswegen beginnen wir mit *Clipboard.Open*. Sicherheitshalber wird durch eine *try..finally..end*-Konstruktion sichergestellt, dass am Ende *Clipboard.Close* aufgerufen wird.

Die WinAPI-Funktion *GlobalAlloc* reserviert Speicher und gibt ein Handle darauf zurück. Mit *GlobalLock* wird dieser Speicher für anderen Zugriff gesperrt und der Zeiger darauf ermittelt. Mit *Move* werden dann die Daten vom Array in diesen Speicher geschrieben und dieser dann mittels *SetAsHandle* in die Zwischenablage gestellt.

Mit der Eigenschaft *AsText* wird das Array als Text in die Zwischenablage gestellt, wobei die Konvertierung von binären Daten in eine Werteliste von der lokalen Prozedur *MakeString* übernommen wird.

```
procedure TForm1.kopieren;
var
   Data: THandle;
   DataPtr: Pointer;
   b: boolean;
   s: string;

   function MakeString: string;
   var
      i: integer;
   begin
      for i := 0 to 59 do
      begin
         result := result + IntToStr(i + 1) + '='
            + IntToStr(Daten[i]) + #13#10;
      end;
   end;

begin
   Clipboard.Open;
   try
      s := MakeString;
      Data := GlobalAlloc(GMEM_MOVEABLE + GMEM_DDESHARE, 60);
      DataPtr := GlobalLock(Data);
```

```
try
   Move(Daten, DataPtr^, 60);
   Clipboard.SetAsHandle(CF_SZENE, Data);
finally
   GlobalUnlock(Data);
end;
Clipboard.AsText := s;
finally
   Clipboard.Close;
end;
end; {procedure TForm1.kopieren}
```

Mit *GetAsHandle* werden die Daten im angegebenen Format aus der Zwischenablage in ein Stück Speicher geschrieben und ein Handle darauf zurückgegeben.
Gibt es im angegebenen Format keine Daten in der Zwischenablage, hat das Handle den Wert null. Es ist hier somit keine eigene Abfrage mit *HasFormat* erforderlich.

Wieder wird hier mit *GlobalLock* ein Zeiger auf den Speicherbereich ermittelt und
dann die Daten mit *Move* geschrieben, diesmal zurück in das Array.

```
procedure TForm1.einfuegen;
var
   Data: THandle;
   DataPtr: Pointer;
begin
   Data := Clipboard.GetAsHandle(CF_SZENE);
   if Data > 0 then
   begin
      DataPtr := GlobalLock(Data);
      try
         Move(DataPtr^, Daten, 60);
      finally
         GlobalUnlock(Data);
      end;
   end
   else ShowMessage('falsches Format');
end; {procedure TForm1.einfuegen}
```

5 Know-how

5.1 Multi-Threading

Multi-Threading bietet die Möglichkeit, verschiedene Tätigkeiten eines Programms quasi gleichzeitig ablaufen zu lassen.

5.1.1 Threads und Prozesse

Windows 95/98 und Windows NT sind echte Multi-Tasking-Betriebssysteme. Das Betriebssystem teilt die Rechenzeit des Prozessors oder der Prozessoren den verschiedenen Threads zu. Bei nur einem Prozessor erhalten die einzelnen Threads jeweils kurz hintereinander Rechenzeit, so dass der Eindruck entsteht, dass sie parallel ablaufen. Bei Multi-Prozessor-Systemen werden mehrere Threads tatsächlich gleichzeitig bearbeitet.

Ein Prozess ist in der Regel identisch mit einer Anwendung. Ein Prozess erhält jeweils einen eigenen Speicherraum, so dass der Datenaustausch zwischen Prozessen etwas aufwendiger ist. Solange sich der Datenaustausch auf wenige Werte beschränkt, bieten sich dafür Windows-Botschaften an, denen die Werte als Parameter übergeben werden. Bei größeren Datenmengen kann man *MemoryMappedFiles* verwenden. Eine Alternative ist die Verwendung der TCP/IP-Sockel – diese können auch dann eingesetzt werden, wenn die Prozesse auf unterschiedlichen Rechnern laufen.

Jeder Prozess hat mindestens ein Thread, der so genannte Haupt-Thread. Dem Prozess selbst wird keine Rechenzeit zur Verfügung gestellt, sondern immer nur den Threads des Prozesses, im einfachsten Fall also nur dem Haupt-Thread des Prozesses. Enthält ein Prozess mehrere Threads, dann können mehrere Aufgaben der betreffenden Anwendung quasi gleichzeitig ausgeführt werden (Beispiel: Drucken im Hintergrund).

Alle Threads eines Prozesses teilen sich denselben Adressraum, der Datenaustausch zwischen den Threads ist somit zunächst unproblematisch. Allerdings kann es Probleme geben, wenn mehrere Threads gleichzeitig auf dieselben Daten zugreifen. Hier ist es erforderlich, den Datenzugriff zu serialisieren, also dafür zu sorgen, dass er nicht gleichzeitig stattfinden kann. Dafür dienen beispielsweise die in Kapitel 5.1.5 beschriebenen kritischen Sektionen.

Auf Rechnern mit einem Prozessor laufen Threads nie wirklich parallel ab. Manche Probleme treten jedoch erst dann auf, wenn Threads wirklich gleichzeitig ablaufen. Wenn Sie Threads in Ihren Programmen einsetzen, dann testen Sie diese ausgiebig auf Multi-Prozessor-Maschinen oder geben Sie diese nicht für Windows NT / Windows 2000 frei.

5.1.2 Beispielprogramm Primzahlenberechnung

Wir wollen nun in einem Beispielprogramm die ersten 100 000 Primzahlen berechnen. Eine Primzahl ist definiert als eine positive Zahl, welche nur durch eins und sich selbst ohne Rest teilbar ist. (Damit die Primfaktorenzerlegung eindeutig ist, zählt man die Eins nicht zu den Primzahlen.)

Die erste Version des Beispielprogramms ist ziemlich »geradeaus« programmiert, dementsprechend dauert die Berechnung auch etwa neun Minuten und das Anzeigen etwa drei.

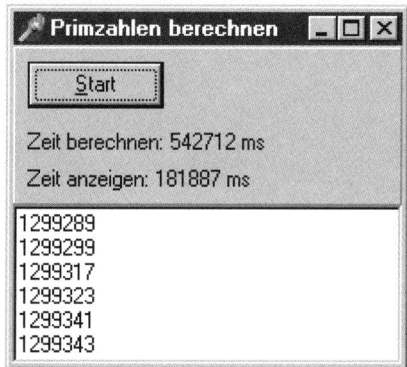

(Selbstverständlich würde man zunächst erst einmal deutlich weniger Primzahlen berechnen, bis das Programm entsprechend optimiert ist, es sei denn, man ist Fachbuchautor und möchte den entsprechenden Bildschirmabzug präsentieren. Das Programm wurde übrigens auf einem Dual-Prozessor-System mit zwei PII 350 MHz, 256 MByte Speicher und Windows NT getestet.)

```
type
  TForm1 = class(TForm)
  ...
  private
    FPrim: array[0..100000] of integer;
    FAnzahl: integer;
    FAnz: TStringList;
  end;

...

procedure TForm1.Button1Click(Sender: TObject);
var
  c, t1, t2: int64;
  zahl, i: integer;
  IstPrim: boolean;
```

```
begin
  {Primzahlen berechnen}
  Screen.Cursor := crHourGlass;
  QueryPerformanceFrequency(c);
  QueryPerformanceCounter(t1);
  FAnzahl := 1;
  FPrim[0] := 2;
  FPrim[1] := 3;
  zahl := 3;
  repeat  {until (FAnzahl = 100000) or (zahl = high(zahl))}
    inc(zahl);
    IstPrim := true;
    for i := 0 to FAnzahl do
    begin
      if zahl mod FPrim[i] = 0 then
      begin
        IstPrim := false;
        break;
      end;
    end;  {for i := 0 to FAnzahl do}
    if IstPrim = true then
    begin
      inc(FAnzahl);
      FPrim[FAnzahl] := zahl;
    end;
  until (FAnzahl = 100000) or (zahl = high(zahl));
  QueryPerformanceCounter(t2);
  Label1.Caption := 'Zeit berechnen: '
    + IntToStr(round(1000 * (t2 - t1) / c)) + ' ms';

  {Primzahlen anzeigen}
  QueryPerformanceCounter(t1);
  for i := 0 to FAnzahl
    do Memo1.Lines.Add(IntToStr(FPrim[i]));
  QueryPerformanceCounter(t2);
  Label2.Caption := 'Zeit anzeigen: '
    + IntToStr(round(1000 * (t2 - t1) / c)) + ' ms';
  Screen.Cursor := crDefault;
end;  {procedure TForm1.Button1Click}
```

In der *repeat..until*-Schleife werden so lange Zahlen darauf getestet, ob sie Primzahlen sind oder nicht, bis entweder 100 000 Primzahlen gefunden sind oder der Integer-Wertebereich durchgetestet ist.

Um eine Zahl darauf zu testen, ob sie eine Primzahl ist, wird sie in einer *for..to..do*-Schleife durch alle bislang bekannten Primzahlen geteilt. Kann eine solche Division ohne Rest durchgeführt werden, dann ist diese Zahl keine Primzahl und die Schleife kann abgebrochen werden.

Handelt es sich um eine Primzahl, dann wird sie in das Array der Primzahlen geschrieben, außerdem wird *FAnzahl* – die Zahl der momentan gefundenen Primzahlen – inkrementiert.

Anschließend werden alle gefundenen Primzahlen in einen String gewandelt und in *Memo1* geschrieben.

Durch die Aufteilung der Zeitmessung in die Berechnung und in die Anzeige wissen wir schon einmal, was länger dauert. Auch wenn ich Sie jetzt ein wenig »auf die Folter spannen« muss: Bevor wir mit Multi-Threading die Möglichkeiten des Dual-Prozessor-Systems ausreizen, wenden wir erst einmal konsequent herkömmliche Optimierungsmethoden an (welche um ein Vielfaches wirksamer sind).

Optimierung mit herkömmlichen Methoden

Zunächst wollen wir ein wenig an der Berechnung optimieren. Wenn eine Zahl durch eine Primzahl ohne Rest teilbar ist, dann ist sie das mindestens auch durch eine andere – diese beiden Zahlen ergeben dann im Produkt die gerade untersuchte Zahl. Wenn beide Zahlen gleich groß sind, dann sind sie so groß wie die Wurzel aus der untersuchten Zahl – in allen anderen Fällen ist eine der beiden Zahlen kleiner als die Wurzel.

Um zu prüfen, ob die Zahl eine Primzahl ist, muss sie also nicht mehr durch alle Primzahlen geteilt werden, sondern nur durch solche, die kleiner sind als die Wurzel der untersuchten Zahl.

```
  ...
repeat {until FAnzahl = 100;}
  inc(zahl);
  grenze := round(SQRT(zahl));
  IstPrim := true;
  for i := 0 to FAnzahl do
  begin
    if FPrim[i] > grenze then break;
      ...
```

Desweiteren nimmt es sehr viel Zeit in Anspruch, alle gefundenen Primzahlen in das Memo zu schreiben, weil dabei die Anzeige laufend aktualisiert wird. Deshalb werden die Werte erst in eine Stringliste geschrieben, welche dann *Memo1* zugewiesen wird. (Diese Stringliste muss vor der Verwendung erzeugt werden!)

```
{Primzahlen anzeigen}
QueryPerformanceCounter(t1);
for i := 0 to FAnzahl
  do FAnz.Add(IntToStr(FPrim[i]));
QueryPerformanceCounter(t2);
Label3.Caption := 'Zeit zuweisen: '
  + IntToStr(round(1000 * (t2 - t1) / c)) + ' ms';
QueryPerformanceCounter(t1);
Memo1.Lines.Assign(FAnz);
QueryPerformanceCounter(t2);
Label2.Caption := 'Zeit anzeigen: '
  + IntToStr(round(1000 * (t2 - t1) / c)) + ' ms';
```

Für die weitere Optimierung wurden hier schon die Zeiten für die Zuweisung und die Zeiten für die Anzeige getrennt ermittelt:

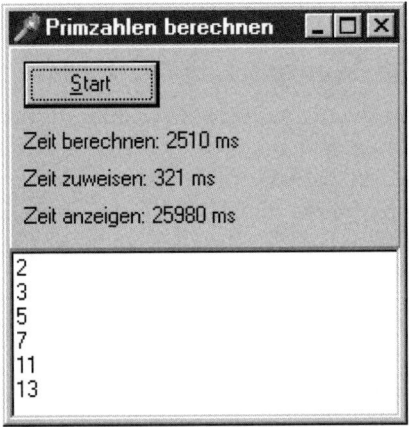

Wie Sie sehen, benötigt die Anweisung *Memo1.Lines.Assign(FAnz)* etwa 90% der Zeit – das haben so komfortable Komponenten wie *TMemo* nun einmal so an sich.

Anzeige in einer PaintBox

Nachdem wir das Memo nur zur Anzeige verwenden, könnten wir eigentlich genauso gut eine *TPaintBox*-Instanz verwenden. Dazu muss zunächst einmal ein Scrollbalken eingefügt werden, mit dem durch die Zahlenmenge gescrollt werden kann.

Die Eigenschaft *Kind* wird auf *sbVertical* und die Eigenschaft *Max* auf 100 000 gesetzt.

Die Anzeige der Zahlen wird in die folgende Prozedur ausgelagert:

```
procedure TForm1.Anzeigen(Anfang: integer);
var
  i, hoch, zahl: integer;
begin
  with PaintBox1.Canvas do
  begin
    Brush.Color := clWhite;
    FillRect(ClipRect);
    hoch := round(1.3 * TextHeight('0'));
    zahl := PaintBox1.Height div hoch;
    ScrollBar1.LargeChange := zahl - 1;
    if Anfang + zahl > 100000
      then Anfang := 100000 - zahl;
    for i := 0 to zahl
      do TextOut(10, i * hoch + 10, FAnz.Strings[Anfang + i]);
  end; {with PaintBox1.Canvas do}
end; {procedure TForm1.Anzeigen}
```

Die Höhe einer Textzeile berechnet sich aus der Höhe eines Zeichens plus 30%, sie wird der Variablen *hoch* zugewiesen. Die Anzahl der anzuzeigenden Zeilen berechnet sich aus der Höhe der PaintBox durch die Zeilenhöhe und wird der Variablen *zahl* sowie der *Scrollbar1*-Eigenschaft *LargeChange* zugewiesen.

Dem Parameter *Anfang* wird der Index der ersten Zeile zugewiesen. Damit es am Ende des Bereichs nicht zu einer Bereichsüberschreitung kommt, sorgt die folgende Anweisung dafür, dass die letzte ausgegebene Zeile höchstens die 100000. Zeile ist. Anschließend werden die gewünschten Zeilen mit *TextOut* ausgegeben.

```
procedure TForm1.ScrollBar1Change(Sender: TObject);
begin
  Anzeigen(ScrollBar1.Position);
end;
```

Beim Bewegen des Scrollbalkens müssen andere Zahlen dargestellt werden, entsprechend wird die Prozedur *Anzeigen* aufgerufen.

```
QueryPerformanceCounter(t1);
ScrollBar1.Position := 0;
Anzeigen(0);
QueryPerformanceCounter(t2);
Label2.Caption := 'Zeit anzeigen: '
  + IntToStr(round(1000 * (t2 - t1) / c)) + ' ms';
```

```
    PaintBox1.OnPaint := ScrollBar1Change;
    Screen.Cursor := crDefault;
end; {procedure TForm1.Button1Click}
```

Außerdem muss die Prozedur *Button1Click* noch entsprechend modifiziert werden. Muss der Inhalt von *PaintBox1* neu gezeichnet werden, so ruft diese Komponente ihre *OnPaint*-Ereignisbehandlungsroutine auf. Der Einfachheit halber wurde dafür *ScrollBar1Change* verwendet, die ja die Prozedur *Anzeigen* aufruft.

Eine Zuweisung der *OnPaint*-Ereignisbehandlungsroutine zur Entwurfszeit kommt deshalb nicht infrage, weil beim Starten des Programms die benötigten Einträge noch nicht in der Stringliste *FAnz* sind.

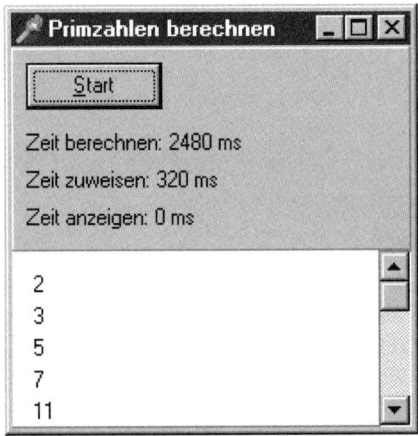

Wie Sie sehen, erfolgt nun die Anzeige in weniger als einer Millisekunde. Insgesamt wurde die Ausführungszeit von etwa zwölf Minuten auf unter drei Sekunden gedrückt.

Verteilung auf zwei Threads

Um nun nochmals etwa eine Sekunde »herauszuschinden«, verteilen wir die Rechenarbeit auf zwei Threads, die dann von den zwei Prozessoren parallel verarbeitet werden können.

Würde man hier wieder »geradeaus« programmieren, dann würde man abwechselnd die Zahlen den beiden Threads zuweisen, die sie dann untersuchen würden. Beim Schreiben in *FPrim* und *FAnz* müsste man dann mittels *TCriticalSection* dafür sorgen, dass sich die beiden Threads nicht gegenseitig stören. Der Verwaltungsaufwand dürfte um ein Vielfaches höher liegen als die eingesparte Zeit.

Deshalb werden den beiden Threads Blöcke von jeweils 10 000 Zahlen zugewiesen, die sie untersuchen. Die gefundenen Primzahlen schreiben sie in ein Array-Feld des Thread-Objektes, nach Beendigung der Untersuchung werden diese Arrays dann vom Haupt-Thread in das Array *FPrim* kopiert.

```
unit Unit2;

interface

uses Classes;

type
  TPrimThread = class(TThread)
  protected
    procedure Execute; override;
  public
    FAnfang: integer;
    FEnde: integer;
    FZwiPrim: array[0..10000] of integer;
    FzwiAnz: integer;
  end;


implementation

uses unit1;

procedure TPrimThread.Execute;
var
  zahl, grenze, i: integer;
  IstPrim: boolean;
begin
  zahl := FAnfang;
  FzwiAnz := 0;
  repeat {until FAnzahl = 100;}
    inc(zahl);
    grenze := round(SQRT(zahl));
    IstPrim := true;
    for i := 0 to Form1.FAnzahl do
    begin
      if Form1.FPrim[i] > grenze then break;
      if zahl mod Form1.FPrim[i] = 0 then
      begin
        IstPrim := false;
        break;
      end;
```

```
   end; {for i := 0 to FAnzahl do}
   if IstPrim = true then
   begin
      inc(FzwiAnz);
      FzwiPrim[FzwiAnz] := zahl;
   end;
   until zahl >= FEnde;
end;


end.
```

Den prinzipiellen Aufbau der Prozedur *Execute* kennen Sie ja bereits, in einigen Details weicht sie jedoch von der vorherigen Primzahlensuche ab: Zunächst wird den Feldern *FAnfang* und *FEnde* zugewiesen, zwischen welchen beiden Werten nach Primzahlen gesucht werden soll – *FAnfang* gehört übrigens nicht mit zum Wertebereich, was völlig belanglos ist, da Vielfache von 10 000 ohnehin keine Primzahlen sind.

Die gefundenen Werte werden in *FZwiPrim* zwischengespeichert, die Anzahl der gefundenen Primzahlen wird in *FZwiAnz* abgelegt. Die dort gespeicherten Zahlen werden nicht zur Untersuchung herangezogen, weil sie ohnehin größer sind als die Wurzel der zu untersuchenden Zahl.

Nun zu den Änderungen im Hauptprogramm:

```
type
   TForm1 = class(TForm)
      ...
   public
      FPrim: array[0..120000] of integer;
      FAnzahl: integer;
   end;
```

Damit die beiden Threads auf *FPrim* und *FAnzahl* zugreifen können, müssen diese in den *public*-Bereich der *TForm1*-Typendefinition verschoben werden. Da außerdem die Abbruchbedingung bei 100 000 Primzahlen in den Threads nicht verfolgt wird, wird *FPrim* sicherheitshalber ein wenig größer gemacht.

```
procedure TForm1.Button1Click(Sender: TObject);
var
   ...
   FPrimThread1: TPrimThread;
   FPrimThread2: TPrimThread;
begin
   ...
```

Für die beiden Threads werden entsprechende Variablen benötigt.

```
    . . .
until zahl = 10000;
grenze := 1;
repeat {until (FAnzahl > 100000) or (zahl = high(zahl));}
  FPrimThread1 := TPrimThread.Create(true);
  with FPrimThread1 do
  begin
    FAnfang := grenze * 10000;
    inc(grenze);
    FEnde := grenze * 10000;
    Resume;
  end;
  FPrimThread2 := TPrimThread.Create(true);
  with FPrimThread2 do
  begin
    FAnfang := grenze * 10000;
    inc(grenze);
    FEnde := grenze * 10000;
    Resume;
  end;
  with FPrimThread1 do
  begin
    WaitFor;
    for i := 1 to FZwiAnz
      do FPrim[FAnzahl + i] := FZwiPrim[i];
    FAnzahl := FAnzahl + FZwiAnz;
    Free;
  end;
  with FPrimThread2 do
  begin
    WaitFor;
    for i := 1 to FZwiAnz
      do FPrim[FAnzahl + i] := FZwiPrim[i];
    FAnzahl := FAnzahl + FZwiAnz;
    Free;
  end;
until (FAnzahl > 100000) or (zahl = high(zahl));
    . . .
```

Bis zur Zahl 10 000 werden die Primzahlen vom Haupt-Thread untersucht – die fehlende Unterstützung des zweiten Prozessors fällt hier überhaupt nicht ins Gewicht und erspart viel Ärger.

Anschließend wird erst der erste, dann der zweite Thread erzeugt, mit Ausgangs-werten versehen und dann gestartet. Daraufhin wird gewartet, bis der erste Thread seine Arbeit beendet hat, dann werden die gefundenen Werte in das Array *FPrim* kopiert. Dasselbe erfolgt mit dem zweiten Thread.

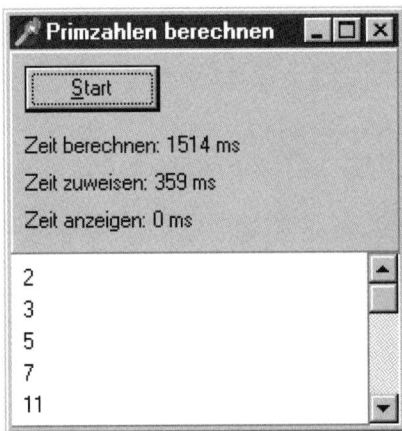

Wie die Abbildung zeigt, konnte (für das Finden von 100729 Primzahlen) die Anwendung nochmals um eine knappe Sekunde schneller gemacht werden.

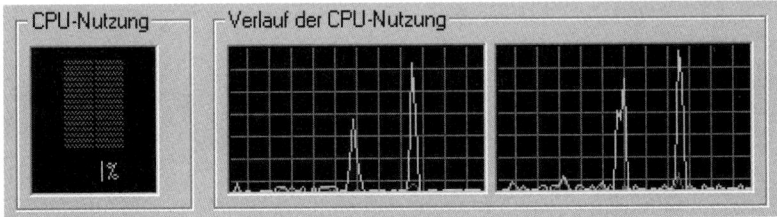

Interessehalber schauen wir uns noch im Task-Manager die Auslastung der bei-den CPUs an. Das erste Zackenpaar (der erste Zacken im linken und der erste Zacken im rechten Diagramm) zeigt die Auslastung bei einem Thread, das zwei-te Zackenpaar bei der Aufteilung auf zwei Threads. Beachten Sie bitte, dass diese Darstellung nur halbwegs genau ist.

5.1.3 Adressensuche im Hintergrund

In einer Datenbank-Tabelle möchte man jeden Datensatz in der Regel nur einmal haben. In einer Kunden-Tabelle beispielsweise sollte jede Kundenadresse nur einmal vorhanden sein. Nun kommt es aber häufig vor, dass ein Kunde, der bereits in der Tabelle ist, sich wieder bei der Firma meldet, seine Kundennummer nicht angibt und somit wieder in die Tabelle aufgenommen wird. Dies führt in der Regel dann auch dazu, dass dieser Kunde ab sofort alle Kataloge zweimal bekommt.

Hier soll nun ein Formular zur Adressen-Eingabe so programmiert werden, dass während der Eingabe von Adressen bereits geprüft wird, ob ein entsprechender Datensatz bereits in der Tabelle ist.

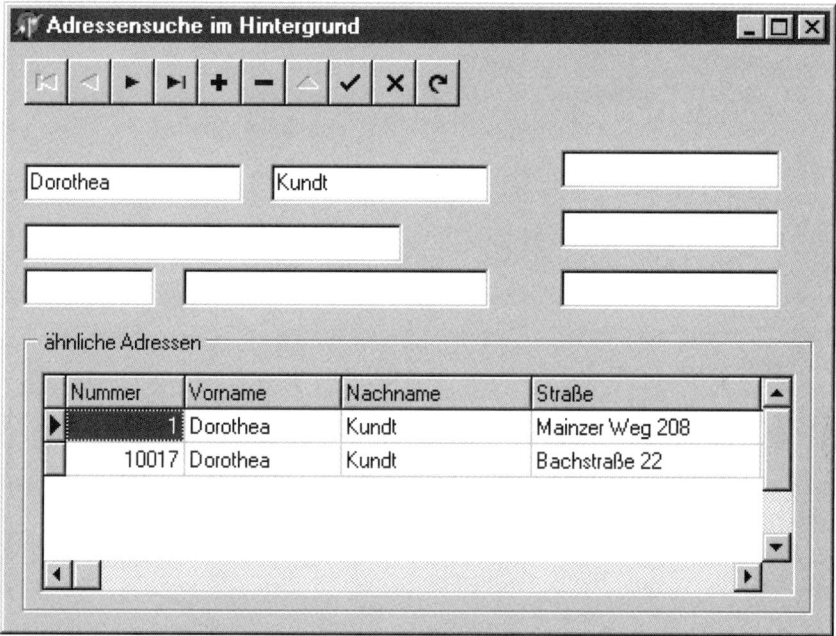

Sicherheitshalber wird dabei nicht auf Gleichheit, sondern auf Ähnlichkeit geprüft. Theoretisch wären zwei sonst identische Adressen, bei denen die eine Straße *Bismarckstraße* und die andere *Bismarckstr.* lauten würde, ungleiche Datensätze. In der Praxis möchte man entsprechende Adressen auch bei solchen kleinen Abweichungen finden. Deshalb werden hier relativ grobe Filter erstellt, so dass zwar im Zweifelsfall mehrere Adressen angezeigt werden, worunter sich jedoch die betreffende Adresse mit hoher Wahrscheinlichkeit befindet.

Suche nach Vorname und Nachname

Nachdem Vorname und Nachname eingegeben wurden, soll geprüft werden, ob
sich entsprechende Kombinationen bereits in der Tabelle befinden. Der Start der
entsprechenden Suche wird an das *OnEnter*-Ereignis von *DBEdit3* (Straße) gekoppelt.

```
procedure TForm1.DBEdit3Enter(Sender: TObject);
begin
  if Table1.State in [dsInsert, dsEdit] then
  begin
    DBGrid1.DataSource := nil;
    with Query1.SQL do
    begin
      Clear;
      Add('SELECT * FROM testadr');
      Add('WHERE UPPER(vorname) LIKE UPPER(:vorname)');
      Add('AND UPPER(nachname) LIKE UPPER(:nachname)');
    end; {with Query1.SQL do}
    Query1.ParamByName('vorname').AsString
      := Table1.FieldByName('vorname').AsString + '%';
    Query1.ParamByName('nachname').AsString
      := Table1.FieldByName('nachname').AsString + '%';
    FSearchThread := TSearchThread.Create(false);
    FSearchThread.FreeOnTerminate := true;
  end; {if Table1.State in [dsInsert, dsEdit]}
end; {procedure TForm1.DBEdit3Enter}
```

Wird nach einem Adressenwechsel ein Datensatz abgeändert, dann kann er auf
einen Wert geändert werden, der bereits in der Tabelle vorhanden ist. Damit auch
dies festgestellt werden kann, wird die Suche nicht nur bei der Eingabe neuer
Datensätze, sondern auch beim Ändern bestehender durchgeführt.

Zunächst wird eine SQL-SELECT-Anweisung formuliert, welche die zu suchenden Werte als Parameter entgegennimmt. Diesem Parameter werden dann die
eben getätigten Eingaben zugewiesen. Nun ist es möglich, dass ein und dieselbe
Person ihren Namen immer verschieden angibt. Um hier wenigstens in einigen
Fällen einen entsprechenden Datensatz zu finden, wird dem eingegebenen Wert
das SQL-Jokerzeichen % angehängt. Einen Datensatz *Heinz-Udo Müller* würde
man auch dann noch finden, wenn die Eingabe *Heinz Müller* wäre. Umgekehrt
geht das leider nicht.

Anschließend wird der Thread erzeugt. Damit er wieder freigegeben wird, wenn
seine Arbeit erledigt ist, wird *FreeOnTerminate* auf *true* gesetzt.

TSearchThread

Nun wollen wir einen Blick auf unseren Thread werfen.

```
type
  TSearchThread = class(TThread)
  protected
    procedure Execute; override;
    procedure anzeigen;
  end;
```

TSearchThread ist direkt von *TThread* abgeleitet. Neben der obligatorischen Prozedur *Execute* findet sich hier nur noch die Prozedur *anzeigen*.

```
procedure TSearchThread.Execute;
begin
  Form1.Query1.Open;
  Synchronize(anzeigen);
end;
```

Die Prozedur *Execute* öffnet *Query1*. Weil die Suche nach entsprechenden Datensätzen in einem anderen Thread abläuft, kann man mit der Eingabe der Adresse
fortfahren.

```
procedure TSearchThread.anzeigen;
begin
  Form1.DBGrid1.DataSource := Form1.DataSource2;
end;
```

Mit der Prozedur *anzeigen* wird *DBGrid1* an *DataSource2* gehängt. Da hier auf
visuelle Komponenten zugegriffen wird, muss *anzeigen* über *Synchronize* aufgerufen werden.

Würde man *anzeigen* nicht über *Synchronize* aufrufen, dann würden – zumindest
auf einem Dual-Prozessor-System – die Spaltenhöhen auf viel zu kleine Werte
gesetzt.

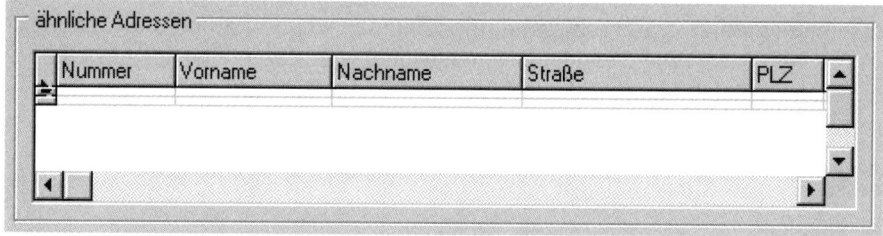

Suche nach Straße und Postleitzahl

Für den Fall, dass eine Person ihren Namen ändert oder anders schreibt, wäre die Suche nach Vorname und Nachname nicht zielführend. Deshalb soll, sobald die Straße und die Postleitzahl eingegeben wurden, auch nach dieser Kombination gesucht werden.

```
procedure TForm1.DBEdit5Enter(Sender: TObject);
begin
  if Table1.State in [dsInsert, dsEdit] then
  begin
    DBGrid1.DataSource := nil;
    with Query1.SQL do
    begin
      Clear;
      Add('SELECT * FROM testadr');
      Add('WHERE UPPER(straße) LIKE UPPER(:straße)');
      Add('AND plz LIKE :plz');
    end; {with Query1.SQL do}
    Query1.ParamByName('straße').AsString
      := copy(Table1.FieldByName('straße').AsString, 1, 5) + '%';
    Query1.ParamByName('plz').AsString
      := zahlstring(Table1.FieldByName('plz').AsString);
    FSearchThread := TSearchThread.Create(false);
    FSearchThread.FreeOnTerminate := true;
  end; {if Table1.State in [dsInsert, dsEdit]}
end; {procedure TForm1.DBEdit5Enter}
```

Weitgehend gleicht diese Prozedur der Prozedur *TForm1.Edit3Enter*. Bei der Straße soll es keinen Unterschied machen, ob man beispielsweise *Bismarckstraße* oder *Bismarckstr.*, ob man *Hammer Landstraße* oder *Hammerlandstraße* schreibt. Für die Suche nach Straßennamen kann man ausgefeilte Algorithmen schreiben. Hier im Beispiel wird jedoch die »Holzhammer-Methode« verwendet und die Auswertung auf die ersten fünf Zeichen beschränkt.

Auch Postleitzahlen sind nicht ganz unproblematisch. So könnte man beispielsweise *10 317*, *10317*, *103 17* oder wie auch immer schreiben. Hier sorgt die Funktion *zahlstring* dafür, dass ein Suchstring *1%0%3%1%7%* alle denkbaren Formatierungsvarianten findet.

Die Funktion *zahlstring* wird im nächsten Abschnitt beschrieben.

Die Funktion zahlstring

Die Funktion *zahlstring* wird verwendet, um Zahlenkombinationen, wie beispielsweise Postleitzahlen oder Telefonnummern, auch bei unterschiedlichen Formatierungen zu finden.

```
function TForm1.zahlstring(rein: string): string;
var
   i: integer;
begin
   result := '';
   for i := 1 to Length(rein) do
   begin
     if rein[i] in ['0'..'9']
        then result := result + rein[i] + '%';
   end; {for i := 1 to Length(rein) do}
end; {function TForm1.zahlstring}
```

Die Funktion geht den als Parameter übergebenen String Zeichen für Zeichen durch. Handelt es sich um ein Zifferzeichen, dann wird dieses dem Funktionsergebnis hinzugefügt, desweiteren wird jeweils ein %-Zeichen angehängt.

Suche nach der Telefonnummer

Als letzte Chance, eine Adresse zu finden, wird hier die Telefonnummer genutzt.

```
procedure TForm1.DBEdit7Enter(Sender: TObject);
begin
   if Table1.State in [dsInsert, dsEdit] then
   begin
     DBGrid1.DataSource := nil;
     with Query1.SQL do
     begin
       Clear;
       Add('SELECT * FROM testadr');
       Add('WHERE UPPER(tel1) LIKE UPPER(:tel1)');
     end; {with Query1.SQL do}
     Query1.ParamByName('tel1').AsString
        := zahlstring(Table1.FieldByName('tel1').AsString);
     FSearchThread := TSearchThread.Create(false);
     FSearchThread.FreeOnTerminate := true;
   end; {if Table1.State in [dsInsert, dsEdit]}
end; {procedure TForm1.DBEdit7Enter}
```

Auch hier kommt wieder die Funktion *zahlstring* zum Einsatz.

5.1.4 TThread

TThread ist ein abstrakter Vorfahre für Thread-Klassen. *TThread* ist von *TObject* abgeleitet.

▨ Execute (Methode)

procedure Execute; **virtual**; **abstract**;

Mit der Methode *Execute* wird definiert, was der Thread tut. Sie müssen *Execute* zwingend überschreiben. Beispiele für die Methode *Execute* finden Sie bei den Beispielen am Anfang dieses Kapitels.

▨ Create (Methode)

constructor Create(CreateSuspended: Boolean);

Der Konstruktor *Create* instantisiert einen neuen Thread. Wenn Sie den Parameter *CreateSuspended* auf *true* setzen, dann wird der Thread gleich deaktiviert und muss dann explizit mit *Resume* gestartet werden. Hat *CreateSuspended* den Wert *false*, dann startet der Thread sofort.

▨ Suspend, Resume (Methoden), Suspended (Eigenschaft)

procedure Suspend;
procedure Resume;
property Suspended: Boolean;

Um einen Thread (vorübergehend) zu deaktivieren, verwenden Sie *Suspend*; um ihn wieder zu aktivieren, *Resume*. Mit der Eigenschaft *Suspended* können Sie bestimmen, ob ein Thread deaktiviert ist oder nicht.

▨ OnTerminate (Ereignis), DoTerminate (Methode), FreeOnTerminate (Eigenschaft)

property OnTerminate(Sender: TObject);
procedure DoTerminate; **virtual**;

Das Ereignis *OnTerminate* tritt auf, wenn der Thread seine *Execute*-Methode abgearbeitet hat, aber noch nicht freigegeben ist. Die *OnTerminate*-Ereignisbehandlungsroutine wird innerhalb des Kontextes des Haupt-Threads ausgeführt, so dass Sie bei VCL-Zugriffen auf *Synchronize* verzichten können.

Sie können das Ereignis *OnTerminate* auch mit *DoTerminate* auslösen. Auch dabei können Sie auf *Synchronize* verzichten, weil dies von der Methode *DoTerminate* bereits verwendet wird.

In der *OnTerminate*-Ereignisbehandlungsroutine können Sie die *TThread*-Instanz freigeben. Sie können jedoch (an beliebiger Stelle) die Eigenschaft *FreeOnTerminate* auf *true* setzen, so dass die *TThread*-Instanz dann automatisch freigegeben wird.

■ Terminated (Eigenschaft, nur Lesen), Terminate (Methode)

```
procedure Terminate;
property Terminated: Boolean;
```

Mit der Prozedur *Terminate* wird die Eigenschaft *Terminated* auf *true* gesetzt. Wenn Sie in einem Thread lang dauernde Operationen durchführen, dann sollten Sie immer mal wieder den Zustand von *Terminated* prüfen, um gegebenenfalls die Ausführung abzubrechen.

Der Aufruf von *Terminate* allein beendet den Thread nicht.

■ Priority (Eigenschaft)

```
property Priority: (tpIdle, tpLowest, tpLower, tpNormal, tpHigher,
   tpHighest, tpTimeCritical) default tpNormal;
```

Mit der Eigenschaft *Priority* kann bestimmt werden, wieviel Rechenzeit der Thread im Verhältnis zu anderen Threads zugewiesen bekommt. Beachten Sie, dass eine höhere Priorität immer zu Lasten der anderen Threads geht.

■ WaitFor (Methode), ReturnValue (Eigenschaft)

```
function WaitFor: LongWord;
property ReturnValue: Integer;
```

Wird die Methode *WaitFor* von einem anderen Thread aus aufgerufen, dann wird dieser andere Thread so lange unterbrochen, bis der betreffende Thread beendet ist. Die Methode *WaitFor* gibt dann den Wert als Funktionsergebnis zurück, welcher der Eigenschaft *ReturnValue* zugewiesen wurde.

Ein Beispiel für den Einsatz von *WaitFor* ist in Kapitel 5.1.2 zu finden.

(Es ist kein Druckfehler, dass die Funktion *WaitFor* ein Ergebnis vom Typ *LongWord* zurückliefert, *ReturnValue* jedoch vom Typ *Integer* ist.)

■ Handle, ThreadID (Eigenschaften, nur Lesen)

```
property Handle: THandle;
property ThreadID: THandle;
```

Zum Aufruf von API-Funktionen benötigen Sie das Handle und die ThreadID des Threads.

5.1.5 Kritische Sektionen

Bei der Programmierung mit mehreren Threads kommt es immer wieder vor, dass nur ein Thread auf bestimmte Daten zugreifen darf. Um zu verhindern, dass zufälligerweise mehrere Threads gleichzeitig etwas tun, verwendet man kritische Sektionen. Dabei gibt es zwei Möglichkeiten:

▓ Sie können die entsprechenden API-Prozeduren verwenden oder

▓ Sie verwenden die Klasse TCriticalSection.

Beachten Sie bitte, dass Sie mit kritischen Sektionen nur Threads synchronisieren können, die innerhalb desselben Prozesses ablaufen. Müssen Sie Threads aus mehreren Prozessen synchronisieren, dann verwenden Sie Mutexes.

Die API-Prozeduren

▓ InitializeCriticalSection, DeleteCriticalSection (Prozeduren)

```
procedure InitializeCriticalSection(var lpCriticalSection:
  TRTLCriticalSection); stdcall;
procedure DeleteCriticalSection(var lpCriticalSection:
  TRTLCriticalSection); stdcall;
```

Eine kritische Sektion muss vor der Verwendung erzeugt werden und sollte hinterher freigegeben werden.

Damit Sie nicht mehrere kritische Sektionen für dieselbe Quelltextstelle erzeugen, sollten Sie eine kritische Sektion beim Programmstart initialisieren und beim Programmende löschen.

▓ EnterCriticalSection, LeaveCriticalSection (Prozeduren)

```
procedure EnterCriticalSection(var lpCriticalSection:
  TRTLCriticalSection); stdcall;
procedure LeaveCriticalSection(var lpCriticalSection:
  TRTLCriticalSection); stdcall;
```

Mit *EnterCriticalSection* wird der geschützte Abschnitt betreten, mit *LeaveCrtitialSection* wieder verlassen. Ruft ein Thread *EnterCriticalSection* auf, während sich bereits ein Thread in diesem Abschnitt befindet, dann wird der aufrufende Thread so lange deaktiviert, bis der andere Thread diese kritische Sektion verlassen hat.

Sie sollten sich angewöhnen, stets mit *try..finally..end*-Konstruktionen dafür zu sorgen, dass *LeaveCriticalSection* aufgerufen wird:

```
uses
  Windows;

var
  CS_1: TRTLCriticalSection;

procedure Test;
begin
  EnterCriticalSection(CS_1);
  try
    {Anweisungen, die in der kritischen Sektion ausgeführt werden}
  finally
    LeaveCriticalSection(CS_1);
  end;
end;

initialization
  InitializeCriticalSection(CS_1);
finalization
  DeleteCriticalSection(CS_1);
```

TCriticalSection

Anstatt die Win32-API-Aufrufe direkt durchzuführen, kann auch die Klasse *TCriticalSection* verwendet werden. *TCriticalSection* ist von *TObject* abgeleitet.

▪ Create, Free (Methoden)

```
constructor Create;
procedure Free;
```

Wie bei allen Klassen wird mit *Create* eine Instanz erzeugt, die mit *Free* freigegeben wird. Tragen Sie Sorge dafür, dass eine *TCriticalSection*-Instanz nicht mehrfach erzeugt wird.

▪ Enter, Leave (Methoden)

```
procedure Enter;
procedure Leave;
```

Mit *Enter* wird eine kritische Sektion betreten, mit *Leave* wieder verlassen. Vergessen Sie auch hier nicht die *try..finally..end*-Konstruktion.

```
uses
  syncobjs;

var
  CS: TCriticalSection;

procedure Test;
begin
  CS.Enter;
  try
    {Anweisungen, die in der kritischen Sektion ausgeführt werden}
  finally
    CS.Leave;
  end;
end;

initialization
  CS.Create;
finalization
  CS.Free;
```

Lock

Manche Objekte – beispielsweise *TCanvas* – implementieren die Methoden *Lock* und *Unlock*, um den Zugriff von mehreren Threads aus zu synchronisieren.

▪ Lock, TryLock, Unlock (Methoden), LockCount (Eigenschaft, nur Lesen)

```
procedure Lock;
function TryLock: Boolean;
procedure Unlock;
property LockCount: Integer;
```

Mit *Lock* wird die Eigenschaft *LockCount* um eins erhöht, mit *Unlock* um eins vermindert.

Wird *TryLock* aufgerufen, solange *LockCount* den Wert null hat, wird *LockCount* auf eins gesetzt und *true* als Funktionsergebnis zurückgegeben. Wird *TryLock* aufgerufen, solange *LockCount* einen Wert größer null hat, wird *false* als Funktionsergebnis zurückgegeben.

5.1.6 Mutexe

Mutexe nehmen dieselbe Aufgabe wie kritische Sektionen wahr, arbeiten aber Prozessübergreifend.

- CreateMutex, CloseHandle (Funktionen)

```
function CreateMutex(lpMutexAttributes: PSecurityAttributes;
  bInitialOwner: BOOL; lpName: PChar): THandle; stdcall;
function CloseHandle(hObject: THandle): BOOL; stdcall;
```

Mit *CreateMutex* wird ein neuer Mutex erzeugt, solange noch kein Mutex mit demselben Namen (Parameter *lpName*) existiert. Um den Mutex zu entfernen, verwenden Sie *CloseHandle*.

Mutexe werden übrigens auch dann entfernt, wenn der Prozess, in dem sie erzeugt wurden, beendet wird.

- WaitForSingleObject, ReleaseMutex (Routinen)

```
function WaitForSingleObject(hHandle: THandle;
  dwMilliseconds: DWORD): DWORD; stdcall;
function ReleaseMutex(hMutex: THandle): BOOL; stdcall;
```

Mit *WaitForSingleObject* wird ein Mutex betreten. Ist er bereits betreten, dann wird *dwMilliseconds* auf sein Verlassen gewartet, andernfalls wird das Funktionsergebnis WAIT_TIMEOUT zurückgegeben. Mit *ReleaseMutex* wird ein Mutex verlassen.

Anwendung nur einmal starten

Ein Mutex kann beispielsweise dazu verwendet werden, um sicherzustellen, dass eine Anwendung immer nur einmal gestartet werden kann. Wir wollen im Beispiel gleich dafür sorgen, dass beim Versuch, eine Anwendung ein zweites Mal zu starten, die bereits gestartete Anwendung aktiviert wird.

```
interface

const
  WM_MUTEX = WM_USER + 4478;


type
  TForm1 = class(TForm)
    procedure FormCreate(Sender: TObject);
  private
    procedure WmMutex(var Message: TMessage); message WM_MUTEX;
  end;
```

```
var
  Form1: TForm1;
  hMutex: THandle;
```

Immer dann, wenn eine Anwendung bereits gestartet ist, soll eine Windows-Botschaft an alle Anwendungen geschickt werden. Für diese Botschaft wird die Konstante WM_MUTEX erzeugt. Da hier Botschaften anwendungsübergreifend verschickt werden, ist nicht sichergestellt, dass nicht ganz andere Anwendungen auf diese Botschaften reagieren. Mit der »recht krummen« Botschaft *WM_USER + 4478* wird die Wahrscheinlichkeit jedoch schon einmal minimiert.

Desweiteren wird die Prozedur *WmMutex* definiert, welche dann aufgerufen wird, wenn die Botschaft WM_MUTEX eintrifft.

implementation

```
procedure TForm1.FormCreate(Sender: TObject);
begin
  hMutex := CreateMutex(nil, false,
    'TABU Datentechnik 20. 9. 1999');
  if WaitForSingleObject(hMutex, 50) = WAIT_TIMEOUT then
  begin
    SendMessage(HWND_BROADCAST, WM_MUTEX, 77345, 992345);
    Application.Terminate;
  end;
end;


procedure TForm1.WmMutex(var Message: TMessage);
begin
  if (Message.WParam =77345)
      and (Message.LParam = 992345)
    then Application.BringToFront;
end;
```

Beim Erzeugen der Anwendung wird ein Mutex erzeugt und betreten. Als Name wurde hier eine Kombination aus Firmenname und Datum verwendet, was die Wahrscheinlichkeit minimiert, dass andere Mutexe gleich benannt sind.

Ist der Mutex bereits betreten, wird mit *SendMessage* die Botschaft WM_MUTEX verschickt. Für die Parameter werden wieder möglichst »krumme« Werte verwendet, um die Wahrscheinlichkeit zu minimieren, dass eine andere Anwendung dieselben Botschaften verschickt oder auf solche wartet.

Trifft eine entsprechende Botschaft ein und stimmen die Parameter, dann wird die Anwendung aktiviert.

5.2 Datenaustausch zwischen Prozessen

Jeder Prozess (Anwendung) läuft in einem eigenen Adressraum ab. Für den Prozess sieht es so aus, als ob ihm ein 2 GByte großer Adressraum zur uneingeschränkten Nutzung zur Verfügung steht. Das Betriebssystem »mappt« die von den Prozessen verwendeten Speicherräume in den Arbeitsspeicher und in die Auslagerungsdatei auf der Festplatte. Die Adressräume der einzelnen Prozesse sind somit streng getrennt.

Aus diesem Grund ist der Datenaustausch zwischen Prozessen nicht direkt über den Speicher möglich. Zwar ist es ohne weiteres möglich, dass zwei Prozesse auf jeweils die gleiche Stelle ihres Adressraumes zugreifen, aber diese Stelle wird ja vom Betriebssystem an zwei verschiedene Stellen im Arbeitsspeicher gelegt.

Zum Datenaustausch zwischen Prozessen gibt es (unter anderem) die folgenden Wege:

▪ Das Betriebssystem stellt für diese Problemstellung die MemoryMappedFiles zur Verfügung. Diese sind in Kapitel 5.2.1 beschrieben.

▪ Wenn nur sehr wenige Daten ausgetauscht werden müssen, können diese als Parameter von Windows-Botschaften versendet werden. Dieser Weg ist in Kapitel 5.2.2 beschrieben.

▪ Es besteht auch die Möglichkeit, Daten über die *TClientSocket*- und *TServerSocket*-Komponenten auszutauschen. Hier ist dann die Umstellung besonders einfach, wenn die Prozesse auf unterschiedlichen Rechnern laufen sollen (die jedoch über ein Netzwerk verbunden sein müssen). Mehr dazu in Kapitel 3.11.4.

5.2.1 MemoryMappedFiles

Mit MemoryMappedFiles können »virtuelle Dateien« im Arbeitsspeicher angelegt werden. Auf diese Dateien kann von mehreren Prozessen zugegriffen werden.

Als kleines Beispiel soll hier der Austausch von Bildern demonstriert werden. Aus Gründen der Einfachheit kann das Demo sowohl Bilder senden als auch empfangen. Um den Austausch über Prozessgrenzen hinweg zu demonstrieren, starten Sie mehrere Instanzen dieses Programms.

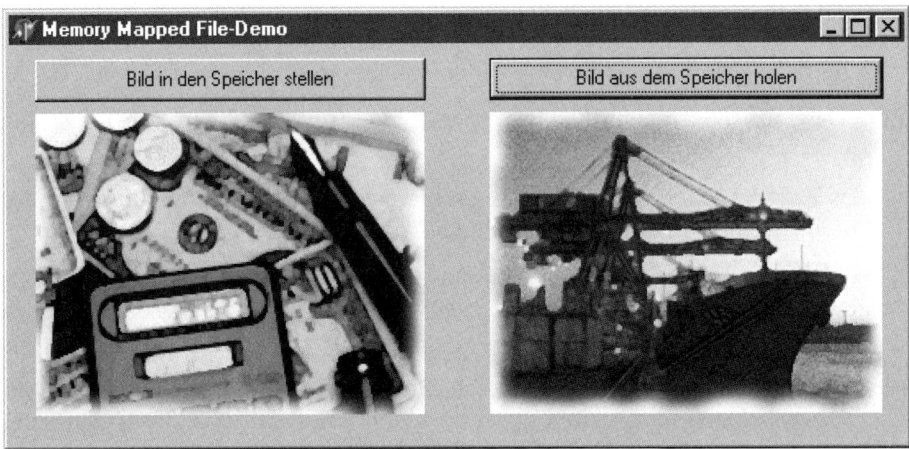

Beim Programmstart wird ein Handle auf ein MemoryMappedFile besorgt. Existiert ein solches File noch nicht, wird es bei dieser Gelegenheit angelegt. Verwenden Sie für die Bezeichnung einen Namen, den andere Programmierer eher nicht verwenden.

```
const
   MAP_SIZE = 65536;

var
   Form1: TForm1;
   MapHandle: THandle;


implementation


procedure TForm1.FormCreate(Sender: TObject);
begin
   MapHandle := CreateFileMapping($FFFFFFFF, nil, PAGE_READWRITE,
      0, MAP_SIZE, 'Tabu Datentechnik Bildaustausch');
end;
```

Beim Programmende wird das Handle wieder zurückgegeben:

```
procedure TForm1.FormDestroy(Sender: TObject);
begin
  CloseHandle(MapHandle);
end;
```

Die Prozedur *Button1Click* speichert das Bild in das *MemoryMappedFile*. Aus Gründen der Übersichtlichkeit wird hier auf alle *try*-Konstruktionen verzichtet.

```
procedure TForm1.Button1Click(Sender: TObject);
var
  P: Pointer;
  Stream: TMemoryStream;
begin
  p := MapViewOfFile(MapHandle, FILE_MAP_ALL_ACCESS, 0, 0, MAP_SIZE);
  Stream := TMemoryStream.Create;
  Image1.Picture.Bitmap.SaveToStream(Stream);
  Stream.Position := 0;
  Stream.read(P^, Stream.Size);
  Stream.Free;
  UnmapViewOfFile(p);
end;
```

Mit *MapViewOfFile* wird ein Zeiger auf das MemoryMappedFile besorgt. Dann wird ein Stream erzeugt, das Bild in diesem gespeichert und anschließend der Stream in das MemoryMappedFile geschrieben. Schließlich wird der Stream wieder freigegeben und der Zugriff beendet.

```
procedure TForm1.Button2Click(Sender: TObject);
var
  P: Pointer;
  Stream: TMemoryStream;
begin
  p := MapViewOfFile(MapHandle, FILE_MAP_ALL_ACCESS, 0, 0, MAP_SIZE);
  Stream := TMemoryStream.Create;
  Stream.write(P^, MAP_SIZE);
  Stream.Position := 0;
  Image2.Picture.Bitmap.LoadFromStream(Stream);
  Stream.Free;
  UnmapViewOfFile(p);
end;
```

Und beim Lesen läuft die Sache umgekehrt.

5.2.2 Botschaften an andere Prozesse

Auch mit Hilfe von Windows-Botschaften lassen sich Daten zwischen Prozessen austauschen:

1:1-Verbindung

Relativ einfach ist die Sache, wenn die Daten von einem Prozess zu exakt einem anderen müssen. Hier im Beispiel haben wir zwei Instanzen desselben Programms, die gegenseitig Texte austauschen – selbstverständlich kann man die Sache auch als Einwegverbindung erstellen.

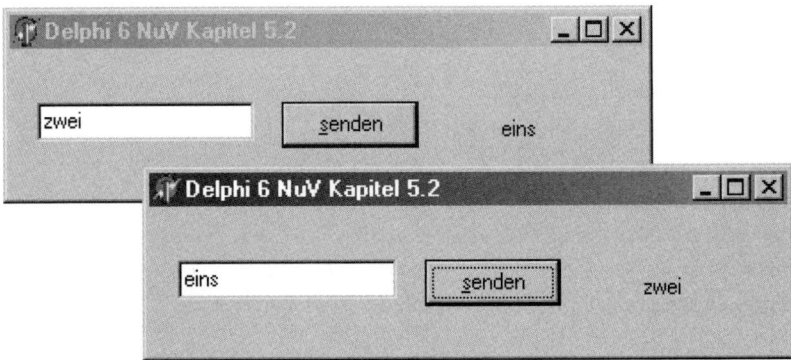

Zunächst werden zwei Konstanten definiert. In der Typendefinition des Formulars ergänzen wir eine Prozedur, die auf die Windows-Botschaft WM_COPYDATA reagiert.

```
const
  C_TITLE = 'Delphi 6 NuV Kapitel 5.2';
  C_KEY = 73828;

type
  TForm1 = class(TForm)
    ...
  private
    procedure WMCopyData(var Msg: TWMCopyData);
      message WM_COPYDATA;
  end;
```

Dem Formular weisen wir als Beschriftung den Inhalt von C_TITLE zu.

```
procedure TForm1.FormCreate(Sender: TObject);
begin
  Caption := C_TITLE;
end;
```

Wird Button 1 geklickt, um den Text an den anderen Prozess zu senden, dann wird zunächst die Beschriftung des Fensters gelöscht. Anschließend wird ein Record vom Typ *TCopyDataStruct* gefüllt. In *lpData* kommt ein Zeiger auf den zu übertragenden Text, in *cbData* dessen Größe (inklusive terminierende Null), *dwData* steht zur freien Verfügung. Wir nutzen dieses Feld, um einen Schlüsselwert zu übertragen, anhand dessen wir die Wahrscheinlichkeit minimieren, dass das Programm auf für es nicht bestimmte Nachrichten reagiert. (Der Schlüssel ist frei gewählt und sollte in jedem Projekt anders lauten.)

Mit *FindWindowEx* besorgen wir uns anhand des Fenstertitels ein Handle auf das Fenster. Da wir den »eigenen« Fenstertitel gerade gelöscht haben, erhalten wir ein Handle auf das jeweils andere Fenster.

Mit *SendMessage* wird der Text dann an das andere Fenster geschickt. Das Betriebssystem mappt dabei die Daten vom Adressbereich des einen Prozesses in den Adressbereich des anderen, so dass trotz getrennter Adressbereiche die Datenübertragung funktioniert.

Prinzipiell hätte man sich das Ermitteln des Fenster-Handles auch sparen und mit HWND_BROADCAST an alle offenen Fenster schicken können. Dabei riskiert man jedoch, dass diese mit dem übertragenen Text nichts Sinnvolles anfangen. Bei mir auf dem Rechner beispielsweise wurde dann immer der Internet-Explorer gestartet, der versucht hat, irgendeine unerklärliche Zeichenkombination als Webadresse aufzurufen (Hier wurde eben kein Key zur Sicherheit verwendet.)

Nachdem der Text übertragen wurde, wird der Fenstertitel wieder zurückgesetzt.

```
procedure TForm1.Button1Click(Sender: TObject);
var
  MyHandle: hWnd;
  Data: TCopyDataStruct;
begin
  Caption := '';
  Data.dwData := C_KEY;
  Data.cbData := Length(Edit1.Text) + 1;
  Data.lpData := PChar(Edit1.Text);
  MyHandle := FindWindowEx(0, 0, nil, C_TITLE);
//  SendMessage(HWND_BROADCAST, ...
  SendMessage(MyHandle, WM_COPYDATA, LongInt(Handle), LongInt(@Data));
  Caption := C_TITLE;
end;
```

Läuft eine WM_COPYDATA-Botschaft ein, dann wird geprüft, ob der richtige Key übertragen wurde; wenn ja, wird der Text in *Label1* ausgegeben.

```
procedure TForm1.WMCopyData(var Msg: TWMCopyData);
begin
  if Msg.CopyDataStruct.dwData = C_KEY
    then Label1.Caption := PChar(Msg.CopyDataStruct.lpData);
end;
```

1:n-Verbindung

Nun gibt es auch noch die Variante, dass ein Server Daten an alle Clients schickt, die sich angemeldet haben.

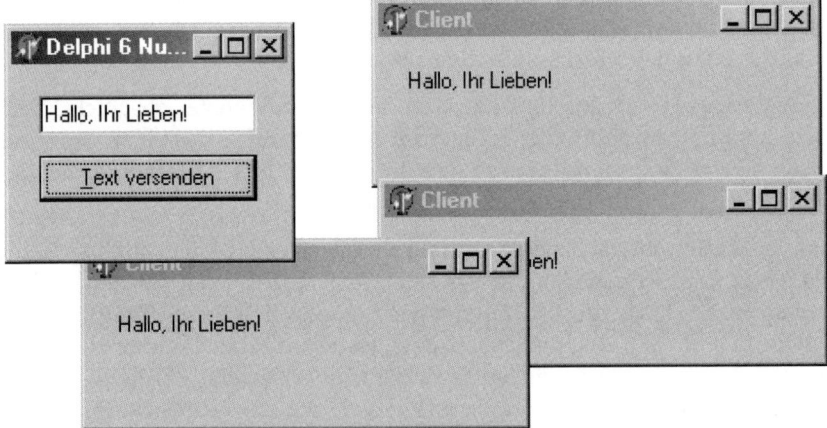

Beginnen wir mit dem Client: Auch hier haben wir wieder einige Konstanten, Client und Server erhalten unterschiedliche Schlüssel.

```
const
  C_TITLE = 'Delphi 6 NuV Kapitel 5.2 Server';
  C_KEY_CLIENT = 73828;
  C_KEY_SERVER = 73829;
type
  TForm2 = class(TForm)
    Label1: TLabel;
    procedure FormDestroy(Sender: TObject);
    procedure FormCreate(Sender: TObject);
  private
    CommandText: string;
```

```
    procedure WMCopyData(var Msg: TWMCopyData);
      message WM_COPYDATA;
    procedure ServerMessage(Text: string);
  end;
```

Beim Starten der Anwendung wird der String CONNECT übertragen, beim Schließen DISCONNECT. Sie mögen sich wundern, warum der als Parameter übergebene Text erst in das Feld *CommandText* geschrieben wird. Nun, Parameter werden auf dem Stack angelegt und verlieren nach dem Verlassen der Prozedur ihre Gültigkeit. Dies würde dazu führen, dass das Betriebssystem nicht mehr auf die Daten zugreifen kann und deshalb den Prozess kurzerhand terminiert (*Diese Anwendung wird aufgrund eines ungültigen Vorgangs beendet*).

```
procedure TForm2.FormCreate(Sender: TObject);
begin
  ServerMessage('CONNECT');
end;

procedure TForm2.FormDestroy(Sender: TObject);
begin
  ServerMessage('DISCONNECT');
end;

procedure TForm2.ServerMessage(Text: string);
var
  MyHandle: hWnd;
  Data: TCopyDataStruct;
begin
  CommandText := Text;
  Data.dwData := C_KEY_CLIENT;
  Data.cbData := Length(CommandText) + 1;
  Data.lpData := PChar(CommandText);
  MyHandle := FindWindowEx(0, 0, nil, C_TITLE);
  SendMessage(MyHandle, WM_COPYDATA, LongInt(Handle), LongInt(@Data));
end;
```

Die Reaktion auf die Botschaft WM_COPYDATA ist dann wieder traditionell einfach: Wenn der Schlüssel stimmt, wird der Text *Label1* zugewiesen.

```
procedure TForm2.WMCopyData(var Msg: TWMCopyData);
begin
  if Msg.CopyDataStruct.dwData = C_KEY_SERVER
    then Label1.Caption := PChar(Msg.CopyDataStruct.lpData);
end;
```

Nun zur Server-Seite: Neben den bereits bekannten Konstanten wird hier eine
Liste namens *FList* beim Programmstart angelegt und beim Beenden des Programms wieder freigegeben.

```
const
  C_TITLE = 'Delphi 6 NuV Kapitel 5.2 Server';
  C_KEY_CLIENT = 73828;
  C_KEY_SERVER = 73829;


type
  TForm1 = class(TForm)
    Edit1: TEdit;
    Button1: TButton;
    procedure FormDestroy(Sender: TObject);
    procedure Button1Click(Sender: TObject);
    procedure FormCreate(Sender: TObject);
  private
    FList: TList;
    procedure WMCopyData(var Msg: TWMCopyData);
      message WM_COPYDATA;
  end;


procedure TForm1.FormCreate(Sender: TObject);
begin
  FList := TList.Create;
  Caption := C_TITLE;
end;


procedure TForm1.FormDestroy(Sender: TObject);
begin
  FList.Free;
end;
```

Sendet ein Client den Text CONNECT (und stimmt der Client-Schlüssel), dann
wird das Handle des Clients in die Liste geschrieben. Das Handle ist im Parameter *From* enthalten. Sendet ein Client DISCONNECT, dann wird er aus der Liste
entfernt.

```
procedure TForm1.WMCopyData(var Msg: TWMCopyData);
var
  s: string;
  i: integer;
```

```
begin
  if Msg.CopyDataStruct.dwData = C_KEY_CLIENT then
  begin
    s := PChar(Msg.CopyDataStruct.lpData);
    if s = 'CONNECT'
      then FList.Add(Pointer(Msg.From));
    if S = 'DISCONNECT' then
    begin
      i := FList.IndexOf(Pointer(Msg.From));
      FList.Delete(i);
    end;
  end; {if Msg.CopyDataStruct.dwData = C_KEY_CLIENT then}
end; {procedure TForm1.WMCopyData}
```

Beim Versenden des Textes geht man nun durch die Liste und schickt den Text mit *SendMessage* einzeln an alle Clients.

```
procedure TForm1.Button1Click(Sender: TObject);
var
  i, j: integer;
  MyCopyData: TCopyDataStruct;
begin
  with MyCopyData do
  begin
    dwData := C_KEY_SERVER;
    cbData := Length(Edit1.Text) + 1;
    lpData := PChar(Edit1.Text);
  end;
  for i := 0 to FList.Count - 1 do
  begin
    SendMessage(THandle(FList[i]), WM_COPYDATA,
      LongInt(Handle), LongInt(@MyCopyData));
  end; {for i := 0 to FListCount - 1 do}
end; {procedure TForm1.Button1Click}
```

5.3 DLLs

Eine DLL ist eine *dynamic link library*, also eine Bibliothek von Routinen, welche nicht nur statisch, sondern auch dynamisch von einem Programm eingebunden werden kann.

Sie können mit Delphi sowohl DLLs erstellen als auch solche verwenden. Die DLLs, die Sie mit Delphi erstellen, können von Programmen benutzt werden, die in einer anderen Programmiersprache geschrieben wurden (vorausgesetzt, diese erlaubt das Einbinden von DLLs). Ebenso können Sie DLLs, die mit anderen Sprachen geschrieben wurden, in Delphi einbinden.

Prinzipiell wäre es möglich, größere Projekte, die komplett mit Delphi realisiert werden, auf mehrere DLLs aufzuteilen, damit die einzelnen Teile kleiner hinsichtlich der Dateigröße werden. Eine solche Vorgehensweise macht allenfalls dann Sinn, wenn Packages verwendet werden, ansonsten würde der Code aller beteiligten Komponenten den einzelnen DLLs hinzugelinkt, so dass dieser letztlich mehrmals im Speicher vorhanden wäre.

Meist ist es nicht zu empfehlen, ein Projekt in mehrere DLLs aufzuteilen. Wenn Sie Probleme mit der Dateigröße haben, dann sollten Sie über die Verwendung von Runtime-Packages nachdenken.

Der Code-Teil einer DLL, die von mehreren Prozessen gleichzeitig genutzt wird, wird von Windows nur einmal im Speicher gehalten, dieser Speicherbereich wird aber in die Adressbereiche der einzelnen Prozesse gemappt. Achten Sie darauf, dass Ihre DLLs "thread-safe" sind. Für jeden Prozess, der die DLL verwendet, wird jedoch ein eigener Datenbereich angelegt, so dass es nicht möglich ist, dass Prozesse über eine gemeinsam genutzte DLL einfach Daten austauschen. Zum Problem des Datenaustausches zwischen Prozessen siehe Kapitel 5.2.

5.3.1 Eine DLL erstellen

Wir wollen hier eine einfache DLL erstellen, die zwei Additions-Funktionen exportiert.

Wählen Sie DATEI | NEU | WEITERE und dann DLL-EXPERTE. Delphi legt dann ein DLL-Grundgerüst an:

```
library Project2;


{ Wichtiger Hinweis zur DLL-Speicherverwaltung: ShareMem muss sich
...}

uses
  SysUtils,
  Classes;


{$R *.res}

begin
end.
```

Andere Programmiersprachen können in der Regel weder mit Pascal- noch Ansi-Strings etwas Sinnvolles anfangen. Deshalb sollten Sie ausschließlich nullterminierte Strings verwenden – dann können Sie auch den »wichtigen Hinweis« ignorieren.

Wir legen nun eine neue Unit an, die zwei Funktionen implementiert.

```
unit u_export;


interface


uses SysUtils, Dialogs;


function AddInteger(val1, val2: integer): integer; stdcall;
function AddString(val1, val2: PChar): PChar; stdcall;


implementation


function AddInteger(val1, val2: integer): integer;
begin
  result := 0;
  try
    result := val1 + val2;
```

```
   except
     on EIntError
       do ShowMessage('Ergebnis größer als zulässiger Wertebereich');
     on E: Exception
       do ShowMessage('unvorhergesehener Fehler: ' + E.Message);
   end; {try}
end; {function AddInteger}
```

Die Funktion *AddInteger* addiert einfach zwei Integerwerte. Solch triviale Funktionalität lagert man natürlich nur dann in eine DLL aus, wenn man ein möglichst einfaches Beispiel haben möchte.

Beachten Sie, dass Exceptions, die in einer DLL auftreten, vom aufrufenden Programm nicht behandelt werden können. Ein auf alle Eventualitäten reagierendes Exception-Handling sollte somit in die DLL eingebaut werden.

Beim Addieren zweier Zahlen kann eigentlich nicht viel schief gehen, abgesehen davon, dass angesichts der Größe des Additionsergebnisses ein Überlauf auftritt. In diesem Fall wird eine entsprechende Fehlermeldung ausgegeben. Sicherheitshalber wird noch eine Behandlung für alle Exceptions vorgesehen, die eigentlich nicht auftreten dürften.

Damit alle Programme problemlos diese DLL verwenden können, wird als Aufrufkonvention *stdcall* verwendet.

```
function AddString(val1, val2: PChar): PChar;

  function Wandeln(val: PChar; Text: string): integer;
  begin
    result := 0;
    try
      result := StrToInt(StrPas(val));
    except
      on EConvertError
        do ShowMessage(Text + ' String ist kein Integer-Wert');
      on E: Exception
        do ShowMessage('unvorhergesehener Fehler: ' + E.Message);
    end;
  end; {function Wandeln}

var
  i1, i2: integer;
begin
  result := '';
```

```
try
   i1 := Wandeln(val1, 'Erster ');
   i2 := Wandeln(val2, 'Zweiter ');
   result := PChar(IntToStr(i1 + i2));
except
   on EIntError
      do ShowMessage('Ergebnis größer als zulässiger Wertebereich');
   on E: Exception
      do ShowMessage('unvorhergesehener Fehler: ' + E.Message);
   end; {try}
end; {function AddString}


end.
```

Die Funktion *AddString* addiert zwei nullterminierte Strings, jedoch nicht dadurch, dass die Strings einfach hintereinander gehängt werden, sondern durch eine Addition der durch entsprechende Umwandlung erhaltenen Zahlen.

Eine solche Umwandlung ist natürlich recht fehleranfällig, deswegen wird hier eine eigene Fehlerbehandlung vorgesehen, deren Fehlermeldung erkennen lässt, ob beim ersten oder beim zweiten String ein Wandlungsfehler aufgetreten ist.

Ansonsten arbeitet die Funktion ziemlich ähnlich wie *AddInteger*. Da Ansi-Strings ebenfalls nullterminiert sind, erfordert deren Verwendung keine größere Umgewöhnung.

```
exports
   AddInteger,
   AddString,
   AddString name 'AddText';


begin
end.
```

Nun muss dem Compiler noch gesagt werden, welche Routinen er exportieren soll. Diese Routinen werden durch Kommata getrennt nach der *exports*-Klausel aufgeführt. Traditionell ist die *exports*-Klausel im Projekt-Quelltext zu finden.

Sie müssen eine Routine nicht unter dem Namen exportieren, den Sie intern verwenden. Mit dem Schlüsselwort *name* kann diese umbenannt werden. Hier wird dies genutzt, um *AddString* ein weiteres Mal zu exportieren, diesmal unter dem Namen *AddText*.

5.3.2 Eine DLL verwenden

Sie haben zwei Möglichkeiten, eine DLL einzubinden:

- Bei der statischen Bindung wird die DLL beim Programmstart geladen. Liegt diese nicht vor, dann lässt sich auch das Programm nicht starten.

  Die Adressen der einzelnen Routinen werden vom Compiler ermittelt und fest in das Programm geschrieben. Das spart etwas Zeit beim Aufruf dieser Routinen. Wenn die DLL jedoch neu kompiliert wird, dann müssen auch die Programme, die sie verwenden, neu kompiliert werden, weil sich die Adressen ändern können.

- Bei der dynamischen Bindung wird die DLL erst vor der Verwendung geladen, anschließend müssen die Adressen der Routinen ermittelt werden.

Wir wollen uns nun beide Möglichkeiten ansehen:

Statische Bindung

Bei der statischen Bindung wird die Routine vor der Verwendung deklariert. Wird sie im Interface-Teil deklariert, dann kann sie auch in anderen Units, welche die einbindende Unit in ihrer *uses*-Klausel haben, verwendet werden. Die Aufruf-Konvention muss die gleiche sein wie in der DLL, also *stdcall*.

Mit dem Schlüsselwort *external* kennzeichnen Sie, dass die Routine aus einer DLL geladen wird, anschließend müssen Sie den Namen der DLL angeben.

Mit dem Schlüsselwort *name* können Sie den Namen der Routine in der DLL angeben. Normalerweise wird man eine Routine unter dem Namen importieren, den sie auch in der DLL hat. Dies wird jedoch hin und wieder zu Namenskonflikten führen, denen man mit *name* aus dem Weg gehen kann.

```
function AddInteger(val1, val2: integer): integer;
  stdcall; external 'p_export.dll';
function AddStrings(val1, val2: PChar): PChar;
  stdcall; external 'p_export.dll' name 'AddString';


var
  Form1: TForm1;
```

Dynamische Bindung

Für die dynamische Bindung muss zunächst ein Routinenzeigertyp definiert werden:

```
type
  TAddFunc = function(val1, val2: PChar): PChar; stdcall;
```

In *Button3Click* wird in ein und derselben Routine die DLL geladen, der Routinenzeiger ermittelt, die Funktion ausgeführt und die DLL wieder entladen. Das zeigt,
dass dies so möglich ist. Für gewöhnlich würde man aber eine einmal geladene
DLL für mehrere Funktionsaufrufe im Speicher halten – das Handle und die
Routinenzeiger dürfte man dann natürlich nicht in lokalen Variablen speichern.

Zunächst lädt man mit *LoadLibrary* die DLL. Diese API-Funktion gibt im Erfolgsfall das Handle auf die Bibliothek zurück. Gibt *LoadLibrary* null zurück, konnte
die DLL nicht geladen werden – in diesem Fall sollte eine entsprechende Fehlermeldung ausgegeben werden.

Um das Entladen der DLL mit *FreeLibrary* zu gewährleisten, wird eine
try..finally..end-Konstruktion verwendet.

Mit *GetProcAddress* wird die Adresse der angegebenen Routine ermittelt und der
Variable *pFunc* zugewiesen. Diese Funktion kann dann über den Zeiger aufgerufen werden.

```
procedure TForm1.Button3Click(Sender: TObject);
var
  HDLL: THandle;
  pFunc: TAddFunc;
begin
  HDLL := LoadLibrary('p_export.dll');
  if HDLL <> 0 then
  begin
    try
      pFunc := nil;
      pFunc := GetProcAddress(HDLL, 'AddText');
      if Assigned(pFunc)
        then Label1.Caption := pFunc(PChar(Edit1.Text),
          PChar(Edit2.Text))
        else ShowMessage('Routine "AddText" nicht gefunden');
    finally
      FreeLibrary(HDLL);
    end;
  end {if HDLL <> 0 then}
  else ShowMessage('DLL "p_export.dll" nicht gefunden.');
end; {procedure TForm1.Button3Click}
```

5.3.3 Debuggen von DLLs

Das Debuggen von DLLs, die mit Delphi programmiert worden sind, ist ziemlich
einfach: Wählen Sie START | PARAMETER und geben Sie unter Host-Anwendung ein-
fach den Dateinamen einer Anwendung ein, die diese DLL verwendet. Mit F9
kann dann die Host-Anwendung gestartet werden. In den Quelltext der DLL
können dann wie gewohnt Haltepunkte gesetzt werden.

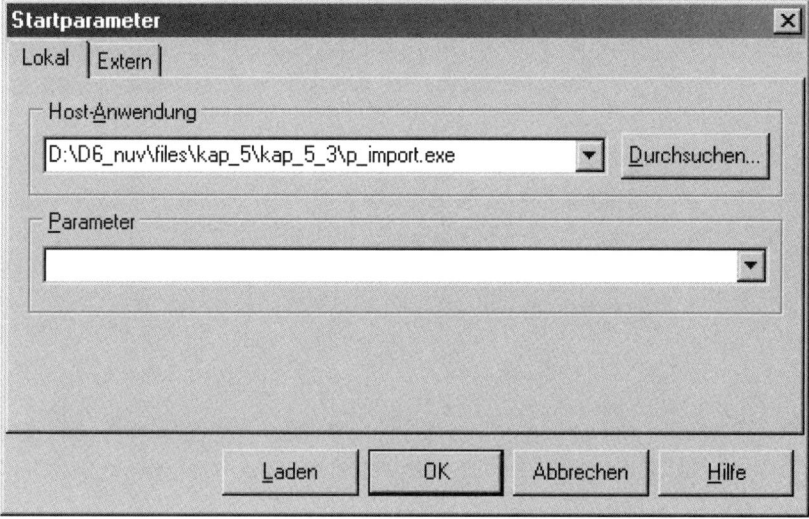

6 Komponentenentwicklung

Mit Delphi können Sie nicht nur Komponenten verwenden, sondern auch eigene Komponenten programmieren.

6.1 Grundlagen der Komponentenentwicklung

In diesem Kapitel soll zunächst anhand der Beispiel-Komponente *TConvEdit* die prinzipielle Vorgehensweise bei der Programmierung neuer Komponenten erläutert werden. Anschließend werden wir uns noch einige Details der Komponentenentwicklung ansehen.

6.1.1 Ableiten einer Komponente

Bei der Programmierung von Komponenten geht man objektorientiert vor. Man leitet also die Komponente, die man erstellen möchte, von einer bereits bestehenden Komponente ab. Die neue Komponente »erbt« alle Eigenschaften, Methoden und Ereignisse von ihrem Vorgänger, der Programmierer muss sie dann lediglich noch um die Eigenschaften, Methoden und Ereignisse ergänzen, die in der ursprünglichen Komponente nicht vorhanden sind.

Es ist jedoch nicht möglich, eine geerbte Eigenschaft, Methode oder ein geerbtes Ereignis zu entfernen. Deshalb muss man bei der Ableitung einer neuen Komponente darauf achten, dass die Vorgängerkomponente einerseits keine unerwünschten Eigenschaften, Methoden und Ereignisse besitzt – da man diese nicht wieder entfernen kann –, andererseits aber möglichst viele der erwünschten Bestandteile enthält, damit die Programmierung nicht unnötig aufwendig wird.

Die Komponente TConvEdit

Vielleicht haben Sie sich auch schon darüber geärgert, dass die Komponente *TEdit* zwar Daten vom Typ *string*, aber keine Zahlen oder Datumswerte entgegennimmt. Die in der Datenbankprogrammierung verwendeten *TField*-Nachfahren sind in dieser Hinsicht viel flexibler.

Wir wollen nun von *TEdit* die Komponente *TConvEdit* ableiten, welche diese Umwandlung direkt vornimmt. Wenn Sie beispielsweise mit *TEdit* eine Gleitkommazahl ausgeben möchten, dann könnte die Anweisung beispielsweise folgendermaßen lauten:

```
Edit1.Text := FloatToStrF(f, ffGeneral, 6, 3);
```

Mit der Komponente *TConvEdit* sähe diese Anweisung ein wenig einfacher aus, da die Anweisungen zur Formatierung hier als Eigenschaften der Komponente definiert sind und mit dem Objektinspektor eingestellt werden.

```
ConvEdit1.AsFloat := f;
```

Genauso ist es möglich, den Text von *TConvEdit* als Gleitkommazahl auszulesen. Die Anweisung dafür lautet wie folgt:

```
f := ConvEdit1.AsFloat;
```

Um Integerzahlen auszugeben, würde man entsprechend die Eigenschaft *AsInteger* verwenden, für Datumswerte *AsDate*. Zu den weiteren Eigenschaften, Ereignissen und Methoden von *TConvEdit* kommen wir später. Zunächst soll jedoch eine geeignete Vorfahr-Komponente gefunden werden.

Auf den ersten Blick scheint *TEdit* dafür am besten geeignet. Bei näherem Hinsehen erkennt man jedoch, dass diese Komponente die Verwendung einer Eingabe-

maske nicht vorsieht, so dass – will man diese Möglichkeit nicht ausschließen –
eine Ableitung von *TMaskEdit* geeigneter erscheint. (Man könnte diese Eigenschaft selbst programmieren, was jedoch unnötige Arbeit machen würde).

Ableiten der Komponente von TMaskEdit

Um eine neue Komponente zu erstellen, wählt man DATEI | NEUE KOMPONENTE.
Daraufhin wird der Komponenten-Experte geöffnet. Hier geben Sie den Namen
der Komponente (*TConvEdit*), den Vorfahr-Typ (*TMaskEdit*) sowie die Paletten-
Seite ein, auf der die Komponente später installiert werden soll (*Standard*).

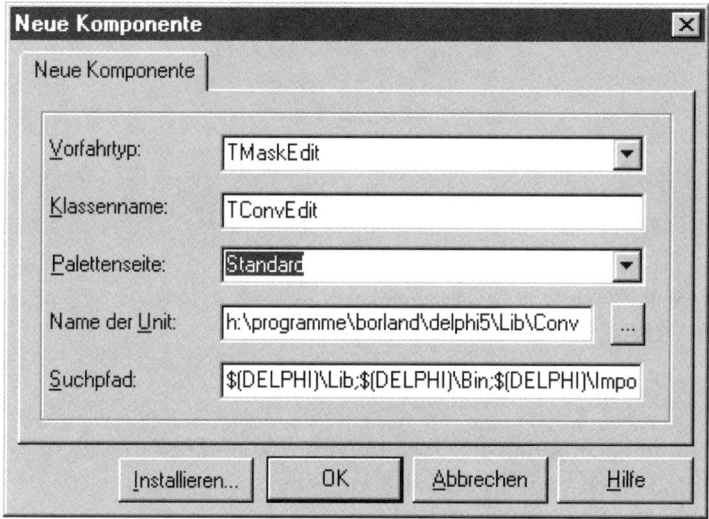

Nachdem die Eingaben mit OK bestätigt worden sind, erstellt Delphi ein Unit-
Grundgerüst.

```
unit ConvEdit;


interface


uses

  SysUtils, WinTypes, WinProcs, Messages, Classes, Graphics,
  Controls, Forms, Dialogs, StdCtrls, Mask;
```

```
type
  TConvEdit = class(TMaskEdit)
  private
    { Private-Deklarationen }
  protected
    { Protected-Deklarationen }
  public
    { Public-Deklarationen }
  published
    { Published-Deklarationen }
  end;

procedure Register;

implementation

procedure Register;
begin
  RegisterComponents('Standard', [TConvEdit]);
end;

end.
```

Die Komponente könnte jetzt bereits installiert werden, sie würde sich dann jedoch nur durch ihren Namen von TMaskEdit unterscheiden.

6.1.2 Hinzufügen von Elementen

Wir wollen nun daran gehen, die neue Komponente um Eigenschaften, Ereignisse und Methoden zu ergänzen.

Die Eigenschaft AsInteger

Zunächst soll die Eigenschaft *AsInteger* hinzugefügt werden. Mittels der Eigenschaft *AsInteger* soll der Text des Edit-Feldes als Integerzahl gelesen oder geschrieben werden können. Während Schreibzugriffe immer möglich sein sollten, könnte bei Lesezugriffen das Problem auftreten, dass der Text nicht in eine Integer-Zahl gewandelt werden kann, weil er beispielsweise Buchstaben enthält.

In einem solchen Fehlerfall soll das Ereignis *OnIntError* auftreten, mittels dessen Variablenparameters *Value* der Wert für die Eigenschaft *AsInteger* angegeben werden kann.

```
type
  TIntErrorEvent = procedure(Sender: TObject; var Value: integer)
    of object;

  TConvEdit = class(TMaskEdit)
  private
    FOnIntError: TIntErrorEvent;
  protected
    function GetAsInteger: integer;
    procedure SetAsInteger(Value: integer);
  public
    property AsInteger: integer
      read GetAsInteger write SetAsInteger;
  published
    property OnIntError: TIntErrorEvent
      read FOnIntError write FOnIntError;
  end;
```

Zunächst wird die Eigenschaft (»property«) *AsInteger* hinzugefügt. Sie wird als *public* deklariert. Auf diese Eigenschaft kann somit auch von anderen Units aus zugegriffen werden. Es ist jedoch nicht möglich, diese Eigenschaft im Objektinspektor zu setzen – dies ist auch nicht nötig.

Wird zur Laufzeit die Eigenschaft *AsInteger* gesetzt, dann ruft die Komponente ihre Methode *SetAsInteger* auf, der sie den zu setzenden Wert als Parameter übergibt. Soll die Eigenschaft *AsInteger* gelesen werden, dann wird die Funktion *GetAsInteger* aufgerufen, deren Funktionsergebnis die gesuchte Zahl ist.

Diese beiden Methoden sind als *protected* deklariert. Auf sie kann also von anderen Units aus nicht zugegriffen werden, was hier auch keinen Sinn machen würde. Wenn Sie jedoch von *TConvEdit* wiederum eine Komponente ableiten, dann können Sie dort diese Methoden verwenden und vor allem auch überschreiben.

Nun kann bei der Umwandlung ein Fehler auftreten – beispielsweise dann, wenn keine Zahl, sondern ein Text eingegeben wird oder wenn es sich um eine Gleitkommazahl handelt. In diesem Fall soll das Ereignis *OnIntError* ausgelöst werden.

Damit in der Ereignisbehandlungsroutine per Variablenparameter der Wert angegeben werden kann, den *AsInteger* zurückgibt, muss ein eigener Ereignistyp definiert werden.

Bei einem Ereignis handelt es sich um eine Eigenschaft, der ein Zeiger auf eine Methode zugewiesen werden kann. In der Praxis sieht dies meist so aus, dass man im Objektinspektor auf dem Ereignis einen Doppelklick ausführt, worauf Delphi dann automatisch einen Prozedurrahmen erstellt und der Ereignis-Eigenschaft einen Zeiger auf diese Methode zuweist.

Damit diese Zuweisung im Objektinspektor erfolgen kann, muss diese Eigenschaft als *published* deklariert werden. In der objektorientierten Programmierung trennt man Eigenschaften und Felder. Eine Eigenschaft ist als *public* oder *published* deklariert und für den Benutzer der Komponente zugänglich. Ein Feld ist als *private* deklariert und deshalb für den Benutzer der Komponente nicht zugänglich – innerhalb der Komponenten-Unit wird jedoch meist mit den Feldern und selten mit den Eigenschaften gearbeitet. Gemäß der Konvention beginnt der Bezeichner eines Feldes immer mit einem *F*, das zu dem Ereignis *OnIntError* gehörende Feld nennt man somit *FOnIntError*. Greift eine Eigenschaft auf ein Feld ohne spezielle Methoden zu, dann wird hinter *read* bzw. *write* in der Eigenschaftsdeklaration der Name des Feldes angegeben.

```
function TConvEdit.GetAsInteger: integer;
begin
  try
    result := StrToInt(Text);
  except
    result := 0;
    if assigned(FOnIntError)
      then FOnIntError(Self, result);
  end;
end;
```

Die Funktion *GetAsInteger* wandelt mit Hilfe der Funktion *StrToInt* den Text des Edit-Feldes in eine Integer-Zahl und gibt diese als Funktionsergebnis zurück.

Tritt bei dieser Umwandlung ein Fehler auf, dann wird eine Exception ausgelöst, die von der *try..except..end*-Konstruktion behandelt wird. Hier wird zunächst das Funktionsergebnis auf null gesetzt. Anschließend wird geprüft, ob das Ereignis *OnIntError* mit einer Ereignisbehandlungsmethode verbunden ist. Wenn dies der Fall ist, wird diese Ereignisbehandlungsmethode aufgerufen und kann dann über den Variablenparameter das Funktionsergebnis von *GetAsInteger* ändern.

```
procedure TConvEdit.SetAsInteger(Value: integer);
begin
  Text := IntToStr(Value);
end;
```

Noch einfacher gestaltet sich die Prozedur *SetAsInteger*. Hier wird die Integer-Zahl in einen String gewandelt und ausgegeben. Da hier – nach menschlichem Ermessen – kein Fehler auftreten kann, wird auch keine Exception-Behandlung benötigt.

Wenn Sie die Komponente schon einmal testen möchten, dann führen Sie die in Kapitel 6.1.4 beschriebenen Anweisungen aus.

Die Eigenschaft AsFloat

Im nächsten Schritt sollen nun die Eigenschaften implementiert werden, welche die Komponente zur Verarbeitung von Gleitkommazahlen benötigt.

```
type
  TFloatErrorEvent = procedure(Sender: TObject; var Value: extended)
    of object;

  TConvEdit = class(TMaskEdit)
  private
    FFormat: TFloatFormat;
    FDigits: integer;
    FPrecision: integer;
    FOnFloatError: TFloatErrorEvent;
  protected
    function GetAsFloat: extended;
    procedure SetAsFloat(const Value: extended);
  public
    constructor Create(AOwner: TComponent); override;
    property AsFloat: extended read GetAsFloat write SetAsFloat;
  published
    property Digits: integer read FDigits write FDigits default 3;
    property Precision: integer read FPrecision write FPrecision
      default 6;
```

```
property Format: TFloatFormat read FFormat write FFormat
  default ffFixed;
property OnFloatError: TFloatErrorEvent read FOnFloatError
  write FOnFloatError;
```

Wie die Anzahl der hier benötigten Eigenschaften vermuten lässt, ist die Ausgabe von Gleitkommazahlen ein wenig aufwendiger – diese müssen nämlich ab einer bestimmten Größe in Exponentialschreibweise dargestellt werden, und auch die Zahl der Nachkommastellen sollte frei wählbar sein.

Die Komponente verwendet zur Wandlung die Funktion *FloatToStrF*, deren Formatierungsparameter *Format*, *Precision* und *Digits* der Komponente als Eigenschaften implementiert werden.

```
function TConvEdit.GetAsFloat: extended;
begin
  try
    result := StrToFloat(Text);
  except
    result := 0;
    if Assigned(FOnFloatError)
      then FOnFloatError(Self, result);
  end;
end;
```

Ähnlich der Funktion *GetAsInteger* ist die Funktion *GetAsFloat*. Auch hier wird der Text in eine Zahl gewandelt und beim Auftreten einer Exception das Ereignis *OnFloatError* aufgerufen.

```
procedure TConvEdit.SetAsFloat(const Value: extended);
begin
  Text := FloatToStrF(Value, FFormat, FPrecision, FDigits);
end;
```

Die Wandlung der Gleitkommazahl in einen String wird mit der Funktion *FloatToStrF* vorgenommen, die Formatierungsparameter sind Eigenschaften der Komponente.

```
constructor TConvEdit.Create(AOwner: TComponent);
begin
  inherited;
  FDigits := 3;
  FPrecision := 6;
  FFormat := ffFixed;
end; {constructor TConvEdit.Create}
```

Alle veröffentlichten Eigenschaften einer Komponente sollten beim Erzeugen derselben auf vernünftige Ausgangswerte gesetzt werden, wofür man den Konstruktor überschreibt. Vergessen Sie nicht, mit *inherited* zunächst den Konstruktor der Vorgängerkomponente aufzurufen.

Die Eigenschaft AsDate

Schließlich soll auch noch die Möglichkeit vorgesehen werden, direkt Datumswerte auszulesen und zuzuweisen. Die Darstellung des Datums soll dabei mit der Funktion *FormatDateTime* erfolgen, der Formatierungsstring wird mittels der Eigenschaft *DateFormat* zugewiesen.

```
type
  TDateErrorEvent = procedure(Sender: TObject; var Value: TDateTime)
    of object;

  TConvEdit = class(TMaskEdit)
  private
    FOnDateError: TDateErrorEvent;
  protected
    function GetAsDate: TDateTime;
    procedure SetAsDate(Value: TDateTime);
  public
    property AsDate: TDateTime read GetAsDate write SetAsDate;
  published
    property DateFormat: string
      read FDateFormat write FDateFormat;
    property OnDateError: TDateErrorEvent read FOnDateError
      write FOnDateError;
  end;


function TConvEdit.GetAsDate: TDateTime;
begin
  try
    result := StrToDateTime(Text);
  except
    result := now;
    if Assigned(FOnDateError)
      then FOnDateError(Self, result);
  end;
end;
```

```
procedure TConvEdit.SetAsDate(const Value: TDateTime);
begin
  Text := FormatDateTime(FDateFormat, Value);
end;
```

Die Vorgehensweise ist hier fast identisch mit der Vorgehensweise bei der Eigenschaft *AsInteger*. Die Umwandlungen werden hier von den Funktionen *FromatDateTime* und *StrToDate* vorgenommen. Wenn bei letzterer ein Fehler auftritt, wird das Ereignis *OnDateError* ausgelöst.

Zum Formatieren der Datumsausgabe dient die Eigenschaft *DateFormat*. Die Funktion *FormatDateTime* ist in Kapitel 2.3.2 beschrieben. Wird der Formatierungsstring leer gelassen, dann werden das Datum und die Uhrzeit ausgegeben. Um nur das Datum, und dieses mit vierstelliger Jahreszahl, auszugeben, würde man folgenden Formatierungsstring zuweisen:

```
ConvEdit1.DateFormat := 'dd.mm.yyyy';
```

6.1.3 Hinzufügen des Paletten-Bitmaps

Bevor die Komponente installiert wird, soll ein Paletten-Bitmap erstellt werden. Dazu verwendet man den Delphi-Bildeditor (TOOLS | BILDEDITOR) und wählt DATEI | NEU | KOMPONENTEN-RESSOURCE (DCR).

Hier erstellt man dann mit dem Kontextmenüpunkt NEU ein neues Bitmap mit der Größe 24 x 24. Auf die Details beim Zeichnen des Icons soll hier nicht näher eingegangen werden, hier im Beispiel habe ich das Icon von *TEdit* übernommen (per Screen-Shot und Ausschneiden mit einem PixelGrafik-Programm) und etwas modifiziert. Aus einem Paletten-Bitmap soll man ansatzweise auf die Funktionalität der Komponente schließen können.

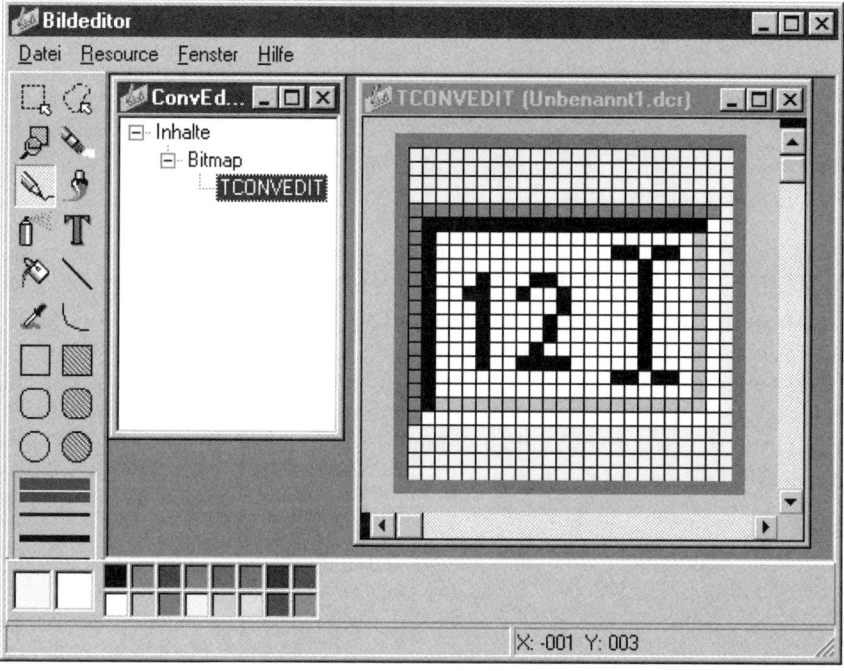

Das Bitmap muss dann den gleichen Namen haben wie die Komponente (*TConvEdit*, verwenden Sie UMBENENNEN aus dem Kontextmenü), die Ressourcen-Datei den gleichen Namen wie die Unit (*ConvEdit*, beim Speichern angeben). Bei Delphi 1 und Delphi 2 musste die Ressourcen-Datei per Compiler-Anweisung eingebunden werden.

```
{$R Convedit.dcr}
```

Seit es Packages gibt, wird die *dcr*-Datei automatisch in das Package eingebunden, die zusätzliche Einbindung über eine Compiler-Direktive würde zu einer Fehlermeldung führen.

6.1.4 Installieren der Komponente

Zum Installieren der Komponente wählt man KOMPONENTE | KOMPONENTE INSTAL-
LIEREN. Es wird darauf folgendes Fenster geöffnet.

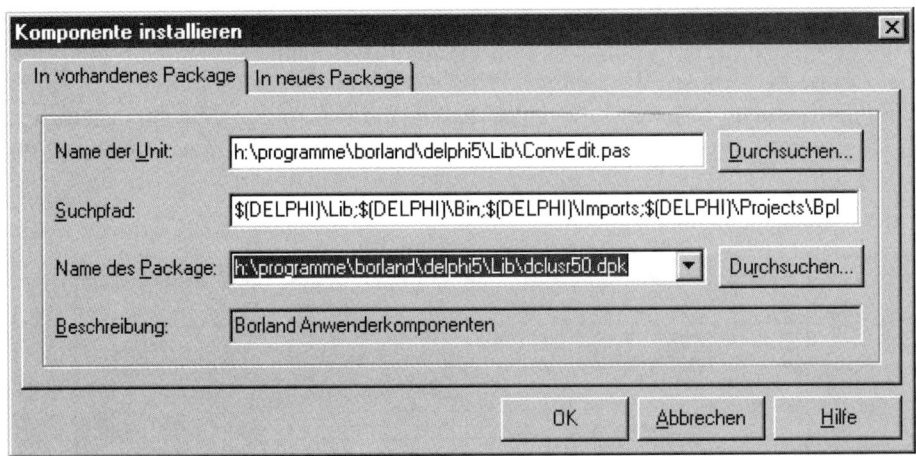

In *Name der Unit* und *Suchpfad* sind in der Regel bereits die korrekten Einträge
enthalten. Mit der ComboBox *Name des Packages* wird das Package ausgewählt, in
dem die Komponente installiert werden soll. Das Package *dclusr50* ist für Komponenten vorgesehen, die der Programmierer selbst erstellt. Hier können Sie zunächst alle neuen Komponenten installieren. Wenn Sie jedoch Ihre Anwendungen mit Laufzeit-Packages oder Ihre Komponenten als Packages vertreiben, dann
sollten Sie unverwechselbare Package-Namen verwenden. In diesem Fall verwenden Sie die TabbedNotebook-Seite *In neues Package*.

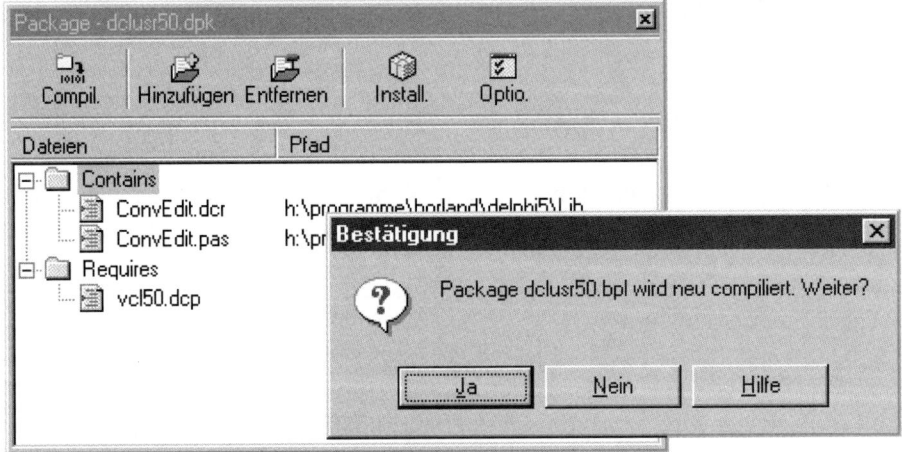

Die folgende Sicherheitsabfrage bestätigen Sie dann mit JA.

6.1.5 Einbinden der Online-Hilfe

Die Help-Engine von Delphi beherrscht die Handhabung mehrerer Hilfe-Dateien, so dass Sie auf eine relativ einfache Weise Ihren Komponenten eine Online-Hilfe mitgeben können.

Für die Erstellung der Online-Hilfe sollten Sie ein entsprechendes Tool verwenden, anstatt sich mit *rtf*-Dateien und Fußnoten herumzuplagen.

Erstellen der Online-Hilfe

Zunächst einmal muss für die Komponente eine Hilfe-Datei erstellt werden. Diese gliedert sich in zwei Teile:

- Auf der Übersichtsseite wird die Komponente kurz vorgestellt und auf alle neuen Eigenschaften, Methoden und Ereignisse verwiesen.

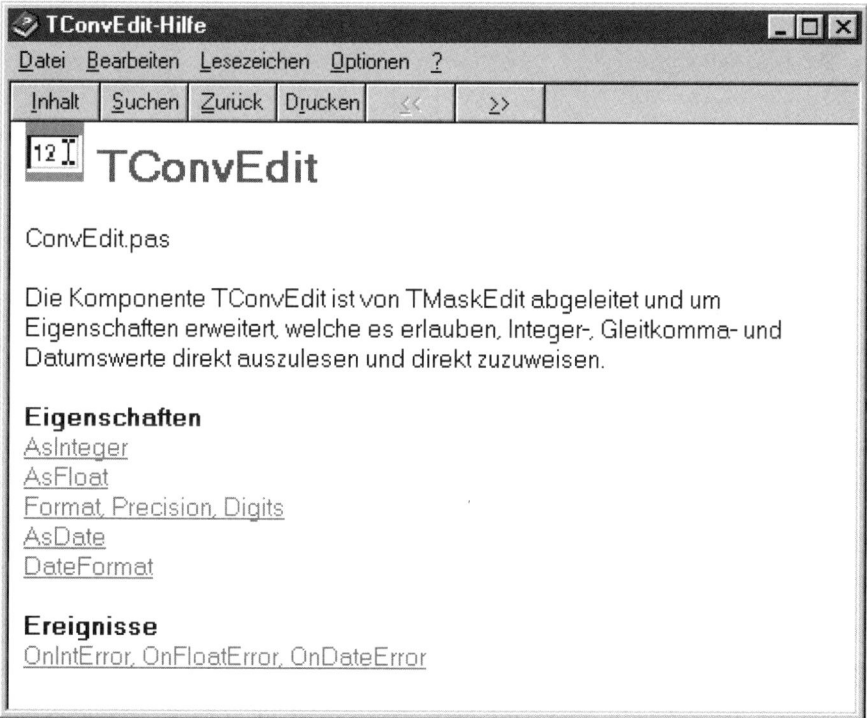

- Für alle neuen Eigenschaften, Methoden und Ereignisse wird jeweils eine Hilfeseite erstellt.

  Bisweilen kann es sinnvoll sein, mehrere Eigenschaften, Methoden oder Ereignisse auf einer Hilfeseite zusammenzufassen. In der Hilfedatei für die Komponente *TConvEdit* wurden beispielsweise die Eigenschaften *Format*, *Precision* und *Digits* zusammengefasst.

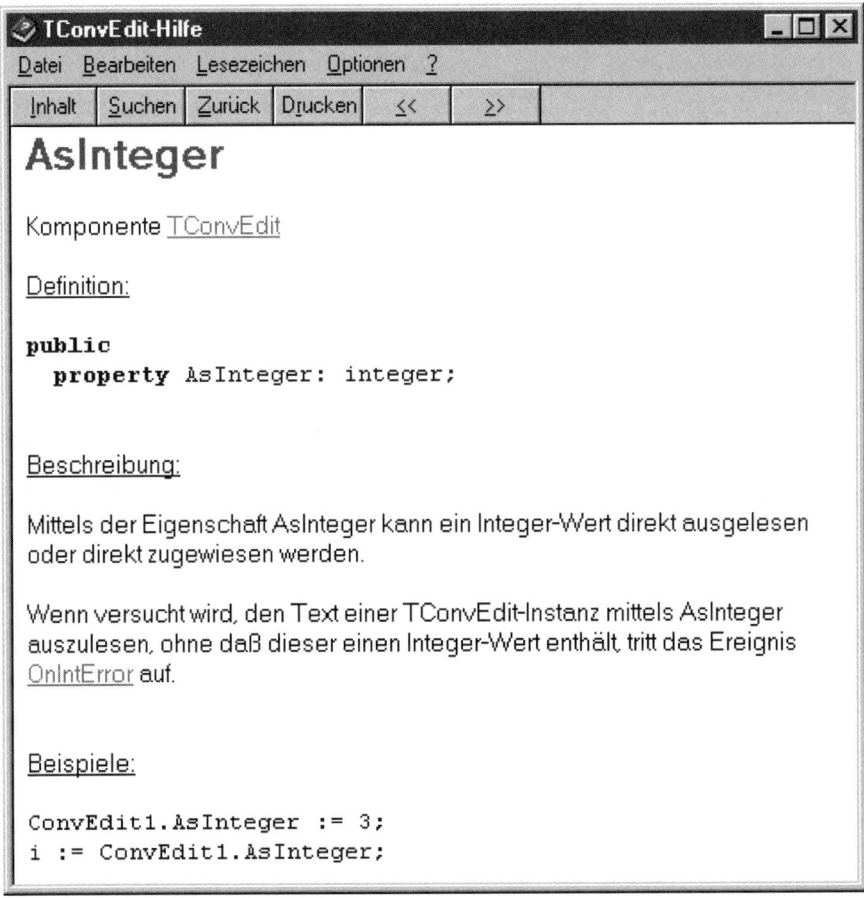

Bei beiden Teilen sollten Sie sich kurz fassen. Bei manchen Eigenschaften, Methoden und Ereignissen kann es auch durchaus sinnvoll sein, kleine Beispiele anzuführen.

Erstellen der Schlüsselwörter

Damit sich Delphi in der Hilfe-Datei auch zurechtfindet, müssen spezielle Schlüsselwörter (auch Fußnoten genannt) verwendet werden:

▪ Die Übersichtsseite der Komponente erhält als Schlüsselwort den Komponentennamen, hier also *TConvEdit*.

■ Die komponentenspezifischen Eigenschaften und Ereignisse erhalten als Schlüsselwörter einerseits den Namen der Eigenschaft beziehungsweise des Ereignisses, andererseits eine Kombination aus dem Namen und dem Komponentennamen.

Für die Eigenschaft *AsInteger* würden folgende Schlüsselwörter verwendet:

■ AsInteger

■ TConvEdit,AsInteger

■ AsInteger,TConvEdit

Einbinden der Online-Hilfe

Um die Online-Hilfe einzubinden, muss das Programm OpenHelp (*bin**oh.exe*) gestartet werden. Fügen Sie Ihre Hilfe-Datei sowohl auf der Registerseite *Index* als auch auf der Registerseite *Verknüpfung* hinzu.

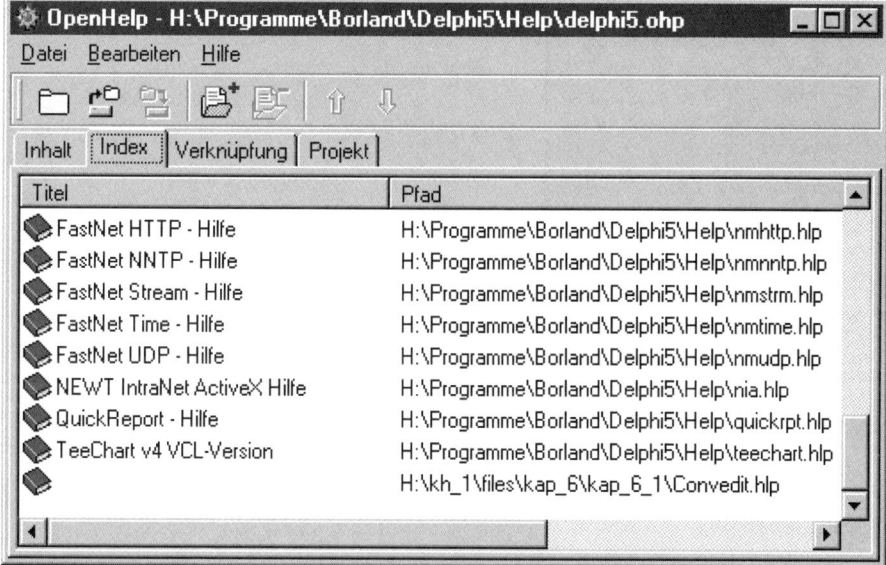

Die Online-Hilfe kann nun von *TConvEdit* aus wie gewohnt aufgerufen werden. Damit ist die Komponente *TConvEdit* fertig.

6.1.6 Festlegen der Kategorie

Ab Delphi 5 können Eigenschaften und Ereignisse im Objektinspektor nach Kategorien gruppiert werden. Von Ihnen hinzugefügte Eigenschaften und Ereignisse werden dabei zunächst einmal in der Kategorie *Verschiedene* eingeordnet.

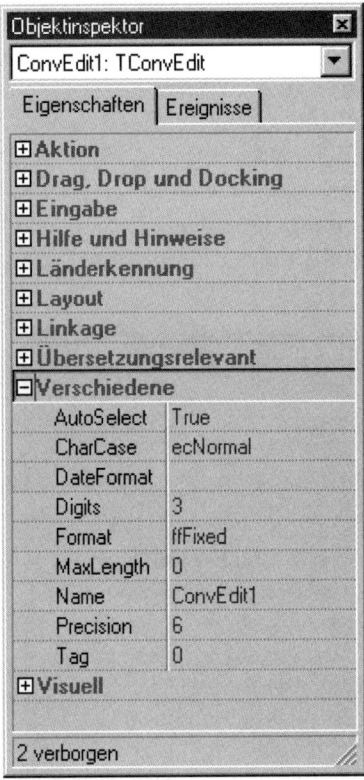

Wir wollen nun daran gehen, unsere Eigenschaften in die Kategorie *Formatierung*
zu verschieben.

Delphi 5

Da Delphi diese Kategorie noch nicht kennt, muss sie neu erstellt werden. Zu
diesem Zweck leiten wir die Klasse *TFormatCategory* von *TPropertyCategory* ab.

```
type
   TFormatCategory = class(TPropertyCategory)
      class function Name: String; override;
   end;
```

Man muss hier nichts weiter tun, als die Klassenfunktion *Name* zu überschreiben:

```
class function TFormatCategory.Name: String;
begin
   result := 'Formatierung';
end;
```

Nun können die Eigenschaften in der neuen Kategorie registriert werden.

```
procedure Register;
begin
   RegisterComponents('Standard', [TConvEdit]);
   RegisterPropertyInCategory(TFormatCategory,
      TConvEdit, 'DateFormat');
   RegisterPropertyInCategory(TFormatCategory, TConvEdit, 'Digits');
   RegisterPropertyInCategory(TFormatCategory, TConvEdit, 'Format');
   RegisterPropertyInCategory(TFormatCategory,
      TConvEdit, 'Precision');
end;
```

Das ist alles.

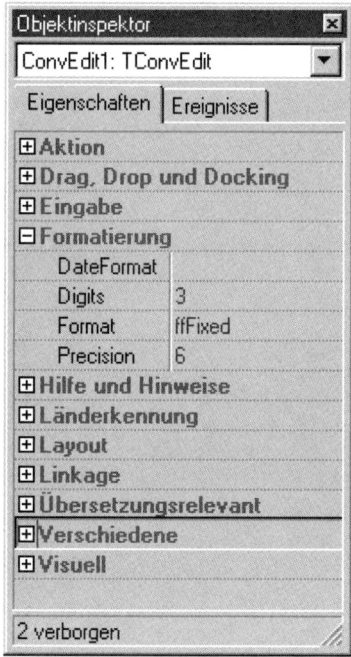

Delphi 6

Bei Delphi 6 geht die Sache noch einfacher: Der Prozedur *RegisterPropertyInCategory* wird einfach der Name der Kategorie angegeben und der Name der Eigenschaft, welche in diese Kategorie soll. Es ist nicht mehr nötig, irgendwelche Klassen zu erstellen.

```
procedure Register;
begin
  RegisterComponents('Standard', [TConvEdit]);
  RegisterPropertyInCategory('Formatierung', 'DateFormat');
  RegisterPropertyInCategory('Formatierung', 'Digits');
  RegisterPropertyInCategory('Formatierung', 'Format');
  RegisterPropertyInCategory('Formatierung', 'Precision');
end;
```

6.2 Grundlagen der Komponentenentwicklung

In diesem Kapitel soll darauf eingegangen werden, wie Eigenschaften und Ereignisse definiert werden und wie man mit Packages umgeht.

6.2.1 Eigenschaften

In den Kapiteln 2.2 und 6.1 wurden bereits wesentliche Aspekte der Eigenschafts-
implementierung erläutert. Lassen Sie mich diese Aspekte zunächst kurz zusammenfassen:

▪ Auf Daten in Instanzen greift man nicht direkt, sondern mit Hilfe von Eigenschaften zu. Diese Eigenschaften lesen entweder direkt aus einem Feld (und
  schreiben in dieses hinein) oder es werden spezielle Lese- und Schreibmethoden
  implementiert.

  Laut den Konventionen bezeichnet man das Datenfeld zu einer Eigenschaft
  Test mit *FTest*, die Lese- und Schreibmethoden mit *GetTest* und *SetTest*.

▪ Eigenschaften können von einem einfachen Datentyp (*string, integer, boolean*)
  sein. Gleitkommazahlen dürfen nicht die Schutzklasse *published* haben, solange nicht gleichzeitig Funktionen implementiert werden, die diese Zahlen im
  Objektinspektor darstellen. Gleitkommazahlen können jedoch stets als Strings
  eingegeben und ausgelesen werden – die Umwandlung muss dann in den
  Lese- und Schreibmethoden erfolgen.

  Die Verwendung von komplexeren Datentypen (Aufzählungstypen, Arrays,
  Records, Objekte, Komponenten) wird auf den folgenden Seiten beschrieben.

▪ Eigenschaften können die Schutzklasse *protected, public* und *published* haben.
  Die Schutzklasse *private* ist möglich, aber nicht sinnvoll. *Protected* ist für Eigenschaften zu verwenden, die erst später veröffentlicht werden sollen. Auf
  die Eigenschaften der Schutzklasse *public* kann der Benutzer der Komponenten (und Objekte) zur Laufzeit zugreifen, auf die Eigenschaften der Schutzklasse *published* ist zusätzlich ein Zugriff auch zur Entwurfszeit vom Objektinspektor aus möglich.

Aufzählungseigenschaften

Der Objektinspektor kann ohne Schwierigkeiten Aufzählungstypen darstellen –
entsprechende Eigenschaften brauchen lediglich deklariert zu werden.

```
type
    TWochentag = (Montag, Dienstag, Mittwoch, Donnerstag, Freitag,
        Samstag, Sonntag);


    TTest = class(TComponent)
      private
        FWochentag: TWochentag;
      public
```

```
    property Wochentage: TWochentag read FWochentag
      write FWochentag;
  end;
```

Im Objektinspektor wird die Aufzählungseigenschaft als ausklappbare Liste angezeigt. Die Einträge sind dabei alphabetisch sortiert.

TabOrder	Dienstag
TabStop	Donnerstag
Tag	Freitag
Top	Mittwoch
	Montag
Visible	Samstag
Width	Sonntag
Wochentage	Montag ▼

Mengeneigenschaften

Vergleichbar einfach gestaltet sich die Darstellung von Mengentypen.

```
type
  TFarben = set of (Kreuz, Pik, Herz, Karo);

  TTest = class(TComponent)
    private
      FFarben: TFarben
    public
      property Farben: TFarben read FFarben write FFarben;
  end;
```

Im Objektinspektor werden die einzelnen Elemente aufgeführt, die in der Menge enthalten sind. Optional kann die Eigenschaft erweitert werden – jeder Eintrag der Menge wird dann quasi als boolesche Eigenschaft gesehen und kann auf diese Weise in die Menge aufgenommen oder aus ihr herausgenommen werden.

⊟ Farben	[Kreuz,Pik]
Kreuz	True
Pik	True
Herz	False
Karo	False

Komponenteneigenschaften

Bisweilen ist es notwendig, Komponenten miteinander zu koppeln. So verweist beispielsweise die Komponente *TDataSource* auf eine Datenmenge wie beispielsweise *TTable* oder *TQuery*. Der Verweis wird dabei mit der Eigenschaft *DataSet* ausgewählt, welche eine Komponenteneigenschaft ist.

Wie das folgende Listing zeigt, ist es ohne Probleme möglich, Felder und Eigenschaften von Komponententypen zu erstellen.

```
TTest = class(TComponent)
private
  FButton: TButton;
published
  property Buttons: TButton read FButton write FButton;
end;
```

Im Objektinspektor erscheint bei Komponenteneigenschaften eine aufklappbare Liste derjenigen Komponenten, die vom entsprechenden Typ und im jeweiligen Formular vorhanden sind. Dabei werden auch solche Komponenten aufgenommen, die vom angegebenen Typ abgeleitet worden sind. In der folgenden Abbildung beispielsweise sind sowohl *TButton-* als auch die davon abgeleiteten *TBitBtn-*Instanzen aufgeführt.

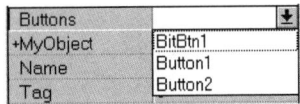

Vergessen Sie nicht, bei Verwendung einer Komponenteneigenschaft *Free-Notification* für die jeweilige Komponente aufzurufen und *Notification* zu überschreiben.

```
procedure TTest.Notification(AComponent: TComponent;
  Operation: TOperation);
begin
  if (Operation = opRemove) and (AComponent = FRefComp)
    then FRefComp := nil;
end;
```

Objekteigenschaften

Sind bei neuen Komponenten viele zusätzliche Eigenschaften zu implementieren, dann wird die Darstellung im Objektinspektor schnell ziemlich unübersichtlich. Um dies zu vermeiden, kann man mehrere Eigenschaften zu einer Objekteigenschaft zusammenfassen. Die wohl bekannteste Objekteigenschaft ist *Font*. Objekteigenschaften belegen im Normalfall nur eine Zeile im Objektinspektor. Sie können jedoch – ähnlich wie Mengen-Eigenschaften – erweitert werden, so dass auf die einzelnen Eigenschaften des Objektes separat zugegriffen werden kann.

Bei der Verwendung von Objekteigenschaften ist Folgendes zu beachten:

- Das Objekt muss von *TPersistent* oder von dessen Nachkommen abgeleitet sein.

- Diejenigen Eigenschaften, die im Objektinspektor angezeigt werden sollen, müssen als *published* deklariert werden. Deklarieren Sie aber nur die Eigenschaften als *published*, die auch im Objektinspektor angezeigt werden können.

- Objekte müssen vor der Verwendung erzeugt werden. Im Konstruktor der Komponente muss ein entsprechender Aufruf vorhanden sein. Auch Objekte, die Sie nicht selbst definiert haben (beispielsweise *TFont*), müssen vor ihrer Verwendung erzeugt werden.

```
type
  TTestObjekt = class(TPersistent)
  private
    FValue1: Integer;
    FValue2: Integer;
    FString: string;
  published
    property Value1:Integer Read FValue1 Write FValue1;
    property Value2:Integer Read FValue2 Write FValue2;
    property TestString: string Read FString Write FString;
  end;

  TTest = class(TComponent)
  private
    FTestObjekt: TTestObjekt;
  public
    constructor Create(AOwner: TComponent); override;
  published
    property TestObjekt: TTestObjekt read FTestObjekt
      write FTestObjekt;
  end;

implementation

constructor TTest.Create(AOwner: TComponent);
begin
  inherited Create(AOwner);
  FTestObjekt := TTestObjekt.Create;
  FTestObjekt.value1:= 1;
  FTestObjekt.value2:= 2;
  FTestObjekt.TestString := 'Test';
end;
```

⊟ TestObjekt	(TTestObjekt)
TestString	Test
Value1	1
Value2	2

Array-Eigenschaften

Eingangs wurde behauptet, dass

- Eigenschafts-Lesemethoden Funktionen sind, die keine Parameter annehmen (und ein Funktionsergebnis vom Typ der Eigenschaft zurückgeben)

- Eigenschafts-Schreibmethoden Prozeduren sind, die nur einen Parameter annehmen, und dass dieser ein Parameter vom Typ der Eigenschaft ist.

```
function GetTest: integer;
procedure SetTest(Value: integer);
property Test: integer read GetTest write SetTest;
```

Von dieser Beschränkung gibt es eine Ausnahme: die Array-Eigenschaften. Diese sind dazu gedacht, um auf Eigenschaften wie auf ein Array zuzugreifen – wobei intern die Daten nicht unbedingt in einem Array gespeichert werden müssen. Verschiedene Eigenschaften vom Typ *TStrings* (z. B. *TMemo.Lines*) sind solche Array-Eigenschaften – hier werden die einzelnen Array-Elemente in einer dynamisch verwalteten Stringliste gespeichert.

In der Regel können Array-Eigenschaften nicht im Objektinspektor dargestellt werden – es sei denn, es wird wie beispielsweise bei *TStrings* ein Eigenschaftseditor implementiert. Ansonsten werden Array-Eigenschaften als *public* (oder *protected*) deklariert. Auf sie kann also nur zur Laufzeit zugegriffen werden (als Beispiel sei hier die Eigenschaft *Cells* von *TStringGrid* genannt).

Array-Eigenschaften müssen immer eine Lese- und (sofern es keine *read-only-*Eigenschaft ist) eine Schreibmethode besitzen. Prinzipiell wäre es nun möglich, gleich auf die Deklaration der Eigenschaft zu verzichten und stattdessen direkt die Lese- und Schreibmethoden aufzurufen. Durch die Verwendung der Eigenschaft wird jedoch der Quelltext in den meisten Fällen merklich übersichtlicher.

Im folgenden Listing wird eine zweidimensionale Array-Eigenschaft deklariert, die auf ein zweidimensionales Array zugreift. Hier im Beispiel werden alle Zuweisungen ignoriert, die auf nicht vorhandene Array-Zellen zugreifen möchten – es ist auch denkbar, dass solche Zuweisungen Fehlermeldungen oder Exceptions auslösen. Die letzten beiden Prozeduren zeigen, wie die Array-Eigenschaft verwendet wird.

```
type
  TTest = class(TComponent)
  private
    FArray: array[0..5, 0..6] of longint;
  protected
    function GetTestArray(Reihe, Spalte: integer): longint;
    procedure SetTestArray(Reihe, Spalte: integer; Value: longint);
```

```
public
  property TestArray[Reihe, Spalte: integer]: longint
    read GetTestArray write SetTestArray;
end;


implementation


function TTest.GetTestArray(Reihe, Spalte: integer): longint;
begin
  if (Reihe > -1) and (Reihe < 6)
      and (Spalte > -1) and (Spalte < 7)
    then result := FArray[Reihe, Spalte];
end;


procedure TTest.SetTestArray(Reihe, Spalte: integer; Value:
longint);
begin
  if (Reihe > -1) and (Reihe < 6)
      and (Spalte > -1) and (Spalte < 7)
    then FArray[Reihe, Spalte] := Value;
end;


procedure TForm1.Button1Click(Sender: TObject);
begin
  Test1.TestArray[3,2] := 18;
end;


procedure TForm1.Button2Click(Sender: TObject);
begin
  caption := IntToStr(Test1.TestArray[3,2]);
end;
```

Indizes von Array-Eigenschaften

Arrays werden in Pascal mit Integer-Zahlen indiziert. Array-Eigenschaften haben jedoch nicht unbedingt etwas mit Arrays zu tun, deshalb sind durchaus auch andere Index-Typen möglich. Im folgenden Beispiel wird ein String als Index verwendet. Zudem wird mit dieser Eigenschaft auf keine Daten zugegriffen, sondern es wird damit die Länge des Index-Strings ermittelt. (Dies ist hier kein Beispiel für eine sinnvolle Verwendung von Array-Eigenschaften, sondern dafür, wie flexibel sie gehandhabt werden können.)

```
type
  TTest = class(TComponent)
  protected
    function GetStringIndex(I: string): integer;
  public
    property StringIndex[I: string]: integer read GetStringIndex;
  end;

implementation

function TTest.GetStringIndex(I: string): integer;
begin
  result := length(i);
end;
```

6.2.2 Speicherung der Eigenschaftswerte

In den Formulardateien (*.dfm*) wird der jeweilige Aufbau eines Formulars gespeichert, also Informationen über die vorhandenen Komponenten und deren Eigenschaften. Mit Datei | Öffnen können Sie diese Formulardateien öffnen und editieren. In der Regel sollten Sie dafür den Objektinspektor verwenden. Wenn aber beispielsweise Beschriftungstexte in eine andere Sprache übersetzt werden müssen, kann das über die Formulardatei einfacher geschehen. (Übrigens: Die Formulardateien werden erst ab Delphi 5 in so übersichtlicher Form gespeichert. In den vorigen Versionen wurden sie im Binärformat gespeichert und vor der Anzeige umgewandelt.)

Der folgende Ausschnitt zeigt den Abschnitt über einen Button, dessen Eigenschaften nicht weiter verändert wurden. Es fällt dabei auf, dass viele Eigenschaften gar nicht erwähnt worden sind.

```
object Button1: TButton
  Left = 64
  Top = 80
  Width = 89
  Height = 33
  Caption = 'Button1'
  TabOrder = 0
end
```

Wird nun eine dieser nicht gespeicherten Eigenschaften geändert – hier im Beispiel wurde *ModalResult* auf *mrRetry* gesetzt –, dann wird diese Eigenschaft zusätzlich aufgeführt.

```
object Button1: TButton
  Left = 64
  Top = 80
  Width = 89
  Height = 33
  Caption = 'Button1'
  ModalResult = 4
  TabOrder = 0
end
```

Die Anweisung default

Um die Formulardateien nicht unnötig aufzublähen, können Eigenschaften von der Speicherung so lange ausgenommen werden, wie sich ihr Wert nicht ändert. Dazu werden der Eigenschaftsdeklaration die Anweisung *default* sowie der Vorgabewert angehängt.

```
published

    . . .

  property ModalResult: TModalResult
    read FModalResult write FModalResult default 0;
```

Durch die *default*-Anweisung wird beim Erstellen der Komponente die Eigenschaft nicht (!) auf den entsprechenden Wert gesetzt. Dazu ist eine entsprechende Anweisung im Konstruktor erforderlich.

Vorsicht: In Kapitel 3 wurde *default* (eigentlich nicht ganz korrekt) dazu verwendet, um den voreingestellten Wert einer Eigenschaft anzugeben. Es kann (!) sich dabei auch um einen *default*-Wert handeln, muss es aber nicht. Die in Kapitel 3 verwendete Schreibweise wurde wegen ihrer Prägnanz gewählt, ist aber sachlich nicht ganz richtig.

Die Anweisung stored

Mit der Anweisung *stored* kann explizit bestimmt werden, ob eine Eigenschaft gespeichert werden soll oder nicht. Hinter *stored* kann entweder *true* (Eigenschaft wird gespeichert) oder *false* (Eigenschaft wird nicht gespeichert) angegeben werden, aber auch boolesche Eigenschaften und Felder der Komponente oder Funktionen, die ein *boolean*-Ergebnis zurückgeben.

Eigene Daten speichern

In der Formulardatei lassen sich auch Daten speichern, die keine *published*-Eigenschaften sind. Beispielsweise könnte man auf diese Weise die Werte von Array-Eigenschaften speichern, was natürlich besonders dann Sinn machen würde, wenn diese über einen Eigenschaftseditor zur Laufzeit editierbar wären.

Es ist auch zu bedenken, dass auf diese Weise die Formulardatei sehr schnell anwachsen kann, was bestimmt keine Geschwindigkeitsvorteile bringt. Die Notwendigkeit, eigene Daten in der Formulardatei zu speichern, stellt sich höchst selten. Deshalb soll die Beschreibung der erforderlichen Schritte nur kurz angerissen werden. Ein Beispiel dazu findet sich in Kapitel 6.4.2 bei *TBStringGrid*.

Die Klasse *TPersistent* führt einige Methoden ein, um Daten in Streams zu speichern und aus diesen zu laden. Die von *TPersistent* abgeleiteten Komponenten können auf diese Weise ihre Eigenschaften in der Formulardatei speichern und auch wieder auslesen. Um eigene Daten mit zu speichern, muss die Methode *DefineProperties* überschrieben werden.

```
procedure TTest.DefineProperties(Filer: TFiler);
begin
  inherited DefineProperties(Filer);
  Filer.DefineProperty('NeueEigenschaft', ReadProp,
    WriteProp, true);
end;
```

Die Methode *DefineProperty* benennt die Eigenschaft und deklariert die Lese- und Schreibmethode. Mit dem Parameter *HasData* – der hier der Einfachheit halber direkt auf *true* gesetzt wird – wird entschieden, ob der Wert der neuen Eigenschaft gespeichert werden soll oder nicht.

```
procedure TTest.ReadProp(Reader: TReader);
begin
  FValue := Reader.ReadFloat;
end;
```

```
procedure TTest.WriteProp(Writer: TWriter);
begin
  Writer.WriteFloat(FValue);
end;
```

Die Lesemethode liest den Wert aus dem *TReader*-Objekt, die Schreibmethode schreibt es in das *TWriter*-Objekt. Es können selbstverständlich auch andere Datentypen gelesen und gespeichert werden, *TReader* besitzt dazu (unter anderem) die folgenden Methoden:

```
function Read(var Buffer; Count: Longint): Longint;
  virtual; abstract;
function ReadBoolean: Boolean;
function ReadChar: Char;
procedure ReadComponents(AOwner, AParent: TComponent;
  Proc: TReadComponentsProc);
function ReadFloat: Extended;
function ReadInteger: Longint;
function ReadString: string;
```

6.2.3 Ereignisse und Botschaften

Ereignisse sind Eigenschaften, deren Inhalt aus einem Zeiger auf eine Methode besteht. Um ein Ereignis zu implementieren, werden ein privates Feld und eine veröffentlichte Eigenschaft der Komponente hinzugefügt. (Soll das Ereignis noch nicht veröffentlicht werden, kann auch die Schutzklasse *protected* gewählt werden.) Die Lese- und Schreibmethoden der Eigenschaft greifen direkt auf das private Feld zu.

```
type
  TTest = class(TComponent)
  private
    FOnError: TNotifyEvent;
  published
    property OnError: TNotifyEvent read FOnError write FOnError;
  end;
```

Um ein Ereignis auszulösen, muss zunächst geprüft werden, ob mit dem Ereignis überhaupt eine Prozedur verbunden ist. Erst dann wird die Ereignisbehandlungs-routine aufgerufen. Als Parameter *Sender* wird ihr die aufrufende Komponente (*Self*) übergeben.

```
procedure TTest.Rechnen;
begin
    ...
  if assigned(FOnError)
    then FOnError(Self);
    ...
end;
```

Nach den Delphi-Konventionen beginnen alle Ereignisse mit den Präfixen *On*, *Before* oder *After*. Den privaten Methodenzeigervariablen wird noch ein *F* vorangestellt. So heißt beispielsweise ein Ereignis *OnClick*, das Methodenzeigerfeld dazu *FOnClick*, die IDE erstellt daraus einen Prozedurrumpf (für das Beispiel *Button1*), dessen Bezeichner *Button1Click* heißt.

Eigene Ereignistypen definieren

Bisweilen lesen Sie in der Fachliteratur, dass Ereignistypen Prozeduren sein müssen. Das ist nicht richtig: Zwar ist es sinnvoller, Prozeduren zu verwenden, aber Sie können auch Funktionen verwenden, wie das folgende Beispiel zeigt:

```
type
  TFunctionEvent = function(Sender: TObject): integer of object;
```

```
TTest = class(TComponent)
private
  FAnja: integer;
  FOnFuEv: TFunctionEvent;
public
  procedure steffi;
published
  property OnFuEv:TFunctionEvent read FOnFuEv write FOnFuEv;
  property Anja: integer read FAnja write FAnja;
end;


implementation


procedure TTest.Steffi;
begin
  if assigned(FOnFuEv) then FAnja := FOnFuEv(Self);
end;
```

Wird nun von der IDE eine Ereignisbehandlungsroutine erstellt, dann ist dies eine Funktion:

```
function TForm1.Test1FuEv(Sender: TObject): Integer;
begin
  result := 3;
end;
```

Was ist nun der Nachteil bei der Verwendung von Funktionen? Die Verwendung einer Funktion statt einer Prozedur macht nur dann Sinn, wenn ein Funktionsergebnis zurückgegeben werden soll, das in irgendeiner Weise weiterverarbeitet wird. Nun könnte der Komponentenbenutzer vergessen, ein Funktionsergebnis zuzuweisen. Die Funktion würde dann der Komponente einen sinnlosen und nicht vorhersehbaren Wert zurückgeben. (Bei einem Test mit dem gerade erwähnten Beispiel war das Ergebnis mal -10365, mal 9256.)

Wird eine Funktion als Ereignisbehandlungsroutine verwendet, dann gibt es keine Möglichkeit, das Funktionsergebnis von der Komponente aus vorzubelegen. Aus diesem Grund verwendet man dafür stets Variablenparameter von Prozeduren: Neben der Möglichkeit, diese vor dem Ereignisaufruf mit einem sinnvollen Wert zu belegen, besteht so auch die Möglichkeit, mehrere Variablenparameter zu verwenden und auf diese Weise mehrere Werte von der Ereignisbehandlungsroutine entgegenzunehmen.

```
type
  TFunctionEvent = procedure(Sender: TObject; var value: integer)
    of object;


implementation


procedure TTest.Steffi;
var
  i: integer;
begin
  i := 0;
  if assigned(FOnFuEv) then FOnFuEv(Self, i);
  FAnja := i;
end;
```

Die Ereignisbehandlungsroutine würde dann folgendermaßen aussehen:

```
procedure TForm1.Test1FuEv(Sender: TObject; var value: integer);
begin
  value := 3;
end;
```

Windows-Botschaften

Viele Delphi-Komponenten reagieren bereits auf die üblichen Windows-Botschaften und »übersetzen« diese in Ereignisse. Wenn Sie von diesen Komponenten weitere Komponenten ableiten, so erben diese auch all jene Ereignisse.

Diese Standard-Ereignisse werden in den Komponenten *TControl* und *TWinControl* implementiert, sind dort jedoch noch nicht veröffentlicht. Die Komponente *TControl* implementiert die folgenden Ereignisse, die auf Mausbotschaften reagieren:

- OnClick
- OnDblClick
- OnDragDrop
- OnDragOver
- OnDragEnd
- OnMouseDown
- OnMouseMove
- OnMouseUp

Bei *TWinControl* kommen die folgenden Ereignisse hinzu, die auf Tastatur-
botschaften und Fokuswechsel reagieren:

- OnEnter
- OnExit
- OnKeyDown
- OnKeyPress
- OnKeyUp

Soll in einer Komponente auf ein solches Standardereignis reagiert werden, dann
könnte man auf die Idee kommen, dafür eine Ereignisbehandlungsroutine als
Methode der Komponente zu erstellen. Dies geht so lange gut, bis der
Komponentenbenutzer eine eigene Ereignisbehandlungsroutine erstellt und somit den Methodenzeiger auf die eigene Methode setzt – danach wäre die interne
Ereignisbehandlungsroutine stillgelegt. Stattdessen überschreibt man die Prozedur, welche das Ereignis auslöst.

Von der Botschaft zum Ereignis

Am Beispiel des Ereignisses *OnClick* soll erläutert werden, wie der Weg von der
Botschaft zum Ereignis aussieht.

```
type
  TControl = class(TComponent)
  private
     . . .
    FOnClick: TNotifyEvent;
    procedure WMLButtonUp(var Message: TWMLButtonUp);
      message WM_LBUTTONUP;
    procedure DoMouseUp(var Message: TWMMouse;
      Button: TMouseButton);
     . . .
  protected
     . . .
    procedure Click; dynamic;
    procedure MouseUp(Button: TMouseButton; Shift: TShiftState;
      X, Y: Integer); dynamic;
    property OnClick: TNotifyEvent read FOnClick write FOnClick;
    property OnMouseUp: TMouseEvent read FOnMouseUp
      write FOnMouseUp;
     . . .
  end;
```

Das Ereignis *OnClick* ist an die Windows-Botschaft *WM_LBUTTONUP* gekoppelt. Diese Windows-Botschaft ruft die private Prozedur *WMLButtonUp* auf. In dieser Prozedur werden die Prozeduren *DoMouseUp* und *Click* aufgerufen.

```
procedure TControl.WMLButtonUp(var Message: TWMLButtonUp);
begin
   ...
  if csClicked in ControlState then
  begin
     Exclude(FControlState, csClicked);
     if PtInRect(ClientRect, SmallPointToPoint(Message.Pos))
     then Click;
  end;
  DoMouseUp(Message, mbLeft);
end;
```

Die Prozedur *Click* ist als *dynamic* und *protected* deklariert und ruft das Ereignis *OnClick* auf.

```
procedure TControl.Click;
begin
  if Assigned(FOnClick)
     then FOnClick(Self);
end;
```

Botschaftsauslösende Methoden überschreiben

Soll innerhalb der Komponente auf ein Ereignis reagiert werden, dann wird diejenige Methode überschrieben, welche die Botschaft ausgelöst hat. Hier im Beispiel wird jedes *OnClick*-Ereignis dem Anwender gemeldet (ob das sinnvoll ist, darf gerne hinterfragt werden ...).

```
procedure TTest.Click
begin
  inherited Click;
  ShowMessage('Ereignis OnClick');
end;
```

Auf andere Botschaften reagieren

Es gibt eine ganze Reihe von weiteren Botschaften zusätzlich zu den in *TControl* und *TWinControl* enthaltenen. So könnte beispielsweise der Wunsch aufkommen, *TImage* um das Ereignis *OnResize* zu erweitern, das auf die Windows-Botschaft *WM_Size* reagiert, welche bei Größenänderungen der Komponente verschickt wird.

Damit eine Prozedur durch eine Windows-Botschaft ausgelöst wird, werden bei der Deklaration das Schlüsselwort *message* und der Name der Botschaft angehängt. Die Prozedur, welche das Ereignis auslöst, sollte als *dynamic* (oder *virtual*) und *protected* deklariert werden, damit sie in eventuell vorhandenen Nachfahren überschrieben werden kann.

```
type
   TMyImage = class(TImage)
     private
        FOnResize: TNotifyEvent;
     protected
        procedure WMSize(var Message: TWMSize); dynamic;
          message WM_SIZE;
     published
        property OnResize: TNotifyEvent read FOnResize
          write FOnResize;
     end;


implementation


procedure TMyImage.WMSize(var Message: TWMSize);
begin
  if assigned(FOnResize)
    then FOnResize(Self);
end;
```

Botschaften auslösen

Das Folgende hat mit Komponentenentwicklung eigentlich nicht mehr viel zu tun, sei aber der Vollständigkeit halber doch hier erwähnt:

In Delphi haben Sie die Möglichkeit, Windows-Botschaften direkt an *TControl*-Nachfahren zu schicken und auf diese Weise beispielsweise Maus- und Tastaturereignisse zu simulieren. Im folgenden Listing wird ein Tastatur-Ereignis an die Komponente *Memo1* geschickt, um auf diese Weise ein *A* einzugeben (mit der Eigenschaft *SelText* würde dies allerdings auch einfacher gehen).

```
procedure TForm1.Button1Click(Sender: TObject);
begin
  Memo1.Perform(WM_CHAR, Byte('A'), 0);
end;
```

6.2.4 Packages

Packages sind DLLs, in welchen die Komponenten der Komponentenbibliothek (VCL) enthalten sind.

Die Komponentenbibliothek unter Delphi 1 und Delphi 2

Die Komponenten im Formulardesigner sind zur Entwurfszeit keine abstrakten Kästchen, sondern verfügen schon weitgehend über dasselbe Verhalten, das die Komponenten zur Laufzeit aufweisen. *TImage*-Komponenten zeigen die enthaltenen Bilder an, *TScrollBox*-Komponenten lassen sich scrollen, die Datenbankkomponenten erlauben das Arbeiten mit Live-Daten. Da Delphi kein interpretierendes System ist, ist es nötig, der IDE die Komponentenfunktionalität in Form einer DLL zur Verfügung zu stellen. Diese Datei ist die **.dcl*-Datei. Die Original-Komponentenbibliotheksdateien heißen *cmplib.dcl* (Delphi 1.0) oder *cmplib32.dcl* (Delphi 2.0).

Diese Komponentenbibliotheksdateien sind schon bei der Installation von Delphi über 1 MByte groß und wachsen weiter an, wenn zusätzliche Komponenten installiert werden. Daraus resultieren zwei Nachteile: Erstens dauert das Kompilieren (genauer: das Linken) der Komponentenbibliothek relativ lange, zweitens eignet sich diese DLL nicht als Laufzeit-DLL (dazu kommen wir gleich).

Zur Laufzeit wird die Komponentenbibliothek nicht verwendet. Stattdessen wird der aktuelle Komponentenquelltext – sofern nötig – neu kompiliert und in die EXE-Datei gelinkt. (Daraus kann sich während der Komponentenentwicklung ein deutlich unterschiedliches Verhalten einer Komponente zur Entwurfs- und zur Laufzeit ergeben, wenn die Komponentenbibliothek nicht immer neu kompiliert wird.)

Die Packages ab Delphi 3

Ab Delphi 3.0 werden nun viele kleinere Bibliotheks-DLLs verwendet: die Packages. Dies hat zunächst den Vorteil, dass bei der Komponenteninstallation nicht mehr die gesamte Komponentenbibliothek neu kompiliert werden muss, sondern nur noch das Package, in dem diese Komponente vorhanden ist, was diesen Vorgang deutlich beschleunigt.

Desweiteren lassen sich Packages auch zur Laufzeit einsetzen, was dazu führt, dass die EXE-Datei deutlich kleiner wird. Wird beispielsweise ein Projekt mit einem einzigen leeren Formular ohne Packages kompiliert, dann beträgt dessen Größe 288 KByte. Wird es dagegen für die Verwendung des Laufzeitpackages *vcl50.bpl* kompiliert, dann beträgt die Größe der EXE-Datei nur mehr 14 KByte – allerdings ist zum Betrieb dann eine 1974 KByte große Package-Datei erforderlich.

Was auf den ersten Blick unsinnig anmutet, macht durchaus Sinn, wenn mehrere Programme diese Package-Datei verwenden. Diese muss nämlich nur einmal auf der Festplatte und auch nur einmal im Arbeitsspeicher vorhanden sein. Damit alle Projekte diese Package-Datei auch finden, wird sie im *System32*-Verzeichnis gespeichert.

Entwurfs- und Laufzeitpackages

Ein Package kann sowohl ein Entwurfs-, ein Laufzeit- als auch ein Entwurfs- und Laufzeitpackage sein.

■ Bei kleineren Komponenten lohnt sich der Aufwand nicht, ein eigenes Laufzeitpackage zu vertreiben – hier wird man lediglich ein Entwurfspackage verwenden.

■ Werden viele zusätzliche Komponenten eingesetzt, dann kann es sinnvoll sein, diese in ein Entwurfs- und Laufzeitpackage zu stecken.

■ Werden Eigenschafts- und Komponenten-Editoren verwendet, dann vergrößern diese das Package, was bei der Verwendung desselben als Laufzeitpackage nicht erwünscht ist. Hier würde man die eigentlichen Komponenten in ein reines Laufzeit-Package stecken. Für die IDE wird man dann ein Entwurfszeitpackage verwenden, welches das Laufzeitpackage einbindet und zusätzlich die Eigenschafts- und Komponenteneditoren bereitstellt.

So sind beispielsweise die Standardkomponenten (*TButton*, *TEdit* usw.) im Laufzeitpackage *vcl50.bpl* enthalten, werden aber in die IDE über das Entwurfszeitpackage *dclstd50.bpl* eingebunden.

Ob ein Package als Entwurfs-, Laufzeit- oder Entwurfs- und Laufzeitpackage erstellt wird, lässt sich per Option oder per Compileranweisung festlegen.

Wann Laufzeitpackages verwenden?

Während man an Entwurfszeitpackages nicht vorbeikommt, wenn man Komponenten in der IDE nutzen möchte, ist die Nutzung von Laufzeitpackages optional.

■ Wenn Sie kleine bis mittlere Projekte für Rechner mit unbestimmter Einrichtung vertreiben, dann sollten Sie keine Laufzeitpackages verwenden. Solche Projekte belegen ohnehin nur ca. 500 bis 1200 KByte. Wenn Sie nun insgesamt Laufzeitpackages verwenden, dann belegen Sie mehr Speicher, als wenn Sie keine verwenden.

Desweiteren sparen Sie sich und vor allem dem Anwender viel Ärger mit der Installation: Wenn auf dem Rechner beispielsweise die Betriebssysteme Windows 98 und NT 4.0 installiert sind, dann muss der Anwender die Laufzeitpackages in beide *System32*-Verzeichnisse kopieren.

- Große Projekte, beispielsweise bei einer Branchen-Software, bestehen oft aus mehreren Programmen oder nutzen DLLs. Hier ist es oft sinnvoll, Laufzeit-packages zu verwenden. Insbesondere erhält man dadurch die Möglichkeit, bei Updates des Programms die Dateigrößen zu minimieren, so dass diese Updates mit Diskette oder über das Netz erfolgen können.

- Wird Software für Anwender erstellt, die ohnehin bereits Laufzeitpackages verwenden, dann bietet es sich an, diese zu nutzen. Solche Situationen kön-nen nicht nur auftreten, wenn Sie für einen einzelnen Kunden eine maßge-schneiderte Lösung entwickeln, sondern auch dann, wenn Sie Plug-In-Tools für Delphi erstellen.

- Während der Entwicklung von neuen Anwendungen ist die Verwendung von Laufzeitpackages generell zu empfehlen, weil dadurch der Bedarf an Fest-plattenplatz und die Kompilierungszeiten sinken.

Neue Packages erstellen

Das Erstellen eines neuen Packages kann im Zusammenhang mit der Erstellung einer neuen Komponente erfolgen, wie dies in Kapitel 6.1 beschrieben wurde. Es besteht aber auch die Möglichkeit, mit Datei | Neu | Weitere | Package ein neues Package zu beginnen.

Im Dialogfenster wählen Sie dann die Units aus, die dem Package hinzugefügt werden sollen. (Wenn Sie mit diesem Dialogfenster bestehende Packages bear-beiten, dann können Sie daraus auch Units entfernen.)

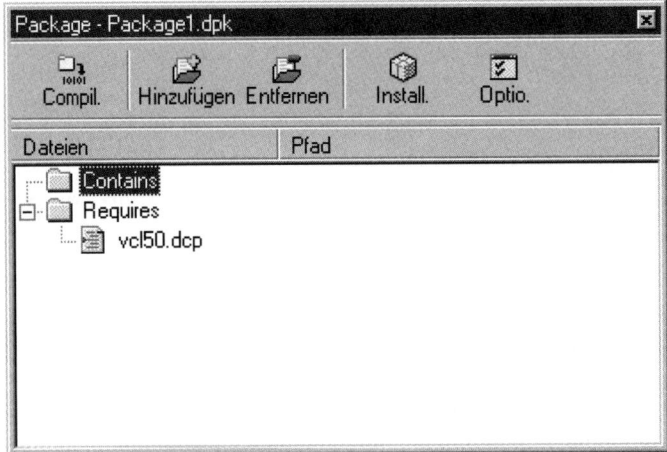

Mit dem Button Optionen öffnen Sie ein Dialogfenster, in dem Sie nicht nur Compiler-Optionen einstellen, sondern auch festlegen können, ob ein Entwurfs- und/oder Laufzeitpackage erstellt werden soll.

Package bearbeiten

Um ein bestehendes Package zu bearbeiten – beispielsweise, um neue Komponenten hinzuzufügen oder vorhandene Komponenten zu entfernen –, gibt es mehrere Möglichkeiten. Bei Entwurfszeitpackages können Sie KOMPONENTEN | PACKAGES INSTALLIEREN wählen, das betreffende Package markieren und den Button *Bearbeiten* betätigen. Sie können auch DATEI | ÖFFNEN und den Dateinamen wählen, das funktioniert bei allen Packages.

Packages verwenden

Um zu bestimmen, welche Packages für ein Projekt verwendet werden sollen, wählen Sie entweder PROJEKT | OPTIONEN | PACKAGES oder KOMPONENTE | PACKAGES INSTALLIEREN.

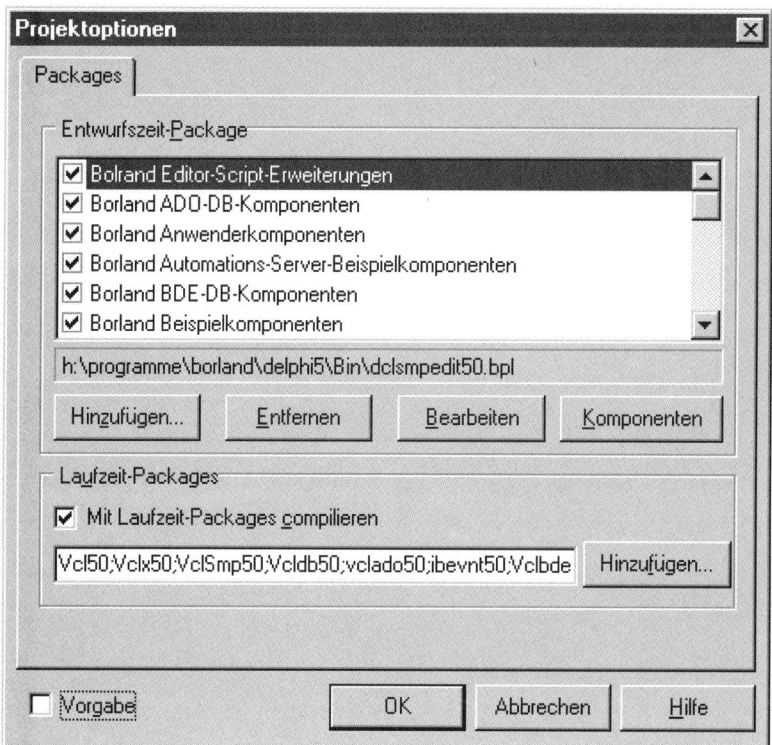

Im oberen Teil des Dialogfensters können Sie entscheiden, welche Packages zur Entwurfszeit verwendet werden sollen. Auf diese Weise können Sie beispielsweise auch dafür sorgen, dass nur die Palettenseiten angezeigt werden, die auch tatsächlich benötigt werden – gerade bei geringer Bildschirmauflösung kann dies die Übersichtlichkeit erhöhen.

Wesentlicher ist die Entscheidung, ob, und wenn ja, welche Laufzeitpackages verwendet werden. Nicht immer macht es Sinn, wegen einer einzelnen, womöglich auch in anderen Programmen eher selten eingesetzten Komponente das entsprechende Laufzeitpackage zu installieren.

Bitte denken Sie daran, dass Sie die zu verwendenden Laufzeit-Packages auch tatsächlich dem Anwender zur Verfügung stellen müssen, ansonsten wird dieser beim Programmstart mit einer Fehlermeldung konfrontiert. Die verwendeten Laufzeitpackages müssen sich immer im *System32*-Verzeichnis befinden.

Solange Sie Delphi-Programme innerhalb der IDE ausführen, findet das Programm Laufzeitpackages auch innerhalb der Delphi-Verzeichnispfade. Wird das Programm dann aber direkt über den Explorer (oder den Dateimanager) aufgerufen, dann kann es ebenfalls zu einer solchen Fehlermeldung kommen.

6.3 TCheckGroup und TDBCheckGroup

Für Optionen, die sich gegenseitig ausschließen, verwendet man in der Windows-Programmierung für gewöhnlich *RadioButtons*. Können mehrere Optionen gleichzeitig gewählt werden, dann sind *CheckBoxen* zu verwenden. (Alternativ kann in beiden Fällen auch eine *ListBox* verwendet werden.)

Bei den Delphi-Komponenten gibt es nicht nur die Komponente *TRadioButton*, sondern auch noch *TRadioGroup*, welche für jeden Eintrag der Stringliste *Items* einen *RadioButton* erstellt. Über die Eigenschaft *ItemIndex* kann ermittelt werden, welcher der *RadioButtons* momentan ausgewählt worden ist.

Eine entsprechende Gruppierungs-Komponente für *TCheckBox* gibt es unter Delphi nicht und soll nun hier erstellt werden. Auch hier wird für jeden Eintrag der Eigenschaft *Items* eine *CheckBox* mit der entsprechenden Beschriftung erstellt. Mit Hilfe der Array-Eigenschaft *Checked* kann der Status jeder einzelnen Check-Box festgestellt werden. (Selbstverständlich ist es mir nicht entgangen, dass es inzwischen die Komponente *TCheckListBox* gibt, aber ich halte von dieser Komponente nicht besonders viel.)

Desweiteren wird aus dem Status der einzelnen Check-Boxen der 32-Bit-Integer-Wert *Value* berechnet, der es erlaubt, den Status aller Check-Boxen auf einmal abzufragen oder auch zu verändern. Bei der Komponente *TDBCheckGroup* wird diese Eigenschaft dann datenbanktauglich gemacht. Dies erlaubt es, in einer einzelnen Tabellenspalte bis zu 31 Optionen gleichzeitig zu speichern. (Allerdings sind SQL-Abfragen, deren WHERE-Klauseln eine oder mehrere dieser Optionen beinhalten, etwas umständlich.)

Ein wesentlicher Vorteil von *TCheckGroup* und *TDBCheckGroup* liegt darin, dass die einzelnen *CheckBoxen* automatisch linksbündig ausgerichtet werden und denselben vertikalen Abstand zueinander haben. Sie können sehr einfach gemeinsam verschoben werden, und die Eigenschaften *Visible* und *Enabled* lassen sich für alle *CheckBoxen* gemeinsam setzen.

6.3.1 Die Komponente TCheckGroup

Zunächst soll die Komponente *TCheckGroup* programmiert werden. Von dieser soll im Anschluß die Komponente *TDBCheckGroup* abgeleitet werden, bei der dann die Datenbankfähigkeit implementiert wird.

Erzeugen der CheckBoxen

Zunächst wird *TCheckGroup* von *TGroupBox* abgeleitet und um einige Felder, Methoden und Eigenschaften erweitert. Die Eigenschaft *Items* repräsentiert die Beschriftungen der CheckBoxen, die Stringliste wird im Feld *FItems* gespeichert. In der Liste *FBoxes* werden Referenzen auf die einzelnen *TCheckBox*-Instanzen gespeichert. Desweiteren muss hier die Schreibmethode *SetItems* implementiert werden.

Das Beschriften der CheckBoxen übernimmt die Methode *PaintBoxes*, welche zum Hinzufügen und Löschen von Kindkomponenten auf die Methoden *AddBox* und *DeleteBox* zurückgreift.

Wird die Komponente vergrößert oder verkleinert, dann müssen die Abstände zwischen den Kindkomponenten verändert werden – also muss auch die Methode *SetBounds* überschrieben werden. Außerdem ist eine Stringliste ein Objekt, sie muss also vor der Verwendung erst erzeugt werden – dies bedingt das Überschreiben des Konstruktors *Create* (und somit auch des Destruktors *Destroy*).

```
type
  TCheckGroup = class(TGroupBox)
  private
    FItems: TStrings;
    FBoxes: TList;
    procedure StringListChange(Sender: TObject);
  protected
    procedure SetItems(Value: TStrings);
    procedure AddBox;
    procedure DeleteBox;
  public
    constructor Create(AOwner: TComponent);override;
    destructor destroy; override;
    procedure PaintBoxes;
    procedure SetBounds(ALeft, ATop, AWidth, AHeight: Integer);
       override;
  published
    property Items: TStrings read FItems write SetItems;
  end;
```

Der Konstruktor ruft zunächst den Konstruktor der Vorgängerkomponente auf, anschließend wird die Stringliste *FItems* erzeugt. Die dritte Zeile sorgt dafür, dass bei einer Änderung in *FItems* die Methode *StringListChange* aufgerufen wird. Sie werden sich vielleicht fragen, aus welchem Grund auf das Ändern der Liste reagiert werden muss – wenn die Eigenschaft *Items* geändert wird, wird ja ohnehin die Schreibmethode *SetItems* aufgerufen.

Das Problem ist hier, dass beim Starten des Programms oder beim Laden des Projekts von der Festplatte dem Feld *FItems* die vorgegebenen Werte unter Umgehung der Methode *SetItems* direkt zugewiesen werden – nach dem Programmstart wären also alle die CheckBoxen verschwunden, die beim Entwurf des Formulars noch vorhanden gewesen sind. Erst dann, wenn die Eigenschaft *Items* geändert werden würde, würden auch alle CheckBoxen korrekt gezeichnet.

Damit die Komponente korrekt arbeitet, muss das Zeichnen der Boxen direkt an das Ändern des Feldes *FString* gekoppelt werden. Der Aufruf der Methode *PaintBoxes* könnte an dieser Stelle auch unterbleiben, da beim Erstellen der Komponente die Eigenschaft *FItems* noch nicht gesetzt wird. Sobald diese jedoch gesetzt wird, ruft die Methode *StringListChange* die Methode *PaintBoxes* auf.

```
constructor TCheckGroup.Create(AOwner: TComponent);
begin
  inherited Create(AOwner);
  FItems := TStringList.Create;
  TStringList(FItems).OnChange := StringListChange;
  FBoxes := TList.Create;
  Enabled := true;
end; {constructor Create}
```

Beim Entfernen der Komponente wird zunächst der Inhalt der Stringliste *FItems* gelöscht, dabei werden auch automatisch alle *CheckBoxen* entfernt. Anschließend werden die Stringliste *FItems* und die Komponentenliste *FBoxes* freigegeben und die Methode *destroy* der Vorgängerkomponente aufgerufen.

```
destructor TCheckGroup.destroy;
begin
  FItems.Clear;
  FItems.free;
  FBoxes.Free;
  inherited destroy;
end; {destructor destroy}
```

Die Prozedur *StringListChange* tut nichts anderes, als die Prozedur *PaintBoxes* aufzurufen. Die Methode *SetBounds* ruft zuvor noch die gleichnamige Methode des Vorgängerobjektes auf.

```
procedure TCheckGroup.SetBounds(ALeft, ATop, AWidth, AHeight:
  Integer);
begin
  inherited SetBounds(ALeft, ATop, AWidth, AHeight);
  PaintBoxes;
end;
```

Die Methode *PaintBoxes* prüft zunächst, ob *FItems* überhaupt existiert. Ist dies nicht der Fall, beispielsweise weil beim Erzeugen des Objektes zunächst *SetBounds* und damit *PaintBoxes* aufgerufen wurde, dann würde der Versuch eines Zugriffs auf dieses Objekt zu einer allgemeinen Schutzverletzung führen.

Anschließend wird geprüft, ob die Zahl der CheckBoxen mit der Zahl der Einträge in *FItems* übereinstimmt. Ist dies nicht der Fall, dann wird eine der Differenz entsprechende Anzahl von CheckBoxen hinzugefügt oder gelöscht.

Schließlich wird noch ermittelt, wie hoch die Komponente ist und in welchem Abstand voneinander die CheckBoxen somit angeordnet werden müssen.

```
procedure TCheckGroup.PaintBoxes;
var
  i, j: Integer;
begin
  if FItems <> nil then
  begin
    while FBoxes.Count <> FItems.Count do
    begin
      if FBoxes.Count < FItems.Count
        then AddBox;
      if FBoxes.Count > FItems.Count
        then DeleteBox;
    end; {while FBoxes.Count <> FItems.Count do}
    j := Height div (FBoxes.Count + 1);
    for i := 0 to FBoxes.Count - 1 do
    begin
      TCheckBox(FBoxes[i]).Top := j * (i + 1);
      TCheckBox(FBoxes[i]).Caption := FItems[i];
      TCheckBox(FBoxes[i]).Width := Width - 10;
    end; {for i := 1 to FBoxCount do}
  end; {if FItems <> nil then}
end; {procedure TCheckGroup.PaintBoxes}
```

Soll eine neue CheckBox eingefügt werden, dann wird diese zunächst erzeugt, anschließend werden den Eigenschaften *Parent* und *Left* die entsprechenden Werte zugewiesen.

Später soll die Komponente um das Ereignis *OnChange* erweitert werden, das immer dann ausgelöst wird, wenn der Anwender eine der CheckBoxen anklickt. Das Ereignis wird von der Prozedur *BoxClick* ausgelöst, welche momentan noch nicht vorhanden ist.

```
procedure TCheckGroup.AddBox;
var
   CheckBox: TCheckBox;
begin
   CheckBox := TCheckBox.Create(Self);
   with CheckBox do
   begin
      Parent := Self;
      Left := 8;
      OnClick := BoxClick;
   end;
   FBoxes.Add(CheckBox);
end; {procedure TCheckGroup.AddBox}
```

Sind zu viele CheckBoxen vorhanden, dann wird – gegebenenfalls wiederholt – die Methode *DeleteBox* aufgerufen, welche die jeweils letzte CheckBox löscht und die Liste *FBoxes* entsprechend anpasst.

```
procedure TCheckGroup.DeleteBox;
begin
   TCheckBox(FBoxes[FBoxes.Count - 1]).Free;
   FBoxes.Delete(FBoxes.Count - 1);
end; {procedure TCheckGroup.DeleteBox}
```

Wegen der Eigenschaft *Value*, die später implementiert wird, darf die Zahl der CheckBoxen nicht größer als 31 werden. Die Schreibmethode *SetItems* sorgt dafür, dass nicht mehr Einträge in das Feld *FItems* gelangen.

```
procedure TCheckGroup.SetItems(Value: TStrings);
begin
   while Value.Count > 31 do Value.Delete(Value.Count - 1);
   FItems.Assign(Value);
end;
```

Das Ereignis OnChange

Wenn der Anwender eine der CheckBoxen anklickt und dadurch deren Eigenschaft *Checked* verändert, soll das Ereignis *OnChange* ausgelöst werden. Der dazugehörigen Ereignisbehandlungsroutine soll als Parameter nicht nur *Sender* übergeben werden – also das Objekt, welches das Ereignis ausgelöst hat –, sondern auch der *Index* der CheckBox, welche der Benutzer angeklickt hat.

Der dafür erforderliche Ereignistyp muss selbst definiert werden, was allerdings sehr einfach ist, wie das folgende Listing zeigt.

```
type
    TChangeEvent = procedure(Sender: TObject; Index: Integer)
      of object;


    TCheckGroup = class(TGroupBox)
    private
      ...
      FOnChange: TChangeEvent;
    protected
      ...
      procedure BoxClick(Sender: TObject);virtual;
    published
      ...
      property OnChange: TChangeEvent read FOnChange write FOnChange;
    end;
```

Die Prozedur *BoxClick* wird jeder einzelnen CheckBox als *OnClick*-Ereignisbehandlungsroutine zugewiesen. Die Prozedur prüft zunächst, ob dem Ereignis überhaupt eine Ereignisbehandlungsroutine zugewiesen worden ist, und ruft, wenn dies der Fall sein sollte, diese Routine auf. Als zweiter Parameter wird der Index der CheckBox übergeben.

```
procedure TCheckGroup.BoxClick(Sender: TObject);
var
    i: integer;
begin
    if assigned(FOnChange) then
    begin
      i := FBoxes.IndexOf(Sender);
      FOnChange(Self, i);
    end; {if assigned(FOnChange) then}
end; {procedure TCheckGroup.BoxClick}
```

Die Eigenschaft Checked

Die Eigenschaft *Checked* ist eine Array-Eigenschaft, mit deren Hilfe die Eigenschaft *Checked* aller CheckBoxen abgefragt werden kann. Auf eine Array-Eigenschaft wird wie folgt zugegriffen:

```
CheckGroup1.Checked[3] := false;
if CheckGroup1.Checked[5] = true then ...
```

Den dazugehörigen Lese- und Schreibmethoden wird der angegebene Index als Parameter übergeben. Mit der Anweisung *FindComponent* wird versucht, auf die gewünschte Komponente und deren Eigenschaft *Checked* zuzugreifen. Liegt der übergebene Index außerhalb des Bereichs der vorhandenen Komponenten, dann wird eine Exception ausgelöst, welche von der *try..except..end*-Konstruktion abgefangen wird.

```
property Checked[Index: Integer]: boolean
   read GetChecked write SetChecked;


function TCheckGroup.GetChecked(Index: Integer): boolean;
begin
   try
      result := TCheckBox(FBoxes[Index]).Checked;
   except
      ShowMessage('ungültiger Indexwert');
      result := false;
   end; {try}
end; {function TCheckGroup.GetCheked}


procedure TCheckGroup.SetChecked(Index: Integer; Value: boolean);
begin
   try
      TCheckBox(FBoxes[Index]).Checked := Value;
   except
      ShowMessage('ungültiger Indexwert');
   end; {try}
end; {procedure TCheckGroup.SetChecked}
```

Die Eigenschaft Value

Mit der Eigenschaft *Value* wird die Möglichkeit geschaffen, auf die Eigenschaft *Checked* aller CheckBoxen gleichzeitig zuzugreifen. Soll beispielsweise der Inhalt einer *CheckGroup* in eine andere kopiert werden, so könnte man dies mit einer *for..to..do*-Schleife bewerkstelligen, welche alle *Checked*-Felder kopiert:

```
for i := 1 to CheckGroup1.Items.Count do
begin
   CheckGroup2.Checked[i-1] := CheckGroup1.Checked[i-1];
end;
```

Mit Hilfe der Eigenschaft *Value* würde man folgendermaßen vorgehen:

```
CheckGroup2.Value := CheckGroup1.Value;
```

Die Eigenschaft *Value* ist vom Typ *LongInt*, wobei die Eigenschaften *Checked* der einzelnen CheckBoxen als einzelne Bits dieser 32-Bit-Zahl interpretiert werden. Dies würde prinzipiell 32 CheckBoxen in einer Gruppe zulassen – da aber aus Gründen der Anschaulichkeit nur positive *Value*-Werte zugelassen werden, ist die Zahl der CheckBoxen auf 31 beschränkt. (Wenn Sie glauben, dass dies nicht ausreichen würde, dann versuchen Sie einmal, eine *TCheckGroup* mit 31 CheckBoxen auf einem Bildschirm mit niedriger Auflösung unterzubringen.)

Die Eigenschaft *Value* erlaubt es auch, die Eigenschaften *Checked* der einzelnen CheckBoxen im Entwurfsmodus zu setzen. Wollte man dabei die Array-Eigenschaft *Checked* verwenden, müsste man dafür einen eigenen Eigenschaftseditor programmieren. Damit die Eigenschaft *Value* im Objektinspektor angezeigt wird, muss die Eigenschaftsdeklaration im *published*-Teil der Typendefinition untergebracht werden.

```
property Value: Longint read GetValue write SetValue;
```

Um den Wert der Eigenschaft *Value* zu ermitteln, werden in einer Schleife alle Felder der Array-Eigenschaft *Checked* abgefragt. Mittels jeweils einer Bitschiebe-Operation wird das betreffende Bit an der richtigen Stelle positioniert.

```
function TCheckGroup.GetValue: Longint;
var
   i: integer;
begin
   result := 0;
   for i := 0 to FBoxes.Count - 1
      do result := result + (integer(Checked[i]) shl i);
end; {function TCheckGroup.GetValue}
```

Bei der Prozedur *SetValue* wird mittels einer Bitschiebe-Operation und einem Filter auf das niederwertigste Bit der Zustand der einzelnen Checkboxen gesetzt.

```
procedure TCheckGroup.SetValue(Value: Longint);
var
   i: integer;
begin
   for i := 0 to FBoxes.Count - 1
      do Checked[i] := boolean((value shr i) and 1);
end; {procedure TCheckGroup.SetValue}
```

Die Eigenschaft Enabled

Die Eigenschaft *Enabled* ist zwar von *TGroupBox* übernommen worden, sie hat jedoch keinerlei Auswirkungen auf die Kindkomponenten. Da die Methode *SetEnabled* von *TControl* weder virtuell noch dynamisch ist, muss gleich die ganze Eigenschaft überschrieben werden.

```
type
  TCheckGroup = class(TGroupBox)
  private
    ...
    FEnabled: boolean;
  protected
    ...
    procedure SetEnabled(Value: boolean);
  published
    ...
    property Enabled: boolean read FEnabled write SetEnabled;
  end;
```

Wird die Eigenschaft *Enabled* geändert, dann ändert die Methode *SetEnabled* diese Eigenschaft bei allen Kindkomponenten.

```
procedure TCheckGroup.SetEnabled(Value: boolean);
var
  i: integer;
begin
  FEnabled := Value;
  for i := 1 to FBoxCount do
  begin
    TCheckBox(FBoxes[i]).Enabled := Value;
  end;
end; {procedure TCheckGroup.SetEnabled}
```

6.3.2 Die Komponente TDBCheckGroup

Der Komponente *TDBCheckGroup* soll nun die Möglichkeit verliehen werden, ihren Zustand in eine Datenbankspalte zu schreiben und von dort auch wieder auszulesen. Da in einer Datenbankspalte keine Arrays gespeichert werden können, kann die Speicherung nur über die Eigenschaft *Value* erfolgen. Dies hat zudem den Vorteil, dass die Tabellen nicht durch eine Vielzahl von *boolean*-Spalten unübersichtlich werden – sollen allerdings einzelne Optionen in die WHERE-Klauseln von SQL-Abfragen eingebunden werden, dann wird das an dieser Stelle ein wenig aufwendiger.

(Noch eine Anmerkung zu Arrays in Datenbanken: Nach der Theorie der relationalen Datenbanken sind die Werte aller Spalten *atomar*, sie lassen sich also nicht mehr (sinnvoll) weiter zerteilen. Als eine von sehr wenigen Datenbanken geht *InterBase* hier pragmatisch (»der Kunde muss das ja nicht benutzen«) vor und erlaubt Arrays mit bis zu 16 Dimensionen.)

Die Typendeklaration

Damit eine Komponente auf eine Datenbankspalte zugreifen kann, benötigt sie – wie bereits erwähnt – ein Feld vom Typ *FDataLink*. Dessen Eigenschaften *DataField* und *DataSource* werden dem Benutzer zugänglich gemacht durch gleichnamige Eigenschaften der Komponenten, welche die entsprechenden Schreib- und Lesemethoden benötigt.

Das Feld *FDataLink* ist ein Objektfeld. Dieses Objekt muss vor der Verwendung erzeugt werden, was das Überschreiben des Konstruktors und des Destruktors bedingt. Das Feld *FSperren* und die restlichen drei Methoden werden später erläutert.

```
type
   TDBCheckGroup = class(TCheckGroup)
   private
      FDataLink: TFieldDataLink;
      FSperren: boolean;
   protected
      function GetDataField: string;
      function GetDataSource: TDataSource;
      procedure SetDataField(const Value: string);
      procedure SetDataSource(Value: TDataSource);
      procedure DataChange(Sender: TObject);
      procedure UpdateData(Sender: TObject);
      procedure BoxClick(Sender: TObject);override;
```

```
public
  constructor Create(AOwner: TComponent);override;
  destructor destroy; override;
published
  property DataField: string read GetDataField write SetDataField;
  property DataSource: TDataSource read GetDataSource
    write SetDataSource;
end;
```

Die Methoden

Beim Erzeugen der Komponente wird das Objekt *FDataLink* erzeugt, und dessen Ereignissen *OnDataChange* und *OnUpdateData* werden entsprechende Methoden zugewiesen. Vor dem Entfernen des Objekts wird zunächst der Verweis auf die Ereignisbehandlungsmethode *DataChange* entfernt und das Objekt *FDataLink* freigegeben, anschließend kann auch das restliche Objekt entfernt werden.

```
constructor TDBCheckGroup.Create(AOwner: TComponent);
begin
  inherited Create(AOwner);
  FSperren := false;
  FDataLink := TFieldDataLink.Create;
  FDataLink.OnDataChange := DataChange;
  FDataLink.OnUpdateData := UpdateData;
end; {constructor TDBCheckGroup.Create}


destructor TDBCheckGroup.destroy;
begin
  FDataLink.OnDataChange := nil;
  FDataLink.free;
  inherited destroy;
end; {destructor TDBCheckGroup.destroy}
```

Die folgenden Schreib- und Lesemethoden der Eigenschaften *DataSource* und *DataField* setzen lediglich die entsprechenden Eigenschaften von *FDataLink* oder lesen diese aus:

```
function TDBCheckGroup.GetDataField: string;
begin
  Result := FDataLink.FieldName;
end;
```

```
function TDBCheckGroup.GetDataSource: TDataSource;
begin
  Result := FDataLink.DataSource;
end;


procedure TDBCheckGroup.SetDataField(const Value: string);
begin
  FDataLink.FieldName := Value;
end;


procedure TDBCheckGroup.SetDataSource(Value: TDataSource);
begin
  FDataLink.DataSource := Value;
end;
```

Ändern sich die Daten – weil beispielsweise der Datensatz gewechselt wird –, dann wird der neue Wert der Eigenschaft *Value* zugewiesen, deren Schreibmethode dann die CheckBoxen setzt. Dies löst allerdings das Ereignis *OnBoxClick* aus, welches wiederum dafür sorgen würde, dass in der Datenbank das entsprechende Feld geändert wird. Damit hier keine Endlosschleife entsteht, muss vorübergehend das Feld *FSperren* auf *true* gesetzt werden.

Wird eine der CheckBoxen angeklickt, dann wird die Datenmenge von der Methode *BoxClick* in den Editier-Modus versetzt, wobei auch das Ereignis *OnDataChange* auftritt. Damit dabei nicht gleich wieder der Eigenschaft *Value* der alte Wert zugewiesen und damit die Änderung zurückgenommen wird, wird vor dem Setzen der Eigenschaft *Value* sichergestellt, dass sich die Datenmenge nicht im Editier-Modus befindet.

```
procedure TDBCheckGroup.DataChange(Sender: TObject);
begin
  if FDataLink.Field = nil
    then Value := 0 else
  begin
    if FDataLink.Editing = false then
    begin
      FSperren := true;
      Value := FDataLink.Field.AsInteger;
      FSperren := false;
    end;
  end; {else FDataLink.Field = nil}
end; {procedure TDBCheckGroup.DataChange}
```

Mit der Methode *UpdateData* holt sich *FDataLink* den benötigten Wert aus der Komponente.

```
procedure TDBCheckGroup.UpdateData(Sender: TObject);
begin
   FDataLink.Field.AsInteger := Value;
end;
```

Wird eine der Boxen angeklickt, dann wird die Methode *BoxClick* aufgerufen. Dies geschieht jedoch auch dann, wenn die Eigenschaft Value geändert wird. Somit ist nicht nur eine Prüfung erforderlich, ob *FDataLink* bereits erzeugt ist, sondern auch, ob nicht die Methode *DataChange* das Feld *FSperren* vorübergehend auf *true* gesetzt hat.

Zunächst wird die Datenmenge in den Editiermodus versetzt. Mit der *TFieldDataLink*-Methode *Modified* wird *FDataLink* mitgeteilt, dass sich der Wert geändert hat – *FDataLink* holt sich dann mit *UpdateData* den Wert *Value* aus der Komponente. Alternativ zur Benutzung der Methode *Modified* könnte auch der Eigenschaft *Field* der entsprechende Wert zugewiesen werden – diese Variante ist im Listing als Kommentar enthalten.

```
procedure TDBCheckGroup.BoxClick(Sender: TObject);
begin
   inherited BoxClick(Sender);
   if (FDataLink.Field <> nil) and (FSperren = false) then
   begin
      FDataLink.Edit;
      FDataLink.Modified;
      {FDataLink.Field.AsInteger := Value;}
   end;
end; {procedure TDBCheckGroup.BoxClick}
```

6.4 TBStringGrid und TDBBStringGrid

In diesem Kapitel sollen zwei weitere Komponenten besprochen werden: Das Erstellen von Komponenten-Editoren und das Speichern von eigenen Daten in der *dfm*-Datei soll anhand der Komponente *TBStringGrid* erläutert werden.

Von der Komponente *TDBStringGrid* soll die Komponente *TDBBStringGrid* abgeleitet und um die Fähigkeit erweitert werden, Memos und Bilder anzuzeigen.

6.4.1 Komponenteneditor für ein StringGrid

Die Komponente *TStringGrid* implementiert leider nicht die Fähigkeit, die Eigenschaft *Cells* schon zur Entwurfszeit bearbeiten zu können. Dies soll nun geändert werden, indem ein Komponenten-Editor erstellt wird, mit dessen Hilfe diese zweidimensionale Array-Eigenschaft editiert werden kann.

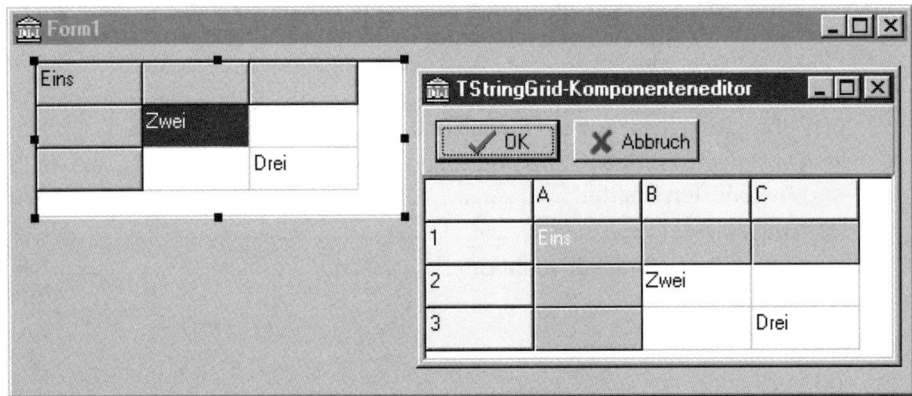

Ein Komponenten-Editor ist von der Klasse *TDefaultEditor* abgeleitet. Es sind dabei die Prozeduren *Edit, ExecuteVerb, GetVerb* und *GetVerbCount* zu überschreiben.

```
type
   TBStringGridEditor = class(TDefaultEditor)
   protected
      Form: TForm;
      StringGrid: TStringGrid;
      Panel: TPanel;
      BtnOK, BtnCancel: TBitBtn;
      Comp: TStringGrid;
      procedure StringGridDrawCell(Sender: TObject;
         ACol, ARow: Integer; Rect: TRect; State: TGridDrawState);
   public
      procedure Edit;override;
      procedure ExecuteVerb(Index: integer);override;
      function GetVerb(Index: integer): string; override;
      function GetVerbCount: integer; override;
   end;
```

Die Funktionen *GetVerb* und *GetVerbCount* dienen zur Anzeige der Menüpunkte im Kontextmenü der Komponente. Eine Komponente kann dabei durchaus mehrere Komponenteneditoren haben (Beispiel: *TQuery*).

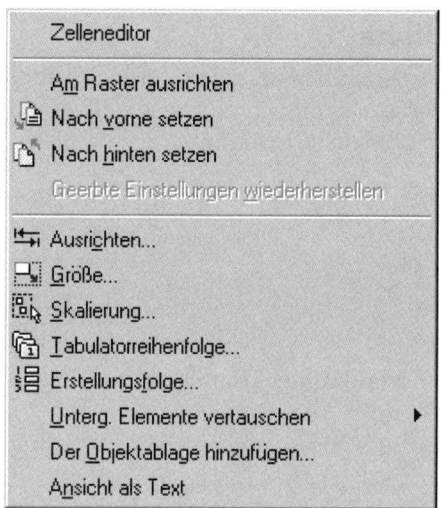

Hier im Beispiel soll es jedoch nur einen Komponenteneditor geben.

```
function TBStringGridEditor.GetVerb(Index: integer): string;
begin
  if Index = 0
    then result := 'Zelleneditor';
end;
```

```
function TBStringGridEditor.GetVerbCount: integer;
begin
  result := 1;
end;
```

Wird dieser eine Menüpunkt ausgewählt, dann soll die Methode *Edit* aufgerufen werden.

```
procedure TBStringGridEditor.ExecuteVerb(Index: integer);
begin
  if Index = 0
    then Edit;
end;
```

Das Formular des Komponenteneditors

Mit der Eigenschaft *Component* wird die Komponente referenziert, für welche der Komponenteneditor aufgerufen wurde. Der kürzeren Schreibweise halber soll eine Referenz darauf in der Variablen *Comp* gespeichert werden.

```
procedure TBStringGridEditor.Edit;
var
  i, j: integer;
begin
  Comp := TStringGrid(Component);
```

Um eine *dfm*-Datei zu vermeiden, wird das Formular hier komplett per Quelltext erzeugt.

```
Form := TForm.Create(nil);
try
  with Form do
  begin
    Scaled := false;
    Position := poScreenCenter;
    Width := 600;
    Height := 400;
    Caption := 'TStringGrid-Komponenteneditor';
  end; {with Form do}
  Panel := TPanel.Create(Form);
  with Panel do
  begin
    Parent := Form;
    Align := alTop;
  end;
  BtnOK := TBitBtn.Create(Form);
  with BtnOK do
  begin
    Kind := bkOK;
    Left := 8;
    Top := 8;
    Parent := Panel;
  end;
```

```
BtnCancel := TBitBtn.Create(Form);
with BtnCancel do
begin
  Kind := bkAbort;
  Left := 91;
  Top := 8;
  Parent := Panel;
end;
```

Der Text in den fixierten Reihen und Spalten lässt sich nicht editieren. Deshalb wird im Vergleich zur Komponente, die bearbeitet werden soll, eine Spalte und eine Reihe mehr eingefügt, welche zur Nummerierung dient. Diese Spalte und diese Reihe erhalten eine gelbe Hintergrundfarbe.

```
StringGrid := TStringGrid.Create(Form);
with StringGrid do
begin
  Parent := Form;
  Align := alClient;
  Options := Options + [goEditing, goColSizing];
  FixedColor := clYellow;
  RowCount := Comp.RowCount + 1;
  ColCount := Comp.ColCount + 1;
```

Solange die Zahl der Spalten kleiner als 24 ist, werden sie mit Buchstaben indiziert, ansonsten mit Zahlen. Die Reihen werden immer mit Zahlen durchnummeriert.

```
  if ColCount < 24 then
  begin
    for i := 1 to ColCount
      do Cells[i,0] := Chr(Ord('A') + i - 1);
  end  {if ColCount < 24 then}
  else
  begin
    for i := 1 to ColCount
      do Cells[i,0] := IntToStr(i);
  end; {else ColCount < 24 then}
  for i := 1 to RowCount
    do Cells[0,i] := IntToStr(i);
  OnDrawCell := StringGridDrawCell;
end; {with StringGrid do}
```

Nun werden die Strings und die Spaltenbreiten von der zu bearbeitenden Komponente in das Grid des Komponenteneditors übertragen.

```
for i := 1 to StringGrid.ColCount - 1 do
begin
  for j := 1 to StringGrid.RowCount - 1 do
  begin
    StringGrid.Cells[i, j] := Comp.Cells[i-1, j-1];
  end;
  StringGrid.ColWidths[i] := Comp.ColWidths[i-1];
end; {for i := 1 to StringGrid.ColCount - 1 do}
```

Der Komponenteneditor wird nun modal angezeigt. Wird er mit OK beendet, dann werden die gemachten Änderungen (die eingegebenen Strings und die veränderten Spaltenbreiten) zurück in die Komponente geschrieben. Zuletzt wird das Formular freigegeben.

```
if Form.ShowModal = mrOK then
begin
  for i := 1 to StringGrid.ColCount - 1 do
  begin
    for j := 1 to StringGrid.RowCount - 1 do
    begin
      Comp.Cells[i-1, j-1] := StringGrid.Cells[i, j];
    end;
    Comp.ColWidths[i-1] := StringGrid.ColWidths[i];
  end; {for i := 1 to StringGrid.ColCount - 1 do}
end; {if Form.ShowModal = mrOK then}
finally
  Form.Free;
end; {try}
end; {procedure TBStringGridEditor.Edit}
```

Die fixierten Spalten

Bislang würden im Komponenteneditor die fixierten Spalten der zu bearbeitenden Komponente genauso angezeigt wie die anderen, was den Benutzer etwas verwirren könnte. Wir wollen nun das Aussehen der fixierten Spalten dem späteren Aussehen angleichen, wozu eine *OnDrawCell*-Ereignisbehandlungsroutine erstellt wird.

```
procedure TBStringGridEditor.StringGridDrawCell(Sender: TObject;
  ACol, ARow: Integer; Rect: TRect; State: TGridDrawState);
begin
  with StringGrid.Canvas do
  begin
    if ((ACol > 0) and (ACol <= Comp.FixedCols) and (ARow > 0))
      or ((ARow > 0) and (ARow <= Comp.FixedRows) and (ACol >0)) then
    begin
      Brush.Color := clBtnFace;
      TextRect(Rect, Rect.Left + 2, Rect.Top + 2,
        StringGrid.Cells[ACol, ARow]);
      Pen.Color := clWhite;
      Pen.Width := 1;
      Pen.Mode := pmCopy;
      MoveTo(Rect.Left + 0, Rect.Bottom - 0);
      LineTo(Rect.Left + 0, Rect.Top + 0);
      LineTo(Rect.Right - 0, Rect.Top + 0);
      Pen.Color := clBlack;
      LineTo(Rect.Right - 0, Rect.Bottom - 0);
      LineTo(Rect.Left + 0, Rect.Bottom - 0);
    end;
    if (ACol > Comp.FixedCols)
      and (ARow > Comp.FixedRows) then
    begin
      Brush.Color := clWhite;
      TextRect(Rect, Rect.Left + 2, Rect.Top + 2,
        StringGrid.Cells[ACol, ARow]);
    end;
  end; {with StringGrid.Canvas do}
end; {procedure TBStringGridEditor.BStringGrid1DrawCell}
```

Der Komponenteneditor könnte prinzipiell für *TStringGrid* eingebunden werden.
Man könnte dann die Eigenschaft *Cells* zur Entwurfszeit bearbeiten. Allerdings
wären die gemachten Änderungen beim Starten des Programms wieder verloren, weil sie nicht in der *dfm*-Datei gespeichert werden.

```
procedure Register;
begin
  RegisterComponentEditor(TBStringGrid, TBStringGridEditor);
end;
```

Deshalb soll nun gleich noch eine Komponente entwickelt werden, welche die
Eigenschaft *Cells* in der *dfm*-Datei speichert.

6.4.2 TBStringGrid

Wir wollen nun von *TStringGrid* eine Komponente ableiten, welche die Fähigkeit besitzt, die Werte der Eigenschaft *Cells* in der *dfm*-Datei zu speichern.

Wenn wir schon dabei sind, die Komponente *TStringGrid* zu verbessern, dann wollen wir auch gleich mit einem anderen Problem aufräumen: Der Font und der Hintergrund aller Zellen sind gleich (wenn wir mal von den fixierten Zellen absehen wollen).

Um das zu ändern, soll vor dem Zeichnen einer jeden Zelle das Ereignis *OnCellBrushFont* ausgelöst werden, mit dessen Hilfe die *TCanvas*-Eigenschaften *Brush* und *Font* eingestellt werden können. Die folgende Prozedur zeigt, wie Sie beispielsweise für eine bestimmte Zelle die Font-Farbe Rot einstellen.

```
procedure TForm1.BStringGrid1CellBrushFont(Sender: TObject; ACol,
   ARow: Integer; var Brush: TBrush; var Font: TFont);
begin
   if (ARow = 1) and (ACol = 1)
      then Font.Color := clRed;
end;
```

Zunächst einmal muss für dieses Ereignis ein Methodenzeigertyp definiert werden, anschließend wird die Komponente *TBStringGrid* von *TStringGrid* abgeleitet.

```
type
   TCellBrushFontEvent = procedure(Sender: TObject;  ACol, ARow: longint;
      var Brush: TBrush; var Font: TFont) of object;


   TBStringGrid = class(TStringGrid)
   private
      FOnCellBrushFont: TCellBrushFontEvent;
      procedure ReadCells(Reader: TReader);
      procedure WriteCells(Writer: TWriter);
   protected
      procedure DrawCell(ACol, ARow: Longint; ARect: TRect;
         AState: TGridDrawState);override;
   public
      procedure DefineProperties(Filer: TFiler); override;
   published
      property OnCellBrushFont: TCellBrushFontEvent
         read FOnCellBrushFont write FOnCellBrushFont;
   end;
```

Um zusätzliche Daten in der *dfm*-Datei zu speichern, muss die Prozedur *DefineProperties* überschrieben werden. Mit *Filer.DefineProperty* nehmen wir ein zusätzliches Element namens *Cells* in die *dfm*-Datei auf. Als weitere Parameter werden die Lese- und die Schreibmethode übergeben sowie ein boolescher Ausdruck, ob die Speicherung erfolgen soll, den wir hier kurzerhand auf *true* setzen.

```
procedure TBStringGrid.DefineProperties(Filer: TFiler);
begin
  inherited DefineProperties(Filer);
  Filer.DefineProperty('Cells', ReadCells, WriteCells, true);
end;
```

In der Lese- und in der Schreibmethode wird durch alle Zellen iteriert und die String-Eigenschaft *Cells* aus dem Reader gelesen oder in den Writer geschrieben. Die Referenz auf den Reader beziehungsweise auf den Writer wird automatisch als Parameter übergeben.

```
procedure TBStringGrid.ReadCells(Reader: TReader);
var
  i, j: integer;
begin
  Reader.ReadListBegin;
  for i := 0 to ColCount do
  begin
    for j := 0 to RowCount
      do Cells[i,j] := Reader.ReadString;
  end;
  Reader.ReadListEnd;
end; {procedure TBStringGrid.ReadInfo}


procedure TBStringGrid.WriteCells(Writer: TWriter);
var
  i, j: integer;
begin
  Writer.WriteListBegin;
  for i := 0 to ColCount do
  begin
    for j := 0 to RowCount
      do Writer.WriteString(Cells[i,j]);
  end;
  Writer.WriteListEnd;
end; {procedure TBStringGrid.WriteInfo}
```

Das Ereignis OnCellBrushFont

Zuletzt soll noch vor dem Zeichnen einer jeden Zelle das Ereignis *OnCellBrushFont*
aufgerufen werden. Dazu wird die Methode *DrawCell* überschrieben. Da das Setzen von Brush und Font vor dem Zeichnen erfolgen muss, ist *inherited DrawCell*
hier die letzte Anweisung.

Da sich die Referenzen *Canvas.Brush* und *Canvas.Font* nicht direkt als Variablen-
parameter übergeben lassen, muss der Umweg über zusätzliche Variablen ge-
gangen werden.

```
procedure TBStringGrid.DrawCell(ACol, ARow: Longint; ARect: TRect;
  AState: TGridDrawState);
var
  ABrush: TBrush;
  AFont: TFont;
begin
  ABrush := Canvas.Brush;
  AFont := Canvas.Font;
  if Assigned(FOnCellBrushFont) then
  begin
    FOnCellBrushFont(Self, ACol, ARow, ABrush, AFont);
    Canvas.Brush := ABrush;
    Canvas.Font  := AFont;
  end;
  inherited DrawCell(ACol, ARow, ARect, AState);
end; {procedure TBStringGrid.DrawCell}
```

6.4.3 TDBBStringGrid

Die Komponente *TDBStringGrid* hat die etwas unschöne Angewohnheit, die Inhalte von Memo- und Bilder-Spalten nicht anzuzeigen. Dieses Verhalten soll ihr nun abgewöhnt werden.

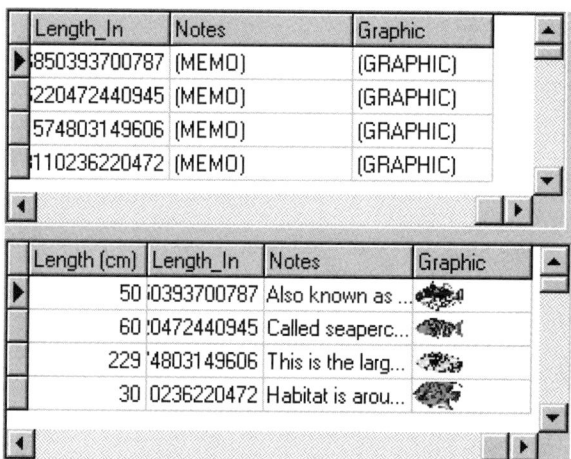

Dafür ist es lediglich erforderlich, die Methode *DrawColumnCell* zu überschreiben. Nun beschleunigt die Anzeige von Memos und Bildern den Ablauf naturgemäß nicht. Deshalb soll mit den Eigenschaften *AutoDisp_Image* und *Auto-Disp_Memo* eingestellt werden können, ob Bilder und Memos angezeigt werden sollen oder nicht.

```
type
  TDBBGrid = class(TDBGrid)
  private
    FAutoDisp_Image: boolean;
    FAutoDisp_Memo: boolean;
    Pic: TPicture;
    Zeilen: TStringList;
  public
    constructor create(AOwner: TComponent); override;
    destructor Destroy; override;
    procedure DrawColumnCell(const Rect: TRect; DataCol: Integer;
      Column: TColumn; State: TGridDrawState);override;
  published
    property AutoDisp_Image: boolean read FAutoDisp_Image
      write FAutoDisp_Image default true;
```

```
    property AutoDisp_Memo: boolean read FAutoDisp_Memo
      write FAutoDisp_Memo default true;
  end;
```

Im Konstruktor werden *AutoDisp_Image* und *AutoDisp_Memo* auf true gesetzt, außerdem werden die Instanzen *Pic* und *Zeilen* erzeugt, die dann im Destruktor wieder freizugeben sind.

```
constructor TDBBGrid.Create(AOwner: TComponent);
begin
  inherited Create(AOwner);
  FAutoDisp_Image := true;
  FAutoDisp_Memo := true;
  Pic := TPicture.Create;
  Zeilen := TStringList.Create;
end;


destructor TDBBGrid.Destroy;
begin
  Pic.Free;
  Zeilen.Free;
  inherited Destroy;
end;
```

In der Prozedur *DrawColumnCell* werden dann die Bilder als Miniaturen und der Anfang von Memos in das Grid geschrieben.

```
procedure TDBBGrid.DrawColumnCell(const Rect: TRect;
  DataCol: Integer; Column: TColumn; State: TGridDrawState);
var
  NRect: TRect;
  i: integer;
  weite: integer;
  s: string;
begin
  inherited;
  if Column.Field is TGraphicField then
  begin
    if FAutoDisp_Image = true then
    begin
      Pic.Assign(Column.Field as TGraphicField);
      i := round(((Rect.Bottom - Rect.Top)
        *(Pic.Width / (Pic.height + 0.001))));
```

```
      NRect := Classes.Rect(Rect.Left, Rect.Top, Rect.Left + i,
        Rect.Bottom);
      with Canvas do
      begin
        FillRect(Rect);
        StretchDraw(NRect, Pic.Bitmap);
      end;
    end; {if FAutoDisp_Image = true then}
  end; {if Field ist TGraphicField then}


  if Column.Field is TMemoField then
  begin
    if FAutoDisp_Memo = true then
    begin
      Zeilen.Assign (Column.Field as TMemoField);
      weite := Rect.Right - Rect.Left - Canvas.TextWidth('...');
      s := Zeilen.Text;
      repeat
        s := copy(s, 0, (length(s) - 1));
      until Canvas.TextWidth(s) < weite;
      Casnvas.TextRect(Rect, Rect.Left, Rect.Top, s + '...');
    end; {if FAutoDisp_Image = true then}
  end; {if Field ist TMemoField then}
end; {procedure TDBBGrid.DrawColumnCell}
```

Mit *Columns.Field* wird geprüft, ob der zugrunde liegende Feldtyp ein Memo-
Feld oder ein Grafik-Feld ist. Zur Ausgabe einer Grafik wird zunächst eine *TRect*-
Struktur berechnet, die in die Zelle passt und die dem Höhen-Breiten-Verhältnis
der ursprünglichen Grafik entspricht. In dieses Rechteck wird das Bild dann mit
der *TCanvas*-Methode *StretchDraw* kopiert, wobei es in der Regel verkleinert wird.

Zur Verwendung der Funktion *Rect* muss der Unit-Bezeichner (*Classes*) vorangestellt werden, damit der Compiler diese Funktion vom Parameter *Rect* unterscheiden kann.

Bei einem Memo-Feld wird geprüft, wieviel Text in den zur Verfügung stehenden Platz passt. Dieser wird dann zusammen mit drei Punkten (als Zeichen dafür, dass der Text noch nicht zu Ende ist) von der *TCanvas*-Eigenschaft *TextRect*
ausgegeben.

6.5 Dialoge

In diesem Kapitel soll erläutert werden, wie Dialoge in Komponenten gewandelt werden.

Als Beispiel soll eine Aufgabenstellung aus der Datenbankprogrammierung dienen: Dort werden Tabellen oft mit einer durchlaufenden Nummer als Primärschlüssel versehen, beispielsweise einer Kundennummer.

Um nun nach einem bestimmten Datensatz zu suchen, könnte man mit einer Funktion wie beispielsweise *InputQuery* diese Nummer vom Anwender erfragen und dann mit der *TTable*-Methode *FindKey* den Datensatzzeiger auf den entsprechenden Datensatz setzen.

Allerdings verhindert die Funktion *InputQuery* nicht, dass anstelle einer Datensatznummer andere Zeichen eingegeben werden, man müsste die Umwandlung in einen String somit in eine *try..except..end*-Konstruktion betten. Besser wäre es jedoch, ungültige Eingaben erst gar nicht zuzulassen. Dazu dienen die folgenden beiden Komponenten.

6.5.1 TSearchDialog

Die Komponente *TSearchDialog* implementiert einen Dialog, der – analog zu anderen Delphi-Dialogkomponenten – mit der Funktion *Execute* aufgerufen wird. Die eingegebene Nummer kann dann der Eigenschaft *Nummer* entnommen werden.

Bei *TSearchDialog* soll der Dialog visuell programmiert werden. Der andere Weg, die Erstellung per Quelltext, wird bei *TSearchButton* beschrieben.

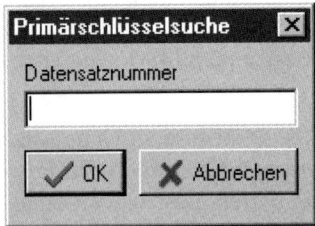

Um zu erschweren, dass Strings eingegeben werden, welche sich nicht in eine Integer-Zahl wandeln lassen, wird die *Edit1*-Eigenschaft *MaxLength* auf neun gesetzt. Außerdem wird folgende *OnKeyPress*-Ereignisbehandlungsroutine erstellt.

```
procedure TSearchDialogForm.Edit1KeyPress(Sender: TObject; var Key:
Char);
begin
  if not (Key in ['0'..'9', #8])
    then Key := #0;
end;
```

Dieser Dialog wird in einer Unit gespeichert (*SearchDialogUnit*), aus der die Formular-Variable entfernt werden kann.

Vom Dialog zur Komponente

Wir wollen nun aus diesem Dialog eine Komponente machen. Dazu wird eine neue Komponente erstellt, die von *TComponent* abgeleitet ist. Dieser Komponente werden die Eigenschaft *Nummer* und die Funktion *Execute* hinzugefügt.

```
type
  TSearchDialog = class(TComponent)
  private
    FNummer: integer;
    procedure SetNummer(const Value: integer);
  public
    function Execute: boolean;
```

```
published
   property Nummer: integer read FNummer write SetNummer;
end;
```

In der Funktion *Execute* wird nun eine Instanz von *TSearchDialogForm* erzeugt und modal angezeigt. Wird der Dialog mit Ок geschlossen, dann wird der Text von *Edit1* in eine Integer-Zahl gewandelt und dem Feld *FNummer* zugewiesen.

```
function TSearchDialog.Execute: boolean;
var
   Form: TSearchDialogForm;
begin
   result := false;
   Form := TSearchDialogForm.Create(nil);
   try
      Form.Edit1.Text := IntToStr(FNummer);
      if Form.ShowModal = mrOk then
      begin
         try
            if Form.Edit1.Text = ''
               then FNummer := 0
               else FNummer := StrToInt(Form.Edit1.Text);
            result := true;
         except
            ShowMessage('Fehler bei der Umwandlung!');
         end;
      end; {if Form.ShowModal = mrOk then}
   finally
      Form.Free;
   end; {try}
end; {function TSearchDialog.Execute}
```

Vergessen Sie nicht, *SearchDialogUnit* per *uses*-Klausel einzubinden.

6.5.2 TSearchButton

TSearchDialog wird man in den meisten Fällen über einen Button aufrufen. Was liegt näher, als gleich einen Button zu erstellen, der auf einen Mausklick mit dem Öffnen des Dialogs reagiert.

```
type
   TSearchEvent = procedure(Sender: TObject; nummer: integer)
      of object;


   TSearchButton = class(TBitBtn)
   private
      FOnSearch: TSearchEvent;
   protected
      procedure EditKeyPress(Sender: TObject; var Key: Char);
   public
      procedure Click; override;
      constructor Create(AOwner: TComponent);override;
   published
      property OnSearch: TSearchEvent
         read FOnSearch write FOnSearch;
   end;
```

Wird der Dialog mit OK geschlossen, dann soll das Ereignis *OnSearch* auftreten, dem die eingegebene Nummer gleich als Parameter übergeben wird. Um auf das Anklicken des Buttons zu reagieren, muss die Prozedur *Click* überschrieben werden.

Um hier auch den anderen Weg zu demonstrieren, soll das Dialog-Formular komplett per Quelltext erstellt werden. Dies entbindet uns auch von dem Problem, eine andere Unit einzubinden.

```
procedure TSearchButton.Click;
var
   Form: TForm;
   Label1: TLabel;
   Edit1: TEdit;
   Button1, Button2: TBitBtn;
   i: integer;
begin
   inherited;
   Form := TForm.Create(nil);
   try
```

```
Form.Height := 120;
Form.Width := 174;
Form.Position := poScreenCenter;
Form.BorderStyle := bsDialog;
Form.Caption := 'Primärschlüsselsuche';
Label1 := TLabel.Create(Form);
with Label1 do
begin
  Left := 8;
  Top := 8;
  Caption := 'Datensatznummer';
  Parent := Form;
end;
Edit1 := TEdit.Create(Form);
with Edit1 do
begin
  Left := 8;
  Top := 24;
  Width := 153;
  MaxLength := 9;
  OnKeyPress := EditKeyPress;
  Parent := Form;
end;
Button1 := TBitBtn.Create(Form);
with Button1 do
begin
  Left := 8;
  Top := 56;
  Width := 57;
  Kind := bkOK;
  Parent := Form;
end;
Button2 := TBitBtn.Create(Form);
with Button2 do
begin
  Left := 72;
  Top := 56;
  Width := 89;
  Kind := bkCancel;
  Parent := Form;
end;
```

```
   if Form.ShowModal = mrOK then
   begin
     try
       if Edit1.Text = ''
         then i := 0
         else i := StrToInt(Edit1.Text);
       if Assigned(FOnSearch)
         then FOnSearch(Self, i);
     except
       ShowMessage('Fehler bei der Umwandlung');
     end;
   end; {if Form.ShowModal = mrOK then}
 finally
   Form.Free;
 end; {try}
end; {procedure TSearchButton.Click}
```

Der Konstruktor sorgt dafür, dass der Button eine ausreichende Breite erhält, die Methode *EditKeyPress* verhindert die Eingabe von allen Zeichen, die keine Ziffern sind.

```
constructor TSearchButton.Create(AOwner: TComponent);
begin
  inherited;
  Width := 113;
end;


procedure TSearchButton.EditKeyPress(Sender: TObject; var Key:
Char);
begin
  if not (Key in ['0'..'9', #8])
    then Key := #0;
end;
```

6.6 Eigenschaftseditoren

Eigenschaftseditoren sorgen dafür, dass man im Objektinspektor nicht nur String-Eigenschaften Werte zuweisen kann, sondern beispielsweise auch Aufzählungs- und Mengeneigenschaften. Mittels Eigenschaftseditoren kann man jedoch auch Dialoge einbinden, welche die Eingabe von Werten erleichtern oder überhaupt erst ermöglichen. Beispiele für solche Dialoge finden sich bei *TFont*- oder *TStrings*-Eigenschaften.

Wir wollen in diesem Kapitel einige solcher Dialog-Eigenschaftseditoren erstellen. Auf Eigenschaftseditoren zur Darstellung im Objektinspektor wollen wir verzichten, weil hier – nach Meinung des Autors – bereits alles vorhanden ist, was in der Praxis benötigt wird.

6.6.1 Editor für die Eigenschaft Filter

Auf der Palettenseite *Dialoge* der Komponentenpalette findet man die Dialoge *TOpenDialog* und *TSaveDialog*. Deren Eigenschaft *Filter* erlaubt es, verschiedene Filter für die Dateierweiterung zu erstellen, die der Anwender dann aus einer ComboBox auswählen kann.

Für diese Eigenschaft gibt es einen Eigenschaftseditor, der zwar problemlos funktioniert, bei dem man aber alle Eingaben manuell tätigen muss. Bei diesen Einträgen kommen einige wenige Einträge sehr häufig vor (*Textdateien *.txt, Alle Dateien *.*, Bitmaps *.bmp ...*), so dass es eine Arbeitserleichterung wäre, wenn man diese Einträge lediglich aus einer Liste auswählen müsste. Einen entsprechenden Eigenschaftseditor wollen wir nun programmieren.

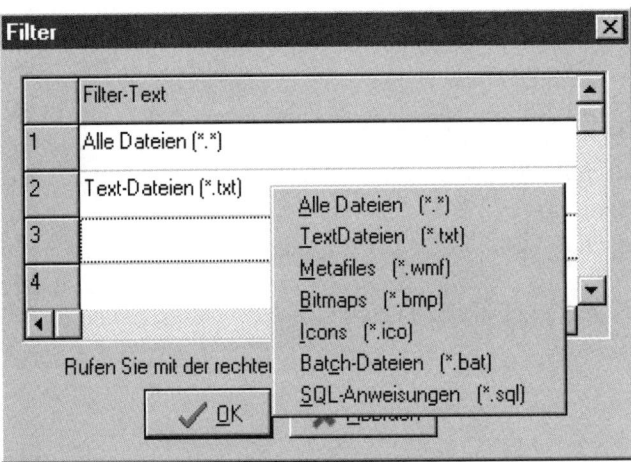

Zur Auswahl der vordefinierten Einträge wurde hier ein Popup-Menü verwendet, weil es sich aufrufen lässt, ohne die Maus verschieben zu müssen, was einen – wenn auch geringfügigen – Geschwindigkeitsvorteil bringt. Desweiteren lassen sich die einzelnen Reihen der Tabelle in ihrer Abfolge verschieben.

Erstellen des Formulars

Es wird zunächst der Dialog für den Eigenschaftseditor programmiert, anschließend binden wir diesen als Eigenschaftseditor ein. Welche Komponenten in das Formular einzufügen sind, ist aus obenstehender Abbildung zu erkennen.

```
procedure TFilterDialogForm.FormCreate(Sender: TObject);
var
  i: integer;
```

```
begin
  with StringGrid1 do
  begin
    Cells[1,0] := 'Filter-Text';
    Cells[2,0] := 'Filter';
    for i := 1 to 10 do Cells[0,i] := IntToStr(i);
  end; {with StringGrid1 do}
end; {procedure TFilterDialogForm.FormCreate}
```

Da hier nicht *TBStringGrid* eingesetzt wird, muss die Beschriftung der Zeilen und Spalten in der *OnCreate*-Ereignisbehandlungsroutine durchgeführt werden.

```
procedure TFilterDialogForm.StringGrid1KeyDown(Sender: TObject;
  var Key: Word; Shift: TShiftState);
var
  i: integer;
begin
  if (Key = 46) and (ssCtrl in Shift) then
  begin
    with StringGrid1 do
    begin
      for i := Row to 9 do
      begin
        Cells[1,i] := Cells[1, i+1];
        Cells[2,i] := Cells[2, i+1];
      end;
    end; {with StringGrid1 do}
  end; {if (Key = 46) and (ssCtrl in Shift) then}
end; {procedure TFilterDialogForm.StringGrid1KeyDown}
```

Mit der Tastenkombination *Ctrl + Entf* kann die aktuell ausgewählte Reihe gelöscht werden. Die folgenden Reihen werden dann jeweils um eins nach oben kopiert.

```
procedure TFilterDialogForm.StringGrid1RowMoved(Sender: TObject;
  FromIndex, ToIndex: Longint);
var
  i: integer;
begin
  with StringGrid1 do
  begin
    for i := 1 to 10 do Cells[0,i] := IntToStr(i);
  end;
end;
```

Die Reihenfolge der Filter soll durch das Ändern der Reihenfolge der Reihen geändert werden können. Das Verschieben der Reihen beherrscht die Komponente
TStringGrid selbst, dazu muss die Option *goRowMoving* gesetzt werden. Nach
dem Verschieben wird das Ereignis *OnRowMoved* ausgelöst, welches hier dazu
genutzt werden soll, die Reihen neu zu nummerieren.

```pascal
procedure TFilterDialogForm.AlleDateien1Click(Sender: TObject);
begin
  with StringGrid1 do
  begin
    if Sender = AlleDateien1 then
    begin
      Cells[1,Row] := 'Alle Dateien (*.*)';
      Cells[2,Row] := '*.*';
    end;
    if Sender = TextDateien1 then
    begin
      Cells[1,Row] := 'Text-Dateien (*.txt)';
      Cells[2,Row] := '*.txt';
    end;
    if Sender = Metafiles1 then
    begin
      Cells[1,Row] := 'Metafiles (*.wmf)';
      Cells[2,Row] := '*.wmf';
    end;
    ...
    Row := Row + 1;
  end; {with StringGrid1 do}
end; {procedure TFilterDialogForm.AlleDateien1Click}
```

Aus Gründen der Übersichtlichkeit werden alle Menüpunkte mit derselben
Ereignisbehandlungsroutine verbunden. Dies bedingt, dass anhand des Parameters *Sender* ermittelt werden muss, von welchem Menüpunkt das Ereignis ausgelöst worden ist. Die Benennung der Menüpunkte und die einzufügenden Einträge lassen sich ohne weitere Probleme den eigenen Bedürfnissen anpassen.

Einbinden des Eigenschaftseditors

Um den Eigenschaftseditor einbinden zu können, wird ein Nachfahre von *TPropertyEditor* benötigt. In diesem Fall wird die Klasse – da die zu ändernde Eigenschaft vom Typ *string* ist – von *TStringProperty* abgeleitet. Die Klasse besitzt die beiden Methoden *Edit* und *GetAttributes*. Desweiteren wird eine Prozedur *Register* benötigt.

```
type
   TFilterEditor = class(TStringProperty)
   public
      procedure Edit; override;
      function GetAttributes: TPropertyAttributes; override;
   end;


   procedure Register;
```

In der Prozedur *Register* muss der Eigenschaftseditor für eine oder mehrere Eigenschaften bei einer oder mehreren Komponenten registriert werden. Bei der folgenden Anweisung würde man eigentlich annehmen, dass der Eigenschaftseditor nur für *TOpenDialog* verwendet wird. Er findet aber genauso für *TSaveDialog* und andere Nachfahren von *TOpenDialog* Verwendung.

```
implementation


procedure Register;
begin
   RegisterPropertyEditor(TypeInfo(String), TOpenDialog, 'Filter',
      TFilterEditor);
end;
```

In der Methode *GetAttributes* wird vorgegeben, dass überhaupt ein Dialog für diese Eigenschaft verwendet wird.

```
function TFilterEditor.GetAttributes: TPropertyAttributes;
begin
   Result := [paDialog];
end;
```

Die eigentlich wesentliche Methode ist die Prozedur *Edit*, welche immer dann aufgerufen wird, wenn der Benutzer auf den Button mit den drei Punkten klickt oder einen Doppelklick auf die entsprechende Zelle im Objektinspektor ausführt.

```
procedure TFilterEditor.Edit;
var
  FDM: TFilterDialogForm;
  p, i: integer;
  s, ab: string;
begin
  FDM := TFilterDialogForm.Create(nil);
  with FDM do
  begin
    try
      ab := GetStrValue + '|';
      i := 1;
```

Zunächst wird eine Instanz des Dialogs erzeugt. Mit *GetStrValue* ermittelt man den bisherigen Inhalt der Eigenschaft. Warum hier ein senkrechter Strich (»Pipe«) angehängt wird, ergibt sich gleich.

```
      while pos('|',ab) > 0 do
      begin
        p := pos('|',ab);
        s := copy(ab, 1, p-1);
        delete(ab, 1, p);
        StringGrid1.Cells[1,i] := s;
        p := pos('|',ab);
        s := copy(ab, 1, p-1);
        delete(ab, 1, p);
        StringGrid1.Cells[2,i] := s;
        i := i + 1;
      end; {while pos('|',FResult) > 0 do}
```

Die Eigenschaften *Filter* der Komponenten *TOpenDialog* und Nachfahren sind vom Typ *string*. Die einzelnen Einträge werden wie folgt zusammengefügt:

```
OpenDialog1.Filter := 'Alle Dateien (*.*)|*.*|Textdateien
  (*.txt)|*.txt';
```

Die Beschriftung der Filter (*Alle Dateien (*.*)*) und die Filter selbst (**.**) müssen hier auf verschiedene Spalten von *StringGrid1* verteilt werden, außerdem ist für jeden Filter eine eigene Reihe vorgesehen. (Die Spalte für die Filter ist in der Regel nicht sichtbar, weil sie zu weit rechts liegt. Es ist jedoch eher selten nötig, dort manuell Eingaben zu machen.)

Die *while*-Schleife durchläuft den gesamten String und sucht nach Pipes. Immer dann, wenn ein solches Zeichen gefunden wurde, wird der bis dahin vorhandene Text einer Zelle von *StringGrid1* zugewiesen und aus dem Filter-String gelöscht.

```
  if ShowModal = mrOK then
  begin
    with FDM.StringGrid1 do
    begin
      s := '';
      for i := 1 to 10 do
      begin
        if Cells[1,i] <> ''
          then s := s + Cells[1,i] + '|' + Cells[2,i]+'|';
      end; {for i := 1 to 10 do}
      Delete(s, Length(s), 1);
      SetStrValue(s);
    end; {with FDM.StringGrid1 do}
  end; {if ShowModal = mrOK then}
  finally
    Free;
  end; {try}
  end; {with FDM do}
end; {procedure TFilterEditor.Edit}
```

Wird der Dialog mit OK geschlossen, dann muss aus den Zellen von *StringGrid1* wieder ein Filter-String zusammengefügt werden. Dieser wird dann mit *SetStrValue* der Eigenschaft zugewiesen. Anschließend kann der Dialog freigegeben werden.

6.6.2 Editor für die Eigenschaft Picture

Auch den Eigenschaftseditor für die Eigenschaften vom Typ *TPicture* kann man durchaus noch verbessern: Machen wir uns also an die Arbeit. Die Idee für den folgenden Eigenschaftseditor stammt von Bernd Ua und wurde in einem Delphi-Sonderheft der Zeitschrift DOS veröffentlicht. Auch bei diesem Eigenschaftseditor gab es an der einen oder anderen Stelle etwas zu verbessern, so funktioniert nun beispielsweise die Verwendung von Metafiles.

Erstellen des Formulars

Bestücken Sie zunächst die GroupBox *Datei* mit folgenden Komponenten:

- TDirectoryListBox

- TFileListBox

- TDriveComboBox

- TFilterComboBox

Alle Komponenten finden Sie auf der Komponenten-Palettenseite *Win 3.1*. Setzen Sie (im Objektinspektor) die folgenden Eigenschaften:

```
DirectoryListBox1.FileList := FileListBox1;
DriveComboBox1.DirList := DirectoryListBox1;
FilterComboBox1.FileList := FileListBox1;
```

Sobald in der *FileListBox1* eine neue Datei ausgewählt wird, soll diese in der Komponente *Image1* angezeigt werden. Die Methode *LoadFromFile* von *TPicture* funktioniert mit Bitmaps, Metafiles und Icons, so dass an dieser Stelle keine Unterscheidung gemacht werden muss. In *Label2* soll der Dateiname beziehungsweise – wenn die Datei nicht geladen werden kann – eine Fehlermeldung angezeigt werden.

```
procedure TPictureEditor.FileListBox1Change(Sender: TObject);
begin
  with FileListBox1 do
  begin
    if Filename <> '' then
    begin
      try
        Image1.Picture.Loadfromfile(FileName);
        Label2.Caption := FileName
      except
        Label2.Caption := ExtractFileName(FileName)
          + 'kann nicht geladen werden';
      end; {try}
    end; {if Filename <> '' then}
  end; {with FileListBox1 do}
end; {procedure TPictureEditor.FileListBox1Change}
```

Mit Hilfe von *CheckBox1* und *CheckBox2* lässt sich das Bild zentrieren oder auf die Größe von *Image1* gezoomt darstellen. Dies ist vor allem bei sehr großen Bildern hilfreich, weil sonst nur die linke obere Ecke angezeigt wird. Beiden Komponenten wird dieselbe Ereignisbehandlungsroutine zugewiesen.

```
procedure TPictureEditor.CheckBox1Click(Sender: TObject);
begin
  Image1.Center := Checkbox1.Checked;
  Image1.Stretch := Checkbox2.Checked;
end;
```

Manchmal möchte man der Eigenschaft *Picture* einer Komponente auch den Inhalt der Zwischenablage zuweisen, was mit der folgenden Prozedur geschehen kann.

Dazu eine Bemerkung zur Konstanten CF_METAFILEPICT: In der Online-Hilfe wird diese Konstante CF_METAFILE genannt – diese Konstante gibt es allerdings nicht und der Versuch ihrer Verwendung führt zu einer entsprechenden Fehlermeldung. In solchen Fällen hilft ein Blick in den VCL-Quelltext.

```
procedure TPictureEditor.btnPasteClick(Sender: TObject);
begin
  if Clipboard.HasFormat(CF_BITMAP) then
  begin
    Image1.Picture.Bitmap.Assign(ClipBoard) ;
    Label2.Caption := 'Bitmap aus der Zwischenablage'
  end;
  if Clipboard.HasFormat(CF_METAFILEPICT) then
  begin
    Image1.Picture.Metafile.Assign(ClipBoard) ;
    Label2.Caption := 'Metafile aus der Zwischenablage'
  end;
end; {procedure TPictureEditor.btnPasteClick}
```

Wenn beispielsweise ein und dasselbe Bild mehreren Komponenten zugewiesen werden soll, dann empfiehlt es sich, diese Zuweisung über die Zwischenablage vorzunehmen; deshalb ist hier die Möglichkeit vorgesehen, das verwendete Bild auch in die Zwischenablage zu kopieren. Durch die hier verwendete Anweisung wird das geladene Bild im korrekten Format (CF_BITMAP oder CF_METAFILEPICT) in die Zwischenablage geschrieben.

```
procedure TPictureEditor.btnCopyClick(Sender: TObject);
begin
  Clipboard.Assign(Image1.Picture);
end;
```

Zum Löschen der Eigenschaft *Picture* wird die folgende Prozedur verwendet:

```
procedure TPictureEditor.btnDeleteClick(Sender: TObject);
begin
  Image1.Picture.Bitmap.Assign(nil);
  Label2.Caption := 'Bild gelöscht'
end;
```

Einbinden des Picture-Eigenschaftseditors

Die Methode *GetAttributes* hat wieder nur die Anweisung *Result := [paDialog]*. Die Methode *Edit* startet den Dialog und weist dem Image – sofern bereits ein Bild dieser Eigenschaft zugewiesen ist – dieses Bild zu. Anschließend wird das Formular modal aufgerufen.

Je nachdem, was für ein Typ benötigt wird, wird das Bild von *Image1* als Picture, Image, Metafile oder Icon mit *SetOrdValue* der Eigenschaft zugewiesen.

```
procedure TPicturePropertyEditor.Edit;
var
  PE: TPictureEditor;
begin
  PE := TPictureEditor.Create(Application);
  with PE do
  begin
    try
      Caption := 'Eigenschaft' + GetName;
      Image1.Picture := TPicture(GetOrdValue);
      Label2.Caption := '' ;
      if Showmodal = mrOK
        then if GetPropType^.Name = 'TPicture'
          then SetOrdValue(LongInt(Image1.Picture))
          else if GetPropType^.Name = 'TBitmap'
            then SetOrdValue(LongInt(Image1.Picture.Bitmap))
            else if GetPropType^.Name = 'TMetafile'
              then SetOrdValue(LongInt(Image1.Picture.MetaFile))
              else SetOrdValue(LongInt(Image1.Picture.Icon));
    finally
      free;
    end; {try}
  end; {with PE do}
end; {procedure TPicturePropertyEditor.Edit;}
```

Der Eigenschaftseditor soll für alle Eigenschaften vom Typ *TBitmap, TPicture, TMetafile* oder *TIcon* verwendet werden, egal von welcher Komponente. Statt einer bestimmten Komponente wird *nil*, statt einer bestimmten Eigenschaft ein leerer String eingegeben.

```
procedure Register ;
begin
  RegisterPropertyEditor(TypeInfo(TBitmap),nil,'',TPicturePropertyEditor);
  RegisterPropertyEditor(TypeInfo(TPicture),nil,'',TPicturePropertyEditor);
  RegisterPropertyEditor(TypeInfo(TMetafile),nil,'',TPicturePropertyEditor);
  RegisterPropertyEditor(TypeInfo(TIcon),nil,'',TPicturePropertyEditor);
end;
```

6.6.3 Editor für die Eigenschaft SQL

Leser, die häufiger Datenbankanwendungen erstellt haben, werden sich sicher schon über den Eigenschaftseditor für die Eigenschaft *SQL* von *TQuery* geärgert haben – dabei handelt es sich nämlich um den Standard-Stringlisteneditor. Dieser stellt dem Anwender keine Informationen bereit, so dass dieser die Tabellen- und Spaltennamen im Kopf haben muss. Außerdem ist das Testen der SQL-Anwendung aufwendiger als nötig, weil anschließend immer die Eigenschaft *Active* auf *true* gesetzt werden muss – beim sukzessiven Entwickeln einer SELECT-Anweisung kann einem dies ziemlich auf die Nerven gehen.

Besitzer der Enterprise-Version können sich hier glücklich schätzen, da ihnen der *SQL-Builder* zur Verfügung steht (mit der rechten Maustaste aufrufen!). Für alle anderen Leser wollen wir nun einen Eigenschaftseditor für die Eigenschaft *SQL* entwickeln, der zwar nicht an den *SQL-Builder* heranreicht, aber die Entwicklung von SQL-Abfragen spürbar erleichtert.

Erstellen des Formulars

Das Formular ist in drei Teile geteilt, wobei der untere Teil durch eine TabbedNotebook-Komponente umgeschaltet wird. Oben finden Sie einen Editor zur Eingabe von SQL-Anweisungen.

Auf der Notebookseite *Tabellen und Spalten* finden Sie eine Liste aller im jeweiligen Alias vorhandenen Tabellen und zur ausgewählten Tabelle eine Liste der Spalten. Mit Hilfe zweier Buttons können Sie einfache SQL-Anweisungen automatisch generieren.

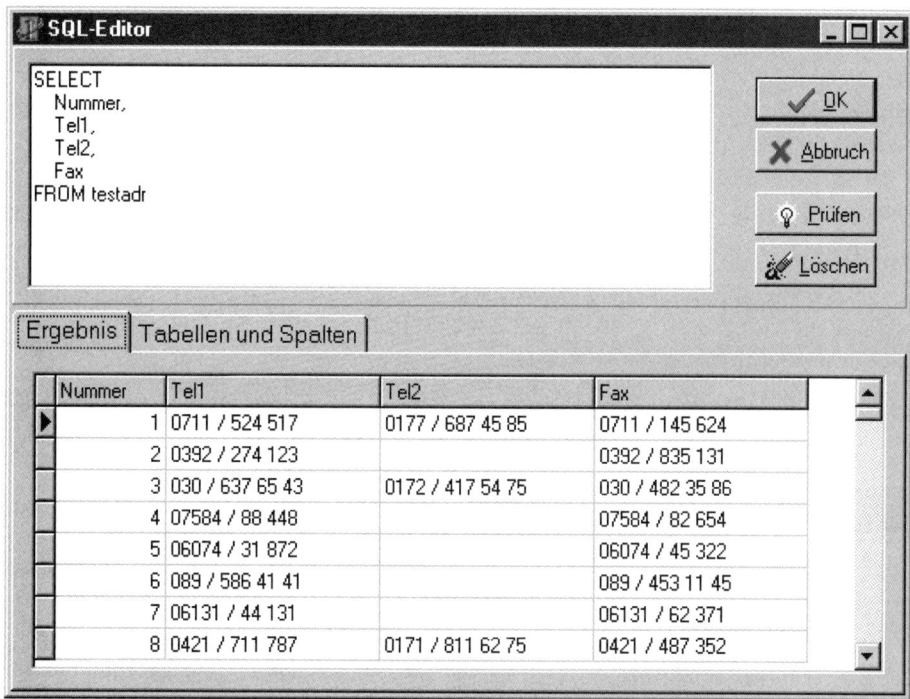

Auf der Seite *Ergebnis* sehen Sie das Ergebnis des Versuchs, die SQL-Anweisung zu prüfen.

Wird der Button *Prüfen* betätigt, dann wird der Memo-Text der Komponente *Query1* als SQL-Anweisung zugewiesen und die Abfrage gestartet. Dasselbe soll passieren, wenn auf die Notebook-Seite *Ergebnis* gewechselt wird.

Mit dem Button *Löschen* wird der Inhalt von *Memo1* gelöscht.

```
procedure TForm1.BitBtn3Click(Sender: TObject);
begin
  Query1.SQL := Memo1.Lines;
  Query1.Open;
end;
```

```
procedure TForm1.TabbedNotebook1Change(Sender: TObject;
   NewTab: Integer;   var AllowChange: Boolean);
begin
   if NewTab = 0
      then BitBtn3Click(Sender);
end;


procedure TForm1.BitBtn4Click(Sender: TObject);
begin
   Memo1.Lines.Clear;
end;
```

Auf der Seite *Tabellen und Spalten* von *TabbedNotebook1* werden in der linken *ListBox* die in der jeweiligen Datenbank vorhandenen Tabellen angezeigt. Wird eine Tabelle ausgewählt, dann werden in der rechten *ListBox* die Spaltennamen dieser Tabelle aufgeführt.

Bevor das Formular angezeigt wird, werden die Tabellennamen in *ListBox1* aufgelistet.

```
procedure TForm1.FormShow(Sender: TObject);
begin
   Session.GetTableNames(Query1.DatabaseName, '',
      False, False, ListBox1.Items);
end;
```

Wird ein Eintrag von *ListBox1* angeklickt, dann werden die in dieser Tabelle vorhandenen Spalten angezeigt. Wird eine Tabelle ausgewählt, die mit einem Passwort gesichert ist, dann wird bei der Anweisung *Table1.Open* ein Passwort-Dialog geöffnet. Nun ist es möglich, dass das Passwort dem Benutzer nicht bekannt ist und deshalb der Button *Abbruch* betätigt wird. Dabei würde eigentlich eine Exception ausgelöst und eine entsprechende Fehlermeldung angezeigt. Das wird hier mit der *try..except..end*-Konstruktion vermieden.

```
procedure TForm1.ListBox1Click(Sender: TObject);
var
   i: integer;
begin
   try
      Table1.Close;
      ListBox2.Items.Clear;
      Table1.TableName := ListBox1.Items[ListBox1.ItemIndex];
      Table1.Open;
```

```
    for i := 0 to Table1.FieldCount - 1
        do ListBox2.Items.Add(Table1.Fields[i].FieldName);
    except
    end; {try}
end; {procedure TForm1.ListBox1Click}
```

Desweiteren sollen zwei kleine Hilfen zum Erstellen einfacher SQL-Anweisungen implementiert werden. Die erste erzeugt eine Abfrage, welche alle Spalten der zuvor in *ListBox1* ausgewählten Tabelle zeigt.

```
procedure TForm1.Button1Click(Sender: TObject);
begin
    if ListBox1.Items[ListBox1.ItemIndex] <> '' then
    begin
        Memo1.Lines.Clear;
        Memo1.Lines.Add('SELECT * FROM ' +
            ListBox1.Items[ListBox1.ItemIndex]);
    end;
end; {procedure TForm1.Button1Click}
```

Die nächste Prozedur erstellt eine Abfrage über alle Spalten, welche in *ListBox2* ausgewählt worden sind. Damit mehrere Spalten gewählt werden können, muss die Eigenschaft *MultiSelect* den Wert *true* haben. Mit der *TListBox*-Methode *Selected[i]* kann jede einzelne Zeile von *ListBox2* daraufhin überprüft werden, ob sie vom Benutzer angewählt wurde – in diesem Fall wird sie dann *Memo1* als Zeile hinzugefügt.

```
procedure TForm1.Button2Click(Sender: TObject);
var
    s: string;
    i: integer;
begin
    if (ListBox2.SelCount > 0) then
    begin
        Memo1.Lines.Clear;
        Memo1.Lines.Add('SELECT ');
        for i := 0 to ListBox2.Items.Count - 1 do
        begin
            if ListBox2.Selected[i] = true
                then Memo1.Lines.Add('    ' + ListBox2.Items[i] + ',');
    end;
```

```
    s := Memo1.Lines[Memo1.Lines.Count - 1];
    Delete(s, Length(s), 1);
    Memo1.Lines[Memo1.Lines.Count - 1] := s;
    Memo1.Lines.Add('FROM ' + ListBox1.Items[ListBox1.ItemIndex]);
  end; {if (ListBox2.SelCount > 0) then}
end; {procedure TForm1.Button2Click}
```

Einbinden des SQL-Eigenschaftseditors

Um den SQL-Eigenschaftseditor einzubinden, wird ein Objekt von *TClassProperty*
abgeleitet, welches hier *TSQLEditor* genannt wird. In der Funktion *GetAttributes*
wird auch bei diesem Eigenschaftseditor vermerkt, dass ein Dialog erstellt wird.

Beim Öffnen des Eigenschaftseditors wird zunächst wieder das benötigte Formular geöffnet. Mit der Funktion *GetComponent* kann auf die Komponente zugegriffen werden, deren Eigenschaft der Eigenschaftseditor gerade bearbeitet. Dies
wird hier benötigt, um den Namen der Datenbank zu ermitteln, mit welcher die
TQuery-Komponente gerade verbunden ist.

```
procedure TSQLEditor.Edit;
var
  SE: TForm1;
  Form: TForm;
  ListBox: TListBox;
begin
  SE := TForm1.Create(Application);
  with SE do
  begin
    try
      Memo1.Lines := TStrings(GetOrdValue);
      if (GetComponent(0) as TQuery).DatabaseName <> '' then
      begin
        SE.Database1.Connected := false;
        SE.Database1.AliasName
          := (GetComponent(0) as TQuery).DatabaseName;
        SE.Database1.Connected := true;
        if Showmodal = mrOK then SetOrdValue(LongInt(Memo1.Lines));
      end
```

Ist beim Öffnen des Eigenschaftseditors die Eigenschaft *DatabasName* der Komponente noch nicht gesetzt, dann wird ein Dialog aufgerufen, welcher einen Alias abfragt (und diesen dann auch gleich der Komponente zuweist). Um nicht
eine weitere *dfm*-Datei einbinden zu müssen, wird hier das Formular per Quelltext
erstellt.

Da als *Owner* das Formular des Eigenschaftseditors verwendet werden kann, wird hier keine weitere *try..finally..end*-Konstruktion benötigt. *FOkBtn* ist ein Feld von *TSQLEditor*. Da auf den *Abbruch*-Button später nicht mehr zugegriffen wird, benötigt er keine Variable. Die Prozedur *ListBoxClick* ist eine Methode von *TSQLEditor*.

```
    else
    begin
      Form := TForm.Create(SE);
      with Form do
      begin
        Width := 200;
        Height := 200;
        Position := poScreenCenter;
        BorderStyle := bsDialog;
        Caption := 'Alias auswählen';
      end;
      ListBox := TListBox.Create(Form);
      with ListBox do
      begin
        Left := 8;
        Top := 8;
        Height := 129;
        Width := 177;
        Parent := Form;
        OnClick := ListBoxClick;
      end;
      Session.ConfigMode := cmAll;
      Session.GetAliasNames(ListBox.Items);
```

```
      FOkBtn := TBitBtn.Create(Form);
      with FOkBtn do
      begin
         Left := 8;
         Top := 144;
         Kind := bkOk;
         Enabled := false;
         Parent := Form;
      end;
      with TBitBtn.Create(Form) do
      begin
         Left := 96;
         Top := 144;
         Width := 89;
         Kind := bkAbort;
         Parent := Form;
      end;
      if Form.ShowModal = mrOK then
      begin
         SE.Database1.Connected := false;
         SE.Database1.AliasName
            := ListBox.Items[ListBox.ItemIndex];
         SE.Database1.Connected := true;
         (GetComponent(0) as TQuery).DatabaseName
            := ListBox.Items[ListBox.ItemIndex];
         if Showmodal = mrOK
            then SetOrdValue(LongInt(Memo1.Lines));
      end; {if Form.ShowModal = mrOK then}
   end; {else (GetComponent(0) as TQuery).DatabaseName ...}
   finally
      free;
   end; {try}
   end; {with SE do}
end; {procedure TPicturePropertyEditor.Edit;}
```

Die Klasse *TSQLEditor* enthält neben den obligatorischen Methoden *Edit* und *GetAttributes* auch das Feld *FOkBtn* und die Methode *ListBoxClick*.

```
type
  TSQLEditor=class(TClassProperty)
  private
    FOkBtn: TBitBtn;
    procedure ListBoxClick(Sender: TObject);
  public
    function GetAttributes:TPropertyAttributes;override;
    procedure Edit;override;
  end;
```

Mittels der Routine *ListBoxClick* wird sichergestellt, dass der *Ok*-Button des Alias-Dialogs erst dann zur Verfügung gestellt wird, wenn ein Eintrag in der ListBox ausgewählt wird.

```
procedure TSQLEditor.ListBoxClick(Sender: TObject);
begin
  if (Sender as TListBox).ItemIndex >= 0
    then FOkBtn.Enabled := true;
end;
```

Dieser Eigenschaftseditor macht nur Sinn mit der Eigenschaft *SQL* der Komponente *TQuery*, dementsprechend wird die Verwendung dieses Eigenschaftseditors eingeschränkt.

```
procedure Register ;
begin
  RegisterPropertyEditor(TypeInfo(TStrings),TQuery,'SQL',TSQLEditor);
end;
```

Beim Öffnen des Eigenschaftseditors muss zunächst eine Datenbankverbindung hergestellt werden, was diesen Vorgang nicht gerade beschleunigt. Dies ist leider nicht zu vermeiden und kein Anzeichen für einen Fehler.

6.7 Weitere Komponenten

Die Komponenten in diesem Kapitel sind meist kleine Verbesserungen oder Ergänzungen der VCL-Komponenten.

6.7.1 TBRichEdit

Mit der Komponente *TRichEdit* lässt sich formatierter Text anzeigen, der mit der
Methode *Print* auch recht schnell gedruckt werden kann. Leider werden dabei
die Randeinstellungen des Druckers verwendet, und diese betragen bestenfalls
ein paar Millimeter – entsprechend fürchterlich sehen die Ausdrucke dann auch
aus.

Die hier vorgestellte Komponente *TBRichEdit* implementiert die Methode
PrintRand, die genaue Randeinstellungen ermöglicht. Diese Methode ist von *Print*
kopiert und anschließend entsprechend abgeändert worden.

Und wenn schon einmal eine neue Komponente gebaut wird, dann ergänzen wir
gleich noch die Funktion *GetTextWidth*, mit deren Hilfe man die Breite eines gegebenen Textes unter Berücksichtigung der aktuellen Formatierung ermitteln kann.

```
type
   TBRichEdit = class(TRichEdit)
   private
      FCanvas: TControlCanvas;
   public
      constructor Create(AOwner: TComponent); override;
      destructor Destroy; override;
      function GetTextWidth(Text: string): integer;
      procedure PrintRand(const Caption: string;
         oben, unten, links, rechts: integer);
   end;
```

Für die Funktion *GetTextWidth* wird eine *TControlCanvas*-Instanz benötigt, die im
Konstruktor erzeugt und im Destruktor wieder freigegeben wird.

```
constructor TBRichEdit.Create(AOwner: TComponent);
begin
   inherited;
   FCanvas := TControlCanvas.Create;
   TControlCanvas(FCanvas).Control := Self;
end;


destructor TBRichEdit.Destroy;
begin
   FCanvas.Free;
   inherited;
end;
```

Zur Ermittlung der Textbreite wird dem Canvas die aktuelle Formatierung zugewiesen und anschließend die Methode *TextWidth* verwendet.

```
function TBRichEdit.GetTextWidth(Text: string): integer;
begin
  FCanvas.Font.Name := SelAttributes.Name;
  FCanvas.Font.Size := SelAttributes.Size;
  FCanvas.Font.Style := SelAttributes.Style;
  result := FCanvas.TextWidth(Text);
end;
```

Die Methode *PrintRand* ist weitgehend eine Kopie der *TRichEdit*-Methode *Print*.

```
procedure TBRichEdit.PrintRand(const Caption: string;
  oben, unten, links, rechts: integer);
var
  Range: TFormatRange;
  LastChar, MaxLen, LogX, LogY, OldMap, OffX, OffY: Integer;
  SaveRect: TRect;
begin
  FillChar(Range, SizeOf(TFormatRange), 0);
  with Printer, Range do
  begin
    Title := Caption;
    BeginDoc;
    hdc := Handle;
    hdcTarget := hdc;
    LogX := GetDeviceCaps(Handle, LOGPIXELSX);
    LogY := GetDeviceCaps(Handle, LOGPIXELSY);
    if IsRectEmpty(PageRect) then
    begin
      rc.right := PageWidth * 1440 div LogX;
      rc.bottom := PageHeight * 1440 div LogY;
    end
    else
    begin
      rc.left := PageRect.Left * 1440 div LogX;
      rc.top := PageRect.Top * 1440 div LogY;
      rc.right := PageRect.Right * 1440 div LogX;
      rc.bottom := PageRect.Bottom * 1440 div LogY;
    end;
    rcPage := rc;
```

```
OffX := GetDeviceCaps(hdc, PHYSICALOFFSETX) * 1440 div LogX;
Offy := GetDeviceCaps(hdc, PHYSICALOFFSETY) * 1440 div LogY;
```

In den folgenden vier Anweisungen wird das Rechteck *rc* um jeweils die Ränder kleiner gemacht.

```
rc.Left := rc.Left + round(links * 1440 / 25.4) - OffX;
rc.Right := rc.Right - round(rechts * 1440 / 25.4) + OffX;
rc.Top := rc.Top + round(oben * 1440 / 25.4) - OffY;
rc.Bottom := rc.Bottom - round(unten * 1440 / 25.4) + Offy;
SaveRect := rc;
LastChar := 0;
MaxLen := GetTextLen;
chrg.cpMax := -1;
// ensure printer DC is in text map mode
OldMap := SetMapMode(hdc, MM_TEXT);
SendMessage(Self.Handle, EM_FORMATRANGE, 0, 0); // flush buffer
try
  repeat
    rc := SaveRect;
    chrg.cpMin := LastChar;
    LastChar := SendMessage(Self.Handle, EM_FORMATRANGE,
        1, Longint(@Range));
    if (LastChar < MaxLen) and (LastChar <> -1) then NewPage;
  until (LastChar >= MaxLen) or (LastChar = -1);
  EndDoc;
finally
  SendMessage(Self.Handle, EM_FORMATRANGE, 0, 0);// flush buffer
  SetMapMode(hdc, OldMap);        // restore previous map mode
  end; {try}
 end; {with Printer, Range do}
end; {procedure TBRichEdit.PrintRand}
```

6.7.2 TRichEditAttributes

Es ist etwas umständlich, beim Einsatz einer jeden *TRichEdit*-Instanz die Dialogelemente für die Formatierungen neu zu implementieren. Deshalb wurde die Komponente *TRichEditAttributes* entwickelt, die alle diese Dialogelemente zusammenfasst.

Die Dialogelemente können mittels der Eigenschaft *Hoch* in einer Reihe, in zwei (wie auf dem Bild) oder in vier Reihen angeordnet werden. Um eine solche Komponente mit einer *TRichEdit*-Instanz zu verbinden, wird einfach die Eigenschaft *RichEdit* entsprechend gesetzt. Zusätzlich muss noch auf das *TRichEdit*-Ereignis *OnSelectionChange* reagiert werden.

```
procedure TForm1.RichEdit1SelectionChange(Sender: TObject);
begin
   RichEditAttributes1.SelectionChange;
end;
```

Die Komponente basiert auf einem Panel, auf das die einzelnen Dialogelemente gesetzt werden.

```
type
   TRichEditAttributes = class(TPanel)
   private
      FRichEdit: TCustomRichEdit;
      FBeforeChange: TNotifyEvent;
      FAfterChange: TNotifyEvent;
      FAutoPost: boolean;
      FSelStart: integer;
      FSelLength: integer;
      FChanging: boolean;
      FAutoEdit: boolean;
      FHoch: integer;
      FClipVisible: boolean;
      procedure SetClipVisible(const Value: boolean);
   protected
      FNameCombo: TComboBox;
      FSizeCombo: TComboBox;
      FColorButton: TSpeedButton;
```

```
    . . .
    FCopyButton: TSpeedButton;
    FPasteButton: TSpeedButton;
    procedure Loaded; override;
    procedure NameComboChange(Sender: TObject);
    procedure SizeComboChange(Sender: TObject);
    procedure BoldButtonClick(Sender: TObject);
    procedure LeftButtonClick(Sender: TObject);
    procedure PointButtonClick(Sender: TObject);
    procedure ColorButtonClick(Sender: TObject);
    procedure LeftComboChange(Sender: TObject);
    procedure BeforeChange;
    procedure AfterChange;
    procedure Notification(AComponent: TComponent;
      Operation: TOperation); override;
    procedure SetHoch(const Value: integer);
    procedure UndoButtonClick(Sender: TObject);
  public
    constructor Create(AOwner: TComponent); override;
    procedure SelectionChange;
  published
    property RichEdit: TCustomRichEdit
      read FRichEdit write FRichEdit;
    property AutoPost: boolean
      read FAutoPost write FAutoPost;
    property AutoEdit: boolean
      read FAutoEdit write FAutoEdit;
    property Hoch: integer read Fhoch write Sethoch;
    property ClipVisible: boolean
      read FClipVisible write SetClipVisible;
    property OnBeforeChange: TNotifyEvent
      read FBeforeChange write FBeforeChange;
    property OnAfterChange: TNotifyEvent
      read FAfterChange write FAfterChange;
  end;
```

Im Konstruktor werden die einzelnen Dialogelemente erzeugt. Die Icons für die
Buttons werden mit *LoadFromResourceName* aus der Ressourcendatei
RichEditAttributes.Res geladen, die mit Hilfe einer Compilerdirektive eingebunden wird.

implementation

{$R RichEditAttributes.Res}
{$R RichEditAttributes.dcr}

```
constructor TRichEditAttributes.Create(AOwner: TComponent);
begin
  inherited;
  Caption := '';
  Height := 29;
  Width := 712;
  Font.Color := Color;
  FClipVisible := true;
  FNameCombo := TComboBox.Create(Self);
  with FNameCombo do
  begin
    Parent := self;
    Left := 4;
    Top := 4;
    Hint := 'Schriftart';
    OnChange := NameComboChange;
  end; {with FNameCombo do}
    ...
  FColorButton := TSpeedButton.Create(Self);
  with FColorButton do
  begin
    Parent := Self;
    Left := 210;
    Top := 4;
    Glyph.LoadFromResourceName(HInstance, 'COLOR');
    Hint := 'Schriftfarbe';
    OnClick := ColorButtonClick;
  end; {with FColorButton do}
    ...
end; {constructor TRichEditAttributes.Create}
```

Die *OnClick*-Ereignisbehandlungsroutinen sind meist Prozeduren, die aus Gründen der Übersichtlichkeit für mehrere Dialogelemente verantwortlich sind. Dies bedingt, das auslösende Dialogelement über den Parameter *Sender* zu bestimmen.

```
procedure TRichEditAttributes.LeftButtonClick(Sender: TObject);
begin
  if FRichEdit = nil then exit;
  BeforeChange;
  if FLeftButton.Down = true
    then FRichEdit.Paragraph.Alignment := taLeftJustify;
  if FCenterButton.Down = true
    then FRichEdit.Paragraph.Alignment := taCenter;
  if FRightButton.Down = true
    then FRichEdit.Paragraph.Alignment := taRightJustify;
  AfterChange;
end;
```

Vor und nach jeder Änderung wird das Ereignis *OnBeforeChange* beziehungsweise *OnAfterChange* ausgelöst.

Ist die Eigenschaft *AutoEdit* auf *true* gesetzt, dann wird – vorausgesetzt, das verbundene *RichEdit* ist vom Typ *TDBRichEdit* – die zuständige Datenmenge automatisch in den Edit-Modus versetzt. Analog dazu kann man *AutoPost* auf *true* setzen, damit gemachte Änderungen automatisch in die Datenbank übernommen werden. In beiden Fällen würde eine Selektierung verloren gehen – aus diesem Grund wird sie zwischengespeichert.

Mit dem Feld *FChanging* verhindert man eine Endlosrekursion bei der Aktualisierung.

```
procedure TRichEditAttributes.AfterChange;
begin
  if Assigned(FAfterChange)
    then FAfterChange(Self);
  if FRichEdit = nil then exit;
  if (FRichEdit is TDBRichEdit) and (FAutoPost = true) then
  begin
    try
      TDBRichEdit(FRichEdit).DataSource.DataSet.Post;
      FRichEdit.SelStart := FSelStart;
      FRichEdit.SelLength := FSelLength;
    except
      TDBRichEdit(FRichEdit).DataSource.DataSet.Cancel;
    end;
  end;
  FChanging := false;
end; {procedure TRichEditAttributes.AfterChange;}
```

```
procedure TRichEditAttributes.BeforeChange;
begin
  FChanging := true;
  if Assigned(FBeforeChange)
    then FBeforeChange(Self);
  if FRichEdit = nil then exit;
  if (FRichEdit is TDBRichEdit) and (FAutoEdit = true) then
  begin
    FSelStart := FRichEdit.SelStart;
    FSelLength := FRichEdit.SelLength;
    TDBRichEdit(FRichEdit).DataSource.DataSet.Edit;
    FRichEdit.SelStart := FSelStart;
    FRichEdit.SelLength := FSelLength;
  end;
end; {procedure TRichEditAttributes.BeforeChange;}
```

Die Prozedur *SelectionChange* wird über das *OnSelectionChange*-Ereignis der verbundenen *TRichEdit*-Instanz aufgerufen. Es werden hier die Zeichen- und Absatzformatierungen ermittelt und die dazugehörenden Steuerelemente entsprechend gesetzt.

Um Rekursionen zu vermeiden, wird diese Prozedur unverzüglich verlassen, wenn das Flag *FChanging* gesetzt ist.

```
procedure TRichEditAttributes.SelectionChange;
begin
  if FChanging = true
    then Exit;
  with FRichEdit.SelAttributes do
  begin
    FBoldButton.Down := (fsBold in Style);
    FItalicButton.Down := (fsItalic in Style);
    FUnderlineButton.Down := (fsUnderline in Style);
    FStrikeOutButton.Down := (fsStrikeOut in Style);
    FNameCombo.Text := Name;
    FSizeCombo.Text := IntToStr(Size);
  end; {with FRichEdit.SelAttributes do}
  with FRichEdit.Paragraph do
  begin
    FLeftCombo.Text := IntToStr(FirstIndent + LeftIndent);
    FFirstCombo.Text := IntToStr(- LeftIndent);
    FRightCombo.Text := IntToStr(RightIndent);
    FLeftButton.Down := (Alignment = taLeftJustify);
```

```
      FCenterButton.Down := (Alignment = taCenter);
      FRightButton.Down := (Alignment = taRightJustify);
      FPointButton.Down := (Numbering = nsBullet);
   end; {with FRichEdit.Paragraph do}
end; {procedure TRichEditAttributes.SelectionChange;}
```

Die Belegung der ComboBoxen wird in der Routine *Loaded* vorgenommen. Hier
wird auch die Caption des Panels entfernt.

```
procedure TRichEditAttributes.Loaded;
begin
   inherited;
   FNameCombo.Items := Screen.Fonts;
   with FSizeCombo do
   begin
      Items.Add('8');
      ...
   end; {with FSizeCombo do}
   with FLeftCombo do
      ...
   with FRightCombo do
      ...
   with FFirstCombo do
      ...
   Caption := '';
end; {procedure TRichEditAttributes.Loaded}
```

Die Komponente *TRichEdit* berechnet den linken Einzug relativ zum ersten Einzug, was ein wenig gewöhnungsbedürftig ist. Mit dieser Komponente wird der
linke Einzug eingestellt und – so gewünscht – relativ dazu der Einzug der ersten
Zeile.

```
procedure TRichEditAttributes.LeftComboChange(Sender: TObject);
var
   links, erster, rechts, fl, fe, fr: integer;
begin
   if FRichEdit = nil then exit;
   BeforeChange;
   val(FLeftCombo.Text, links, fl);
   val(FFirstCombo.Text, erster, fe);
   val(FRightCombo.Text, rechts, fr);
   if (fl = 0) and (fe = 0) then
   begin
      FRichEdit.Paragraph.FirstIndent := links + erster;
```

```
      FRichEdit.Paragraph.LeftIndent := - erster;
   end;
   if fr = 0
      then FRichEdit.Paragraph.RightIndent := rechts;
   AfterChange;
end;
```

In der Routine *SetHoch* werden die Abmessungen des Panels und die Positionen der darauf liegenden Steuerelemente gesetzt.

Die Komponente kennt die Reihenzahlen 1, 2 und 4, alles andere wird einreihig dargestellt.

```
procedure TRichEditAttributes.SetHoch(const Value: integer);
begin
   if Value in [1, 2, 4]
      then FHoch := Value
      else FHoch := 1;
   case FHoch of
   2:
   begin
      Height := 56;
      Width := 363;
      with FSizeCombo do
      begin
         Left := 154;
         Top := 4;
      end; {with FSizeCombo do}
      ...
   end; {case 2}
   4:
   begin
      Height := 112;
      Width := 183;
      ...
   end; {case 4}
```

```
   else
   begin
      Height := 29;
      Width := 712;
      ...
   end; {case else}
   end; {case}
end; {procedure TRichEditAttributes.Sethoch}
```

Um Zugriffsverletzungen zu vermeiden, wird *FRichEdit* auf *nil* gesetzt, wenn das verbundene RichEdit entfernt wird.

```
procedure TRichEditAttributes.Notification(AComponent: TComponent;
   Operation: TOperation);
begin
   inherited;
   if (Operation = opRemove) and (AComponent = FRichEdit)
      then FRichEdit := nil;
end;
```

6.7.3 TBClientDataSet

Die Komponente *TBClientDataSet* hat leider einen kleinen Nachteil: Beim Speichern in einen Stream wird nicht die Anzahl der Bytes mitgespeichert, so dass beim Laden aus dem Stream alle Daten bis zum Streamende ausgelesen werden. Wenn man mehrere Datenmengen in einen Stream speichern möchte, ist dieses Verhalten natürlich nicht zu gebrauchen.

Erfreulicherweise kann man ganz einfach etwas tun: Die Routinen *LoadFromStream* und *SaveFromStream* rufen intern die Routinen *ReadDataPacket* beziehungsweise *WriteDataPacket* auf. In diesen Methoden gibt es dann die Parameter *ReadSize* beziehungsweise *WriteSize*, und diese müssen lediglich auf *true* gesetzt werden.

```
type
  TBClientDataSet = class(TClientDataSet)
  public
    procedure SaveToStream(Stream: TStream;
      Format: TDataPacketFormat = dfBinary);
    procedure LoadFromStream(Stream: TStream);
  end;


procedure TBClientDataSet.LoadFromStream(Stream: TStream);
begin
  Close;
  ReadDataPacket(Stream, true);
  Open;
end;


procedure TBClientDataSet.SaveToStream(Stream: TStream;
  Format: TDataPacketFormat);
begin
  WriteDataPacket(Stream, true, Format);
end;
```

6.8 TStringColumnOutline

Die Komponente *TStringColumnOutline* kombiniert *TStringGrid* mit *TOutline*. Sie haben somit die Möglichkeit, eine Tabelle mit einer Baumdarstellung zu kombinieren.

TStringColumnOutline wurde von der selbst entwickelten Komponente *TCustomColumnOutline* abgeleitet, die auch in diesem Kapitel beschrieben wird. DesWeiteren wird *TMasterDetailHeader* verwendet, eine Header-Komponente, welche die Verwendung von Detail-Spalten unterstützt.

Konto	Konto	31.12.1999			31.12.2000		31.12.2001	
		DM			DM		€	
		vor Prüfung	nach Prüfung	Differenz	vor Prüfung	Differenz	vor Prüfung	nach Prüfung
⊟ Aktiva	10000							
⊟ Anlagevermögen	11000							
Grundstücke und	11100							
⊟ Maschinen	11200							
⊞ CNC-Fräsmasc	11210							
Drehmaschine	11220	20000,00	24000,00	4000,00	16000,00	4000,00	12000,00	16000,00
Bohrmaschine	11230							
Bandsäge	11240	Es	kann	beliebiger	Text	angezeigt	werden	
Fahrzeuge	11300							
Büroausstattung	11400							
⊞ Umlaufvermögen								
⊞ Passiva								

6.8.1 Verwenden von TStringColumnOutline

Um *TStringColumnOutline* verwenden zu können, müssen Sie Spalten und Reihen anlegen.

Reihen anlegen

Mit dem Anlegen von Reihen wird gleich die Baumstruktur aufgebaut. Deshalb arbeiten Sie hier mit *Add* und *AddChild*.

```
with CustomColumnOutline1 do
begin
  Add(0, 'Aktiva');
  AddChild(1, 'Anlagevermögen');
  AddChild(2, 'Grundstücke und Gebäude');
  AddChild(2, 'Maschinen');
    ...
  Add(0, 'Passiva');
  AddChild(16, 'Eigenkapital');
  AddChild(16, 'Fremdkapital');
  Refresh;
  FullExpand;
end;
```

Um einen Eintrag auf der obersten Ebene einzufügen, verwenden Sie *Add* und als *Index* den Wert null. Dem Parameter *Text* wird der Text der ersten Spalte zugewiesen. Mit *AddChild* werden alle untergeordneten Einträge hinzugefügt, als Parameter *Index* wird der Index des übergeordneten Eintrags verwendet.

```
function Add(Index: Integer; const Text: string): LongInt;
function AddChild(Index: Integer; const Text: string): LongInt;
function Insert(Index: LongInt; const Text: string): LongInt;
```

Add und *AddChild* sind Funktionen, die den Index des neuen Eintrags als Funktionsergebnis zurückliefern. Mit *Add* beziehungsweise *AddChild* werden die Einträge immer am Ende der jeweiligen Ebene eingefügt, mit *Insert* direkt vor dem mit *Index* bezeichneten Eintrag.

```
procedure Clear;
procedure Delete(Index: LongInt);
```

Um einen einzelnen Eintrag zu löschen, wird *Delete* verwendet, mit *Clear* werden alle Einträge gelöscht.

Inhalt

Um auf die einzelnen Zellen zuzugreifen, wird die Array-Eigenschaft *Cells* verwendet.

```
property Cells[ACol, ARow: Integer]: string;
```

DesWeiteren gibt es Methoden, um den Inhalt in eine Datei zu speichern oder wiederum daraus zu laden. Dabei wird ganz normaler ASCII-Text verwendet, die Zellen sind mit Tabs getrennt, mit Tabs wird auch die Baum-Darstellungen abgebildet.

```
procedure LoadFromFile(const FileName: string);
procedure SaveToFile(const FileName: string);
```

Spalten anlegen

Mit *Columns* werden die »normalen« Spalten angelegt, mit *FixedColumns* die Spalten, die auf der linken Seite fixiert sind. Es wird empfohlen, zumindest eine fixierte Spalte anzulegen, damit die Baumbeschriftung immer zu sehen ist.

Sowohl fixierte als auch nichtfixierte Spalten können Detail-Spalten haben.

Damit die Spalten mehrzeilige Beschriftungen haben können, müssen Reihen angelegt werden. Für die Master-Spalten dient die Eigenschaft *MasterRows*, für die Detail-Spalten *DetailRows*. Wenn diese Eigenschaften nicht entsprechend gesetzt sind, werden die Beschriftungen nicht angezeigt.

Columns und FixedColumns

Columns und *FixedColumns* sind Kollektionen, die für jede Spalte einen Eintrag haben. Die meisten der im Folgenden beschriebenen Eigenschaften sind auch für die Detail-Spalten verfügbar.

■ Width, MinWidth, MaxWidth (Eigenschaft, veröffentlicht)

```
property Width: integer;
property MinWidth: integer;
property MaxWidth: integer;
```

Mit *Width* wird die Spaltenbreite eingestellt. Die Spaltenbreite kann zur Laufzeit mit der Maus verändert werden, allerdings nur in den Grenzen, die von *MinWidth* und *MaxWidth* vorgegeben werden.

Hat eine Spalte Detail-Spalten, dann wird durch das Vergrößern oder Verkleinern der (Master-) Spalte die letzte sichtbare Detail-Spalte in ihrer Größe verändert. Von daher sind *MinWidth* und *MaxWidth* der letzten Detail-Spalte von Relevanz, wenn eine Spalte Detail-Spalten hat.

▪ Visible (Eigenschaft, veröffentlicht)

```
property Visible: boolean;
property ColumnAlign: TAlignment;
```

Mit der Eigenschaft *Visible* kann eine Spalte ein- und ausgeblendet werden.
Mit *ColumnAlign* wird angegeben, ob der Tabelleninhalt (nicht der
Headerinhalt) linksbündig, rechtsbündig oder zentriert ausgegeben werden
soll.

▪ Columns (Eigenschaft, veröffentlicht)

```
property Columns: THeaderDetailColumns;
```

Mit der Kollektionen-Eigenschaft *Columns* können die Detail-Spalten angelegt werden. (Diese Eigenschaft ist bei *THeaderDetailColumn* nicht vorhanden,
es gibt somit nur eine Detail-Ebene.)

▪ Lines (Eigenschaft, veröffentlicht)

```
property Lines: THeaderLines;
```

Lines ist eine weitere Kollektion von Einträgen, die für jede Beschriftungszeile
anzulegen ist. Beachten Sie bitte, dass eine solche Zeile nur angezeigt wird,
wenn die entsprechende *TMasterRow*- oder *TDetailRow*-Instanz vorhanden ist.

THeaderLines

Für jede Zeile einer Spaltenbeschriftung wird eine *THeaderLines*-Instanz angelegt.

▪ Text (Eigenschaft, veröffentlicht)

```
property Text: string;
```

In der Eigenschaft *Text* wird die Beschriftung der jeweiligen Textzeile angegeben.

▪ Alignment, LowSpaceAlignment (Eigenschaft, veröffentlicht)

```
property Alignment: TAlignment;
property LowSpaceAlignment: TAlignment;
```

Mit *Alignment* wird spezifiziert, ob die betreffende Textzeile linksbündig, rechtsbündig oder zentriert angezeigt wird. Ist die Spalte zu eng gezogen, als dass
die Beschriftung vollständig dargestellt werden könnte, dann wird die in
LowSpaceAlignment angegebene Ausrichtung verwendet. Auf diese Weise kann
man sicherstellen, dass der relevanteste Teil der Beschriftung angezeigt wird.

■ Font, Color, ParentFont, ParentColor (Eigenschaft, veröffentlicht)

```
property Font: TFont;
property Color: TColor;
property ParentFont: boolean;
property ParentColor: boolean;
```

Normalerweise haben *ParentColor* und *ParentFont* den Wert *true* und somit werden die Hintergrundfarbe und die Schrift von der *TMasterRow-* oder *TDetailRow*-Instanz übernommen. Beide Eigenschaften können jedoch auch individuell eingestellt werden; dann werden *ParentColor* beziehungsweise *ParentFont* automatisch auf *false* gesetzt.

6.8.2 TMasterDetailHeader

Die Komponente *TMasterDetailHeader* kann auch einzeln eingesetzt werden. Deswegen werden hier noch einige Eigenschaften vorgestellt, die bei der Verwendung von *TStringColumnOutline* nur intern eine Rolle spielen.

■ AllVisibleColumns, DrawnVisibleColumns (Eigenschaft, öffentlich, nur Lesen)

```
property AllVisibleColumns: TAllVisibleColumns;
property DrawnVisibleColumns: TDrawnVisibleColumns;
```

Spalten können ein- oder ausgeblendet sein, Detail-Spalten haben oder sein. *AllVisibleColumns* und *DrawnVisibleColumns* liefern eine Liste aller sichtbaren Spalten, so dass die Eigenschaften verbundener Komponenten (beispielsweise *TStringgrid*) einfach gesetzt werden können. Dabei ist *AllVisibleColumns* eine Liste aller Spalten, die nicht ausgeblendet wurden – egal, ob sie noch angezeigt werden können oder nicht. *DrawnVisibleColumns* dagegen ist eine Liste der tatsächlich angezeigten Spalten.

TAllVisibleColumns und *TDrawnVisibleColumns* sind Listen von *TVisibleColumn*-Instanzen und werden jeweils in einem eigenen Abschnitt beschrieben.

■ OnColumnResized (Ereignis)

```
property OnColumnResized: TNotifyEvent;
```

Das Ereignis *OnColumnResized* tritt auf, wenn eine Spalte ein- oder ausgeblendet oder in ihrer Größe verändert wird. Im folgenden Listing werden die Spaltenbreiten eines verbundenen Stringgrids daraufhin angepasst:

```
procedure TForm1.MasterDetailHeader1ColumnResized(Sender: TObject);
var
  i: integer;
begin
  for i := 0 to MasterDetailHeader1.VisibleColumns.Count - 1 do
  begin
    StringGrid1.ColWidths[i]
      := MasterDetailHeader1.VisibleColumns[i].Width - 1;
  end;
end;
```

■ IsUpdating (Eigenschaft, öffentlich)

```
property IsUpdating: boolean;
```

Werden mehrere Eigenschaften verändert, dann kann das Aktualisieren der Anzeige und das Neuerstellen der Listen der sichtbaren Spalten unterdrückt werden, indem *IsUpdating* auf *true* gesetzt wird. Anschließend muss *IsUpdating* auf *false* gesetzt werden (*try..finally..end*), dadurch werden Anzeigen und Listen aktualisiert.

▨ FirstMaster, FirstDetail (Eigenschaften, veröffentlicht)

```
property FirstMaster: integer;
property FirstDetail: integer;
```

Im Bereich der nichtfixierten Spalten kann durch alle nicht ausgeblendeten Spalten gescrollt werden. Mit *FirstMaster* wird die erste sichtbare Master-Spalte eingestellt, mit *FirstDetail* die erste sichtbare Detail-Spalte in der ersten sichtbaren Master-Spalte spezifiziert.

Zur Steuerung über einen Scrollbalken könnte man wie folgt vorgehen:

```
procedure TForm1.ScrollBar1Change(Sender: TObject);
var
  i: integer;
begin
  i := ScrollBar1.Position
    + MasterDetailHeader1.AllVisibleColumns.FixedColsCount;
  MasterDetailHeader1.FirstMaster
    := MasterDetailHeader1.AllVisibleColumns[i].Master;
  MasterDetailHeader1.FirstDetail
    := MasterDetailHeader1.AllVisibleColumns[i].Detail;
end;
```

▨ ShowRest (Eigenschaft, veröffentlicht)

```
property ShowRest: boolean default true;
```

Meist kann die letzte Spalte nur unvollständig angezeigt werden. Um zu vermeiden, dass diese dann überhaupt angezeigt wird, kann man *ShowRest* auf *false* stellen.

TAllVisibleColumns

TAllVisibleColumns ist eine Liste aller Spalten, die nicht ausgeblendet sind. Dabei ist es unerheblich, ob diese im Moment angezeigt werden oder nicht.

▨ Count, Items (Eigenschaft, öffentlich, nur Lesen)

```
property Count: integer;
property Items[Index: Integer]: TVisibleColumn; default;
```

Mit *Count* kann die Anzahl der Spalten ermittelt werden. Mittels der Eigenschaft *Items* kann auf die einzelnen Spalten zugegriffen werden. Hat eine Master-Spalte keine Detail-Spalte, so wird mit *Items* darauf zugegriffen. Hat sie Detail-Spalten, so wird auf die einzelnen Detail-Spalten zugegriffen.

Items ist die *default*-Eigenschaft von *TAllVisibleColumns*, die folgenden beiden Anweisungen sind somit synonym:

```
MasterDetailHeader1.AllVisibleColumns.Items[3].Width := 20;
MasterDetailHeader1.AllVisibleColumns[3].Width := 20;
```

■ GetScrollBarCount (Methode)

```
function GetScrollBarCount: integer;
```

GetScrollBarCount ermittelt, welchen Wert die Eigenschaft *Max* eines verbundenen Scrollbalkens haben muss.

■ ColumnsCount, FixedColsCount (Eigenschaften, öffentlich, nur Lesen)

```
property ColumnsCount: integer;
property FixedColsCount: integer;
```

Mit *ColumnsCount* ermittelt man die Anzahl der nichtfixierten Spalten, mit *FixedColsCount* die Anzahl der fixierten.

TDrawnVisibleColumns

Die *DrawnVisibleColumns* sind eine zusammenhängende Teilmenge von *AllVisibleColumns*. Der Beginn dieser Teilmenge wird durch *FirstMaster* und *FirstDetail* eingestellt, das Ende ergibt sich durch die Größe der Komponente.

■ Count, Items (Eigenschaft, öffentlich, nur Lesen)

```
property Count: integer;
property Items[Index: Integer]: TVisibleColumn; default;
```

Mit *Count* kann die Anzahl der Spalten ermittelt werden. Mittels der Eigenschaft *Items* kann auf die einzelnen Spalten zugegriffen werden. Hat eine Master-Spalte keine Detail-Spalte, so wird mit *Items* darauf zugegriffen. Hat sie Detail-Spalten, so wird auf die einzelnen Detail-Spalten zugegriffen.

Items ist die *default*-Eigenschaft von *TDrawnVisibleColumns*.

■ ItemIndex (Methode)

```
function ItemIndex(mas, det: integer; fix: boolean): integer;
```

Mit *ItemIndex* kann ermittelt werden, an welcher Position eine durch *mas* (Master), *det* (Detail) und *fix* (fixierte Spalte) bestimmte Spalte in der Liste der angezeigten Spalten steht. Wird die Spalte nicht angezeigt, dann gibt die Funktion -1 zurück.

■ FixedColsCount, RestWidth (Eigenschaften, öffentlich, nur Lesen)

```
property FixedColsCount: integer;
property RestWidth: integer;
```

Mit *FixedColsCount* kann die Anzahl der angezeigten fixierten Spalten ermittelt werden, mit *RestWidth* der zur Verfügung stehende Platz nach der letzten Spalte.

TVisibleColumn

Die Eigenschaften von *TVisibleColumn* ermöglichen den Zugriff auf die entsprechende Master- oder Detail-Spalte oder stellen die Indizes der Spalte zur Verfügung:

■ Mit *Left* kann die linke Position der Spalte ermittelt werden, mit *Width* kann deren Breite abgefragt oder gesetzt werden. Auf die minimale beziehungsweise maximale Spaltenbreite kann mit *MinWidth* beziehungsweise *MaxWidth* zugegriffen werden.

■ Zum Ausblenden einer Spalte kann *Visible* verwendet werden (das Einblenden scheitert daran, dass ausgeblendete Spalten erst gar nicht in der Liste enthalten sind). Beachten Sie bitte, dass nach dem Ausblenden einer Spalte *VisibleColumns* neu aufgebaut wird, Sie sollten deshalb diese Eigenschaft nicht in einer Schleife verarbeiten.

■ Auf die Texte und deren Formatierung kann mit der Eigenschaft *Lines* zugegriffen werden. *THeaderLines* ist in einem eigenen Abschnitt besprochen worden.

■ Der Index der Master-Spalte kann mit *Master*, der Index der Detail-Spalte mit *Detail* ermittelt werden. Handelt es sich bei der entsprechenden Spalte um eine Master-Spalte ohne Detail-Spalten, so erhält *Detail* den Wert -1. Handelt es sich um eine fixierte Spalte, dann ist *IsFixed* gleich *true*.

Handelt es sich um die letzte Detail-Spalte eines Masters, so hat *Last* den Wert *true*. Bei der letzten, meist nur noch teilweise angezeigten Spalte hat *Rest* den Wert *true*.

■ Eine Referenz auf die jeweilige Spalte erhält man mit der Eigenschaft *Column*. Da es sich dabei sowohl um eine Master- als auch eine Detail-Spalte handeln kann, hat *Column* den Typ *TCollectionItem*.

■ Die Position der Spalte in der Liste *DrawVisibleColumns* kann mit *ColumnIndex* ermittelt werden, diejenige in der Liste *AllVisibleColumns* mit *AllIndex*.

■ Mit *ColumnAlign* und *ColumnAllowChar* kann auf die gleichnamigen *TMasterColumn*- oder *TDetailColumn*-Eigenschaften zugegriffen werden.

Der Quelltext

Die Unit *MasterDetailHeader* umfasst über 2 000 Zeilen. Deshalb wird der Quelltext hier nur auszugsweise kommentiert. Der vollständige Quelltext ist auf der CD zu finden.

```
type
  TMasterDetailHeader = class(TCustomPanel)
  private

    ...

  protected
    {überschriebene Methoden}
    procedure Resize; override;
    procedure Paint; override;
    procedure MouseMove(Shift: TShiftState; X, Y: Integer);
      override;
    procedure MouseDown(Button: TMouseButton; Shift: TShiftState;
      X, Y: Integer); override;
    procedure MouseUp(Button: TMouseButton; Shift: TShiftState;
      X, Y: Integer); override;
    {neue Methoden}
    procedure VertLine(Left, Top: integer);
    procedure ResizeLine(Left, Top: integer);
    function IsOnSplitter(x, y: integer;
      var VisibleColumn: integer): TIsOnSplitterResult;
    procedure DoSpaltenSync(NewWidth, Index: integer);
    {Ereignisse auslösen}
    procedure DoColumnResized; virtual;
  public
    constructor Create(AOwner: TComponent); override;
    destructor Destroy; override;
    procedure Loaded; override;
    property IsUpdating: boolean read FUpdating write SetUpdating;
    property DrawnVisibleColumns: TDrawnVisibleColumns
      read FDrawnVisibleColumns;
    property AllVisibleColumns: TAllVisibleColumns
      read FAllVisibleColumns;
  published
    // die verschiebbaren Spalten
    property Columns: THeaderMasterColumns
      read FColumns write SetColumns;
    // die fixierten Spalten
```

```
  property FixedColumns: THeaderMasterColumns
    read FFixedColumns write SetFixedColumns;
  // Die Reihen-Instanzen für die Master- und die Detail-Spalten
  property MasterRows: THeaderRows
    read FMasterRows write SetMasterRows;
  property DetailRows: THeaderRows
    read FDetailRows write SetDetailRows;
  {Die erste verschiebbare Master-Spalte und in dieser
  Master-Spalte die erste verschiebbare Detail-Spalte, die
  angezeigt wird. }
  property FirstMaster: integer
    read FFirstMaster write SetFirstMaster;
  property FirstDetail: integer
    read FFirstDetail write SetFirstDetail;
  {Wenn true, dann wird am rechten Rand auch dann eine Spalte
  dargestellt, wenn sie nur teilweise angezeigt werden kann}
  property ShowRest: boolean read FShowRest write SetShowRest;
  {Beim Vergrößern oder Verkleinern einer Detail-Spalte werden
  alle Detail-Spalten desselben Indexes auf die gleiche Größe
  gebracht. Nur für nichtfixierte Spalten}
  property SpaltenSync: boolean
    read FSpaltenSync write FSpaltenSync;
  {Wird ausgelöst, wenn eine Spalte gescrollt oder eine Spalte in
  ihrer Größe geändert wurde}
  property OnColumnResized: TNotifyEvent
    read FOnColumnResized write FOnColumnResized;
  {Durch einen Doppelklick auf den Trennstrich wird dieses
  Ereignis ausgelöst. Mit einem Variablenparameter kann die Breite
  der davorliegenden Spalte eingestellt werden.}
  property OnColumnOptimize: TOnColumnOptimizeEvent
    read FOnColumnOptimize write FOnColumnOptimize;
  {Wenn über das Kontextmenü der Menüpunkt "Spalteneinstellungen"
   aufgerufen wird}
  property OnSpalteneinstellungen: TNotifyEvent
    read FOnSpalteneinstellungen write FOnSpalteneinstellungen;
  {geerbte Eigenschaften veröffentlichen}
  property Align;
  property Anchors;
    ...
  property OnResize;
end; {TMasterDetailHeader = class(TCustomPanel)}
```

Im Konstruktor werden die ganzen Kollektionen erzeugt, einige Felder mit Vor-
gabewerten belegt und das Kontextmenü erstellt. Um den Quelltext kürzer und
übersichtlicher zu gestalten, wurde das Erzeugen der Menüeinträge in eine lokale Prozedur ausgelagert. Im Destruktor müssen die ganzen Instanzen dann wieder freigegeben werden.

```pascal
constructor TMasterDetailHeader.Create(AOwner: TComponent);
var
  MenuItem: TMenuItem;

  procedure MakeItem(ACaption: string; ATag: integer);
  begin
    MenuItem := TMenuItem.Create(FPopupMenu);
    with MenuItem do
    begin
      Caption := ACaption;
      Tag := ATag;
      OnClick := PopupMenuClick;
    end; {with MenuItem do}
    FPopupMenu.Items.Add(MenuItem);
  end; {procedure MakeItem}

begin
  inherited;
  FUpdating := true;
  FColumns := THeaderMasterColumns.Create(Self);
  FFixedColumns := THeaderMasterColumns.Create(Self);
  FFixedColumns.FFixed := true;
  FMasterRows := THeaderRows.Create(Self);
  FDetailRows := THeaderRows.Create(Self);
  FDrawnVisibleColumns := TDrawnVisibleColumns.Create;
  FAllVisibleColumns := TAllVisibleColumns.Create;
  FColumnResize := -1;
  FResizeOld := -10;
  FPopupMenu := TPointPopupMenu.Create(Self);
  MakeItem('&Spalteneinstellungen', 1);
  MakeItem('Größe der aktuellen Spalte &optimieren', 2);
  MakeItem('Größe &aller Spalten optimieren', 3);
  PopupMenu := FPopupMenu;
end; {constructor TMasterDetailHeader.Create}
```

Anhand der Eigenschaft *Tag* des Menüeintrags kann die Prozedur *PopupMenuClick*
in einer *case*-Verzweigung die gewünschte Aktion aufrufen. Die Optimierung der
Spalten wird in *TStringColumnOutline* nicht genutzt.

```
procedure TMasterDetailHeader.PopupMenuClick(Sender: TObject);
var
   i, breite: integer;
   b: boolean;

   procedure SpalteOptimieren(Index: integer);
   begin
      breite := FAllVisibleColumns[Index].Width;
      if Assigned(FOnColumnOptimize)
         then FOnColumnOptimize(self, Index, breite);
      FAllVisibleColumns[Index].Width := breite;
   end;

begin
   case (Sender as TMenuItem).Tag of
      1: if Assigned(OnSpalteneinstellungen)
            then OnSpalteneinstellungen(Self);
      2:
      begin
         i := FDrawnVisibleColumns.PosToCol(FPopupMenu.PopupPoint.x);
         SpalteOptimieren(i);    // aktuelle Spalte optimieren
      end; {case 2}
      3:
      begin
         b := FSpaltenSync;
         FSpaltenSync := false;
         try
            for i := 0 to FAllVisibleColumns.Count - 1
               do SpalteOptimieren(i);    // alle Spalten optimieren
         finally
            FSpaltenSync := b;
         end;
      end; {case 3}
   end; {case (Sender as TComponent).Tag of}
end; {procedure TMasterDetailHeader.PopupMenuClick}
```

Paint

Das Zeichnen der einzelnen Spalten erfolgt in der Prozedur *Paint*. Während des Ladens von Daten aus der *dfm*-Datei soll die Anzeige nicht aktualisiert werden, genauso wenig, wenn zur Laufzeit *FUpdating* auf *true* gesetzt ist.

Die lokale Prozedur *SpaltenZeichnen* wird zunächst für die fixierten und dann für die nichtfixierten Spalten aufgerufen. Durch das Zeichnen einer Spalte wird die linke Position der nächsten Spalte *x* entsprechend der Spaltenbreite erhöht.

Die lokale Prozedur *SpaltenZeichnen* ruft ihrerseits wieder die lokale Prozedur *ZelleZeichnen* auf.

```
procedure TMasterDetailHeader.Paint;

  procedure ZelleZeichnen(HeaderLine: THeaderLine; Row: THeaderRow;
    left, width, top, height, PaintWidth: integer);
  {Zeichnen einer einzelnen Zelle}
  begin
    . . .
  end; {procedure ZelleZeichnen}


  procedure SpaltenZeichnen(AColumns: THeaderMasterColumns;
    var x: integer; Fixed: boolean);
  begin
    . . .
  end; {procedure SpaltenZeichnen}


var
  x: integer;
begin
  inherited;
  {Nicht zeichnen während des Ladens der dfm-Datei
  oder wenn Updating auf true gesetzt wurde}
  if (csLoading in ComponentState) or
     (FUpdating and not (csDesigning in ComponentState)) then exit;
  x := 0;
  SpaltenZeichnen(FixedColumns, x, true);
  SpaltenZeichnen(Columns, x, false);
end; {procedure TMasterDetailHeader.Paint}
```

Der Hauptteil der Prozedur *SpaltenZeichnen* durchläuft zunächst eine Schleife durch alle (Master-) Spalten. Eine Spalte wird angezeigt, wenn sie nicht ausgeblendet ist und wenn sie nicht aus dem sichtbaren Bereich herausgescrollt ist. Das Zeichnen der Master-Spalten wird dann von der Prozedur *DoMaster* übernommen.

Für jede Master-Spalte wird eine Schleife durch alle Detail-Spalten durchlaufen. Auch hier wird wieder geprüft, ob die Spalte eingeblendet ist und im sichtbaren Bereich liegt. Das Zeichnen der Detail-Spalten übernimmt dann *DoDetail*.

Nach jeder Master- und jeder Detail-Spalte wird dann eine vertikale Linie gezogen. Außerdem wird *x* um die Breite der jeweiligen Spalte erhöht.

Zur Prozedur *DoMaster*: Die letzte Spalte kann nicht vollständig angezeigt werden, deshalb ist zwischen der theoretischen und der tatsächlichen Breite zu unterscheiden. Es wird dann eine Schleife über alle Reihen gebildet, für das eigentliche Zeichnen wird die Prozedur *ZelleZeichnen* aufgerufen. Die Höhe jeder Reihe wird durch die Eigenschaft *MasterRows* spezifiziert.

Ähnlich wird bei *DoDetail* vorgegangen, hier wird hinter jede Detail-Spalte noch eine senkrechte Linie gesetzt. Außerdem wird hier *DetailRows* statt *MasterRows* verwendet.

```
procedure SpaltenZeichnen(AColumns: THeaderMasterColumns;
   var x: integer; Fixed: boolean);
var
   i, j, b, br, pxd, bd, py, h, pyd: integer;
   MaCol: THeaderMasterColumn;
   DeCol: THeaderDetailColumn;


   procedure DoMaster;
   var
      j: integer;
   begin
      b := MaCol.Width;                      // eingestellte Breite
      br := MaCol.GetPaintWidth;    // Breite, mit der tatsächlich
      {Text ausgeben}               // gezeichnet wird (-> Rest)
      py := 2;
      for j := 0 to MasterRows.Count - 1 do
      begin                          // alle Zellen zeichnen
         h := MasterRows.Items[j].FHeight;
         if j < MaCol.FLines.Count
            then ZelleZeichnen(MaCol.FLines.Items[j],
               MasterRows.Items[j], x, b, py, h, br);
         py := py + h;              // y-Position hochaddieren
      end; {for j := 0 to MasterRows.Count - 1 do}
   end; {procedure DoMaster}


   procedure DoDetail;
   var
      k: integer;
   begin
      bd := DeCol.Width;
```

```
    if DrawnVisibleColumns.ItemIndex(i, j, fixed) >= 0 then
    begin
      pyd := py;
      for k := 0 to DetailRows.Count - 1 do
      begin                               // alle Zellen zeichnen
        h := DetailRows.Items[k].FHeight;
        if k < DeCol.FLines.Count
          then ZelleZeichnen(DeCol.FLines.Items[k],
            DetailRows.Items[k], pxd, bd, pyd, h, bd);
        pyd := pyd + h;                   // y-Position hochaddieren
      end; {for k := 0 to DetailRows.Count - 1 do}

      if (pxd - x > 2)
        then VertLine(pxd, py + 2);   // vertikale Linie
    end; {if DrawnVisibleColumns.ItemIndex(i, j, fixed) >= 0 then}
    pxd := pxd + bd;
  end; {procedure DoDetail}


begin
  for i := 0 to AColumns.Count - 1 do
  begin          // Schleife durch alle Spalten
    {Master ============================================}
    MaCol := AColumns.Items[i];
    if MaCol.Visible                  // prüfen, ob zeichnen
      and (MaCol.GetPaintWidth > 0)
      and (Fixed or (i >= FFirstMaster)) then
    begin
      DoMaster;
      {Details ===========================================}
      pxd := x;
      for j := 0 to MaCol.Columns.Count - 1 do
      begin                        // durch alle Detail-Spalten
        DeCol := MaCol.Columns.Items[j];
        if DeCol.Visible            // prüfen, ob zeichnen
            and (Fixed or (j >= FFirstDetail)
              or (i > FFirstMaster))
          then DoDetail;
        if (pxd - x > 2)
          then VertLine(pxd, py + 2);      // vertikale Linie
      end; {for j := 0 to MaCol.Columns.Count - 1 do}
      {vertikale Linie zeichnen}
```

```
    if x > 2
      then VertLine(x, 0);
    x := x + b;
    if x > Width
      then exit;
  end; {if MaCol.Visible...}
end; {for i := 0 to AColumns.Count - 1 do}
VertLine(x, 0);
end; {procedure SpaltenZeichnen}
```

Die Eigenschaften für die Darstellung der einzelnen Zellen sind in der dazugehörenden *THeaderLine*-Instanz gespeichert. Vertikal wird der Text stets in der Zelle zentriert, die horizontale Ausrichtung lässt sich einstellen, die lokale Prozedur *DoAusrichtung* bestimmt die Position *x*, an der mit dem Zeichnen des Textes begonnen wird.

Ist die Zelle zu schmal, als dass sich der Inhalt vollständig darstellen ließe, dann greift die Eigenschaft *LoSpaceAlignment*. Mit den *THeaderRow*-Instanzen lässt sich eine Linie am unteren Ende der Zelle einstellen.

```
procedure ZelleZeichnen(HeaderLine: THeaderLine; Row: THeaderRow;
  left, width, top, height, PaintWidth: integer);
{Zeichnen einer einzelnen Zelle}
var
  ARect: TRect;
  x, y: integer;
  Text: string;


  procedure DoAusrichtung;
  begin
    x := Canvas.TextWidth(Text);
    {Wenn Text breiter als der zur Verfügung stehende Raum, dann
    mit LoSpaceAlignment ausrichten, ansonsten mit Alignment.
    X-Position je nach Ausrichtung bestimmen}
    if x > (width - 10) then
    begin
      case HeaderLine.LowSpaceAlignment of
        taLeftJustify: x := ARect.Left + 1;
        taRightJustify: x := ARect.Left + PaintWidth - 8
          - Canvas.TextWidth(Text)
        else x := ARect.Left
          + ((PaintWidth - Canvas.TextWidth(Text)) div 2);
      end; {case Alignment of}
```

```
    end; {if x > width then}
    else
    begin
      case HeaderLine.Alignment of
        taLeftJustify: x := ARect.Left + 1;
        taRightJustify: x := ARect.Left + PaintWidth - 8
          - Canvas.TextWidth(Text);
        else x := ARect.Left
          + ((PaintWidth - Canvas.TextWidth(Text)) div 2);
      end; {case Alignment of}
    end; {else x > width then}
  end; {procedure DoAusrichtung}

begin
  if width > 0 then
  begin
    {Brush und Font setzen}
    Canvas.Brush.Color := HeaderLine.Color;
    Canvas.Font := HeaderLine.Font;
    {Zeichenrechteck erstellen}
    ARect := Rect(left + 3, top + 1, left + width - 2,
      top + height);
    {vertikal in der Zelle zentrieren}
    y := (ARect.Bottom - ARect.Top - Canvas.TextHeight('Wy')) div 2;
    {Text und dessen Breite ermitteln}
    Text := HeaderLine.FText;
    DoAusrichtung;
    {Text zeichnen}
    Canvas.TextRect(ARect, x, ARect.Top + y, Text);
    {horizontale Linie zeichnen}
    if Row.FShowLine then
    begin
      Canvas.Pen := Row.FBottomLinePen;
      Canvas.MoveTo(left + 2, top + height);
      Canvas.LineTo(left + width - 2, top + height);
    end;
  end; {if width > 0 then}
end; {procedure ZelleZeichnen}
```

Zum Zeichnen der senkrechten Linien wird die Prozedur *VertLine* verwendet. Da die Linien der Detail-Spalten nicht bis oben hin gezeichnet werden, muss neben dem Parameter *Left* noch ein Parameter *Top* übergeben werden.

```
procedure TMasterDetailHeader.VertLine(Left, Top: integer);
{Zeichnet eine 3D-Linie an Position Left ab Höhe Top}
begin
  with Canvas do
  begin
    Pen.Color := clBtnShadow;
    MoveTo(Left - 1, Top);
    LineTo(Left - 1, Height);
    Pen.Color := clBtnFace;
    MoveTo(Left, Top);
    LineTo(Left, Height);
    Pen.Color := clBtnHighlight;
    MoveTo(Left + 1, Top);
    LineTo(Left + 1, Height);
  end; {with Canvas do}
end; {procedure TMasterDetailHeader.DetailLine}
```

Resize

Mit der Prozedur *Resize* werden die Listen der Spalten neu aufgebaut. *Resize* wird somit nicht nur aufgerufen, wenn sich die Größe der Komponente ändert, sondern wird auch als Aktualisierungsroutine verwendet.

Während die Eigenschaftswerte aus der *dfm*-Datei geladen werden, sollen natürlich nicht permanent die Listen neu aufgebaut werden. Ebenfalls soll sich dieses verhindern lassen, indem *FUpdating* auf *true* gesetzt wird.

Zunächst wird die Liste aller (theoretisch) sichtbaren Spalten aufgebaut, anschließend die Liste derjenigen Spalten, die auch tatsächlich im gescrollten Bereich liegen.

Anschließend wird berechnet, wie die Eigenschaft *Max* eines verbundenen Scrollbalkens zu setzen ist, und dann wird die Anzeige aktualisiert. Mit *DoColumnResized* wird das Ereignis *OnColumnResized* ausgelöst.

```
procedure TMasterDetailHeader.Resize;
var
  x, cix: integer;

  function AllVisibleColumnAdd(Column: TCollectionItem; var x: integer;
    AMaster, ADetail: integer; AFixed: boolean): integer;
  {Spalte der Liste hinzufügen und Eigenschaften setzen}
  begin
    ...
  end; {local function VisibleColumnAdd}
```

```pascal
procedure MakeAllVisibleColumns(AColumns: THeaderMasterColumns;
  var x: integer; Fixed: boolean);
begin
  . . .
end; {lokale procedure MakeAllVisibleColumns}


procedure MakeDrawnVisibleColumns;
begin
  . . .
end; {lokale procedure MakeDrawnVisibleColumns;}


procedure CalcScrollBarCount;
begin
  . . .
end; {lokale procedure CalcScrollBarCount;}


begin
  inherited;
  {Nicht während des Ladens der Komponente aus der DFM-Datei
  oder wenn Updating = true}
  if (csLoading in ComponentState) or FUpdating
    then exit;
  x := 0;
  cix := 0;
  FAllVisibleColumns.Clear;           // Liste leeren
  // Liste aller Spalten, fixierte Spalten
  MakeAllVisibleColumns(FixedColumns, x, true);
  FAllVisibleColumns.FFixedColsCount := FAllVisibleColumns.Count;
  // Liste aller Spalten, nichtfixierte Spalten
  MakeAllVisibleColumns(Columns, x, false);
  // Liste der sichtbaren Spalten
  MakeDrawnVisibleColumns;
  if FAllVisibleColumns.FFixedColsCount <= FDrawnVisibleColumns.Count
    then FDrawnVisibleColumns.FFixedColsCount
      := FAllVisibleColumns.FFixedColsCount
    else FDrawnVisibleColumns.FFixedColsCount
      := FDrawnVisibleColumns.Count;
  // Max des horizontalen Scrollbalkens berechnen
  CalcScrollBarCount;
  // Neu zeichnen
  Refresh;
```

```
   // Ereignis OnColumnResized aufrufen
   DoColumnResized;
end; {procedure TMasterDetailHeader.Resize}
```

Mit der Funktion *AllVisibleColumnAdd* wird der Liste der (theoretisch) sichtbaren Spalten ein weiterer Eintrag hinzugefügt. Dies kann entweder eine Master- oder eine Detail-Spalte sein. Anschließend werden noch einige Eigenschaften gesetzt.

```
   function AllVisibleColumnAdd(Column: TCollectionItem; var x: integer;
      AMaster, ADetail: integer; AFixed: boolean): integer;
   {Spalte der Liste hinzufügen und Eigenschaften setzen}
   begin
      result := FAllVisibleColumns.Add(Column);
      with FAllVisibleColumns[result] do
      begin
         FLeft := x;
         x := x + Width;
         FMaster := AMaster;
         FDetail := ADetail;
         FIsFixed := AFixed;
         FColumnIndex := cix;
      end; {with FVisibleColumns[k] do}
   end; {local function VisibleColumnAdd}
```

Die Prozedur *MakeAllVisibleColumns* wird zunächst für alle fixierten und dann für alle nichtfixierten Spalten aufgerufen. In einer Schleife werden dann alle Master-Spalten durchlaufen und es wird zunächst geprüft, ob die Spalte sichtbar ist. Ist dies nicht der Fall, dann werden die Indizes (und die Indizes gegebenenfalls vorhandener Detail-Spalten) auf -1 gesetzt.

Alsdann wird geprüft, ob es sichtbare Detail-Spalten gibt. Ist dies nicht der Fall, wird die Spalte in die Liste aller sichtbaren Spalten aufgenommen und der Index der Spalte in dieser Liste dem Spaltenfeld *FAllVisibleIndex* zugewiesen. Dadurch, dass *FLast* auf *true* gesetzt wird, stellt man sicher, dass hinter der Spalte ein hoher senkrechter Strich gezogen wird. Sollte es Detail-Spalten geben, müssten sie alle ausgeblendet sein (sonst wäre *GetVisibleColumnsCount* größer null), deshalb werden deren Indizes auf -1 gesetzt.

Gibt es Detail-Spalten, dann wird nicht die Master-Spalte, sondern alle Detail-Spalten in die Liste aufgenommen. In diesem Fall werden die Indizes der Master-Spalte auf -1 gesetzt. In einer Schleife werden nun alle Detail-Spalten durchlaufen. Sichtbare Detail-Spalten werden in die Liste aufgenommen, bei unsichtbaren Detail-Spalten werden die Indizes auf -1 gesetzt. Bei der jeweils letzten Detail-Spalte, die in die Liste aufgenommen wird, erhält *FLast* den Wert *true*.

```
procedure MakeAllVisibleColumns(AColumns: THeaderMasterColumns;
  var x: integer; Fixed: boolean);
var
  i, j, k: integer;
  MaCol: THeaderMasterColumn;
  DeCol: THeaderDetailColumn;
begin
  for i := 0 to AColumns.Count - 1 do
  begin                    // durch alle Master-Spalten
    MaCol := AColumns[i];
    if MaCol.Visible then       // wenn Spalte sichtbar
    begin
      {wenn keine sichtbaren Detail-Spalten...}
      if MaCol.Columns.GetVisibleColumnsCount = 0 then
      begin
        {... dann Master-Spalte in AllVisibleColumns aufnehmen}
        k := AllVisibleColumnAdd(MaCol, x, i, -1, Fixed);
        {Index setzen}
        MaCol.FAllVisibleIndex := k;
        {Eine Master-Spalte ohne Detail-Spalte ist die letzte
        Spalte in der aktuellen Master-Spalte, danach hoher
        Strich}
        FAllVisibleColumns[k].FLast := true;
        {Die Indizes aller Detail-Spalten auf -1,
        weil nicht sichtbar}
        for j := 0 to MaCol.Columns.Count - 1 do
        begin
          MaCol.Columns[j].FAllVisibleIndex := - 1;
          MaCol.Columns[j].FDrawnVisibleIndex := - 1;
          inc(cix);
        end;
        if MaCol.Columns.Count = 0
          then inc(cix);
      end {if MaCol.Columns.GetVisibleColumnsCount = 0 then}
      else
      begin
        {wenn Detail-Spalten, dann Indizes der Master-Spalte auf -1}
        MaCol.FAllVisibleIndex := -1;
        MaCol.FDrawnVisibleIndex := -1;
        k := -1;
```

```
        for j := 0 to MaCol.Columns.Count - 1 do
        begin                      // durch alle Detail-Spalten
          DeCol := MaCol.Columns[j];
          // wenn sichtbar, dann ab in die Liste
          if DeCol.Visible then
          begin
            k := AllVisibleColumnAdd(DeCol, x, i, j, Fixed);
            DeCol.FAllVisibleIndex := k;
          end {if DeCol.Visible then}
          else
          begin
            // ansonsten Indizes auf -1
            DeCol.FAllVisibleIndex := -1;
            DeCol.FDrawnVisibleIndex := -1;
          end;
          inc(cix);
        end; {for j := 0 to MaCol.Columns.Count - 1 do}
        if MaCol.Columns.Count = 0
          then inc(cix);
        {Bei der letzten Spalte FLast auf true setzen}
        if k >= 0
          then FAllVisibleColumns[k].FLast := true;
      end; {else MaCol.Columns.GetVisibleColumnsCount = 0 then}
    end {if MaCol.Visible then}
    else
    begin
      {wenn nicht sichtbar, dann Indizes auf -1}
      MaCol.FAllVisibleIndex := -1;
      MaCol.FDrawnVisibleIndex := -1;
      inc(cix);
      for j := 0 to MaCol.Columns.Count - 1 do
      begin                      // durch alle Detail-Spalten
        DeCol := MaCol.Columns[j];
        DeCol.FAllVisibleIndex := -1;
        DeCol.FDrawnVisibleIndex := -1;
      end; {for j := 0 to MaCol.Columns.Count - 1 do}
    end; {else MaCol.Visible then}
  end; {for i := 0 to AColumns.Count - 1 do}
end; {lokale procedure MakeAllVisibleColumns}
```

In der Prozedur *MakeDrawnVisibleColumns* gibt es zwei boolesche Variablen: Ist *b* gleich *true*, dann wird die Spalte in die Liste der tatsächlich sichtbaren Spalten aufgenommen. Hat *c* den Wert *true*, dann handelt es sich um eine Rest-Spalte, die nicht mehr vollständig angezeigt werden kann.

Fixierte Spalten werden grundsätzlich immer angezeigt (solange sie nicht ausgeblendet sind und der Platz für alle fixierten Spalten reicht). Eine verschiebbare Spalte wird dann nicht angezeigt, wenn die durch *FirstMaster* und *FirstDetail* spezifizierte Spalte rechts von ihr liegt.

DesWeiteren wird sie nicht angezeigt, wenn ihre Position jenseits des rechten Randes der Komponente liegt. Eine unvollständige letzte Spalte wird nur dann angezeigt, wenn *FShowRest* den Wert *true* hat.

Wird die Spalte in die Liste der tatsächlich sichtbaren Spalten aufgenommen, dann werden Eigenschaften wie ihre Position und ihr Index gesetzt, andernfalls werden diese auf -1 gesetzt.

```
procedure MakeDrawnVisibleColumns;
var
  i, x, ix, rx: integer;
  b, c: boolean;
  ViCol: TVisibleColumn;
begin
  FDrawnVisibleColumns.Clear;           // alte Liste löschen
  x := 0;
  ix := 0;
  FDrawnVisibleColumns.FRestWidth := 0;
  for i := 0 to FAllVisibleColumns.Count - 1 do
  begin          // durch alle potenziell sichtbaren Spalten
    b := true;
    c := false;
    ViCol := FAllVisibleColumns[i];
    // über die Master-Spalte gescrollt
    if (ViCol.FIsFixed = false) and (ViCol.FMaster < FFirstMaster)
      then b := false;
    // über die Detail-Spalte gescrollt
    if (ViCol.FIsFixed = false) and (ViCol.FMaster = FFirstMaster)
        and (ViCol.FDetail < FFirstDetail)
        and (FFirstDetail > 0)
      then b := false;
```

```
if (x + ViCol.Width) > Width then      // eine letzte Spalte,
begin                   // die nicht vollständig angezeigt werden
   rx := Width - x;              // kann, nur dann anzeigen, wenn
   if (rx > 1) and FShowRest          // ShowRest = true
      then c := true                  // ("Restspalte'")
      else b := false;
end; {if (x + ViCol.Width) > Width then}
if b then               // wenn im sichtbaren Bereich
begin
   FDrawnVisibleColumns.Add(ViCol);      // dann ab in die Liste
   ViCol.FLeft := x;
   ViCol.FAllIndex := i;       // Index im Bereich aller Spalten
   ViCol.Rest := c;                  // Restspalte
   if c
      then FDrawnVisibleColumns.FRestWidth := Width - x;
   x := x + ViCol.Width;
   ViCol.SetDrawnVisibleIndex(ix);       // Index im Bereich der
   inc(ix);                       // angezeigten Spalten
end {if b then}
else
begin                   // wenn nicht im sichtbaren Bereich
   ViCol.FLeft := -1;
   ViCol.SetDrawnVisibleIndex(-1);
end;
   end; {for i := 0 to FAllVisibleColumns - 1 do}
end; {lokale procedure MakeDrawnVisibleColumns;}
```

Meist können nicht alle Spalten tatsächlich dargestellt werden, so dass mit einem waagerechten Scrollbalken die anzuzeigenden Spalten zu wählen sind. Die Berechnung der Eigenschaft *Max* dieses Scrollbalkens ist etwas aufwendiger, deshalb wird dieser Wert von *TMasterDetailHeader* ermittelt.

Zunächst einmal wird von der Komponentenbreite die Gesamtbreite der fixierten Spalten abgezogen. Es verbleibt die Breite, die für die nichtfixierten Spalten zur Verfügung steht und in der somit gescrollt werden kann. Alsdann wird berechnet, wie viele Spalten in diesem freien Bereich angezeigt werden können. Nun können jedoch alle Spalten unterschiedlich groß sein. Es werden deshalb die Spalten verwendet, die am Ende liegen.

Die Eigenschaft *ScrollBarCount* ist nun die Summe aller nichtfixierten Spalten abzüglich der Anzahl Spalten, die im freien Bereich angezeigt werden können. Dieser Wert darf allerdings nicht negativ werden.

```
procedure CalcScrollBarCount;        // Ermittelt den Wert für die
var                                  // Eigenschaft Max eines
  i, w, c: integer;                  // verbundenen Scrollbalkens
  b: boolean;
begin
  w := Width;                        // vorhandene Breite...
  i := 0;
  c := 0;
  b := false;
  if FAllVisibleColumns.Count > 0 then
  begin
    while (i < FAllVisibleColumns.Count)      // ...abzüglich der
      and FAllVisibleColumns[i].IsFixed do    // fixierten Spalten
    begin
      w := w - FAllVisibleColumns[i].Width;
      inc(i);
    end;
    b := (w > 10);
    i := FAllVisibleColumns.Count;

    while (w > 0) and (i > 0) do
    begin              // In c wird die Anzahl der Spalten ermittelt,
      dec(i);          // die angezeigt werden können, wenn nach
      if not FAllVisibleColumns[i].IsFixed then
      begin            // hinten gescrollt wurde
        w := w - FAllVisibleColumns[i].Width;
        if w > 0
          then inc(c);
      end;
    end; {while (w > 0) and (i > 0) do}
  end; {if FAllVisibleColumns.Count > 0 then}
  {Wenn die Restspalte angezeigt wird und neben den fixierten
  Spalten mehr als 10 Pixel frei sind, dann kann auch gescrollt
  werden, wenn keine vollständige nichtfixierte Spalte angezeigt
  werden kann}
  if (c = 0) and b and ShowRest
    then c := 1;
  {ScrollBarCount ist die Anzahl der nichtfixierten Spalten
  abzüglich derAnzahl der Spalten, die am Ende angezeigt werden
  können}
```

```
   if c > 0
     then FAllVisibleColumns.FScrollBarCount
        := FAllVisibleColumns.Count
           - FAllVisibleColumns.FixedColsCount - c
     else FAllVisibleColumns.FScrollBarCount := 0;
   {ScrollBarCount darf nicht kleiner 0 werden}
   if FAllVisibleColumns.FScrollBarCount < 0
     then FAllVisibleColumns.FScrollBarCount := 0;
 end; {lokale procedure CalcScrollBarCount;}
```

Mausereignisse

Mit der Maus können im Header (neben dem Aufruf des Kontextmenüs) zwei Aktionen ausgeführt werden: Zunächst einmal kann der Trennstrich zwischen den Spalten verschoben und somit die Spalte vergrößert oder verkleinert werden. Mit einem Doppelklick auf den Trennstrich kann das Ereignis *OnColumnOptimize* aufgerufen werden, dessen Ereignisbehandlungsroutine die optimale Spaltenbreite ermitteln soll.

Im *OnMouseDown*-Ereignis wird zunächst geprüft, ob die linke Maustaste betätigt wurde und ob die Position auf einem Trennstrich liegt. Die Routine *IsOnSplitter* werden wir uns gleich ansehen.

Handelt es sich um einen Doppelklick, dann wird das Ereignis *OnColumnOptimize* aufgerufen, andernfalls wird der Index der Spalte in *FColumnResize* festgehalten. Der *OnColumnOptimize*-Ereignisbehandlungsroutine wird der Index der Spalte als Parameter übergeben, die Breite der Spalte kann diese Routine über einen Variablen-Parameter zurückliefern.

```
procedure TMasterDetailHeader.MouseDown(Button: TMouseButton;
   Shift: TShiftState; X, Y: Integer);
var
   i: integer;
   breite: integer;
begin
   inherited;
   if (Button = mbLeft) and (IsOnSplitter(x, y, i) <> iosNo) then
   begin
     if (ssDouble in Shift) then    // Spaltenoptimierung
     begin
       i := FDrawnVisibleColumns[i].AllIndex;
       breite := FAllVisibleColumns[i].Width;
       if Assigned(FOnColumnOptimize)
         then FOnColumnOptimize(self, i, breite);
```

```
      FAllVisibleColumns[i].Width := breite;
   end {if (ssDouble in Shift) then}
   else FColumnResize := i;      {Index der Spalte zwischenspeichern}
 end; {if (Button = mbLeft) and (IsOnSplitter(x, y, i) <> iosNo) then}
end; {procedure TMasterDetailHeader.MouseDown}
```

In der Routine *IsOnSplitter* werden in einer Schleife die Breiten aller Spalten aufsummiert. In jedem Schleifendurchlauf wird geprüft, ob das Pixel auf der horizontalen Position des Trennstrichs hinter der jeweiligen Spalte liegt. Ist dies der
Fall, dann wird untersucht, ob das Pixel tief genug liegt, um im Bereich der Detail-
reihen zu liegen, oder ob der Trennstrich zu einer Master-Spalte gehört.

```
function TMasterDetailHeader.IsOnSplitter(x, y: integer;
   var VisibleColumn: integer): TIsOnSplitterResult;
{Prüft, ob ein bestimmtes Pixel auf einem Trennstrich liegt.
Ergebnis iosNo, iosMaster oder iosDetail. Der Variablenparameter
gibt im Erfolgsfall den Index im Bereich der sichtbaren Spalten
zurück, andernfalls -1}
var
   px, i: integer;
begin
   result := iosNo;
   if DrawnVisibleColumns.Count = 0 then exit;
   i := 0;
   VisibleColumn := -1;
   repeat
      {rechte Position der aktuellen Spalte}
      px := DrawnVisibleColumns[i].Left + DrawnVisibleColumns[i].Width;
      {Wenn Position auf dem Splitter, dann Ergebnisse setzen}
      if Abs(px - x) < 3 then
      begin
         if y > FDetailTop
            then result := iosDetail;
         if DrawnVisibleColumns[i].Last
            then result := iosMaster;
         if result <> iosNo
            then VisibleColumn := i;
      end; {if Abs(px - x) < 3 then}
      inc(i);
      ...
   until x < px;
end; {function TMasterDetailHeader.IsOnSplitter}
```

Wird die Maus verschoben, dann wird geprüft, ob sich der Mauszeiger gerade über einem Trennstrich befindet. In diesem Fall wird die Cursorform geändert. Ist die linke Maustaste gedrückt und hat *FColumnResize* einen Wert größer oder gleich null, wird gerade ein Trennstrich verschoben. Hier wird dann geprüft, ob die neue Position in den Grenzen von *MinWidth* und *MaxWidth* liegt und im Erfolgsfall wird mit *ResizeLine* die neue Position des Trennstrichs symbolisiert. Je nachdem, ob es sich um eine Master- oder eine Detail-Spalte handelt, wird eine andere Höhe der symbolischen Trennlinie verwendet.

```
procedure TMasterDetailHeader.MouseMove(Shift: TShiftState;
  X, Y: Integer);
var
  min, max, i, sy: integer;
  ViCol: TVisibleColumn;
begin
  inherited;
  if IsOnSplitter(x, y, i) <> iosNo  // Wenn Maus über Splitter,
    then Cursor := crHSplit     // dann Cursor entsprechend anzeigen
    else Cursor := crDefault;
  if (ssLeft in Shift) and (FColumnResize >= 0) then
  begin
    ViCol := DrawnVisibleColumns[FColumnResize];
    min := ViCol.Left + ViCol.MinWidth;  // zulässigernBereich
    max := ViCol.Left + ViCol.MaxWidth;  // ermitteln
    if ViCol.Last
      then sy := 0
      else sy := FDetailTop + 4;
    if (x >= min) and (x <= max)   // Wenn im zulässigen Bereich,
      then ResizeLine(X, sy);      // dann symbolische Linie
  end; {if (ssLeft in Shift) and (FColumnMasterResize >= 0) then}
end; {procedure TMasterDetailHeader.MouseMove}
```

Die Linie muss nicht nur gezeichnet, sondern bei weiterem Verschieben auch wieder gelöscht werden. Deswegen wird hier der Stift-Modus *pmXor* verwendet, der durch ein erneutes Zeichnen den Originalzustand wiederherstellt. Damit dies auch an der korrekten Position passiert, wird die Zeichenposition in *FResizeOld* zwischengespeichert.

```
procedure TMasterDetailHeader.ResizeLine(Left, Top: integer);
{Zeichnet Linie im xor-Modus. Damit wird die Linie während des
Verschiebens symbolisch angezeigt}
begin
```

```
with Canvas do
begin
  try
    Pen.Mode := pmXor;
    Pen.Width := 3;
    Pen.Color := clWhite;
    MoveTo(FResizeOld, Top);
    LineTo(FResizeOld, Height);
    MoveTo(Left, Top);
    LineTo(Left, Height);
    FResizeOld := Left;
  finally
    Pen.Mode := pmCopy;
    Pen.Width := 1;
  end; {try}
end; {with Canvas do}
end; {procedure TMasterDetailHeader.MasterResizeLine}
```

Wird die Maustaste freigegeben, dann wird geprüft, ob gerade ein Trennstrich verschoben wird. Ist dies der Fall, wird die neue Breite zugewiesen und *FColumnResize* sowie *FResizeOld* zurückgesetzt. Da bei der Zuweisung der Breite ohnehin die Darstellung aktualisiert wird, muss die symbolische Linie auch nicht gelöscht werden.

```
procedure TMasterDetailHeader.MouseUp(Button: TMouseButton;
  Shift: TShiftState; X, Y: Integer);
var
  i, dx, det: integer;
begin
  inherited;
  if (Button = mbLeft) and (FColumnResize >= 0) then
  begin        // Wenn Größenänderung einer Spalte
    dx := x - DrawnVisibleColumns[FColumnResize].Left;// neue Breite
    {Wenn im Bereich der nichtfixierten Spalten während des
    Verschiebens die Ctrl-Taste gehalten wird, werden sämtliche
    Spalten derselben Kategorie entsprechend vergrößert oder
    verkleinert}
    if (ssCtrl in Shift)
      and (DrawnVisibleColumns[FColumnResize].IsFixed = false) then
    begin
      det := DrawnVisibleColumns[FColumnResize].Detail;
```

```
      for i := 0 to Columns.Count - 1 do
      begin
         if Columns[i].Columns.Count > det
            then Columns[i].Columns[det].Width := dx;
      end; {for i := 0 to Columns.Count do}
   end {if (ssCtrl in Shift)...}
   else DrawnVisibleColumns[FColumnResize].Width := dx;
 end; {if (Button = mbLeft) and (FColumnResize >= 0) then}
 FColumnResize := -1;
 FResizeOld := -10;
end; {procedure TMasterDetailHeader.MouseUp}
```

Die Spaltenlisten

Es gibt zwei Arten von Spaltenlisten: *TAllVisibleColumns* und *TDrawnVisible-Columns*. Beide Klassen arbeiten intern mit einer Liste vom Typ *TObjectList*.

```
TAllVisibleColumns = class
private
   FList: TObjectList;
   FFixedColsCount: integer;
   FScrollBarCount: integer;
   function GetCount: integer;
   function GetItem(Index: Integer): TVisibleColumn;
   function Add(Column: TCollectionItem): integer;
   procedure Clear;
public
   constructor Create;
   destructor Destroy; override;
   // Ermittelt den Max-Wert für den horizontalen Scrollbalken
   function GetScrollBarCount: integer;
   // Anzahl aller Spalten, die potenziell angezeigt werden können
   property Count: integer read GetCount;
   // Anzahl der fixierten Spalten
   property FixedColsCount: integer read FFixedColsCount;
   property Items[Index: Integer]: TVisibleColumn
      read GetItem; default;
end;
```

Beim Hinzufügen eines Eintrags zu *AllVisibleColumns* wird eine Instanz von *TVisibleColumns* angelegt.

```
function TAllVisibleColumns.Add(Column: TCollectionItem): integer;
var
  Col: TVisibleColumn;
begin
  Col := TVisibleColumn.Create;
  Col.FColumn := Column;
  result := FList.Add(Col);
end;
```

Die Liste *DrawnVisibleColumns* verweist auf die Spalten, die tatsächlich zu sehen sind, also innerhalb des gescrollten Bereichs liegen. Die Liste verweist auf Einträge, die auch in *AllVisibleColumns* vorhanden sind.

```
TDrawnVisibleColumns = class
private
  FList: TObjectList;
  FFixedColsCount: integer;
  FRestWidth: integer;
  function GetCount: integer;
  function GetItem(Index: Integer): TVisibleColumn;
  function Add(ViCol: TVisibleColumn): integer;
  procedure Clear;
public
  constructor Create;
  destructor Destroy; override;
  {Index einer bestimmten Spalte innerhalb der tatsächlich
  angezeigten. Wird die Spalte nicht angezeigt, wird -1
  zurückgegeben}
  function ItemIndex(mas, det: integer; fix: boolean): integer;
  function PosToCol(x: integer): integer;
  {Anzahl der tatsächlich angezeigten Spalten}
  property Count: integer read GetCount;
  {Anzahl der fixierten Spalten}
  property FixedColsCount: integer read FFixedColsCount;
  property Items[Index: Integer]: TVisibleColumn
    read GetItem; default;
  {Breite der letzten, nur teilweise angezeigten Spalte}
  property RestWidth: integer read FRestWidth;
end;
```

Mit *ItemIndex* kann ermittelt werden, ob eine bestimmte Spalte angezeigt wird, und wenn ja, welchen Index sie in *DrawnVisibleColumns* hat.

```
function TDrawnVisibleColumns.ItemIndex(mas, det: integer;
  fix: boolean): integer;
var
  i: integer;
begin
  result := -1;
  for i := 0 to FList.Count - 1 do
  begin
    if (Items[i].FMaster = mas)
        and (Items[i].FDetail = det)
        and (Items[i].FIsFixed = fix)
      then result := i;
  end; {for i := 0 to FList.Count - 1 do}
end; {function TDrawnVisibleColumns.DoDraw}
```

Mit *PosToCol* kann ermittelt werden, welche Spalte (Index in *DrawnVisibleColumns*) an einer bestimmten Position angezeigt wird.

```
function TDrawnVisibleColumns.PosToCol(x: integer): integer;
var
  i: integer;
begin
  result := -1;
  for i := 0 to Count - 1 do
  begin
    if (Items[i].Left <= x)
      and (x < Items[i].Left + Items[i].Width) then
    begin
      result := i;
      exit;
    end;
  end; {for i := 0 to ViCols.Count - 1 do}
end; {function TDrawnVisibleColumns.PosToCol}
```

Sowohl *AllVisibleColumns* als auch *DrawnVisibleColumns* beherbergen Elemente vom Typ *TVisibleColumn*.

```
TVisibleColumn = class
private
  ...
public
  // Index innerhalb der angezeigten Spalten
  property ColumnIndex: integer read FColumnIndex;
```

```
    // Index innerhalb aller Spalten
    property AllIndex: integer read FAllIndex;
    // Linke Position der Spalte; -1, wenn nicht sichtbar
    property Left: integer read FLeft;
    // Index der Master-Spalte
    property Master: integer read FMaster;
    // Index der Detail-Spalte; -1, wenn Master-Spalte
    property Detail: integer read FDetail;
    { True, wenn es sich um eine Master-Spalte oder um die letzte
    Detail-Spalte einer Master-Spalte handelt. Danach muss ein
    langer Trennstrich angezeigt werden}
    property Last: boolean read FLast;
    {True, wenn es sich um die Spalte handelt, die am rechten Rand
    nicht mehr vollständig angezeigt wird. Nur dann, wenn
    ShowRest = true}
    property Rest: boolean read GetRest write SetRest;
    {Breite, minimale und maximale Breite}
    property Width: integer read GetWidth write SetWidth;
    property MinWidth: integer read GetMinWidth write SetMinWidth;
    property MaxWidth: integer read GetMaxWidth write SetMaxWidth;
    // Zellendefinitionen
    property Lines: THeaderLines read GetLines;
    // true, wenn es sich um eine fixierte Spalte handelt
    property IsFixed: boolean read FIsFixed;
    property Visible: boolean read GetVisible write SetVisible;
    {Zeiger auf die Spalten-Instanz. Es muss mit dem Operator "is"
    geprüft werden, ob es sich um eine Master- oder Detail-Spalte
    handelt}
    property Column: TCollectionItem read FColumn;
    {keine Relevanz für den Header selbst. Es kann eingestellt
    werden, wie die darunterliegende Spalte ausgerichtet werden soll
    und ob sie die Eingabe von Buchstaben zulässt. Diese
    Eigenschaften müssen von der verbundenen Komponente
    ausgewertet werden!}
    property ColumnAlign: TAlignment
       read GetColumnAlign write SetColumnAlign;
    property ColumnAllowChar: boolean
       read GetColumnAllowChar write SetColumnAllowChar;
  end;
```

TVisibleColumn reicht viele Eigenschaften der verbundenen Master- oder Detail-
Spalte durch. Alle Lese- und Schreibmethoden dafür sind in etwa wie folgt aufgebaut.

```
function TVisibleColumn.GetWidth: integer;
begin
  result := 0;
  if Column is THeaderMasterColumn
    then result := THeaderMasterColumn(Column).Width
    else if Column is THeaderDetailColumn
      then result := THeaderDetailColumn(Column).Width;
end;


procedure TVisibleColumn.SetWidth(const Value: integer);
begin
  if Column is THeaderMasterColumn
    then THeaderMasterColumn(Column).Width := Value
    else if Column is THeaderDetailColumn
      then THeaderDetailColumn(Column).Width := Value;
end;
```

Die Spalten-Kollektionen

Sowohl *Columns* als auch *FixedColums* sind Kollektionen vom Typ
THeaderMasterColumns. Bei Eigenschaftsänderungen in einem Kollektionen-Ele-
ment muss oft die Methode *Resize* oder *Refresh* des Headers aufgerufen werden.
Die gleichnamigen Methoden der Kollektion reichen den Aufruf an den Header
weiter.

Anhand des Feldes *FFixed* kann unterschieden werden, ob es sich um die Kollektion für die fixierten oder für die verschiebbaren Spalten handelt.

```
THeaderMasterColumns = class(TCollection)
private
  FMasterDetailHeader: TMasterDetailHeader;
  FFixed: boolean;
  function GetItem(Index: Integer): THeaderMasterColumn;
  procedure SetItem(Index: Integer;
    const Value: THeaderMasterColumn);
protected
  function GetOwner: TPersistent; override;
  procedure Update(Item: TCollectionItem); override;
public
  constructor Create(AOwner: TMasterDetailHeader);
```

```
    // Löst Refresh beim Header aus
    procedure Refresh;
    // Löst Resize beim Header aus
    procedure Resize;
    function Add: THeaderMasterColumn;
    property Items[Index: Integer]: THeaderMasterColumn
       read GetItem write SetItem; default;
  end;
```

Die einzelnen Kollektionen-Elemente sind dann vom Typ *THeaderMasterColumn*. Eine solche Instanz beinhaltet zwei weitere Kollektionen, nämlich *Columns* für die Detail-Spalten und *Lines* für die Beschriftung. DesWeiteren findet man einige andere Eigenschaften wie *Visible, Width, MinWidth* etc.

```
    THeaderMasterColumn = class(TCollectionItem)
    private
       ...
       // Spaltenbreite, mit der tatsächlich gezeichnet wird -> Rest
       function GetPaintWidth: integer;
       // Ermittelt, ob fixierte Spalte oder nicht
       function IsFixed: boolean;
    public
       constructor Create(Collection: TCollection);override;
       destructor Destroy; override;
       //Löst ein Refresh beim Header aus
       procedure Refresh;
       //Löst ein Resize beim Header aus
       procedure Resize;
       // Anzahl der Spalten, die Visible sind
       // Lese-Zugriff auf FDrawnVisibleIndex
       function GetDrawnVisibleIndex: integer;
       // Lese-Zugriff auf FAllVisibleIndex
       function GetAllVisibleIndex: integer;
    published
       // Zellendefinitionen
       property Lines: THeaderLines read FLines write SetLines;
       {Minimale und Maximale Spaltenbreite sowie Spaltenbreite selbst.
       Wenn sichtbare Detail-Spalten vorhanden, dann werden die Werte
       der Detail-Spalten aufaddiert, ansonsten werden die Felder
       ausgelesen}
       property MinWidth: integer read GetMinWidth write SetMinWidth;
       property MaxWidth: integer read GetMaxWidth write SetMaxWidth;
```

```
   property Width: integer read GetWidth write SetWidth;
   // Detail-Spalten
   property Columns: THeaderDetailColumns
      read FColumns write SetColumns;
   property Visible: boolean read FVisible write SetVisible;
   {keine Relevanz für den Header selbst. Es kann eingestellt
   werden, wie die darunterliegende Spalte ausgerichtet werden soll
   und ob sie die Eingabe von Buchstaben zulässt. Diese
   Eigenschaften müssen von der verbundenen Komponente
   ausgewertet werden!}
   property ColumnAlign: TAlignment
      read FColumnAlign write SetColumnAlign;
   property ColumnAllowChar: boolean
      read FColumnAllowChar write FColumnAllowChar;
 end; {THeaderMasterColumn = class(TCollectionItem)}
```

Refresh und *Resize* werden an die Kollektion und von dieser an den Header weitergeleitet.

```
procedure THeaderMasterColumn.Refresh;
begin
   (Collection as THeaderMasterColumns).Refresh;
end;
```

Mit *GetWidth* wird die Breite der Spalte bestimmt. Normalerweise ist die Breite einer Master-Spalte die Summe der Breite aller Detail-Spalten. Gibt es jedoch keine Detail-Spalten oder sind diese alle ausgeblendet, dann ist die Breite gleich *FWidth*.

```
function THeaderMasterColumn.GetWidth: integer;
var
   i: integer;
begin
   result := 0;
   for i := 0 to Columns.Count - 1 do
   begin
      if Columns[i].Visible
         and (IsFixed or (i >= GetHeader.FFirstDetail)
            or (Index > GetHeader.FFirstMaster))
      then result := result + Columns[i].Width;
   end; {for i := 0 to Columns.Count - 1 do}
   if result = 0
      then result := FWidth;
end; {function THeaderMasterColumn.GetWidth}
```

Hat eine Master-Spalte Detail-Spalten, dann wird mit *Set Width* die Breite der letzten Detail-Spalte, andernfalls die Breite der Master-Spalte eingestellt, beides unter Berücksichtigung der entsprechenden *MaxWidth* und *MinWidth*, dies jedoch nicht während des Ladens der Eigenschaften.

```
procedure THeaderMasterColumn.SetWidth(const Value: integer);
var
  i, b: integer;
begin
  if Columns.GetVisibleColumnsCount = 0 then
  begin
    FWidth := Value;
    if not (csLoading in GetHeader.ComponentState) then
    begin
      if FWidth < MinWidth
        then FWidth := MinWidth;
      if FWidth > MaxWidth
        then FWidth := MaxWidth;
    end;
  end {if Columns.GetVisibleColumnsCount = 0 then}
  else
  begin
    b := 0;
    for i := 0 to Columns.Count - 1 do
    begin
      if Columns[i].Visible
        then b := b + Columns[i].Width;
    end;
    b := b - Columns[Columns.GetLastVisibleColumn].FWidth;
    with Columns[Columns.GetLastVisibleColumn] do
    begin
      FWidth := Value - b;
      if FWidth < FMinWidth
        then FWidth := FMinWidth;
      if FWidth > FMaxWidth
        then FWidth := FMaxWidth;
    end; {with Columns[Columns.GetLastVisibleColumn] do}
  end; {else Columns.GetVisibleColumnsCount = 0 then}
  Resize;
end; {procedure THeaderMasterColumn.SetWidth}
```

Die Methode *GetWidth* summiert die Breiten aller sichtbaren Detail-Spalten auf. Gibt es keine sichtbaren Detail-Spalten, dann ist das Funktionsergebnis *FWidth*.

```
function THeaderMasterColumn.GetWidth: integer;
var
  i: integer;
begin
  result := 0;
  for i := 0 to Columns.Count - 1 do
  begin
    if Columns[i].Visible
        and (IsFixed or (i >= GetHeader.FFirstDetail)
          or (Index > GetHeader.FFirstMaster))
      then result := result + Columns[i].Width;
  end; {for i := 0 to Columns.Count - 1 do}
  if result = 0
    then result := FWidth;
end; {function THeaderMasterColumn.GetWidth}
```

Mit *GetPaintWidth* wird die Breite ermittelt, mit der eine Master-Spalte tatsächlich gezeichnet wird. Normalerweise ist das die Summe aller Detail-Spalten oder – wenn es keine Detail-Spalten gibt – die Breite der Master-Spalte selbst. Für den Fall, dass bei der betreffenden Master-Spalte die letzte Detail-Spalte lediglich teilweise angezeigt wird (»Restespalte«), wird nur dieser sichtbare Anteil in die Breite eingerechnet. DesWeiteren werden bei nichtfixierten Spalten nur diejenigen Detail-Spalten mitgerechnet, die rechts von der Scroll-Position stehen.

```
function THeaderMasterColumn.GetPaintWidth: integer;
var
  i: integer;
begin
  result := 0;
  for i := 0 to Columns.Count - 1 do
  begin
    if (Columns[i].FDrawnVisibleIndex >= 0)
      and ((IsFixed or (i >= GetHeader.FFirstDetail)
        or (Index > GetHeader.FFirstMaster))) then
    begin
      if Columns[i].FRest
        then result := result
          + GetHeader.DrawnVisibleColumns.RestWidth
        else result := result + Columns[i].Width;
    end;
  end; {for i := 0 to Columns.Count - 1 do}
```

```
if result = 0
  then result := FWidth;
end; {function THeaderMasterColumn.GetPaintWidth}
```

Hat eine Master-Spalte untergeordnete Detail-Spalten, dann berechnen sich ihre Werte für *MaxWidth* und *MinWidth* aus den gleichnamigen Eigenschaften der letzten sichtbaren Detail-Spalte zuzüglich der aktuellen Breiten aller übrigen sichtbaren Spalten. Diese Logik ist zur Entwurfszeit außer Kraft gesetzt, um *Width* im Objektinspektor setzen zu können. Die Lese- und Schreibroutinen zu *MinWidth* sind analog zu denen von *MaxWidth* aufgebaut.

```
function THeaderMasterColumn.GetMaxWidth: integer;
var
  i, j: integer;
begin
  if (Columns.GetVisibleColumnsCount > 0)
    and not (csDesigning in GetHeader.ComponentState) then
  begin
    j := 0;
    for i := 0 to Columns.Count - 1 do
    begin
      if Columns[i].Visible
        then j := j + Columns[i].Width;
    end;
    i := Columns.GetLastVisibleColumn;
    j := j - Columns[i].Width;
    result := j + Columns[i].MaxWidth ;
  end {if Columns.GetVisibleColumnsCount > 0 then}
  else result := FMaxWidth;
end; {function THeaderMasterColumn.GetMaxWidth}
```

```
procedure THeaderMasterColumn.SetMinWidth(const Value: integer);
begin
  FMinWidth := Value;
  if FWidth < MinWidth
    then Width := MinWidth;
end;
```

Analog zu *THeaderMasterColumns* ist die Kollektion *THeaderDetailColumns* aufgebaut. Die Routinen *Resize* und *Refresh* rufen die gleichnamigen Routinen in der Master-Spalte auf (diese wiederum die Routinen in den Master-Spalten, diese wiederum die Routinen im Header).

```
THeaderDetailColumns = class(TCollection)
private
   FHeaderMasterColumns: THeaderMasterColumn;
   function GetItem(Index: Integer): THeaderDetailColumn;
   procedure SetItem(Index: Integer;
      const Value: THeaderDetailColumn);
   function GetHeader: TMasterDetailHeader;
protected
   function GetOwner: TPersistent; override;
   procedure Update(Item: TCollectionItem); override;
public
   constructor Create(AOwner: THeaderMasterColumn);
   //Löst ein Refresh beim Header aus
   procedure Refresh;
   //Löst ein Resize beim Header aus
   procedure Resize;
   // Anzahl der Spalten, die Visible sind
   function GetVisibleColumnsCount: integer;
   // Index der letzten Spalte, die Visible ist
   function GetLastVisibleColumn: integer;
   function Add: THeaderDetailColumn;
   property Items[Index: Integer]: THeaderDetailColumn
      read GetItem write SetItem; default;
end;
```

THeaderDetailColumn ist weitgehend zu *THeaderMasterColumn* aufgebaut. Auch hier werden *Resize* und *Refresh* weitergeleitet.

```
THeaderDetailColumn = class(TCollectionItem)
private
   ...
public
   constructor Create(Collection: TCollection);override;
   destructor Destroy; override;
   // Löst ein Refresh beim Header aus
   procedure Refresh;
   // Löst ein Resize beim Header aus
   procedure Resize;
   // Lese-Zugriff auf FDrawnVisibleIndex
   function GetDrawnVisibleIndex: integer;
   // Lese-Zugriff auf FAllVisibleIndex
   function GetAllVisibleIndex: integer;
```

published
```
  // Zellendefinitionen
  property Lines: THeaderLines read FLines write SetLines;
  // Minimale Spaltenbreite
  property MinWidth: integer read FMinWidth write SetMinWidth;
  // Maximale Spaltenbreite
  property MaxWidth: integer read FMaxWidth write SetMaxWidth;
  // Spaltenbreite
  property Width: integer read FWidth write SetWidth;
  property Visible: boolean read FVisible write SetVisible;
  property ColumnAlign: TAlignment
     read FColumnAlign write SetColumnAlign;
  property ColumnAllowChar: boolean
        read FColumnAllowChar write FColumnAllowChar;
end;
```

Beim Setzen der Breite wird *MinWidth* und *MaxWidth* berücksichtigt, allerdings nicht, wenn die Eigenschaften gerade aus der *dfm*-Datei geladen werden.

```
procedure THeaderDetailColumn.SetWidth(const Value: integer);
begin
  FWidth := Value;
  if not (csLoading in GetHeader.ComponentState) then
  begin              // nicht, wenn Eigenschaften geladen werden
    if FWidth < MinWidth
      then FWidth := MinWidth;
    if FWidth > MaxWidth       // Min und Max berücksichtigen
      then FWidth := MaxWidth;
    if GetHeader.SpaltenSync
      then GetHeader.DoSpaltenSync(FWidth, Index);
  end; {if not (csLoading in GetHeader.ComponentState) then}
  Resize;
end; {procedure THeaderDetailColumn.SetWidth}
```

Beim Setzen von *MinWidth* und *MaxWidth* werden gegebenenfalls die Spalten-breiten angepasst.

```
procedure THeaderDetailColumn.SetMaxWidth(const Value: integer);
begin
  FMaxWidth := Value;                // MaxWidth setzen
  if FWidth > FMaxWidth             // aktuelle Breite ggf. anpassen
    then Width := FMaxWidth;
end;
```

Die Reihen-Kollektionen

Die Eigenschaften *MasterRows* und *DetailsRows* sind beide vom Typ *THeaderRows*, einer Kollektion von *THeaderRow*-Elementen.

```
THeaderRow = class(TCollectionItem)
private
  ...
public
  constructor Create(Collection: TCollection); override;
  destructor Destroy; override;
published
  // Font und Farbe der Zellen, wenn nicht individuell eingestellt
  property Font: TFont read GetFont write SetFont;
  property Color: TColor read GetColor write SetColor;
  // Zeilenhöhe
  property Height: integer read FHeight write SetHeight;
  {Hat ShowLine den Wert true, dann wird unterhalb der Zeile eine
  Linie gezeichnet, die mit BottomLinePen gestaltet werden kann}
  property ShowLine: boolean read FShowLine write SetShowLine;
  property BottomLinePen: TPen
    read FBottomLinePen write SetBottomLinePen;
  // Steht ParentX auf true, dann wird der Font beziehungsweise
  // die Farbe vom Header übernommen
  property ParentColor: boolean
    read FParentColor write SetParentColor;
  property ParentFont: boolean
    read FParentFont write SetParentFont;
end;
```

Werden die Eigenschaften *Color* oder *Font* gesetzt, dann wird *ParentColor* beziehungsweise *ParentFont* auf *false* gesetzt.

```
procedure THeaderRow.SetColor(const Value: TColor);
begin
  FColor := Value;
  FParentColor := false;
  Refresh;
end;
```

Je nachdem, ob *ParentColor* (beziehungsweise *ParentFont*) den Wert *true* oder *false* hat, werden die Eigenschaften *Color* beziehungsweise *Font* vom Header oder von dem dazugehörenden Feld übernommen.

```
function THeaderRow.GetColor: TColor;
begin
  if ParentColor
    then result := ((Collection as THeaderRows).GetOwner
      as TMasterDetailHeader).Color
    else result := FColor;
end;
```

Im Feld *FDetailTop* des Headers wird gespeichert, an welcher vertikalen Position
die Master-Spalten aufhören und die Detail-Spalten beginnen. Dieser Wert wird
vor allem zum Zeichnen der Trennstriche benötigt. Immer dann, wenn die Höhe
einer Reihe geändert wird, muss dieser Wert aktualisiert werden.

```
procedure THeaderRow.SetHeight(const Value: integer);
var
  header: TMasterDetailHeader;
  MasterRows: THeaderRows;
  i: integer;
begin
  FHeight := Value;
  header := THeaderRows(Collection).FMasterDetailHeader;
  MasterRows := header.FMasterRows;
  header.FDetailTop := 0;
  for i := 0 to MasterRows.Count - 1
    do header.FDetailTop := header.FDetailTop
      + THeaderRow(MasterRows[i]).FHeight;
  Refresh;
end; {procedure THeaderRow.SetHeight}
```

Die Textzeilen

Die Eigenschaft *Lines* der Master- und Detail-Spalten ist eine Kollektion vom Typ
THeaderLines, in der Elemente vom Typ *THeaderLine* zusammengefasst sind.

```
THeaderLine = class(TCollectionItem)
private
  ...
public
  constructor Create(Collection: TCollection);override;
  destructor Destroy; override;
  procedure Refresh;
published
  // der anzuzeigende Text
  property Text: string read FText write SetText;
```

```
// Ausrichtung des Textes
property Alignment: TAlignment read FAlignment write SetAlignment;
// Ausrichtung des Textes, wenn er nicht vollständig angezeigt
// werden kann
property LowSpaceAlignment: TAlignment
   read FLowSpaceAlignment write SetLowSpaceAlignment;
// Schriftart
property Font: TFont read GetFont write SetFont;
// Hintergrundfarbe
property Color: TColor read GetColor write SetColor;
// Steht ParentX auf true, dann wird der Font beziehungsweise die
// Farbe von der HeaderRow übernommen
property ParentFont: boolean read FParentFont write SetParentFont;
property ParentColor: boolean
   read FParentColor write SetParentColor;
end;
```

Die Logik von *ParentFont* und *ParentColor* ist bereits bei *THeaderRow* beschrieben worden und funktioniert hier auch nicht anders.

Farbe und Schrift werden in der Regel von der Reihenkomponente übernommen. Mit *GetHeaderRow* kann diese Reihenkomponente referenziert werden. Dazu wird zunächst ermittelt, ob es sich um eine Master- oder eine Detail-Spalte handelt, aus der Kollektion *MasterRows* beziehungsweise *DetailRows* wird dann der Eintrag verwendet, der dem Index der Zeile entspricht.

```
function THeaderLine.GetHeaderRow: THeaderRow;
var
   CollectionItem: TCollectionItem;
   Header: TMasterDetailHeader;
begin
   result := nil;
   CollectionItem := ((Collection as THeaderLines).GetOwner
      as TCollectionItem);
   if CollectionItem is THeaderMasterColumn then
   begin
      Header := THeaderMasterColumn(CollectionItem).GetHeader;
      if Header.MasterRows.Count > Index
         then result := Header.MasterRows[Index];
   end;
   if CollectionItem is THeaderDetailColumn then
   begin
      Header := THeaderDetailColumn(CollectionItem).GetHeader;
```

```
    if Header.DetailRows.Count > Index
       then result := Header.DetailRows[Index];
  end;
end; {function THeaderLine.GetHeaderRow: THeaderRow}
```

TPointPopupMenu

Aufmerksame Leser werden sich vorhin über die folgende Zeile gewundert haben, schließlich kennt *TPopupMenu* keine Eigenschaft *PopupPoint*.

```
i := FDrawnVisibleColumns.PosToCol(FPopupMenu.PopupPoint.x);
```

FPopupMenu ist vom Typ *TPointPopupMenu*, das die (schon vorhandene) Eigenschaft veröffentlicht.

```
TPointPopupMenu = class(TPopupMenu)
public
  property PopupPoint;
end;
```

6.8.3 TCustomColumnOutline

Die Komponente *TCustomColumnOutline* ist eine abstrakte Vorfahrenkomponente, die auf eine Panel eine *TOutline-*, eine *TMasterDetailHeader-*, eine *TScrollbar-* und zur Eingabe des Textes eine *TEdit*-Instanz zusammenfasst.

```
TCustomColumnOutline = class(TCustomPanel)
private
  {Komponenten}
  FPanel: TPanel;
  FHeader: TMasterDetailHeader;
  FScrollBar: TScrollBar;
  FHeaderProperty: THeaderProperty;   // Zugriffs-Objekt für Header
  FMyPopupMenu: TPopupMenu;
  {interne Werte}
  FFocCol: integer;          // aktuelle Spalte
  FZeichnen: boolean;               // Komponente gerade am Zeichnen
  FOptions: TCustomColumnedOptions;
  FRowByKey: boolean;          // Navigation per Tastatur
  FMoved: boolean;
  FMarkList: TObjectList;      // Liste der markierten Bereiche
  // beim letzten Zellenwechsel wurde die Shift-Taste gehalten
  FShiftChanged: boolean;
  FKillSelection: boolean;
  // Markierung löschen bei Shift + Tab oder Return
  FSelected: integer;
  // für Reihenmarkierung in der Leiste
  FRowSelectBeginNode: integer;
  / für Reihenmarkierung in der Leiste
  FRowSelectAktNode: integer;    /
  FSelTop: integer;       // obere Position des selektierten Eintrags
  FSelectedItem: integer;
  // Ob bei Drag&Drop die Zeile vorher schon markiert war
  FOldSelected: integer;
  {Ereignisse}
  FOnSetEditText: TSetEditEvent;
  FOnDrawCell: TColumnOutlineDrawCellEvent;
  FOnGetCellText: TColumnOutlineGetCellTextEvent;
  FOnBeginDrag: TColumnOutlineBeginDragEvent;
  FOnDragOver: TColumnOutlineDragOverEvent;
  FOnDragDropSync: TColumnOutlineDragDropSyncEvent;
  FOnRowChange: TNotifyEvent;
```

```
  FOnColChange: TNotifyEvent;
  FOnColumnResize: TNotifyEvent;
  FScrollBarProperty: TScrollBarProperty;
  function GetColumns: THeaderMasterColumns;
  procedure SetColumns(const Value: THeaderMasterColumns);
  function GetAllVisibleColumns: TAllVisibleColumns;
  function GetDetailRows: THeaderRows;
  function GetDrawnVisibleColumns: TDrawnVisibleColumns;
  function GetFixedColumns: THeaderMasterColumns;
  function GetMasterRows: THeaderRows;
  procedure SetDetailRows(const Value: THeaderRows);
  procedure SetFixedColumns(const Value: THeaderMasterColumns);
  procedure SetMasterRows(const Value: THeaderRows);
  function GetCanvas: TCanvas;
  procedure SetOptions(const Value: TCustomColumnedOptions);
  function GetItemCount: LongInt;
  function GetItems(Index: Integer): TB2OutlineNode;
  function GetSelectedItem: Longint;
  procedure SetSelectedItem(const Value: Longint);
  procedure SetOutlineColor(const Value: TColor);
  function GetOutlineColor: TColor;
protected
  FOutline: TB2Outline;
  FEdit: TEdit;
  FKontenlisteHalten: boolean;
  {Eigene}
  function GetZellenText(Index, ACol: integer): string; virtual;
  procedure DoDrawCell(ARect: TRect; Index, ACol: integer;
    State: TCustomColumnedCellState); virtual;
  // ruft Ereignis OnDrawCell auf
  procedure GetCellText(ARect: TRect; Index, ACol: integer;
    State: TCustomColumnedCellState); virtual;
  // löst OnRowChange aus
  procedure DoRowChange; virtual;
  // löst OnColChange aus
  procedure DoColChange; virtual;
  // ermittelt Text und zeichnet dann den Zelleninhalt
  procedure DoGetCellText(Index, ACol: integer;
    State: TCustomColumnedCellState; ABrush: TBrush; AFont: TFont;
    var Alignment: TAlignment; var Text: string); virtual;
  // ruft Ereignis OnGetCellText auf
```

```
function DoBeginDrag(Node: TB2OutlineNode): boolean; virtual;
// ruft Ereignis OnBeginDrag auf
function DoDragOver(Node, Dest: TB2OutlineNode): boolean; virtual;
// ruft Ereignis OnDragOver auf
procedure DoDragDropSync(Node, Dest: integer); virtual;
// ruft Ereignis OnDragDropSync auf
procedure SetCol(Value: integer); virtual;
{FOutline}
procedure OutlineDrawItem(Control: TWinControl; Index: Integer;
  Rect: TRect; State: TOwnerDrawState); virtual;
procedure OutlineSelectCell(Sender: TObject; ACol, ARow: Longint;
  var CanSelect: Boolean); virtual;
procedure OutlineMouseDown(Sender: TObject; Button: TMouseButton;
  Shift: TShiftState; X, Y: Integer); virtual;
procedure OutlineMouseUp(Sender: TObject; Button: TMouseButton;
  Shift: TShiftState; X, Y: Integer); virtual;
procedure OutlineMouseMove(Sender: TObject; Shift: TShiftState;
  X, Y: Integer); virtual;
procedure OutlineKeyDown(Sender: TObject; var Key: Word;
  Shift: TShiftState); virtual;
procedure OutlineKeyPress(Sender: TObject; var Key: Char); virtual;
procedure OutlineDragOver(Sender, Source: TObject; X, Y: Integer;
  State: TDragState; var Accept: Boolean); virtual;
procedure OutlineDragDrop(Sender, Source: TObject;
  X, Y: Integer); virtual;
procedure OutlineExit(Sender: TObject); virtual;
procedure LoadFromFile(const FileName: string); virtual;
procedure LoadFromStream(Stream: TStream); virtual;
procedure SaveToFile(const FileName: string); virtual;
procedure SaveToStream(Stream: TStream); virtual;
// FHeader
procedure HeaderColumnResized(Sender: TObject); virtual;
procedure DoColumnResize;
procedure HeaderColumnOptimize(Sender: TObject; ViCol: integer;
  var NewSize: integer); virtual;
// FScrollbar
procedure ScrollBarChange(Sender: TObject); virtual;
// FEdit
procedure EditKeyDown(Sender: TObject; var Key: Word;
  Shift: TShiftState); virtual;
```

```pascal
  procedure SetEditText(ACol, ARow: Longint;
    const Value: string); virtual;
  procedure EditKeyPress(Sender: TObject; var Key: Char); virtual;
  // FPanel
  function GetPanel: TPanel;
  // Markierung
  function MarkedRange: boolean;
  function LastMark: TMarkItem;
  procedure ClearMarks;
  procedure DeleteMark(Row: integer);
  procedure SelectRow(Row: integer);
  function InMarkRange(Col, Row: integer): boolean;
public
  constructor Create(AOwner: TComponent); override;
  destructor Destroy; override;
  procedure Repaint; override;
  procedure Loaded; override;
  procedure SetFocus; override;
  function MouseToCol(x: integer): integer;
  // rechnet die x-Position in die Spalte um
  function MouseToNode(y: integer): TB2OutlineNode;
  // rechnet die y-Position in den Node um
  procedure Edit(Text: string); virtual;
  // ruft das Edit-Feld zur Eingabe auf,
  // der dort angezeigte Text als Parameter
  property Col: integer read FFocCol;
  // mit Col kann die aktuelle Spalte ermittelt werden
  property DrawnVisibleColumns: TDrawnVisibleColumns
    read GetDrawnVisibleColumns;
  // Liste der nicht ausgeblendeten Spalten,
  // die auch tatsächlich angezeigt werden
  property AllVisibleColumns: TAllVisibleColumns
    read GetAllVisibleColumns;
  // Liste der nicht ausgeblendeten Spalten, egal, ob sie auf den
  // Bildschirm passen oder nicht
  property Canvas: TCanvas read GetCanvas;
  procedure NoEdit;
  // Beendet den Editiermodus mit einem Abbruch
  procedure EditAllowChars(Allow: boolean);
  //false, wenn nur Zahlen eingegeben werden dürfen
  // Zugriff auf das Outline
```

```
function AddChildObject(Index: LongInt; const Text: string;
  const Data: Pointer): LongInt; virtual;
// fügt neuen Untereintrag hinzu
function AddObject(Index: LongInt; const Text: string;
  const Data: Pointer): LongInt; virtual;
// fügt neuen Eintrag hinzu
function InsertObject(Index: LongInt; const Text: string;
  const Data: Pointer): LongInt; virtual;
// fügt neuen Eintrag ein
procedure Delete(Index: LongInt); virtual;
// löscht Eintrag
function GetDataItem(Value: Pointer): Longint; virtual;
// ermittelt aus dem Zeiger den Index des Eintrags
function GetItem(X, Y: Integer): LongInt; virtual;
// ermittelt aus der y-Position den Index des Eintrags,
// x-Position egal, siehe auch MouseToNode
function GetVisibleNode(Index: LongInt): TB2OutlineNode; virtual;
// ermittelt aus dem Index der aufgeklappten Einträge den
// Zeiger auf den Eintrag
procedure FullExpand; virtual;
// Öffnet alle Knoten
procedure FullCollapse; virtual;
// schließt alle Knoten
procedure BeginUpdate; virtual;
procedure EndUpdate; virtual;
// vor umfangreichen Änderungen wird "BeginUpdate" aufgerufen,
// danach "EndUpdate"
procedure SetUpdateState(Value: Boolean); virtual;
// Alternativ kann "SetUpdateState" verwendet werden
procedure Clear; virtual;
// löscht alle Einträge
property ItemCount: LongInt read GetItemCount;
// ermittelt die Zahl der Einträge
property Items[Index: LongInt]: TB2OutlineNode
  read GetItems; default;
// Array-Eigenschaft aller (auf- oder zugeklappten) Einträge
property SelectedItem: Longint
  read GetSelectedItem write SetSelectedItem;
// Index des gerade selektierten Eintrags
{Zwischenablage}
procedure CutToClipboard;
```

```
  procedure CopyToClipboard;
  procedure PasteFromClipboard;
  procedure HardRefresh;
published
  {Header}
  property Header: THeaderProperty
    read FHeaderProperty write FHeaderProperty;
  property ScrollBar: TScrollBarProperty
    read FScrollBarProperty write FScrollBarProperty;
  property Columns: THeaderMasterColumns
    read GetColumns write SetColumns;
  // Liste der verschiebbaren Spalten
  property FixedColumns: THeaderMasterColumns
    read GetFixedColumns write SetFixedColumns;
  // Liste der am linken Rand fixierten Spalten
  property MasterRows: THeaderRows
    read GetMasterRows write SetMasterRows;
  property DetailRows: THeaderRows
    read GetDetailRows write SetDetailRows;
  // Formatierung der Master- und Detail-Spalten-Reihen
  // true, wenn ScrollBar sichtbar
  {Outline}
  property Options: TCustomColumnedOptions
    read FOptions write SetOptions;
  property OutlineColor: TColor
    read GetOutlineColor write SetOutlineColor;
  {Ereignisse}
  property OnDrawCell: TColumnOutlineDrawCellEvent
    read FOnDrawCell write FOnDrawCell;
  property OnGetCellText: TColumnOutlineGetCellTextEvent
    read FOnGetCellText write FOnGetCellText;
  // TCustomColumnOutline stellt keine Zelleninhalte selbst dar.
  // Der Benutzer muss auf "OnDrawCell" oder auf "OnGetCellText"
  // reagieren, siehe Options
  property OnSetEditText: TSetEditEvent
    read FOnSetEditText write FOnSetEditText;
  // Nach dem Ende einer Eingabe wird dieses Ereignis aufgerufen,
  // der Benutzer kann den als Parameter übergebenen Eingabetext
  // weiterverarbeiten
  property OnBeginDrag: TColumnOutlineBeginDragEvent
    read FOnBeginDrag write FOnBeginDrag;
```

```
// mit "AllowDrag" kann der Benutzer entscheiden,
// ob Drag-Operation gestartet wird
property OnDragOver: TColumnOutlineDragOverEvent
  read FOnDragOver write FOnDragOver;
// mit "AllowDrop" kann der Benutzer entscheiden,
// ob hier abgelegt werden darf
property OnDragDropSync: TColumnOutlineDragDropSyncEvent
  read FOnDragDropSync write FOnDragDropSync;
// zum Synchronisieren mehrerer Outlines
property OnRowChange: TNotifyEvent
  read FOnRowChange write FOnRowChange;
// es wird eine andere Reihe selektiert
property OnColChange: TNotifyEvent
  read FOnColChange write FOnColChange;
// wenn andere Spalte selektiert wird
property OnColumnResize: TNotifyEvent
  read FOnColumnResize write FOnColumnResize;
// wenn Header verändert wird
{Von Vorgängerklassen veröffentlichte Eigenschaften}
property Align;
property Anchors;
property BevelInner;
property BevelOuter;
property BorderWidth;
property BorderStyle;
property Constraints;
property Font;
property ParentShowHint;
property PopupMenu;
property ShowHint;
property Visible;
property Enabled;
property OnCanResize;
property OnClick;
property OnConstrainedResize;
property OnContextPopup;
property OnDblClick;
property OnEnter;
property OnExit;
property OnMouseDown;
property OnMouseMove;
```

```
    property OnMouseUp;
    property OnResize;
    property OnKeyDown;
    property OnKeyPress;
    property OnKeyUp;
end;
```

Im Konstruktor werden die beteiligten Komponenten erzeugt und deren Eigenschaften auf die benötigten Werte gesetzt. *THeaderProperty* und *TScrollbarProperty* sind Klassen für Objekteigenschaften, mit deren Hilfe der Header und die Scrollbar vom Objektinspektor aus einstellbar sind. *TB2Outline* ist eine leichte Abänderung von *TOutline*. Im Grid lassen sich mehrere einzelne Bereiche markieren. Diese werden in der Liste *TMarkList* gespeichert.

```
constructor TCustomColumnOutline.Create(AOwner: TComponent);
begin
    inherited;
    Width := 400;
    Height := 200;
    BevelOuter := bvNone;
    FPanel := TPanel.Create(Self);
    with FPanel do
        ...
    FHeader := TMasterDetailHeader.Create(self);
    with FHeader do
        ...
    FHeaderProperty := THeaderProperty.Create;
    with FHeaderProperty do
        ...
    FScrollBar := TScrollBar.Create(self);
    with FScrollBar do
        ...
    FScrollBarProperty := TScrollBarProperty.Create;
    with FScrollBarProperty do
        ...
    FMyPopupMenu := TPopupMenu.Create(Self);
    FOutline := TB2Outline.Create(self);
    with FOutline do
    begin
        Name := 'FOutline';
        Parent := self;
        Align := alClient;
```

```
      Style := otOwnerDraw;
      Options := [];
      ItemHeight := 18;
      PopupMenu := FMyPopupMenu;
      ScrollBars := ssVertical;
      OnDrawItem := OutlineDrawItem;
      OnKeyDown := OutlineKeyDown;
      OnKeyPress := OutlineKeyPress;
      OnMouseDown := OutlineMouseDown;
      OnMouseUp := OutlineMouseUp;
      OnMouseMove := OutlineMouseMove;
      OnSelectCell := OutlineSelectCell;
      OnDragOver := OutlineDragOver;
      OnDragDrop := OutlineDragDrop;
      OnExit := OutlineExit;
      OutlineStyle := osTreeText;
    end; {with FOutline do}
    FEdit := TTabEdit.Create(self);
    with FEdit do
      ...
    FMarkList := TObjectList.Create;
    FMarkList.OwnsObjects := true;
  end; {constructor TCustomColumnOutline.Create}
```

TTabEdit ist ein Nachfolger von *TEdit,* der auch beim Betätigen der Tab-Taste das
Ereignis *OnKeyDown* auslöst.

```
type
  TTabEdit = class(TEdit)
  private
    procedure WMGetDlgCode(var Msg: TWMGetDlgCode);
      message WM_GETDLGCODE;
  end;


procedure TTabEdit.WMGetDlgCode(var Msg: TWMGetDlgCode);
begin
  inherited;
  Msg.Result := Msg.Result or DLGC_WANTTAB;
end;
```

Outline zeichnen

Die Eigenschaft *Style* des Outlines ist *otOwnerDraw*, somit muss das Zeichnen in
der *OnDrawItem*-Ereignisbehandlungsroutine übernommen werden. Um diese
Prozedur wenigstens halbwegs überschaubar zu halten, wurden hier unzählige
lokale Prozeduren eingesetzt.

```
procedure TCustomColumnOutline.OutlineDrawItem(Control: TWinControl;
   Index: Integer; Rect: TRect; State: TOwnerDrawState);
var
   i, x, dcol, drow, w: integer;
   ARect: TRect;
   AState: TCustomColumnedCellState;
   Node: TB2OutlineNode;


   ....


begin
   FZeichnen := true;     // fängt Tastaturereignisse ab
   try
      if (odFocused in State)
         then FSelected := Index;
      AnfangLoeschen;
      LeisteZeichnen;
      x := (FOutline.GetVisibleNode(Index).Level) * ccoEinrueck
         + ccoLeistenBreite;
      if ccShowTreeLines in Options
         then BaumZeichnen;
      x := (FOutline.GetVisibleNode(Index).Level) * ccoEinrueck
         + ccoLeistenBreite;
      if FOutline.GetVisibleNode(Index).HasItems
         then KnotenZeichnen;
      InhalteZeichnen;
      RechtenBereichLoeschen;
      if ccShowCellLines in Options
         then LinienZeichnen;
      Application.ProcessMessages;
   finally
      FZeichnen := false;
   end;
   if FEdit.Visible
      then FEdit.Refresh;
end; {procedure TCustomColumnOutline.OutlineDrawItem}
```

Der alte Inhalt wird in der Regel vom neuen Inhalt überschrieben. Durch die Baumstruktur kann es jedoch passieren, dass der neue Inhalt weiter eingerückt ist als der alte, so dass der alte nicht gelöscht wird. Um dies zu vermeiden, wird die Routine *AnfangLoeschen* eingesetzt.

```
procedure AnfangLoeschen;
begin
  Brush.Color := FOutline.Color;
  ARect := Rect;
  ARect.Left := 11;
  ARect.Right := 120;
  Canvas.FillRect(ARect);
  ARect := Rect;
end;
```

Auf der Leiste an der linken Seite wird die selektierte Zelle mit einem Dreieck gekennzeichnet. DesWeiteren besteht die Möglichkeit, ganze Reihen zu markieren. Diese werden dann mit einem Kreis gekennzeichnet.

```
procedure LeisteZeichnen;
begin
  with Canvas do
  begin
    Pen.Color := clWindowFrame;
    Brush.Color := clBtnFace;
    Rectangle(-1, Rect.Top - 1, ccoLeistenBreite - 2, Rect.Bottom);
    Brush.Color := clWindowFrame;
    if FOutline.GetVisibleNode(Index).RowSelected
      then Ellipse(3, Rect.Top + 6, 8, Rect.Top + 11);
    if Index = FSelected
      then Polygon([Point(2, Rect.Top + 4), Point(6, Rect.Top + 8),
        Point(2, Rect.Top + 12)]);
  end;
end; {procedure LeisteZeichnen}
```

Wenn die entsprechende Option gesetzt ist, wird die Baumstruktur visualisiert. Diese wird aus zwei Elementen zusammengesetzt, nämlich Linie und Winkel, für die es auch entsprechende lokale Prozeduren gibt.

```
procedure BaumZeichnen;
begin
  Canvas.Pen.Color := clBtnFace;
  Node := FOutline.GetVisibleNode(Index);
```

```
  if IsLastNode(Node)
    then Winkel(x)
    else Linie(x, true);
  while Node.Level > 1 do
  begin
    Node := Node.Parent;
    x := x - ccoEinrueck;
    if not IsLastNode(Node)
      then Linie(x, false);
  end; {while Node.Parent <> nil do}
end; {procedure BaumZeichnen}


procedure Linie(x: integer; Abzweig: boolean);
begin
  Canvas.MoveTo(x - 8, Rect.Top);
  Canvas.LineTo(x - 8, Rect.Bottom);
  if not Abzweig then exit;
  Canvas.MoveTo(x - 8, Rect.Top + 10);
  Canvas.LineTo(x, Rect.Top + 10);
end;


procedure Winkel(x: integer);
begin
  Canvas.MoveTo(x - 8, Rect.Top);
  Canvas.LineTo(x - 8, Rect.Top + 10);
  Canvas.LineTo(x, Rect.Top + 10);
end;
```

Hat eine Zeile Untereinträge, dann ist ein Knoten zu zeichnen. Je nachdem, ob die Untereinträge ein- oder ausgeblendet sind, ist der Knoten mit + oder - zu beschriften.

```
procedure KnotenZeichnen;
begin
  with Canvas do
  begin
    Pen.Color := clWindowFrame;
    Brush.Color := FOutline.Color;
    Rectangle(x - 3, Rect.Top + 5, x - 12, Rect.Top + 14);
    MoveTo(x - 6, Rect.Top + 9);
    LineTo(x - 11, Rect.Top + 9);
```

```
    if not FOutline.GetVisibleNode(Index).Expanded then
    begin
        MoveTo(x - 8, Rect.Top + 7);
        LineTo(x - 8, Rect.Top + 12);
    end;
  end;
end; {procedure KnotenZeichnen}
```

Zum Zeichnen der Zelleninhalte wird eine Schleife über die Liste *DrawnVisibleColumns* (siehe *TMasterDetailHeader*) gebildet. Beim Zeichnen der ersten Spalte wird gemäß der Baumstruktur eingerückt. Alsdann wird geprüft, ob die Zelle fokussiert oder markiert ist, entsprechend wird *AState* gesetzt. Dazwischen wird noch der markierte Bereich aktualisiert, die dafür verwendete lokale Prozedur wird im Zusammenhang mit den markierten Bereichen besprochen werden.

Das eigentliche Zeichnen des Zelleninhaltes wird dem Ereignis *OnDrawItem* überlassen, schließlich kennt *TCustomColumnOutline* keine Inhalte. Ist die Option *ccShowCellLines* gesetzt, dann werden Linien um die Zellen gezeichnet.

```
procedure InhalteZeichnen;
var
   i: integer;
begin
   for i := 0 to DrawnVisibleColumns.Count - 1 do
   begin
      ARect.Left := DrawnVisibleColumns[i].Left - 1;
      ARect.Right := ARect.Left + DrawnVisibleColumns[i].Width - 1;
      dcol := DrawnVisibleColumns[i].AllIndex;
      drow := FOutline.GetVisibleNode(Index).Index;
      if (i = 0)  // in der ersten Spalte links neben der Leiste zeichnen
         then ARect.Left := (FOutline.GetVisibleNode(Index).Level)
             * ccoEinrueck + ccoLeistenBreite;
      AState := [];
      if (i = FFocCol) and (odFocused in State)
         then AState := [csFocused];
      MarkiertenBereichAktualisieren;
      if IsSelected                         // prüfen, ob markiert
          and not (csFocused in AState)
          and not FEdit.Focused
         then AState := AState + [csSelected];
      DoDrawCell(ARect, Index, dcol, AState);
```

```
    if ccShowCellLines in Options then
    begin
       Canvas.Pen.Color := clWindowFrame;
       Canvas.MoveTo(ARect.Right, ARect.Top);
       Canvas.LineTo(ARect.Right, ARect.Bottom - 1);
    end; {if ccShowGridLines in Options then}
  end; {for i := 0 to DrawnVisibleColumns.Count - 1 do}
end; {procedure InhalteZeichnen}
```

Der Bereich auf der rechten Seite, der nicht mehr mit Spalten gefüllt wird, muss gelöscht werden. Ist die Option *ccShowCellLines* gesetzt, dann wird mit der Prozedur *LinienZeichnen* noch eine waagerechte Linie unter die Zellen gesetzt.

```
procedure RechtenBereichLoeschen;
begin
  Brush.Color := Foutline.Color;
  Rect.Left := ARect.Right + 1;
  Canvas.FillRect(Rect);
end;


procedure LinienZeichnen;
begin
  with Canvas do
  begin
    Pen.Color := clWindowFrame;
    MoveTo(x, ARect.Bottom - 1);
    i := DrawnVisibleColumns.Count - 1;
    w := DrawnVisibleColumns[i].Left + DrawnVisibleColumns[i].Width - 1;
    LineTo(w, ARect.Bottom - 1);
  end;
end; {procedure LinienZeichnen}
```

Wie eben schon erwähnt, wird zum Zeichnen der Zelle *DoDrawCell* aufgerufen. Im »Normalfall« löst diese Routine das Ereignis *OnDrawCell* aus und übergibt den zu zeichnenden Bereich, die Reihe und die Spalte sowie den Status der Zelle.

Ist jedoch die Option *ccUseOnGetCellText* gesetzt, dann wird die Routine *GetCellText* verwendet.

```
procedure TCustomColumnOutline.DoDrawCell(ARect: TRect; Index,
  ACol: integer; State: TCustomColumnedCellState);
begin
  if (ccUseOnGetCellText in Options)
    then GetCellText(ARect, Index, ACol, State)
```

```
      else if Assigned(FOnDrawCell)
        then FOnDrawCell(self, ARect, Index, ACol, State);
end;
```

Die Routine *GetCellText* ruft das Ereignis *OnGetCellText* auf. Im Gegensatz zu *OnDrawCell* muss hier der Zelleninhalt nicht selbst gezeichnet, sondern einfach nur der auszugebende Text als Variablenparameter zurückgegeben werden. Über das Ereignis *OnGetCellText* können Hintergrundfarbe, Schrift und Ausrichtung spezifiziert werden, sie werden aber vor dem Aufruf des Ereignisses mit sinnvollen Werten vorbelegt.

```
procedure TCustomColumnOutline.GetCellText(ARect: TRect; Index,
  ACol: integer; State: TCustomColumnedCellState);
var
  Alignment: TAlignment;
  Text: string;
  x: integer;

  procedure SchriftUndFarbe;
  begin
    with Canvas do
    begin
      Font.Name := 'Arial';
      Font.Size := 10;
      Font.Style := [];
      Brush.Color := clWindow;
      Font.Color := clWindowText;
      if (csSelected in State) and not (csFocused in State) then
      begin
        if FOutline.Focused then
        begin
          Brush.Color := clHighlight;
          Font.Color := clHighlightText;
        end
        else
        begin
          Brush.Color := clInActiveCaption;
          Font.Color := clWindowText;
        end;
      end; {if (csSelected in State) and ...}
    end; {with Canvas do}
  end; {procedure SchriftUndFarbe}
```

```
begin
  if (ccUseOnGetCellText in Options) then
  begin
    with FOutline.Canvas do
    begin
      SchriftUndFarbe;
      DoGetCellText(Index, ACol, State, Brush, Font, Alignment, Text);
      case Alignment of
        taRightJustify: x := ARect.Right - TextWidth(Text) - 2;
        taCenter: x := ARect.Left
          + (ARect.Right - ARect.Left - TextWidth(Text)) div 2;
        else x := ARect.Left + 2;
      end;
      TextRect(ARect, x, ARect.Top + 1, Text);
      ARect.Bottom := ARect.Bottom - 1;
      if csFocused in State then
      begin
        DrawFocusRect(ARect);
        FSelTop := ARect.Top;
      end;
    end; {with FOutline.Canvas do}
  end; {if (ccUseOnGetCellText in Options) then}
end; {procedure TCustomColumnOutline.GetCellText}
```

Die Ausrichtung der einzelnen Spalten kann über die Eigenschaft *ColumnAlign* der entsprechenden Header-Spalte eingestellt werden.

```
procedure TCustomColumnOutline.DoGetCellText(Index, ACol: integer;
  State: TCustomColumnedCellState; ABrush: TBrush; AFont: TFont;
  var Alignment: TAlignment; var Text: string);
var
  vc: TVisibleColumn;
begin
  vc := AllVisibleColumns[ACol];
  Alignment := vc.ColumnAlign;
  if Assigned(FOnGetCellText)
    then FOnGetCellText(self, Index, ACol, State, Brush, Font,
      Alignment, Text);
end; {procedure TCustomColumnOutline.DoGetCellText}
```

Markierte Bereiche

TCustomColumnOutline ermöglicht es, mehrere Bereiche zu markieren, die auch nicht zusammenhängen müssen. Diese Bereiche werden in *FMarkList* gespeichert und sind vom Typ *TMarkItem*.

```
TMarkItem = class
private
   function GetLinks: integer;
   function GetOben: integer;
   function GetRechts: integer;
   function GetUnten: integer;
public
   FirstCol: integer;
   LastCol: integer;
   FirstRow: integer;
   LastRow: integer;
   property links: integer read GetLinks;
   property oben: integer read GetOben;
   property rechts: integer read GetRechts;
   property unten: integer read GetUnten;
end;
```

TMarkItem speichert lediglich die Grenzen des Bereichs, und zwar in der Richtung, in der sie markiert worden sind. Um definierte Positionen zu erhalten, gibt es die Eigenschaften *links, oben, rechts* und *unten*, deren Lesemethoden die jeweils kleinere oder größere der beiden Grenzen zurückliefern.

```
function TMarkItem.GetLinks: integer;
begin
   if FirstCol > LastCol
      then result := LastCol
      else result := FirstCol;
end;
```

Daneben gibt es auch noch die Möglichkeit, mit der Eigenschaft *RowSelected* einer Zeile dieselbige zu markieren.

Mit *ClearMarks* werden sowohl die Reihenmarkierungen als auch die markierten Bereiche gelöscht.

```
procedure TCustomColumnOutline.ClearMarks;
var
   i: integer;
```

```
begin
   while FMarkList.Count > 1
     do FMarkList.Delete(0);          // Markierung aufheben
   for i := 1 to ItemCount
     do Items[i].RowSelected := false;
end;
```

Mit *MarkedRange* kann geprüft werden, ob überhaupt ein Bereich markiert ist.

```
function TCustomColumnOutline.MarkedRange: boolean;
var
   mi: TMarkItem;
begin
   result := (FMarkList.Count >= 1); // wenn es mehrere Bereiche gibt
   if (FMarkList.Count = 1) then
   begin
      mi := (FMarkList[0] as TMarkItem);
      if ((mi.links = mi.rechts) and (mi.oben = mi.unten))
        then result := false;   // nur eine Zelle
   end;
end; {function TCustomColumnOutline.MarkedRange}
```

Mit der Funktion *InMarkRange* kann geprüft werden, ob eine bestimmte Zelle in einem markierten Bereich liegt oder nicht.

```
function TCustomColumnOutline.InMarkRange(Col, Row: integer): boolean;
var
   i: integer;
   mi: TMarkItem;
begin
   i := 0;
   result := false;
   while (i < FMarkList.Count) and not result do
   begin
      mi := FMarkList[i] as TMarkItem;
      if (Row >= mi.oben) and (Row <= mi.unten)
          and (Col >= mi.links) and (Col <= mi.rechts)
        then result := true
        else inc(i);
   end; {while (i < FMarkList.Count - 1) and not result}
end; {function TCustomColumnOutline.InMarkRange}
```

Die Funktion *LastMark* liefert eine Referenz auf den zuletzt markierten Bereich. Ist *FMarkList* leer, dann wird ein neuer Eintrag erstellt.

```
function TCustomColumnOutline.LastMark: TMarkItem;
begin
  if (FMarkList.Count = 0)
    then FMarkList.Add(TMarkItem.Create);
  result := (FMarkList[FMarkList.Count - 1] as TMarkItem);
end;
```

Maus und Tastatur

Die folgenden Prozeduren sind etwas umfangreicher, so dass wir sie abschnittsweise besprechen wollen. Solange das Outline keine Einträge hat, soll auf die
Maus nicht reagiert werden. Ist *FEdit* sichtbar, dann soll es zunächst ausgeblendet werden.

```
procedure TCustomColumnOutline.OutlineMouseDown(Sender: TObject;
  Button: TMouseButton; Shift: TShiftState; X, Y: Integer);
var
  i, rb, xk, fr: integer;
  Node: TB2OutlineNode;
  p: TPoint;
begin
  if FOutline.ItemCount >= 1 then
  begin
    if FEdit.Visible                // erst Edit-Modus beenden
      then FEdit.Perform(WM_KEYDOWN, VK_F2, 0);
```

Bei einem einfachen Mausklick mit der linken Maustaste werden zunächst Spalte
und Reihe ermittelt. Handelt es sich um einen Klick auf eine bereits selektierte
Zelle, dann wird diese in den Edit-Modus versetzt.

```
    if (Button = mbLeft) and not (ssDouble in Shift) then
    begin
      i := MouseToCol(x);      // Reihe u. Spalte feststellen
      Node := MouseToNode(y);
      xk := Node.Level * ccoEinrueck + ccoLeistenBreite;
      if (i = Col) and (Node.Index = FOutline.SelectedItem)
        and (x > xk) and FOutline.Focused then
      begin
        // Mausklick auf selektierten Eintrag -> in Edit-Modus
        FOutline.Perform(WM_KEYDOWN, VK_F2, 0);
        exit;
      end;
```

Wenn auf die letzte, unvollständig angezeigte Spalte geklickt wird, dann wird um eine Spalte nach rechts gescrollt um diese Spalte vollständig anzuzeigen.

```
rb := FHeader.DrawnVisibleColumns.Count - 1;
if Header.ShowRest
     and (FHeader.DrawnVisibleColumns.RestWidth > 0)
   then rb := rb - 1;
if (i >= 0) and (i <= rb) and (Node.Index > 0)
   then SetCol(i);
if i > rb then
begin
   if (FScrollBar.Position < FScrollBar.Max)
     and (Node.Index > 0) then
   begin
      FScrollBar.Position := FScrollBar.Position + 1;
      SetCol(FHeader.DrawnVisibleColumns.Count - 2);
   end;
end; {if i > rb then}
```

Mit einem Einfachklick auf das +/-Kästchen wird der Eintrag auf- oder zuge-klappt.

```
if (Node.HasItems) then
begin
   if (x > xk - ccoEinrueck)
     and (x < xk) then
   begin
      if Node.Expanded
        then Node.Collapse
        else Node.Expand;
   end; {if (x > xk - ccoEinrueck)....}
end; {if (Node.HasItems) then}
end; {if (Button = mbLeft) and not (ssDouble in Shift) then}
```

Bereiche können nicht nur bei gedrückter Maustaste aufgezogen werden. Erfolgt auf eine Zelle ein Mausklick, während die Shift-Taste gedrückt ist, dann wird ein markierter Bereich von dieser Zelle zur vorher selektierten Zelle gebildet. Mit der Ctrl-Taste wird ein neuer markierter Bereich begonnen. Ist weder die Shift- noch die Ctrl-Taste gedrückt, dann werden durch den Mausklick alle bisher markier-ten Bereiche gelöscht.

```
if Button = mbLeft then
begin
```

```
if (ssCtrl in Shift) and (ssShift in Shift)
  then Shift := Shift - [ssCtrl, ssShift];
if not (ssCtrl in Shift) then
begin
  if not (ssShift in Shift)
    then ClearMarks;
end {if not (ssCtrl in Shift) then}
else
begin
  if not MouseToNode(y).RowSelected
    then FMarkList.Add(TMarkItem.Create);
end; {else not (ssCtrl in Shift) then}
```

Bei einem Mausklick auf das Outline werden von der aktuellen Markierung (*LastMark*) die Felder *LastCol* und *LastRow* auf die jeweilige Zelle gesetzt. Wird nicht gerade die Shift-Taste gehalten, dann passiert das auch mit den Feldern *FirstCol* und *FirstRow*, so dass der markierte Bereich eine einzige Zelle umfasst.

```
if x > ccoLeistenBreite then      // Klick hinter der Leiste
begin
  LastMark.LastCol := DrawnVisibleColumns[FFocCol].AllIndex;
  LastMark.LastRow := MouseToNode(y).Index;
  if not (ssShift in Shift) then
  begin
    LastMark.FirstCol
      := DrawnVisibleColumns[FFocCol].AllIndex;
    LastMark.FirstRow := LastMark.LastRow;
  end;
end {if x > ccoLeistenBreite then}
```

Bei einem Klick auf die Leiste wird die aktuelle Zeile markiert. Die Routine *SelectRow* wird im Anschluss vorgestellt. Wird mit Hilfe der Shift-Taste ein Reihen-Bereich markiert, dann werden alle Reihen einzeln markiert.

```
else
begin
  fr := LastMark.FirstRow;
  if not MouseToNode(y).RowSelected
    then SelectRow(MouseToNode(y).Index)
  if (ssShift in Shift) then
  begin
    i := LastMark.LastRow;
```

```
      repeat
        if i < fr
          then inc(i)
          else dec(i);
        if (not Items[i].RowSelected) or (i = fr) then
        begin
          FMarkList.Add(TMarkItem.Create);
          SelectRow(i);
        end; {if not Items[i].RowSelected then}
      until i = fr;
    end; {if (ssShift in Shift) then}
  end; {else x > ccoLeistenBreite then}
  end; {if Button = mbLeft then}
  end; {if FOutline.ItemCount >= 1 then}
end; {procedure TCustomColumnOutline.OutlineMouseDown}
```

Mit *SelectRow* wird neben einer Reihenmarkierung auch noch ein entsprechender markierter Bereich gesetzt.

```
procedure TCustomColumnOutline.SelectRow(Row: integer);
begin                               // markiert eine ganze Reihe
  LastMark.FirstCol := 0;
  LastMark.LastCol := AllVisibleColumns.Count - 1;
  LastMark.LastRow := Row;
  LastMark.FirstRow := Row;
  Items[Row].RowSelected := true;
end;
```

Mit gehaltener linker Maustaste kann man einen markierten Bereich aufziehen. Wird dabei die Maus über die letzte angezeigte Spalte rechts hinausgezogen, dann wird nach rechts gescrollt.

```
procedure TCustomColumnOutline.OutlineMouseMove(Sender: TObject;
  Shift: TShiftState; X, Y: Integer);
var
  i, rb, fco: integer;
  Node: TB2OutlineNode;
begin
  if (FOutline.ItemCount < 1) then exit;
  Node := MouseToNode(y);
  if (ssLeft in Shift) and (x > ccoLeistenBreite) then
  begin
    fco := FFocCol;
```

```
    i := MouseToCol(x);
    rb := FHeader.DrawnVisibleColumns.Count - 1;
    if Header.ShowRest
        and (FHeader.DrawnVisibleColumns.RestWidth > 0)
      then rb := rb - 1;
    if (i >= 0) and (i <= rb) and (Node.Index > 0)
      then SetCol(i);
    if (i > rb) and (Node.Index > 0) then
    begin
      if FScrollBar.Position < FScrollBar.Max then
      begin
        FScrollBar.Position := FScrollBar.Position + 1;
        SetCol(FHeader.DrawnVisibleColumns.Count - 2);
      end;
    end; {if i > rb then}
    LastMark.LastCol := DrawnVisibleColumns[FFocCol].AllIndex;
    LastMark.LastRow := MouseToNode(y).Index;
    if FFocCol <> fco
      then FOutline.Refresh;
  end; {if (ssLeft in Shift) and (x > ccoLeistenBreite) then}
```

Auf der Leiste können mit der linken Maustaste Drag&Drop-Operationen gestartet werden.

```
  if (ssLeft in Shift) and (x < ccoLeistenBreite) then
  begin
    Node := MouseToNode(y);
    if (FOldSelected > 0)
        and (Node = FOutline.Items[FOldSelected])
        and (DoBeginDrag(Node))
      then FOutline.BeginDrag(false, 5);
  end; {if (ssLeft in Shift) and (x < ccoLeistenBreite) then}
end; {procedure TCustomColumnOutline.OutlineMouseMove}
```

Die Prozedur *OutlineMouseUp* dient vor allem dazu, das Kontextmenü aufzurufen. Dabei wird zunächst das Ereignis *OnContextPopup* ausgelöst. Wird der Variablen-Parameter *Handled* nicht auf *true* gesetzt, dann wird das Kontextmenü von der Komponente selbst aufgerufen.

```
procedure TCustomColumnOutline.OutlineMouseUp(Sender: TObject;
  Button: TMouseButton; Shift: TShiftState; X, Y: Integer);
var
  P : TPoint;
```

```
    MenuHandled : boolean;
    Node : TB2OutlineNode;
    i: integer;
begin
    if MouseToNode(y).Index > 0
        then FOldSelected := MouseToNode(y).Index;
    if (Button = mbRight) and not (ssLeft in Shift)
        and (x > ccoLeistenBreite) then
    begin
        Node := MouseToNode(y);          // Reihe u.
        i := MouseToCol(x);                 // Spalte feststellen
        if (Node.Index > 0) then
        begin
            if not InMarkRange(i, Node.Index) then
            begin
                SetCol(i);
                SelectedItem := Node.Index;
            end;
            if Assigned(PopupMenu) then
            begin// PopupMenu der Komponente aufrufen
                P.x := X + FOutline.Left;
                P.y := Y + FOutline.Top;
                P := ClientToScreen(P);
                FKillSelection := true;
                MenuHandled := false;
                DoContextPopup(P, MenuHandled);
                if not MenuHandled
                    then PopupMenu.Popup(P.x, P.y);
            end; {if Assigned(PopupMenu) then}
        end   {if (Node.Index > 0) then}
        else
        begin                              // Bei Popup außerhalb der Zeilen
            SelectedItem := SelectedItem;  // wird Markierung gelöscht
        end;
    end; {if (Button = mbRight) then}
    HardRefresh;
end; {procedure TCustomColumnOutline.OutlineMouseUp}
```

Solange die Anzeige aktualisiert wird oder das Outline keine Einträge hat, werden jegliche Tastaturaktionen ignoriert. Mit der Routine *KeyDown* wird das Ereignis *OnKeyDown* aufgerufen.

Bei den Tab-, Enter- und End-Tasten wird auch dann eine vorhandene Markierung gelöscht, wenn sie zusammen mit der Shift-Taste betätigt werden.

```
procedure TCustomColumnOutline.OutlineKeyDown(Sender: TObject;
   var Key: Word; Shift: TShiftState);
var
   rb, z, i, j, j1, j2: integer;
   ViCols: TDrawnVisibleColumns;
   s: string;
   al: TAlignment;
begin
   if FZeichnen then        // während des Zeichnens
   begin                    // werden Tastatur-Ereignisse ignoriert
     Key := 0;
     exit;
   end;
   FMoved := false;
   KeyDown(Key, Shift);
   if FOutline.ItemCount < 1
     then exit;
   ViCols := FHeader.DrawnVisibleColumns;
   if (Key in [VK_TAB, VK_RETURN, VK_END]) and (ssShift in Shift)
     then FKillSelection := true;
```

Wird die rechte Cursortaste betätigt, dann wird die Selektierung mit *SetCol* nach rechts gesetzt. Ist jedoch schon die letzte angezeigte Spalte selektiert, muss nach rechts gescrollt werden. Immer dann, wenn die Selektierung verschoben wurde, wird *FMoved* auf *true* gesetzt.

```
   if Key = VK_RIGHT then
   begin
     rb := ViCols.Count - 1;  // Feststellen der letzten Spalte
     if Header.ShowRest
         and (ViCols.RestWidth > 0)
       then rb := rb - 1;
     if FFocCol = rb then     // wenn dort, dann scrollen
     begin
       if FScrollBar.Position < FScrollBar.Max then
       begin
         if (ViCols.RestWidth = 0)
           then SetCol(FFocCol - 1);
         FScrollBar.Position := FScrollBar.Position + 1;
```

```
      FMoved := true;
   end;
 end {if FFocCol = rb then}           // ansonsten Focus weiter
 else if FFocCol < rb then
 begin
   SetCol(FFocCol + 1);
   FMoved := true;
 end;
end; {if Key = VK_RIGHT then}
```

Mit SHIFT+TAB gelangt man in die vorherige Spalte. Befindet man sich in der ersten Spalte (der »Baum«-Spalte), dann wird an das Ende der darüberliegenden Spalte gesprungen.

```
if Key = VK_TAB then
begin
  if ssShift in Shift then
  begin
    if FFocCol = ViCols.FixedColsCount then
    begin
      if FScrollBar.Position > 0
        then FScrollBar.Position := FScrollBar.Position - 1
        else if FFocCol > 0
          then SetCol(FFocCol - 1);
    end {if FFocCol = ViCols.FixedColsCount then}
    else
    begin
      if FFocCol = 0 then
      begin
        if FOutline.SelectedItem > 1 then
        begin
          FOutline.Perform(WM_KEYDOWN, VK_UP, 0);
          Key := VK_END;
        end; {if FOutline.SelectedItem > 0 then}
      end {if FFocCol = 0 then}
      else SetCol(FFocCol - 1);
    end; {else FFocCol = ViCols.FixedColsCount then}
  end {if ssShift in Shift then}
  else
```

Mit der Tab-Taste gelangt man in die nächste Spalte, gegebenenfalls durch Scrollen. Ist man in der letzten Spalte, dann wird an den Anfang der darunterliegenden Spalte gesprungen.

```
begin
  rb := ViCols.Count - 1;   // Feststellen der letzten Spalte
  if Header.ShowRest
      and (ViCols.RestWidth > 0)
    then rb := rb - 1;
  if FFocCol = rb then       // wenn dort, dann scrollen
  begin
    if (FScrollBar.Position < FScrollBar.Max)
      and (ViCols.RestWidth > 0) then
    begin
      if (ViCols.RestWidth = 0)
        then SetCol(FFocCol - 1);
      FScrollBar.Position := FScrollBar.Position + 1;
    end {if FScrollBar.Position < FScrollBar.Max then}
    else
    begin
      z := FOutline.SelectedItem;
      FOutline.Perform(WM_KEYDOWN, VK_DOWN, 0);
      if z <> FOutline.SelectedItem
        then Key := VK_HOME;
    end; {else FScrollBar.Position < FScrollBar.Max then}
  end {if FFocCol = rb then}
  else if FFocCol < rb         // ansonsten Focus weiter
    then SetCol(FFocCol + 1);
  end; {else ssShift in Shift then}
  FMoved := true;
end; {if Key = VK_TAB then}
```

Mit der linken Cursor-Taste wird in die linksliegende Spalte gewechselt, gegebenenfalls wird dazu gescrollt.

```
if Key = VK_LEFT then
begin
  if FFocCol = ViCols.FixedColsCount then
  begin
    if FScrollBar.Position > 0
      then FScrollBar.Position := FScrollBar.Position - 1
      else if FFocCol > 0
        then SetCol(FFocCol - 1);
    FMoved := true;
  end
  else if FFocCol > 0 then
```

```
  begin
    SetCol(FFocCol - 1);
    FMoved := true;
  end;
end; {if Key = VK_LEFT then}
```

Mit Pos1 wird in die erste Spalte gesprungen, mit ENDE in die letzte.

```
if Key = VK_HOME then
begin
  FScrollBar.Position := 0;
  SetCol(0);
  if not (ssCtrl in Shift)
    then Key := 0;
  FMoved := true;
end;

if Key = VK_END then
begin
  FScrollBar.Position := FScrollBar.Max;
  SetCol(ViCols.Count - 1);
  FMoved := true;
end;
```

Mit der Enter-Taste wird die Selektierung nach unten verschoben oder – beim Erreichen der letzten Zeile – an den Anfang der nächsten Spalte. Mit SHIFT+ENTER wird die Selektierung nach oben versetzt.

```
if Key = VK_RETURN then
begin
  Key := 0;
  if ccMoveByEnter in Options then
  begin
    if not (ssShift in Shift) then
    begin
      z := FOutline.SelectedItem;
      FOutline.Perform(WM_KEYDOWN, VK_DOWN, 0);
      if z = FOutline.SelectedItem then
      begin
        FMoved := false;
        FOutline.Perform(WM_KEYDOWN, VK_RIGHT, 0);
        if FMoved
          then FOutline.SelectedItem := 1;
      end;
    end;
```

```
    end {if ssShift in Shift then}
    else
    begin
        z := FOutline.SelectedItem;
        FOutline.Perform(WM_KEYDOWN, VK_UP, 0);
        if z = FOutline.SelectedItem then
        begin
            FMoved := false;
            FOutline.Perform(WM_KEYDOWN, VK_LEFT, 0);
            if FMoved
                then Key := VK_END;
        end;
    end; {else ssShift in Shift then}
  end; {if ccMoveByEnter in Options then}
end; {if Key = VK_RETURN then}
```

Zum Editieren kann die Funktionstaste F2 verwendet werden.

```
if Key = VK_F2 then
begin
    Edit(GetZellenText(SelectedItem, Col));
end;
```

DesWeiteren müssen die Markierungen gesetzt werden, dies geschieht vor allem in Abhängigkeit der Shift-Taste.

```
if Key in [VK_LEFT, VK_RIGHT, VK_UP, VK_DOWN, VK_PRIOR, VK_NEXT,
    VK_END, VK_HOME] then
begin
    ClearMarks;
    FRowByKey := true;
    LastMark.LastCol := DrawnVisibleColumns[FFocCol].AllIndex;
end;
if ((Key in [VK_TAB, VK_RETURN, VK_END])
    or not (ssShift in Shift))
    and not (Key in [VK_CONTROL, VK_MENU]) then
begin
    LastMark.FirstCol := DrawnVisibleColumns[FFocCol].AllIndex;
end;
FShiftChanged := (ssShift in Shift);
if (Key in [VK_LEFT, VK_RIGHT]) and not (ssShift in Shift)
    then LastMark.FirstRow := LastMark.LastRow;
```

```
if Key in [VK_TAB, VK_LEFT, VK_RIGHT]
   then Key := 0;
if (Key = VK_END) and not (ssCtrl in Shift)
   then Key := 0;
```

Wurde die Reihe gewechselt, dann muss das Outline neu gezeichnet werden.

```
if FRowByKey
   then FOutline.Refresh;
end; {procedure TCustomColumnOutline.OutlineKeyDown}
```

Wird der Mauszeiger nach dem Starten einer Drag&Drop-Operation auf der Leiste über einen anderen Eintrag bewegt, dann wird mittels des Ereignisses *OnDragOver* (aufgerufen über *DoDragOver*) ermittelt, ob an der betreffenden Position abgelegt werden darf.

```
procedure TCustomColumnOutline.OutlineDragOver(Sender, Source:
   TObject; X,Y: Integer; State: TDragState; var Accept: Boolean);
var
   Neu, Node: TB2OutlineNode;
begin
   Accept := (Source = FOutline)
      and (x < ccoLeistenBreite) and (x > 0)
      and (FOutline.MouseToRow(y) >= 0);
   if Accept then
   begin
      Node := FOutline.Items[FOutline.SelectedItem];
      Neu := FOutline.Items[FOutline.GetItem(x,y)];
      if not DoDragOver(Node, Neu)
         then Accept := false;
   end;
end; {procedure TCustomColumnOutline.OutlineDragOver}
```

Wird im Zuge einer Drag&Drop-Operation ein Eintrag abgelegt, dann wird dieser mit *Move* verschoben. *TOutline* führt dabei ein *FullCollapse* aus, um keine Index-Fehler zu erhalten. Deshalb wird der Status der expandierten Einträge vorher gespeichert, so dass er hinterher wiederhergestellt werden kann. Mittels des Ereignisses *OnDragDropSync* können mehrere Instanzen gekoppelt werden.

```
procedure TCustomColumnOutline.OutlineDragDrop(Sender, Source:
   TObject; X,Y: Integer);
var
   Node, a: TB2OutlineNode;
   i, Neu, c: integer;
```

```
begin
  if (Source = FOutline) and (x < ccoLeistenBreite)
    and (FOutline.MouseToRow(y) >= 0) then
  begin
    Node := FOutline.Items[FOutline.SelectedItem];
    Neu := FOutline.GetItem(x,y);
    a := Items[Neu];
    if not DoDragOver(node, FOutline.Items[neu]) then exit;
    c := FOutline.ItemCount;
    for i := 1 to c
      do FOutline.Items[i].OldExpanded := FOutline.Items[i].Expanded;
    Node.MoveTo(Neu, oaInsert);
    DoDragDropSync(Node.Index, a.Index);
    FOutline.FullCollapse;
    i := 1;
    if Neu < ItemCOunt
      then for i := 1 to c
        do FOutline.Items[i].Expanded := FOutline.Items[i].OldExpanded;
  end; {if (Source = FOutline) and (x < ccoLeistenBreite) then}
end; {procedure TCustomColumnOutline.OutlineDragDrop}
```

Texteingabe

Mit der Prozedur *Edit* wird *FEdit* sichtbar gemacht und mit dem als Parameter
übergebenen Text gefüllt. *FEdit* wird an die momentan sichtbare Zelle platziert.

```
procedure TCustomColumnOutline.Edit(Text: string);
begin
  if FOutline.ItemCount < 1
    then exit;
  FEdit.Visible := true;
  FEdit.Top := FSelTop + 1;
  if FFocCol = 0 then
  begin
    FEdit.Left := FOutline.Items[FOutline.SelectedItem].Level
      * ccoEinrueck + ccoLeistenBreite;
    FEdit.Width := DrawnVisibleColumns[FFocCol].Width - 2
      - FEdit.Left;
  end
  else
  begin
    FEdit.Left := DrawnVisibleColumns[FFocCol].Left + 1;
```

```
      FEdit.Width := DrawnVisibleColumns[FFocCol].Width - 3;
   end;
   FEdit.Text := Text;
   FEdit.SetFocus;
   if Length(Text) = 1
      then FEdit.SelStart := 1;
end; {procedure TCustomColumnOutline.Edit}
```

Mit einer ganzen Reihe von Tasten kann man die Eingabe beenden (das Eingegebene wird dann übernommen) oder abbrechen (das Eingegebene wird dann verworfen). Damit ein Zellenwechsel durchgeführt wird, werden einige Tasten an
das Outline weitergeleitet.

```
procedure TCustomColumnOutline.EditKeyDown(Sender: TObject;
   var Key: Word; Shift: TShiftState);

   procedure Tun(uebernehmen: boolean);
   begin
      FEdit.Visible := false;
      if uebernehmen
         then SetEditText(DrawnVisibleColumns[FFocCol].AllIndex,
            FOutline.SelectedItem, FEdit.Text);
      if FOutline.CanFocus
         then FOutline.SetFocus;
      if Key <> VK_F2
         then FOutline.Perform(WM_KEYDOWN, Key, 0);
   end; {lokale procedure Tun(uebernehmen: boolean)}

begin
   if Key = VK_TAB
      then Tun(true);
   if Key in [VK_RETURN, VK_UP, VK_DOWN, VK_F2]
      then Tun(true);
   if Key = VK_ESCAPE
      then Tun(false);
   if (Key = VK_LEFT) and (FEdit.SelStart = 0) and (FEdit.SelLength = 0)
      then Tun(true);
   if (Key = VK_RIGHT) and (FEdit.SelStart = Length(FEdit.Text))
         and (FEdit.SelLength = 0)
      then Tun(true);
end; {procedure TCustomColumnOutline.EditKeyDown}
```

Wird der Scrollbalken verschoben, dann wird mit *AllVisibleColumns* ermittelt, welche Master- und welche Detail-Spalte als erste verschiebbare Spalte anzuzeigen ist – dementsprechend werden *FirstMaster* und *FirstDetail* gesetzt.

```
procedure TCustomColumnOutline.ScrollBarChange(Sender: TObject);
var
  i, m, d: integer;
begin
  i := FScrollBar.Position
    + FHeader.AllVisibleColumns.FixedColsCount;
  m := FHeader.AllVisibleColumns[i].Master;
  d := FHeader.AllVisibleColumns[i].Detail;
  try
    FHeader.IsUpdating := true;
    FHeader.FirstMaster := m;
    FHeader.FirstDetail := d;
  finally
    FHeader.IsUpdating := false;
  end;
  DoColChange;
end;
```

6.8.4 TStringColumnOutline

TStringColumnOutline ist ein direkter Nachfolger von *TCustomColumnOutline* und speichert die Eingaben als Strings. Mittels der Eigenschaft *Cells* kann auf die Zellen-inhalte zugegriffen werden.

```
type
  TStringColumnOutline = class(TCustomColumnOutline)
  private
    { Private-Deklarationen }
    function GetCells(ACol, ARow: Integer): string;
    procedure SetCells(ACol, ARow: Integer; const Value: string);
  protected
    { Protected-Deklarationen }
    procedure KeyDown(var Key: Word; Shift: TShiftState); override;
    procedure KeyPress(var Key: Char); override;
    procedure DoGetCellText(Index, ACol: integer;
      State: TCustomColumnedCellState; ABrush: TBrush; AFont: TFont;
      var Alignment: TAlignment; var Text: string); override;
    procedure SetEditText(ACol, ARow: Longint; const Value: string);
      override;
  public
    { Public-Deklarationen }
    constructor Create(AOwner: TComponent); override;
    destructor Destroy; override;
    procedure Loaded; override;
    function AddChild(Index: LongInt; const Text: string): LongInt;
      virtual;
    function Add(Index: LongInt; const Text: string): LongInt;
      virtual;
    function Insert(Index: LongInt; const Text: string): LongInt;
      virtual;
    property Cells[ACol, ARow: Integer]: string
      read GetCells write SetCells;
    procedure Clear; override;
    procedure Delete(Index: LongInt); override;
    procedure LoadFromFile(const FileName: string); override;
    procedure SaveToFile(const FileName: string); override;
  published
    { Published-Deklarationen }
  end;
```

Wird mit *Add* eine neue Zeile hinzugefügt, wird eine Stringliste erzeugt und als Objekt dieses Eintrags gespeichert. Das Gleiche passiert bei *AddChild* und *Insert*.

```
function TStringColumnOutline.Add(Index: Integer;
  const Text: string): LongInt;
var
  sl: TStringList;
begin
  sl := TStringList.Create;
  result := inherited AddObject(Index, Text, sl);
end;
```

Wird ein Eintrag entfernt, dann wird die dazugehörende Stringliste freigegeben. Dasselbe passiert bei *Clear*.

```
procedure TStringColumnOutline.Delete(Index: Integer);
begin
  if Index > 0 then
  begin
    TStringList(Items[Index].Data).Free;
    inherited;
  end;
end;
```

Wird mittels der zweidimensionalen Array-Eigenschaft *Cells* ein String geschrieben, dann ermittelt *SetCells* die dazugehörige Stringliste, fügt gegebenenfalls weitere Zeilen hinzu und speichert den String in der Zeile, die der Spalte des Outlines entspricht. Die Inhalte der ersten Spalte werden nicht in der Stringliste, sondern im Outline selbst gespeichert.

Dasselbe passiert bei *GetCells*, mit dem Unterschied freilich, dass hier Werte gelesen und nicht geschrieben werden.

```
procedure TStringColumnOutline.SetCells(ACol, ARow: Integer;
  const Value: string);
var
  sl: TStringList;
begin
  if ACol > AllVisibleColumns.Count - 1
    then raise EInvalidGridOperation.Create('Spaltenindex zu groß');
  if ACol > 0 then
  begin
    sl := TStringList(Items[ARow].Data);
    while sl.Count < AllVisibleColumns.Count
      do sl.Add('');
```

```
        sl[AllVisibleColumns[ACol].ColumnIndex] := Value;
    end
    else Items[ARow].Text := Value;
end; {procedure TStringColumnOutline.SetCells}
```

Die Routine *DoGetCellText* wird überschrieben und liefert den Text der Zelle, damit dieser von *TCustomColumnOutline* angezeigt werden kann.

```
procedure TStringColumnOutline.DoGetCellText(Index, ACol: integer;
    State: TCustomColumnedCellState; ABrush: TBrush; AFont: TFont;
    var Alignment: TAlignment; var Text: string);
begin
    if ACol = 0
        then Text := GetVisibleNode(Index).Text
        else Text := GetCells(ACol, GetVisibleNode(Index).Index);
    Alignment := AllVisibleColumns[ACol].ColumnAlign;
    inherited;
end;
```

Ebenso wird *SetEditText* überschrieben und sorgt dafür, dass die Eingaben in die Stringlisten geschrieben werden.

```
procedure TStringColumnOutline.SetEditText(ACol, ARow: Integer;
    const Value: string);
begin
    inherited;
    SetCells(ACol, ARow, Value);
end;
```

Mit einer beliebigen Zeichen-Taste kann das Schreiben in eine Zelle begonnen werden.

```
procedure TStringColumnOutline.KeyPress(var Key: Char);
begin
    inherited;
    if (Key in ['0'..'9', 'A'..'Z', 'a'..'z', 'ä', 'ö', 'ü', 'Ä', 'Ö',
        'Ü', '?', '-', '+', '.', '_', ',', ';', ':', '!', ' '])
        then Edit(Key);
end;
```

Der Inhalt des Outlines wird als ASCII-Text gespeichert. Die einzelnen Zellen einer Zeile werden dabei durch Tab-Zeichen getrennt. Die Baumstruktur wird durch führende Tab-Zeichen abgebildet. Baumstruktur und Inhalt werden durch eine Pipe (senkrechter Strich) voneinander getrennt.

```
procedure TStringColumnOutline.SaveToFile(const FileName: string);
var
   sl, cl: TStringList;
   i, j: integer;
   s: string;
begin
   sl := TStringList.Create;
   try
      for i := 1 to ItemCount do
      begin
         // Baum aufbauen
         s := Items[i].Text;
         for j := 1 to Items[i].Level - 1
            do s := #9 + s;
         s := s + '|';
         // Zellen speichern
         cl := TStringList(Items[i].Data);
         while cl.Count < AllVisibleColumns.Count
            do cl.Add('');
         for j := 1 to AllVisibleColumns.Count - 1
            do s := s + #9 + cl[j];
         sl.Add(s);
      end; {for i := 1 to ItemCount do}
      sl.SaveToFile(FileName);
   finally
      sl.Free;
   end;
end; {procedure TStringColumnOutline.SaveToFile}
```

Die Methode *LoadFromFile* iteriert durch die Zeilen der Textdatei, baut zunächst die Baumstruktur auf und liest dann die Zellen ein.

Für den Aufbau der Baumstruktur werden zunächst die führenden Tabs gezählt. Gibt es keine, ist der neue Eintrag auf oberster Stufe einzufügen. Ansonsten ist zu prüfen, ob die Einrückung des Eintrags größer als der darüberliegenden Eintrag ist oder nicht. Im ersten Fall muss der neue Eintrag mit *AddChild* hinzugefügt werden, im zweiten mit *Add*.

Beim Einlesen der Zelleninhalte wird die Zeile nach Tab-Zeichen durchsucht und der Text zwischen den Tab-Zeichen jeweils in die nächste Zelle geschrieben.

```
procedure TStringColumnOutline.LoadFromFile(const FileName: string);
var
   sl, cl: TStringList;
```

```pascal
i, lev, nix: integer;
s, t: string;

procedure BaumAufbauen;
begin
  s := copy(sl[i], 1, pos('|', sl[i]) - 1);
  lev := 1;
  while s[1] = #9 do
  begin
    inc(lev);
    System.Delete(s, 1, 1);
  end;
  if i > 0 then
  begin
    if lev <= Items[nix].Level then
    begin
      while Items[nix].Level > lev
        do dec(nix);
      nix := Add(nix, s);
    end {if lev <= Items[nix].Level then}
    else nix := AddChild(nix, s);
  end {if i > 0 then}
  else nix := Add(0, s);
end; {procedure BaumAufbauen}

procedure ZellenEinlesen;
begin
  cl := TStringList(Items[nix].Data);
  cl.Add('');
  s := copy(sl[i], pos('|', sl[i]) + 1, Length(sl[i]));
  while (Length(s) > 0) and (s[1] = #9) do
  begin
    System.Delete(s, 1, 1);
    if pos(#9, s) > 0
      then t := copy(s, 1, pos(#9, s) - 1)
      else t := s;
    cl.Add(t);
    System.Delete(s, 1, Pos(#9, s) - 1);
  end;
end; {procedure ZellenEinlesen}
```

```
begin
  Clear;
  sl := TStringList.Create;
  try
    sl.LoadFromFile(FileName);
    nix := 0;
    for i := 0 to sl.Count - 1 do
    begin
      BaumAufbauen;
      ZellenEinlesen;
    end;
  finally
    sl.Free;
  end;
end; {procedure TStringColumnOutline.LoadFromFile}
```

7 Sonstiges

7.1 LocalSQL

LocalSQL ist die Menge von SQL-Anweisungen, welche von der BDE implementiert werden und die somit bei allen Datenbankanwendungen (welche die BDE verwenden) benutzt werden können. Beim Zugriff auf SQL-Server kann deren SQL-Sprachschatz verwendet werden, welcher meist deutlich über den von LocalSQL hinausgeht.

7.1.1 SELECT

Das SELECT-Statement wird verwendet, um Daten aus der Datenbank abzufragen.

Das folgende Beispiel ermittelt die Spalten *vorname* und *nachname* der Tabelle *kunden*.

```
SELECT vorname, nachname
    FROM kunden
```

Bei SQL ist die Groß- und Kleinschreibung belanglos, gemäß den Konventionen werden jedoch alle SQL-Schlüsselwörter durchgehend mit Großbuchstaben und alle Bezeichner durchgehend mit Kleinbuchstaben geschrieben.

Jokerzeichen

Um alle Spalten einer Tabelle abzufragen, kann das Joker-Zeichen * verwendet werden.

```
SELECT *
    FROM kunden
```

Konstanten und zusammengesetzte Strings

Mittels Konstanten können Sie jedem Datensatz ein zusätzliches Feld mit einem konstanten Wert hinzufügen.

```
SELECT "Kunde", vorname, nachname
    FROM kunden
```

Konstanten machen als eigene Spalte meist nicht viel Sinn, sind jedoch wichtig, wenn zwei Spaltenwerte zusammengefügt werden, um dann ein Leerzeichen einzufügen.

```
SELECT vorname || " " || nachname
    FROM kunden
```

Um einen senkrechten Strich (»Pipe«) einzufügen, verwenden Sie ALT GR + <. Zum Zusammenfügen von Strings benötigen Sie zwei Pipes.

DISTINCT

Mit der folgenden Anweisung würde man alle Nachnamen der Tabelle *kunde* ermitteln:

```
SELECT nachname
    FROM kunde
```

Bei umfangreicheren Tabellen ist es sehr wahrscheinlich, dass manche Nachnamen mehrmals vorkommen. Man hätte dann beispielsweise dreimal *Maier* und fünfmal *Schmidt*. Möchte man doppelte Datensätze vermeiden, dann verwendet man das Schlüsselwort DISTINCT.

```
SELECT DISTINCT nachname
   FROM kunde
```

7.1.2 JOINs

Bei normalisierten Datenbanken sind die Daten meistens auf sehr viele Tabellen verteilt. Um vernünftige Ergebnisse zu erhalten, müssen dann die Daten mehrerer Tabellen zusammengefügt werden. Dies geschieht mit einem JOIN.

INNER JOIN mit WHERE-Klausel

Die folgende Anweisung verbindet die Tabelle *auftrag* mit der Tabelle *kunde*.

```
SELECT
    auftrag.nummer,
    auftrag.datum,
    kunde.vorname || " " || kunde.nachname
  FROM auftrag, kunde
  WHERE auftrag.kunde = kunde.nummer
```

Mittels einer WHERE-Klausel wird hier spezifiziert, zu welchem Auftrag welcher Kunde gehört.

Tabellen-Aliase

Sobald sich Spaltennamen in mehreren beteiligten Tabellen gleichen, kann SQL nicht mehr erkennen, aus welcher Tabelle die Spalte nun bezogen werden muss. Deshalb muss jeder Spalte der Tabellenbezeichner vorangestellt werden, getrennt durch einen Punkt.

Allerdings werden SQL-Anweisungen dadurch nicht gerade übersichtlicher. Deshalb besteht die Möglichkeit, Tabellen-Aliase zu verwenden.

```
SELECT
    a.nummer,
    a.datum,
    k.vorname || " " || k.nachname
  FROM auftrag a, kunde k
  WHERE a.kunde = k.nummer
```

Tabellen-Aliase werden in der FROM-Klausel definiert und können in der übrigen SQL-Anweisung verwendet werden. Tabellen-Aliase können auch mehrere Zeichen umfassen, meist wünscht man sich jedoch möglichst kurze Bezeichner.

INNER JOIN mit der ON-Klausel

Ein INNER JOIN kann auch mit der ON-Klausel erstellt werden und ist dann der Syntax eines OUTER JOIN angelehnt.

```
SELECT
    a.nummer,
    a.datum,
    k.vorname || " " || k.nachname
  FROM auftrag a
    INNER JOIN kunde k
      ON a.kunde = k.nummer
```

Es ist eine Geschmacksfrage, aber ich bevorzuge die Schreibweise mit der ON-Klausel, weil über die WHERE-Klausel die Datenmenge auch gefiltert wird.

OUTER JOIN

Ein INNER JOIN ist eine »strenge Verknüpfung«. Ein Datensatz wird nur dann in die Ergebnismenge aufgenommen, wenn von allen beteiligten Tabellen ein Datensatz zur Verfügung gestellt wird. Im folgenden Beispiel müsste ein Mitarbeiter über mindestens einen Telefonanschluss verfügen, damit er in die Ergebnismenge aufgenommen wird.

```
SELECT
    m.vorname || " " || m.nachname,
    t.telefon
  FROM mitarbeiter m
    INNER JOIN telefon t
      ON t.mitarbeiter = m.nummer
```

In manchen Fällen ist ein solches Verhalten erwünscht. Es kann aber auch sein, dass man eine Mitarbeiterliste mit allen Mitarbeitern erstellen möchte und dass bei denjenigen Mitarbeitern, zu denen Telefonnummern gespeichert sind, diese auch angezeigt werden. Hier müsste man nun einen OUTER JOIN erstellen:

```
SELECT
    m.vorname || " " || m.nachname,
    t.telefon
  FROM mitarbeiter m
    LEFT OUTER JOIN telefon t
      ON t.mitarbeiter = m.nummer
```

Mit dem Schlüsselwort LEFT OUTER JOIN wird ein Join erstellt, der alle Datensätze der linken Seite – im Beispiel der Tabelle *mitarbeiter* – umfasst. Dort, wo es auf der rechten Seite passende Datensätze gibt, werden diese dazugefügt.

Nun könnten in der Tabelle *telefon* auch Datensätze sein, die keinem Mitarbeiter zugeordnet sind. Möchte man nun eine Liste aller Telefonnummern erstellen, welche gegebenenfalls die Angabe des Mitarbeiters enthält, müsste man entweder die beiden Tabellenbezeichner vertauschen oder einen RIGHT OUTER JOIN erstellen:

```
SELECT
    m.vorname || " " || m.nachname,
    t.telefon
  FROM mitarbeiter m
    RIGHT OUTER JOIN telefon t
      ON t.mitarbeiter = m.nummer
```

Nun gäbe es auch noch die Möglichkeit, dass man eine Liste mit allen Mitarbeitern und allen Telefonnummern möchte, bei der, wo vorhanden, eine entsprechende Zuordnung besteht. Dies wäre die Aufgabe eines FULL OUTER JOIN.

```
SELECT
    m.vorname || " " || m.nachname,
    t.telefon
  FROM mitarbeiter m
    FULL OUTER JOIN telefon t
      ON t.mitarbeiter = m.nummer
```

Sie können mit einem JOIN mehr als zwei Tabellen verbinden. Setzen Sie gegebenenfalls Klammern, um verschiedene JOIN-Arten korrekt zu mischen.

7.1.3 Filtern mit WHERE

Um eine Datenmenge zu filtern, verwendet man die WHERE-Klausel. Mit der folgenden Anweisung würde man alle Kunden aus Berlin ermitteln:

```
SELECT *
  FROM kunde
  WHERE ort = "Berlin"
```

Beachten Sie, dass Sie Strings in Anführungszeichen setzen müssen, nicht jedoch Zahlen.

```
SELECT *
  FROM kunde
  WHERE nummer = 100
```

Logische Verknüpfungen

Sie können mehrere Filterbedingungen logisch verknüpfen. Die folgende Anweisung sucht nach allen Kunden namens *Peter Maier*.

```
SELECT *
  FROM kunde
  WHERE (vorname = "Peter")
    AND (nachname = "Maier")
```

Sie können auch eine Oder-Verknüpfung erstellen, beispielsweise, um die Kunden aus Berlin und Hamburg zu ermitteln:

```
SELECT *
  FROM kunde
  WHERE (ort = "Berlin")
    OR (ort = "Hamburg")
```

Oder Sie suchen alle Kunden außer denen, die aus München kommen:

```
SELECT *
  FROM kunde
  WHERE NOT (ort = "München")
```

In vielen Fällen sind die Klammern überflüssig. Wenn Sie sich jedoch angewöhnen, stets Klammern zu setzen, dann werden sie auch dann vorhanden sein, wenn sie gebraucht werden.

```
SELECT *
  FROM kunde
  WHERE ((vorname = "Peter")
      OR (vorname = "Petra"))
    AND ((nachname = "Maier")
      OR (nachname = "Meier")
      OR (nachname = "Meyer")
      OR (nachname = "Meyr"))
```

Vergleichs-Operatoren

Sie können nicht nur auf Gleichheit, sondern auch auf Ungleichheit prüfen.

```
SELECT *
  FROM kunde
  WHERE nummer < 200
```

Das funktioniert natürlich auch bei Strings, beispielsweise, um nach einem bestimmten Anfangsbuchstaben zu suchen. Man könnte das auch mit dem LIKE-Operator tun, in der Regel sind Vergleiche bezüglich größer und kleiner jedoch schneller.

```
SELECT *
  FROM kunde
  WHERE (nachname >= "A")
    AND (nachname < "B")
```

Der LIKE-Operator

Mit dem LIKE-Operator können Joker-Zeichen verwendet werden. Das folgende Beispiel ermittelt alle Kunden, deren Nachname mit *Ma* beginnt:

```
SELECT *
  FROM kunde
  WHERE nachname LIKE "Ma%"
```

Das Joker-Zeichen % steht für beliebig viele (null, eins, mehrere) Zeichen. Daneben gibt es auch den Unterstrich, der exakt ein Zeichen ersetzt, um hier im Beispiel alle Namen zu suchen, deren zweiter Buchstabe ein *e* ist.

```
SELECT *
  FROM kunde
  WHERE nachname LIKE "_e%"
```

Mit der Funktion UPPER können alle Buchstaben in Majuskeln gewandelt werden, mit LOWER in Minuskeln. Das kann dazu verwendet werden, einen Datensatz auch dann zu finden, wenn die Groß- und Kleinschreibung nicht beachtet wurde:

```
SELECT *
  FROM kunde
  WHERE UPPER(nachname) LIKE ("MA%")
```

Der IN-Operator

Mit dem IN-Operator kann ermittelt werden, ob ein Wert sich in einer bestimmten Menge befindet.

```
SELECT *
  FROM kunde
  WHERE ort IN ("Berlin", "Hamburg", "München")
```

IS NULL

Der Wert NULL steht bei relationalen Datenbanken für einen nicht vorhandenen Wert. Die folgende Anweisung sucht alle Kunden ohne Telefon:

```
SELECT *
  FROM kunde
  WHERE tel IS NULL
```

Für die Kunden mit Telefon sind die folgenden beiden Schreibweisen zulässig:

```
SELECT *
  FROM kunde
  WHERE NOT (tel IS NULL)
```

```
SELECT *
  FROM kunde
  WHERE tel IS NOT NULL
```

7.1.4 Sortieren mit ORDER BY

Solange nicht explizit eine Sortierung verlangt wird, können die Daten in beliebiger Reihenfolge zurückgegeben werden. Ist ein Primärschlüssel vorhanden, so wird in der Regel nach diesem sortiert.

Um eine Datenmenge zu sortieren, verwenden Sie die ORDER BY-Klausel.

```
SELECT *
  FROM kunde
  ORDER BY nachname
```

Es ist auch möglich, nach mehreren Spalten zu sortieren, im folgenden Beispiel zuerst nach dem Nachnamen und dann nach dem Vornamen:

```
SELECT *
  FROM kunde
  ORDER BY nachname, vorname
```

Solange nichts anderes verlangt wird, wird bei Verwendung der ORDER BY-Klausel aufsteigend sortiert (zuerst *A*, zuletzt *Z*). Soll absteigend sortiert werden, ist dem jeweiligen Spaltenbezeichner das Schlüsselwort DESC anzuhängen.

```
SELECT *
  FROM kunde
  ORDER BY nachname DESC, vorname
```

7.1.5 Aggregatfunktionen

SQL implementiert 5 Aggregatfunktionen zur Berechnung statistischer Werte:

- COUNT ermittelt die Anzahl der Datensätze,

- SUM die Summe,

- AVG den Durchschnitt,

- MIN das Minimum und

- MAX das Maximum.

Die folgende Anweisung ermittelt die Zahl aller Datensätze in der Tabelle *kunde*:

```
SELECT COUNT(*)
  FROM kunde
```

Mit der folgenden Anweisung wird die Zahl aller Berliner Kunden mit Telefon ermittelt:

```
SELECT COUNT(tel)
  FROM kunde
  WHERE ort = "Berlin"
```

Und auf diese Weise erfährt man das Datum der ersten und der letzten Bestellung:

```
SELECT MIN(datum), MAX(datum)
  FROM bestellung
```

Wenn Sie Aggregat-Funktionen in einer SELECT-Anweisung verwenden, dürfen Sie nur dann auch noch andere Spalten in die Ergebnismenge aufnehmen, wenn Sie nach diesen Spalten gruppieren. Dazu verwendet man die GROUP BY-Klausel.

7.1.6 Gruppieren mit GROUP BY und HAVING

Mit der GROUP BY-Klausel können Sie detaillierte Statistiken erstellen. Mit der folgenden Anweisung ermitteln Sie beispielsweise die Orte, in denen die Kunden wohnen, und dazu die Zahl der Kunden des jeweiligen Ortes.

```
SELECT COUNT(*), ort
  FROM kunde
  GROUP BY ort
```

Nun sind das in der Regel sehr viele Orte. Um hier etwas mehr Klarheit zu schaffen, sollen nun nur noch diejenigen Orte in die Datenmenge aufgenommen werden, in denen mehr als 50 Kunden wohnen.

```
SELECT COUNT(*), ort
   FROM kunde
   GROUP BY ort
   HAVING COUNT(*) > 50
```

Die HAVING-Klausel ähnelt der WHERE-Klausel, lässt sich aber auch auf Aggregatfunktion-Spalten anwenden.

7.1.7 Operatoren und Funktionen

Local SQL stellt einige Operatoren und Funktionen zum Bearbeiten von Werten zur Verfügung. Einige dieser Elemente wurden bereits besprochen.

Die mathematischen Operatoren sowie die String-Funktionen können Sie sowohl in der Spaltenliste als auch in der WHERE- beziehungsweise HAVING-Klausel verwenden.

Mathematische Operatoren

SQL beherrscht die vier Grundrechenarten und verwendet dafür die Zeichen +, - , * und /. Im folgenden wird der Netto- und der Brutto-Preis der Artikel bestimmt.

```
SELECT preis,
    preis * 1.16
   FROM artikel
```

String-Funktionen

Mit zwei Pipes können Strings zusammengefügt werden.

```
SELECT vorname || " " || nachname,
    strasse,
    plz || " " || ort
   FROM kunde
```

Um Spaltenwerte in Groß- oder in Kleinbuchstaben zu wandeln, verwenden Sie die Funktionen UPPER beziehungsweise LOWER.

```
SELECT UPPER(nachname)
   FROM kunde
```

Gebräuchlicher sind diese Funktionen in der WHERE-Klausel, um Datensätze trotz inkonsistenter Groß- und Kleinschreibung zu finden.

```
SELECT *
  FROM kunde
  WHERE LOWER(nachname) LIKE ("b%")
```

Mit SUBSTRING kann man Teile aus einem String extrahieren. Die folgende Anweisung ermittelt aus der Spalte *ident* sieben Zeichen, beginnend vom zweiten Zeichen.

```
SELECT SUBSTRING(ident FROM 2 FOR 7)
  FROM kunde
```

Bei der Funktion SUBSTRING ist die FOR-Klausel optional. Entfällt sie, wird das Ergebnis von bezeichneter Position bis zum Ende des Strings gebildet. Das folgende Beispiel würde also in der Ergebnismenge das erste Zeichen der Spalte *ident* entfernen.

```
SELECT SUBSTRING(ident FROM 2)
  FROM kunde
```

Mit der Funktion TRIM entfernt man Zeichen am Anfang, am Ende oder an beiden Seiten eines Strings. Als Beispiel siehe die folgende Abbildung.

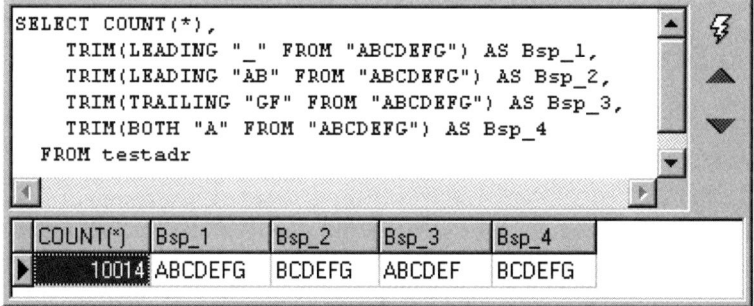

Typenumwandlung

Mit der Funktion CAST können Datentypen umgewandelt werden. Im folgenden Beispiel wird der Betrag auf zwei Stellen gerundet, indem er zunächst mit 100 multipliziert wird. Durch eine Umwandlung in den Typen INTEGER verliert er alle Nachkommastellen, anschließend wird er mit 0.01 multipliziert.

```
SELECT nummer,
  datum,
  CAST((betrag * 100 + 0.49) AS INTEGER) * 0.01
  FROM bestellung
```

Mit der Funktion EXTRACT können Datumsbestandteile aus einem Datum extrahiert werden.

```
SELECT nummer,
    EXTRACT(YEAR FROM datum)
  FROM auftrag
```

Dabei können YEAR, MONTH, DAY, HOUR, MINUTE und SECOND ermittelt werden.

7.1.8 Ergebnismengen verbinden mit UNION

Um die Ergebnismengen von zwei SELECT-Abfragen zu verbinden, wird die UNION-Klausel verwendet.

```
SELECT vorname, nachname
  FROM kunden
UNION
SELECT vorname, nachname
  FROM mitarbeiter
```

Beachten Sie dabei, dass die Spaltentypen und Spaltengrößen übereinstimmen müssen.

7.1.9 Unterabfragen

Werte für die Spaltenliste oder für die WHERE-Klausel lassen sich auch aus einer anderen Abfrage, einer Unterabfrage ermitteln.

Im folgenden Beispiel sollen alle Mitarbeiter ermittelt werden, welche dem Chef direkt unterstellt sind, deren Spalte *vorgesetzter* somit den Wert der Spalte *nummer* des Chefs hat. Um nun zu ermitteln, welche Nummer der Chef hat, wird eine Unterabfrage gestartet, welche den Datensatz sucht, bei dem *vorgesetzter* und *nummer* den gleichen Wert haben.

```
SELECT vorname, nachname
  FROM mitarbeiter
  WHERE (vorgesetzter <> nummer)
    AND (vorgesetzter = (SELECT nummer
      FROM mitarbeiter
      WHERE vorgesetzter = nummer))
```

Wenn Sie Unterabfragen einsetzen, um Werte für die Spaltenliste zu ermitteln, dann achten Sie darauf, dass solche Unterabfragen nicht mehr als einen Wert ermitteln dürfen. In der Regel lässt sich das gestellte Problem einfacher und – von der Reaktionszeit des Datenbanksystems – schneller mit einem JOIN lösen.

Desweiteren gibt es die Funktionen ALL, ANY, SOME und EXISTS für die Verwendung bei Unterabfragen. Die Probleme, die damit gelöst werden können, lassen sich meist auch anders (und in der Regel dann auch einfacher) lösen.

7.1.10 Reihenfolge der Klauseln

Wenn Sie mehrere Klauseln kombinieren, dann halten Sie sich an folgende Reihenfolge:

```
SELECT [DISTINCT] * | column_list
   FROM table_reference
   [WHERE predicates]
   [GROUP BY group_list]
   [HAVING having_condition]
   [ORDER BY order_list]
```

7.1.11 Datenänderung

Mit der Anweisungen INSERT, UPDATE und DELETE werden die Werte in einer Tabelle geändert.

INSERT

Mit INSERT wird ein neuer Datensatz in die Tabelle eingefügt. Benennen Sie zunächst die Spalten, in denen Werte eingefügt werden sollen, und anschließend die einzufügenden Werte in der gleichen Reihenfolge.

```
SELECT INTO t_art
    (nummer, bezeichnung)
   VALUES
    (8, "Telefon bei Partner(in)")
```

Bei einer INSERT-Anweisung kann auch eine Unterabfrage verwendet werden. Die folgende Anweisung kopiert alle Kunden mit der Kundennummer größer 120 in die Tabelle *alte_kunden*.

```
INSERT INTO alte_kunden
    (vorname, nachname)
   SELECT vorname, nachname
     FROM kunde
     WHERE nummer > 120
```

UPDATE

Mit der Anweisung UPDATE können Datensätze geändert werden.

```
UPDATE t_art
  SET nummer = 9,
    bezeichnung = "Telefon bei PartnerIn"
  WHERE nummer = 8
```

Wenn Sie eine UPDATE-Anweisung ohne WHERE-Klausel erstellen, dann werden alle Datensätze der Tabelle entsprechend geändert. Auf diese Weise können beispielsweise Spalten kopiert werden.

```
UPDATE kunde
  SET name = vorname || " " || nachname
```

Auch bei UPDATE-Anweisungen sind Unterabfragen erlaubt:

```
UPDATE mitarbeiter m
  SET m.bemerkung = "Über Handy erreichbar"
  WHERE m.nummer IN (SELECT t.mitarbeiter
    FROM tele t
    WHERE t.art = 4)
```

DELETE

Um einen oder mehrere Datensätze zu löschen verwenden Sie DELETE.

```
DELETE FROM mitarbeiter
  WHERE nummer = 8
```

Beachten Sie, dass das Löschen eines Datensatzes von einer Referenz verhindert werden kann. Um mehrere Datensätze zu löschen müssen Sie die WHERE-Klausel entsprechend gestalten:

```
DELETE FROM kunde
  WHERE ort = "Berlin"
```

Wenn Sie auf die WHERE-Klausel verzichten, werden alle Datensätze der betreffenden Tabelle gelöscht.

Auch bei einer DELETE-Anweisung kann mit Unterabfragen gearbeitet werden:

```
DELETE FROM t_tele
  WHERE art = (SELECT nummer
    FROM t_art
    WHERE bezeichnung = "Handy")
```

7.1.12 Definition von Metadaten

Mit Hilfe von SQL-Anweisungen können auch Tabellen und Indizes erstellt und gelöscht werden.

CREATE TABLE

Mit CREATE TABLE wird eine neue Tabelle erstellt. In Klammern werden die Spaltenbezeichner mit dem jeweiligen Spaltentyp aufgeführt, außerdem kann ein Primärschlüssel – im Beispiel für die Spalte *nummer* – erstellt werden.

```
CREATE TABLE t_test
   (nummer AUTOINC,
   name CHAR(20),
   wert INTEGER,
   datum DATE,
   betrag FLOAT,
   PRIMARY KEY (nummer))
```

LocalSQL kennt folgende Feldtypen:

- Die Ganzzahlentypen SMALLINT, INTEGER und AUTOINC. Letzterer ist ein selbstinkrementierender Typ.

- Die Festkommatypen DECIMAL[(s[, p])], NUMERIC[(s[, p])] sowie – als Sonderfall – den Währungstyp MONEY.

- Den Gleitkommatyp FLOAT(s, p).

- Die Stringtypen CHARACTER(length) und VARCHAR(length).

- Den booleschen Typ BOOLEAN.

- DATE für ein Datum, TIME für eine Uhrzeit und TIMESTAMP für eine Kombination aus Datum und Uhrzeit.

- BYTES(length) für untypisierte Binärdaten und BLOB(length, type) für typisierte Binärdaten.

Bei manchen Feldtypen müssen Sie in Klammern Angaben über die Größe, die Präzision der Darstellung oder den BLOB-Typ machen.

ALTER TABLE

Um eine Tabelle zu ändern, verwenden Sie ALTER TABLE. Mittels DROP können Sie Spalten löschen, mittels ADD Spalten hinzufügen. Sie können DROP und ADD in derselben ALTER TABLE-Anweisung verwenden.

```
ALTER TABLE t_test
  DROP datum, betrag,
  ADD neu CHAR(20)
```

Beachten Sie, dass die Existenz von Fremdschlüsseln das Löschen von Spalten verhindern kann.

DROP TABLE

Mit DROP TABLE wird eine Tabelle gelöscht.

```
DROP TABLE t_test
```

Beachten Sie, dass die Existenz von Fremdschlüsseln das Löschen von Tabellen verhindern kann.

CREATE INDEX

Um einen Index zu erstellen, verwenden Sie die Anweisung CREATE INDEX. Sie müssen den Index benennen und die Tabelle sowie die Spalte(n) angeben, für welche der Index gebildet werden soll.

```
CREATE INDEX i_nachname
  ON kunde (nachname)
```

Um einen absteigenden Index zu erstellen, verwenden Sie die DESC-Klausel, um einen Schlüssel (jeder Wert darf nur einmal vorkommen) zu erstellen, die UNIQUE-Klausel. Ein Index kann auch über mehrere Spalten gebildet werden. Im folgenden Beispiel werden alle drei Optionen gemeinsam genutzt.

```
CREATE UNIQUE DESC INDEX i_name
  ON kunde (nachname, vorname)
```

DROP INDEX

Einen Index können Sie nicht ändern, sondern nur löschen und anschließend neu erstellen. Löschen Sie einen Index mit DROP INDEX.

```
DROP INDEX i_name
```

7.2 HTML

Da sich Delphi zunehmend dafür eignet, Webanwendungen zu schreiben, gewinnt auch die Seitenbeschreibungssprache HTML (*HyperTextMarkupLanguage*) für Delphi-Programmierer an Bedeutung. Verständlicherweise kann in einem Kapitel keine vollständige HTML-Referenz untergebracht werden. Vielmehr sind die folgenden Seiten zum »schnellen Nachschlagen« gedacht, wenn mal wieder kein anderes Buch in Reichweite ist.

7.2.1 Aufbau einer HTML-Seite

Eine einfache, leere HTML-Seite ist wie folgt aufgebaut:

```
<HTML>
  <BODY>
  </BODY>
</HTML>
```

Die Elemente in den spitzen Klammern nennt man Tags. Solche Tags kann man in unäre und binäre Tags einteilen:

- Unäre Tags stehen »ganz für sich allein« im Quelltext, beispielsweise das Zeilenumbruch-Tag <BR>.

- Binäre Tags sind immer ein Paar aus einem beginnenden und einem beendenden Tag. So ist beispielsweise <HTML> ein beginnendes Tag, während </HTML> (man achte auf den Schrägstrich, englisch *Slash*) ein beendendes Tag ist.

  Dokumente, bei denen für jedes beginnende binäre Tag auch ein dazugehörendes beendendes Tag vorhanden ist, nennt man »well-formed«. Ist ein Dokument nicht well-formed, dann heißt das nicht, dass es vom Browser nicht angezeigt werden kann. Aber es sieht dann vielleicht etwas anders aus, als es eigentlich geplant war.

Mit dem Tag <HTML> wird ein HTML-Dokument begonnen, mit </HTML> wird es beendet. Zwischen <BODY> und </BODY> wird dann der anzuzeigende Text untergebracht.

Das Einrücken von Tags und die Zeilenumbrüche dienen lediglich der Lesbarkeit des Codes, der Browser würde auch völlig wild formatierte Dokumente akzeptieren.

Eine Seite nach HTML 4.0

Das eben genannte Beispiel ist recht minimalistisch. Normalerweise sieht das Grundgerüst einer HTML 4.0-konformen Seite wie folgt aus:

```
<!DOCTYPE HTML PUBLIC "-//W3C//DTD HTML 4.0//EN//">
<HTML>
  <HEAD>
    <TITLE>
      Dies ist eine Beispiel-Seite
    </TITLE>
  </HEAD>
<!-Dies ist ein Kommentar->
```

```
  <BODY>
  </BODY>
</HTML>
```

In der ersten Zeile wird angegeben, nach welchen Spezifikationen die HTML-Seite erstellt worden ist. Das muss nicht unbedingt angegeben werden, der Browser kommt auch sehr gut ohne diese Angabe zurecht.

Die Tags <HTML> und <BODY> kennen wir bereits. Das Tag <HEAD> kennzeichnet den Kopf-Bereich eines HTML-Dokuments, dort stehen die so genannten Meta-Daten, beispielsweise der Titel. Der Titel, gekennzeichnet durch das Tag <TITLE>, wird in der Kopfzeile des Browsers angezeigt.

Außerdem ist es möglich, in ein HTML-Dokument Kommentare einzufügen. Solche Kommentare vergrößern nicht nur das Dokument und erhöhen dadurch die Übertragungszeiten, sie können vom »Endverbraucher« auch eingesehen werden, wenn dieser sich den Quelltext anzeigen lässt. Von daher sollte man es sich überlegen, ob man die Kommentare nicht aus dem »endgültigen« HTML-Code entfernt.

Sonderzeichen, Linien

Einige Zeichen, beispielsweise die deutschen Umlaute, dürfen nicht direkt eingegeben werden, sondern müssen über ein so genanntes Entity gebildet werden. Dies ist ein kaufmännisches Und (&), das vom entsprechenden Entity-Text gefolgt und mit einem Semikolon abgeschlossen wird. Die folgende Liste zeigt die Wichtigsten dieses Entities.

```
<p>Ae &Auml;</p>
<p>ae &auml;</p>
<p>Oe &Ouml;</p>
<p>oe &ouml;</p>
<p>Ue &Uuml;</p>
<p>ue &Uuml;</p>
<p>ss &szlig;</p>
<HR>
<p>doppelte Anf&uuml;hrungszeichen &quot;</p>
<p>kaufm&auml;nnisches Und &amp;</p>
<p>spitze Klammern &lt;&gt;</p>
<p>Paragraph &sect;</p>
<p>Copyright &copy</p>
<p>registriertes Zeichen &reg</p>
<p>ein viertel &frac14</p>
<p>ein halb &frac12</p>
<p>drei viertel &frac34</p>
```

Das Paragraph-Tag <p> kennzeichnet einen Absatz. Bei der Liste der Umlaute
würde für jeden Umlaut eine neue Zeile begonnen.

Denken Sie immer daran, dass im angezeigten Text mitnichten dort ein Zeilenumbruch ist, wo Sie im Quelltext einen gemacht haben – um eine neue Zeile zu
beginnen, verwenden Sie entweder das Break-Tag <BR>, oder Sie setzen den neuen
Absatz in <p>-Tags.

Das Tag <HR> fügt eine einfache waagerechte Linie über die ganze Breite ein. Sie
können jedoch das Aussehen einer Linie auch einstellen:

```
<hr width="50%" align="left">
<hr width="100" size="5" noshade>
```

In der ersten Zeile wäre die Linie halb so breit wie der Bildschirm und linksbündig ausgerichtet (Alternative: "right" für rechtsbündige Ausrichtung). In der zweiten Zeile wäre die Breite 100 Pixel, die Höhe der Linie würde 5 Pixel betragen und
sie würde massiv angezeigt werden.

Die »Zusatzangaben«, also WIDTH oder ALIGN nennt man übrigens »Attribute«.

7.2.2 Text formatieren

HTML kennt die verschiedensten Tags zum Formatieren von Text. Wird nichts
angegeben, dann verwendet der Browser immer seine Standard-Einstellung.

Ausrichtung

Für die Ausrichtung von Text gibt es das Tag <DIV>, Sie können die Attribute
jedoch auch dem Paragraph-Tag <p> hinzufügen.

```
<div align="left">
  <p>linksb&uuml;ndiges Text</p>
</div>
<div align="right">
  <p>rechtsb&uuml;ndiger Text</p>
</div>
<div align="center">
  <p>zentrierter Text</p>
</div>
<p align=center>auch zentrierter Text</p>
```

Bei den Tags ist die Groß- und Kleinschreibung egal, ebenso ist es meist unerheblich, ob die Attribut-Werte in Anführungszeichen gesetzt werden oder nicht.

Zeichenformatierung

Auch die Tags für die Zeichenformatierung sind binäre Tags:

```
<p><b>fett</b></p>
<p><i>kursiv</i></p>
<p><u>unterstrichen</u></p>
<p><strike>durchgestrichen</strike></p>
<p><tt>nicht-proportionale Schrift</tt></p>
<p>hochgestellt m<sup>2</sup></p>
<p>tiefgestellt H<sub><small>2</small></sub>O </p>
```

Eine nicht-proportionale Schrift ist (unter anderem) die Courier. Sie eignet sich beispielsweise dazu, Quelltext darzustellen. Hoch- und tiefgestellte Zeichen sollte man mit dem Tag <small> kombinieren, damit auch die Schrift ein wenig kleiner dargestellt wird.

Logische Formatierungen

HTML kennt auch logische Formatierungen: Sie geben an, ob ein Text ein Zitat oder ein Beispiel sein soll, und der Betrachter kann sich am Browser einstellen, wie er diese Dinge angezeigt haben möchte.

```
<p><cite>Zitat</cite></p>
<p><code>Programmlisting</code></p>
<p><dfn>Definition</dfn></p>
<p><em>Betonung</em></p>
<p><strong>starke Betonung</strong></p>
<p><kbd>Tastatureingaben</kbd></p>
<p><samp>Beispiel</samp></p>
<p><var>Variablen</var></p>
```

Überschriften

HTML kennt sechs Stufen von Überschriften, wobei <h1> die größte ist. <h5> und <h6> sind in der Regel zu klein, als dass man sie sinnvoll verwenden könnte. Überschriften brauchen kein Paragraph-Tag <p>.

```
<h1>&Uuml;berschrift 1</h1>
<h2>&Uuml;berschrift 2</h2>
<h3>&Uuml;berschrift 3</h3>
<h4>&Uuml;berschrift 4</h4>
<h5>&Uuml;berschrift 5</h5>
<h6>&Uuml;berschrift 6</h6>
```

Farbe, Font und Größe

Sie haben die Möglichkeit, die Schrift etwas genauer einzustellen.

```
<p><font color="red">Ein Absatz mit roter Schrift</font></p>
<p><font color="#99ccff"
   face="Arial,Helvetica,Geneva,Swiss,SunSans-Regular">
   Ein Absatz mit bla&szlig;blauer und serifenloser Schrift
</font></p>
<p><font size="+2">Zwei Stufen gr&ouml;&szlig;er</font></p>
<p><font size="-2">Zwei Stufen kleiner</font></p>
<p><font size="5">Gr&ouml;&szlig;e 5</font></p>
```

Die Schriftfarbe wird mit dem Attribut COLOR eingestellt. Die Standardfarben können Sie gleich mit englischer Bezeichnung angeben, ansonsten kann sie als RGB-Wert im Format #RRGGBB angegeben werden. (Achtung: Bei Windows ist die Reihenfolge exakt umgekehrt!)

Die Einstellung eines Fonts funktioniert nur, wenn die betreffende Schriftart auch auf dem Rechner installiert ist. Deshalb besteht die Möglichkeit, mehrere Fonts anzugeben – der Browser sucht dann in der angegebenen Reihenfolge, ob eine davon installiert ist.

Die Größe geben Sie entweder relativ (+2, -2) oder absolut (5) an. Setzen Sie diese Tags eher sparsam ein und verwenden Sie für Überschriften lieber die dafür vorgesehenen Tags.

7.2.3 Listen

HTML kennt sortierte Listen (ordered List) und unsortierte Listen (unordered List). Es ist möglich, sowohl gleich- als auch verschiedenartige Listen ineinander zu verschachteln.

Sortierte Liste

Mit dem Tag <ol> wird eine sortierte Liste begonnen. Sortiert heißt in diesem Zusammenhang, dass die Listenelemente mit 1., 2. usw. gekennzeichnet werden. Die einzelnen Listenelemente werden mit dem unären Tag <li> gekennzeichnet. Beachten Sie, dass keine <p>-Tags erforderlich sind.

```
<ol>
   <li>Element 1
   <li>Element 2
   <li>Element 3
   <ol>
```

```
      <li>Element 3 a
      <li>Element 3 b
   </ol>
   <li>Element 4
</ol>
```

Solange nichts anderes angegeben wird, wird für die Kennzeichnung der einzelnen Listenelemente die Browser-Voreinstellung verwendet. Sie können die Kennzeichnung aber auch explizit festlegen. Bei der folgenden Liste ist jedes Listenelement anders formatiert. Man kann das type-Attribut jedoch auch in das <ol>-Tag setzen, dann muss nicht jedes Listenelement eigens mit einem Attribut versehen werden.

```
<ol>
   <li type="1">arabische Ziffern
   <li type="A">Gro&szlig;buchstaben
   <li type="a">Kleinbuchstaben
   <li type="I">gro&szlig;e r&ouml;mische Ziffern
   <li type="i">kleine r&ouml;mische Ziffern
</ol>
```

Unsortierte Liste

Für die unsortierte Liste wird das Tag <ul> verwendet, für die einzelnen Listenelemente dann wieder <li>.

```
      <ul>
        <li>Element 1
        <li>Element 2
        <li>Element 3
        <ul>
          <li>Element 3 a
          <li>Element 3 b
        </ul>
        <li>Element 4
      </ul>
```

Auch hier können dann die einzelnen Listenelemente abweichend von der Browser-Voreinstellung gekennzeichnet werden:

```
<ul>
   <li type="disc">Punkt
   <li type="circle">Kreis
   <li type="square">Quadrat
</ul>
```

7.2.4 Tabellen

Tabellen sind eines der wichtigsten Elemente in HTML. Man benötigt sie nicht nur, um Inhalt in Tabellenform anzuzeigen, sondern oft auch, um einen halbwegs strukturierten Seitenaufbau »hinzubasteln«.

```
<table >
  <tr>
    <td>erste Spalte erste Zeile</td>
    <td>zweite Spalte erste Zeile</td>
    <td>dritte Spalte erste Zeile</td>
  </tr>
  <tr>
    <td>erste Spalte zweite Zeile</td>
    <td>zweite Spalte zweite Zeile</td>
    <td>dritte Spalte zweite Zeile</td>
  </tr>
  <tr>
    <td>erste Spalte dritte Zeile</td>
    <td>zweite Spalte dritte Zeile</td>
    <td>dritte Spalte dritte Zeile</td>
  </tr>
</table>
```

Die Tabelle wird mit <table> begonnen und mit </table> beendet. Meist werden dem Tag <table> noch eine ganze Reihe von Attributen mitgegeben, die wir uns gleich ansehen wollen. Die einzelnen Reihen der Tabelle kommen dann in <tr></tr>-Tags, die einzelnen Zellen in <td></td>-Tags.

Es ist möglich, Tabellen ineinander zu schachteln, also in eine Zelle eine weitere Tabelle einzufügen.

Solange nichts anderes angegeben wird, haben die einzelnen Zellen die Größe, die benötigt wird, um den darin enthaltenen Inhalt anzuzeigen. Ohne explizite Angabe ist die eigentliche Tabellenstruktur in der Regel unsichtbar.

Tabellenattribute

Bei den Tabellen-Tags können Sie eine ganze Reihe von Attributen unterbringen. Solche Attribute können sich auf eine Tabelle, eine Reihe oder eine Zelle beziehen, je nachdem, in welches Tag sie aufgenommen werden.

Das folgende Beispiel ergibt die Tabelle in nachfolgender Abbildung:

erste Spalte erste Zeile	zweite Spalte erste Zeile	dritte Spalte erste Zeile
erste Spalte zweite Zeile	zweite Spalte zweite Zeile	dritte Spalte zweite Zeile
erste Spalte zweite Zeile		

```
<table border="1" cellpadding="3" cellspacing="2" width="537"
    bgcolor="#ccff99">
  <tr bgcolor="red">
    <td width="163">erste Spalte erste Zeile</td>
    <td width="34%">zweite Spalte erste Zeile</td>
    <td>dritte Spalte erste Zeile</td>
  </tr>
  <tr valign="top" height="50" align="right">
    <td width="163" height="50">erste Spalte zweite Zeile</td>
    <td width="34%" height="50">zweite Spalte zweite Zeile</td>
    <td rowspan="2">dritte Spalte zweite Zeile</td>
  </tr>
  <tr>
    <td colspan="2">erste Spalte zweite Zeile</td>
  </tr>
</table>
```

Mit dem Attribut BORDER stellen Sie die Breite der Tabellenlinien ein. Um diese unsichtbar zu machen – beispielsweise, weil Sie eigentlich gar keine Tabelle, sondern »nur« ein festes Layout haben wollen – stellen Sie BORDER auf null.

Mit CELLPADDING wird der Abstand zwischen dem Inhalt und den Tabellenstegen angegeben, mit CELLSPACING der Abstand zwischen den Zellen spezifiziert.

Mit WIDTH und HEIGHT können Sie die Breite und Höhe der Tabelle, der Reihe oder der Zelle einstellen, entweder in Pixel oder in Prozent. Solange nichts angegeben wird, richtet der Browser die Größe am Inhalt der Zellen aus. Es ist jedoch nicht möglich, die Zellen einer Reihe mit unterschiedlichen Höhen oder die Zellen derselben Spalte mit unterschiedlichen Breiten anzuzeigen.

Mit ROWSPAN können Sie eine Zelle mit der Zelle in der darunterliegenden Reihe (ROWSPAN=2) oder den Zellen in den darunterliegenden Reihen (ROWSPAN muss dann den Wert 3 und mehr erhalten) vereinigen. Mit COLSPAN tun Sie dasselbe, jedoch mit den rechts danebenliegenden Spalten.

Mit ALIGN richten Sie den Inhalt der Zelle aus, mit BGCOLOR setzen Sie die Hintergrundfarbe.

7.2.5 Links

Mit einem Link haben Sie die Möglichkeit, auf eine andere Seite oder auf eine andere Stelle der gleichen Seite zu verweisen.

```
<p><a href="eineseite.html">Link auf interne Seite</a></p>
<p><a href="http://www.tabu-datentechnik.de"
   title="TABU Datentechnik">Link auf externe Seite</a></p>
<p><a href="http://www.tabu-datentechnik.de" target="NeuesFenster">
   Link auf externe Seite in einem neuen Fenster</a></p>
<p><a href="#anchor">Link auf Anker</a></p>
<p><a name="anchor"></a>Ziel des Ankers</p>
<p><a href="mailto:info@tabu-datentechnik.de">eMail schreiben</a></p>
```

Links werden mit dem Tag <A> realisiert. Im einfachsten Fall verweist der Link mittels HREF auf eine andere Seite. Ist diese unter der gleichen URL zu erreichen (»interner Link«), dann wird einfach deren Bezeichnung (hier *eineseite.html*) angegeben, eventuell unter Ergänzung des Pfades. Bei einem externen Link müssen das Protokoll (*http://*) und die URL (*www.tabu-datentechnik.de*) angegeben werden.

Mit dem Attribut TITLE lässt sich bei manchen Browsern ein Hint-Text einblenden, wenn der Mauszeiger über dem Link verweilt. Soll für den Link ein neues Fenster aufgemacht werden, dann muss für TARGET ein anderer Namen gewählt weden als der Name des aktuellen Browser-Fensters. Normalerweise sind Browser-Fenster unbenannt, so dass die Eingabe eines beliebigen Namens ausreicht (hier *NeuesFenster*).

Mit NAME lässt sich ein Link benennen. Dieser kann dann das Ziel eines Links auf derselben Seite sein. Um einen solchen Ankerpunkt anzusteuern, verwendet man das Zeichen #.

Um aus einem Browser-Fenster heraus eine eMail zu schreiben, verwenden Sie *mailto:* und die eMail-Adresse des Empfängers.

7.2.6 Bilder

Bilder werden in der Regel im GIF/PNG oder im JPEG-Format übertragen.

```
<p><img src="bild_1.gif"></p>
<p><img src="http://www.test.de/bild_1.gif"></p>
<p><img src="bild_1.gif" width="32" height="64" border="0"></p>
<p><img src="bild_1.gif" width="32" height="64" border="2"
   align="top" alt="Ansicht von Bild_1"></p>
```

Für das Einfügen von Bildern verwendet man das unäre Tag <IMG>. Mit dem Attribut SRC gibt man die Quelle (englisch »source«) des Bildes an. Befindet sich das Bild auf einem anderen Server, dann müssen das Protokoll und die URL angegeben werden.

Solange keine Höhe und Breite angegeben wird, verwendet der Browser die Abmessungen des Bildes. Dazu muss er aber erst das Bild geladen haben. Deshalb sollten die Abmessungen immer mit angegeben werden, der Browser lässt dann den erforderlichen Platz und fügt die Bilder ein, sobald er sie geladen hat.

Mit BORDER kann ein Rahmen um das Bild gezeichnet, mit ALIGN die Ausrichtung bestimmt werden. Ist die Anzeige von Bildern abgeschaltet (oder kann der Browser keine Bilder anzeigen), dann wird der mit ALT angegebene Alternativtext angezeigt.

7.2.7 Frames

Mit Frames kann eine Seite aus mehreren HTML-Dateien zusammengefügt werden. Oft verwendet man das dafür, die Navigationsleiste einer Seite aus einer anderen HTML-Seite zu beziehen als den eigentlichen Inhalt. Während die Navigationsleiste dann bei allen Seiten gleich bleibt, wird der Inhalt ausgetauscht.

```
<frameset cols="141,*">
  <frame src="navi.html" name="links" noresize>
  <frame src="start.html" name="mitte" noresize>
</frameset>
<noframes>
  <body bgcolor="#ffffff">
    Wird angezeigt, wenn Frame-Darstellung nicht m&ouml;glich.
  </body>
</noframes>
```

Die Definition der Frames wird mit dem Tag <FRAMESET> begonnen. Dort wird dann gleich angegeben, wie viele Frames vorhanden sind, ob diese nebeneinander oder übereinander angeordnet werden und wie breit sie sind.

Hier im Beispiel würden die beiden Frames nebeneinander liegen. Der linke hätte eine Breite von 141 Pixeln (die Breite könnte auch in Prozent angegeben werden), der rechte füllt den verbleibenden Raum aus.

Die »Feineinstellung« der Frames erfolgt mit dem Tag <FRAME>. Mit SRC wird spezifiziert, aus welcher Datei der Inhalt des Frames geladen wird. Mit NAME wird der Name des Frames angegeben – dieser ist dann wichtig, wenn der Inhalt des Frames durch einen Link ausgetauscht werden soll, dann nämlich muss dieser Frame-Name als TARGET des Links angegeben werden.

Mit NORESIZE wird angegeben, dass sich die Größe der einzelnen Frames nicht verändern lässt. Wird auf dieses Attribut verzichtet, dann kann die Frame-Grenze ähnlich der Delphi-Komponente *TSplitter* verschoben werden.

Nicht alle Browser können mit Frames umgehen. Laut den HTML-Spezifikationen werden alle dem Browser unbekannten Tags einfach ignoriert, so dass in diesem Fall überhaupt nichts angezeigt würde. Deshalb kann mit <NOFRAMES> ein Inhalt angegeben werden, der ersatzweise angezeigt werden kann. Wird ein Frame für die Navigationsleiste verwendet, so könnte man hier Links auf alle Seiten unterbringen, die von der Navigationsleiste aus erreichbar sind.

Wie das folgende Beispiel zeigt, lassen sich Frames auch verschachteln, die Anzeige der Stege lässt sich explizit ein- und ausschalten (FRAMEBORDER), die Stege – so sie denn angezeigt werden – lassen sich in Farbe (BORDERCOLOR) und Breite (FRAMESPACING) gestalten.

Mit SCROLLING kann man einstellen, ob Scrollbalken in den einzelnen Frames verwendet werden oder nicht. Wird nichts angegeben, dann entscheidet der Browser nach Umfang des Inhalts, ob welche erforderlich sind oder nicht.

```
<frameset rows="79,*" border="8" framespacing="8"
    bordercolor="#ff3333" frameborder="yes">
  <frame src="navi.html" name="navi" noresize scrolling="no">
  <frameset cols="*,13%">
    <frame src="anfahrt.html" name="desk" noresize>
    <frame src="links.html" name="links" noresize scrolling="yes">
  </frameset>
</frameset>
```

7.2.8 StyleSheets

Es ist schon aufwendig genug, umfangreiche Dokumente ordentlich zu formatieren. Soll – aus welchen Gründen auch immer – die Formatierung später noch geändert werden, dann sorgt das für »viel Freude«. Deshalb kann man sich mit Cascading StyleSheets das Leben ein wenig erleichtern.

Cascading StyleSheets bieten die Möglichkeit, Formatvorlagen abzuändern und eigene Formatvorlagen zu erstellen.

```
<html>
  <head>
    <style media="screen" type="text/css"><!--
      h1 { font-variant: small-caps }
      h2 { border: dotted medium }
      .hervorhebung { color: purple }
```

```
    --></style>
  </head>
  <body bgcolor="#ffffff">
    <h1>&Uuml;berschrift mit Kapit&auml;lchen</h1>
    <h2>&Uuml;berschrift zweite Ebene im gepunkteten Rahmen</h2>
    <p>Und ein Text mit
      <span class="hervorhebung">Hervorhebung</span>.</p>
  </body>
</html>
```

Hier wurde ein internes Cascading StyleSheet für die Anzeige auf dem Bildschirm erstellt. Dafür verwendet man das Tag <STYLE>, während die eigentliche Definition dann in Kommentarzeichen zu setzen ist, damit Browser, die dieses Konzept noch nicht kennen, hier nicht durcheinander kommen.

Im Beispiel wurde die Überschrift <H1> so abgeändert, dass sie mit Kapitälchen dargestellt wird, während die Überschrift <H2> in einem punktierten Rahmen angezeigt wird. Wie Ihnen sicher aufgefallen ist, sind das Formatierungen, die »standardmäßig« gar nicht in HTML enthalten sind. Durch Cascading StyleSheets wird nebenher nämlich auch noch die Menge der möglichen Formatierungen erweitert.

DesWeiteren wird noch eine eigene Formatvorlage erstellt, nämlich *hervorhebung*. Achten Sie auf den führenden Punkt bei der Definition. Sie können diese Formatvorlage beliebig im Text verwenden, wobei sie mit dem Tag <SPAN> eingesetzt wird, der Name der Vorlage wird dann mit dem Attribut CLASS angegeben.

Externe StyleSheets

Für gewöhnlich möchte man nicht eine einzelne HTML-Seite, sondern eine ganze Web-Seite einheitlich gestalten, hier wäre es wünschenswert, wenn man ein Cascading StyleSheet für alle HTML-Seiten verwenden könnte. Dies ist mit einem externen StyleSheet möglich. Zu diesem Zweck wird einfach ein Link auf eine externe StyleSheet-Datei (hier *beispiel.css*) eingefügt. Die dort definierten Vorlagen können dann wie interne Vorlagen genutzt werden.

```
  <head>
    <link rel="stylesheet" href="beispiel.css">
  </head>
```

Der Aufbau der externen StyleSheet-Datei ist dann gleich der internen Definition:

```
h1 { font-variant: small-caps }
h2 { border: dotted medium }
.hervorhebung { color: purple }
```

7.2.9 Formulare

Webseiten bieten oft die Möglichkeit, irgendwelche Eingaben zu machen. Bei einer Suchmaschine muss beispielsweise der Suchbegriff eingegeben werden. Zu diesem Zweck werden Formulare verwendet. Beim folgenden Beispiel wurden (ohne Rücksicht auf grafische Schönheit) die gängigsten Formularelemente verwendet.

Vorname: [   ]   Nachname: [   ]

PLZ: [   ]   Land: [Deutschland ▼]

Kommentar: [   ]

☐ Eine Checkbox

○ eins

○ zwei   [Anfrage senden | Zurücksetzen]

○ drei

Kreuz
Pik
Herz
Karo

Da der folgende Quelltext etwas länger ist, wollen wir ihn abschnittsweise besprechen.

```
<body bgcolor="#ffffff">
  <form name="Beispiel" action="mailto:info@tabu-datentechnik"
      method="post">
    Vorname: <input type="text" name="textfieldName" size="24">
    Nachname:<input type="text" name="textfieldName" size="24">
    <p>PLZ: <input type="text" name="textfieldName" size="5"
      maxlength = "5">
```

Die Formulardefinition erfolgt mit dem Tag <FORM>. Die Benennung mit dem Attribut NAME ist für HTML irrelevant, allerdings muss mitgeteilt werden, was mit den Eingaben passieren soll. In diesem Beispiel würden sie an *info@tabu-datentechnik.de* gemailt.

Es folgen drei Eingabefelder, in die Text eingegeben werden kann. Alternativen wären *password* (Eingabe wird auf dem Bildschirm nicht angezeigt), *int* (nur numerische Werte) und date (Datum). Mit SIZE spezifiziert man die Größe des Eingabefeldes, mit MAXLENGTH die maximale Länge der Eingabe (in Zeichen).

```
Land: <select name="Land" size="1">
  <option value="Deutschland">Deutschland</option>
  <option value="Österreich">&Ouml;sterreich</option>
  <option value="Schweiz">Schweiz</option>
</select></p>
<p> </p>
<p>Kommentar: <textarea name="Kommentar" cols="60"
  rows="5"></textarea></p>
```

Mit dem Tag <SELECT> wird eine List- oder ComboBox erzeugt. Hat das Attribut SIZE den Wert eins (und ist das Attribut MULTIBLE nicht vorhanden), dann wird eine ComboBox erzeugt, andernfalls eine ListBox. Die einzelnen Auswahlmöglichkeiten werden mit <OPTION> eingefügt.

Für mehrzeiligen Text verwendet man eine <TEXTAREA>, bei der die Größe über COLS und ROWS bestimmt wird.

```
<table border="0" cellpadding="0" cellspacing="2" width="536">
  <tr>
    <td width="150">
      <p><input type="checkbox" value="markiert"
        name="Check"> Eine Checkbox</p>
      <p><input type="radio" value="eins" name="radio">eins</p>
      <p><input type="radio" value="zwei" name="radio">zwei</p>
      <p><input type="radio" value="drei" name="radio">drei</p>
    </td>
```

Um die Elemente vernünftig nebeneinander anordnen zu können, wurde nun eine Tabelle verwendet. CheckBoxen und RadioButtons werden mit <INPUT> erstellt, wobei mit TYPE spezifiziert wird, ob es eine CheckBox oder eine RadioButton wird. Wäre nun beispielsweise RadioButton zwei markiert, dann würde in die eMail eine Zeile *radio=zwei* aufgenommen.

```
<td valign="bottom">
  <input type="submit" name="submitButtonName">
  <input type="reset">
</td>
```

In der nächsten Spalte werden die beiden Buttons eingefügt, welche die Daten abschicken (*submit*) oder alle Eingaben löschen (*reset*).

```
<td><select name="selectName" size="4" multiple>
    <option value="1">Kreuz</option>
    <option value="2">Pik</option>
    <option value="3">Herz</option>
```

```
                <option value="4">Karo</option>
            </select></td>
        </tr>
     </table>
   </form>
 </body>
```

In der letzten Spalte findet man dann noch eine ListBox, hier mit vier sichtbaren Einträgen und der Möglichkeit, mehrere Einträge zu selektieren (MULTIBLE). Vergessen Sie nicht den End-Tag </FORM>

Index